南昌经济社会统计年鉴

NANCHANG ECONOMIC AND SOCIAL STATISTICAL YEARBOOK

2004

（总第10期）

南昌市统计局 编

中国统计出版社
China Statistics Press

（京）新登字041号

图书在版编目（CIP）数据

南昌经济社会统计年鉴．2004/南昌市统计局编．—北京：中国统计出版社，2004.6
ISBN 7-5037-4368-9

Ⅰ.南…　Ⅱ.南…　Ⅲ.经济社会统计—统计资料—南昌市—2004—年鉴
Ⅳ.C832．561—54

中国版本图书馆CIP数据核字（2004）第041463号

南昌经济社会统计年鉴—2004
作　　者/南昌市统计局
电话/（0791）3884425　邮政编码/330038
责任编辑/蔡启新
E－mial/yearbook@stats．gov．cn
责任校对/张　宁　吴　蕊　陈　锋
出版发行/中国统计出版社
通信地址/北京市西城区三里河月坛南街75号　中国统计出版社
邮　　编/100826
电　　话/（010）63262295
印　　刷/江西宜春资料印务有限公司
经　　销/新华书店
开　　本/880×1230毫米　1/16
字　　数/1100千字
印　　张/32
版　　别/2004年7月第1版
版　　次/2004年7月第1次印刷
书　　号/ISBN 7-5037-4368－9/F·1832
定　　价/　180.00元

南昌市第九医院防治非典工作纪实

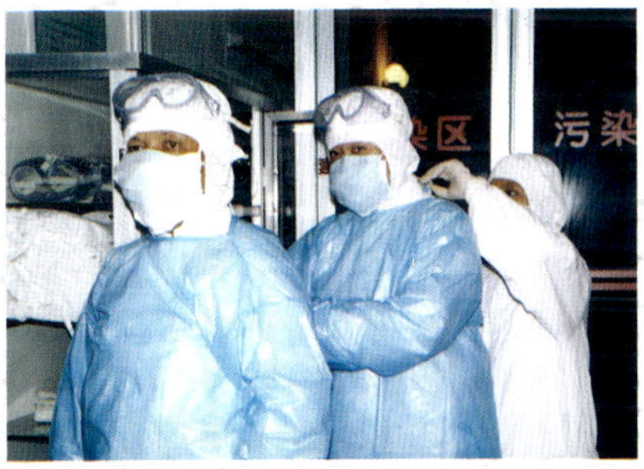

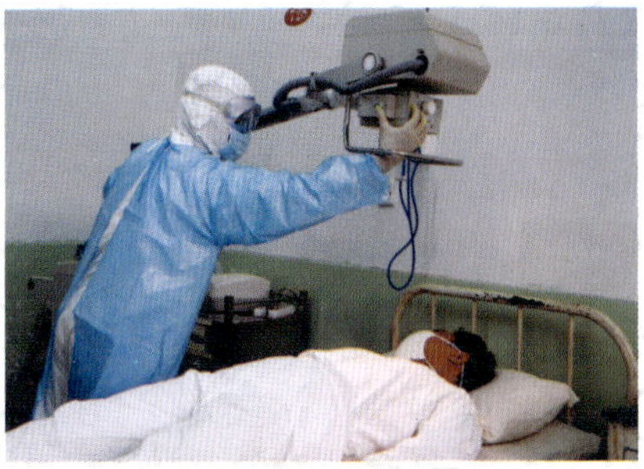

2003 春，一场突如其来的非典疫情在我国大部分地区蔓延肆虐。疫情就是命令，医院被定为南昌市收治非典型肺炎的定点医院。接到任务后，全院上下立即调整工作重心，把防治非典列为当前重中之重的头等大事进行周密周署。医院成立了医院防治非典型肺炎工作领导小组，抢救治疗小组、防疫小组和后勤保障小组，制定了防治非典指挥责任网络图，形成了坚实的组织指挥系统。组织专家组密切跟踪了解有关防治非典的信息，先后编写制定了《SARS 病抢救治疗预案》、《消毒隔离预案》、《护理工作预案》、《后勤保障预案》以及《发热门诊工作制度》、《非典型肺炎定点医院规范》等相关规章制度和措施并立即付诸实施。

为了应对疫情，我院及时制订了《非典防治消毒隔离预案》并对全院职工进行了防非典知识和消毒隔离知识的培训，普及消毒隔离规范，做到人人知晓，个个过关。同时对全院医师进行了专题讲座，呼吸机理论知识培训，实际操作培训，对全院护理人员进行了收治 SARS 病人护理操作流程的培训和发热门诊护理工作流程以及相关专业技术培训，加强医务人员的自我防护。医院先后组织了 6 次实战演练，医院还组织专人每天数次深入病房和发热门诊，在消毒隔离方面的每一个环节、每一个步骤上把关。同时坚持每天在全院范围内（包括宿舍区）进行大面积的消杀工作。我院严格按照上级的有关规定，坚持每日两次疫情报告，做到及时、准确、不漏报、不瞒报，在医用垃圾处理方面严格按照消毒程序的有关规定进行消杀处理。

医院非典病房先后收治 5 名“非典”可疑病人，医院专家组经过检查，迅速为患者制订出科学详细的诊疗方案，患者的病情得到高度关注和有效控制。医院还多次邀请省、市专家组对患者进行会诊，并根据病情及时调整治疗方案，从而确保了患者的迅速康复，在此期间，发热门诊还共对 908 例发热病人进行了筛查性鉴别诊断及治疗，普通留观 44 例，隔离留观 7 例，并为 336 例返昌人员进行了体检。医院在人员紧缺的情况下，先后调配了 21 名医师、医技人员和 40 名护理人员参加非典病房工作，确保了一线技术人员配置需要。

为了确保防治“非典”工作需要的各种物资及时到位，医院在住院病人急剧下降，收入锐减的情况，[illegible]投入资金购置急需设备，先后购置了呼吸机、心电监护仪、床边 X 光机等一批相关设备。非典病房内独立设置了实验室，医院为医护人员购置了 3400 件隔离防护服，300 付防护镜等一批防护用品。药品储备品种齐全，专柜存放，专册登记。

在抗击非典的斗争中，党支部的战斗堡垒作用和党员的先锋模范作用得到了有力体现，全院三百多名党员、团员和医务人员庄严地在请战书上签了名，全院干部职工发扬了特别能战斗、特别能吃苦、不怕牺牲的大无畏精神，涌现出了一批先进人物和先进事迹，给党和人民交上了一份满意的答卷。医院被评为了防治非典工作先进基层党组织，防治非典工作先进单位。陈家鸽主任被中组部、省、市授予优秀共产党员称号；车达平院长被卫生部授予抗击非典先进个人称号；应淑梅被团中央授予抗击非典优秀团员称号；周兰惠、吴湛被省妇联授予“三八”红旗手称号，孔德忠书记被省卫生厅授予抗击非典先进个人称号；吕定英等 8 人被南昌市政府授予抗击非典先进个人称号；陈宏义等 9 人被市卫生局授予抗击非典先进个人称号。

《南昌经济社会统计年鉴－2004》
编 辑 委 员 会

《南昌经济社会统计年鉴－2004》
编　　辑　　部

编 者 说 明

一、《南昌经济社会统计年鉴—2004》是一部按年连续出版的大型统计资料书。真实记录了2003年南昌的经济和社会各方面的发展变化，以及历史重要年份和改革开放以来的主要统计数据。

二、全书内容分为17个篇目：1.综合；2.人口、劳动力；3.人民生活；4.物价；5.固定资产投资；6.城市公用事业；7.对外经济贸易和旅游；8.财政、金融；9.农业；10.工业；11.建筑业；12.交通运输、邮电通信；13.国内贸易；14.教育、科技和文化；15.教育、卫生、社会福利和其他；16.企业景气调查和现代企业制度；附录。在附录部分，收集了2003年国家和江西省统计公报，全国各省市和省会城市及江西省各地主要经济指标。为便于读者正确使用资料，每个篇章后面附有主要统计指标解释。

三、本年鉴总量指标计算所采用的价格除注明者外均为当年价格。

四、本年鉴资料主要来自年度统计报表，一部分来自抽样调查。

五、本年鉴部分数据合计数或相对数由于单位取舍不同产生的计算误差均未作机械调整。

六、本年鉴表中的符号使用说明："空格"表示该项统计数据不详或无该项数据；"#"表示其中项。

七、读者在使用历史资料时，凡与本年鉴有出入的，均以本年鉴为准。

八、《年鉴》公开出版以来，受到了广大读者的关心和支持，对此我们深表谢意。欢迎读者对年鉴内容、编排等方面提出宝贵意见，帮助我们进一步提高编辑水平，更好地为读者服务。

篇目索引

篇　　目　　起始页码

一、综　　合 …… 1
二、人口·劳动力 …… 29
三、人民生活 …… 53
四、物　　价 …… 89
五、固定资产投资 …… 103
六、城市公用事业 …… 149
七、外贸和旅游 …… 157
八、财政·金融 …… 165
九、农　　业 …… 185
十、工　　业 …… 217
十一、建 筑 业 …… 279
十二、运输和邮电 …… 325
十三、国 内 贸 易 …… 333
十四、科技·教育·文化 …… 373
十五、卫生·体育·其他 …… 401
十六、企业景气调查和现代企业制度企业调查 …… 421
附　　录 …… 431

一、综　　合

2003年南昌市国民经济和社会发展统计公报 …… 3
自然·地理·资源 …… 9
1—1　行政区划 …… 10
1—2　土地面积 …… 11
1—3　水文·气象 …… 11
1—4　主要年份国民经济主要指标 …… 12
1—5　国民经济主要指标发展速度 …… 15
1—6　国民经济主要比例关系 …… 16
1—7　主要指标每人年平均水平 …… 17
1—8　平均每天主要社会经济活动 …… 18
1—9　国民经济主要指标占全省比重（2003年） …… 19
1—10　主要年份地区生产总值 …… 20
1—11　主要年份地区生产总值指数（按可比价计算） …… 21
1—12　主要年份地区生产总值构成 …… 22
1—13　地区生产总值增长 …… 23
1—14　地区生产总值及其使用（2003年） …… 23
1—15　主要年份工农业总产值 …… 24
1—16　主要年份工农业总产值指数 …… 25
主要统计指标解释 …… 26

二、人口·劳动力

2—1　主要年份户数和人口数 …… 31
2—2　主要年份农业与非农业、城镇与乡村人口数 …… 31
2—3　主要年份人口构成（以年末总人口为100） …… 32
2—4　主要年份人口自然变动 …… 32
2—5　县区户数和人口数（2003年） …… 33
2—6　县区人口变动（2003年） …… 33
2—7　县辖镇户数和人口数（2003年） …… 34
2—8　计划生育（2002年10月—2003年9月） …… 35
2—9　主要年份劳动力资源 …… 36
2—10　主要年份社会从业人员（按产业结构分） …… 37
2—11　劳动力资源配置（2003年） …… 38
2—12　社会从业人员（2003年） …… 40
2—13　主要年份职工人数 …… 41
2—14　单位从业人员数（2003年） …… 42
2—15　各行业单位从业人员数（2003年） …… 43
2—16　各行业女性从业人数（2003年） …… 44
2—17　各行业在岗职工人数（2003年） …… 45
2—18　各行业在岗专业技术人员数（2003年） …… 46
2—19　在岗职工年平均人数 …… 47

2—20　各行业在岗职工平均人数（2003年） …… 48
2—21　单位从业人员增加情况（2003年） …… 49
2—22　单位从业人员减少情况（2003年） …… 50
主要统计指标解释 …… 51

三、人民生活

3—1　主要年份职工工资总额 …… 55
3—2　主要年份在岗职工工资总额 …… 55
3—3　主要年份职工平均工资 …… 56
3—4　主要年份在岗职工平均工资 …… 57
3—5　单位从业人员劳动报酬（2003年） …… 58
3—6　各行业单位从业人员劳动报酬（2003年） …… 59
3—7　各行业在岗职工工资总额（2003年） …… 60
3—8　在岗职工工资总额 …… 61
3—9　在岗职工年平均工资 …… 62
3—10　各行业在岗职工平均工资（2003年） …… 63
3—11　离休、退休、退职人员人数及保险福利费用构成（2003年） …… 64
3—12　主要年份城市住户基本情况 …… 66
3—13　城市居民家庭生活基本情况 …… 66
3—14　城市住户基本情况（按收入分组，2003年） …… 67
3—15　城市住户平均每百户主要消费品年末拥有量 …… 68
3—16　城市居民平均每人现金收支 …… 69
3—17　城市居民平均每人现金收支（按收入分组，2003年） …… 70
3—18　城市住户平均每人生活费支出及构成 …… 71
3—19　城市住户平均每人购买消费品数量 …… 72
3—20　城市居民居住情况 …… 73
3—21　城市居民家庭收入结构类型（2003年） …… 74
3—22　1985—2003年农村居民家庭基本情况 …… 75
3—23　农村居民家庭基本情况（分县区，2003年） …… 75
3—24　农村家庭房屋使用情况 …… 76
3—25　农村居民家庭总收入和构成 …… 77
3—26　农村居民家庭总支出和构成 …… 78
3—27　农村居民家庭纯收入（按人口平均） …… 79
3—28　农村住户平均每人纯收入（分县区，2003年） …… 79
3—29　农村住户生活消费支出 …… 80
3—30　农村居民家庭现金收入和构成 …… 81
3—31　农村居民家庭现金支出和构成 …… 82
3—32　农村住户储蓄借贷 …… 83
3—33　1992—2003年农村住户人均纯收入（按收入水平分组） …… 83
3—34　农村住户平均每人主要食品消费量 …… 84
3—35　农村住户耐用物品拥有量（按每百户年末平均拥有量计算） …… 85
3—36　农村住户劳动力文化程度（2003年） …… 85
主要统计指标解释 …… 86

四、物 价

4—1 历年物价总指数（以上年价格为100） …… 91
4—2 居民消费价格指数（2003年，以上年价格为100） …… 92
4—3 商品零售价格指数（2003年，以上年价格为100） …… 93
4—4 价格指数（以主要年份为基期，2003年） …… 94
4—5 主要商品平均零售价格 …… 95
4—6 居民消费价格分月指数（2003年，以上年同期价格为100） …… 96
4—7 居民消费价格分月指数（2003年，以上月价格为100） …… 98
4—8 商品零售价格分月指数（2003年，以上年同期价格为100） …… 100
主要统计指标解释 …… 102

五、固定资产投资

5—1 全社会固定资产投资 …… 105
5—2 主要年份全社会固定资产投资 …… 106
5—3 固定资产投资 …… 107
5—4 国有固定资产投资完成情况（分国民经济行业，2003年） …… 111
5—5 市属固定资产投资完成情况（2003年） …… 113
5—6 基本建设投资完成情况（分国民经济行业，2003年） …… 117
5—7 更新改造投资完成情况（分国民经济行业，2003年） …… 121
5—8 各种口径分组的施工项目 …… 123
5—9 城镇集体投资完成情况（2003年） …… 124
5—10 城镇和工矿区私人建房情况（2003年） …… 126
5—11 利用外资情况 …… 126
5—12 新增生产能力（2003年） …… 127
5—13 房地产开发情况（分经济类型，2003年） …… 128
5—14 房地产开发情况（按隶属关系分，2003年） …… 132
5—15 房地产开发情况（分资质等级及控股，2003年） …… 136
5—16 商品房造价和销售价格 …… 144
5—17 房地产开发利用外资情况（2003年） …… 144
主要统计指标解释 …… 145

六、城市公用事业

6—1 市政公用设施（2003年） …… 151
6—2 城市自来水供应（2003年） …… 152
6—3 城市公共交通 …… 152
6—4 城市园林绿化（2003年） …… 153
6—5 城市环境卫生（2003年） …… 154
6—6 全市用电量 …… 154
6—7 环境保护（2003年） …… 155
主要统计指标解释 …… 156

目　录

七、外贸和旅游

7—1　海关进出口总值 …… 159
7—2　实际利用外资 …… 159
7—3　1994—2003 年签订利用外资协议（合同） …… 160
7—4　接待海外旅游者人数和天数 …… 161
7—5　1991—2003 年旅游外汇收入和接待人数 …… 161
7—6　外国旅游者人数 …… 162
7—7　星级宾馆一览表 …… 163
主要统计指标解释 …… 164

八、财政·金融

8—1　历年财政总收入和财政支出 …… 167
8—2　地方财政收入（2003 年） …… 168
8—3　地方财政支出（2003 年） …… 168
8—4　县区财政收入与支出 …… 169
8—5　历年银行存款与贷款 …… 170
8—6　金融机构资金来源 …… 171
8—7　金融机构资金运用 …… 172
8—8　银行机构资金来源 …… 173
8—9　银行机构资金运用 …… 174
8—10　农村信用社存款与贷款 …… 175
8—11　历年银行现金收支 …… 176
8—12　金融机构现金收入（2003 年） …… 177
8—13　金融机构现金支出（2003 年） …… 178
8—14　银行机构现金收入（2003 年） …… 179
8—15　银行机构现金支出（2003 年） …… 180
8—16　1978—2003 年城乡居民储蓄种类 …… 181
8—17　城乡居民储蓄（2003 年） …… 182
主要统计指标解释 …… 183

九、农　业

9—1　农村乡镇组织（2003 年） …… 187
9—2　县区乡镇组织（2003 年） …… 187
9—3　乡村劳动力（2003 年） …… 188
9—4　耕地面积变化情况 …… 188
9—5　县区耕地面积变化情况（分区域，2003 年） …… 189
9—6　县区农村劳动力资源及构成（2003 年） …… 189
9—7　1978—2003 年农业总产值（不变价） …… 190
9—8　农业总产值（分县区，2003 年） …… 191
9—9　不变价农业总产值（分县区，2003 年） …… 191
9—10　农业总产值（老口径） …… 192

9—11　农业总产值（新口径）…… 192
9—12　农、林、牧、渔业总产值 …… 193
9—13　农业商品产值和商品率 …… 194
9—14　农业商品产值和商品率（分县区，2003 年）…… 194
9—15　农业总产出、中间消耗和增加值 …… 195
9—16　农业中间物质消耗 …… 195
9—17　农业总产出、中间消耗和增加值（分县区，2003 年）…… 196
9—18　农业中间消耗率（分县区，2003 年）…… 197
9—19　农业增加值 …… 197
9—20　农作物播种面积和产量 …… 198
9—21　农作物播种面积（分县区，2003 年）…… 199
9—22　主要农作物总产量（分县区，2003 年）…… 200
9—23　茶叶、蚕茧、水果生产情况 …… 201
9—24　茶叶、蚕茧、水果产量（分县区，2003 年）…… 202
9—25　茶园、果园面积（分县区，2003 年）…… 202
9—26　林业生产情况 …… 203
9—27　牧业生产情况 …… 204
9—28　牧业生产情况（分县区，2003 年）…… 205
9—29　渔业生产情况 …… 206
9—30　渔业生产情况（分县区，2003 年）…… 207
9—31　农业经济效益（2003 年）…… 208
9—32　主要农业机械年末拥有量 …… 209
9—33　农业机耕、水电、化肥、水利情况 …… 210
9—34　农业机耕、水电、化肥、水利情况（分县区，2003 年）…… 211
9—35　水利灌溉设施（年末数）…… 212
9—36　1984—2003 年农作物受灾情况 …… 213
9—37　农村电力生产（2003 年）…… 214
主要统计指标解释 …… 215

十、工　　业

10—1　全市工业总产值（2003 年）…… 219
10—2　主要年份工业总产值 …… 219
10—3　主要年份工业企业主要指标 …… 220
10—4　工业主要指标（按地域分，2003 年）…… 221
10—5　县区工业主要指标（按隶属关系分，2003 年）…… 222
10—6　市直属工业主要指标（按隶属关系分，2003 年）…… 223
10—7　支柱产业主要指标（2003 年）…… 224
10—8　市属支柱产业主要指标（2003 年）…… 225
10—9　主要工业产品生产量和销售量（2003 年）…… 226
10—10　全市乡及乡以上工业企业主要经济指标（2003 年）…… 228
10—11　全市规模以上工业企业主要经济指标（2003 年）…… 234
10—12　市属规模以上工业企业主要经济指标（2003 年）…… 246
10—13　全市规模以上工业企业经济效益指数（2003 年）…… 258

10—14 市属规模以上工业企业经济效益指数（2003 年） …… 261
10—15 县区工业主要经济指标（按隶属关系分，2003 年） …… 264
10—16 市直工业主要经济指标（2003 年） …… 266
10—17 工业企业能源购进、消费与库存（2003 年） …… 268
10—18 主要能源按行业分组消费量（2003 年） …… 269
10—19 工业企业主要能源库存量（2003 年） …… 271
10—20 工业企业能源消费量（按隶属关系分，2003 年） …… 271
10—21 全市工业 50 强（按销售收入排序，2003 年） …… 272
主要统计指标解释 …… 273

十一、建 筑 业

11—1 建筑业企业生产情况（2003 年） …… 280
11—2 建筑业企业财务状况（2003 年） …… 292
11—3 劳务分包建筑企业生产经营情况（2003 年） …… 310
11—4 劳务分包建筑企业从业人员情况（2003 年） …… 311
11—5 建筑业企业房屋建筑竣工面积（2003 年） …… 312
11—6 建筑业企业房屋建筑竣工造价（2003 年） …… 316
11—7 建筑业企业计算指标综合表（2003 年，不含劳务分包企业） …… 320
主要统计指标解释 …… 323

十二、运输和邮电

12—1 主要年份交通运输工具拥有量 …… 327
12—2 主要年份旅客运输量及周转量 …… 327
12—3 主要年份货物运输量及周转量 …… 328
12—4 主要年份电信网络及主要设备拥有量 …… 329
12—5 主要年份邮电业务量 …… 330
12—6 主要年份邮电邮路 …… 330
主要统计指标解释 …… 331

十三、国 内 贸 易

13—1 社会消费品零售总额 …… 335
13—2 市区及各县社会消费品零售总额（2003 年） …… 335
13—3 主要年份社会消费品零售总额 …… 336
13—4 社会消费品零售总额分月数（2003 年） …… 338
13—5 社会消费品零售总额分月数（分县区，2003 年） …… 338
13—6 社会消费品零售总额分月数（2004 年对比基数） …… 340
13—7 社会消费品零售总额分月数（分县区，2004 年对比基数） …… 340
13—8 批发零售贸易业商品购进、销售、库存总额（限额以上，2003 年） …… 342
13—9 批发零售贸易业商品销售类值 …… 346
13—10 批发零售贸易业商品销售量（限额以上） …… 347
13 - 11 批发零售贸易企业财务状况（限额以上，2003 年） …… 348
13—12 餐饮业销售情况（2003 年） …… 356
13—13 餐饮企业财务状况（限额以上，2003 年） …… 357

13—14　连锁店（公司）基本情况（限额以上，2003 年） …… 359
13—15　主要商品交易市场主要指标（亿元以上，2003 年） …… 359
13—16　零售企业排位（按商品销售额） …… 360
13—17　亿元以上商品交易市场排位（按市场成交额） …… 360
13—18　个体工商业基本情况（2003 年） …… 361
13—19　私营工商业基本情况（2003 年） …… 362
13—20　个体贸易业、餐饮业户数和人员数 …… 366
13—21　私营贸易业、餐饮业户数和人员数 …… 366
13—22　商品交易市场交易额（2003 年） …… 367
13—23　商品交易市场（2003 年） …… 367
13—24　南昌市个体经济基本情况 …… 368
13—25　私营经济基本情况 …… 369
主要统计指标解释 …… 370

十四、科技·教育·文化

14—1　各类专业技术人员（市属国有单位，2003 年） …… 375
14—2　专业技术人员学历状况（市属国有单位，2003 年） …… 376
14—3　专业技术人员年龄状况（市属国有单位，2003 年） …… 377
14—4　专业技术人员行业状况（市属国有单位，2003 年） …… 378
14—5　科研机构和人员 …… 380
14—6　大中型工业企业科技活动 …… 381
14—7　各类全日制学校基本情况（2003 年） …… 383
14—8　普通高等学校基本情况（2003 年） …… 384
14—9　成人中专学校基本情况（2003 年） …… 386
14—10　高等学校研究生（2003 年） …… 387
14—11　普通中等专业学校基本情况（2003 年） …… 388
14—12　技工学校基本情况（2003 年） …… 390
14—13　普通中学基本情况（2003 年） …… 391
14—14　职业高中基本情况（2003 年） …… 392
14—15　小学、特殊教育、工读学校基本情况（2003 年） …… 393
14—16　幼儿园基本情况（2003 年） …… 394
14—17　南昌市成人高校基本情况 …… 395
14—18　广播电视情况（2003 年） …… 396
14—19　艺术剧团和剧院（2003 年） …… 396
14—20　群众艺术馆和文化馆（2003 年） …… 397
14—21　博物馆（2003 年） …… 397
14—22　图书、报纸、杂志出版（2003 年） …… 398
14—23　公共图书馆（2003 年） …… 398
主要统计指标解释 …… 399

十五、卫生·体育·其他

15—1　卫生机构、床位、人员（2003 年） …… 403

15—2　体育事业（2003 年）…… 404
15—3　主要年份市属共青团组织情况 …… 404
15—4　1995—2003 年妇联系统组织情况 …… 405
15—5　1996—2003 年工会组织情况 …… 405
15—6　历届南昌市人民代表大会的代表人数 …… 406
15—7　历届南昌市政治协商会议的委员人数 …… 406
15—8　社会福利事业单位基本情况（2003 年）…… 407
15—9　社会福利企业基本情况 …… 407
15—10　城镇社区服务和农村服务网络（2003 年）…… 408
15—11　享受国家补助、救济人员情况 …… 408
15—12　婚姻登记情况（2003 年）…… 409
15—13　1985—2003 年婚姻登记情况 …… 410
15—14　社会保险情况 …… 410
15—15　律师、公证和人民调解基本情况（市属）…… 411
15—16　产品和商品质量监督检查情况（2003 年）…… 412
15—17　1993—2003 年南昌市消协受理投诉情况 …… 413
15—18　南昌市消协受理投诉案件（2003 年）…… 414
15—19　南昌“12315”受理举报申诉情况 …… 415
15—20　社会治安案件（2003 年）…… 416
15—21　交通事故（2003 年）…… 416
15—22　火灾事故（2003 年）…… 416
15—23　1998—2003 年人民法院一审案件结案情况 …… 417
15—24　职工伤亡事故 …… 418
主要统计指标解释 …… 419

十六、企业景气调查和现代企业制度企业调查

16—1　南昌市企业家信心指数（2003 年）…… 422
16—2　南昌市企业景气指数（2003 年）…… 423
16—3　建立现代企业制度企业从业人员和劳动报酬（2003 年）…… 424
16—4　建立现代企业制度企业主要经济指标（2003 年）…… 425
企业景气调查简介 …… 428
景气指数的计算方法 …… 428
现代企业制度与企业集团简要说明 …… 428
主要统计指标解释 …… 429

附　　录

中华人民共和国 2003 年国民经济和社会发展统计公报 …… 433
地区生产总值（2003 年）…… 441
人口（2003 年）…… 443
人民生活主要指标（2003 年）…… 444
社会消费品零售总额（2003 年）…… 445
对外贸易（2003 年）…… 446

工业增加值（2003 年） …… 447
全社会固定资产投资（2003 年） …… 448
价格指数（2003 年） …… 450
财政收支与金融信贷（2003 年） …… 451
省会城市对比资料（2003 年） …… 452
副省级（非省会）城市主要指标指标（2003 年） …… 465
人口（2003 年） …… 466
地区生产总值（2003 年） …… 466
农业总产值（2003 年） …… 467
工业增加值（2003 年） …… 467
工业产品销售率（2003 年） …… 468
社会消费品零售总额（2003 年） …… 468
财政收入（2003 年） …… 469
固定资产投资（2003 年） …… 469
海关进出口总额（2003 年） …… 470
在岗职工平均工资（2003 年） …… 470
城镇居民人均可支配收入（2003 年） …… 471
农民人均纯收入 …… 471
居民消费价格指数（上年 = 100） …… 472
江西省 2003 年国民经济和社会发展统计公报 …… 473

风采展示篇

江西省军区

军分区党委第一书记、省委常委、市委书记余欣荣，市武委会主任、市长李豆罗认真听取军分区领导汇报演习情况。

2003年南昌军分区在江西省军区党委和南昌市委的正确领导下，坚持以邓小平理论和“三个代表”重要思想为指导，按照分区党委提出的适应新的军事变革，实现部队和民兵预备役工作跨越式发展的总要求，突出抓根本、抓班子、抓龙头、抓安全，圆满完成了民兵组织适应性调整，城市反空袭作战综合演练和高炮（机）实弹射击，国动委网上演练和抢险救灾重大任务，确保了部队的高度稳定与集中统一，确保了安全无事故。

市委常委、副市长卢晓健在军分区政委张国华等领导陪同下视察营区建设。

军分区领导视察县（区）开展全民国防教育活动情况

南昌军分区

成立民兵心理战专业分队

民兵预备役人员参加市创建“四城”活动

官兵认真学习江泽民国防和军队建设思想

组织民兵预备役人员开展江泽民国防和军队建设思想知识竞赛

民兵高炮（机）部（分队）进行实弹战术演习

江西省军区南昌军分区

加强党委班子和干部队伍建设 围绕“坚定、团结、务实、廉洁、开拓、敬业”的要求，紧紧抓住理论学习、民主集中制、精神状态、风气建设和从政行为等方面不放，坚持抓观念促发展，抓主官带队伍，抓制度聚合力，党委班子的质量有新的提高；坚持把领导干部党性、官德、人品建设作为重点，通过每月一次的部长政委行政例会、参加下级党委民主生活会、下基层检查工作以及分工帮带等办法，加强面对面的帮助指导；注意加强干部队伍的教育管理和人才的选拔培养，采取集中培训、选拔干部参加上级组织的培训、送院校培养以及抓好在职培训等形式，抓好人才培养，司令部组织了函授作业和网上业务学习，政治部开办了业务讲座，后勤部则对口组织业务学习和辅导，有效地提高了机关干部的业务技能和素质，司令部被省军区评为先进司令部。

抓好十六大和“三个代表”重要思想学习教育 坚持把学习贯彻十六大精神作为首要的政治任务和贯穿各项建设的主线，认真贯彻胡锦涛总书记“七一”重要讲话和中央通知要求，广泛开展兴起学习贯彻“三个代表”重要思想新高潮活动，分区研究下发了掀起学习新高潮的《实施意见》和《实施计划》，采取举办理论读书班、知识竞赛，请地方领导、理论骨干进行辅导等形式，下功夫抓了十六大报告、《三个代表重要思想学习纲要》和《江泽民国防和军队建设思想学习纲要》的学习。系统开展了新党章学习教育活动，到方志敏烈士陵园开展了“重温入党誓词、践行三个代表”专题教育活动，使全体官兵更加坚定了理想信念。

认真抓好民兵组织适应性调整 按照“规模适当、布局合理、结构科学、重点突出、机构完善”的要求，把民兵组织适应性调整作为基础工作，重新调整了民兵高机分队的部署，增编了一些专业技术分队，初步构建了与任务相适应的民兵组织体系。

征集优质兵员 一年来，先后完成了从非军事部门直接征集士官试点，对直接征集士官的领域、专业、数质量以及征集的时机、程序、方法等进行了探索和总结，取得了宝贵的经验；继续组织征集在校大学生入伍试点，在江西医学院、江西中医学院、南昌航空工业学院、江西农业大学、江西财经大学和华东交通大学组织了试点，共征集52人；冬季征兵在实行新的体检标准、增加政治和身体条件兵、协调难度加大的情况下，圆满完成了兵员征集任务，南昌市和东湖区被江西省政府评为先进单位，南昌县被南京军区评为征兵工作先进单位。

【参加国动委网上演习】 按照省国动委的部署要求，上半年精心组织了市国动委“八办”主任集训、“保畅通”理论学习、重难点理论攻关、场地器材准备、文书材料拟制和录像资料采集等工作；市国动委八个专业办公室，参加了由省国动委统一组织的演练，初步探索了“保畅通”的组织程序、方法和路子，锻炼提高了国动委组织指挥能力，在赣州会议上军分区介绍了“着眼特点、抓住难点，脚踏实地推进保畅通作战准备”的经验。10月29日，南昌市还组织了人防警报试鸣和城市防空袭实兵演练。

【科技支前装备保障大队和民兵心理战分队组建试点】 根据省国动委的安排，在充分调查研究的基础上，南昌军分区分别在东湖区、西湖区、青云谱区、南昌县、新建县进行了科技支前装备保障大队和民兵心理战分队组建试点。统一了编制，规定了硬件设施，建立了相应的规章制度，进行了相关的训练等。

【城市反空袭作战综合演练和高炮(机)实弹射击】 年初对重要目标和防空阵地进行勘察，进一步明确了任务。之后，各县(区)人武部陆续展开了高炮(机)战技术训练和协同训练；9月份军分区组织城市反空袭作战综合演练和高炮(机)实弹射击，取得了命中拖靶23具，总评优秀的好成绩。青山湖区和进贤县人武部分别获得高炮高机实弹射击第一名。

【协调《南昌市拥军优属条例》的落实】 2002年10月11日，南昌市第十二届人民代表大会常务委员会第十一次会议通过了《南昌市拥军优属条例》，同年11月29日，江西省第九届人民代表大会常务委员会第三十三次会议批准该条例于2003年1月1日起施行。为落实条例中军人免费乘坐市内公交车和军人子女中考加分等规定，军分区先后协调民政、公交、教育等部门，召开听证会、座谈会、协调会3次，出台了军人免费乘坐市内公交车和军人子女中考优惠加分补充规定，革命烈士子女、因公牺牲军人子女、现役军人和病故军人子女报考南昌市录取权限范围内的中等学校，经过统一考试后的总成绩，分别加20分、15分、10分，并在当年为130名军人子女中考加了分。军分区还积极协调地方政府做好转业干部和随军家属安置工作，7月25日，省、市在军分区招待所召开了随军家属招聘现场会，64名军嫂与用工单位达成了意向，32名现场签订了合同。

【积极参加争创双拥模范城“五连冠”活动】 全年军分区组织驻昌部队和民兵预备役人员10万余人次、车辆1万余台次，投入抗洪抢险、森林灭火、应急救灾、“非典”防治、城市创卫、义务植树等，坚持在急难险重任务中用兵强兵，先后抢救被洪水围困群众1700多人、物资4000余件，扑灭较大山火30余次，义务献血500余人次。特别是在“非典”防治工作中，部队和民兵预备役人员发挥了突击队和生力军作用，先后投入兵力3、5万余人次，还牵头完成了《南昌市防治非典型肺炎应急预案》，南昌市获国家双拥模范城“五连冠”。

【开展“送温暖、心连心”活动】 军分区机关团以上干部与南昌市造纸厂12户残疾职工家庭，结成互助对子，两次捐款、捐物达6000多元；军分区和人武部两级机关干部、战士、职工，先后为淮河抗洪、非典防治、慈善救济捐款59389元。

【开展“第三个全民国防教育日”宣传活动】 8月底至9月初，在第三个全民国防教育日来临之际，军分区组织了江泽民国防和军队建设思想知识竞赛，9个县(区)人武部均组成代表队参加，分预赛和决赛两个阶段进行，决赛阶段以电视公开赛的形式组织，市委书记余欣荣、市长李豆罗和其他市委领导均出席了此活动，先后在省市电视台播放，取得良好的社会效益。

【组织报考军队院校的地方考生面试、体检】 受江西省军区的委托，6月26日至30日，军分区在教导队，先后对九江、上饶、抚州、宜春、南昌、萍乡、景德镇、鹰潭、新余等9个地市的3000名考生进行了面试体检，出色地完成了任务，其经验做法在南京军区召开的业务会议上作了介绍。

【创建文明卫生军营活动】 2003年，军分区先后投资200余万元新建了国动委、征兵办、战士宿舍、物保中心为一体的综合楼；投资20万元对卫生所进行了改造；投资60余万元对营院道路和排水系统进行了彻底整治，新建了军营文化广场，营区变得更加亮丽。青山湖区人武部新营院建设，从2002年6月22日动工，至2003年9月竣工，并一次性通过有关部门的审计验收，工程质量优良。该工程总建筑面积6806平方米，分为办公楼、综合楼，总投资660万元，10月15日，该人武部正式搬迁。

【组织职工专业技能比武竞赛】 组织军分区机关、直属单位和人武部职工，采取自下而上的办法，层层开展专业技能比武竞赛，4月底，各县（区）人武部职工组成代表队，集中到军分区教导队，分财会、微机、军械、驾驶、炊事等5个专业，进行专业技能比武竞赛，有力地促进了职工队伍业务建设。

【抓好后勤建设规范化管理工作】 严格落实财经纪律和有关制度规定，突出经费物资、工程建设管理和审计监督；积极推进采购制度、预算编制和住房制度等各项改革，在南昌县人武部组织了物资集中采购试点；经常组织后勤工作检查和资料展评，加强了营院的建设和管理；认真落实计划生育工作各项制度，计划生育“六率”继续保持100%，军分区被评为全军计划生育工作先进单位。

（以上条目均由杨晓蓓整理）

江西省南昌军分区负责人：

司 令 员：李家润（至2003年11月）

政治委员：张国华

参 谋 长：徐兆麟（至2003年10月）

陈 勇（2003年10月至今）

政治部副主任：罗水长（2003年1月至今）

后勤部部长：罗承农

武警南昌市支队

武警南昌支队积极开展“提高素质能力，保持优良作风”教育学习活动。图为支队长李峰、政委宋金昌作教育动员。

2003年武警南昌支队在武警江西总队党委和南昌市委、市政府的正确领导下，以“三个代表”重要思想为指导，从理清工作思路、转变领导作风、科学谋划工作入手，坚持一手抓“三项经常性工作”落实，一手抓“非典”防治工作，积极配合南昌市公安机关开展“严打整治”斗争，圆满完成了以执勤和处置突发事件为中心的各项任务，为维护南昌市的社会安全稳定，保卫人民生命财产安全做出了积极的贡献。支队先后在总队举办的政治指导员授课竞赛中获得团体第一名；在总队后勤规范化管理知识竞赛中获得团体第二名；在总队举办的军械员比武中获得总分第二名；在总队举办的《纲要》知识竞赛中获优秀组织奖。被江西省委省政府、南昌市委市政府评为精神文明建设“先进单位”、“标兵单位”，拥政爱民“先进单位”，防治“非典”先进单位，被南昌市政法委、综治委评为“严打整治”斗争先进集体。所属南昌县中队被总队评为基层建设标兵中队并记集体三等功一次；新建县中队、安义县中队、一中队、五中队被总队评为基层建设先进中队。先后有12名同志分别受到总部及总队表彰，26人荣立三等功。

支队积极参与南昌市的“严打整治”斗争，图为官兵摩托化城市武装巡逻。

支队执勤官兵担负安全警卫任务

官兵积极参加抗洪抢险战斗

视驻地为第二故乡，积极参加南昌市创造文明花园城市活动

官兵参加扑灭森林火灾行动

【拾金不昧】 2月3日，在春节城市武装巡逻中，支队一大队二中队巡逻哨兵周明、王清和、王鹏，巡至中山路太平洋购物广场南门时，发现路边一拐角处有一小红本，近前捡来一看，是3本重叠在一起的存折和1本通信录，3本存折总金额1002965.61元。立即用电台向中队组勤干部何小勇作了汇报，并及时报告了支队作战值班室，后将存折和电话本交支队代为保管，支队立即通报银行部门，找到失主，将存折归还，拾金不昧的精神受到市民称赞。

【扑救火灾】 2月5日8时30分，支队一大队三中队巡逻一组哨兵，在经过市区中山路八一起义纪念馆附近时，发现有紧急火情，巡逻哨兵立即将情况报告了上级，通报了消防部门，并迅速投入了扑救工作，由于发现和扑救及时，避免了国家重大财产损失。南昌市西湖区五套班子的主要领导专程到支队感谢和慰问巡逻官兵，并赠送了锦旗，称赞官兵是"活着的雷锋，学习的榜样"。10月18日晚，新建县溪霞镇发生森林大火，支队30名官兵参加灭火战斗，经过5个多小时的奋战，扑灭8处火场；10月23日下午，昌北开发区双岭村发生森林火灾，支队35名官兵连续奋战9个小时，翻越两座山头，扑灭8处火点；10月27日，安义县长埠镇新华村林场发生森林大火，支队35名官兵，经过连续14小时的昼夜奋战，翻越6座山头，扑灭15处火场；12月18日深夜，湾里区招贤镇蔬菜村发生山林火灾，火势迅猛，300余名村民和700余亩山林危在旦夕。支队出动35名官兵迅速赶赴火灾现场，官兵连续奋战8个小时，将5处山林火点全部扑灭，圆满完成了任务，受到当地政府和人民高度赞扬。

【抓获抢劫嫌疑犯】 支队积极参与南昌市社会治安综合治理，担负重大节日和"严打"期间城市武装巡逻任务。2月5日在城市武装巡逻中，一大队二中队巡逻五组哨兵郑小鹅、高洪沙、卢汉强经过孺子路丽华购物广场时，突然听到"抢钱了，抓歹徒"的求救声，巡逻哨兵迅速赶到现场，发现4名抢劫嫌疑犯正在摆脱被抢群众，准备逃跑，三名巡逻哨兵迅速形成合围，用娴熟的擒敌动作将4名犯罪嫌疑人当场抓获，同时拔打了"110"，将抢劫嫌疑犯移交公安机关处理。

【抗洪抢险】 6月25日，南昌市新建县乐化镇新石村幸福河华源段发生河堤决口，肆虐的洪水淹没了新石、江桥、黄墩、徐邓4个行政村，1万余亩良田、7600余村民受灾。6月28日支队接到任务后，出动200名官兵迅速参加抢险战斗，合战斗中，广大官兵充分发扬了不怕苦不怕累，不怕流血牺牲的战斗作风，打木桩76根，填埋沙袋20000余袋，经过10余小时的连续奋战和顽强拼搏，在河堤决口处筑起了一条长41米、宽4米、高6米的堤坝，成功堵住决口，受到了武警总部、总队和省政领导的高度好评，15名官兵立功受奖。

【预防非典型肺炎工作取得胜利】 5月份以来，全国大部分地区发生了非典型肺炎疫情，为做好"非典"防治工作，确保"非典"不传入部队，全力做好维护社会稳定工作，党委机关高度重视，成立了"非典"防治领导小组和办公室，编发了预防"非典"小册子、资料卡，加强了对官兵的教育引导，制定了一系列防治"非典"工作方案和执勤维稳工作应急方案，建立了有效的预防机制。先后投入10万余元防"非典"专项经费，购买防非药品和消毒剂以及防护服、口罩、手套等。坚持对营区公共场所定期消毒，对出入营门的人员进出及时登记和测量体温，有效做好了预防"非典"工作。同时，积极参与南昌市预防"非典"期间维护社会稳定工作，配合南昌市有关部门完成了"非典"封控任务，支队被南昌市委、市政府评为预防"非典"工作先进单位。

南昌市国

省委常委、市委书记余欣荣充分肯定南昌国税工作：市国税局责任心强、理念新、措施实、成绩明显

2003年，全市国税系统在省国税局和市委、市政府的正确领导下，坚持“聚财为国，执法为民”税收工作宗旨，深化征管改革，加强基层建设和干部队伍建设，圆满地完成了各项税收工作任务，为支持南昌做大做强和实现南昌“三个率先”目标作出了积极贡献。省委常委、市委书记余欣荣对南昌国税工作给予了充分肯定：市国税局责任心强，理念新，措施实，成绩明显。一是组织收入工作实现新突破，国税收入首次突破50亿元大关。二是优化经济发展环境有新举措，为南昌打造“四最”品牌作出了国税积极贡献。三是税收征管效能得到新提高，全市国税系统征管工作迈上了新台阶。四是税收职能作用得到新加强，南昌国税支持南昌做大做强作用日益显现。五是干部队伍建设呈现新面貌，南昌国税呈现人心思上、共谋发展的喜人局面。

总局局长谢旭人在省局局长周广仁、市长李豆罗的陪同下莅临南昌国税视察指导工作

团结奋进、开拓创新的领导班子

信息化　精细化　标准化

家税务局

抓机关带基层 抓学习促提高

做崛起先锋 展国税风采

省局党组书记、局长周广仁一行来我局视察指导工作

全市国税系统投资环境、文明行风评议评价工作动员大会

市局党组书记、局长曾光辉深入企业调研

国税全力支持南昌做大作强税收宣传会

部分全国、省、市人大代表、政协委员点评南昌国税工作

抓管理促规范 抓创新谋发展

南昌市公安局

团结向上的领导班子

贯彻执行“五条禁令”会议

112 报警中心

2003 年 南昌交通管理工作概述

2003 年是我市公安交通管理机关取得显著进步的一年。交管局在市公安局和省厅交警总队的正确领导下，贯彻落实党的十六大精神，坚持“立警为公，执法为民”，安全畅通为主题，深化实施畅通工程和创建平安大道工作，以科技为先导，以巩固求发展，以创新求突破，大力改善交通环境，缓解交通拥堵，压减交通事故，加快交通管理现代化进程，加强交警队伍建设。党委班子带领全体民警奋发图强，励精图治，争分夺秒，创一流业绩，为我市社会稳定和经济建设做出了积极的贡献。队伍整体素质和管理水平有了较大提高，始终保持了良好精神状态，为圆满完成各项任务提供了根本性的保障。在车辆保有量迅猛增长、道路大面积施工、交通需求日益高涨、道路面积率没有明显增加的情况下，维护了全市道路交通环境，交通管理的现代化、科学化水平有了较大提高，“畅通工程”达到二等管理水平。交通事故稳中有降，全年交通事故起数、死亡人数、受伤人数分别下降了18.81%、11.79%、17.12%。出色地完成了中央领导来昌、全国综治工作会议、全国“四进社区”文艺汇演以及金秋经贸月等各项警卫任务，确保了交通万无一失，受到了上级领导和社会各界的一致好评。

交通警察支队

向党宣誓

电子警察

交警执勤

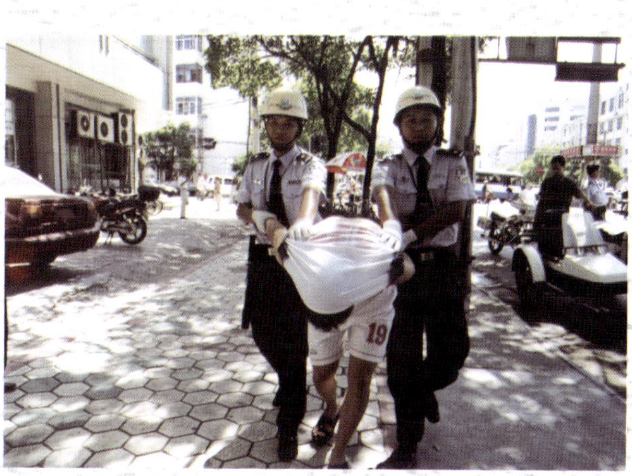

抓获罪犯

南昌市计划

全市的计生工作，在市委、市政府的正确领导和省计生委的精心指导下，全市计生系统高举邓小平理论伟大旗帜，以十六大精神和“三个代表”生要思想为指导，紧紧围绕年初市委、市政府提出的总体要求和各项工作目标，进一步加大了工作力度，夯实了基层基础工作强化了优质服务，规范了管理手段，加大了改革创新，圆满地完成了省下达的人口与计生工作目标任务，为我市做好“两篇文章”，实现“三个率先”和人口与经济、社会的协调发展营造良好的人口环境贡献了力量。

市委、市政府对人口与计划生育工作非常重视，把人口与计划生育工作摆到非常重要的位置。省委常委、市委书记余欣荣，市长李豆罗多次听取计划生育工作专题汇报，并就全市计生工作作出指示，要求全市上下务必抓好计划生育工作市委、市政府、市计生领导小组先后制定下发了《关于贯彻〈人口与计划生育法〉加强我市人口与计划生育工作的若干意见》(洪发[2003]7号)、《关于进一步明确南昌高新技术产业开发区、南昌经济技术开发区、南昌经济技术开发区和红谷滩新区人口与计划生育工作职责的通知》等5个文件，为推动我市人口与计生工作健康、稳定发展提供了政策指导；市委、市政府还先后召开了市委常委会、人口与环境工作会议、市计生领导小组会议，对全年计生工作进行了专题研究和部署。全市上下围绕市委[2003]7号文件精神，狠

生育委员会

抓落实，并且将加强计生基层基础工作作为全年工作重中之重来抓，开展了卓有成效的工作。全市各级计生部门把建立优质服务新的运行机制，作为实践“三个代表”重要思想的具体体现。营造了良好的宣传舆论氛围。全市各级计生部门充分发挥电视、电台、报纸、刊物的作用，做好宣传报道。为了使计生工作适应社会发展的需要，我们采取了一系列措施，规范了管理。建立和完善了计划生育依法行政的管理体系，明确了管理责任，出台了行政执法责任制、行政执法过错责任追究办法、行政错案追究制度等，有效地规范了计划生育行政执法行为。为确保人口与计划生育工作健康发展，我们对全市人口与计划生育工作面临的新形势全面分析，及时出台了《南昌市人口计划生育综合改革意见》，明确了综合改革的指导思想和工作目标，取得显著成效。

2004年，我市人口与计划生育工作的指导思想是：进一步认真学习贯彻党的十六届三中全会精神，以“三个代表”重要思想为指针，在推进计划生育新机制建立方面拿出新举措，取得新成效，开创新局面，紧紧围绕南昌做强做大，解放思想、实事求是、与时俱进，以加快人口和计划生育综合改革进程为突破口，继续稳定低生育水平，落实人口与计生工作各项任务，全面提升全市计生工作的整体水平，为南昌的人口、经济、社会、资源、环境的协调发展和可持续发展作出新的贡献。

南 昌 市

近年来，我局在市委、市政府的正确领导下，以创建国家卫生城市和国家林城市为动力，以营造“美的空间，人的乐园”为目标，围绕“富民强市”和“做好两篇文章”的要求，高起点规划、高品位建设，构建多层次、多类型、多功能的绿地系统，使城市环境生态化、城市绿地景观化，为优化投资环境、美化人居环境而尽心尽责。经全市园林干部职工共同努力，各项工作取得较好的成绩，城市绿化有了长足的发展。至去年底，城市绿化覆盖率达到36.6%、绿地率达到34.8%，人均公共绿地达到7.1平方米，2002年我市率先被评为“江西省园林城市”，2003年我局还分别获胜者得了建设部“创建园林城市先进集体”、省建设厅“年度工作目标管理优胜单位”和“全市卫生先进单位”的称号，并全市双评工作中被评为“双评十佳单位”。

地址：南昌市叠山路209号赣审大厦11楼
电话：0791—6821132

园　林　局

1、重点绿化工程进展顺利

(1) 象湖风景区建设

象湖公园是体现中国古典园林风格的声调嵌入绿地，是集生态保护、游憩娱乐、旅游经济多功能于一体的具有省级综合型风景区。

(2) 抚河公园建设工程

抚河公园续建工程本着提升东岸，打通西岩的精神，继去年东岸改造之后，今年重点是完善西线。

(3) 八一桥桥头绿化工程

为配合花园城市建设，提高城市园林化品位，按照高起点规划，高质量建设的要求，对八一桥头公园进行绿化改造，该工程内容主要包括土方造型、广场道路铺装、花架抬建、花坛建造、水电安装、自动喷灌系统、花坛建造、水电安装、自动喷灌系统、亮化工程、绿化配置及辅助设施等。

(4) 续建灌婴文化广场

其景为灌婴城楼，建筑面积1390平方米，分城台和台上建筑两部分，城楼主体为钢盘混凝土仿古框架结构。

2、门路绿化露新姿

近年来，我们以道路绿化为突破口，精心技术先进道路风光带，道路绿化层次分明，植物景观更加丰富。

3、公园建设充实提高

继八一公园免费开放后，人民公园于今年也免费开放，与此同时我局加强公园建设和管理，为市民营造了一个舒适、良好的休闲、娱乐场所，为南昌发展成为花园城市起到了举足轻重的作用。

4、庭院绿化、社区绿化跃上新台阶

各区城建部门还加在了力度，加强对庭院绿化居住区绿化的指导督查工作，庭院绿化、社区绿化呈现良好的发展势头，重利润，轻环境，挤点绿地多建房的现象基本得到遏制。

5、园林展览活动丰富多彩

每年都举办各种花展活动，多样的展览活动丰富了市民的文化生活。同时，南昌市花协还多次参加全国性的园林展览活动，并多次获奖。

南昌市公

南昌市公路管理局2003年被中共江西省省委、江西省人民政府授予“江西省第一届文明行业”称号。图为局长谢昌文、书记孙长庚接受荣誉牌。

南昌市公路管理局为市政府授权的全市公路行业主管部门，直接负责南昌地区国、省道及部分县乡经济干线790.913公里公路的修建养护和管理工作，并对全市农村公路实行行业管理。下辖进贤、南昌、新建、安义、湾里、效区、高坊岭七个公路分局和南昌路桥工程局、南昌公路勘察设计院、职工学校、信息中心四个直属单位。全局共有职工1688人，其中：管理人员123人，专业技术人员253人，工人848人，离退休职工436人。

二00三年是我市公路管理体制改革的第一年，南昌市公路管理局在市委市政府的正确领导和关怀下，在各县区和各有关部门的大力支持下，以公路体制改革为契机，加快公路建设步伐，公路规划设计水平、投资规模、建设速度呈现出前所未有的良好发展势头。

我局牢牢抓住公路建、管、养中心任务，一手抓抗击“非典”，一手抓加快建设；一手抓体制改革，一手抓稳定发展，取得了一定的成效。

一是积极投身于实现南昌率先崛起的建设，公路建设规划设计、投资规模、建设速度前所未有。全年共完成公路建设里程128.29，占计划的175.5%，完成投资2.3亿元。昌进、省大、南安一级公路开始建设。同时积极主动开展公路建设规划工作，拟定了全市公路网规划草案。

二是从容应对“抗非典、抗水毁、抗高温”战役，公路养护、管理工作有条不紊。实现全局年平均好路率75%，其中国省道干线平均好路率达89%。完成大中修工程投入960万元，大中修工程合格率100%，优良率80%以上。雨季水毁抢修投入经费200万元。巩固文明路创建成果221.79公里，查处损坏公路设施案件220起，实现案件查处率98%，结案率96%。

三是主动配合公路体制改革，干部职工思想、工作、队伍稳定，各项工作顺利开展。

四是三个文明齐抓共进，文明建设实现新突破。2003年，创建省级文明单位3个，市级文明单位5个，县

畅、洁、绿、美的320国道

路管理局

(区）级文明单位19个，省级青年文明号3个，市级青年文明号16个，其中市级“十佳”示范青年文明号1个。全局被省委、省政府授予江西省第一届文明行业称号。

今后，全市公路工作将继续在市委、市政府的正确领导下，贯彻“密度高、标准高、品味高”的指导思想，按照“抓两头、带中间”的原则进行。二00四年重点要抓好以下几方面工作：一是进一步深化和落实公路体制改革；二是办理农村公路管理职能接交手续，研究制定农村公路建设计划，健全和完善农村公路监督管理机构、制度和措施；三是完成省大、昌进一级公路74.53公里的建设工程，完成公路改造工程项目103公里，同时，配合搞好乐温高速公路、环城西线高速公路、生米大桥工程。四是全面推行养护运行机制改革，积极准备养护资质的申办工作。开展好科学、全面养护，实现平均好路率比上年增长1%。完成大中修计划600万元，实现合格率100%，优良率85%。确保公路常年“畅、洁、绿、美”。五是继续加强路政队伍建设，提高执法水平，巩固文明路创建成果，争取在队伍素质、执法规范、执法效果上有明显进步，完成文明路创建目标。六是狠抓文明行业创建活动的开展，巩固创建成果，进一步增加文明载体数量，提高行业文明质量。

繁忙的公路施工现场

省庄至大城一级公路项目于2003年9月15日举行开工典礼。图为开工典礼现场。

银三角立交桥

江西省电信有限

南昌市电信分公司总经理　许叶茂

赣水之滨，鄱阳湖畔，在江西南昌这个"军旗升起的地方"，光荣的革命传统和深厚的历史文化底蕴共同造就了一个生机勃勃的国有大型现代化通信企业——江西省电信有限公司南昌市分公司。

作为江西电信的通信枢纽和指挥调度中心，南昌电信走过了上百年的风雨历程，它所走过的每一步都是南昌通信事业发展历史长卷的生动笔墨。南昌电信的快速发展对于改善江西省特别是南昌市的投资环境，推进国民经济和社会发展发挥了日益重要的作用。

"桃李不言，下自成蹊"。南昌电信取得的辉煌业绩为企业赢得了多项国家级和部、省级荣誉。近年来先后荣获全国工业交通商业系统经济效益先进单位、全国设备管理优秀单位、国家质量管理奖、全国五一劳动奖状、中国企业管理杰出贡献奖、全国精神文明创建先进单位，连续多次被评为"全国实施用户满意工程先进单位"荣誉称号、连续16年保持了省级文明单位称号，连续13年保持了全国、部、省"思想政治工作优秀企业称号"。

公司南昌市分公司

伴随着中国电信的上市、重组改革，南昌电信始终致力于企业的技术创新、机制创新、管理创新，继续发挥南昌市信息化建设主力军的作用，为南昌市和江西省的国民经济和社会信息化做出更大的贡献。

我们真诚地祝福：南昌电信在您生活中的每一天！

◆江西省电信有限公司南昌市分公司在人民公园"3.15诚信·维权"现场宣传客户服务热线10000号

◆由南昌电信分公司与南昌大学共同组办的"小灵通"杯第十一届校园歌歌手大赛，在大学生中引起了强烈反响。

中国广厦
CHINAGUANGSHA

中国广厦建设集

中国广厦董事局主席 楼忠福

中国广厦必须在全球经济发展中赢自己的空间，广厦人一刻也不能忘记历史使命，一刻也不能淡忘危机意识，一刻也不能松懈前进的步伐！

——楼中福

广宏建设有限公司简介

浙江省东阳市广宏建设有限公司是由广厦集团第二建筑公司、广厦白云建筑公司共同购并重组，并具有国家二级总承包资质的企业。广厦建设集团第二建筑工程公司是广厦建设集团的全资子公司，与广宏建设有限公司实现两块牌子、一套班子。

公司现有员工7000余人，各类专业技术人员700余人。各类大中型建筑专用设备200余台，年施工能力200万平方米以上。公司以工业与民用建筑为主，同时向房地产、市政、路桥、装饰、广告等业多元化发展。近年来，公司取得迅猛发展，连续三年被评为“东阳市十强建筑企业”，连年荣获省AAA级信用企业、重合同守信用单位、纳税大户、文明单位、先进企业党组织等荣誉称号，并已通过了ISO9001、ISO14001、OHSAS18001等三大体系认证，已连续6年被上海市评为“浙江省沪施工优胜单位”，多项工程项目荣获上海市“白玉兰”杯优质工程奖及一大批省市级优质工程，仅2002年就获得北京、上海、浙江、安徽、江西、陕西等地数十项省市级文明标化工地荣誉称号。总经理何飞龙多年被评为东阳市建筑企业优秀经理、守信用企业家、广厦集团实干家。

广宏公司承建的白云会展中心项目

广宏建设公司董事长兼总经理 何飞龙

团有限责任公司

南昌财富广场项目总负责　王世清

南昌财富广场工程简介

南昌财富广场位于江西省南昌市中心八一广场北侧，东临广场北路，南接大连万达沃尔玛广场，西靠八一大道，北邻江西省艺术剧院。是江西华特实业发展有限公司投资新建成的集购物、餐饮、娱乐、休闲、酒店及办公于一体的南昌市乃至江西省标志建筑，裙楼设计大型屋顶花园，包括网球场、游泳池、休息亭、茶座及绿化小品等。建筑总高度128米，建筑用地面积11174平方米。总建筑面积101404平方米，其中地上三十三层，地下二层，共三十五层。结构为框架一剪力墙结构。工程总造价为1.5亿元。

建设部领导及专家莅临财富广场项目部视察工作

我们在这种施工场地极其峡窄、行人高度密集，施工环境极差的条件下，加大投入，苦干、巧干，采用了一系列的先进施工工艺。财富广场项目建筑落地面积面积2000M²，创四天一层的超深圳速度，按国家定额工期提前一年完成，打破江西省建筑史上记录，为江西建设作出了巨大贡献。

南昌财富广场项目总经理　杨胜

该工程多次受到省市相关领导和部门表扬，曾两次被江西省建设厅推荐参加建设部质量、安全检查评比工程，在工地现场接受建设部领导能观检查。一次被指定为“全省安全标化管理会议”现场会场，接纳全省相关领导参观检查。2003年南昌市“安全文明标化工地”评比活动中评为前十名内。同时开创南昌市首个裙楼边营业主楼边施工(分期交付使用)的先例。

现正在审报省优良工程当中。

财富广场项目工程

南昌财富广场安全科科长　周大海

现代经济强区

江泽民主席视察青山湖区

走进青山湖

青出湖区辖区五镇一乡一场，区域人口二十五万，驻区人口四十万，只占江西全省的千分之六，却创造出全省百分之二点三的GDP和百分之一点三的财政收入，一百八十平方公里的土地，只占全省千分之一强，但已吸引了全省百分之二点五五的外资和百分之二点三的内资。如今已形成以三园两区，即南昌民营科技园、扬子洲生态农业科技园、湖坊工业园、南昌昌东工业区、南昌京东旅游开发区为主，其它工业小区为辅的园区经济发展态势，基本形成了医药化工、纺织服装、食品饲料、机械冶金、建筑建材等行业共同发展的格局。青出湖区正在加快由城郊型经济向城市经济的转变，大力推进工业化和发展现代服务业，加快由城市边缘向城市中心的转变，大力推进城市化，成为城市的次中心，全力打造“成本最低、回报最快、效率最高、信誉最好”的“四最”品牌以及园区、物流、新区和名村的四张“名片”，实现经济和社会文化事业的跨越式发展。

路漫漫兮其修远兮，吾将上下而求索。青出湖人正以拔山贯日的志气和气壮山河的精神创造时代的奇迹，优化结构，提升质量，融入城市，争创一流，巩固完善“工业强区，市场大区、旅游新区、文化名区”的建设，为在全省率先实现全面建设小康社会的宏伟日标而努力奋斗！

现代都市新区

中共南昌市青山湖区区委书记：吴志明

南昌市青山湖区人民政府区长：熊桂金

湾 里 区

03年12月红湾公路开工典礼

绿荫掩映的竹林花园——蓬勃兴起的湾里房地产业

江中制药厂生产区一瞥

湾里，地处南昌西郊，距南昌市区仅10公里，距乐化新机场25公里。全区人口近10万人，国土面积约238平方公里，辖三镇一乡两街办。境内交通便利，公路四通八达。城市建设初具规模，功能齐备，设施完善。区内自然景观和人景观众多，境内梅岭已被列为国家重点风景名胜区和国家森林公园。根据“旅游、休闲、度假、家居”功能定位，湾里将致力建设为南昌都市花园新区。

2003年，湾里区坚定“小区能有大作为”信念，坚持开放为先，坚持以特色产业建设为重点，坚持以打造现代园林生态山城为目标，不断创新发展思路和举措，进一步优化产业结构，全区经济和社会各项事业协调发展。全区实现国内生产总值70800万元，按可比价计算，比上年增长16.3%；其中一产完成12400万元，增长6.1%；二产完成34900万元，增长16.6%；三产完成23500万元，增长20.8%。工业增加值完成31500万元，比上年增长15.8%；主要有汽车配件、矿山机械、工业电阻炉等主导产业；个私经济增加值完成

江西中医学院大门景——迅速发展的湾里教育产业

江西中医学院湾里校区一角

整洁美观的招贤北路

人 民 政 府

31000万元，比上年增长15.2%，占GDP比重达43.8%；农业增加值12400万元，比上年增长6.1%，主要有果业、食用菌、茗茶生产、花卉苗木种植四大主导产业；旅游三产兴旺发达，全年接待游客40万人次，旅游综合收入达1263.5万元；全年开工建筑面积42万平方米，竣工建筑面积28万平方米，投资额达24000万元，上交税费700万元，其中房地产业快速升温，已开工建筑面积96000平方米，已竣工建筑面积13960平方米。全社会固定资产投资26844万元，增长57.2%；全年城市建设投入总额为393.7万元，主要用于城市基础设施建设；公路建设投资总额为1600万元，主要用于幸洗公路、蛟万公路、店罗公路、红湾公司路以及农村公路新建、改造工程。社会商品零售总额14200万元，增长17.1%。完成地方财政收入4500万元，增长33.5%；农民人均纯收入2690元，增长4.7%；人口出生率控制在15‰以内。全年新签合同项目55个，实际利用外资551万美元，利用内资24300万元。

高山千亩茶园

雄峻奇秀的狮子峰景区

梅岭最高峰洗药湖全景

迅速崛起

省委书记孟建柱在安义视察工作

安义县属南昌市郊县，地处昌九工业走廊，105国道纵贯全境，京九铁路、昌九高速公路擦境而过，距南昌市60公里、昌北国际机场35公里、江西最大港口九江港和国际名山庐山110公里、京九铁路新祺周车站30公里；辖七镇三乡一场，面积666平方公里，人口25万；山川灵秀、小巧精美、资源丰富、文化底蕴丰厚、名胜古迹众多，尤其是入选“新豫章十景”的“千年古村群”，以其独特的文化内涵和古朴风采，被列为江西省八条黄金旅游线路之一，成为“江西省首批历史文化名村”。

近年来，安义县紧扣发展这个主题，按照“围绕一个目标（三县一园），做好两篇文章（城郊型、开放型），打造三个最佳（全省最佳配套工业基地、全省最佳农产品出口创汇基地、全省最佳生态园林县城）”的战略定位，以南安一级公路建设和南昌建设现代制造业主要基地为契机，精心构建“一廊三园”，快速融入“南昌半小时经济圈”，加速对接大南昌、呼应大京九，以工业化为核心，按照“甘当配角、发展配套、壮大龙头、加速聚集”的思路，全力打造全省

泓泰企业集团

晶安高科

凤凰山工业开发区

上海表建塑业有限公司江西分公司

的 安 义 县

最佳配套工业基地，实现工农互促、城乡互动、协调发展；以产业化为重点，按照”立足资源优势，确立主导产业，建设创汇基地，辐射带动农户”的思路，打造全省最佳农产品出口创汇基地；以城镇化为关键，按照“以人为本、以山为景、以水为亲”的思路，做足做活山水、生态文章，打造全省最佳生态园林县城；以特色为主旨，按照“大旅游、大产业、大发展”的思路，精心打造“古色、绿色、特色”精品旅游线路，全县经济社会实现了“一年一个样，三年大变样”的目标。安义正如扬帆启程之航船，乘改革开放之东风，破市场经济之巨浪，一日千里，昂扬奋进，日益成为投资“成本最低、回报最快、信誉最好、效益最高”的一方热土。

电话：3422244　　传真：3425232

一河两岸工程

安义中学

建设中的南安一级公路

从玉菜业

安义古村群——古村一角

南 昌

厂长：尹炳桂

南昌印钞厂隶属于中国印钞造币总公司，是一家拥有成套现代印钞设备和先进印刷技术的大型骨干国有印钞企业，其下属包括南钞实业公司等多种经营企业，主要承担人民币印制、各种有价证券和社会高级防伪印务。全厂占地面积258亩，职工1000余人，总资产逾7亿元。

自1970年创始以来，南昌印钞厂始终坚持以“为央行履行职责服务”为已任，优质安全保发行，先后参与了第三套至第五套人民币的印制。在生产过程中，企业奉行"安全和质量是企业生命"的理念，实行半军事化管理，全程数字管理，不断提升产品质量，达到了印品质量高、防伪性能强、保密好的要求，满足了用户的需要。在企业管理中，将传统管理经验与现代化管理模式、方法有机结合起来，形成了一套先进、完整、严密、特殊的管理制度和工艺技术，并通过ISO9001、OHSAS18001、ISO14001三大管理体系的国际认证。

凭借雄厚的技术力量、先进的生产管理，企业主业产品质量、主要技术经济指标一直保持行业先进水平，企业经济效益连年增长。企业先后获得“江西省文明单位”、“江西省优秀企业”、“江西省税利突出贡献企业”、“全国设备管理先进单位”、“全国环保先进单位”、“全国金融系统先进单位”等多项荣誉，建立了良好的社会信誉，创造了良好的社会效益。

现代化的办公环境

进入二十一世纪，南钞厂积极策应行业建设现代化印钞造币企业集团战略，以促进南钞全面、协调、快速发展为第一要务，全程提高生产过程自动化程度，全力推进企业信息化进程，全面提升企业管理水平；积极开拓市场业务渠道，实施多元化经营。全体南钞员工将继续秉承“忠诚印制、追求第一”的行业理念和“团结、拼搏、严实、创新”的南钞精神，为实现人民币全面国际化目标，为建设一流的现代化印钞企业而不懈努力。

渊远流长的钱币文化

印　钞　厂

宽敞明亮的生产区间

严密的安全保障体系

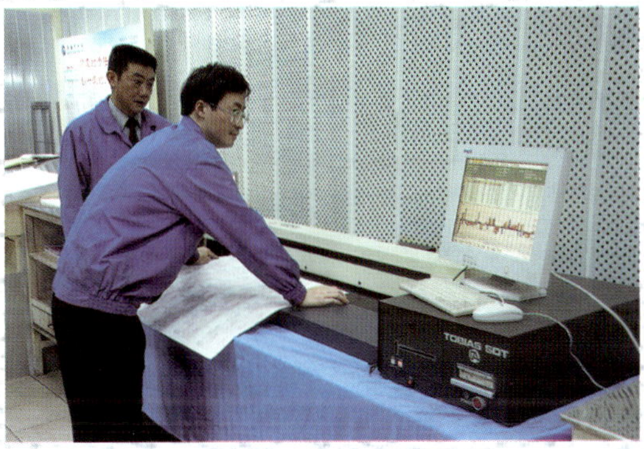

先进的质量检测手段

南钞宗旨：优质安全保发行、科学管理增效益

南钞理念：不求最大最全、但求最佳最强

南钞精神：团结、拼搏、严实、创新

南钞目标：建设优质、安全、高效、文明的一流现代化印制企业。

南钞要诀：认认真真做好每一件事，把每一项工作当作事业来干。

主厂房

南昌公路桥梁

董事长兼总经理 涂青峰

南昌公路桥梁有限公司（原为南昌公路分局工程队，始建于1980年6月隶属于南昌公路分局），一直从事公路桥梁等工程施工作业，1999年晋升为公路施工二级企业，并改制为有限公司，拥有员工476人，各类专业技术人员181名（其中工程系列中高级以上职称人员48名），是一支专门从事公路桥梁等工程的专业化施工队伍，为公路改造及江西公路事业的发展，作出了较大的贡献。

公司重质量、守信誉、创优质、争高效，始终以良好的信誉赢得市场，未发生一起重大安全事故和工程质量事故，以优质高效的工程回报业主、回报社会，努力创造公路建设新辉煌。

科学施工　严格管理

几十年来，公司职工团结拼博，艰苦创业，勇于开拓和创新，用辛勤的汗水和智慧，在公路工程建设上换来了可喜的施工成绩。

公司先后参加了昌九高速公路；昌九复线；320、232、105、206等省内国道主干线的改建、扩建；昌樟、昌抚、温厚高速公路、银三角立交桥、南昌市“一江两岸”南昌岸道路工程、昌厦一级公路、温厚高速公路G4标、昌北机场场内高速公路、梨温高速公路、206国道胡筠段等二十多项重点工程建设，累计施工里程达865公里，完成高级、次高级路面工程建设694.3万平方米，大中桥十余座，以上工程均被上级主管部门评为优良工程。

工程有限公司

323国道改造、田波公路改造、昌厦一级公路改造项目中分别被评为“优胜经理部”和“优良工程”，梨温高速公路A7-3标段，在工程建设中实现了“优质、高效、安全、廉洁”的工程建设目标，被评为先进单位。梨温项目经理部由于工作突出，被评为“优秀项目经理部”。在每次质量安全大检查中都位居全线前三名的好成绩。在建工程京福高速公路B5-2标段，工程合格率达100%，优良率达95%，按时的完成了工作任务，取得了较好的经济效益和社会效益。在建的泰井高速公路、省大一级公路、昌进一级公路、105国道南亨至中村坳等一系列工程均能够按业主的要求“优质、高效、安全、廉洁”的完成任务。

荣誉证书

公司在多年的工作中以“重质量，守信誉，创优质，争高效”的态度工作。获得了业主和上级主管部门的一致认可。

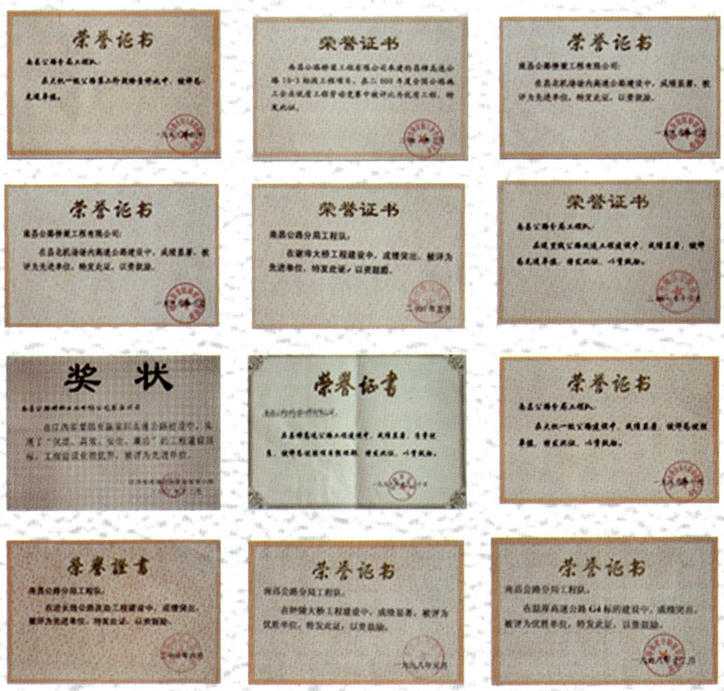

南昌水利疏浚

●正在筹建的水利科技大楼

●总经理、法人代表 樊俊明

●班子成员

南昌水利疏浚工程有限公司组建于1997年10月，现与水电物资设备公司、机电排涝公司和水利综合开发公司整合，隶属于南昌市水利局，是起步晚、发展快、具有河湖整治工程专业承包二级资质的国有独资企业。

公司现有职工200余人，公司注册资金2043万元，现有固定资产5000多万元，其中1000方/h绞吸式挖泥船1艘，500方/h斗轮式挖泥船 1艘，200方/h全液压绞吸式挖泥船2艘，100方/h全液压绞吸式挖泥6艘及基附属设备，是我省一支重要的河湖疏浚工程专业队伍。

●红角洲抽沙造地开工典礼

1998年以来，在南昌市“不江两岸”红谷滩新区开发建设工程中，该公司按质按量如期完成抽沙2000余万方，造地4000余亩的重任，为红谷滩全面开发建设作出了重大贡献。现阶段该公司又投入市政府重点工程——红角洲抽沙造地施工，抽沙总方量1000万立方米，造地2300亩，目前工程进入了扫尾施工阶段，按计划在9月底可全线竣工。

几年来公司从小到大从弱到强不断发展壮大。该公司有信心在南昌市委、市政府和市水利局党组的正确领导下，依靠南昌市改革开放和企业发展的优越外部环境，抓住南昌市“一江两岸”花园城市建设机遇，以高场为导向，再接再励，与同行共创我省水利疏浚事业的美好未来。

工程有限公司

●正在南昌大桥底下疏浚的挖沙船

●副经理、省劳动模范 熊细蝉

●正在吹填的红角洲

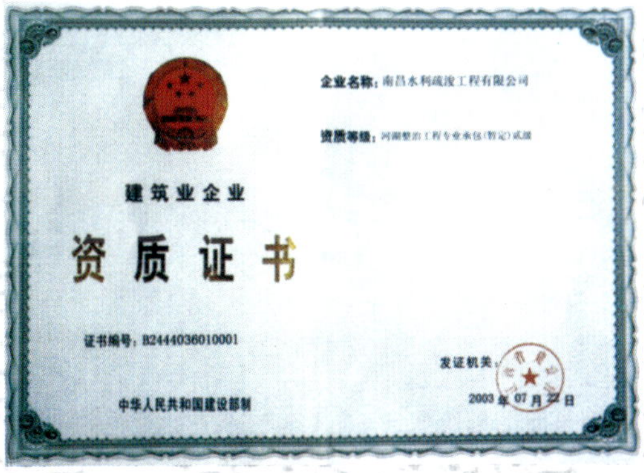

企业名称：南昌水利疏浚工程有限公司

资质等级：河湖整治工程专业承包(暂定)贰级

建筑业企业

资质证书

证书编号：B2444036010001

发证机关：

中华人民共和国建设部制

2003年07月[illegible]日

●二级工程资质证书

●吹填船在施工

●已初具规模的红谷滩

南昌市燃气

总经理：马小文

红角洲、凤凰洲工程开工典礼

南昌市燃气有限公司是由南昌市政公用投资控股（集团）公司南昌市煤气公司与上海大众燃气有限公司合资组建的股份制公司。南昌市政公用投资控股（集团）公司以市煤气公司的优良资产出资占总股本的46%；高级管理人员以现金出资占总股本的5%；上海大众燃气有限公司以现金出资占总股体49%。它的成立是集团公司推进以产权为核心，实现股权多元化，在体制机制创新的又一重大突破，标志着南昌燃气事业一个新的时代来临。

南昌市燃气有限公司于一九九一年三月正式向南昌居民供气，公司现拥有5.4万立方米气柜5座，煤气压送机11台，近500公里的城市燃气中低压管网及80多座燃气调压设备，在全市形成了一主干管、二大环管、四大支管的中低压管网布局。燃气管网西至红谷滩新区，东至瑶湖西岸，北至江纺，南至青云谱，主城区管网覆盖率已达到81%；全市近12万户居民、各类经营及公共福利用户已享受到了管道燃气。

南昌市燃气有限公司将以“立足南昌，面向江西”作为战略目标。积极引进上海大众先进的经营模式和灵活的市场机制，致力于南昌市的城市燃气发展响策应国家“西气东输”战略，为天然气进赣做好规划、建设，配合我市“一江两岸”的城市格局，完善南昌市的燃气基础设施，改善城市环境、开拓燃气应用市场，以一流的服务质量，造福全市人民。

地址：洪都北大道337号
电话：8633082　8622777(燃气热线24小时值班)

煤气抢修

施工现场

职工统一佩戴上岗证、统一着装

有限公司

5.4万M^3气柜／座

二〇〇三年重大事件

副市长罗为民节前视察安全

元月28日下午，副市长罗为民一行在公用局局长胡国光等领导的陪同下，来到公司对节日安全供气情况进行了检查。同时，还走访慰问了坚守岗位的一线职工。

公司收费系统进展顺利

公司新收费系统经过几个月的运作，已初步形成规模。至2月28日为止，已有将达3万用户在银行代收气费，7月底所有用户进入新系统。极大地方便了用户，提高了办事效率。

省委省政府等机关宿舍安装管道燃气

为落实吴书记关于尽快解决省级领导住宅管道燃气安装使用的指示，公司成立安装项目办公室，由马小文总经理专项负责，对省级四套班子宿舍进行管道燃气安装。3月20日，施工队进驻省委、省政府等机关宿舍施工。5月21日，省委等机关宿舍首批用户通气。

明确企业改革目标，完成公司合资重组

根据公司的报告，经2003年控股集团第三次党政联席会议研究决定，同意公司改制组建"南昌市燃气有限公司"方案，并上报南昌市政府批准。5月20日，公司召开第二次职工代表大会，审议并通过了公司改制方案，7月22日，公司正式与上海大众燃气有限公司合资重组成立"南昌市燃气有限公司"，实现了双方的优势互补，通过转换企业产权机制，建立现代企业制度，使企业开始走向产权多元化、运行市场化、发展产业化的新局面。

对职能部门、中层干部及员工队伍的配置进行调整

为适应公司运作，公司明确提出精减本部层、稳定运行层、扩大经营层的要求，对机构设置、中层干部及员工分别于5月上旬及11月上旬进行了二次大调整，极大的压缩了中层干部及本部管理人员，形成以实现利润为中心，以稳定输配及供气为目的的科学优化、目标考核的管理机制。

以市场发展为龙头，提高市场占有率

跟进城市规划的发展，积极开拓市场，大力发展燃气用户，并对燃气客户结构进行调整，加大公福户发展力度，2003年公福用气比例大幅度上升。燃气锅炉实现了零的突破，在江西省军分区安装并于8月21日正式通气运行南昌市首台燃气锅炉。

健全各项管理制度，理顺工作流程，规范工作要求

为规范燃气管理，理顺工作流程，公司陆续推出一系列管理制度，出台了《工程建设管理程序》、《燃气管道工程质量验收程序规定》等11项规章制度，公司将理顺工作流程，规范工作要求作为完成经济目标的重要保证。

昌东地区敷设管道燃气管网

随着南昌市昌东地区的快速发展，该地区已形成工业园区、高校园区。公司投资1000多万元，对昌东地区瑶湖大道10多公里进行管道敷设。

公司成立报修中心

随着燃气用户的不断壮大，用户报修数量日益增多，为更好地服务用户，提高工作效率，实行报修服务的规范管理，公司成立报修中心，24小时值班，为用户提供文明、规范、优质、便捷的服务。

公司实行统一着装，挂牌上岗

为打造企业特色服务品牌，塑造公司新形象，从8月25日起，公司所有职工统一佩戴上岗证，所有一线员工实行统一着装。

建设"两洲"燃气管网工程

公司于10月21日举行红角洲、凤凰洲液化天然气管网铺设工程开工典礼，"两洲"工程正式开工。"两洲"工程首次采用了新型PE管管材。

红谷滩燃气气站选址

11月29日，红谷滩燃气气站选址经红谷滩管委会批准。

收回洪都燃气经营管理权

12月1日，经公司与洪都协商，将原划给洪都管理的17000户燃气用户的收费及维修经营管理权收回公司，标志着南昌市12万管道燃气用户已全部由燃气公司统一管理。

圆满完成2003年度各项经营指标

2003年在公司领导班子的共同努力及公司员工的齐心协力下，完成各项指标为历史最好水平，实现了企业发展与经营目标双赢的好局面。

公司综合办公大楼

南昌国鼎实业开发有限公司——梅岭世纪园

南昌国鼎实业开发有限公司成立于1999年。基于对子孙后代的责任，以人为本、服务社会的理念，精心规划建设出一现代化陵塔园——梅岭世纪园。

主塔——真龙宝座

主塔祭拜大厅

园区景色

梅岭世纪园坐落于风景秀丽的国家级风景区梅岭群山之中，园区占地一百亩，主要包括塔园区、草坪区、欧式长廊区、小天坛区、观赏区、百草异草区等。

她是一处集宗教、艺术、祭拜、休闲为一体的现代化往生净土。是往生者的一方灵魂安息地，也是在生者追思怀念的理想场所。

VIP尊贵式福位

國鼎實業
GUODING INDUSTRY

为满足现代人的需求，公司专门组成了专业的礼仪队，每个人都经过严格的训练，为往生者提供多功能、全方位的圆满礼仪服务。整个仪式过程简单而不草率，隆重而不繁复、尊重而不迷信。

公司成立至今已走过五个年头，秉着“诚信、团结、开拓、创新”的信条及“求真、求善、求美”为目标，国鼎公司在

2002年分别获得市消协、省消协“诚信单位”称号。并在2003年获南昌市政府授予的“价格、计量信得过单位”荣誉称号。

一项事业的价值，不仅在于它创造的物质财富，更要看其对社会、对人类作出贡献。国鼎实业投身的是一项利国利民的功德事业，它节约土地，保护生态，更倡导全新的往生礼仪文化。在人类文明不断进步的今天，文明的殡葬习俗需要我们去大力树新，国鼎人有实力，更有信心。

现代塔葬模式

人的生命只有一次，理应善始而慎终。国鼎公司将努力创造美好祥和的生命空间，誓引领南昌的殡葬服务及文化，向更远的目标前进。

公司地址：南昌市湾里区翠岩路2号
电话：0791－3764060
网址：www.ncgd.com

在改革中奋进的江西省投资公司

党委书记、总经理：姚迪明（中），党委委员、副总经理：王九庆（左二）
党委委员、副总经理：孙卫东（右二），党委委员、副总经理：罗积志（左一）
党委委员、纪委书记：唐先卿（右一）

1989年2月，在我国经济体制改革的大潮中，江西省投资公司应运而生。十几年来，江投公司在改革中开拓奋进，在改革中发展壮大。公司的资产规模迅速增长。截至2003年底止，公司拥有总资产140多亿元，净资产约80亿元。其中公司本部总资产54亿元，净资产48亿元。公司投资的领域涉及能源、交通、房地产、建材、对内对外贸易、高新技术开发等。下属的全资子公司有江投房地产开发公司、进出口公司、经营公司等；控股的大型企业有上市公司“赣能股份有限公司”和丰城、新余、东津三个发电限责任公司；参股的大型企业有景德镇、井冈山华能、九江三期发电有限责任公司和昌九化工集团公司、贵溪化肥有限责任公司等，还有高技术产业发展有限公司、高技术产业投资股份有限公司、富昌油库、燃料公司等投资企业。

公司坚持以“产权经营”为核心，积极推进“控股经营、集约经营、资本经营”。公司通过集中债权、资产置换、债转股以及联合兼并、转让等方式不断调整优化资产结构。不断通过产权转让和各种融资方式，大量筹集资金，开辟新的投资领域。目前，公司除了巩固电力产业优势外，还积极渗透金融证券业、投资高科技产业和收费性基础设施项目。同时，做大房地产业和进出口业务，努力实现公司产业结构的调整和升级。公司目前正在创办的公司和投资的项目有：注册资金为10亿元的“江西金融租赁公司”、丰电2×60万kw机组扩建工程、高技术企业孵化大楼二期，“红谷春天花园”住宅小区开发。

公司坚持以党的十六大精神为指导，立足于公司实际，通过强化融资功能，优化电力资产，发展高技术产业，拓宽投资领域，完善退出机制，逐步健全以资本为纽带的母子公司体系，努力构造一个实力雄厚、功能完善、筹资渠道广、投资能力强的大型企业集团。公司的目标是：忠实地执行省里的经济发展战略，在江西的经济建设中，不断发展、不断壮大，力争在较短时间内成为“省内一流、国内知名”的政府投资主体和国有资产经营主体。为建设小康社会，为实现江西在中部地区的崛出作出自己的贡献。

南昌市人民检察院

省委常委、市委书记余欣荣亲切会见“中国十大杰出检察官”、市检察院反贪局副局长曹运革

市检察院代检察长沙闻麟进社区工作

全国、省人大代表视察我市检察工作

2003年，南昌市人民检察院在市委和省检察院的正确领导下，在市人大及其常委会的有利监督下，在市政府、市政协和社会各界的大力支持下，以邓小平理论和“三个代表”的重要思想为指导，紧紧围绕全市工作大局，以“强化法律监督，维护公平正义”为主题，以“星级创优”为载体，一手抓检察业务工作，一手抓检察队伍建设，忠实履行宪法和法律赋予的职责，各项检察工作取得了新进展。一是坚持把维护稳定作为首要政治任务，依法严厉打击了一批严重刑事犯罪。共批准逮捕刑事案件1994件2834人，依法提起公诉2407件3480人。二是突出办案重点，查办了一批有影响、有震动的职务犯罪大案要案。共立案查处贪污贿赂、渎职“侵权”等职务犯罪案件281件289人，立案数同比上升27.7%。三是认真履行诉讼监督职责，着力纠正有罪不究、裁判不公、违法办案、超期羁押等突出问题，有效维护了司法公正和社会正义。四是坚持“依法建院、从严治检”的方针，把检察队伍建设和基层检察院规范化建设放在更加突出的位置，长抓不懈，队伍的形象和精神面貌发生新的变化，涌现了以“中国杰出青年卫士”、“中国十大杰出检察官”曹运革为代表的一批先进集体和个人。共有28个集体获得41项市级以上荣誉，90人次受到市级以上领导机关的表彰。

南昌市教育局

南昌市教育局是南昌市人民政府主管全市教育事业的职能部门，其主要职能是：贯彻执行党的教育方针政策和国家教育法律法规，统筹管理全市学前教育、基础教育、中初等职业教育、成人教育、高等教育、特殊教育。

在市委、市政府的正确领导下，市教育局紧紧围绕做大做强南昌想问题、办实事、谋发展，坚持发展主题，坚持调整主线，坚持创新体制机制，使2003全市教育工作取得了显著成绩。

教育发展上了新台阶。小学、初中入学率分别达99.4%、97.12%，升学率分别达98.42%、64.67%，义务教育办学水平整体提高；幼儿园发展到了512所，在园幼儿达83909人，幼儿入园率城区达85%以上，农村达60%，幼儿教育快速发展；高中阶段入学率达64.67%，城区初中毕业生升入重点高中的比率达45.66%，高中阶段教育加快发展。

教育改革取得了新突破。县级政府加强了对教育工作的统筹，“以县为主”的义务教育管理体制不断完善；建立健全了以政府办学为主、社会各界参与、公办民办学校共同发展的多元化办学新格局，办学体制改革不断深化；建立了教职工全员聘任、教师资格、学校编制管理等新机制，教育人事体制改革不断推进；制定逐年增加教育投入的一系列新政策，教育投资体制改革不断创新。

教育局班子研究全市教育改革发展工作

熊晓武局长与校长签订责任状

吴新雄视察南昌外国语学校

省市领导祝贺教师节

素质教育取得了新进展。加强了学校德育工作，提高了德育工作的针对性、实效性和主动性；加强了课改实验，升化了教育教学改革，开展了丰富多彩的专项教育，提高了中小学学生综合素质；加强了中小学信息技术教育和英语教学的普级力度，教育现代化取得了新进展。

教育质量有了新提高。普级高考录取率达79.65%，初步实现了高等教育大众化；成人高考、自学考试、攻读硕士学位的报考人数创历史之最，终身教育质量不断提高；一千多人次荣获国家级、省级竞赛奖项，学科竞赛取得了优异成绩。

联系电话：6382538

南昌市交通局

2003年，是我市经济社会发展不平凡的一年，也是交通改革发展不平凡的一年。过去的一年，在市委、市政府和省交通厅的正确领导下，全市交通系统坚持以邓小平理论和“三个代表”重要思想为指导，深入贯彻十六届三中全会、省委十一届四次全会和市委八届五次全会精神，紧紧围绕服务建设300平方公里城区和300万人口城市、做大做强南昌的目标，努力打造“半小时经济圈”，解放思想，加大交通基础设施建设、加强交通行业管理、深化交通企业改革，克服了前所未有的“非典”、罕见的强暴雨和高温干旱灾害等严峻考验，实现了新的快速发展，各项工作都取得了好成绩，呈现出强劲的发展势头。

2004年按照中央“五个统筹”的要求，把握大局，明确任务，求真务实，与时俱进，为实现南昌率先崛起提供安全、优质、便捷的交通运输保障。

南安一级公路于2003年7月1日正式开工，余欣荣等市领导出席开工典礼

全市更新钢制渡船128艘，极大改善我市农村渡运安全

南昌市交通局党委中心组认真学习“三个代表”重要思想

江西水运集团与泰国新鸿盛（曼谷）有限公司合资投入1000万元在江西造船公司建造的400客位豪华双体游轮

国务院抗非典督导组在江西长运集团检查，称赞车站成功截断疫源的做法

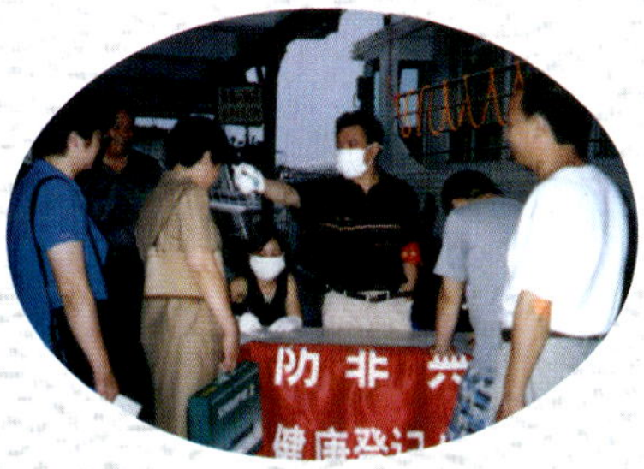

南昌港工作人员认真对乘客进行非典排查

江西水运集团招商取得成绩与外商合资开发水上旅游业

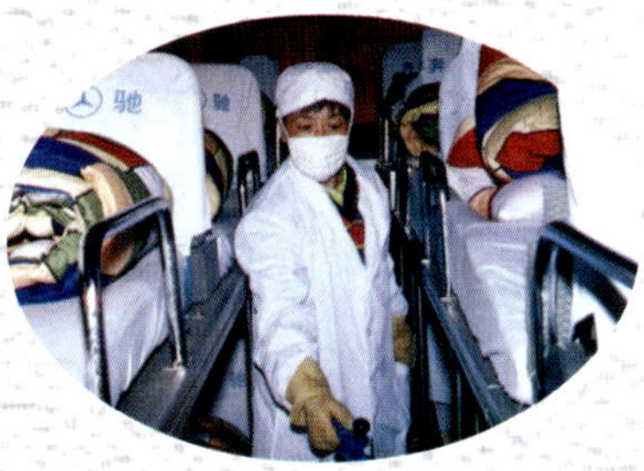

江西长运消毒人员对车辆进行消毒

江西省交通厅航运管理局

江西省交通厅航运管理局办公大楼

江西省交通厅航运管理局（简称：江西省航运局）是江西省交通厅职能机构，厅直二级单位，代表政府实行对全省港口、水路运输行业管理的行政机关，局长王大双。地址：南昌市沿江北路20号。邮编：330008。电话：0791－6702905（传真）。江西省航运局在上海、南京、武汉设有驻外办事机构，是江西交通水运对外联络窗口单位，在南昌辖有四个直属单位：江西省航运局设计所、江西省水路货运服务中心、江西省航运物资供应总公司、江西省交通科技大楼物业管理中心，为独立的企、事业法人单位。

省内赣州、吉安、宜春、南昌、抚州、鹰潭、上饶（设在鄱阳县域）、九江、景德镇、新余、萍乡十一个设区市设有港航管理处（所），是设区市交通局进行辖区港口、水路运输行业管理的行政机关，业务管理上接受江西省航运局的指导、协调和监督。各设区市港航管理处（所）辖属县（市）港航管理所（站）（个别称处），全省共计51个，他们既是县（市）交通局港口、水路运输行业管理职能机构，又是各设区市港航管理处（所）的派出机构，业务管理上受设区市港航管理处（所）的指导，协调和监督。

南昌港客运大楼

南昌——波阳航线上的高速客轮

江西省航务管理局南昌分局
江西省南昌市地方海事局
江西省南昌市船舶检验局

江西省交通厅航务管理局南昌分局、江西省南昌市地方海事局、江西省南昌市船舶检验局系三块牌子一套人马的航道、海事、船检专业管理事业单位。下设航道段、船闸管理站、航务工程处、南昌市地方海事处和船舶检验处、新建县地方海事处和船舶检验处、进贤县地方海事处和船舶检验处等基层单位。负责赣江市汊一吴城及中东河的航道养护、道政管理和航养费、规费征收工作。作为南昌地区四县一市水上交通监督管理执法主体和船舶法定检验的唯一机构，依法履行以下主要职责：水上交通安全监督；水上交通事故、船舶防污染事故调查处理；船舶防污染管理；危险品及其他货物水上运输监督管理；船舶登记、发证、进出口签证；船舶驾驶、轮机人员培训、考核、发证；水上水下施工作业审批；船舶建造检验、营运检验、公正检验和船舶检验技术档案管理；重大机、海损事故技术调查、技术检验鉴定；船舶修造厂生产技术条件许可审查、船舶设计单位资质认可审查；办理船舶过户、转籍和报废等。

局长：郭生根

南昌航务分局外貌

南昌市地方海事局揭牌仪式

南昌航务分局第三届五次职代会暨工作会议

工作人员正在检察工作

南昌市人事局

南昌市人事局是市政府主管人事人才工作和推行公务员制度及人事制度改革的工作部门，负责贯彻执行关于人事工作的方针、政策和法规。设办公室、综合处（市人事争议仲裁办）、公务员管理处、引进国外智力和专家处（外国专家局）、职称处（市职改办）、人才交流开发处（市军转办）、工资福利退休处以及监察室、机关党委等9个职能部门。

南昌市机构编制委员会办公室是南昌市机构编制委员会的常设办事机构，负责贯彻执行有关行政管理体制和机构改革以及机构编制管理的方针、政策和法规。既是市委的工作机构，又是政府的工作机构，与南昌市人事局合署办公，一个党组。设编办一处、编办二处、编办三处（事业单位登记管理局）3个职能部门。

南昌市人事局、编委办在市委、市政府的正确领导和省人事厅、编委办的具体指导下，以与时俱进的精神，坚持改革创新，制定出台了一系列符合南昌经济社会发展需要的人事人才政策，采取措施，大力做好“三支人才队伍”（即党政人才、专业技术人才、经营管理人才）的培养、吸引和使用工作，取得明显成效。2002年底，全市7097名公务员队伍具有大专以上学历人员占到73.4%。全市现有享受“国贴”专家78名，“省贴”专家28名，“市贴”专家10名，后备专家94名，各类专业技术人才7万多名。随着南昌经济快速发展，我市正不断聚集一大批素质较高的经营管理人才。按照转变政府职能的要求，市编委办近年来积极组织，机构改革工作。2002年机构改革后，全市各级党政机构精简31.8%，机行政编制精简20%，县机关精简17%，政法机关精简10%，全市各级党政机关正不断朝廉洁、勤政、务实、高效政府方向迈进。

南昌市粮食局

局长：杨小林

南昌市粮食局为南昌市人民政府管理粮食的行政主管部门，受市政府委托负责辖区内粮食流通管理；粮食企业的行业管理；国家专储粮、省级储备粮、市级储备粮、周转粮的管理和军供、灾供工作；对局直属国有和国有控股粮食企业的国有资产实施监管，以及对国有控股企业领导班子进行任免和委派；对市属县区粮食局进行业务指导。

南昌市粮食局有直属企业：江西绿叶集团、江西良友集团、华鑫集团、储运公司、饲料公司、省粮机厂、洪安粮油商贸部、物资公司、粮油商贸中心、良友房地产开发公司等10余家。粮办工业产品主要有大米、面粉、面条、油脂、速冻食品、饲料、粮油机械。拥有一条铁路专线、两座粮食专用码头。

南昌市人民政府市长李豆罗来局视察工作

过去的一年，是南昌经济社会发展极不平凡的一年，也是粮食系统工作经历了重要考验的一年。一年来，在市委、市政府的正确领导下，在上级业务主管部门的指导帮助下，市粮食局带领全系统广大干部职工团结奋斗，众志成城，战胜了非典、粮食减产以及市场波动对粮食工作带来的严重影响和巨大困难，各项工作均获得显著成效。粮食购销工作实现了“两增两减”目标；大米出口全面完成了省下达的任务；粮食储备保持“一符四无”记录；粮食财务完成了控亏指标；抗击非典彰显出驾驭复杂问题的能力，调控粮食市场创出佳绩；招商引资任务超额完成任务；企业改革稳步推进；“十百千万亿”工程目标全面实现；综治稳定一方平安。出口大米、扭亏增盈、粮食统计等工作荣获全省先进单位受到表彰；招商引资、抗击非典、综合治理、政务信息、党的建设等方面荣获全市先进单位，受到市委市政府表彰奖励。

今年，南昌市粮食系统广大干部职工，在市局党委的领导下，以邓小平理论和“三个代表”重要思想为指导，全面贯彻党的十六大和十六届三中全会、中央经济工作会、农业和粮食工作会精神，积极响应市委市政府的号召，围绕“一个目标”，做好“两篇文章”，实现“三个率先”，打造“四最”品牌，抢抓机遇，创新工作，大力发展粮食产业，主动抓好粮食购销，严格执行粮食政策，不断完善市场体系，努力确保粮食安全，积极推进企业改革，突出重点招商引资，冷静应对市场挑战，促进粮食经济快速、持续、健康发展，为做大做强南昌做出粮食人应有的贡献。

团结奋进的领导班子

南昌市气象局

省委常委、南昌市委书记余欣荣视察气象局，看望慰问干部职工（右一余欣荣书记、左一省气象局陈双溪局长、右三蔡社宝常委、左二詹丰兴局长）

市领导视察南昌市农村经济信息网

市人大副主任肖永政（前右三）率领气象执法检查组到进贤县进行执法检查

局领导班子（左二市局党组书记、局长詹丰兴，右二齐国荣副局长，左一魏丽副局长，右一许爱华副局长）

全市气象工作暨农村经济信息网工作会

2003年，市气象局紧紧围绕市委市政府提出的“建设现代区域经济中心城市”和“建设现代文明花园英雄城市”、推进“三个率先”目标，与时俱进，开拓创新，以“完善气象服务手段，拓宽气象服务领域、提高气象服务时效”、“建好、管好、用好气象”的要求，提升业务能力，确保基本业务、气象服务等各项工作，与市委农工部联手承办，具有独特运作方式的南昌农村经济信息网站建设，建成了NMOA网络办公系统、自动气象站以及4个雨量观测站等多项工程，实现了气象现代化建设、业务技术体制改革、气象依法行政、县级气象部门“五大工程”一级达标单位的快速发展。获得全国气象部门重大气象服务先进集体、全省人工增雨抗旱减灾工作先进单位、第九届省级文明单位、全省学习雷锋、青年志愿者服务先进集体等荣誉。

展望世纪前沿，追踪大气科学和地球科学发展，市气象局将坚持把发展作为第一要务，优化气象事业结构，依靠科技创新，建设四个一流，完善四个体系，立足于社会和经济发展，着力开展多普勒天气雷达、闪电定位仪、自动气象站、环境监测站、气象卫星等现代化探测资料的应用与开发，不断提升气象服务水平，增强气象为防灾减灾服务的能力，为南昌经济和社会发展做出积极的贡献。

南昌市商业贸易委员会

党委书记、主任：喻德火

省委常委、市委书记余欣荣在副市长凌学仁陪同下检查节日市场商品供应情况

南昌市商贸委是全市商品流通（含餐饮服务业）行政主管部门，主要承担组织实施全市商贸和餐饮服务业规划和改革发展的政策措施；统筹规划商业网点，指导、协调全市商贸和餐饮服务业网点建设；整顿和规范市场经济秩序，会同有关部门做好商贸企业食品卫生、服务质量的监督管理工作；对兴办商品市场、设立牲畜定点屠宰场、拍卖行业进行论证，并依法监督等。

目前，我市城内大商场，城中特色街、城郊大市场、城外大物流格局已初步形成，成功打造了中山路、孺子路、胜利路等8条专业街形成特色；商场销售火爆，购物中心、连锁超市、折扣店等新型商业业态发展势头强劲，规模效应进一步显现，百货大楼年销售达15亿元，全国排名第25位，洪城大厦销售超10亿元，全国排名第64位，世界500强企业之一的沃尔玛顺利落户南昌，并创下单店日销售额全球第一的业绩；大市场交易活跃，全市共有商品交易市场289个，全年成交额275.7亿元，年交易额超亿元商品市场已发展到25个，洪城大市场年交易额108亿元，成为国家级大市场，列全国同类市场中第9位，南昌（深圳）农产品批发市场年交易额26.1亿元，在全国同类市场中排名第7位。

2003年全市商贸工作在市委、市政府的正确领导下，以党的十六大精神和“三个代表”重要思想为指针，紧紧围绕“城内大商场，城中特色街，城郊大市场，城外大物流”的商贸发展格局，着力提升商贸业品位，扎实推进商贸现代化，使南昌尽快形成人流、物流、资金流、信息流的区域中心，为繁荣商贸、服务社会创造了良好的佳绩。尽管受到“非典”影响，我市商贸业仍取得较快的发展。2003年完成社会消费品零售总额201.18亿元，同比增长13.1%。并获得2003年“全市抗击非典先进单位”、“全市综合治理目标管理考核先进单位”、“全市招商引资工作先进单位”、“全市安全生产工作先进单位”、“全市党委系统督查工作先进单位”、“全市纪检信访工作先进单位”等荣誉。

副省长孙刚在副市长凌学仁陪同下视察丽华购物广场

党委中心组学习

2003年全市商业经济工作会议

南昌市审计局

南昌市审计局党组书记、局长：李广辉

团结务实的局领导班子（李广辉（中）彭中秋（右二）刘鹏（左一）赵波（右一）郑克里（左二））

南昌市审计局抓住南昌经济建设的重点、难点、热点，充分发挥审计监督服务宏观调控的职能作用

审计人员按正在对企业进行审计

2003年度，南昌市审计局在市委、市政府和上级审计机关的正确领导下，以“三个代表”重要思想十六大精神为指导，全面贯彻全国、全省审计工作会议精神，坚持“全面审计，突出重点”的工作方针，坚持以人为本，大力加强和改进审计工作，紧紧围绕我市建设现代文明花园英雄城市、打造现代制造业重要基地、实现南昌率先崛起的工作中心，以服务于经济建设为宗旨，与时俱进，开拓创新，创造性开展工作，为促进我市加快推进工业化核心战略，维护财经秩序、整治经济环境、规范经济行为、提高经济运行质量、推进廉政建设，发挥了积极作用。一年来，共完成审计单位373个，审计查出违纪违规金额78919万元、管理不规范金额236746万元、损失浪费金额1399万元、减少财政拨款或补贴8383万元、应归还原渠道资金8655万元、要求被审计单位自行纠正金额237644万元、上交财政10340万元、核减工程款5482万元、核减政府支付的企业改制费用3608万元。向上级党政机关、领导提交工作报告、信息188篇，被领导批示、采用85篇，建议纠正部门不当规定5条，向纪检监察部门移送事项3件9人，涉及金额2,287万元。年度审计补缴财政首次突破亿元。2003年审计工作得到了市委、市政府的充分肯定，省委常委、市委书记余欣荣批示指出：“我市审计工作有成绩”；被江西省审计厅评为全省审计机关先进集体，被市委、市政府授予南昌市文明机关。

审计人员正在对我市重点工程项目进行审计

审计人员正在参观井冈山革命斗争历史，接受革命传统教育

南昌市人民政府法制局

局长：廖南萍

南昌市人民政府法制局是市政府办理法制事务的工作部门，主要职责是：统筹市政府的立法工作，审查修改立法项目送审稿，组织理清市政府规章，承办市政府规章解释的具体工作，编辑市政府规章汇编的正式版本；负责行政执法监督的具体工作，组织或参与行政执法监督检查，承办县、区政府和市政府部门规范性文件备案审查工作，核发、管理和监督使用行政执法证件；承办市政府行政复议和行政应诉事项；组织开展政府法制宣传、培训及法制理论研究工作等。内设机构有：办公室、立法处、执法监督处、复议应诉处。

2003年在市委、市政府的正确领导下，法制局以“三个代表”重要思想为指导，团结一致，开拓进取，埋头苦干，较好地完成了全年工作任务：共完成15件立法项目送审稿得审查修改工作；对现行69件市政府规章进行了清理；对100余件转来的法规和规章征求意见稿、文件、协议、合同等提出了法律意见；办理规范性文件备案审查12件；组织或参加了对《行政处罚法》等4部法律、法规执行情况的检查；办结行政复议案件58件；对全市行政复议工作人员和部分行政执法人员进行了培训，核发了相关的执法证件。

全市行政执法人员法律知识培训

全市立法工作会议

江西省交通稽查征费局南昌分局

江西省交通厅稽查征费局南昌分局于1987年7月组建成立。属江西省交通厅稽查征费局领导，正处级事业单位，下辖十二个稽查征费所（站）和一个贷款路（桥）通行费征收站。依据《公路法》、《江西省公路规费征收管理条例》、省政府63号令等相关法规、规章专职负责南昌地区机动车辆的公路养路费、交通重点建设费、客货运附加费、贷款路（桥）通行费以及车辆购置税的征收管理工作。成立至今，南昌交通稽查征费分局共为国家筹集交通建设资金近50亿元。

局长：姚光南
书记：魏和利
地址：南昌市洪都北大道289号
电话：8517716

姚光南局长与所长签定责任目标书

队列

团拜会

上路稽查

南昌市质量技术监督局

图为省质监局朱秉发局长(左二)在市质监局冯金兆局长(左一)的陪同下视察该局

南昌市质量技术监督局是管理全市标准化、计量、质量、锅容管特安全检测监察工作并行使行政执法监督职能的政府综合部门。

近年来，南昌市质量技术监督系统在市委、市政府和省质量技术监督局的正确领导下，深入学习贯彻十六大、十六届三中全会精神，实践“三个代表”重要思想，牢牢把握发展主线，全力做好服务大文章，着力提高技术监督工作在实现南昌率先崛起和全面建设小康社会过程中的有效作用。2003年全系统完成组织机构代码颁、换证、年检及办理IC卡38937家，审核食品标签453个，发展条码新成员80余家，深入开展11个农业标准化示范区技术服务，推进农业标准化；出动执法人员近万人次，组织开展节日商品、农资、“非典”防护用品、食品、地条钢等重点产品专项打假，立案查处案件900余起；开展气瓶普查整治，建立气瓶安全监察新模式，出动人员5900余人次，开展“土锅炉”专项打假和重点时期特种设备安全检查；完成三类产品国家专项抽查和205家企业355个不合格产品的后处理，组织40家食品企业申办生产许可证；全力推动“质量兴市”战略实施，经该局申报，江铃、汇仁等23家企业30个产品获“江西名牌”，6家企业被授予全省质量管理先进企业。

面对南昌经济快速发展的新形势，南昌市质量技术监督局认真贯彻落实市委八届六次会议精神，紧贴政府中心工作，扎实推进“质量服务经济、质量振兴南昌”十大工程，以提高队伍素质为中心，狠抓机关效能建设。先后被国家质检总局、市政府授予全国质检系统法制宣传教育和全市“三五”普法先进单位；市委、市政府授予全市招商引资服务奖；连续两年被评为全市安全生产专项整治先进单位。

牢固树立“铁腕抓安全”指导思想，狠抓特种设备安全监察。图为捣毁“土锅炉”现场

图为质监局捣毁的劣质肉制品生产窝点现场

南昌市劳动和社会保障局

胡锦涛总书记视察南昌市劳动力市场

黄菊副总理视察南昌市劳动力市场

南昌市劳动和社会保障局，是市政府的职能部门，主要职责是履行《中华人民共和国劳动法》赋予的职责，统筹管理全市劳动力资源的开发利用和劳动就业工作，综合管理全市、社会保险、职业培训、职业技能开发、劳动关系调整等工作。

在市委、市政府的高度重视和正确领导下，该局认真贯彻落实"三个代表"的重要思想，发扬与时俱进、开拓进取的时代精神，积极扩大就业、促进再就业，全力巩固两个确保，不断深化社会保障制度改革，劳动保障事业得到了全面发展。

两个确保均实现了100%；2003年，新增城镇就业7.5万人，下岗失业人员再就业4.5万人，跨省劳务输出17.2万人，年末，社会从业人员234.7万人，养老保险参保53.9万人，失业保险参保49.5万人，医疗保险参保37.5万人。基础建设全面加强，新建了一个近1500平方米的全功能创业指导中心；劳动力市场改造扩建后，使用面积扩大到6000平方米，同时可容纳300家用工单位，1万名求职人员供需见面；社区平台建设取得突破，按标准建成街道（乡镇）事务所31个，社区服务室237个，已纳入街道社区管理的退休职工15.95万人。胡锦涛总书记等多位党和国家领导人亲临视察，并给予充分肯定和高度评价。

在探索劳动保障制度改革的进程中，该局多项工作走在全省、全国前例。如：非全民所有制职工养老保险和社会统筹，被劳动部称为"全国头一份"；南昌市劳动力市场被誉为全国三种模式之一，六个示范中心之一和十个部级精神文明窗口之一；扩大就业促进再就业的作法被誉为"南昌经验"推广，南昌市劳动局连续13年被评为"江西省劳动(保障)系统先进单位"，2000年被国家人事部，劳动和社会保障部授予"全国劳动保障系统先进单位"。

南昌市『万人再就业招聘洽谈会』

南昌铁路局南昌车站

南昌车站站长：张支平

站领导班子合影

站党政主要领导春运一线为旅客提供热心服务

南昌站位于南昌市二七南路213号（邮政码330002），为客运一等站。站中心里程为京九线k1444＋866处，站界总长1950米，站房面积19154平方米。

车站采用6502大站电气集中联锁和双线双向自动闭塞设备。特别是2003年DMIS监控系统、调车监控系统等一批先进技术装备先后投入使用，提升了车站现有设备的科技含量，保障了车站安全。车站分本场和客车整备场2个车场，4个站台，11股到发线。车站日均接发列车126对。其中客车69对，货车57对。客车每日开往或经由全国各大城市北京、上海、广州、深圳、西安、青岛、济南、成都、重庆、昆明、贵阳、南宁、柳州、桂林、长沙、武昌、郑州、洛阳、石家庄、合肥、南京、杭州、温州、福州、厦门、汕头以及管内麻城、九江、赣州、定南、萍乡、玉山、景德镇、江边村等。

车站售票大厅设24个售票窗口，实行1米线排队购票，与市内及郊县的90个车票代售点联网形成计算机售票网络。售票大厅内配有2台自动售票机，以满足不同旅客的需求。此外车站还配有触摸屏查询、旅客引导、票额显示、电子监控系统等较完善的旅客旅行设施和电子寄存柜、自动擦鞋机、远红外按摩椅等服务设备。车站软席候车室设立移动、联通VIP(大客户)室，开辟“绿色通道”，实行商务代理。

2003年车站继续巩固和延伸客运服务质量年成果，转变服务理念，以旅客为焦点关注，深入开展“学标、对标、达标”等活动，不断改善服务项目，提升服务档次，高起点设计军人母婴候车室和迎宾第一岗，进一步整合26099、23222信息系统。车站连续第三年邀请省质量协会用户评价委员会对车站服务质量进行调查，测评满意率达92.92%。面对突如其来的“非典”疫情，车站坚持防控与服务并重，实现了职工“零感染”、疫情“零扩散”、运输生产正常有序的目标，受到上级的肯定和好评。车站被中央精神文明指导委员会授予“全国创建文明行业工作先进单位”，被铁道部和江西省授予文明单位车站称号，站工会被授予“全国模范职工之家”称号。铁宏公司还以骄人的业绩位居江西省百业龙头榜（133家企业之86位）。车站还以贯彻ISO9001标准为契机，投资数十万元进行办公自动化网络的建设，制作车站网页，实现公文网上传递、收发、流转、阅读，开通电子邮件系统等，提高车站经营管理工作水平和工作效率。同时，不断优化人力资源配置，推进干部人事制度改革，积极推行干部竞争上岗工作，促进干部作风的转变。坚持以人为本，加大“三线”建设，建成职工食堂，彻底解决当班职工用餐问题，调动干部职工的工作积极性。

站长张支平（9月任），副站长周长松（12月任）、莫亚琼（女）、鲁新（8月任），站长助理汪慧铭。党委书记熊坚坚（12月任），纪委书记曹建军，工会主席郭侃，团委干事陈新（12月任）。行政设站办、人劳科、业务科、安技科、总务科、职教科、计财科、微机管理中心等8个科室，下设客运、售票、运转、行包中心4个车间和多经、集经企业。党群组织设党委（党办及8个党支部）、纪委、工会、团委。年末职工685人，女职工350人，男职工335人，其中干部78人，高、中级技术职称67人。

2003年，南昌车站旅客发送967.62万人次，完成运输收入6.32亿元。多经经营销售收入2500万元，利润200万元；集体企业经营收入626万元，利润48万元，较好地完成了年度任务指标。至2004年3月5日实现行车安全2000天。在铁路第五次提速调度工作中实现了安全平稳有序的目标。

南昌市卫生局

市卫生系统防治"非典"工作会

魏局长、姚书记一行五人视察三医院

南昌市卫生局市政府的卫生行政主管部门，行使卫生全行业管理职能，担负着全市人民的医疗、预防、保健、康复、卫生执法监督管理工作。人员编制设47名，设党委办公室、人事秘书处、规划财务处、医政妇幼保健处（中医处）、疾病控制处、卫生法制监督处、科技教育处、市爱国卫生运动委员会办公室、注册登记处、监察室10个职能处（室）。局属医疗单位18个。全市共有医疗机构851个，病床15233张，每千人有床位3.4张，卫生工作人员27079人，其中卫生技术人员21197人，市民每千人拥有卫生技术人员4.7人。全市门诊诊治272.9万人次，实际开放病床5406张，出院病人12.9万人次。在改革开放以来，南昌卫生事业沐浴改革的春风，以崛起之势，迈腾飞之步，喜获累累硕果：医疗卫生能力蒸蒸日上，预防保健工作成效显著，儿童服苗率>98%，法定传染病报告发病率为234/10万，平均期望寿命达73.1岁，高于全国平均水平，全市孕产妇死亡率29.05/10万，婴儿死亡率12.94‰低于全国平均水平。

市卫生局连续五年被评为全省卫生工作目标管理先进单位、2002年全市卫生系统在争创文明单位活动中，有多家单位被评为省、市、县（区）文明单位，卫生系统被评为全市综合治理工作先进单位。为促进我市经济和社会发展、提高全市人民的健康水平做出了应有的贡献

南昌市卫生系统"树行风、塑形象"热线接听现场

德高术精　福泽人民

改革奋进中的江西医学院第一附属医院

江西医学院第一附属医院创建于1939年，经过60多年的风雨兼程，综合实力不断增强，医院面貌发生显著变化，如今已经发展成为江西省规模最大的集医疗、教学、科研、预防保健为一体的三级甲等医院。

医院概况

医院占地119423平方米，设有病床1600张，临床科室35个、医技科室15个、专科门诊42个、研究所3个，实验室21个；职工2124人，其中正高人员175名，副高人员263名，享受国务院特殊津贴者21人；博士点1个、硕士点21个；消化内科、烧伤科、泌尿外科、普外肝脏门脉高压症科、耳鼻咽喉－头颈外科、神经外科、传染科、胃肠外科为省高校重点学科、省高校重点建设学科、省医学领先专业学科、省医学领先专业建设学科；普外科、消化内科、放射科受卫生部委托承担全国性专业进修生课程；经省卫生厅和江西医学院批准，江西省消化系疾病诊疗中心、江西省疼痛临床中心、江西医学院癌症中心挂靠我院，医院成立了细胞基因诊断中心、疼痛康复科、糖尿病教育中心等特色专科和研究机构；外科烧伤专业是目前江西省唯一拥有博士学位授予权的医学专业。

与时俱进　科技兴院

1997年至2003年，医院申报各级各类课题600余项，获准课题100多项，其中国家自然科学基金项目4项，省级课题55项，获省部级奖10项；开展新技术、新疗法250余项；开展了骨髓移植、心脏移植、肝移植、肾移植、试管婴儿、腔镜新技术、介入新技术、人工肝、非体外循环心脏不停跳下冠脉搭桥、内镜下胆道金属支架和结肠内金属支架置放等一系列新技术新疗法。

硬件建设发展迅速

1997年以来，医院投资1亿多元人民币，购买了高档螺旋CT、多功能X光机组、大型DSA、1.5T磁共振、三光子直线加速器、西门子16层CT、CTGEVIVID7彩超、数字胃肠机、柯达CR900型、雅培血药浓度分析仪等国内、省内领先的高精尖仪器；投入1.7亿元资金，先后建起了门诊大楼、感染大楼、外科大楼、肿瘤大楼、内科大楼，急诊创伤中心、医技大楼、中心花园正在筹建之中，医院绿化面积达42%，园林式格局基本完成。

精神文明建设成绩斐然

医院获"全国卫生文明先进集体"、"省直医疗收费信得过先进单位"、全国省级综合性医院先进党组织、全国文化科技卫生"三下乡"先进集体、全省职业道德"双十佳"单位等荣誉称号；妇产科获 "全国青年文明号"、"全国创建文明行业工作先进单位"等荣誉称号，涌现了全国"白求恩奖章"、全国百名优秀医生、全国优秀教师、全国师德先进个人、全国科技工作先进个人、全国卫生系统青年岗位能手、省十大杰出青年、省为人民服务标兵等一大批先进个人。

南昌市路灯管理处

南昌市路灯管理处成立于1954年9月，为全额拨款事业单位，隶发球南昌市市政公用事业局，现有事业编制人员130人，企业编制人员40人，处机关共8个科室，下设三个所一个公司，担负着全市路灯设计的维修管理工作，同时，负责市内道路路灯新改建工程。

二十一世纪是城市发展的世纪，新一届市委、市政府提出了“做好两篇文章，建设花园城市”的新要求，加快城市民展是加快南昌经济的关键所在，作为城市发展重要组成部分的路灯事业也在大踏步向前迈进，城市诬蔑宙化工作摆在了重要位置来抓，我市开展了轰轰烈烈的亮化工程。2001年7月完成中山路景观工程，安装广告灯箱170多组，地埋灯、导向灯2000盏，礼花灯16组。8月份，完成抚河故道滕王阁至闱地军闸段4.6公里路灯景观工程，新装氖管灯、空中射灯、泛光灯等种类路灯共计4897盏。9月份完成叠山路－南京西路－南京东路“十里长街”155基11米高不等臂风帆灯，共计完成各类路灯新改建工程20余项。2002年进行了“四湖”、相思林公园、象湖公园、湖滨公园等近20项亮化工程。至2003年初，全市种类路灯数量已达60600余盏，线路长1000多公里，为城市增添了一个又一个的亮点、景点。路灯亮灯率达到97%以上，设施完好率达到85%以上，安全生产率达到100%，南昌市的路灯亮化情况得到了各级领导及市民的一致致好评。

为深化内部改革，提高工作效率，建立能上能下的用人机制，二00三年初在路灯处实行了虽层干部及职工竞争上岗，通过民主测评，演讲答辩等几个环节，一批年青有知识、有能力的职工走上中层干部岗位。通过对机关科室定岗定人，有效的扭转了过去人浮于事的情况。在加强路灯建设及维护成本，提高维修效率，而且使路灯管理向高效、智能化方向转变，使南昌市的路灯管理水平迈上一个新台阶。

南昌市审批办证服务中心

省委常委、市委书记余欣荣视察我中心工作

南昌审批办证服务中心于2000年9月28日成立，目前，进驻市办证中心的部门共29个，行政审批事项181项。办证中心自成立以来，在市委、市政府的正确领导下，以邓小平理论和党的十六大精神为指导，全面实践“三个代表”重要思想，以优化投资环境为中心，与时俱进、开拓创新、解放思想、求真务实，围绕一个宗旨（公开、公正、廉洁、高效），落实两大任务（内抓管理、外塑形象），发挥三个作用（招商引资前沿阵地作用、优化投资环境窗口作用、广大客商的温馨之家作用），努力做到四个创新（制度创新、机制创新、服务创新、管理创新），在构筑南昌独特的投资环境优势方面开展了一系列的工作。据统计，仅2003年1—12月份，共受理各类投资与建设项目36111件，办结35853件，集中收费13.42亿元，与去年同期相比，受理增长3335件，增幅10.18%，办结增长3872件，增幅12.22%，收费增长6.42亿元，增幅91.71%。办证中心成立三年多以来，共收到客商感谢信400余封、锦旗300余面，并连续三年被市委、市政府授予十佳文明机关和招商引资先进集体。

全市审批办证工作会议现场

地址：南昌市中山路470号　　邮编：330009　　网址：www.bzzx.nc.gov.cn
电话：0791—6692083　　传真：0791—6692089

中国农业银行江西省分行营业部

悠悠二十余载，难忘的历程。中国农业银行南昌市支行于1980年正式恢复建制，1992年10月由支行改为分行，1998年12月顺利完成省、市分行合并后，组建了现在的中国农业银行江西省分行营业部，并被农总行列为全国47家重点城市行之一。

二十多年来，中国农业银行江西省分行营业部在人民银行、农总行、省分行和省委省政府、市委市政府的正确领导和关心支持下，在积极支持地方经济发展的同时，自身也取得了令人瞩目的成绩。尤其是自2001年以来，省分行营业部新一届领导班子以"三个代表"重要思想为指导，大力弘扬井岗精神，创新思想认识，创新经营机制、创新考评机制，创新人事管理、创新金融服务、创新内控管理，从而使过去三年多时间成为该部改革力度最大的一个时期，不仅连续三年名列全省农行业务经营综合考评第一名，而且实现了"四大"历史性突破：即存款增量创历史最好水平、清收盘活创历史最好水平、资金上存创历史最好水平、利润增盈创历史最好水平。

农行步行街新春花市

精神文明建设和企业文化活动丰富多彩

南昌市首家“金融超市”

三年来，该部传统主营业务佳音频传，城市新兴业务方兴未艾，电子化建设突飞猛进，财务增盈成效显著。目前，该部存款大户已涉及到工商、法院、公安、财政、学院、保险、社保、证券、医院、电信、电力、邮政、石油、交通、司法、房地产等30多个行业（系统）。贷款优良客户已有省电力集团公司、中国联通江西分公司、江西电信集团、洪都航空集团公司、江西联创光电集团公司、江铃集团公司、赣粤高速集团公司、汇仁制药有限公司、南昌大学、江西师范大学、南昌市土地储备中心等40余家优良客户。截止2003年底，该部各项存款余额达122.03亿元，比2000年增加52.43亿元，是前21年存款总额的65.88％；各项贷款余额为110.64亿元，比2000年末增加45.94亿元，是前21年贷款总额的66.18％；三年来，累计实现盈利3.9亿元。

目前，中国农业银行江西省分行营业部下辖14个支行，近150个营业网点，拥有POS机1300余台，ATM机30余台，在全省农行系统首家开办了24小时自助银行，营业网点100%实现了电子化，并已全部应用新一代综合业务处理系统（ABIS），网络优势明显。同时，该部还通过深入开展“都市形象工程”和“效益工程”，涌现出了全国级“青年文明号”单位1个，总行级“青年文明号”单位4个，总行级精神文明建设先进单位1个，拥有了全国“百强支行”叠山支行和象南、洪城等一批效益型支行。

日臻壮大的中国农业银行江西省分行营业部将继续秉承“客户至上”的原则，竭诚与广大客户续秦晋之好，籍以诚信合作，共享农行、企业、地方经济三盈之利。在“十五”期间，中国农业银行江西省分行营业部力争盈利超过5亿元，以骄人的经营效益昂首洪城，从而把省分行营业部发展成为实力雄厚、服务卓越、设施先进、效益显著、享有盛誉的国有商业银行。

中国工商银行江西省分行营业部精神文明建设硕果累累

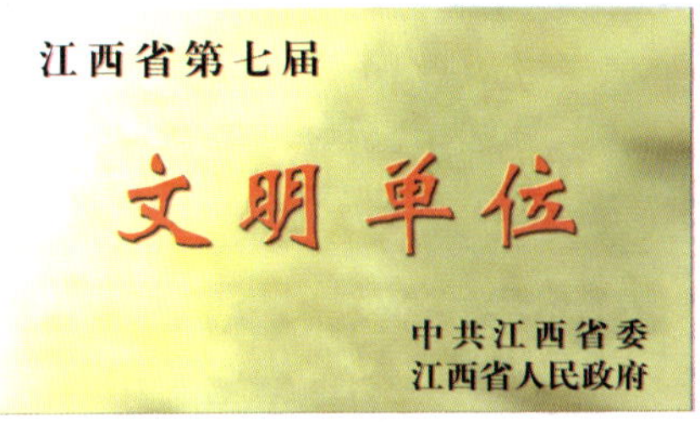

中国工商银行江西省分行营业部始终坚持以促进区域经济发展为已任，按照“发展要有新思路，改革要有新突破，开放要有新局面，各项工作要有新举措”的要求，认真贯彻落实市委、市政府关于加快经济发展的一系列战略布署，在政府及社会各界的大力支持和帮助下，各项业务取得蓬勃发展的同时，员工精神面貌焕然一新，精神文明建设硕果累累。营业部被全国总工会授予“全国五一劳动奖状”，成为2003年全省唯一获此殊荣的金融机构；连续两届被江西省委、省政府授予“文明单位”；连续三年被南昌市委授予“职工思想政治工作先进单位”；有一个支行被授予省级“职工职业道德先进单位”；有一个支行被授予总行级“文明建设先进单位”；有两个支行被授予总行级“模范职工之家”；有两个营业网点被授予“全国青年文明号”；有两个营业网点被全国妇联授予“巾帼文明示范岗”；有十个营业网点被授予总行级“文明服务示范窗口单位”，涌现出了一批劳模和各类先进人物。

省委书记孟建柱视察营业部

省长黄智权亲切看望一线员工

省行李安山行长到阳明路支行指导工作

南昌市农村信用合作社联合社

南昌市市委常委、农工委书记蔡社宝参加全市农村信用社工作会议，并做了重要讲话。

市联社理事长刘懿深入进贤县文港信用社扶持企业——南昌市德文笔业有限公司，就其经营情况进行视察。

2003年南昌市农村信用联社按照全省行业管理会议精神要求，紧紧围绕“支农、抓降、增存、增效、控案”工作目标，励精图治，创造性地开展工作，全面完成了各项工作任务。

截止2003年末，全市下辖6个县级农村信用合作社联合社，94个独立核算信用社，245个营业网点，1805名从业人员；各项存款余额达415598万元，较年初增加71643万元，增长20.8%，其中储蓄存款余额325007万元，较年初增加48130万元；各项贷款达282511万元，较年初增加51037万元，其中农业贷款余额达137276万元，较年初增加30875万元，新增农业贷款占新增各项贷款达60.5%；不良贷款余额114050万元，较年初下降8718万元，不良贷款占比40.37%，较年初下降12.67个百分点，实现各项收入22085万元，同比增加4690万元，其中利息收入16677万元，同比增加3826万元，收支扎差盈余233万元，一举摘掉了连续八年亏损帽子，实现了市联社成立以来连续四年无重大差错事故和各类案件发生。

市联社领导深入新建县农村信用社贷款扶持企业——赣浙茶场视察其经营情况。

农户正在排队办理农户小额信用贷款

南昌经济技术开发区白水湖学校

南昌经济技术开发区
规划建筑设计院

鼎讯管线综合图

南昌经济技术开发区规划建筑设计院于一九九七年元月成立，服务项目有：建筑、规划、市政道路设计和工程勘察测量等。

主要担负着开发区30多平方公里的开发建设的设计、勘测等任务，做了大量的工作，并随着开发区的开发建设的不断深化，也发展壮大了自己。目前设计院的综合素质不断得到提高，软件、硬件建设都达到了较高的层次。今后我们将面向市场，不断地开拓进取。

地址：南昌市昌北开发区下罗电信局四楼
电话：0791—3804564
传真：3815279

南昌经济技术开发区电力有限公司

发挥商会网络优势 民间招商大显身手

南昌市工商联承办的昌台经济合作恳谈会

2003年，南昌市工商联（总商会）认真贯彻落实市领导“南昌市民间招商要发挥工商联作用”的指示精神，充分利用工商联国内与各省、市工商联、民营企业，国（境）外与各国、港、澳、台工商社团及经济界知名人士联系广、信息灵、网络大的优势，按照“搭建舞台、邀请演员、组织演出”的工作思路，积极策划、组织、配合各县（区）、开发区和有关部门大力开展民间招商活动。全年先后赴浙江、江苏、福建、广东、四川、上海、重庆等省（市）的所辖发达市、县（区）19个，策划、组织开展了11次小分队经贸恳谈会；配合、参加了“江西南昌承接沿海经济发达地区产业梯度转移（宁波、广州）推介会”；组织了“昌台经贸恳谈会”，共组织邀请1500多个海内外知名民营企业家与各县（区）、开发区接洽。南昌市工商联在招商引资中积极牵线搭桥的务实作风，在海内外引起强烈反响，因上述活动的开展，全年接待来昌考察、投资的回访客商20多批（次），共1000多人。为做大做强南昌，实现富民强市的目标做出了重要贡献，被市委、市政府授予年度“招商引资优质服务奖”。

地址：南昌市中山路138号商会大厦
电话：0791—6268154
邮编：330003

雷武江、雷元江出席市工商联组织的南昌（萧山）经贸合作恳谈会

雷元江出席市工商联组织的南昌（常州）经贸合作恳谈会答谢酒会暨友好商会签约仪式

雷武江、雷元江出席市工商联组织的南昌（慈溪）经贸合作恳谈会

蔡社宝、雷元江出席市工商联组织的南昌（南京）经贸合作恳谈会

南昌市政公用投资控股(集团)有限责任公司

南昌市政公用投资控股(集团)有限责任公司是经江西省人民政府批准，南昌市人民政府授权，于2002年7月28日正式挂牌成立，集团公司是经营管理南昌市政公用企业国有资产的国有独资法人企业，以城市供水、城市供气、城市公交客运、城市市政道路建设为主业，兼及房地产业多元化经营，跨地区、跨行业、跨所有制的现代企业集团，以南昌水业集团有限责任公司、南昌市公共交通总公司、南昌供水有限责任公司、南昌市燃气有限公司、南昌市市政工程开发有限公司、南昌市出租汽车有限公司五大板块为核心企业，拥有江西蓝天碧水开发建设有限公司、北京蓝天碧水投资有限公司、深圳蓝天碧水实业有限公司、江西蓝天碧水环保有限公司、金融街南昌置业有限公司、南昌市液化气有限公司、南昌公用信息技术有限公司、南昌市第二出租汽车公司、南昌市市政建设有限公司等10多家全资、控股、参股、托管企业。

集团公司董事长：胡国光

作为基础性先导性的城市市政公用行业，关系国计民生，与人民群众的日常生活息息相关。南昌市政公用事业经过多年来的改革、探索和实践，1999年，在全国率先实现扭亏为盈，2000年又率先在全国不要国家政策性补贴，全面实现赢利，2003年底拥有总资产20.62亿元，净资产8.12亿元。

新余市城东污水处理厂开工

控股集团公司坚定不移地以机制体制创新为动力，坚定不移地实施“蓝天碧水”和资本加人才两轮驱动战略，以人为本，以成本管理为本，打造诚信企业、责任企业和学习型企业三头并进的企业战车，实行“年薪＋股权”激励机制，建立“产权明晰、权责明确、政企分开、管理科学”的现代企业制度，建立规范的公司法人治理结构，与时俱进，开拓创新，奋力拼搏，把市政公用集团做大做强，争取三年至五年内进入中国五百强，在建国60周年之际，实现总资产突破60亿元，把集团公司打造成跨行业，跨区域，跨所有制的全国一流大型集团而努力奋斗！

2004年6月1日江西洪城水业股份公司隆重上市

南昌市园林绿化工程管理站

南昌市园林绿化工程管理站于1996年成立，现有人员11人。其中高级工程师1人，工程师3人，经济师1人，助理工程师3人。

南昌市园林绿化工程管理站隶属于南昌市园林绿化局。受市园林绿化局委托，进行工程招、投标工作，审核工程预、决算，对工程建设项目的进行归档管理等验收备案工作。

自成立以来，参与了南昌市“四湖整治”工程、局职工宿舍建设工程、八一公园改造工程、抚河公园改造工程、盆景园建设工程、人民公园假山水系改造工程、红谷滩中心区园林绿化工程、江西省首届花博会南昌室外展区建设工程、南昌市象湖风景区建设工程、昌东大道绿化工程、洪都大道改造工程等工程项目的建设管理工作。

地址：福州路90号
电话：6297039
6235740
传真：6262434

南昌市农业综合开发办公室

陶海龙主任陪同省、市领导检查工作

大棚蔬菜种植基地

南昌市农业综合开发办公室为市政府直属事业单位，负责拟订全市农业综合开发政策措施，制定全市农业综合开发中长期规划、项目实施计划和管理办法；负责全市农业综合开发项目的评估论证、申报审批，组织实施、督促检查和验收；负责农业综合开发项目科技成果的推广和人员培训工作。从1989年实施项目至今，全市农业综合开发累计投资6.4亿元。

2003年，全市农业综合开发紧紧围绕农业增效、农民增收和农村稳定的总体目标，继续实行“一县一业”的开发策略，坚持着力加强农业基础设施建设和生态环境建设，提高农业综合生产能力；坚持着力推进农业和农村经济结构的战略性调整，提高农业综合效益，增加农民收入。全年共投入开发资金6708万元，其中：中央财政资金2750万元（无偿资金1995万元，有偿资金755万元），省级财政资金1409万元，市级财政资金401万元，县级财政资金194万元，自筹资金1371万元，银行贷款583万元。累计改造中低产田9.1万亩，其中建设双用田面积1.4万亩，园田化面积1.22万亩。通过项目实施，新增灌溉面积0.85万亩，改善灌溉面积3.25万亩，改善除涝面积2.6万亩，增加农田林防护面积1.5万亩，新增粮食生产能力1065万公斤、油料61.6万公斤，项目区农民增加年均纯收入246元。项目共培训各类专业技术人员和农户1.37万人次，引进推广农业先进生产技术5项，引进优良品种6项。全年共有10个项目吸引客商前来投资，合同资金16290万元，实际进资4223万元。

党组书记、主任：陶海龙
党组成员、副主任：陶青山、易海英、张磊
地址：南昌市朝阳中路22号。
电话：6530214

双用田河蟹养殖基地

南昌市湾里区人民检察院

改变历史的一年
——湾里区检察院争先创优纪实

党组书记、检察长：余声汉

2003年，注定要成为湾检历史上不寻常的一年。新班子上任后，紧紧围绕“争先创优”这个核心，以按纲建院，提高“三基水平”为目标，以“强化法律监督、维护公平正义”为主题，以“星级创优”为载体，以目标管理责任制为抓手，建班子，带队伍，创实绩，强管理，树形象。一年来，各项工作取得突破性进展，创造了多项历史记录，不仅彻底改变了长期落后垫底的面貌，摘掉了不合格基层院的帽子，而且先后被评为：

全国检察机关枪支弹药管理先进单位；

江西省检察机关“五星级”人民检察院；

南昌市检察机关“五星级”人民检察院、目标管理先进单位、荣立集体三等功；

南昌市检察机关计财装备工作集体之等功、“五星级”部门；

南昌市检察机关政治工作“五星级”单位；

江西省检察机关　工作先进单位。

班子成员

班子成员

《法制日报》常副总编来我院指导工作

罗 家 镇

罗家镇地处城东，全镇户籍人口121732人，（其中农业人口73510人，非农业人口48582人）。全镇总面积80.6平方公里，辖26个行政村，2个居委会。耕地面积43299.2亩。驻镇国有大中型企业有南钢、氨厂、七四六厂等13家，1999年被列为“全国小城镇综合改革试点镇”。近几年来，初步形成了二产以针织、砖瓦、建材、木材加工为主，三产以市场、商贸和建筑业为主，一产以商品粮生产和特色农业为主的产业布局。

在镇党委政府的正确领导下，我镇围绕把罗家建设成经济发达、社会文明、环境优美的现代化小城市的总体目标，实施“紧扣一个目标、坚持两个依靠、突出三个重点”的发展战略，敢有作为，善有作为，综合经济实力明显增强。全年实现工业总产值17亿2832万元，比上年增长11.8%；社会固定资产投入1亿0324万元，比上年增长25.2%；财政总收入完成2700万元，增长33%；其中地方财政收入达974万元，增长19%；农民年人均纯收入达3235元，比上年净增85元。各项经济指标都已按期完成或超额完成预算目标。

迈向城乡一体化的

——罗家镇

青山湖区政协副主席
罗家镇党委书记 丰常明

罗家镇党委副书记、镇长：胡惠明

南昌市长堎外商投资工业区

南昌市长堎外商投资工业区于一九九一年八月经南昌市人民政府批准成立，一九九七年十一月经江西省人民政府批准为省级开发区。自工业区成立以来，在各级党政组织的关心和支持下得到了长足发展。工业区已引进“四外”项目141个，有来自美国、德国、加拿大、东南亚、港澳台等十几个国家和地区的国内外商客进区投资兴业。

南昌市长堎外商投资工业区的开发建设已纳入南昌市城市总体规划中，起步区3.5平方公里已实现“五通一平”。长堎工业区共引进资金23亿元，其中内资21.3亿元，外资2079万美元。工业区将逐步发展形成以食品、包装、服装、鞋业、建材、电气、电子等为主的支柱产业。

工业区的发展思路是：1、强力推进招商引资工作；2、强力推进园区基础设施建设工作；3、强力推进优质服务工作。我们将组成精干的班子，优秀的服务人员，举全力做好工作，保证客商进得高兴、留得愉快、发展得安全。我们将努力把长堎外商投资工业区迅速建设成南昌“西进”战场的主力军，开放型经济发展的排头兵。

中国铁通集团有限公司南昌分公司

中国铁通集团有限公司是经国务院批准、信息产业部核准、国家工商管理局注册、国资委管理的国有大型电信运营商，是伴随中国铁路通信百余年发展历程成长演变而来。成立三年多以来，铁通的通信总量、传输能力、管理水平、市场开拓均达到了一个较高的水平。通信收入以每年35%以上的幅度递增，固定电话用户数以每年翻一番的速度上升，实现了电信业务的快速增长。到2003年底，铁通由成立之初以铁路收入为主变为社会市场收入超过铁路市场收入，实现了市场发展的新突破。

铁通南昌分公司总经理：章仕辉

公司领导及员工参加江西省组织的以维权、诚信为主题的3.15消费者权益日大型宣传咨询服务现场

骨干传输机房

中国铁通南昌分公司成立后，建有以光缆为主，微波和卫星通信为辅的大容量、高速率的传输网络，且南昌是目前亚洲速率最高的铁通1600G京沪穗（DWDM）网的一个节点。地区采用最新型数字程控交换机，并已实现与其他电信运营商的互联互通，开展了本地固定电话，长途电话，IP电话，智能卡，互联网接入（ISP）和互联网信息服务（ICP），ADSL宽带网，电视电话会议，公共数据传送业务，网元出租业务等各项基础电信业务和增值电信业务和服务。铁通将凭借自身的优势，给您一个全新的选择！

中国铁通南昌分公司面对难得的发展机遇，将以建立现代企业制度为手段，以创造企业最大效益为目标，以为社会提供优质服务为宗旨，全面规划和实施发展战略，提高网络质量，提升服务水平，加快市场开拓，深化企业改革，建立和完善适应市场变化的新体制和新机制，积极争取全业务经营，力争用3至5年的时间发展成一个具有强大竞争实力的基础电信运营商。

江西化纤有限责任公司

公司党委书记、董事长：陈群

江西化纤有限责任公司是一家具有五十多年历史，隶属于南昌市的国有大型纺织工业企业。2003年，被市国有工业资产经营管理有限公司评为“效益增长最快企业”，公司党委被市委组织部授予“抗击‘非典’先进基层党组织”等荣誉称号。

近年来，公司党政班子坚决贯彻市委、市政府关于国企改革、稳定、发展的实施意见，在企业全国停产，极度困难的情况下，确立了招商迎接经济发达地区工业梯度转移，引入增量，恢复生产，确保稳定，推进改革的工作思路。企业各项工作都取得了较大突破与进展。委托浙江温州民营企业经营的第一个2.5万纱锭的纺纱分厂已全面恢复生产，2003年完成产值3346.4万元，上交税利96万元，安置职工400余人；第二个委托经营项目2.5万纱锭新纱厂业已开工投产。与浙江湖州织里春秋纺织有限责任公司合作的新布厂项目正在建设中。企业职工得到较好安置，生产、生活用电用水分离工作基本完成；退休职工已全面移交社区管理。

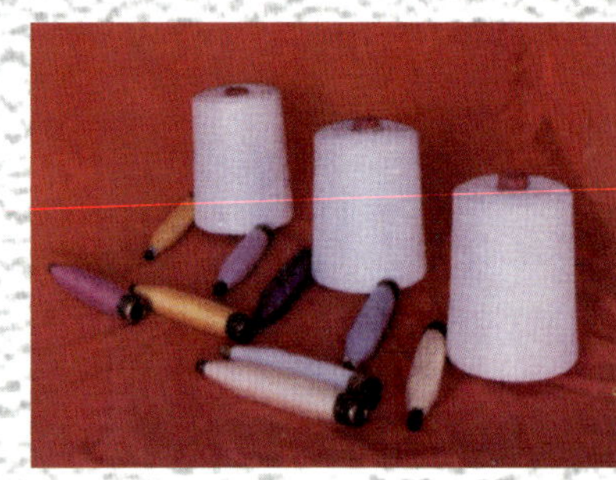

纱锭

细纱生产

商品纱线生产基地

目前，企业集合、保留了5万纱锭，368台宽幅织机的生产规模，预计2004年新纱厂和新布厂全面开车后，将可形成年产中、高支纱10000吨，布800万米的生产能力，年产值可达1.5亿元，尚可再安置职工上岗800余人。企业在全面恢复生产后，改革调整工作将迈出更大的步伐。

生产厂房

公司党委书记、董事长陈群偕全体员工期待与中外客商携手合作，再创辉煌。

法人代表、董事长：陈群
地址：江西省南昌市青山南路72号
电话：0791-8622577
邮编：330006

南昌市房地产交易市场

Nanchang Real Exchange Market

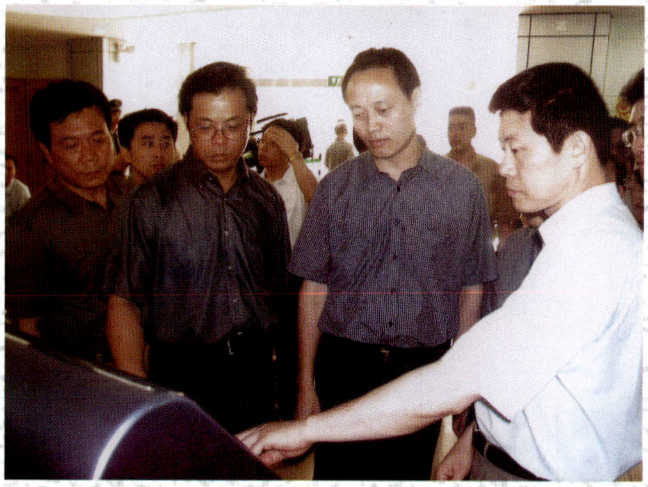

中共江西省常委、南昌市委书记余欣荣、中共南昌市常委、政法委书记罗为民等领导在市房管局白波局长的陪同下来市场指导工作

伴随着南昌市房地产市场蓬勃快速的发展，南昌市房地产交易市场于1999年11月应运而生，自成立之日起，市场即以打造“老百姓的住房超市，开发商的销售广场，商品房的保真市场”为已任，积极引导规范交易行为，全心全意做好服务。

市场大厅建筑面积近千平方米，是目前我省最大的房地产交易市场，场内配置的大屏幕信息电子显示屏和电脑触摸屏将有关房地产政策、法律、法规、房源信息、商品房预售证及房屋拆迁许可证情况清清楚楚地呈现在市民面前，让市民可随时掌握市内楼盘开发动态。

“便民、规范、高效、廉洁”是房地产交易市场的服务宗旨。作为南昌市文明窗口单位，房地产交易市场在坚持和完善公示承诺制度、亮牌上岗制度、文明服务制度和服务对象意见反馈卡制度的基础上，大力推行“一个窗口受理、一站式办结、一条龙服务”的限时服务方式，先后邀请了财政、公证、安全鉴定机构、银行和律师事务所等部门在市场大厅内设立办事窗口，实行联合办公，开展商品房预售、合同登记备案、房屋抵押登记、产权登记、发证、房屋置换、中介代理、咨询服务等业务，提供房屋产权交易、发证，“一门进，一门出”一条龙服务，并实行了设立导询台、免费提供休息桌椅等便民利民措施，为群众提供方便快捷的服务。

李豆罗市长在市房管局白波局长的陪同下视察房地产交易市场

江西锅炉化工石油机械联合有限责任公司

胡锦涛总书记及随行的中央办公厅主任王刚，在省委书记孟建柱、省长黄智权、市委书记余欣荣、市长李豆罗等领导同志的陪同下来到江联考察

江联重工集团——江西锅炉化工石油机械联合有限责任公司（简称江联公司）由原国家机械部和化工部两个重点骨干企业——江西锅炉厂、江西化工石油机械厂联合组建而成，是江西省独家具有设计、生产、安装锅炉和化工炼油设备能力的大型国有企业，也是江西省26家重点企业之一。2001年改制设立江西江联能源环保股份有限公司。

董事长：丁杰

公司主导产品有循环流化床锅炉及高炉煤气锅炉为主的各类型的锅炉产品；以球罐、换热器、塔器及高压容器为系列的压力容器产品；以袋式除尘器、污水处理及垃圾焚烧设备为系列的环保产品。其中1000立方米球罐为省优产品；低携带率循环流化床锅炉获得国家发明专利和国家部委及江西省科技成果二等奖、中国发明协会十年发明金奖；特大型换热器获“中国优秀新产品奖”及江西省科技进步三等奖。130t/h、75t/h高压煤气锅炉获得“江西省优秀新产品一等奖”及江西省科技进步三等奖。

公司具有国家A级锅炉制造许可证和一、二、三类压力容器设计、制造许可证，并取得了ISO9001认证和美国机械工程师协会（ASME）国际认证证书。公司占地面积60万平方米；拥有总资产65728万元，净资产19157万元。

公司先后荣获南昌市工业销售30强企业，江西省“高新技术企业认定证书”，国家机械工业“管理基础规范化企业”，并多次荣获江西省优秀新产品证书、江西省优秀企业、省市思想政治工作先进单位、文明单位、全国“五一劳动奖状”等荣誉称号。2003年8月31日，中共中央总书记、国家主席胡锦涛同志亲临江联公司视察，给江联公司全体员工以极大的鼓舞和鞭策。

近年来江联公司生产经营呈强劲发展势头，各项经济指标创历史最好水平。

胡锦涛总书记及中央办公厅主任王刚和省、市领导孟建柱、黄智权、余欣荣与公司陪同考察的部分班子成员在陈云铜像前合影

为荆门炼油厂设计制造的塔器

为唐山钢铁公司设计制造的130吨高炉煤气锅炉。每年为该公司创造效益

为广东东莞可耐福石膏板设计、生产、安装的布袋除尘器

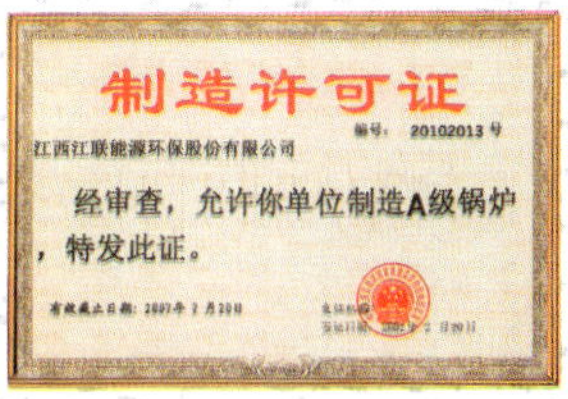

制造许可证

编号：20102013号

江西江联能源环保股份有限公司

经审查，允许你单位制造A级锅炉，特发此证。

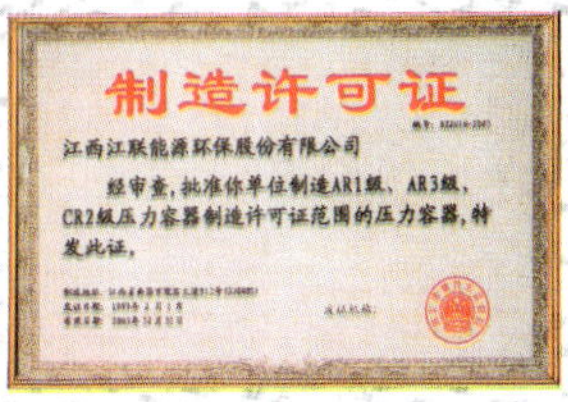

制造许可证

江西江联能源环保股份有限公司

经审查，批准你单位制造AR1级、AR3级、CR2级压力容器制造许可证范围的压力容器，特发此证。

江西赣建检测调试有限公司

江西赣检测调试有限公司是由原“江西省工业设备安装公司检测调试所”改制后，于二00二年八月设立登记的具有独立法人地位的股份责任有限公司。公司注册资本为人民币伍拾万元；公司共有计量和检测仪器、仪表、设备145台(件)，其中重要的仪器均为智能化仪器，具有先进的检测设备和全面的检测手段。本公司主要承担110KV、25MW以下的发、变、配电系统，工业生产过程自动化(DCS)控制等工程的交接试验以及金属结构、容器、管道的焊缝和原材料无损检测工作；公司在2003年完成了南昌市红谷滩会展中心、江西省康复中心、江西师大、柯林格尔主厂房等供电工程以及山西河津永鑫电厂、广东潮州协成纸业等汽轮发电机组的调试，完成调试产值64万元，实现利润11万元，按章缴纳各种税金7.2万元。今后，本公司将继往开来，本着“诚信、求实，公正、准确”的经营宗旨和质量方针，竭诚为客户服务。

法人代表：陆镇炳（董事长），大学本科，高级工程师，在汽轮发电机组的调试上有独道见解。

丰城洛市电厂35KV电力变压器调试后正常运行

丰城洛市电厂6000KW发电机组调试后正常运行

通讯地址：南昌市北京西路174号3栋
邮政编码：330046
联系电话：0791-6213676　13607089389
传　　真：0791-6264747-8

滨江豪园 RIVERSIDE VIEW
城市正中心
江豪园航领帝豪品位生活
[滨江豪园，红谷滩开发第一楼]
地段，因为珍贵稀缺，而使生活更具气质！
滨江豪园
市政府
八一大桥
赣
临
江
会展中心
红谷五路
市政府
本案
秋水广场
大
道
江
沿江路
接待处
南昌大桥
发商：上海绿地集团江西申昌置业有限公司
行销企划：绿地集团房地产市场营销部
ttp://www.greenlandsc.com
预售证号：洪房预售证（2003）第019号
[本广告内容仅供参考，具体确定内容须在合同中约定]
(0791) 3883715
现场接待处：红谷五路(市政府对面)

水利水电建设施工企业的一朵奇葩

——南昌市水利电力建设公司

SHUILIDIANLIJIANSHE

已完工的滨江路路堤工程

南昌市水利局水利电力建设公司是1984年组建的国有水利水电建筑安装中型施工企业。公司自创立以来，积极参与南昌市城市建设。

青山湖电排站扩建工程：随着改革开放的不断深入、城市发展速度加快、市区人口不断增长、城市用地急增，造成青山湖调蓄能力不足，而工业废水，生活污水逐年增加，暴雨期间涝区工业废水，生活污水无法及时排出，严重影响城市环境，给城市形象造成负面影响，也给市民生活带来诸多不便。青山湖电排站扩建工程主要工程有：一、泵站工程、开关站工程；二、引水、出水工程；三、站区工程，新增排涝装机4000KW，设计排涝流量37.6m3/s。

工程于2000年10月8日开工，2002年6月28日完工，完成工程投资3866.29万元，工程竣工后提高了涝区的排涝能力，为城市建设与发展提供了有力保证。

已完工的富大有堤富1标工程

一江两岸路堤建设与环境绿化工程：南昌大桥至新洲闸滨江路路堤工程、绿化工程，属南昌市一江两岸系列工程十大项目之一，路堤工程于1998年7月12日开工，2002年8月23日完工，主要工程项目有：堤身加固工程，环境美化工作，珍贵树移栽工程，填塘压浸工程，穿堤建筑物工程、环境美化工程，衡重式挡墙工程，完成工程投资3097，93万元。

已完工的滨江路绿色通道工程

该工程可抗御在年一遇的洪水，完善了城市交通网络，形成了快速便捷的沿江主干道。加快南昌市一江两岸城市格局的发展。

富大有堤除险加固工程：富1标于2003年5月26日开工，计划同同年11月30日完工，主要工程项目有：堤身加固、堤顶公路、护栏、内坡整治及绿化，已完成投资工程4250.86万元。该工程完成后将富大有堤的防洪能力提高到100年一遇。形成南昌城区北南方向的快速通道，加速南昌市外环主干道路建设。

南昌市水利电力建设公司承建的滨江路路堤工程、滨江路绿化工程、青山湖电排站扩建工程、富大有堤除险加固工程、城南护城河工程、青山桥改建工程、尤如镶嵌在南昌市的颗颗璀璨明珠、朝辉相映。

已竣工的青山湖电排站扩建工程

南昌市水利电力建设公司的水利电力建设人将以主人翁的姿态，在公司领导的带领下，积极投身于南昌市花园城市建设的伟大事业中。

地址：南昌市新洲路6号
电话：0791-6594673

江西省路桥工程有限公司

董事长、总经理　童世敏

江西省路桥工程有限公司是经国家注册，具有国家建设部须发的公路工程施工总承包壹级，公路路面工程专业承包壹级，公路路基工程专业承包壹级，桥梁工程专业承包壹级资质企业，并通过了ISO9002国际质量标准认证，注册资金6000万元。

公司凭借资本优势，管理优势，专业技术人才优势和先进的机械设备，积极推动科技成果和生产力的转化，加速科技与资本的融合，全面强化工程质量管理以“每承接一项工程，就要追求最好的质量和最大的社会效益”为理念，向管理要效益，以科学促发展，从而增强了企业的市场竞争能力，取得了可观的经济效益和社会效益。

公司坚持“创建优良，树立品牌，严守合同、诚信服务”的质量方针，弘扬“诚信、务实、争先、创优”的企业精神，坚守“以人为本、质量第一、信誉至上”的服务宗旨，以现代的科学管理，诚信的社会服务；先进的机械设备，可靠的工程质量为我国公路事业的高速发展和经济腾飞做出新的贡献。

法人代表：童世敏

地址：南昌市井冈山大道1058号A座3楼

电话：0791－6494590

传真：0791－6417578

抚州文昌桥改建工程

南昌县墨山立交桥工程

在建设项目金高速路面工程

赣粤高速工程

中国储备粮管理总公司
江西分公司

中国储备粮管理总公司江西分公司于2000年9月26日正式成立，负责管理江西省中央储备粮油和中央储备粮直属库。

主要职责是：受总公司委托，负责辖区内中央储备粮油的购销、进出口、轮换、调运和信息统计，中央储备粮油安全保管工作，粮油科技项目的研究与开发；负责辖区内直属库仓库建设、设施维修、技术改造计划和项目投资的具体组织落实，中央储备粮油财政补贴资金的管理和监督，直属库的财务管理和监督，所属国有资产经营管理的审计监督；负责指导辖区内直属库企业改革工作，直属库领导班子的考核、任免和人事、劳资的管理；负责委托地方粮库和社会仓库代储中央储备粮油的管理等。

地址：南昌市四纬路29号

邮编：330006

联系电话：(0791)6810815

江西南控电气有限责任公司

董事长左李盛向客户介绍KYN（GZS1-12）高压柜性能

江西南控电气有限责任公司主要是从事电器、电子、电气传动及自动化设备制造的专属企业。多年来，先后生产出多种适合市场需求的各种高、低压配电柜，电器控制箱，自动化仪表设备及电器成套装置。

公司先后引进瑞士ABB全套系列户内交流金属铠装中置式GZSI—12型高压开关柜，在国内享有很高的声誉。其中KYN、JYN移开式高压柜同样也得到广大用户的好评。低压MNS、GCS、GCK、GGD、GCL、GCH抽出式开关柜最适合各工矿、石油、化工、冶金、发电厂、水电站、企事业等单位，它的优点是体积小、用量大、操作灵活、质量可靠，很适合目前市场用户的需求。

目前，公司正加强新产品研究和开发，逐步扩大生产规模，增强对外服务体系，培养更多更好的高技术人才，加强内部管理，为南控电气公司创造出更多的名优产品，诚心实意的为广大用户服务。

客户工程技术员来公司考察

GCK低压抽屉柜

向珍视明药业领导讲解抽屉柜操作规范

GGD低压配电柜

南控电气　　精诚所至

地址：南昌市抚生路万福寺7号
传真、电话：0791—6597439　6012193
法人代表：左李盛
手机：13907087189

江西省机场集团公司

江西省机场集团公司是在民航机场属地化管理改革后，以南昌昌北机场为龙头，联合江西省内的赣州黄金机场、吉安井冈山机场、景德镇罗家机场、九江庐山机场共同组建的大型机场产业群体，属大型国有独资公司。目前该集团共有资产20亿元，员工1400多人，于二00三年十二月十八日正式挂牌成立。在江西省人民政府的支持下，该公司与中国首都机场集团实行了联合，在二00三年十二月成为首都机场集团公司的全资子公司。

该公司是在民航体制改革后，新的历史条件下诞生的新型机场产业群体，2003年取得了较为辉煌的业绩，全集团当年实现旅客吞吐量125万人次，其中昌北机场实现旅客吞吐量117万人次，同比增长18.27%，并于11月12日首次突破百万人次大关，迈入全国大型机场行列。同时昌北机场在中国民航协会主办的百万旅客话民航服务质量评比中，荣获百万人次吞吐量组服务质量第一名的佳绩。二00三年昌北机场被授予江西省文明单位、文明行业、花园式机场、园林式绿化单位等多种先进荣誉称号，实现江西省社会治安综合治理“八连胜”优胜单位称号。

现在江西省机场集团公司正站在新的起点，以全新的姿态，昂首挺进，展翅高飞。

地址：中国江西南昌昌北机场　　邮编：330114　　传真：0791-7112131

永达房地产发展有限公司

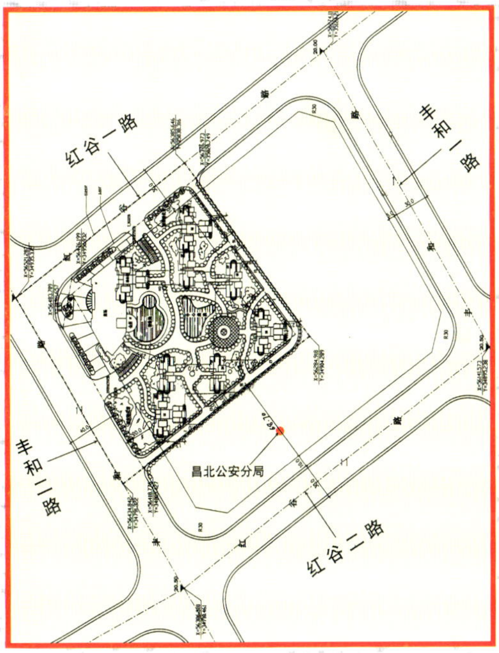

江西永达房地产发展有限公司系外商独资企业，**属南昌市重点招商引资项目**。公司本着改善城市居民的居住环境，提供工业、商业、办公娱乐场所及其它主要配套设施，并取得满意的经济效益的宗旨，致力于房地产综合开发，对内、外销售租赁；建筑工程施工及装饰工程；生产销售建筑材料、装饰材料等事业。

公司成立后，以质量求生存，信誉求发展，管理求效益。精心策划、精心施工、开拓创新，先后开发种类住宅、商住楼及配套设施，因各具特色、优异的质量，合理的价位、良好的信誉，深得社会各界人士的好评。在房地产市场上形成了自己的开发风格和理念，取得了良好的社会效益和经济效益，促进了企业健康快速发展。

公司领导本着对工程项目做大做强的原则，狠抓质量管理，设计上以人为本，争创优质。争取在当前的大好历史契机下，抓住机遇，加大投资力度。乘势而上，继续弘扬朝气、创新、诚实的企业文化，不断追求卓越与完美，用勤劳和智慧创造美好的未来。

公司将再接再励，为社会各界创造更多优质项目工程。竭诚为社会各界服务，并希望得到社会各界朋友的协助和支持。

南昌金天星信息设备有限公司

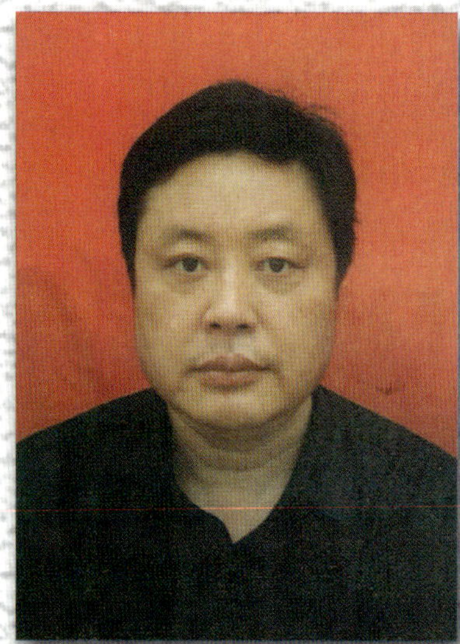

总经理：张彭中

南昌金天星信息设备有限公司成立于2001年4月，是中国著名企业TCL移动通信有限公司坚实的合作伙伴之一，是一家致力于TCL移动信息终端产品销售和维护的服务性企业。

金天星公司的发展历程，经历了中国通讯行业的一个高速发展时期。金天星公司的前身是厦门金讯公司江西分公司。过去几年内主要业务是销售通讯终端产品，主要以寻呼机为主，在此行业里摸爬滚打了五、六年，一直奋斗在第一线。我们在厦门金讯公司积累了丰富的销售和管理经验，在江西，我们一直是电信寻呼、国信寻呼最大的合作伙伴。

随着移动通讯业的高速发展，我们开始从移动电话业务方向寻找新的合作伙伴。2001年初以来，在不断于个品牌厂商接触中。我们最终决定于TCL移动通讯有限公司合作，专门销售TCL移动电话，在深入了解TCL移动通信的销售的政策后，在南昌成立了南昌金天星信息设备有限公司，做出了金天星公司发展中最重要的历史性决策。

公司拥有一个高素质人员组成的完善组织，人数已近百人，其中大专学历以上的达60%以上，利用的过去资源和经验，充分发挥各员工的能力，快速建立TCL手机的销售渠道，为公司迎接未来的挑战奠定了坚实的基础。

一个明确的使命使我们向着同一个方向携手前进。我们坚信在张彭中总经理的领导下，我们的明天会更好。我们永远坚持公司的企业精神：“实实在在，诚信待人，认真做事，勇于创新。”

江西联泰实业有限公司

整装待发的工程车

江西联泰实业有限公司创建于2002年7月，公司法定代表人黄文俞，总经理朱贤然。公司股东（发起人）由广东联泰集团有限公司和达濠市政建设有限公司合伙成立。江西联泰实业有限公司现拥有专业技术职称（任职资格）人员36人，其中中级职称以上人员32人，初级职称人员4人。资产总额超过10亿元，大中型施工机械设备五百多台（套），多数为近期新购置的先进筑路以及路面施工的成套设备。实力雄厚、业绩显著。

主要经营范围：市政工程建设、公路、桥梁、高速公路、隧道、机场跑道、；房地产开发；商品房、厂房销售、出租及配套物业管理；房屋建筑；水电安装；园林建筑；软基处理、土石方、航务工程建设；建筑机械，建筑材料，金属材料销售等。

自从公司成立以来，始终奉行“科学管理、精心施工、优质高效、顾客至上、重约守信、持续发展”的企业宗旨，始终坚持“开拓、进取、务实、发展”的精神，使公司在江西——南昌花园城市的改革开放大好形势下，投资8亿元人民币开发红谷滩新区红角洲片区市政道路设施建设，并且在南昌市拥有土地1780亩，正准备策划投资开发房地产。

建设中的学府大道

随着改革开放的深化，公司不断完善和优化企业管理，与国际接轨，推广和受用各种先进的、科学的管理方法和管理体系，贯彻ISO9000族国际标准，进一步提高企业的管理水平和整体素质。我们将一如既往地继续发挥自身的优势，再接再厉、开拓、进取、为企业上新台阶而努力。我们将继续积极与社会各界及同行多种形式的合作，携手共创美好的明天。

建设中的前湖大道

建设中的丰和南大道

南昌市保安服务总公司

总经理：刘火金

南昌市保安服务总公司成立于1985年4月，近二十年来，公司由小到大，由弱到强，逐渐发展壮大。随着全市保安行业统一管理体制的实行，保安业迅速发展，从初建时20余人，发展到现在2200余人，下辖四个职能部门、六个派驻公司、四个行业公司。成为集人防、技防、押运为一体的综合型、多层次、多元化服务性企业，形也了全方位、多功能、立体化防范服务网络。

近二十年来，公司始终坚持“社会效益第一”的原则，立足“预防第一、确保安全、服务社会、促进发展”的工作思想，团结拼搏、锐意进取、开拓创新，全体保安员在工作中以高昂的斗志、良好的形象、求实的作风、优质的服务，全身心投入到治安防控工作中，成为群防群治体系中人员最多、力量最强的治安防范队伍，成为社会治安防控体系的一支生力军。保安队伍在协助公安机关预防违法犯罪、保障客户安全、服务经济建设等方面发挥了重大的作用。据统计，自93年以来，全市保安员共为群众做好事8300余件，调解群众纠纷3400余起，为公安机关提供线索1320余条，抓获现行犯罪嫌疑人420名，排除各类隐患921余处，挽回经济损失1800多万元。尤其在总公司承担的全国第十一届电子产品展销会、齐秦演唱会、98菲利浦足协杯赛、王菲演唱会等150场次的国内外大型经贸、文体活动的安全保卫工作中，不仅确保了活动的顺利进行，而且为公安机关节省警力5万人次，缓解了公安机关警力不足的矛盾。

由于工作成绩突出，总公司连续多年被江西省保安协会评为先进单位，2000年又被公安部、全国总工会、中国共青团授予“首届全国先进保安服务公司”光荣称号。

保安员参加全市社会治安防控演练

保安押运员执行现钞押运任务

认 真 公 司

认真公司是由江西认真生物科技有限公司及南昌认真实业有限责任公司组成的集科、工、贸一体化的高科技民营企业。认真生物位于江西永修，拥有占地面积达15000余平方米的现代化厂区，绿化率达50%以上，环境幽雅，绿草如茵。目前，认真生物公司已开发出科技含量较高的“认真牌银杏口服液”、“认真牌复合氨基酸胶囊”、“认真牌复合氨基酸口服液”等保健食品，不久将投放市场。

认真实业是集产品商务代理和营销策划为主营的经营实体，尤其擅长保健食品，食品的销售代理和营销策划。我们有专业化的代理推广队伍和丰富的网络资源，有优良的经营环境，公司员工达240余人，其中大专以上文化的占70%。

认真公司自成立至今，始终认为科技含量是保健品企业保持生命力的核心因素，因而不断加强认真公司的西医学院医药科技开发中心组成了联合体，共同开发了“景参口服液”。此产品目前已在全国范围内招商推广。

“认认真真做人，认认真真做事”是公司立业的基本理念；“诚信”是我们共同的品质。认真公司将携全体员工与时俱进，不断探索，为增强人们的体质、提高全社会的保健水平而不懈努力！

一流的团队，一流的产品，独特的企业文化，先进的市场营销理念，将伴随认真公司走向辉煌的明天！

RenZhen认真

地址：江西省南昌市抚河中路19号华财大厦5楼

邮编：330009

招商热线：0791-6690393 6690479

传 真：0791-6690205

http://www.renzhen.com

南昌(深圳)农产品中心批发市场

总经理：喻建新

南昌(深圳)农产品中心批发市场（NANCHANG SHENZHEN AGRICULTURAL PRODUCTS CENTRAL WHOLESALE MARKET）由深圳农产品股份有限公司、南昌市蔬菜贸易公司、江西农药厂合作组建的南昌深圳农产品中心批发市场有限公司经营管理，经济性质有限责任，公司董事长、法人代表付万言，总经理喻建新。批发市场为南昌市人民政府“菜篮子”重点工程，占地面积139亩，总投资6000万元，总建筑面积10万平方米，经营面积4万平方米，共有经营店面530间。交易房（棚）之间全部建有钢架大棚，棚内照明良好，可保证全天候24小时交易。市场内还有三个停车场，总面积6700平方米，场内道路纵横交错，水电、通讯全部到位，配套建设有电子汽车磅、商务微机信息中心，电子信息网已与农业部信息中心、光彩网、中农网、绿篮网、江西农经网联网，每天传输市场农产品行情、供求信息。

市场以蔬菜、粮食、果品批发交易为主，兼营副食调味品、肉禽蛋、水产等，同是拥有一个400余个摊位的大型零售市场。

2003年市场交易总量14.04亿公斤，交易总额26.03亿元，其中蔬菜年交易量6.59亿公斤，年交易额9.06亿元；果品年交易量3.36亿公斤，年交易额9.24亿元；粮油年交易量1.81亿公斤，交易额3.25亿元；大型零售市场及其它年交易量2.62亿公斤，交易额5.46亿元，预计二00四年交易总额达28亿元。商品30%供应本市，40%供应全省，30%流向省外周边地区，市场已成为一个大流通、大循环、大进大出的区域性农产品中心批发市场。

市场经过三年的发展，已被评定为“农业产业化国家重点龙头企业”，农业部国家级的“定点市场”，经全国三绿工程工作办公室评为“创建全国绿色批发市场示范单位”；经国家统计局统计二00二年市场交易额进入全国综合性批发市场的百强行列，列全国农副产品批发市场第12位；被江西省确定为“省重点商品市场”，省农业厅“定点批发市场”；省、市“农业产业化经营龙头企业”。党各国家领导及省、市主要领导先后视察了市场，还经常有国际友人前来参观、考察。

公司致力于农产品流通体系建设，打造江西农产品流通的“航空母舰”，不断拓展新的经营领域，已决定收购南昌市佛塔生猪批发交易市场，并投资对市场进行全方位改造，并新增屠宰生产线一条，每天生产预冷肉供应广东、珠江三角洲地区、深圳和上海，推进江西养殖业的发展。

公司还将在昌南工业园购置600亩土地，投资3.6亿元，以宏伟的大手笔，高起点、高规划、高标准、高科技的建设一个现代化、适用性强、配套设施齐全、经营项目广泛、国内一流的全新的农产品物流中心，扩大市场幅射能力，项目建成后交易额将达到100亿元，使江西真正成为珠江三角洲、闽江三角洲、长江三角洲的农产品后方基地，加速推进江西农业产业化的发展。

省委书记孟建柱视察

克林尼科医疗器械(南昌)有限公司

克林尼科公司创建于1975年，是全球主要的制造医用注射和输液治疗的消毒的一次性产品的制造商之一。公司总部座落在德国Ban hersfeld，包括波兰的生产企业现共有1250员工。由于中国南昌新建第四个生产基地，目前为止公司拥有四个生产企业实体：

——Clinico有限责任公司（Badhersfeld）

——Clinico医疗产品有限责任公司（Mihla）

——Clinico医疗产品有限公司（Blonie）

——Clinico南昌有限责任公司（Nanchang）

克林尼科医疗器械（南昌）公司系德国独资企业，位于南昌经济技术开发区青岚大道，占地65000平方米，于2002年2月10日成立，公司投资总额为314.80万欧元。经营范围为：研发，生产和销售注射器械及零配件，医疗产品和仪器；对公司产品的用户提供技术培训和咨询服务。公司于2003年5月通过ISO9001和dinen29001认证。公司制定的长期目标是：利用德国母公司的高科技技术力量，在江西兼并3至5家公司，充分利用该地区的原料资源和人力资源，把公司发展成为亚洲地区医疗器械行业最具规模具竞争力的公司！

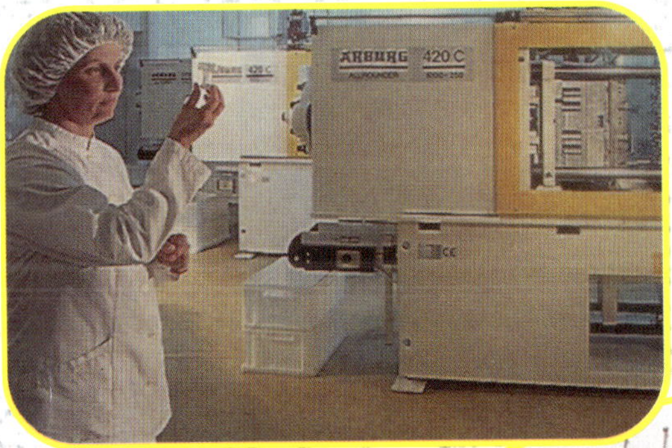

江西银通科技有限责任公司

公司总经理：时建军先生

江西银通科技有限责任公司是专业从事计算机及外设销售、计机网络建设，系统集成，安防工程及软件开发等的高科技企业。银通公司具备承担政府采购及行业采购能力和实力，产品及其服务已经覆盖全省各市县。

公司是江西省农业银行认证的AAA级企业，并获得省级“重合同、守信用企业”证书，是南昌市人民政府重点扶持的高科技企业 。公司经营的电子产品涵盖了包括PC、服务器、打印机、复印机等办公自动化设备，网络设备、存储设备、终端设备等常用的电子设备。以及监控主机及其配套产品，防雷产品、安全产品等行业专用设备。在计算机网络系统产品方面，银通公司在省内处于领先水平， 公司已取得公安厅颁发的安全技术防范工程设计、施工资格一级资质，信息产业部颁发的计算机信息系统集成三级资质，获得ISO9001认证。并拥有一支专业从事计算机网络系统及安防系统的技术队伍。子公司江西天翔信息产业有限责任公司被江西省人民政府评为重点软件企业。

以服务为先，凭服务立口碑，靠实力建信誉，这是每一个银通人不变的工作态度。以质量求生存，以信誉求发展，这是每一个银通人不变的工作理念。公司总经理时建军先生携全体员工竭诚欢迎各界人士莅临公司洽谈业务。

公司地址：南昌高新1路建昌工业园

邮编：330008

电话：0791－6116864　6730632　6730577　6730519

传真：0791－6730632

业务培训

领导决策

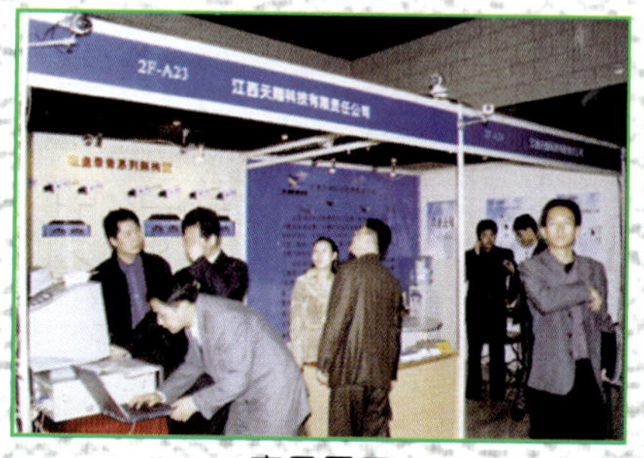

产品展示

员工风采

公司荣誉

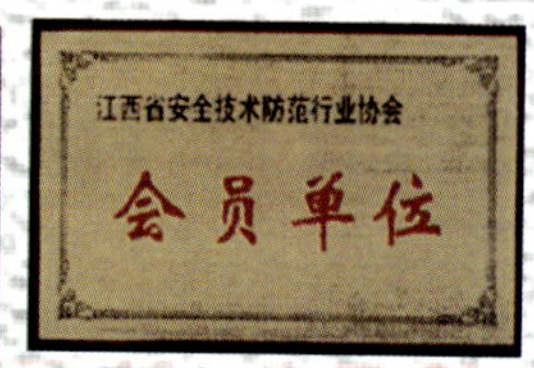

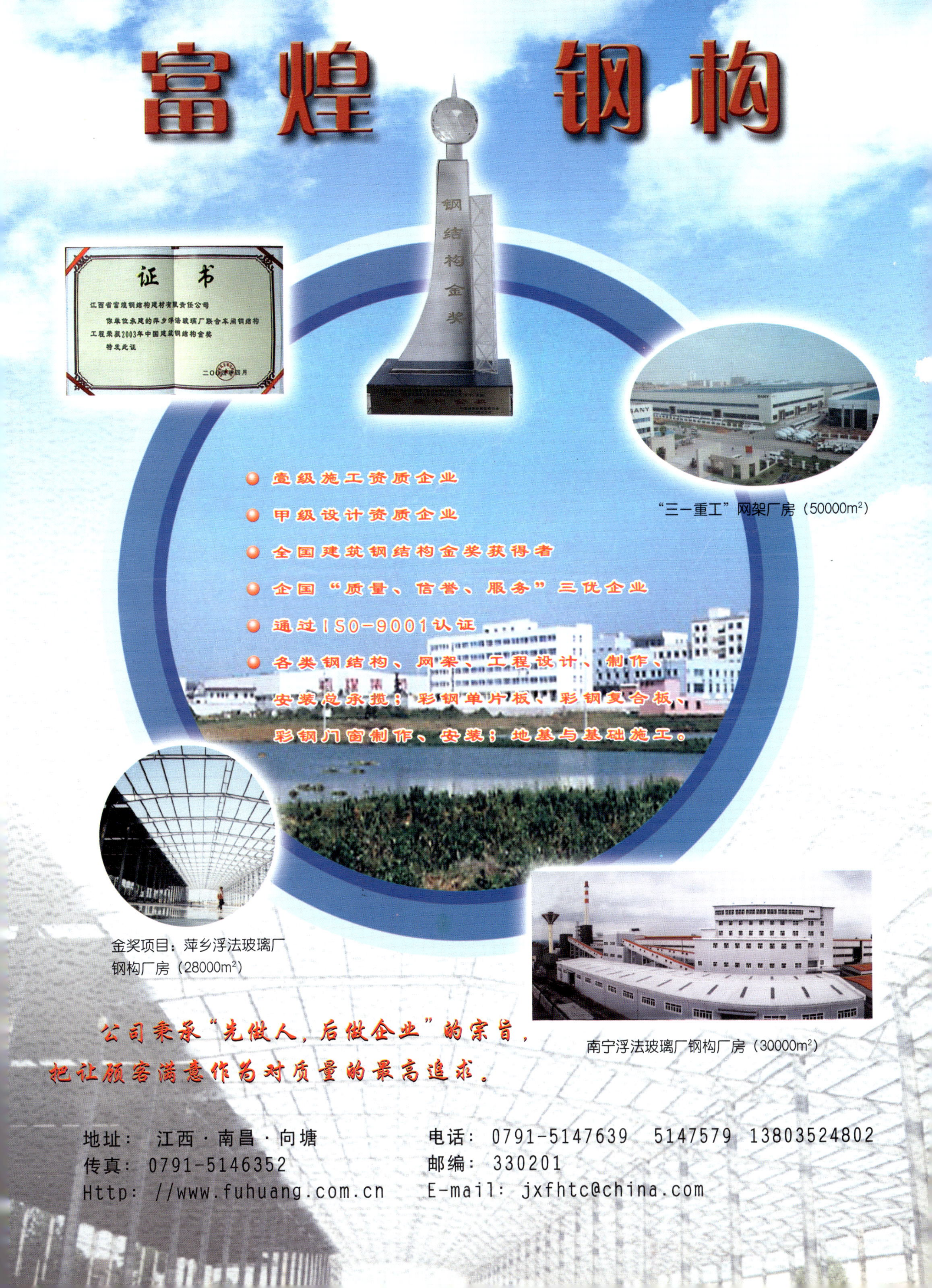
富煌 钢构
证 书
江西省富煌钢结构建材有限责任公司
你单位承建的萍乡浮法玻璃厂联合车间钢结构工程荣获2003年中国建筑钢结构金奖
特发此证
钢结构金奖
壹级施工资质企业
甲级设计资质企业
全国建筑钢结构金奖获得者
全国“质量、信誉、服务”三优企业
通过ISO-9001认证
各类钢结构、网架、工程设计、制作、安装总承揽；彩钢单片板、彩钢复合板、彩钢门窗制作、安装；地基与基础施工。
“三一重工”网架厂房（50000m²）
金奖项目：萍乡浮法玻璃厂
钢构厂房（28000m²）
南宁浮法玻璃厂钢构厂房（30000m²）
公司秉承“先做人，后做企业”的宗旨，
把让顾客满意作为对质量的最高追求。
地址：江西·南昌·向塘
传真：0791-5146352
Http://www.fuhuang.com.cn
电话：0791-5147639　5147579　13803524802
邮编：330201
E-mail：jxfhtc@china.com

南昌湾里区供电有限责任公司

经理：李强华

南昌湾里区供电有限责任公司成立于1999年12月，隶属江西省电力公司控股的县（区）级股分公司。公司现有员工90人，拥有固定资产1850万元，其中：35KV变电站2座，，一期主变容量6300KVA/2台；35KV及以下供电线路450KM，历年来，公司担负着湾里区城乡和省、市驻区单位的供用电任务、年供电量3200万Kwh。

公司认真贯彻“人民电业为人民”的方针，践行“三个代表”重要思想，始终坚持以改革为动力，安全为基础，效益为中心，服务为宗旨，科技为先导，精心打造湾里供电新形象，为加快湾里区全面建设小康社会，实现现代化当好“先行官”。

经理：李强华
邮编：330004
公司地址：湾里幸福路362号
电话：0791－3763151
传真：0791－3762191

领导班子

施工现场

变电所

办公楼

南昌耐林自动化有限公司

NANCHANG NERIN AUTOMATION CO., LTD.

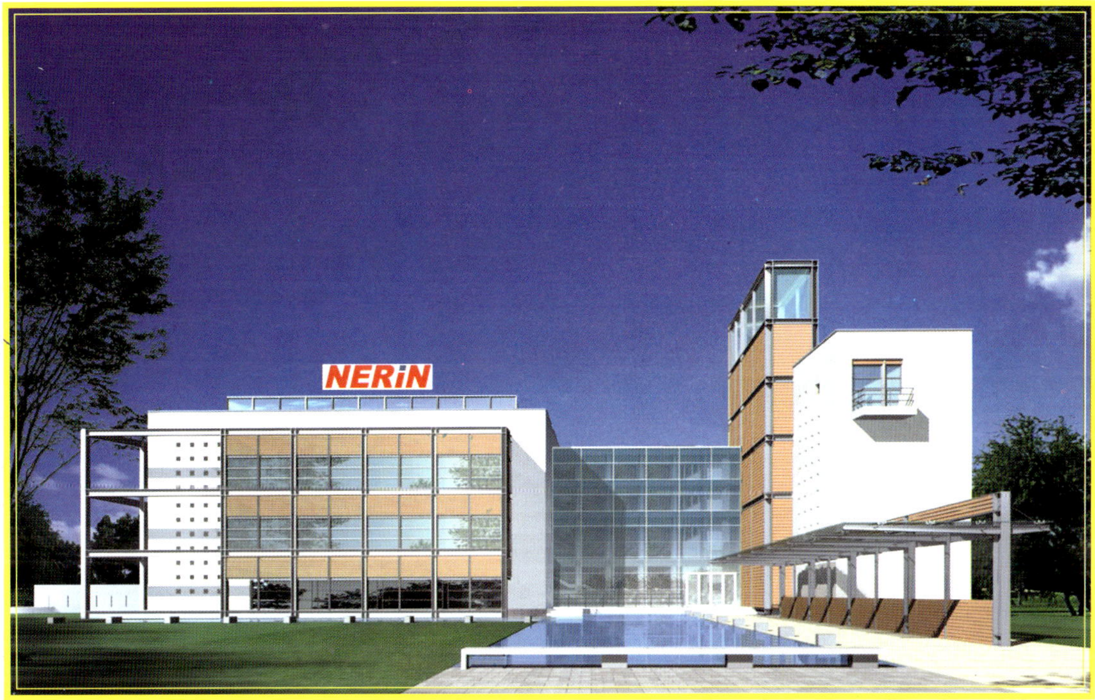

南昌耐林自动化有限公司系南昌高新区注册的高新技术企业、软件企业，南昌市科技示范企业；是“江西省集散控制工程技术研究中心”的依托单位；信息产业部授予“计算机信息系统集成三级资质”。

公司系具有综合甲级设计资质的——“南昌有色冶金设计研究院”控股的专业自动化公司，是立足于有色金属行业和江西省的工业自动化解决方案提供商。南方冶金学院为公司科研基地。

耐林公司主营：工业、自动化方案设计、系统集成、软件开发及调试服务；国外自控系统、电气传动设备代理销售；自主开发的控制设备生产、销售等。

耐林公司业绩涉及赣、皖、甘、豫、宁、闽、滇等十多个省。公司目前具有50多名中高级专门技术人才，在工业自动化市场上具有较强的竞争力和发展后劲。

中国石油化工股份有限公司 江西南昌石油分公司

公司总经理：林刚

中国石油化工股份有限公司江西南昌石油分公司是中国石油化工集团驻昌国有大型销售企业。负责南昌地区成品油资源配置、营销和全省石油储运、中转；同时经营各种润滑油、润滑脂、特种油品及其他石油化工产品，兼营油库设备、加油站器材及安装。公司下辖4个县支公司（经营部），7个直属经营部及石油化工厂和职工培训中心。公司总固定资产2.8亿元，拥有油库5座，加油站（船）70余座，大小运输车辆80余台。2003年公司年纯销量30万吨，销售纯收入9亿元，上交国家税收1600多万元，实现利润3100万元。公司业务营销、油品存储、财会统计、安全监测、信息传输已实现计算机网络全国一体化管理。

公司联民油库现代化新型发油台

迎南加油站

董家窑加油站

公司地址：南昌市孺子路267号
邮编：330009
电话：6777894
传真：6770008

南昌师范高等专科学校

南昌师范高等专科学校（原南昌师范学校）座落在青山湖畔，是一所市属全日制公办学校。始创于1908年，为江西省最早创办的师范学校之一，1956年被确定为省级重点师范学校，1988年学校因“为基础教育培育合格师资，方向明确、成绩显著”受到原国家教委表彰。1993年为原国家教委五年制大专师范教学实验点，是我省唯一连续10年开办小学教育大专班的学校。

学校现有职工233人，其中专任教师207人。专任教师中特级教师4名，高讲72名，享受国务院特殊津贴的教师1名，省中师教坛新秀6人，市学科带头人4人，市优秀青年骨干教师7人，有4名教师获得曾宪梓教育基金奖中师奖；多名教师被评为“全国优秀教师”和“全国教育系统劳动模范”。

学校设有大专、普师、幼特、信息、英语、艺体6个教学部和1个小学、幼儿园教师培训中心，在校生3500余人。

学校硬件条件达标，教学设备齐全。总占地面积达220亩，建筑面积10余万平方米。教学实验楼、艺术楼、图书馆一应俱全；有钢琴200架、微机528台、彩电60余台，语音室、物理实验室、化学实验室、生物实验室各两个，电子电工室1个，多套多媒体教学仪器等。

校园环境优美，人文气息浓厚，休闲亭、石桥、曲桥、假山、文化长廊、名人雕塑园、雨花石健康路、小溪流水和彩色喷泉，格调高雅，令人流连忘返。

办校近百年来，学校培养了三万余名合格的中小学、幼儿园师资和一大批优秀行政管理干部，历年被评为全市“综合治理”先进单位，还被授予省“德育示范学校”、“小学教师继续教育培训”先进单位和市“花园式”学校等荣誉称号。

是一所立足南昌，面向全省的培养大专层次小学、幼儿园以及特殊教育师资的教育教学基地、职后培训基地。

地址：南昌市青山湖大道342号
电话：0791—8111836
网址：www.jxncsf.com

中国人民财产保险股份有限公司
PICC Property and Casualty Company Limited

南昌市分公司

中国人民财产保险股份有限公司南昌市分公司总经理：许保城

中国人民财产保险股份有限公司南昌市分公司是目前本地区最大的非寿险公司。开办了意外伤害保险、短期健康保险、企业财产保险、家庭财产保险、机动车辆保险、建筑安装保险以及各种责任保险等达100余个险种，各类保险责任准备金达3亿元。为近2000家企业，5万辆机动车辆和18万户城乡居民提供了1200亿元的风险保障，并承保了赣粤高速公路、梨温高速公路、南昌大桥、南昌卷烟厂等省内大型工程项目，电脑出单、事故定损系统等电子化管理已全面介入公司业务中。同时还开通了集报案咨询为一体的全国保险24小时服务专线电话：95518，查勘定损员将于每小时50公里的速度到达事故现场，为广大保户提供全面、高效、优质的保险服务。

为全面提升保险服务水平，人保财险南昌市分公司推出了“语言到位、措施到位、服务到位”新举措，得到客户一致好评

一批优秀员工加入党组织

南昌市赣江溶剂厂

董事长：陶莉剑

厂区

检测中心

南昌市赣江溶剂厂是一家沐浴着改革开放春风，在各级政府、行业协会及各界人士的大力支持下而茁壮成长的民营企业。秉承“与时俱进，开拓创新”的营销理念，经过几载的艰苦创业，已发展成为集醋酸乙酯、醋酸丁酯生产、营销、运输于一体的生产企业。醋酸乙酯年产量 8 万吨、醋酸丁酯年产量 5 万吨合计年产 13 万吨的产量，在全国同行业中处于领先地位。本厂全面实行了现代化微机管理。

本厂生产的产品严格执行国家标准，且优于国家标准。产品远销国内 20 多个省市及东南亚国家。连续几年被省市有关单位授予省级“重合同、守信用企业”，市、区政府授予“重点工业企业”和“先进企业”，2003 年进入“全国化工 500 强”，列中国民营化工前 12 位。

为了更好地贡献社会，服务客户，本厂在备有先进生产设备的同时，以锐意进取的超前意识，先后引进了中、高级专业技术人员 40%、注入了强大的技术力量和可靠的技术支持。

本厂全面采用国际质量管理标准，以 ISO9001：2000 标准贯彻生产全过程，制定了严格的管理制度，以确保每一工序满足客户。

中国加入 WTO 后，给企业提供了无限的商机，也面临着更大的竞争和挑战，本厂将继续恪守“规范管理、精心生产、准确计量、优质服务”的质量方针，发挥团队协作精神，在董事长陶莉剑先生的领导下，以至新的理念、至佳的人文环境、至精的工艺生产、至诚的全程服务，与各界携手共进，为实现“江西在中部地区崛起”贡献一份力量！

地址：南昌市青山湖区扬子洲
电话：0791－8670846 8670568
南昌办事处：
地址：阳明锦城 8 栋 1 单元 102 室
电话：0791－6899066 6899099
传真：0791－6898099
http://www.gjsolvent.com
E-mail:sales@gjsolvent.com

江西省血液中心

江西省血液中心地处省会南昌市文教路东侧，美丽的青山湖畔。中心始建于一九八五年，新建有一栋4000平方米的工作大楼。中心向南昌地区的40多家省、市级医院提供临床用血，年供血量1300万毫升。中心除具有良好的工作环境外，还具有先进的血液成分分离、血液储存、血液检验、质量控制设备和科研设备。引进开发了一批高科技的技术项目：如血液成分分离技术、红细胞血型的实验室参比技术、白细胞血型（HLA）的分型技术、亲子鉴定技术、器官移植配型技术、血小板抗体检测技术、PCR基因扩增技术、血液治疗等。为确保输血安全，建立了微机网络系统，现在中心已实现血液检验自动化、血液分离自动化、操作微机化、管理网络化要求。

电话：0791—8513235　献血热线：0791—8517097
邮编：330077
地址：文教路219号
网址：www.jxbc.org/new

无偿献血、利国利民、利人利已

中心血液检测室

器官移植配型中心挂牌

中心业务大楼

献血地点

江西省血液中心（本市文教路219号）
广场献血屋（北京西路口）
江西饭店门前采血车
百货大楼城东超市门前采血车
太平洋购物广场门前采血车
江大南路北路口献血屋

江西南方电动工具厂（国营九三三四厂）
厂址：南昌市北京东路446号
邮编：330029
电话：0791—8332768　8302538
传真：0791—8332768

南昌市保育院

院长：张荣华

南昌市保育院创建于1952年，是南昌市规模最大的保育院，有23个班，近千名幼儿，90多名教职员工。该院师资力量雄厚，办学水平一流，首批被评为市一级一类幼儿园，省级示范园，连续多年被评为市、区文明单位。

“一切为了孩子的健康成长，使幼儿园成为儿童生活的家园，游戏的乐园，艺术的花园。”是该院的办院宗旨，是儿童成才的摇篮，10070平方米的校园宽敞明亮，5000平方米的绿化园地优美整洁，现代化教育设施齐全，处处充满童趣。

多元化教学是该院的办院特色，在全面教育的基础上，各班都有自己的特色教学教程，如：“蒙台梭利教学”、“双语教学”、“电影课”、“早期阅读”、“美术”等。

根据新纲要的教育理念，该院率先引进备受学前教育工作者关注的瑞吉欧教育系统，结合我国国情及本院特点，在全院实施“瑞吉欧”方案教学，效果显著，得到家长及社会的认可，受到省市教委的肯定和赞誉。

该院还十分重视教研工作，以研促教，现已担当三个国家级课题研究，教研成果累累。被誉为“中国婴幼儿科学汉字教育研究实验园”“国家电影课题实验学校”“幼儿园素质教育示范园”以及“江西师大蒙台梭利教育本土化研究课题组实验基地”

儿童生活的乐园

游戏的乐园

艺术的花园

副省长吴新雄、省教育厅漆厅长、市长李豆罗来我院和幼儿欢度节日

国家教委教育司司长来院视察

李豆罗市长视察我院

世界卫生组织总部顾问，全球消灭脊灰确认委员会主席：考斯劳斯凯先生来我院考察卫生保健工作

李豆罗市长为五十周年院庆题词

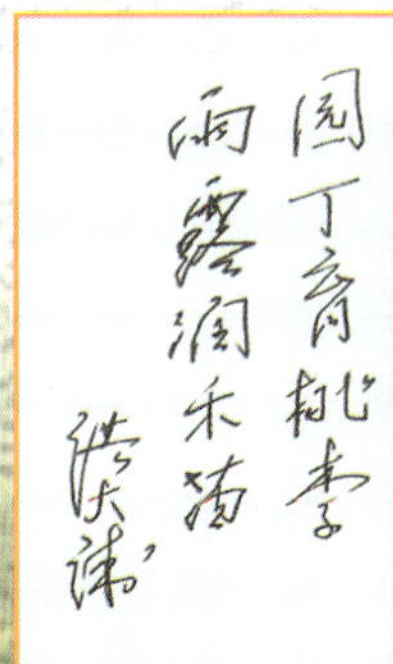

洪大诚市长为院题词

南昌市女子职业学校

创办于1992年的南昌女子职业学校是江西省第一所民办全日制女校，凭着全新的教学理念、灵活的教育体制和严格的管理制度，紧紧抓住“女性”和“职业”两个中心，在激烈的竞争中稳步前进，成为一所具有鲜明特色的女子学校，连年被评为省、市“先进学校”，荣获“南昌市职教先进单位”称号，在社会上有良好的声誉。

2003年4月，江西省政府批准在南昌女子职业学校的基础上增设南昌女子中等专业学校，最近，又初审通过学校升格为南昌女子职业学院。党和政府的关心、支持，必将激发办学者的工作热情，他们将努力探索，与时俱进，为女子职业教育增光添彩！

中国驻马赛总领事李小苏女士（左三）、法国中国事物协会会长维多先生（左五）在里昂市政厅与女职茶艺表演者合影

南昌女职茶艺表演队应邀赴韩国参加国际茶文化交流大会，图为李贞柱女士接受我方赠礼

中央电视台来南昌女职采访正在语音室上课的电子技术应用专业班同学

南昌市残疾人联合会

全国助残日，组织开展《残疾人保障法》宣传、咨询和助残活动。

二〇〇三年，在市委、市政府和省残联的领导下，在社会各界的关心支持下，各市各级残联以“三个代表”重要思想为指导，全面贯彻落实党的十六大精神，紧紧围绕全市实现“富民强市”目标、做好“两篇文章”的工作大局围绕解决贫困残疾人的基本生活需要，围绕残联的自身发展提高，不断改进工作作风，转变工作方式，摸实情，办实事，在残疾人康复、教育、就业、扶贫、社会福利、维权、信访维稳、文化生活等方面做了大量卓有成效的工作，圆满完成市委、市政府和省残联下达的各项任务，为改善残疾人现状和维护社会稳定发挥了重要作用。

省委孟建柱书记走访慰问残疾人

一、综　　合

GENERAL　SURVEY

本篇内容包括：

1. 南昌市 2003 年国民经济和社会发展统计公报
2. 自然概况　　行政区划
3. 主要年份国民经济指标及发展

资料整理　　**微机处理**

张　宁　　吴　蕊
吴　蕊　　彭艳红
桂　姣
陈　锋
姜同文

全市生产总值

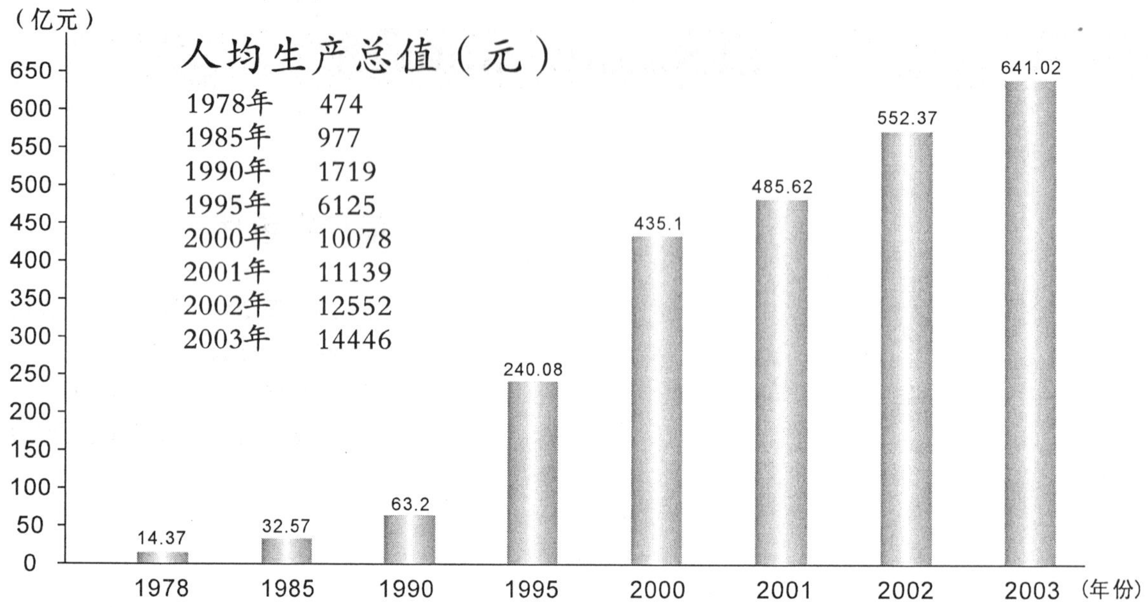

全市生产总值构成（%）

第三产业构成（%）

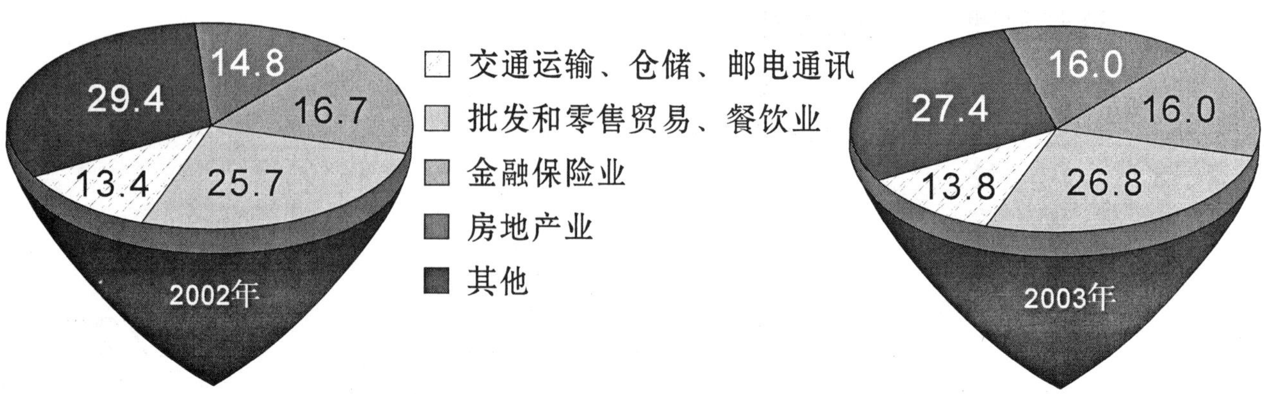

2003年南昌市国民经济和社会发展统计公报

南昌市统计局

2004年3月9日

2003年是不平凡的一年。一年来，全市人民在中共南昌市委、市政府的正确领导下，认真贯彻落实“三个代表”重要思想和党的十六大、十六届三中全会精神，积极应对国内外形势新变化，战胜了突如其来的“非典”、历史罕见的暴雨、百年难遇的高温、前所未有的干旱，国民经济保持持续、快速、健康发展，各项社会事业全面进步，人民生活水平稳步提高，全面完成了国民经济和社会发展的各项任务，主要指标达到近几年来的最好水平。

一、经济发展

经济总量

国民经济持续快速增长。全年实现生产总值（GDP）641.02亿元，按可比价格计算，比上年增长15.5%。其中：第一产业增加值52.82亿元，比上年增长4.4%；第二产业增加值324.16亿元，增长18.9%；第三产业增加值264.04亿元，增长13.1%。

财政收入增势良好。全年全市财政总收入76.47亿元，比上年增长22.9%，地方财政一般预算收入31.41亿元，比上年增长22.0%，其中，增值税4.63亿元，增长18.5%；营业税11.89亿元，增长33.3%；契税2.81亿元，增长82.6%。在地方财政一般预算收入中，县区财政收入对全市地方财政增长的贡献率达到53.7%。全年地方财政支出39.59亿元，比上年增长15.5%。

固定资产投资

投融资体制改革不断深化，固定资产投资总量再创历史新高。全年完成全社会固定资产投资235亿元，比上年增长67.9%，增幅比上年提高26.5个百分点。其中：国有及其他经济类型单位完成投资189.29亿元，增长92.6%；城乡集体投资21.10亿元，增长6.6%；城乡私人投资9.23亿元，增长15.3%。

投资结构进一步改善，民间投资加速启动。在固定资产投资总额（月报口径，下同）中，基本建设投资95.37亿元，增长1.17倍，占全市固定资产投资总额的比重为50.4%；更新改造投资33.91亿元，增长48.0%，比重为17.9%；房地产投资60.01亿元，增长73.1%，比重为31.7%。从产业投向看，第一产业投资0.15亿元，比上年下降24.1%；第二产业投资45.50亿元，比上年增长89.2%，其中工业投资增势强劲，完成投资45.15亿元，增长89.2%；第三产业投资143.65亿元，增长93.5%。三次产业的投资比例为0.1∶24.0∶75.9。从投资主体看，国有经济投资88.72亿元，占全市固定资产投资的比重为46.9%；外商及港澳台投资25.28亿元，比重为13.4%；民间投资75.30亿元，比重为39.8%。

现代化城市基础设施建设加快推进。全年完成基础设施建设投资66.65亿元，比上年增长78.4%，占全市固定资产投资的比重为35.2%。

房地产投资增长加快，房地产业稳步升温。2003年，我市坚持“控制总量、有序开发、激活市场、促进升值”模式，出台系列政策，激活房屋买卖。全年拍卖挂牌出让土地29宗，计3 715.07亩，市本级实现土地经营收入21.22亿元，通过土地储备，新增融资29亿元。全年完成房地产开发投资额60.01亿元，比上年增长73.1%；商品房施工面积660.3万平方米，增长44.5%，其中住宅施工面积550.4万平方米，增长45.1%，占商品房施工面积的83.4%。存量房交易持续攀高，全年成交过户面积156.3万平房米，增长56.3%。

价　格

市场价格低位运行。全年居民消费价格总水平比上年上升0.5%。其中，食品类价格上升3.6%，居住类价格上升3.2%，娱乐教育文化用品及服务类价格下降1.2%，医疗保健及个人用品类价格下降2.5%。烟酒及用品类价格上升0.2 %，衣着类价格下降7 %，家庭设备用品及维修服务类价格下降3.9％，交通和通信类价格下降1.7％。

全年商品零售价格水平比上年下降0.3％。

农　　业

全市围绕“农业增效、农村稳定、农民增收”，努力推进工业向园区集中、人口向城镇集中、土地向规模经营集中工作，进一步促进农业结构的优化调整。全年完成农业总产值51.29亿元，比上年增长3.3％。其中，种植业产值16.50亿元，比上年下降1.3％；畜牧业产值17.70亿元，比上年增长4.2％；渔业产值16.19亿元，比上年增长7.1％。

调整种植结构，稳定粮食生产，提高农业生产效益。全年粮食作物和经济作物的播种面积比例为52：48。粮食作物播种面积27.16万公顷，下降7.6％；棉花播种面积0.195万公顷，增长25.7％；油料播种面积7.54万公顷，下降13.7％；蔬菜播种面积3.81万公顷，下降0.6％。粮食总产量135.53万吨，下降10.2％；油料产量6.90万吨，下降9.3％；其中：花生3.51万吨，下降10.5％；油菜籽下降5％。棉花产量0.11万吨，下降28.4％。苗木、果树等经济林发展加快。全年新增造林面积157公顷。茶叶产量758吨，增长6.5％。水果产量1.04万吨，增长4.3％。

农副产品以市场为导向，努力扩大生产。全年肉类总产量22.94万吨，增长2.3％；生猪出栏数223.24万头，比上年增长1.3％；牛奶产量6.23万吨，增长6.8％；家禽出笼3440万只，增长0.5％。。水产品产量25.80万吨，比上年增长6.6％。

积极推进减量使用化肥工作，全年化肥施用量比上年减少0.54万吨。

农产品经营品牌意识增强。粮食作物优质品率92％，生猪良种率85％，水产品优质品率为30％；建成了特种水产、花卉苗木、无公害水果等8大特色种养示范基地，和优质大米、瘦肉型猪、绿色无公害蔬菜等10大优质农产品生产基地。全市已获省级无公害农产品基地36个，共57.5万亩。

农业产业化加快发展。组建了10个农产品行业协会，市级农业产业化龙头企业50家，省级龙头企业17家，国家级龙头企业3家，年产值超亿元的龙头企业12家，14家龙头企业、30个品牌获国家绿色产品证书

完成退耕还林15.2万亩；全市外洪圩堤建设全面达标，30座病险水库土方达标，治理水土流失面积654公顷，兴建“小山塘”、“小门塘”802座。

工　　业

工业领域继续通过体制、机制和技术创新，产业结构优化升级，朝着打造现代制造业重要基地方向，促进“园区经济增旺、支柱产业增强、改制步伐增快、上市企业增加”，生产保持了高速增长的态势。全年实现规模以上工业增加值129.76亿元，比上年增长30.2％。其中，轻工业增加值59.5亿元，增长29.7％；重工业增加值69.9亿元，增长30.6％。全年规模以上工业总产值407.56亿元，增长24.0％。

工业生产产销衔接良好，经济效益总体水平大幅提高。全年规模以上工业企业产品销售率达到98.4％。工业企业经济效益综合指数为138.96％，比上年提高14.9个百分点。工业企业实现利润22.71亿元，比上年增长53.2％；实现税金34.63亿元，增长17.7％。其中，国有及国有控股工业企业实现利润17.43亿元，增长48.4％，占工业利润总额的76.8％；实现税金30.27亿元，增长16.3％，占工业税金总额的87.4％。

新产品开发力度继续加大。全年规模以上工业企业实现新产品产值71.55亿元，比上年增长39.0％，占工业总产值的比重达到17.6％，比上年提高1.7个百分点。

县区工业增势强劲，工业园区能级不断提升。在全市规模以上工业总产值中，县区工业总产值110.07亿元，比上年增长30.1％，高于全市工业平均增幅6.1个百分点，对全市工业增长的贡献率达到32.3％。全市12个工业园区规模以上工业企业共完成工业增加值23.77亿元，同比增长45.4％。

产品结构继续改善。原材料工业产品中，水泥增长1.4倍，钢增长11.1％，成品钢材增长18.1％，发电量增长3.3％；轻工业产品中，饮料酒增长17.9％，卷烟增长4.4％，纱增长8.1％，服装增长14.7％；在机电产品及耐用消费品中，汽车增长23.9％，彩色电视机增长53.2％，交流电动机增长34.5％，金属切削机床增长24.4％，家用电冰箱下降4.2％，冷冻箱增长59.5％；支农产品生产中，化学农药增长26.4％，农用化肥下降12.5％，大中型拖拉机94.2％。

建筑业

建筑业生产全面增长。2003年，我市建筑企业全年完成施工产值118.08亿元，比上年增长67.3％；施工面积2 297万平方米，增长1.96倍；竣工面积637万平方米，增长77.0％。建筑企业组织结构逐步向技术密集、管理密集、资金密集相结合的方向调整，市场竞争力不断增强，经济效益继续提高。按施工产值计算的全员劳动生产率达到人均达8万元，比上年提高6.0％。

金融业

金融业加强服务创新，市场规模进一步扩大。

金融机构存贷款快速增长，对经济的支持力度加大。至年末，全市金融机构各项存款余额+1 131.35亿元，当年新增203.22亿元，其中企业存款余额445.18亿元，新增79.26亿元。全市金融机构各项贷款余额772.42亿元，当年新增154.31亿元。其中中长期贷款增加104.42亿元，占新增贷款的67.7%。其中基建和技改贷款两项新增56.6亿元，同比多增26.78亿元，占全部新增贷款的36.7%，比上年高5.4个百分点。个人消费贷款余额59.62亿元，当年新增25.87亿元。

全年金融机构现金收入2 604.72亿元，现金支出2 510.19亿元，收支相抵，货币净回笼94.53亿元，比上年增加5.01亿元。

国内商业

努力改善消费环境，不断加快布局结构和经营业态调整，南昌商业的集聚、辐射能力不断增强。

消费品市场日益活跃。全年全市实现社会消费品零售总额201.18亿元，比上年增长13.1%，其中城市170.38亿元，增长13.6%；吃的商品零售额21.29亿元，增长12.6%；穿的商品零售额18.52亿元，增长19.0%；用的商品零售额161.37亿元，增长20.3%。分行业看，批发零售贸易业零售额185.31亿元，增长13.1%；餐饮业15.25亿元，增长12.1%；其他行业0.62亿元，增长10.8%。

以汽车、通讯器材等为代表的新兴消费引领消费市场快速增长。居民消费升级趋势日趋明显，轿车、通讯、家电类商品消费进一步扩大。全年限额以上企业：汽车零售量1.05万辆，比上年增长4倍，其中轿车0.68万辆，增长5倍；移动电话8.77万部，增长4倍；摄像机0.11万架，增长83.9%；家用空调器11.07万台，增长63.4%；微型计算机0.79万部，增长50.6%；洗衣机5.25万台，增长9.5%；影碟机5.11万架，增长7.9%。

购物中心、连锁超市、折扣店等新型商业业态发展势头强劲，规模效应进一步显现。至年末，全市共有连锁商业业态6种，全市限额以上连锁总店数达到16家，连锁门店数达到1021家，其中，连锁超市总店1家。连锁商业等新型业态显示出巨大活力，全市限额以上连锁商业企业12家，商品销售额31.89亿元，比上年增长18.2%。

商品交易市场交易活跃。至年末，全市共有商品交易市场289个，全年成交额275.7亿元，比上年增长29.9 %，其中农副产品市场成交额47.63亿元，增长27.0%。超亿元市场全年达到28家，其中：十亿元以上市场5家，实现成交额180.6亿元，增长12.2%。

商业流通规模不断扩大。全年实现商品购进总额541亿元，比上年增长43.9%；商品销售总额532亿元，增长41.5%，其中批发销售361亿元，增长42.1%。

对外贸易

对外贸易取得新成绩。全年全市海关进出口总额为13.42亿美元，比上年增长47.6%，其中出口10.04亿美元，增长38.3%；进口3.37亿美元，增长85.2%。

招商引资

招商引资取得新突破。全年协议利用外资7.52亿美元，增长41.2%；实际利用外资5.84亿美元，增长58.8%。实际利用内资134.87亿元，增长1.08倍。

旅　　游

旅游业稳步发展。成功举办以“天香园国际都市候鸟节”为主题的旅游节等系列促销活动，促进和推动了旅游业的发展。全年接待国内外旅游者513.4万人次，增长0.2%；实现旅游总收入34.3亿元，增长0.5%。

交通运输和邮电业

交通运输、仓储和邮电业加快发展，综合服务水平不断提高。交通运输业运营能力不断增强。全年各种运输方式完成货物运输总量3 925.97万吨，比上年增长17.3%。其中，铁路运输352.52万吨，增长6.1%；公路运输3 398万吨，增长19.4%；水路运输174万吨，增长3.9%；民用航空运输1.45万吨，增长8.2%。2003年，旅客运输量受“非典”影响较大，全年完成旅客运输4 522.95万人次，比上年下降1.2%。其中，铁路发送1 083.69万人次，下降4.4%；公路运输3 318万人次，比上年增长0.2%；水路运输32.3万人次，下降4.2%。昌北机场全年共起降航班1.76万架次，比上年增长9.5%；进出港旅客达到117.22万人次，增长18.3%，其中发送旅客57.27万人次，增长19.7%。全年港口货物吞吐量达到524.02万吨，比上年下降66%。全年港口集装箱吞吐量达到0.66万国际标准箱，比上年下降17%。

邮电通信能力和服务功能继续增强。全年完成邮电业务总量达31.30亿元，比上年增长8.8%。其中：邮政服务门类增多，投递速度加快。全年发送包裹68.22万件，比上年增长0.5%，发送特快专递94.23万件，比上年增长20.4%。电信业务发展继续加快。国内长途电话1.42亿次，国际与港澳台电话业务量62.42万次。年末全市电话交换机总容量160.36万门，新增20.7万门。长途自动交换机容量达7.0万门，移动通信交换机容量达250万门，固定电话用户115.56万户，其中：城市96.22万户，农村19.34万户，移动电话用户152.00万户，无线寻呼用户0.95万户。年末全市电话用户普及率为25.64部/百人，其中市区42.42部/百人。年末互联网用户已达46.74万户。

二、所有制结构调整

所有制结构调整不断完善，非公有制经济加快发展。

在全市社会消费品零售总额中，非公有制社会消费品零售总额179.3亿元，比上年增长16.6%，其中：限额以上外商及港澳台投资商业企业零售额1.2亿元，增长11倍；公有制商业企业零售额21.9亿元，比上年下降9.5%。非公有制在全市社会消费品零售总额中所占比重达89.12%，比上年提高2.8个百分点。

各种所有制工业企业共同发展。全年规模以上国有及国有控股工业企业完成工业总产值290.19亿元，比上年增长18.5%。在规模以上工业总产值中，股份制工业企业总产值168.56亿元，比上年增长22.9%；股份合作制工业企业总产值166.69亿元，增长54.11%；外商及港澳台投资工业企业总产值107.06亿元，增长30.5%。

三、城市建设和管理

重大工程建设

重大工程建设继续大规模投入、高速度推进。

城市品位提高。2003年，我市以创建现代文明花园英雄城市为目标，高起点规划，高质量建设，高水平管理，高效益经营，高素质塑造，注重增绿、增亮、增色、增净，做大了城市规模，做强了城市功能，做美了城市环境。

2003年，我市重点实施了城市交通工程：推进了6条对外道路建设，完成投资近4亿元。其中瑶湖大道道路已完工，9公里昌进公路一期春节前完成整幅道路，29.5公里省大公路、29.1公里南安公路完成半幅道路，实现通车；红湾公路已开工，南高公路正在抓紧拆迁；开工建设26条城中道路，完成投资近10亿元，其中昌东大道、洪都南大道、洪都北大道、高新北大道、北京西路已完工，解放东路、北京东路正在加紧建设，庐山南大道绿化、亮化已经完成；东外环高速公路已经开始拆迁工作，西外环高速正在进行前期准备；实施“百路大会战”，投入资金1亿多，改造道路109条。配合新建高校园区2个，改造中小学危房12万平方米；新增公交线路8条；竣工公建项目510项，建筑面积545.7万平方米；全面铺开青山湖体育公园建设；完成青云水厂三期工程；新建2座变电站、安装市内变压器130台；启动生米大桥和红谷滩新区液化气供应项目；完成了秋水广场的建设。完成青山湖污水处理厂土方工程，全面展开土建安装。在市政配套方面，增设地下管网，城市排水雨污分流工程全面开工；规范空中线网，电线、电话线、电视线、电缆线逐片规范；全年扩充公共绿地244公顷，新铺草面积138万平方米，新栽乔木42.8万株、灌木956.7万株，绿化覆盖率36.6%，绿地率34.8%，人均绿地7.1平方米；新增路灯6.18万盏；建成上营坊社区休闲广场、福州路休闲广场，增加免费开放人民公园。

公用事业

城市交通体系逐步改善，交通服务效率进一步提高。年内城市公交系统在市区新辟、调整7条营运线路，添置了440辆公交车。至年末，公交运营车辆1 447辆，运营出租车3 450辆。全年公共交通客运量3.04亿人次。其中，公共汽电车客运量2.65亿人次。

公用事业综合服务水平不断提高。全市自来水日供水能力134万立方米。全年自来水售水量2.4亿立方米，比上年增长2.7%，其中生活用水1.99亿立方米。全年全市用电量52.73亿千瓦·时，比上年增长20.6%，其中城乡居民生活用电8.62亿千瓦·时，增长35.7%。至年末，全市人工煤气家庭用户达到11.11万户，比上年增长1.6%，全年人工煤气供应总量2735万立方米。

城市环境保护和治理

全市完成治理项目15个，废水排放达标率95.53%，二氧化硫排放达标率98.98%，烟尘去除率95.28%，固体废物综合利用率86.77%。

城市绿化

以创建国家园林城市为重点，全面推进绿化建设，城市生态环境进一步优化。至年末，城市园林绿地面积为4 708.8公顷，公共绿地面积1 281.64公顷，人均公共绿地面积7.16平方米。建成区绿化覆盖率达到36.68%；积极推进免费开放公园进程、全市免费开放公园6座，年末实有造林面积10 325公顷，全市森林覆盖率达到17.1%。

四、社会事业

科　　技

坚持科教兴市战略，不断增强科技创新能力。2003年全市共取得省部级以上科技成果19项，专利申请量1 217件，增长47.90%。技术市场更加活跃，全年技术交易签订合同1 602项，技术交易额2.92亿元。

教　育

加快教育发展与改革，继续推进高等教育体系建设。全年全市招收研究生2 214人，比上年增加666人，增长43.02%，在校研究生4 760人，增加757人；普通高等学校招生7.24万人，增加2.77万人，在校学生18.44万人，增加5.17万人，毕业生2.58万人，增加0.93万人。全市中等专业学校在校学生10.47万人，增加2.42万人。普通高中在校生7.69万人，普通初中在校生23.83万人；小学在校生37.18万人。在托儿童8.39万人。

文　化

文化、新闻、出版和广播电影电视事业取得新成就。在全国和国际性重要文艺评奖中，南昌共获奖5余项，其中市群艺馆组织创作的戏剧小品《进化》获得“第十届曹禺戏剧文学奖、小品、小戏奖”金奖。东湖区文化广播旅游局组织创作的情景合唱《社区是我温馨的家》，获得第二届全国“四进社区”文艺表演金奖。至年末，全市有市、县（区）文化馆、群众艺术馆12个，公共图书馆11个，档案馆11个，博物馆11个。年内南昌博物馆成功举办了《故宫博物院明清书画珍品展》等14个展览，接待观众37.2万人次。文化部门艺术表演团体5个。广播电视播放时间延长，节目丰富多彩。江西人民广播电台节目4套，平均每天播音74小时；南昌人民广播电台节目2套，平均每天播音45小时。江西电视台节目5套，平均每周播放625小时；南昌电视台节目4套，平均每周播放514小时。全国有19个省、市、自治区卫星电视节目进入南昌有线电视网播放。新闻出版事业发展步伐加快。全年出版报纸3.24亿份，杂志0.58亿份，各类图书1.96亿册。

体　育

我市运动员在国际比赛中获3项世界冠军和2项亚洲冠军，在全国比赛中，南昌运动员共获7枚金牌，6枚银牌和2枚铜牌。

社会福利与救助

整合政府救济与社会帮困资源，社会福利与救助事业持续发展。全市有53.92万职工和19.09万离退休人员参加了基本养老保险，有49.46万人参加了失业保险，有17.56万人参加基本医疗保险。全市城镇社会服务设施337个，收养性社会福利机构床位数4 938张，年末各类收养性社会福利单位收养3 813人。全市得到最低生活保障救济有12.70万人，销售社会会福利彩票991.5万元，筹集社会福利资金134.5万元，直接接受社会捐赠394.6万元。

五、人民生活

人口·就业

人口低速增长。据抽样调查测算，2003年全市人口出生率13.68‰，死亡率5.36‰，人口自然增长率8.32‰。

年末，全市户籍人口450.77万人，其中，男性人口236.77万人，占总人口比重为52.5%；女性人口214万人。

落实促进就业社会责任体系，拓展多渠道就业形式。全市年末社会从业人员234.69万人。其中第一产业82.73万人，第二产业66.61万人，第三产业85.35万人。年末全市在岗职工人数49.9万人，比上年末减少1.36万人。其中，国有单位在岗职工人数33.95万人，比上年末减少1.65万人。全市个体私营从业人员32.33万人，比上年末增加14.0%。

居民收入和储蓄

城乡居民收入水平不断提高。全市职工年平均工资10 502元，比上年增长17.5%，其中，在岗职工年平均工资13 914元，增长18.6%。据抽样调查，城市居民家庭人均年可支配收入7 793.16元，比上年增长11.0%；农村居民家庭人均年纯收入2 808.1元，增长5.4%。

城乡居民家庭耐用消费品拥有量明显增加。据抽样调查，至年末，平均每百户城市居民家庭耐用消费品拥有量：彩电126.9台，家用空调76.7台，影碟机49台，移动电话69.4部，家用电脑16.9台，热水器68.7台；平均每百户农村居民家庭耐用消费品拥有量：彩电65.25台，轻骑、摩托车23.25辆，洗衣机11.75台，热水器12台，移动电话37.75部，影碟机19.25台，家用空调10.5台，家用电脑0.75台。

居民储蓄继续增加。年末全市城乡居民储蓄存款余额482.8亿元，当年新增81.77亿元。其中，城镇居民储蓄存款余额422.20亿元，新增71.2亿元；农村居民储蓄存款余额60.6亿元，新增10.57亿元。

居　住

居民居住条件和居住环境不断改善。至年末，市区人均住房使用面积16.72平方米，比上年增加

0.22平方米。居民住宅成套率达到90.7%。

说明：

1、本公报所列各项产值绝对数按当年价格计算，增长速度按可比价格计算。

2、南昌市生产总值为快报数。国家对国内生产总值的核算进行了改革，一是只有全国的该指标称“国内生产总值”，各地的该指标称“地区生产总值”，用行政区的名字冠之，但仍可简称“GDP”。二是以新的三次产业的划分标准核算三次产业的增加值，例如：第一产业的增加值包括了农林牧渔服务业的增加值。

3、公报中部分数据为初步统计数，正式统计数据以《南昌经济社会统计年鉴》为准。

附表1：2003年工农业主要产品产量

产品名称	计量单位	绝对数	比上年增长%
一、农产品产量			
粮食	万吨	135.53	-10.2
谷物	万吨	132.7	-10.0
豆类	万吨	1.43	-25.4
薯类	万吨	1.41	-9.6
棉花	万吨	0.11	-28.4
油料	万吨	6.9	-9.3
蔬菜	万吨	114.29	-3.0
水果	万吨	1.04	4.3
肉类总产量	万吨	22.94	2.3
牛奶产量	万吨	6.23	6.8
禽蛋产量	万吨	11.1	持平
生猪出栏	万头	223.24	1.3
年末生猪存栏	万头	175.44	0.2
年未家禽存笼	万只	2885.64	0.6
水产品产量	万吨	25.8	6.6
二、工业产品产量			
发电量	亿千瓦小时	24.23	3.3
钢	万吨	156.81	11.1
成品钢材	万吨	207.83	18.1
水泥	万吨	82.64	136.1
烧碱	万吨	1.88	27.4
农用化肥(折纯)	万吨	3.24	-12.5
化学农药	万吨	0.27	26.4
小型拖拉机	万台	0.39	-16.5
纱	万吨	2.15	8.1
布	亿米	0.79	-0.7
化学纤维	万吨	4.50	21.1
卷烟	万箱	37.34	4.4
汽车	万辆	6.40	23.9
彩色电视机	万台	63.58	53.2
家用电冰箱	万台	5.78	-4.2
冷冻箱	万台	4.38	59.5
变压器	万千伏安	1255.46	70.3
金属切削机床	台	0.25	24.4
交流电动机	万千瓦	49.69	34.5
饮料酒	万吨	14.34	17.9

附表2：市场价格变动情况

类别	指数（上年=100）	
	2002	2003
居民消费价格总指数	100.6	100.5
食品类	100.6	103.6
#粮食	95.6	101.6
肉禽及其制品	99.3	102.9
蛋类	103.8	101.8
水产品	99.9	95.4
鲜菜	109.0	119.6
烟酒及用品	98.9	100.2
衣着类	99.3	93.0
家庭设备用品及维修服务	97.0	96.1
医疗保健和个人用品	99.1	97.5
交通和通讯	100.4	98.3
娱乐教育文化用品及服务	100.6	98.8
居住	104.8	103.2

自然、地理、资源

位　置

南昌市位于东经 115°27′～116°35′，北纬 28°09′～29°11′。地处江西省中部偏北，赣江、抚河下游，东北方滨临我国最大的淡水湖鄱阳湖。

地势、面积

全市以平原为主，东南地势平坦，西北丘陵起伏。全市总面积 7 402.36 平方公里，其中：平原面积2 649.72平方公里，岗地低丘面积2 548.27平方公里，水域面积2 204.37平方公里。南北长约112.1 公里，东西宽为 107.6 公里。

山脉、河流、湖泊

位于西北部的西山山脉，呈东北向逶迤绵延，山脉中段的梅岭为市区最高点，其主峰洗药峰海拔 841.4 米。

全市境内江河纵横，湖泊池塘星罗棋布。主要河流有赣江、抚河、锦江和潦河等。湖泊主要有军山湖、青岚湖、金溪湖、瑶湖等，市区有青山湖、贤士湖，市中心错落着东湖、西湖、南湖、北湖等四个人工湖。

气　候

南昌属亚热带季风湿润气候区。春季阴雨绵绵，日照偏少，平均气温 16.8℃；雨季主要在4—6月，总雨量占年雨量的 48%，暴雨天气及洪涝灾害大多出现在雨季，平均气温 21.8℃；夏季常受副热带高压控制，天气炎热，偶有雷阵雨，平均气温 27.9℃；秋季天高气爽，晴多雨少，平均气温 19.1℃；冬季常受西伯利亚和蒙古冷高压南下影响，多风雪天气，平均气温 6.7℃。温度分布趋势由西北向南逐渐提高，平原高于山丘。年无霜期 280 天，最冷为 1 月，最热为 7 月，年平均气温 17.6℃，年平均降水量 1 627 毫米。

土地资源

全市土地面积 7 402.36 平方公里，其中耕地面积 21.06 万公顷。在耕地面积中，有效灌溉面积 20.00 万公顷，占 94.97%。

水力资源

全市水力资源蕴藏量为 7.27 万千瓦，可开发的资源 2.45 万千瓦，占蕴藏量的 33.7%。

森林资源

全市林地面积 13.2 万公顷，森林覆盖率 16.8%；活立木蓄积量 220 万立方米。

矿产资源

以非金属建材矿为主，兼有燃料、矿泉水等各类矿产 28 余种。已发现矿点、矿化点 100 处，尤其以建筑用砂、砖瓦粘土、饰面石材、石英石、石灰石和矿泉水等具有较好的开发前景。花岗石、砂卵石、砖瓦粘土储量巨大，开采历史悠久。

1—1 行　政　区　划

单位：个

地　　区	街道办事处	居委会	镇	乡	村委会
全　市	**29**	**483**	**47**	**33**	**1144**
区合计	29	381	10	2	219
东湖区	10	121			
西湖区	11	186			
青云谱区	5	37	1		9
湾里区	2	10	3	1	35
青山湖区		22	5	1	97
昌北开发区	0	0	1		19
高新区					48
红谷滩新区	1	5			11
县合计		101	37	31	925
南昌县		38	11	7	254
新建县		28	10	9	286
进贤县		25	9	12	276
安义县		11	7	3	109

1—2 土地面积

单位：平方公里

地区	总面积	平原	岗地低丘	水域
全市	**7 402.36**	**2 649.72**	**2 548.27**	**2 204.37**
市区	617.07	283.72	249.81	83.54
南昌县	1 839.4	1 071.47	20.7	747.23
新建县	2 337.84	847.33	592.51	898
进贤县	1 951.86	156.3	1 364.87	430.69
安义县	656.19	290.9	320.38	44.91

1—3 水文·气象

项目	2002	2003
最高水位（八一桥水面，米）	23.02（6月20日）	22.09（5月20日）
最低水位（八一桥水面，米）	15.95（1月15日）	14.84（12月23日）
全年平均水位（八一桥水面，米）	18.25	17.16
全年降雨天数（天）	179	152
全年降雪天数（天）	3	5
全年降水量（毫米）	1 763	1 744.1
全年无霜期总天数（天）	309	250
全年日照时数（小时）	1 585.7	2 196.9
全年蒸发量（毫米）	819.4	1 003
全年平均气温（度）	18.4	18.6
极端最高气温（度）	37.7（7月15日）	39.5（8月1日）
极端最低气温（度）	零下2.1（12月31日）	零下2.1（1月8日）
全年相对湿度（%）	80	75
全年平均风速（米/秒）	1.5	1.5

1—4 主要年份国民经济主要指标

项　　目	1978	1980	1985	1990	1995	2000	2002	2003
一、年末总人口（万人）	**306.83**	**316.36**	**335.31**	**372.59**	**395.16**	**432.55**	**448.85**	**450.77**
二、年末社会从业人数（万人）	**131.13**	**136.03**	**165.46**	**199.00**	**211.79**	**214.97**	**214.54**	**234.69**
#职工人数	53.14	58.51	72.22	82.04	89.04	77.93	71.58	69.80
三、国内生产总值（亿元）	**14.37**	**16.95**	**32.57**	**63.20**	**240.08**	**435.10**	**552.37**	**641.02**
四、工农业总产值（亿元）	**22.79**	**28.11**	**57.25**	**117.15**	**363.37**	**541.49**	**717.60**	**881.06**
五、农　　业								
农业总产值（亿元）	4.50	5.56	10.77	23.65	58.50	69.44	77.29	82.30
主要农产品产量								
粮食（万吨）	117.43	120.16	160.11	170.81	153.79	156.12	150.88	135.53
棉花（万吨）	0.22	0.29	0.16	0.11	0.33	0.33	0.16	0.11
油料（折油，万吨）	0.43	0.48	0.95	1.31	3.23	2.95	2.24	6.90
水果（万吨）			0.71	0.94	0.50	0.92	0.99	1.04
水产品（万吨）	0.83	1.16	2.22	5.52	13.74	22.00	24.21	25.80
肉类总产量（万吨）			5.34	9.07	16.52	20.80	22.42	22.94
猪年末存栏（万头）	78.45	77.43	99.80	121.32	162.10	166.13	175.09	175.44
当年出栏肉猪（万头）			68.44	140.98	188.17	208.18	220.40	223.24
六、工　　业								
工业总产值（亿元）	18.29	22.55	46.49	93.50	304.87	472.05	640.31	798.76
轻 工 业	9.15	12.30	22.93	48.50	159.15	247.04	331.40	385.80
重 工 业	9.14	10.25	23.56	45.00	145.72	225.01	308.91	412.96
主要工业产品产量								
纱（万吨）			2.18	2.33	2.42	2.61	1.96	2.15
布（万米）	7 976	12 294	9 174	9 923	13 565	13 285	11 512	7 879

注：1.1995年以后工业总产值按新口径计算。

2.2003年农业总产值按调整后统计口径计算，后同。

1—4 续表 1

项目	1978	1980	1985	1990	1995	2000	2002	2003
机制纸及纸板（万吨）	2.85	4.35	5.90	6.03	8.30	8.16	7.15	3.87
饮料酒（万吨）	0.63	1.08	2.83	3.75	11.03	11.92	12.83	14.34
发电量（亿千瓦/小时）	7.54	7.91	7.88	15.46	17.69	31.13	32.83	40.89
烧碱（万吨）	0.18	0.45	1.13	1.51	2.09	1.56	1.48	1.88
水泥（万吨）	6.65	8.64	13.77	20.85	35.31	33.00	30.00	83.00
效益指标								
年末固定资产原值（亿元）	13.71	15.32	23.15	42.81	119.09	218.93	241.89	262.31
年末固定资产净值（亿元）	8.63	9.42	14.16	27.47	86.78	152.21	161.90	168.70
流动资产全年平均余额（亿元）	7.06	7.10	10.43	39.46	89.72	188.55	226.08	247.86
利润和税金总额（亿元）	2.07	3.25	6.14	6.12	9.73	32.93	43.39	57.64
七、邮电、运输								
货物运输量（万吨）			606	2 820	3 074	3 171	3 346	3 926
#民航			0.07	0.07	0.74	0.95	1.34	1.45
铁路			235	221	201	224	332	353
公路	261	257	262	2 298	2 541	2 784	2 845	3 398
水运	150	77	109	301	331	163	167	174
旅客运输量（万人）			1 733	3 297	3 101	3 983	4 576	4 523
#民航			4	8	75	78	99	89
铁路			680	517	625	906	1 133	1 084
公路	352	634	955	2 720	2 357	2 978	3 310	3 318
水运	87	96	94	52	44	20	34	32
邮电业务总量（万元）	469	596	3 262	8 252	42 100	218 524	287 644	312 983
八、固定资产投资								
全社会固定资产投资（万元）	12 209	21 075	46 575	103 225	542 553	798 684	1 370 016	2 350 044
#国有及其他经济类型单位	11 949	20 835	45 031	85 807	358 473	557 215	1 091 625	2 083 760
基本建设	10 923	13 960	27 211	38 302	130 108	287 138	515 879	985 504
更新改造		5 366	15 209	36 808	126 026	120 545	229 062	379 740
城镇集体	327	840	1 811	2 905	5 943	17 564	17 316	18 573
新增固定资产	7 775	18 092	25 501	86 174	425 293	367 220	461 056	843 959
基本建设（万元）	7 171	13 103	14 373	30 391	84 108	192 813	221 086	461 453
更新改造（万元）		3 867	7 424	28 613	125 129	85 779	79 151	79 971

1—4 续表 2

项目	1978	1980	1985	1990	1995	2000	2002	2003
九、贸易								
社会消费品零售总额(亿元)	5.26	7.49	15.29	26.36	73.64	144.41	179.84	201.18
实际利用外资额（万美元）			155	1 129	12 537	3 288	36 733	58 350
十、财政								
财政总收入（亿元）	2.55	3.42	5.57	10.19	22.04	44.59	60.78	76.47
地方财政收入（亿元）					10.14	19.14	27.45	33.46
财政支出（亿元）	0.90	1.14	2.44	5.51	10.21	23.79	34.71	39.59
十一、物价指数（以上年价格为100）								
商品零售价格指数	99.7	107.4	110.5	101.8	114.4	97.8	100.2	99.70
居民消费价格指数	99.7	106.6	111.0	103.3	116.2	102.6	100.6	100.50
十二、教育、文化、卫生								
高等学校在校学生数（人）	11 989	18 359	25 809	30 939	45 934	78 252	141 205	184 418
中等专业学校在校学生数(人)	7 841	11 970	13 724	20 437	45 453	80 622	80 468	104 669
普通中学在校学生数(万人)	18.90	17.17	18.44	20.97	20.15	26.15	30.89	31.52
小学在校学生数（万人）	42.25	47.12	49.30	37.86	39.10	40.94	37.66	37.18
图书馆藏书量（万册）	208	228	314	338	366	332	342	344
卫生机构数(不含个体,个)	918	923	818	832	790	706	677	679
卫生技术人员数（人）	13 470	14 830	19 267	21 658	22 259	22 477	21 197	21 980
#医生	5 582	6 304	8 048	9 473	9 701	9 527	8 656	8 965
病床数（张）	13 149	14 005	15 000	16 205	16 345	15 130	15 233	15 685
十三、人民生活								
全部职工平均工资（元）	577	732	1 038	1 798	4 931	6 954	8 939	10 502
城市居民人均可支配收入(元)		339	639	1 349	3 591	5 734	7 021	7 793
农民人均纯收入（元）	121	184	412	721	1 626	2 390	2 664	2 808
城乡居民储蓄存款余额(亿元)	0.89	2.02	7.06	32.15	138.25	276.89	401.04	482.80

1—5 国民经济主要指标发展速度

项目	2003年为下列各年%					平均每年增长%		
	1978	1980	1985	1990	2002	1979—2003	1986—2003	1991—2003
一、年末总人口	146.9	142.2	134.4	121.1	100.4	1.5	1.7	1.5
二、年末社会从业人数	179.0	172.5	141.9	118.0	109.4	2.4	2.0	1.3
#职　工	128.9	117.1	94.9	83.6	97.5	1.0	-0.3	-1.4
三、地区生产总值	1 683.9	1 382.3	779.3	519.9	115.5	12.0	12.1	13.5
第一产业	412.5	410.1	262.6	165.0	104.4	5.8	5.5	3.9
第二产业	1 886.5	1 600.6	786.6	707.8	118.9	12.5	12.1	16.2
第三产业	3 185.6	2 131.7	1 265.5	560.5	113.1	14.8	15.1	14.2
四、工农业总产值	2 697.4	2 278.0	1 239.5	804.4	119.4	14.1	15.0	17.4
农　业	445.7	427.1	262.5	209.1	103.3	6.2	5.5	5.8
工　业	4 168.1	3 237.5	1 687.5	1 028.0	121.2	16.1	17.0	19.6
五、运输、邮电								
货物运输量			648.0	139.2	117.3		10.9	2.6
旅客运输量			260.7	137.2	98.8		5.5	2.5
邮电业务总量	186 572.4	135 149.5	24 675.6	4 635.1	108.8	35.2	35.8	34.3
六、全社会固定资产投资	18 840.7	10 914.7	4 938.8	2 228.4	167.9	23.3	24.2	27.0
七、贸　易								
社会消费品零售总额	3 867.0	2 715.6	1 330.5	771.6	113.1	15.7	15.5	17.0
实际利用外资			37 632.1	5 165.8	158.8		39.0	35.5
八、财　政								
财政总收入	2 938.8	2 191.2	1 345.6	735.3	122.9	14.5	15.5	16.6
财政支出	4 453.2	3 515.8	1 642.4	727.3	115.5	16.4	16.8	16.5
九、教育、文化、卫生								
高等学校在校学生数	1 537.4	1 004.2	714.3	595.7	130.6	11.6	11.5	14.7
中等专业学校在校学生数	1 350.8	884.9	759.0	518.2	130.1	11.0	11.9	13.5
普通中学在校学生数	167.4	184.2	171.5	150.7	102.4	2.1	3.0	3.2
小学在校学生数	88.0	78.8	75.5	98.2	98.7	-0.5	-1.5	-0.1
图书馆藏书量	165.2	150.8	109.5	101.8	100.6	2.0	0.5	0.1
卫生机构数（不含个体）	74.0	73.6	83.0	81.4	100.3	-1.2	-1.0	-1.6
卫生技术人员	163.0	148.2	114.1	101.4	103.7	2.0	0.7	0.1
#医　生	160.7	142.0	111.3	94.6	103.6	1.9	0.6	-0.4
病床数	119.3	111.8	104.5	96.7	103.0	0.7	0.2	-0.3
十、人民生活								
全部职工平均工资	1 821.5	1 435.9	1 012.4	584.7	117.5	12.3	13.7	14.5
农民平均每人纯收入	2 320.4	1 526.0	681.5	389.5	105.4	13.4	11.3	11.0

1—6 国民经济主要比例关系

单位:%

项目	1978	1980	1985	1990	1995	2000	2002	2003
地区生产总值三次产业比例	**100.0**	**100.0**	**100.0**	**100.0**	**100.0**	**100.0**	**100.0**	**100.0**
第一产业	29.3	26.8	24.2	21.9	16.0	10.6	9.2	8.2
第二产业	49.2	48.4	52.6	39.7	46.0	47.2	48.9	50.6
第三产业	21.5	24.8	23.2	38.4	38.0	42.2	41.9	41.2
工农业总产值中农轻重比例	**100.0**	**100.0**	**100.0**	**100.0**	**100.0**	**100.0**	**100.0**	**100.0**
农业	19.8	19.8	18.8	20.2	12.9	12.8	10.8	9.3
轻工业	40.1	43.8	40.3	41.9	45.5	45.6	46.2	43.8
重工业	40.1	36.4	40.9	37.9	41.6	41.6	43.0	46.9
农业中农、林、牧、副、渔比例	**100.0**	**100.0**	**100.0**	**100.0**	**100.0**	**100.0**	**100.0**	**100.0**
农业	85.4	84.1	65.2	55.6	51.2	41.9	38.5	35.4
林业	0.9	0.9	1.5	1.1	1.7	1.5	1.4	1.4
牧业	11.8	12.6	22.4	31.2	35.2	35.2	36.1	37.3
副业(农业服务业)	0.5	1.1	6.3	5.7				2.2
渔业	1.4	1.3	4.6	6.4	11.9	21.4	24.0	23.8
工业中轻重工业比例	**100.0**	**100.0**	**100.0**	**100.0**	**100.0**	**100.0**	**100.0**	**100.0**
轻工业	50.0	54.5	49.3	51.9	52.2	52.3	51.8	48.3
重工业	50.0	45.5	50.7	48.1	47.8	47.7	48.2	51.7
财政收入占地区生产总值的比例	**17.7**	**20.2**	**17.1**	**16.1**	**9.2**	**10.2**	**11.0**	**11.9**
科教文卫事业费占财政支出的比例	**29.9**	**31.2**	**29.1**	**24.6**	**29.6**	**22.8**	**22.7**	**22.2**

1—7 主要指标每人年平均水平

项　　目	1978	1980	1985	1990	1995	2000	2002	2003
一、地区生产总值（元）	473.64	538.75	976.76	1 718.42	6 124.91	10 078.34	12 551.97	14 445.68
二、工农业总产值（元）	751.11	891.95	1 568.62	3 209.81	9 270.25	12 542.68	16 306.46	19 855.10
农业总产值	148.28	176.45	294.98	647.99	1 492.35	1 608.54	1 756.22	1 854.67
工业总产值	602.83	742.97	1 273.64	2 561.82	7 777.90	10 934.14	14 550.24	17 999.08
三、财政总收入（元）	83.99	108.68	166.93	277.10	562.27	1 032.88	1 381.21	1 723.29
四、主要农产品产量								
粮食（千克）	386.96	381.91	481.14	464.44	392.35	361.62	342.85	305.42
棉花（千克）	0.73	0.91	0.47	0.30	0.84	0.76	0.36	0.25
油料（折油）（千克）	1.41	1.53	2.84	3.57	8.24	6.83	5.09	15.55
水果（千克）			2.13	2.54	1.28	2.12	2.26	2.34
水产品（千克）	2.74	3.68	6.65	15.00	35.05	50.96	55.01	58.14
肉类总产量（千克）			16.03	24.67	42.15	48.18	50.95	51.70
五、主要工业产品产量								
纱（千克）			6.54	6.33	6.17	6.04	4.45	4.85
布（米）	26.28	29.07	27.52	26.98	34.61	30.77	26.16	17.76
饮料酒（千克）			8.49	10.19	28.13	27.62	29.15	32.32
发电量（千瓦小时）	248.42	251.39	236.26	417.08	451.35	721.06	746.02	921.48
钢材（千克）	25.53	65.69	76.17	60.63	106.87	187.27	320.65	468.35
烧碱（千克）			3.39	4.08	5.33	3.61	3.36	4.24
水泥（千克）			41.29	54.46	90.08	76.44	68.17	187.04
六、人民生活								
职工平均工资（元）	577	732	1 038	1 798	4 931	6 954	8 939	10 502
城市居民人均可支配收入(元)		339	639	1 349	3 591	5 734	7 021	7 793
农民人均纯收入(元)	121	184	412	721	1 626	2 390	2 664	2 808
城乡居民储蓄存款余额(元)	29	64	210	863	3 404	6 382	9 072	10 880

注：1995年以后工业总产值按新口径计算。

1—8 平均每天主要社会经济活动

项目	1978	1980	1985	1990	1995	2000	2002	2003
一、地区生产总值（万元）	394	464	892	1 731	6 577	11 921	15 134	17 562
二、工农业总产值（万元）	624	770	1 843	3 210	9 955	14 835	19 660	24 139
农业总产值	123	152	385	648	1 603	1 903	2 117	2 255
工业总产值	501	618	1 184	2 562	8 353	12 933	17 543	21 882
三、财政总收入（万元）	70	94	153	279	604	1 222	1 665	2 095
四、主要工业产品产量								
纱（吨）			59.7	63.8	66.3	71.5	53.7	58.9
布（万米）	21.9	33.7	25.1	27.4	37.2	36.4	31.5	21.6
饮料酒（吨）	17.3	29.6	78.0	102.7	302.2	326.6	351.5	392.9
发电量（万千瓦小时）	207.0	217.0	216.0	424.0	485.0	852.9	899.5	1 120.3
烧碱（吨）	4.9	12.3	31.0	41.4	57.3	42.7	40.5	51.5
水泥（吨）	182.2	236.7	377.3	571.2	967.4	904.1	821.9	2 274.0
五、社会消费品零售总额(万元)	144	205	418	720	2 018	3 957	4 927	5 512
六、其他经济活动								
货物运输量（万吨）			1.66	7.73	8.42	8.69	9.17	10.76
旅客运输量（万人次）			4.75	9.03	8.50	10.91	12.54	12.39
全社会固定资产投资总额(万元)	33.4	57.7	127.6	282.8	1 486.4	2 188.2	3 753.5	6 438.5
函件（万份）	3.65	4.77	14.26	13.10	15.46	8.26	9.85	9.53
电报（份）	1 420	1 627	2 885	3 628	1 198	192	27	

注：1995 年以后工业总产值按新口径计算。

1—9 国民经济主要指标占全省比重

（2003年）

项目	江西	南昌	南昌所占比重（%）
一、土地面积（平方公里）	166 894.34	7 402.36	4.4
二、年末总人口（推算数，万人）	4 254.23	445.41	10.5
三、年末在岗职工人数（万人）	256.67	49.90	19.4
四、地区生产总值（亿元）	2 830.00	641.02	22.7
五、农业总产值（亿元）	841.63	82.30	9.8
六、工业增加值（亿元）	849.00	250.95	29.6
七、主要工业产品产量			
发电量（亿千瓦小时）	315.35	40.89	13.0
成品钢材（万吨）	655.37	207.83	31.7
化肥（折纯量，万吨）	47.90	3.24	6.8
汽车（万辆）	18.52	6.40	34.6
水泥（万吨）	2 172.80	83.00	3.8
布（万米）	22 094.00	7 879.00	35.7
卷烟（万箱）	60.44	37.34	61.8
八、主要农产品产量			
粮食（万吨）	1 450.30	135.53	9.3
棉花（万吨）	7.61	0.11	1.4
油料（折油，万吨）	25.30	6.90	27.3
水产品（万吨）	146.06	25.80	17.7
肉类总产量（万吨）	201.39	22.94	11.4
九、全社会固定资产投资（亿元）	1 379.97	235.00	17.0
十、社会消费品零售总额（亿元）	923.21	201.18	21.8
十一、接待海外旅游者人数（人次）	165 600.00	34 500.00	20.8
十二、旅游收汇（万美元）	4 746.00	1 104.00	23.3
十三、地方财政一般预算收入（亿元）	168.17	31.41	18.7
十四、金融机构现金收入（亿元）	8 927.05	2 604.72	29.2
十五、高等学校在校学生（万人）	36.43	18.44	50.6
中等专业学校在校学生（万人）	15.51	10.47	67.5
普通中学在校学生（万人）	301.06	31.52	10.5
职业中学在校学生（万人）	14.94	1.03	6.9
小学在校学生（万人）	390.54	37.18	9.5
十六、卫生技术人员（万人）	11.78	2.20	18.7
#医生（人）	49 289.00	8 965.00	18.2
十七、卫生机构病床数（万张）	8.55	1.57	18.4
#医院	6.03	1.36	22.6
十八、在岗职工工资总额（亿元）	271.09	69.27	25.6

1—10 主要年份地区生产总值

单位：万元

年份	地区生产总值	第一产业	第二产业	第三产业	人均生产总值（元）
1949	14 278	8 803	1 152	4 322	107
1952	21 667	13 045	2 943	5 679	154
1957	37 287	18 053	10 601	8 633	223
1962	42 877	12 109	15 716	15 052	222
1965	65 435	21 413	28 837	15 185	315
1970	93 305	22 785	51 086	19 434	389
1975	107 291	34 267	47 251	25 773	382
1978	143 727	42 065	70 744	30 918	474
1979	158 303	42 494	74 784	41 025	511
1980	169 513	45 361	82 026	42 126	538
1985	325 718	78 735	171 408	75 575	977
1986	369 492	82 109	185 935	101 448	1 093
1987	435 864	90 367	193 554	151 943	1 266
1988	518 161	96 081	231 734	190 346	1 474
1989	591 567	120 079	252 286	219 202	1 647
1990	632 034	138 479	250 705	242 850	1 719
1991	728 886	143 295	285 370	300 221	1 949
1992	946 665	178 041	395 972	372 652	2 510
1993	1 283 389	222 606	583 202	477 581	3 370
1994	1 791 004	326 814	797 672	666 518	4 643
1995	2 400 781	384 072	1 105 034	911 675	6 125
1996	3 010 317	472 849	1 374 571	1 162 897	7 555
1997	3 600 000	505 000	1 665 000	1 430 000	8 893
1998	3 800 104	409 047	1 804 895	1 586 162	9 122
1999	3 998 020	459 217	1 880 875	1 657 928	9 505
2000	4 351 022	459 751	2 053 227	1 838 044	10 078
2001	4 856 173	479 400	2 311 578	2 065 195	11 139
2002	5 523 746	505 718	2 702 623	2 315 405	12 552
2003	6 410 248	528 216	3 241 621	2 640 411	14 446

1—11 主要年份地区生产总值指数

（按可比价计算） 单位：%

年份	地区生产总值（以1978年为100）	第一产业（以1978年为100）	第二产业（以1978年为100）	第三产业（以1978年为100）	地区生产总值（以上年为100）	第一产业（以上年为100）	第二产业（以上年为100）	第三产业（以上年为100）
1978	100.0	100.0	100.0	100.0	114.2	101.3	116.4	128.3
1979	115.5	101.0	105.7	148.4	115.5	101.0	105.7	148.4
1980	121.8	100.6	117.9	149.5	105.5	99.6	111.5	100.7
1985	216.1	142.9	234.0	251.8	116.4	106.8	122.2	113.2
1986	241.4	149.5	254.6	326.6	111.7	104.7	106.1	129.7
1987	256.8	168.7	234.1	416.7	106.4	112.8	91.9	127.6
1988	288.7	169.6	265.0	493.7	112.4	100.5	113.2	118.5
1989	306.8	197.3	268.5	529.1	106.2	116.3	101.3	107.2
1990	324.0	227.5	266.9	568.5	105.6	115.3	99.4	107.4
1991	366.7	236.6	315.8	765.0	113.2	104.0	118.3	114.0
1992	425.8	244.4	380.4	913.5	116.1	103.3	120.5	119.4
1993	497.3	255.9	471.6	1052.9	116.8	104.7	123.9	115.3
1994	588.3	276.5	588.8	1213.9	118.3	108.1	124.9	115.3
1995	683.0	287.6	700.1	1433.7	116.1	104.0	118.9	118.1
1996	788.2	316.1	800.9	1707.5	115.4	109.9	114.4	119.1
1997	891.5	337.6	902.6	1982.4	113.1	106.8	112.7	116.1
1998	961.0	291.7	1010.0	2184.6	107.8	86.4	111.9	110.2
1999	1 046.5	321.5	1095.9	2385.6	108.9	110.2	108.5	109.2
2000	1 142.8	331.1	1196.7	2645.6	109.2	103.0	109.2	110.9
2001	1 281.1	344.7	1351.1	2981.6	112.1	104.1	112.9	112.7
2002	1 457.9	359.5	1588.9	3324.5	113.8	104.3	117.6	111.5
2003	1 683.9	412.9	1 889.2	3 773.3	115.5	104.4	118.9	113.5

1—12　主要年份地区生产总值构成

（以地区生产总值为100）　　单位：%

年　　份	第一产业	第二产业	工　业	建筑业	第三产业	#交通运输邮电业	#商业饮食业	#金融保险业
1978	29.3	49.2			21.5			
1979	26.8	47.2			26.0			
1980	26.8	48.4			24.8			
1985	24.2	52.6			23.2			
1986	22.2	50.3			27.5			
1987	20.7	44.4			34.9			
1988	18.5	44.7			36.8			
1989	20.3	42.6	40.7	1.9	37.1	6.6	11.7	10.5
1990	21.9	39.7	37.7	2.0	38.4	5.0	10.8	10.7
1991	19.7	39.2	38.9	0.3	41.1	4.0	10.6	10.4
1992	18.8	41.8	40.9	0.9	39.4	3.5	10.3	10.3
1993	17.3	45.4	41.3	4.1	37.3	4.4	11.1	9.6
1994	18.2	44.5	40.3	4.2	37.3	4.7	11.6	9.5
1995	16.0	46.0	39.8	6.2	38.0	4.9	12.2	9.6
1996	15.7	45.7	38.1	7.6	38.6	5.1	11.8	9.7
1997	14.0	46.3	36.1	10.2	39.7	5.3	12.2	10.0
1998	10.8	47.5	37.3	10.2	41.7	5.5	12.8	10.1
1999	11.5	47.0	37.0	10.1	41.5	5.5	12.7	10.0
2000	10.6	47.2	37.0	10.2	42.2	5.7	13.1	9.9
2001	9.9	47.6	37.5	10.1	42.5	5.7	13.0	9.5
2002	9.2	48.9	38.1	10.8	41.9	5.6	10.8	7.0
2003	8.2	50.6	39.2	11.4	41.2	5.7	11.0	6.6

1—13 地区生产总值增长

单位：万元

项目	2002	2003	2003年比上年增长 %
地区生产总值	**5 523 746**	**6 410 248**	**15.5**
第一产业	505 718	528 216	4.4
第二产业	2 702 623	3 241 621	18.9
工　业	2 103 526	2 509 518	18.4
建筑业	599 097	732 103	20.6
第三产业	2 315 405	2 640 411	13.5

注：绝对数为当年价，增长速度按可比价计算。

1—14 地区生产总值及其使用

（2003年）

单位：万元

项目	2003	项目	2003
一、总　产　出	14 242 346	一、总　支　出	14 242 346
		二、中间使用支出	7 832 098
二、中间投入	7 832 098	三、地区生产总值	6 410 248
		最终消费	3 768 048
三、地区生产总值	6 410 248	居民消费	2 459 377
		政府消费	1 308 671
1. 固定资产折旧	885 562	资本形成总额	2 259 837
2. 劳动者报酬	2 968 264	固定资本形成总额	1 878 980
3. 生产税净额	746 760	存货增加	380 857
4. 营业盈余	1 809 662	货物和服务净出口	382 363

1—15 主要年份工农业总产值

单位：万元

年份	工农业总产值	农业总产值	工业总产值	轻工业	重工业
1949	10 683	7 227	3 456	3 006	450
1952	19 269	10 838	8 431	6 945	1 486
1957	44 703	13 849	30 854	24 681	6 173
1962	56 527	10 094	46 433	35 186	11 247
1965	105 913	18 122	87 791	63 218	24 573
1970	167 418	19 527	147 891	78 224	69 667
1975	157 730	33 449	124 281	62 562	61 719
1978	227 924	44 996	182 928	91 456	91 472
1980	281 054	55 601	225 453	123 002	102 451
1985	572 545	107 666	464 879	229 278	235 601
1986	629 209	114 380	514 829	266 466	248 363
1987	737 658	135 084	602 574	321 698	280 876
1988	917 395	149 734	767 661	393 942	373 719
1989	1 071 444	173 034	898 410	453 015	445 395
1990	1 171 482	236 518	934 964	484 980	449 984
1991	1 338 436	249 765	1 088 671	525 392	563 279
1992	1 704 300	268 507	1 435 793	696 793	739 000
1993	2 475 019	335 329	2 139 690	1 012 346	1 127 344
1994	3 559 381	492 274	3 067 107	1 607 380	1 459 727
1995	3 633 660	584 956	3 048 704	1 591 483	1 457 221
1996	3 863 959	687 821	3 176 138	1 775 437	1 400 701
1997	4 569 397	759 889	3 809 508	2 103 527	1 705 981
1998	4 754 917	634 982	4 119 935	2 282 011	1 837 924
1999	5 029 197	688 289	4 340 908	2 346 221	1 994 687
2000	5 414 924	694 437	4 720 487	2 470 448	2 250 039
2001	6 122 160	742 144	5 380 016	2 802 988	2 577 028
2002	7 175 983	772 858	6 403 125	3 313 973	3 089 152
2003	8 816 441	828 891	7 987 550	3 857 987	4 129 563
2003（新口径）	8 810 591	823 041	7 987 550	3 857 987	4 129 563

注:1995年以后工业总产值按新口径计算。

1—16 主要年份工农业总产值指数

(以上年为100,不变价)　　单位:%

年份	工农业总产值	农业总产值	工业总产值	轻工业	重工业
1950	124.3	114.0	146.6	147.5	142.5
1952	124.8	120.5	131.0	124.6	155.9
1957	121.5	126.3	112.4	114.9	106.0
1960	113.0	93.2	116.3	109.5	123.3
1962	95.8	99.8	95.0	101.9	83.0
1965	129.7	115.9	133.1	127.0	146.0
1970	124.4	106.4	127.3	100.6	160.0
1975	118.5	110.1	120.9	118.8	123.1
1978	114.9	106.1	116.8	118.1	115.5
1980	109.2	95.3	111.8	125.2	99.1
1985	126.5	107.4	131.0	122.5	141.5
1986	108.1	102.2	109.2	116.0	101.9
1987	113.7	108.5	114.6	116.9	111.8
1988	114.1	102.0	116.1	114.9	120.2
1989	106.8	105.3	107.0	104.4	108.1
1990	105.5	105.6	105.5	107.3	103.4
1991	112.7	106.8	114.1	112.6	115.9
1992	122.9	104.2	127.4	125.2	129.8
1993	129.8	109.9	133.6	135.2	131.9
1994	138.4	112.8	142.5	152.5	131.1
1995	127.9	104.6	130.8	138.3	120.9
1996	108.2	115.4	107.7	112.1	106.3
1997	116.3	108.6	119.8	119.6	123.2
1998	105.7	90.0	111.7	112.1	111.3
1999	109.0	113.9	108.5	107.0	110.8
2000	109.6	103.0	110.5	109.5	113.9
2001	113.1	104.5	114.0	112.9	115.1
2002	117.8	105.1	119.0	118.2	119.9
2003	119.4	103.3	121.2	115.4	127.3
2003(新口径)	118.5	101.9	121.2	115.4	127.3

主 要 统 计 指 标 解 释

地区生产总值　即 GDP，是一个国家（地区）所有常住单位在一定时间内按市场价格计算的生产活动的最终成果。国内生产总值有三种表现形态，即价值形态、收入形态和产品形态。从价值形态看，它是所有常住单位在一定时间内所生产的全部货物和服务价值超过同期投入的全部非固定资产货物和服务的差额，即所有常住单位的增加值之和；从收入形态看，它是所有常住单位在一定时间内所创造并分配给常住单位和非常住单位的初次分配收入之和；从产品形态看，它是最终使用的货物和服务减去进口货物和服务。在实际核算中，生产总值的三种表现形态为三种计算方法，即生产法、收入法和支出法。三种方法分别从不同的方面反映生产总值及其构成。这项指标名称全国为国内生产总值，各省、市、县都称地区生产总值。

增加值　指各部门（单位）在一定时期内从事经济、科技、社会活动获得最终成果的货币表现。反映生产单位和部门对国内生产总值的贡献。增加值包括固定资产折旧、劳动者报酬、生产税净额、营业盈余。

三次产业　根据社会生产活动历史发展的顺序对产业结构的划分，产品直接取自自然界的部门称为第一产业，对初级产品进行再加工的部门称为第二产业，为生产和消费提供各种服务的部门称为第三产业。它是世界上通用的产业结构分类，但各国的划分不尽一致。我国的三次产业划分是：

第一产业：农业（包括种植业、林业、牧业、渔业等）。

第二产业：工业（包括采掘工业、制造业、自来水、电力、蒸气、热水、煤气）和建筑业。

第三产业：除第一、第二产业以外的其他各业。由于第三产业包括的行业多、范围广，根据我国的实际情况，第三产业可分为两大部门：一是流通部门，二是服务部门。具体又可分为四个层次。

第一层次：流通部门，包括交通运输业、邮电通讯业、商业饮食业、物资供销和仓储业。

第二层次：为生活服务的部门，包括金融、保险业、房地产业、公用事业、居民服务、旅游业、咨询信息和各类技术服务业等。

第三层次：为提高科学文化和居民素质服务的部门，包括教育、文化、广播电视事业、科研、卫生、体育和社会福利。

第四层次：为社会公共需要服务的部门，包括国家机关、政党、社团以及军队、警察等。

总消费　是常住单位在一定时期内对于物质产品和服务的最终消费支出的合计。总消费分为居民消费和社会消费。

（1）居民消费　是常住居民在核算期内为个人最终消费需求而购买的物质产品和服务的全部支出。一是居民以货币直接购买的用于生活消费的各种物质产品。包括各种耐用消费品和非耐用消费品支出，不包括居民购买的房屋和用于生产目的的支出；二是居民直接购买的用于生活消费的各种支出，包括交通费、房租、洗理、日用品修理、医疗保健、教育、文化、家庭保姆等支出；三是居民以实物工资获得的各种生活消费，包括居民得到的免费和低于市场价格获得的各种物质产品和服务；四是居民自产自用的计入核算期社会产品中的物质产品、自有住房的虚拟房租消费等。

（2）社会消费　包括政府消费和集体消费两部分。政府消费，是财政支出中用于最终消费的部分，即政府部门总产出减去其销售收入后的余额；集体消费，是各种生产单位和团体支付与本身生产活动无关的仅供集体最终消费的物质产品和服务的支出。

总投资　是常住单位在核算期内对固定资产和库存的投资支出合计，分为固定资产形成和库存增加。

（1）固定资产形成　是常住单位在核算期内建造和购置的固定资产的全部投资。包括各类房屋、建筑物、机器设备、役畜种畜、多年经济林木和在建工程等，不包括居民拥有的耐用消费品和作为纯军事目的而使用的耐用品。具体固定资产形成包括四个部分，一是由基本建设投资所形成的固定资产价值；二是由更新改造投资增加的固定资产价值；三是通过大修理增加的固定资产价值；四是由其他资金支出形成的固定资产价值。

（2）库存增加　常住单位在核算期内库存实物量变动的市场价值。期初与期末差额为正值表示库存增加，负值表示库存减少。具体包括生产单位从其他单位购买的原材料、燃料和各种储备物资等。二是生产单位生产的各种产成品、在制品、半成品等。

当年价格 指报告期的实际价格，如工厂的出厂价格，农产品的收购价格，商业的零售价格等。按当年价格计算，是指一些以货币表现的物量指标如工农业总产值、国内生产总值等，按照当年的实际价格来计算总量。使用当年价格计算的数字，是为了使国民经济各项指标相互衔接，便于考察当年经济效益，便于对生产和流通、生产和分配、生产和消费进行经济核算的综合平衡。

按当年价格计算的价值指标，在不同年份之间进行对比时，因为包含有各年间价格变动因素，不能确切反映实物量的增减变动。必须消除价格变动因素后，才能真实反映经济发展动态。因此，在计算增长速度时都使用按可比价格计算的数字。

可比价格 指在不同时期的价值指标对比时，扣除了价格变动的因素，以确切表示物量的变化。按可比价格计算有两种方法：一种是直接按产品产量乘其不变价格计算；一种是用物价指数换算。

不变价格 指用同类产品的年平均价格作为固定价格，来计算各年产品价值。按不变价格计算的产品价值除了价格变动因素，不同时期对比可以反映生产的发展速度。新中国成立后，随着工农业产品价格水平的变化，国家统计局先后五次制定了全国统一的工业产品不变价格和农业产品不变价格。从 1949 年到 1957 年使用 1952 年工（农）业产品不变价格，从 1957 年到 1971 年使用 1957 年不变价格，从 1971 年到 1981 年使用 1970 年不变价格，从 1981 年到 1990 年使用 1980 年不变价格，从 1990 年开始使用 1990 年不变价格。

平均每年增长速度 在我国计算平均增长速度有两种方法，一种是习惯上经常使用的“水平法”又称几何平均法，是以间隔期最后一年的水平同基期水平对比来计算平均每年增长（或下降）速度。另

一种是“累计法”，又称代数平均法或方程法，是以间隔期内各年水平的总和同基期水平对比来计算平均每年增长（或下降）速度。

在一般情况下，两种方法计算的平均每年增长速度比较接近，但在经济发展不平衡，出现大起大落时，两种方法计算的结果差别较大。

本《年鉴》内所列的从某年到某年平均增长速度的年份，均不包括基期年在内。如改革开放以来 20 年的平均增长速度是以 1978 年为基期计算的，则写为 1979－1998 年平均增长速度，其余类推。

大中城市划分 是根据管理工作的需要，按市区（不包括市辖县）的非农业人口总数多少对城市规模进行划分。目前我国统计工作中将城市分以下几组：

(1) 100 万人口以上为特大城市；

(2) 50—100 万人口为大城市；

(3) 20—50 万人口为中等城市；

(4) 20 万人口以下为小城市。

上述分组，随着我国的政治经济和改革的深入发展，将会调整。

国民经济行业分类 在统计工作中为取得分行业的数据资料并统一分类和编码，正确反映国民经济各行业的结构和发展状况，便于研究国民经济的各项比例关系，而制定的国民经济行业划分标准。按现行统计制度规定，我国行业划分为 20 大类，排列顺序如下：

(1) 农、林、牧、渔业 (2) 采矿业 (3) 制造业 (4) 电力、燃气及水的生产和供应业 (5) 建筑业 (6) 交通运输、仓储和邮政业 (7) 信息传输、计算机服务和软件业 (8) 批发和零售业 (9) 住宿和餐饮业 (10) 金融业 (11) 房地产业 (12) 租赁和商务服务业 (13) 科学研究、技术服务和地质勘查业 (14) 水利、环境和公共设施管理业 (15) 居民服务和其他服务业 (16) 教育 (17) 卫生、社会保障和社会福利业 (18) 文化、体育和娱乐业 (19) 公共管理和社会组织 (20) 国际组织。

二、人口·劳动力

POPULATION AND LABOUR FORCE

本篇内容包括：

1. 主要年份户数和人口
2. 人口构成情况
3. 人口变动情况
4. 劳动力资源
5. 从业人员的社会分布状况

资料整理
刘　斌
彭艳红

微机处理
彭艳红

29/52

年末总人口

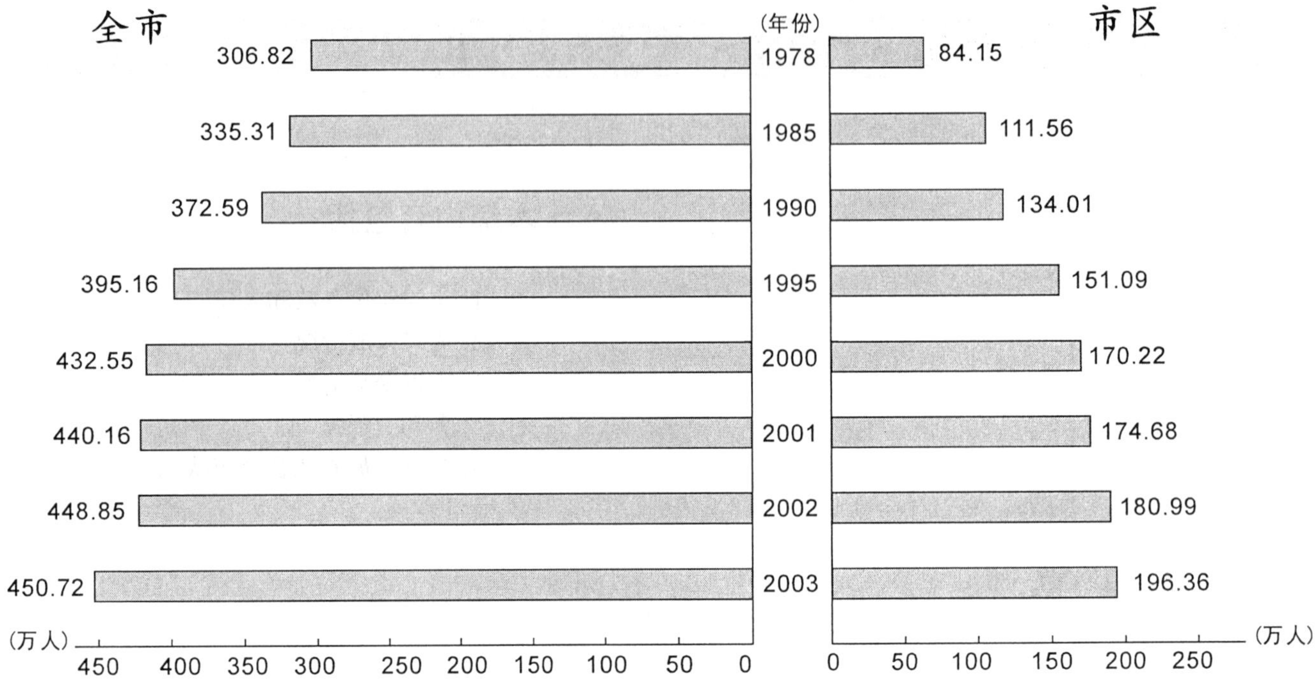

人口自然增长率

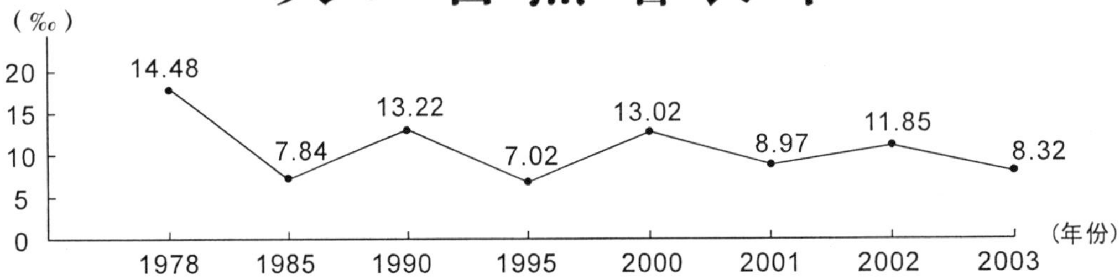

社会从业人员

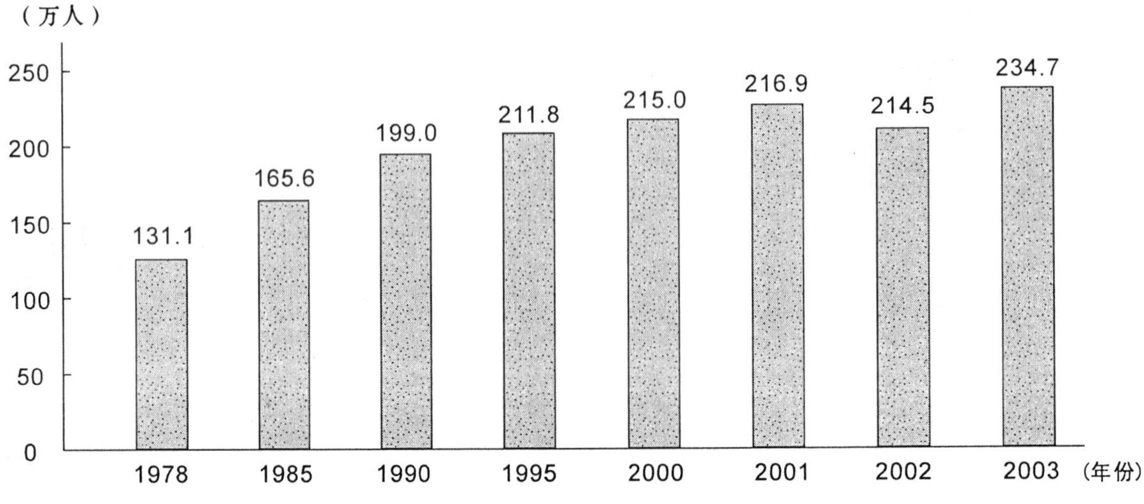

2—1 主要年份户数和人口数

单位：万人

年份	总户数（万户）	总人口	市区	按性别分 男	按性别分 女
1949	32.34	136.47	26.52	71.74	64.73
1952	34.05	143.17	33.09	74.53	68.64
1957	39.22	169.78	50.79	88.87	80.91
1962	43.16	193.77	64.77	102.59	91.18
1965	43.84	210.68	73.34	110.42	100.26
1970	50.23	243.88	67.18	127.22	116.66
1975	55.87	285.00	77.05	148.19	136.81
1978	57.32	306.82	84.15	159.69	147.13
1980	64.41	317.23	100.87	165.43	151.80
1985	71.14	335.31	111.56	174.34	160.97
1990	86.70	372.59	134.01	193.70	178.89
1991	88.34	375.42	137.12	195.33	180.09
1992	90.06	378.88	139.51	197.15	181.73
1993	91.73	382.76	142.22	199.21	183.55
1994	93.42	388.77	146.54	202.91	185.86
1995	96.25	395.16	151.09	206.43	188.73
1996	98.54	401.72	154.48	209.50	192.22
1997	100.72	407.89	157.01	212.12	195.77
1998	101.53	415.84	162.10	216.19	199.65
1999	105.50	424.23	166.31	220.92	203.31
2000	111.85	432.55	170.22	225.42	207.13
2001	114.35	440.16	174.68	231.46	208.70
2002	119.26	448.85	180.99	235.45	213.40
2003	123.57	450.77	196.37	236.77	214.00

2—2 主要年份农业与非农业、城镇与乡村人口数

单位：万人

年份	按农业、非农业人口分		按城镇、乡村分	
	农业人口	非农业人口	城镇人口	乡村人口
1949	101.37	35.10	37.30	99.17
1952	108.03	35.14	37.50	105.67
1957	115.17	54.61	56.07	113.71
1962	126.18	67.59	72.19	121.58
1965	137.32	73.36	81.23	129.45
1970	174.75	69.13	77.73	166.15
1975	200.09	84.91	92.13	192.87
1978	215.06	91.76	110.40	196.42
1980	216.49	100.74	116.99	200.24
1985	215.88	119.43	135.82	199.49
1990	235.79	136.80	167.14	205.45
1991	235.43	139.99	175.36	200.06
1992	237.37	141.51	180.78	198.10
1993	238.81	143.95	187.03	195.73
1994	240.08	148.69	218.42	170.35
1995	241.87	153.29	221.92	173.24
1996	244.45	157.27	264.60	137.12
1997	246.31	161.58	286.48	121.41
1998	250.86	164.98	299.44	116.40
1999	255.07	169.16	307.18	117.05
2000	256.66	175.89	311.60	120.95
2001	257.71	182.45	322.98	117.18
2002	260.93	187.92	335.40	113.45
2003	255.31	195.46	348.84	101.93

2—3 主要年份人口构成

(以年末总人口为100)

单位:%

年份	男	女	农业人口	非农业人口	城镇人口	乡村人口
1949	52.6	47.4	74.3	25.7	27.3	72.7
1952	52.1	47.9	75.5	24.5	26.7	73.3
1957	52.3	47.7	67.8	32.2	33.0	67.0
1962	52.9	47.1	65.1	34.9	37.3	62.7
1965	52.4	47.6	65.2	34.8	38.6	61.4
1970	52.2	47.8	71.7	28.3	31.9	68.1
1975	52.0	48.0	70.2	29.8	32.3	67.7
1978	52.0	48.0	70.1	29.9	36.0	64.0
1980	52.1	47.9	68.2	31.8	36.9	63.1
1985	52.0	48.0	64.4	35.6	40.5	59.5
1990	52.0	48.0	63.3	36.7	44.9	55.1
1991	52.0	48.0	62.7	37.3	46.7	53.3
1992	52.0	48.0	62.7	37.3	47.7	53.3
1993	52.0	48.0	62.4	37.6	48.9	51.1
1994	52.2	47.8	61.7	38.3	56.2	43.8
1995	52.2	47.8	61.8	38.2	56.2	43.8
1996	52.2	47.8	60.9	39.1	65.9	34.1
1997	52.0	48.0	60.4	39.6	70.2	29.8
1998	52.0	48.0	60.3	39.7	72.0	28.0
1999	52.1	47.9	60.1	39.9	72.4	27.6
2000	52.1	47.9	59.3	40.7	72.0	28.0
2001	52.6	47.4	58.5	41.5	73.4	26.6
2002	52.5	47.5	58.1	41.9	74.7	25.3
2003	52.5	47.5	56.6	43.4	77.4	22.6

2—4 主要年份人口自然变动

年份	年平均人口(万人)	人口出生率(‰)	人口死亡率(‰)	人口自然增长率(‰)	人口密度(人/平方公里)
1949	134.00	31.34	21.64	9.70	184
1952	141.00	39.72	15.67	24.05	193
1957	167.51	41.35	7.97	33.38	229
1962	192.81	33.54	8.60	24.94	262
1965	207.91	33.87	7.07	26.80	285
1970	239.73	33.11	6.62	26.49	330
1975	281.10	30.81	5.89	24.92	385
1978	303.45	24.23	5.75	18.48	415
1980	315.10	12.54	5.32	7.22	429
1985	333.48	12.62	4.78	7.84	453
1990	367.78	18.24	5.02	13.22	503
1991	374.00	13.64	4.62	9.02	507
1992	377.15	11.85	4.42	7.43	512
1993	380.82	10.75	4.21	6.54	517
1994	385.76	10.95	4.09	6.86	525
1995	391.97	11.37	4.35	7.02	534
1996	398.44	13.74	3.89	9.85	543
1997	404.81	14.05	3.91	10.14	551
1998	411.86	12.57	3.83	8.74	562
1999	420.03	12.63	3.59	9.04	573
2000	428.39	18.75	5.73	13.02	584
2001	436.35	12.41	3.44	8.97	595
2002	444.51	14.58	2.73	11.85	606
2003	449.81	10.42	2.75	7.67	609

2—5 县区户数和人口数

(2003年)

地区	户数(户)	总人口(人)				
		合计	男	女	农业人口	非农业人口
总计	**1 235 729**	**4 507 733**	**2 367 669**	**2 140 064**	**2 553 158**	**1 954 575**
#城区	347908	1 257 939	649 758	608 181	29 555	1 228 384
区	527677	1 963 716	1 033 108	930 598	468 465	1 495 251
东湖区	136249	516 374	265 449	250 925	453	515 921
西湖区	152622	526 555	269 858	256 697	6 048	520 507
青云谱区	58857	215 010	114 451	100 559	23 054	191 956
湾里区	26452	74 044	39 051	34 993	46 119	27 925
青山湖区	70903	252 511	132 703	119 808	181 860	70 651
高新区	48528	168 728	89 017	79 711	149 688	19 040
昌北区	34075	210 325	122 589	87 736	61 074	149 251
县	708052	2 544 017	1 334 551	1 209 466	2 084 693	459 324
南昌县	258059	904 505	472 368	432 137	756 664	147 841
新建县	174119	665 327	353 008	312 319	540 039	125 288
安义县	77478	249 755	131 354	118 401	195 040	54 715
进贤县	198387	724 430	377 821	346 609	592 950	131 480

2—6 县区人口变动

(2003年)

地区	年平均人口(人)	机械变动(人)		自然变动(人)		人口出生率(‰)	人口死亡率(‰)	人口自然增长率(‰)	人口机械增长率(‰)
		迁入	迁出	出生	死亡				
总计	**4 498 135**	**149 405**	**103 679**	**46 858**	**12 348**	**10.42**	**2.75**	**7.67**	**10.17**
#城区	1 281 684	58 175	33 023	9 598	4 444	7.49	3.47	4.02	5.58
区	1 886 796	122 249	62 544	17 056	6 542	9.04	3.47	5.57	31.64
东湖区	540 400	27 592	16 703	3 789	1 670	7.01	3.09	3.92	20.15
西湖区	522 705	20 689	9 638	4 034	2 068	7.72	3.96	3.76	21.14
青云谱区	218 580	9 894	6 682	1 775	706	8.12	3.23	4.89	14.69
湾里区	75 007	1 561	1 557	945	119	12.60	1.59	11.01	0.05
青山湖区	252 511	7 668	2 138	3 187	1 474	12.62	5.84	6.78	21.90
高新区	168 728	4 616	5 406	2 025	250	12.00	1.48	10.52	4.68
昌北区	210 325	51 229	20 420	1 301	255	6.19	1.21	4.98	146.48
县	2 538 581	27 156	41 135	29 802	5 806	11.74	2.29	9.45	-5.51
南昌县	898 695	7 667	13 347	11 563	2 953	12.87	3.29	9.58	-6.32
新建县	663 322	9 964	14 580	8 402	1 259	12.67	1.90	10.77	-6.96
安义县	249 077	3 176	2 519	3 133	285	12.58	1.14	11.44	2.64
进贤县	727 487	6 349	10 689	6 704	1 309	9.22	1.80	7.42	-5.97

说明：青山湖、高新、昌北年平均人口为年末人口数。

补充资料：据2003年人口变动抽样调查资料推算，2003年末全市总人口为445.41万人，出生率为13.68‰，死亡率为5.36‰，自然增长率为8.32‰，年平均人口为443.75万人。

2—7 县辖镇户数和人口数

（2003 年）

地区	户数（户）	总人口（人）				
		合计	男	女	农业人口	非农业人口
合计	**431 736**	**1 524 658**	**798 030**	**726 628**	**1 141 574**	**383 084**
南昌县	**148 517**	**528 196**	**276 386**	**251 810**	**405 985**	**122 211**
莲塘镇	21 172	65 834	34 632	31 202	15 154	50 680
向塘镇	38 544	101 846	52 292	49 554	56 254	45 592
冈上镇	11 267	44 538	23 153	21 385	39 879	4 659
幽兰镇	19 065	70 625	37 428	33 197	65 407	5 218
武阳镇	13 647	49 685	26 316	23 369	46 885	2 800
三江镇	7 985	28 287	14 826	13 461	24 965	3 322
塘南镇	10 984	49 159	26 100	23 059	46 311	2 848
蒋巷镇	17 800	83 116	43 692	39 424	78 055	5 061
广福镇	8 053	35 106	17 947	17 159	33 075	2 031
新建县	**95 627**	**367 979**	**193 071**	**174 908**	**276 697**	**91 282**
长堎镇	19 451	71 045	37 632	33 413	8 567	62 478
望城镇	5 051	18 959	9 967	8 992	16 310	2 649
西山镇	8 537	37 549	19 007	18 542	35 296	2 253
石岗镇	10 695	44 006	23 611	20 395	38 587	5 419
松湖镇	7 137	31 606	16 864	14 742	29 550	2 056
生米镇	11 693	48 454	25 361	23 093	45 031	3 423
乐化镇	8 091	27 645	14 584	13 061	20 998	6 647
樵舍镇	12 847	36 738	19 113	17 625	33 392	3 346
溪霞镇	5 607	23 820	12 456	11 364	22 763	1 057
象山镇	6 518	28 157	14 476	13 681	26 203	1 954
安义县	**65 477**	**206 526**	**108 588**	**97 938**	**153 790**	**52 736**
龙津镇	22 989	55 914	29 821	26 093	14 390	41 524
鼎湖镇	9 501	31 682	16 032	15 650	28 751	2 931
东阳镇	5 213	17 637	9 343	8 294	16 823	814
长埠镇	5 750	21 369	11 294	10 075	20 507	862
万埠镇	8 107	27 850	14 562	13 288	24 083	3 767
石鼻镇	9 837	35 546	18 761	16 785	33 270	2 276
黄洲镇	4 080	16 528	8 775	7 753	15 966	562
进贤县	**122 115**	**421 957**	**219 985**	**201 972**	**305 102**	**116 855**
民和镇	45 656	137 940	71 783	66 157	58 987	78 953
梅庄镇	9 025	33 633	17 725	15 908	31 737	1 896
前坊镇	8 312	29 829	15 488	14 341	27 583	2 246
温圳镇	11 264	43 543	22 612	20 931	31 898	11 645
李渡镇	11 219	41 106	21 301	19 805	30 652	10 454
文港镇	13 061	46 143	24 761	21 382	38 553	7 590
架桥镇	7 250	29 619	14 430	14 189	27 624	995
罗溪镇	7 554	28 587	14 717	13 870	27 288	1 299
张公镇	8 774	32 557	17 168	15 389	30 780	1 777

2—8 计　划　生　育

（2002年10月—2003年9月）　　单位：人

项　目	合　计	市　区	南昌县	新建县	进贤县	安义县
一、期末已婚育龄妇女	**874 007**	**387 226**	**164 717**	**132 768**	**144 285**	**45 011**
#无　孩	37 413	20 247	4 973	6 064	4 479	1 650
一　孩	430 334	264 564	57 527	46 507	48 822	12 914
二　孩	313 047	84 519	85 328	54 681	69 600	18 919
多　孩	93 213	17 896	16 889	25 516	21 384	11 528
二、期末落实节育措施	**817 249**	**363 801**	**156 129**	**121 266**	**134 600**	**41 453**
#结　扎	388 731	89 631	101 830	76 475	90 678	30 117
上　环	348 818	205 315	47 191	42 133	43 215	10 964
皮　埋	899	497	265	68	31	38
药　具	76 545	67 340	6 244	1 971	657	333
其　他	2 256	1 018	599	619	19	1
三、期内人流、引产	**4 549**	**890**	**1 686**	**1 350**	**293**	**330**
#人　流	3 249	744	1 233	878	126	268
引　产	1 300	146	453	472	167	62
四、期末累计领取独生子女证	**165 039**	**144 152**	**4 368**	**9 917**	**6 054**	**548**

2—9 主要年份劳动力资源

年份	劳动力资源（万人）	社会从业人员（万人）	劳动力资源占人口比重（%）	劳动力资源利用率（%）
1952	78.78	60.50	55.0	76.8
1957	82.38	65.27	48.5	79.2
1962	86.05	70.09	44.4	81.5
1965	91.88	76.02	43.6	82.7
1970	110.86	98.11	45.5	88.5
1975	126.41	111.49	44.4	88.2
1978	149.69	131.13	48.8	87.6
1980	152.67	136.03	48.1	89.1
1985	193.75	165.46	57.8	85.4
1990	233.57	199.00	62.7	85.2
1991	239.51	204.30	63.8	85.3
1992	241.51	205.96	63.7	85.3
1993	246.17	195.87	64.3	79.6
1994	251.42	205.28	64.7	81.6
1995	258.86	211.79	65.5	81.8
1996	261.08	210.96	65.0	80.8
1997	263.43	215.45	64.6	81.8
1998	277.94	215.39	66.8	77.5
1999	286.93	218.15	67.6	76.0
2000	296.74	214.96	68.6	72.4
2001	299.59	216.87	68.1	72.4
2002	300.42	214.54	66.9	71.4
2003	311.49	234.69	69.1	75.3

2—10 主要年份社会从业人员

(按产业结构分)

年份	年末从业人员(万人)			构成(%)		
	第一产业	第二产业	第三产业	第一产业	第二产业	第三产业
1952	51.66	3.64	5.20	85.4	6.0	8.6
1957	49.11	8.62	7.54	75.2	13.2	11.6
1962	44.87	14.18	11.04	64.0	20.2	15.8
1965	47.67	15.97	12.38	62.7	21.1	16.2
1970	62.56	23.66	11.89	63.8	24.1	12.1
1975	67.91	28.11	15.47	61.0	25.2	13.8
1978	76.89	35.33	18.91	58.6	26.9	14.5
1980	75.84	39.60	20.59	55.8	29.1	15.1
1985	72.58	54.88	38.00	43.9	33.2	22.9
1990	94.57	60.98	43.45	47.5	30.7	21.8
1991	92.53	67.03	44.74	45.3	32.8	21.9
1992	90.08	67.45	48.43	43.7	32.8	23.5
1993	82.47	61.96	51.44	42.1	31.6	26.3
1994	86.27	63.87	55.14	42.0	31.1	26.9
1995	89.65	66.55	55.59	42.3	31.4	26.3
1996	86.24	61.77	62.95	40.9	29.3	29.8
1997	89.12	63.50	62.83	41.4	29.5	29.1
1998	88.88	59.46	67.05	41.3	27.6	31.1
1999	87.84	59.07	71.24	40.3	27.1	32.6
2000	84.84	56.34	73.78	39.5	26.2	34.3
2001	84.52	56.49	75.86	39.0	26.0	35.0
2002	84.52	56.49	75.86	39.0	26.0	35.0
2003	82.73	66.61	85.35	35.2	28.4	36.4

2—11 劳 动 力 资 源 配 置

（2003 年）　　　　单位：万人

	合　　计	城　　镇	乡　　村
一、年末劳动力资源总数	311.49	148.19	163.30
#当年新增劳动力资源	8.92	3.81	5.11
1. 年末 16 岁以上人数	358.30	165.61	192.69
#不计入劳动力资源的人数	51.38	23.39	27.99
2. 机械变动差额跨地区调整数	4.57	5.97	-1.40
二、经济活动人口	237.98	116.64	121.34
（一）从业人员	234.69	113.35	121.34
按就业者身份分			
单位从业人员	53.09	53.09	
私营业主	1.42	1.15	0.27
个体户主	5.70	3.92	1.78
私营企业和个体从业人员	25.21	18.37	6.84
乡镇企业从业人员	36.20		36.20
农村从业人员	76.25		76.25
其　　他	36.82	36.82	
按经济类型分			
国　　有	49.88	49.88	
集　　体	122.30	9.85	112.45
股份合作	0.18	0.18	
联　　营	0.02	0.02	
有限责任公司	5.64	5.64	
股份有限公司	4.88	4.88	
港澳台投资	1.06	1.06	

(2003年) 单位：万人

	合计	城镇	乡村
外商投资	0.98	0.98	
私营	17.98	16.16	1.82
个体	14.35	7.28	7.07
其他	17.42	17.42	
按国民经济行业分			
1. 农、林、牧、渔业	82.73	4.81	77.92
2. 采矿业	0.13	0.13	
3. 制造业	48.77	37.78	10.99
4. 电力、燃气及水的生产和供应业	1.14	1.14	
5. 建筑业	16.57	11.31	5.26
6. 交通运输、仓储和邮政业	10.12	6.78	3.34
7. 信息传输、计算机服务和软件业	0.69	0.69	
8. 批发和零售业	24.23	18.42	5.81
9. 住宿和餐饮业	0.96	0.96	
10. 金融业	1.90	1.90	
11. 房地产业	0.52	0.52	
12. 租赁和商务服务业	2.55	2.55	
13. 科学研究、技术服务和地质勘查业	1.89	1.89	
14. 水利、环境和公共设施管理业	1.27	1.27	
15. 居民服务和其他服务业	1.04	1.04	
16. 教育	6.68	6.68	
17. 卫生、社会保障和社会福利业	2.70	2.70	
18. 文化、体育和娱乐业	1.17	1.17	
19. 公共管理和社会组织	4.37	4.37	
20. 其他	25.26	7.24	18.02
(二) 失业人员	3.29	3.29	
三、非经济活动人员	73.51	31.55	41.96
#16岁以上在校学生	21.38	19.19	2.19
家务劳动者	22.92	6.35	16.57

2—12 社 会 从 业 人 员

(2003年)

单位：人

	合 计	城 镇	乡 村
总 计	**2 346 927**	**1 133 471**	**1 213 456**
一、按县区分			
南 昌 县	409 702	62 324	347 378
新 建 县	331 065	48 421	282 644
进 贤 县	367 880	54 886	312 994
安 义 县	102 290	21 474	80 816
市 区	1 135 990	946 366	189 624
#东 湖 区	55 876	55 876	
西 湖 区	21 018	21 018	
青云谱区	27 060	15 896	11 164
青山湖区	123 797	41 341	82 456
湾 里 区	31 143	12 417	18 726
二、按产业结构分			
第一产业	827 315	48 143	779 172
第二产业	666 142	503 600	162 542
第三产业	853 470	581 728	271 742
三、按国民经济行业分			
1. 农、林、牧、渔业	827 315	48 143	779 172
2. 采 掘 业	1 289	1 289	
3. 制 造 业	487 645	377 776	109 869
4. 电力、燃气及水的生产和供应业	11 421	11 421	
5. 建 筑 业	165 787	113 114	52 673
6. 交通运输、仓储和邮政业	101 246	67 788	33 458
7. 信息传输、计算机服务和软件业	6 874	6 874	
8. 批发和零售业	242 297	184 215	58 082
9. 住宿和餐饮业	9 579	9 579	
10. 金 融 业	19 032	19 032	
11. 房 地 产 业	5 239	5 239	
12. 租赁和商务服务业	25 531	25 531	
13. 科学研究、技术服务和地质勘查业	18 857	18 857	
14. 水利、环境和公共设施管理业	12 724	12 724	
15. 居民服务和其他服务业	10 398	10 398	
16. 教 育	66 791	66 791	
17. 卫生、社会保障和社会福利业	26 954	26 954	
18. 文化、体育和娱乐业	11 705	11 705	
19. 公共管理和社会组织	43 671	43 671	
20. 其 他	252 572	72 370	180 202

2—13 主要年份职工人数

单位：人

年份	合计	国有单位	城镇集体单位	其他单位
1949	30 779	30 779		
1952	68 566	65 450	3 116	
1957	145 268	101 290	43 978	
1962	234 795	173 496	61 299	
1965	262 312	196 869	65 443	
1970	351 006	279 861	71 145	
1975	422 107	345 882	76 225	
1978	531 389	414 425	116 964	
1980	585 109	437 294	147 815	
1985	722 222	513 214	208 508	500
1990	820 382	605 161	213 470	1 751
1991	848 671	623 840	220 073	4 758
1992	867 877	642 302	218 708	6 867
1993	871 113	643 491	205 513	22 109
1994	880 313	645 110	205 874	29 329
1995	890 419	658 012	203 712	28 695
1996	894 112	665 881	196 889	31 342
1997	864 525	635 523	192 954	36 048
1998	847 256	576 788	162 613	107 855
1999	825 209	564 179	157 260	103 770
2000	779 295	524 250	144 178	110 867
2001	745 684	509 462	117 407	118 815
2002	715 769	487 628	104 245	123 896
2003	698 028	473 872	96 070	128 086

补充：2003 年职工人数中，在岗职工为 499 008 人，离开本单位仍保留劳动关系的职工为 199 020 人。

2—14 单位从业人员数

(2003年) 单位：人

	合计	#女性	在岗职工	国有	城镇集体	其他	在岗专业技术人员	#女性
总计	**530 878**	**195 638**	**499 008**	**339 517**	**51 466**	**108 025**	**161 975**	**69 485**
一、按隶属关系分								
中央	98 552	33 415	90 336	62 671	5 494	22 171	30 971	13 397
省属	143 305	50 419	139 904	118 281	2 291	19 332	52 423	21 899
市属	273 629	105 213	253 738	158 565	43 681	51 492	75 976	33 323
#南昌县	37 716	12 244	37 052	15 532	11 090	10 430	11 999	4 298
新建县	33 905	13 807	32 898	23 880	6 261	2 757	8 442	2 872
进贤县	20 939	7 801	20 306	15 645	4 537	124	9 520	3 504
安义县	10 654	3 737	10 015	6 594	277	3 144	3 815	1 691
东湖区	8 525	5 014	6 294	6 329	1 822	143	2 238	1 622
西湖区	9 007	5 064	7 206	4 628	2 578		2 439	1 594
青云谱区	5 477	3 092	4 351	2 220	2 131		1 172	643
青山湖区	11 641	4 512	11 431	4 707	2 853	3 871	4 187	2 670
湾里区	5 537	2 003	5 524	3 536	1 672	316	1 477	590
其他	15 392	6 591	15 030			15 030	2 605	866
二、按企业、事业、机关分								
企业	334 440	118 386	313 290	155 708	49 570	108 012	71 841	27 542
事业	152 057	65 618	143 858	141 949	1 896	13	87 183	40 869
机关	44 381	11 634	41 860	41 860			2 951	1 074
三、按产业结构分								
第一产业	22 640	9 823	21 683	21 264	308	111	2 744	1 031
第二产业	227 861	75 472	216 590	85 050	39 136	92 404	43 550	14 806
第三产业	280 377	110 343	260 735	233 203	12 022	15 510	115 681	53 648

2—15 各行业单位从业人员数

（2003年） 单位：人

	合　　计	国有单位	城镇集体单位	其他单位
总　　计	**530 878**	**364 473**	**53 904**	**112 501**
1.农、林、牧、渔业	22 640	22 207	308	125
2.采　矿　业	68	47	21	
3.制　造　业	156 970	49 805	20 395	86 770
#纺　织　业	11 099	1 490	1 524	8 085
医药制造业	20 947	5 679	45	15 223
黑色金属冶炼及压延加工业	14 293	2 689	651	10 953
通用设备制造业	15 237	8 030	1 591	5 616
交通运输设备制造业	35 938	4 237	3 338	28 363
4.电力、燃气及水的生产和供应业	10 502	7 255		3 247
5.建　筑　业	60 321	33 900	20 703	5 718
6.交通运输、仓储和邮政业	44 319	39 780	2 714	1 825
#铁路运输业	21 580	20 246	1 334	
邮　政　业	4 617	4 617		
7.信息传输、计算机服务和软件业	5 650	3 830		1 820
8.批发和零售业	31 138	21 202	4 959	4 977
9.住宿和餐饮业	5 083	3 566	380	1 137
10.金　融　业	17 273	10 270	1 607	5 396
11.房 地 产 业	3 604	3 188	35	381
12.租赁和商务服务业	5 145	4 103	342	700
13.科学研究、技术服务和地质勘查业	17 443	17 443		
14.水利、环境和公共设施管理业	12 128	11 655	473	
15.居民服务和其他服务业	1 622	962	660	
16.教　　育	61 365	61 004		361
#高 等 教 育	19 615	19 615		
17.卫生、社会保障和社会福利业	24 090	22 925	1 164	1
#卫　　生	22 548	21 384	1 164	
18.文化、体育和娱乐业	8 836	8 783	10	43
19.公共管理和社会组织	42 681	42 548	133	
#国 家 机 构	38 400	38 400		

2—16 各行业女性从业人数

(2003年)

单位：人

	合计	国有单位	城镇集体单位	其他单位
总　　计	**195 638**	**132 255**	**21 493**	**41 890**
1. 农、林、牧、渔业	9 823	9 654	140	29
2. 采　矿　业	9	7	2	
3. 制　造　业	61 520	19 393	9 668	32 459
#纺　织　业	6 336	780	1 043	4 513
医药制造业	8 732	2 686	25	6 021
黑色金属冶炼及压延加工业	4 228	803	280	3 145
通用设备制造业	6 231	3 226	860	2 145
交通运输设备制造业	11 115	1 202	1 329	8 584
4. 电力、燃气及水的生产和供应业	3 362	2 450		912
5. 建　筑　业	10 581	5 362	4 567	652
6. 交通运输、仓储和邮政业	12 800	10 608	1 575	617
#铁路运输业	5 358	4 207	1 151	
邮　政　业	1 614	1 614		
7. 信息传输、计算机服务和软件业	1 790	1 101		689
8. 批发和零售业	14 561	9 052	2 840	2 669
9. 住宿和餐饮业	3 176	2 203	298	675
10. 金　融　业	8 656	5 253	811	2 592
11. 房地产业	1 310	1 175	19	116
12. 租赁和商务服务业	1 886	1 382	232	272
13. 科学研究、技术服务和地质勘查业	5 581	5 581		
14. 水利、环境和公共设施管理业	5 655	5 282	373	
15. 居民服务和其他服务业	640	386	254	
16. 教　　育	26 708	26 531		177
#高等教育	7 971	7 971		
17. 卫生、社会保障和社会福利业	13 692	13 064	628	
#卫　　生	13 114	12 486	628	
18. 文化、体育和娱乐业	3 372	3 335	6	31
19. 公共管理和社会组织	10 516	10 436	80	
#国家机构	9 074	9 074		

2—17 各行业在岗职工人数

(2003年)　　　　单位：人

	合　　计	国有单位	城镇集体单位	其他单位
总　　计	**499 008**	**339 517**	**51 466**	**108 025**
1. 农、林、牧、渔业	21 683	21 264	308	111
2. 采　矿　业		45	21	
3. 制　造　业	150 724	47 482	19 258	83 984
#纺　织　业	11 047	1 481	1 521	8 045
医药制造业		5 672	44	15 194
黑色金属冶炼及压延加工业	14 266	2 682	631	10 953
通用设备制造业	14 705	7 616	1 564	5 525
交通运输设备制造业	31 871	3 054	2 670	26 147
4. 电力、燃气及水的生产和供应业	10 029	7 239		2 790
5. 建　筑　业	55 771	30 284	19 857	5 630
6. 交通运输、仓储和邮政业	39 966	35 463	2 695	1 808
#铁路运输业	20 338	19 008	1 330	
邮　政　业	3 230	3 230		
7. 信息传输、计算机服务和软件业	4 559	3 142		1 417
8. 批发和零售业	29 569	19 791	4 836	4 942
9. 住宿和餐饮业	4 687	3 397	380	910
10. 金　融　业	14 954	8 370	1 549	5 035
11. 房 地 产 业	3 411	3 048	31	332
12. 租赁和商务服务业	4 970	3 943	334	693
13. 科学研究、技术服务和地质勘查业	17 145	17 145		
14. 水利、环境和公共设施管理业	9 785	9 312	473	
15. 居民服务和其他服务业	1 415	952	463	
16. 教　　育	59 266	58 937		329
#高 等 教 育	18 821	18 821		
17. 卫生、社会保障和社会福利业	22 715	21 596	1 118	1
#卫　　生	21 639	20 521	1 118	
18. 文化、体育和娱乐业	8 357	8 304	10	43
19. 公共管理和社会组织	39 936	39 803	133	
#国 家 机 构	35 708	35 708		

2—18 各行业在岗专业技术人员数

(2003 年)　　单位：人

	合　　计	国有单位	城镇集体单位	其他单位
总　　计	**161 975**	**131 815**	**6 799**	**23 361**
1. 农、林、牧、渔业	2 744	2 636	84	24
2. 采　矿　业	9	6	3	
3. 制　造　业	30 653	10 092	1 865	18 696
#纺　织　业	1 530	426	249	855
医药制造业	4 499	1 415	10	3 074
黑色金属冶炼及压延加工业	2 118	429	28	1 661
通用设备制造业	3 525	2 144	165	1 216
交通运输设备制造业	9 075	586	300	8 189
4. 电力、燃气及水的生产和供应业	2 537	2 010		527
5. 建　筑　业	10 351	7 276	2 492	583
6. 交通运输、仓储和邮政业	8 773	7 830	297	646
#铁路运输业	4 658	4 605	53	
邮　政　业	265	265		
7. 信息传输、计算机服务和软件业	1 473	1 038		435
8. 批发和零售业	5 536	4 758	368	410
9. 住宿和餐饮业	643	491	26	126
10. 金　融　业	9 244	7 084	796	1 364
11. 房 地 产 业	870	666	4	200
12. 租赁和商务服务业	1 436	1 297	14	125
13. 科学研究、技术服务和地质勘查业	9 754	9 754		
14. 水利、环境和公共设施管理业	1 558	1 556	2	
15. 居民服务和其他服务业	212	109	103	
16. 教　　育	51 622	51 398		224
#高 等 教 育	14 463	14 463		
17. 卫生、社会保障和社会福利业	16 824	16 090	733	1
#卫　　生	16 595	15 862	733	
18. 文化、体育和娱乐业	4 341	4 341		
19. 公共管理和社会组织	3 395	3 383	12	
#国 家 机 构	3 294	3 294		

2—19 在岗职工年平均人数

单位：人

	合计		国有单位		城镇集体单位		其他单位	
	2002	2003	2002	2003	2002	2003	2002	2003
总　　计	**511 604**	**497 864**	**356 353**	**340 369**	**56 223**	**50 848**	**99 028**	**106 647**
一、按隶属关系分								
中　　央	92 987	91 581	67 352	64 091	5 113	5 439	20 522	22 051
省　　属	141 898	137 023	124 074	116 177	2 426	2 388	15 398	18 458
市　　属	263 215	254 529	164 927	160 101	48 684	43 021	49 604	51 407
#南 昌 县	34 855	36 142	17 970	15 718	8 183	10 403	8 702	10 021
新 建 县	32 386	32 909	23 827	23 895	6 058	6 267	2 501	2 747
进 贤 县	24 701	20 319	18 790	15 650	5 746	4 545	165	124
安 义 县	10 295	9 958	7 968	6 594	1 233	279	1 094	3 085
东 湖 区	8 070	8 221	5 562	6 293	2 295	1 786	213	142
西 湖 区	10 595	7 125	5 996	4 593	4 599	2 532		
青云谱区	3 515	4 417	2 146	2 233	1 249	2 184	120	
青山湖区	9 724	11 431	4 981	4 707	3 423	2 853	1 320	3 871
湾 里 区	5 658	5 513	3 793	3 537	1 865	1 679		297
其　　他	13 504	14 731					13 504	14 731
二、按企业、事业、机关分								
企　　业	323 946	314 600	170 661	158 992	54 257	48 974	99 028	106 634
事　　业	145 917	141 644	143 965	139 757	1 952	1 874		13
机　　关	41 741	41 620	41 727	41 620	14			
三、按产业结构分								
第一产业	23 678	21 930	23 554	21 419	30	400	94	111
第二产业	216 676	218 705	85 261	88 881	41 947	38 440	89 468	91 384
第三产业	271 250	257 229	247 538	230 069	14 246	12 008	9 466	15 152

2—20 各行业在岗职工平均人数

(2003年)

单位：人

	合　　计	国有单位	城镇集体单位	其他单位
总　　计	**497 864**	**340 369**	**50 848**	**106 647**
1. 农、林、牧、渔业	21 930	21 419	400	111
2. 采　矿　业	79	45	34	
3. 制　造　业	151 848	49 426	19 419	83 003
#纺　织　业	11 188	1 571	1 553	8 064
医药制造业	20 261	5 687	44	14 530
黑色金属冶炼及压延加工业	14 299	2 701	657	10 941
通用设备制造业	14 698	7 735	1 598	5 365
交通运输设备制造业	32 126	3 083	2 686	26 357
4. 电力、燃气及水的生产和供应业	10 053	7 230		2 823
5. 建　筑　业	56 725	32 180	18 987	5 558
6. 交通运输、仓储和邮政业	38 962	34 462	2 712	1 788
#铁路运输业	18 893	17 563	1 330	
邮　政　业	3 627	3 627		
7. 信息传输、计算机服务和软件业	4 409	3 177		1 232
8. 批发和零售业	28 032	18 394	4 847	4 791
9. 住宿和餐饮业	4 719	3 438	378	903
10. 金　融　业	15 028	8 424	1 549	5 055
11. 房 地 产 业	3 385	3 041	30	314
12. 租赁和商务服务业	4 960	3 927	336	697
13. 科学研究、技术服务和地质勘查业	17 159	17 159		
14. 水利、环境和公共设施管理业	9 728	9 255	473	
15. 居民服务和其他服务业	1 381	949	432	
16. 教　　育	58 802	58 474		328
#高 等 教 育	18 345	18 345		
17. 卫生、社会保障和社会福利业	22 540	21 431	1 108	1
#卫　　生	21 471	20 363	1 108	
18. 文化、体育和娱乐业	8 500	8 447	10	43
19. 公共管理和社会组织	39 624	39 491	133	
#国 家 机 构	35 436	35 436		

2—21 单位从业人员增加情况

(2003年)　　　　单位：人

	合计	从农村招收	从城镇招收	录用的退伍军人	各类学校毕业生	调入	省外	其他
总计	**22 134**	**2 288**	**2 651**	**1 031**	**4 068**	**2 898**	**55**	**9 198**
一、按登记注册类型分								
1. 国有单位	13 077	536	1 755	695	2 708	2 226	24	5 157
2. 城镇集体单位	1 003	153	27	87	338	290	2	108
3. 其他单位	8 054	1 599	869	249	1 022	382	29	3 933
二、按国民经济行业分								
1. 农、林、牧、渔业	267	89		32	37	14		95
2. 采矿业	4					3		1
3. 制造业	8 875	1 422	1 006	273	1 708	262	29	4 204
4. 电力、燃气及水的生产和供应业	867		339	92	177	227		32
5. 建筑业	3 012	490	872	70	232	81	1	1 267
6. 交通运输、仓储和邮政业	598		92	147	71	279	1	9
7. 信息传输、计算机服务和软件业	368		27	20	62	257	2	2
8. 批发和零售业	809	151	22	70	202	210		154
9. 住宿和餐饮业	153	70	20	15	15	13		20
10. 金融业	38				2	36	2	
11. 房地产业	96	12	20	12	4	25		23
12. 租赁和商务服务业	297	48	56	41	8	39	2	105
13. 科学研究、技术服务和地质勘查业	741		2	10	157	139	5	433
14. 水利、环境和公共设施管理业	240			21	24	69		126
15. 居民服务和其他服务业	180		4	15	3	33	1	125
16. 教育	1 224		46	47	412	274	6	445
17. 卫生、社会保障和社会福利业	755		11	68	411	162	1	103
18. 文化、体育和娱乐业	275		19	9	122	35	1	90
19. 公共管理和社会组织	3 335	6	115	89	421	740	4	1 964

2—22 单位从业人员减少情况

(2003年)　　　　单位：人

	合计	离休、退休、退职	开除、除名、辞退	终止、解除合同	离开本单位仍保留劳动关系的职工	调出		其他
							省外	
总计	**31 615**	**7 986**	**728**	**5 107**	**8 409**	**3 761**	**1 043**	**5 624**
一、按登记注册类型分								
1. 国有单位	21 592	5 666	528	3 029	4 442	3 315	987	4 612
2. 城镇集体单位	6 207	1 249	11	806	3 416	155		570
3. 其他单位	3 816	1 071	189	1 272	551	291	56	442
二、按国民经济行业分								
1. 农、林、牧、渔业	1 770	553		4	110	57		1 046
2. 采矿业	16					16		
3. 制造业	10 741	2 783	275	2 634	3 864	513	89	672
4. 电力、燃气及水的生产和供应业	453	143	6	17	4	185	7	98
5. 建筑业	2 004	927	52	16	711	124	5	174
6. 交通运输、仓储和邮政业	3 900	683	16	315	204	110	4	2 572
7. 信息传输、计算机服务和软件业	311	21	15	153	22	87	2	13
8. 批发和零售业	5 818	771	30	1 382	2 736	429	7	470
9. 住宿和餐饮业	244	49		74	60	10		51
10. 金融业	50	15	3	3	4	24		1
11. 房地产业	370	18	13	168	144	11		16
12. 租赁和商务服务业	377	123	2	81	52	114	5	5
13. 科学研究、技术服务和地质勘查业	403	159	15	5	31	109	13	84
14. 水利、环境和公共设施管理业	200	105	2	1	1	81	1	10
15. 居民服务和其他服务业	87	22		8	1	52	2	4
16. 教育	2 263	612	244	110	64	1 182	879	51
17. 卫生、社会保障和社会福利业	697	339	11	99	67	121	17	60
18. 文化、体育和娱乐业	279	112	20	2	46	52	2	47
19. 公共管理和社会组织	1 632	551	24	35	288	484	10	250

主 要 统 计 指 标 解 释

人口数 指在一定时点、一定地区范围内的有生命的个人的总和。

市镇人口 指市、镇区内的全部常住人口。包括市（镇）区与郊区、农业与非农业人口，但不包括市辖县人口。

乡村人口 指县（不含镇）的全部常住人口。

市 是指经国家批准成立“市”建制的城市。

镇 是指经省正式批准行政建制的镇。1963年以前为常住人口在2000人以上，非农业人口占50%以上的。1964年改为常住人口在3000人以上，非农业人口占70%以上，或常住人口在2500人以上，不满3000人，非农业人口占85%以上的。1984年后又调整为，凡县级地方国家机关所在地；或总人口在20000人以下的乡，乡政府驻地非农业人口超过2000人的；或总人口在20000人以上的乡，乡政府驻地非农业人口占全乡人口10%以上；或少数民族地区、人口稀少的边远地区、山区和小型工矿区、小港口、风景旅游、边境口岸等地，非农业人口虽不足2000人，都可建镇。

人口密度 指一定时点一定地区的人口数与该地区的面积数之比，即一定时点的单位土地面积上的人口数，通常以每平方公里的居住人数来表示：

$$\text{人口密度}=\frac{\text{该地区的人口数}}{\text{该地区的土地面积}}$$

出生率 （又称粗出生率）指在一定时期内（通常为一年）一定地区平均每千人口所出生的人数的比率，它反映人口的出生水平，一般以千分率表示。计算公式：

$$\text{出生率}=\frac{\text{年出生人数}}{\text{年平均人数}}\times 1000‰$$

死亡率 （又称粗死亡率）指在一定时期内（通常为一年）一定地区的死亡人数与同期平均人数（或期中人数）之比，一般以千分率表示。计算公式：

$$\text{死亡率}=\frac{\text{年死亡人数}}{\text{年平均人数}}\times 1000‰$$

人口自然增长率 指在一定时期内（通常为一年）一定地区人口自然增加数（即出生人数减死亡人数）与该时期平均人数（或期中人数）之比，一般以千分率表示。计算公式：

$$\text{人口自然增长率}=\frac{\text{本年出生人数}-\text{本年死亡人数}}{\text{年平均人数}}\times 1000‰$$

$$\text{人口自然增长率}=\text{人口出生率}-\text{人口死亡率}$$

社会从业人员 指从事一定社会劳动并取得劳动报酬或经营收入的全部劳动力。包括：（1）单位从业人员；（2）个体和私营企业从业人员；（3）农村从业人员；（4）乡镇企业从业人员；（5）其他。这一指标反映了一定时期内全部劳动力资源的实际利用情况，是研究我国基本国情国力的重要指标。

单位从业人员 指在各级国家机关、政党机关、社会团体及企业、事业单位中工作，取得工资或其他形式的劳动报酬的全部人员。包括：在岗职工、再就业的离退休人员、民办教师以及在各单位中工作的外方人员和港澳台方人员、兼职人员、借用的外单位人员和第二职业者。不包括离开本单位仍保留劳动关系的职工。

在岗职工 指在本单位工作并由单位支付工资的人员。以及有工作岗位，但由于学习、病伤产假等原因暂未工作，仍由单位支付工资的人员。

离开本单位仍保留劳动关系的职工 指由于各种原因已经离开本人的生产或工作岗位，并已不在本单位从事其他工作，但仍与用人单位保留劳动关系的职工。包括停薪留职、挂编、放长假、内部退养、下岗等。

城镇个体和私营企业从业人员 城镇私营劳动者指在工商管理部门注册登记，其经营地址设有县城关镇及以上的私营企业的劳动者。包括私营企业投资者和雇工。城镇个体劳动者指在工商管理部门注册登记，并持有城镇户口或在城镇长期居住，经批准从事个体工商经营的劳动者。包括：个体经营者和个体工商户劳动的家庭帮工和雇工。

乡村从业人员 指农村人口中经常参加社会劳动并取得劳动报酬的整半劳动力。包括在乡镇企业及其他集体经济组织和农户中参加各项生产的劳动者及外出从事个体经营的劳动者。从事家庭副业，其收入相当于当地一个社会劳动者最低收入水平或参加社会劳动累计在三个月以上的劳动者也包括在内。

三、人民生活

PEOPLE'S LIVELIHOOD

本篇内容包括：

1. 单位从业人员劳动报酬
2. 在岗职工工资总额和平均工资
3. 劳保福利费用
4. 居民家庭基本情况
5. 居民生活收支情况
6. 居民拥有耐用消费品数量

资料整理	微机处理
刘　斌	彭艳红
彭艳红	喻　建
龚玉芬	熊全琳
邬海文	

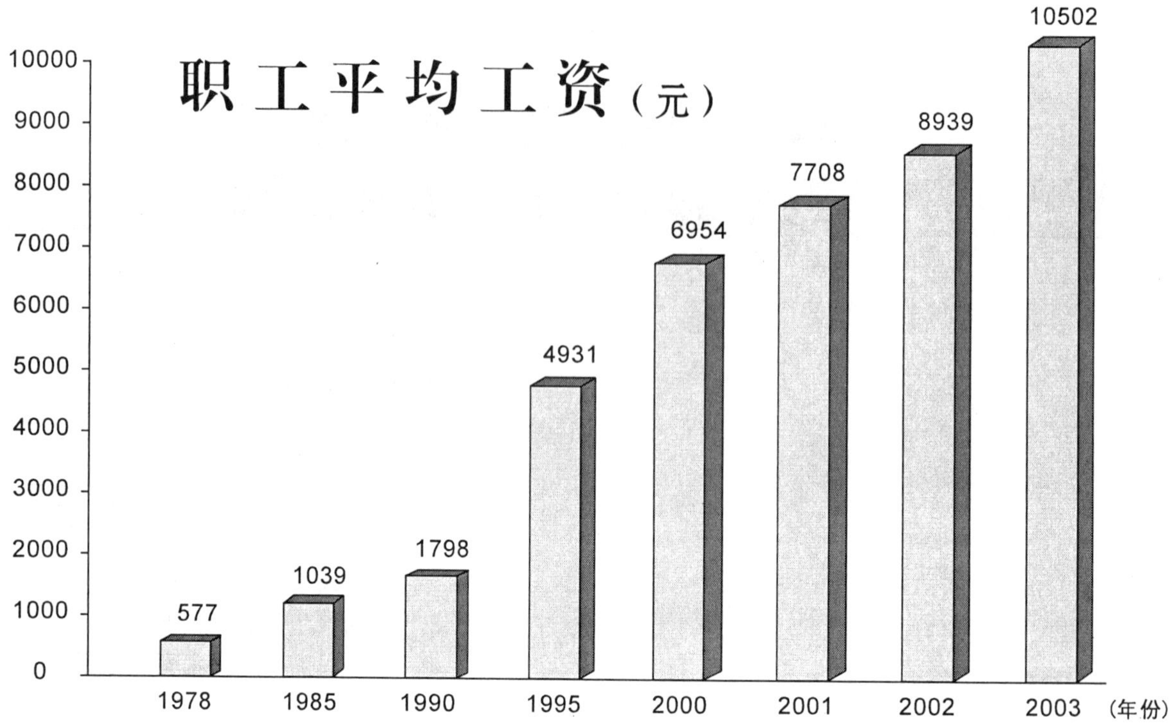

城乡居民人均收入（元）

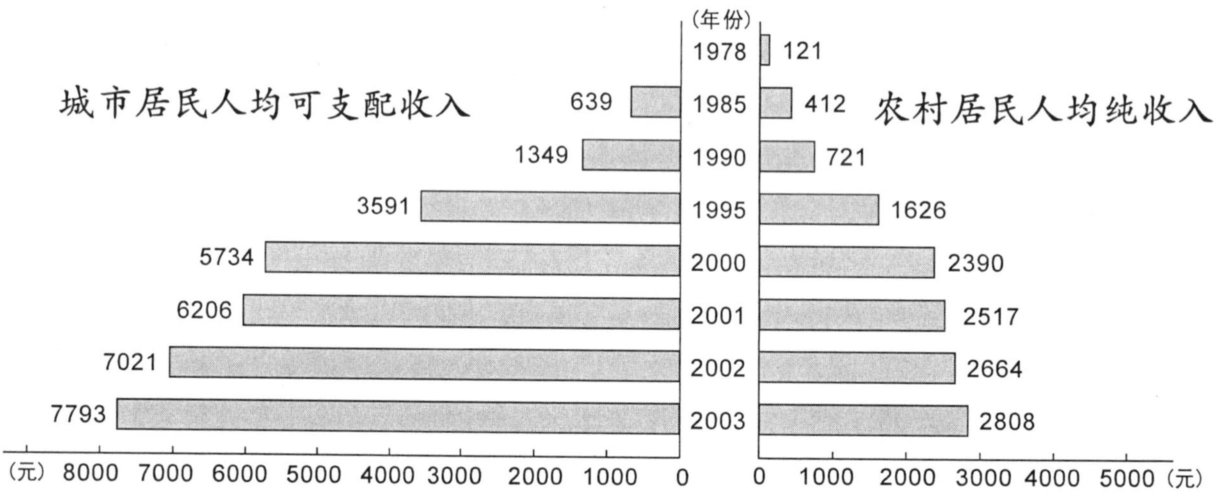

平均每百户家庭耐用消费品拥有量（2003年）

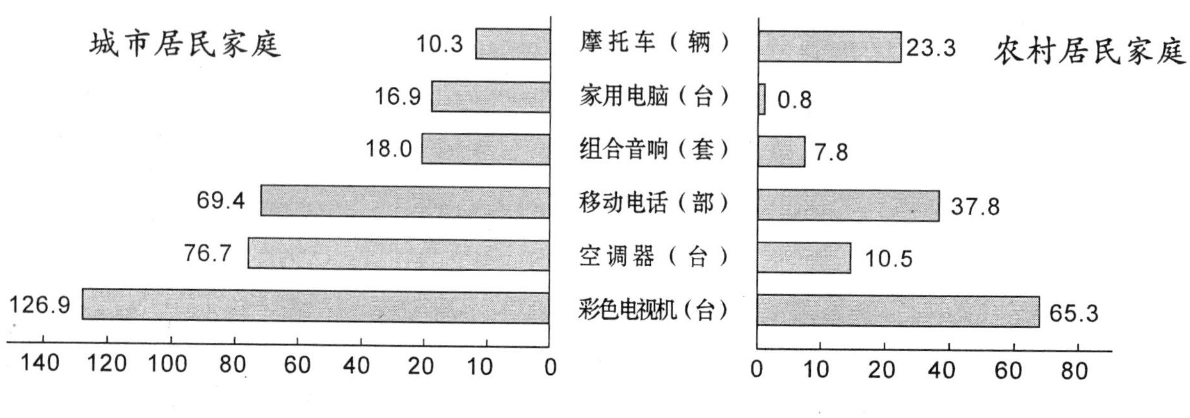

3—1 主要年份职工工资总额

单位：万元

年份	合计	国有单位	城镇集体单位	其他单位
1949	720	720		
1952	2 560	2 445	115	
1957	8 409	6 446	1 963	
1962	12 785	9 655	3 130	
1965	15 216	11 717	3 499	
1970	17 198	14 156	3 042	
1975	23 144	19 483	3 661	
1978	29 834	24 349	5 485	
1980	42 024	33 304	8 720	
1985	72 545	55 804	16 695	46
1990	145 581	117 900	27 319	362
1991	162 940	128 643	33 478	819
1992	194 962	157 180	36 184	1 598
1993	233 979	188 235	37 701	8 043
1994	330 451	267 497	47 655	15 299
1995	401 177	329 578	54 930	16 669
1996	455 264	375 408	58 565	21 291
1997	443 775	360 780	58 145	24 850
1998	448 384	322 737	51 845	73 802
1999	502 834	374 369	49 601	78 864
2000	537 932	394 064	47 033	96 035
2001	579 398	434 299	38 891	106 208
2002	639 452	469 918	40 399	129 135
2003	732 712	525 777	43 461	163 474

补充：2003年职工工资总额中，在岗职工工资总额为692 717万元，离开本单位仍保留劳动关系的职工生活费为39 995万元。

3—2 主要年份在岗职工工资总额

单位：万元

年份	合计	国有单位	城镇集体单位	其他单位
1996	451 032	372 044	57 761	21 227
1997	435 815	354 519	56 817	24 479
1998	430 587	310 412	49 919	70 256
1999	479 555	357 827	47 728	74 000
2000	511 784	375 482	45 363	90 939
2001	550 181	412 258	37 553	100 370
2002	600 154	442 437	37 213	120 504
2003	692 717	497 742	39 940	155 035

3—3 主要年份职工平均工资

单位：元

年份	合计	国有单位	城镇集体单位	其他单位
1949	255	255		
1952	412	413	400	
1957	595	555	455	
1962	553	564	520	
1965	602	625	534	
1970	521	541	445	
1975	552	568	480	
1978	577	596	504	
1980	732	779	597	
1985	1 039	1 127	823	1 002
1990	1 798	1 972	1 300	2 122
1991	1 962	2 100	1 561	2 287
1992	2 303	2 505	1 698	2 697
1993	2 724	2 956	1 869	3 960
1994	3 790	4 167	2 365	5 356
1995	4 931	5 307	3 301	6 364
1996	5 360	5 785	3 402	7 509
1997	5 487	5 940	3 417	7 951
1998	5 465	5 794	3 309	6 914
1999	6 228	6 797	3 229	7 656
2000	6 954	7 556	3 324	8 687
2001	7 708	8 439	3 315	8 869
2002	8 939	9 614	3 911	10 478
2003	10 502	11 085	4 533	12 822

补充：2003年全部职工平均工资中，在岗职工年平均工资为13 914元，离开本单位仍保留劳动关系的职工年平均生活费为4 048元。

3—4 主要年份在岗职工平均工资

单位：元

年份	合计	国有单位	城镇集体单位	其他单位
1996	5 890	6 187	4 215	7 745
1997	6 340	6 405	4 765	8 391
1998	6 599	6 831	4 598	7 852
1999	7 724	8 259	4 823	8 348
2000	8 756	9 335	5 123	9 708
2001	9 953	10 650	5 637	10 129
2002	11 731	12 416	6 619	12 169
2003	13 914	14 624	7 855	14 537

3—5 单位从业人员劳动报酬

（2003年）　　　　单位：万元

	合　计	在岗职工工资总额	国　有	城镇集体	其　他	其他从业人员劳动报酬
总　计	**718 189**	**692 717**	**497 742**	**39 940**	**155 035**	**25 472**
一、按录属关系分						
中　央	202 699	194 226	144 649	5 034	44 543	8 473
省　属	219 722	217 058	183 375	1 863	31 820	2 664
市　属	278 081	264 290	169 718	33 043	61 529	13 791
#南昌县	34 284	33 580	16 754	7 979	8 847	704
新建县	27 416	26 951	20 509	4 389	2 053	465
进贤县	17 996	17 602	14 920	2 588	94	394
安义县	8 843	8 606	6 070	175	2 361	237
东湖区	8 680	8 494	7 114	1 255	125	186
西湖区	9 946	8 468	6 311	2 157		1 478
青云谱区	5 844	5 195	3 684	1 511		649
青山湖区	13 949	13 921	5 792	2 754	5 375	28
湾里区	4 588	4 581	3 153	1 163	265	7
其　他	17 687	17 143			17 143	544
二、按企业、事业、机关分						
企　业	439 638	422 059	228 812	38 224	155 023	17 579
事　业	204 412	198 295	196 567	1 716	12	6 117
机　关	74 139	72 363	72 363			1 776
三、按产业结构分						
第一产业	16 417	15 999	15 663	212	124	418
第二产业	280 197	273 106	118 214	29 846	125 046	7 091
第三产业	421 575	403 612	363 865	9 882	29 865	17 963

3—6 各行业单位从业人员劳动报酬

（2003 年）　　单位：万元

	合　计	国有单位	城镇集体单位	其他单位
总　计	**718 189**	**516 544**	**41 131**	**160 514**
1.农、林、牧、渔业	16 417	16 056	211	150
2.采　矿　业	70	49	21	
3.制　造　业	185 274	52 845	14 049	118 380
#纺　织　业	10 888	1 034	1 020	8 834
医药制造业	22 440	4 994	21	17 425
黑色金属冶炼及压延加工业	26 506	4 233	746	21 527
通用设备制造业	14 894	8 413	896	5 585
交通运输设备制造业	56 570	4 065	4 477	48 028
4.电力、燃气及水的生产和供应业	19 930	14 204		5 726
5.建　筑　业	74 923	53 135	16 620	5 168
6.交通运输、仓储和邮政业	73 004	67 548	1 785	3 671
#铁路运输业	36 806	35 906	900	
邮　政　业	7 943	7 943		
7.信息传输、计算机服务和软件业	13 060	6 644		6 416
8.批发和零售业	32 945	23 521	3 815	5 609
9.住宿和餐饮业	5 179	3 584	246	1 349
10.金　融　业	40 590	26 687	1 700	12 203
11.房 地 产 业	4 037	3 557	42	438
12.租赁和商务服务业	8 038	6 890	234	914
13.科学研究、技术服务和地质勘查业	26 017	26 017		
14.水利、环境和公共设施管理业	11 681	11 470	211	
15.居民服务和其他服务业	1 759	985	774	
16.教　　育	81 140	80 678		462
#高等教育	32 709	32 709		
17.卫生、社会保障和社会福利业	40 904	39 586	1 317	1
#卫　　生	38 976	37 659	1 317	
18.文化、体育和娱乐业	12 878	12 848	3	27
19.公共管理和社会组织	70 343	70 240	103	
#国家机构	64 113	64 113		

3—7 各行业在岗职工工资总额

（2003 年）

单位：万元

	合计	国有单位	城镇集体单位	其他单位
总　　计	**692 717**	**497 742**	**39 940**	**155 035**
1. 农、林、牧、渔业	15 998	15 663	211	124
2. 采　矿　业	68	48	20	
3. 制　造　业	179 342	50 972	13 782	114 588
#纺　织　业	10 859	1 030	1 017	8 812
医药制造业	22 346	4 994	20	17 332
黑色金属冶炼及压延加工业	26 478	4 225	726	21 527
通用设备制造业	14 405	8 021	881	5 503
交通运输设备制造业	52 249	2 983	4 359	44 907
4. 电力、燃气及水的生产和供应业	19 546	14 198		5 348
5. 建　筑　业	74 150	52 995	16 045	5 110
6. 交通运输、仓储和邮政业	69 188	63 764	1 775	3 649
#铁路运输业	35 943	35 045	898	
邮　政　业	7 128	7 128		
7. 信息传输、计算机服务和软件业	12 113	6 249		5 864
8. 批发和零售业	31 803	22 580	3 678	5 545
9. 住宿和餐饮业	4 837	3 459	246	1 132
10. 金　融　业	36 562	22 953	1 669	11 940
11. 房 地 产 业	3 795	3 376	38	381
12. 租赁和商务服务业	7 909	6 766	232	911
13. 科学研究、技术服务和地质勘查业	25 603	25 603		
14. 水利、环境和公共设施管理业	10 022	9 811	211	
15. 居民服务和其他服务业	1 624	980	644	
16. 教　　育	79 528	79 113		415
#高 等 教 育	32 189	32 189		
17. 卫生、社会保障和社会福利业	39 832	38 548	1 283	1
#卫　　生	38 213	36 930	1 283	
18. 文化、体育和娱乐业	12 377	12 347	3	27
19. 公共管理和社会组织	68 420	68 317	103	
#国 家 机 构	62 220	62 220		

3—8 在岗职工工资总额

单位：万元

	合计		国有单位		城镇集体单位		其他单位	
	2002	2003	2002	2003	2002	2003	2002	2003
总计	**600 154**	**692 717**	**442 437**	**497 742**	**37 213**	**39 940**	**120 504**	**155 035**
一、按隶属关系分								
中央	151 102	194 226	116 290	144 649	4 145	5 034	30 667	44 543
省属	191 774	217 058	166 719	183 375	1 866	1 863	23 189	31 820
市属	241 598	264 290	159 428	169 718	31 202	33 043	50 968	61 529
#南昌县	30 061	33 580	17 527	16 754	5 359	7 979	7 175	8 847
新建县	23 729	26 951	18 061	20 509	3 873	4 389	1 795	2 053
进贤县	18 995	17 602	15 607	14 920	3 201	2 588	187	94
安义县	7 392	8 606	6 068	6 070	456	175	868	2 361
东湖区	8 548	8 494	6 862	7 114	1 508	1 255	178	125
西湖区	10 239	8 468	7 586	6 311	2 653	2 157		
青云谱区	3 616	5 195	2 744	3 684	796	1 511	76	
青山湖区	9 042	13 921	4 878	5 792	2 798	2 754	1 365	5 375
湾里区	4 009	4 581	3 131	3 153	878	1 163		265
其他	15 680	17 143					15 680	17 143
二、按企业、事业、机关分								
企业	357 510	422 059	201 649	228 812	35 357	38 224	120 504	155 023
事业	183 463	198 295	181 625	196 567	1 838	1 716		12
机关	59 181	72 363	59 163	72 363	18			
三、按产业结构分								
第一产业	15 684	15 999	15 553	15 663	18	212	113	124
第二产业	231 941	273 106	97 813	118 214	27 441	29 846	106 687	125 046
第三产业	352 529	403 612	329 071	363 865	9 754	9 882	13 704	29 865

3—9 在岗职工年平均工资

单位：元

	合计		国有单位		城镇集体单位		其他单位	
	2002	2003	2002	2003	2002	2003	2002	2003
总　　计	**11 731**	**13 914**	**12 416**	**14 624**	**6 619**	**7 855**	**12 169**	**14 537**
一、按录属关系分								
中　　央	16 250	21 208	17 266	22 569	8 107	9 255	14 943	20 200
省　　属	13 515	15 841	13 437	15 784	7 692	7 802	15 060	17 239
市　　属	9 179	10 383	9 667	10 601	6 409	7 681	10 275	11 969
#南昌县	8 625	9 291	9 753	10 659	6 547	7 670	8 425	8 828
新建县	7 327	8 190	7 580	8 583	6 393	7 003	7 177	7 474
进贤县	7 690	8 663	8 306	9 534	5 571	5 694	11 333	7 581
安义县	7 180	8 642	7 615	9 205	3 698	6 272	7 934	7 653
东湖区	10 592	10 332	12 337	11 305	6 571	7 027	8 357	8 803
西湖区	9 664	11 885	12 652	13 740	5 769	8 519		
青云谱区	10 287	11 761	12 787	16 498	6 373	6 918	6 333	
青山湖区	9 299	12 178	9 793	12 305	8 174	9 653	10 341	13 885
湾里区	7 086	8 309	8 255	8 914	4 708	6 927		8 923
其　　他	11 611	11 637					11 611	11 637
二、按企业、事业、机关分								
企　　业	11 036	13 416	11 816	14 391	6 617	7 805	12 169	14 538
事　　业	12 573	14 000	12 616	14 065	9 416	9 157		9 538
机　　关	14 178	17 387	14 179	17 387	12 857			
三、按产业结构分								
第一产业	6 624	7 295	6 603	7 313	5 933	5 288	12 021	11 207
第二产业	10 705	12 487	11 472	13 300	6 542	7 764	11 925	13 684
第三产业	12 996	15 691	13 294	15 815	6 847	8 230	14 477	19 710

3—10 各行业在岗职工平均工资

（2003年） 单位：元

	合计	国有单位	城镇集体单位	其他单位
总　　计	**13 914**	**14 624**	**7 855**	**14 537**
1. 农、林、牧、渔业	7 295	7 313	5 288	11 207
2. 采　矿　业	8 671	10 667	6 029	
3. 制　造　业	11 811	10 313	7 097	13 805
#纺　织　业	9 706	6 554	6 549	10 928
医药制造业	11 029	8 781	4 636	11 928
黑色金属冶炼及压延加工业	18 517	15 642	11 047	19 675
通用设备制造业	9 800	10 370	5 512	10 256
交通运输设备制造业	16 264	9 675	16 228	17 038
4. 电力、燃气及水的生产和供应业	19 443	19 637		18 946
5. 建　筑　业	13 072	16 468	8 451	9 194
6. 交通运输、仓储和邮政业	17 758	18 503	6 545	20 405
#铁路运输业	19 024	19 954	6 752	
邮　政　业	19 651	19 651		
7. 信息传输、计算机服务和软件业	27 474	19 670		47 599
8. 批发和零售业	11 345	12 276	7 588	11 574
9. 住宿和餐饮业	10 250	10 060	6 511	12 537
10. 金　融　业	24 329	27 247	10 772	23 620
11. 房 地 产 业	11 210	11 102	12 567	12 127
12. 租赁和商务服务业	15 946	17 229	6 911	13 076
13. 科学研究、技术服务和地质勘查业	14 921	14 921		
14. 水利、环境和公共设施管理业	10 302	10 600	4 469	
15. 居民服务和其他服务业	11 760	10 329	14 905	
16. 教　　育	13 525	13 530		12 655
#高等教育	17 547	17 547		
17. 卫生、社会保障和社会福利业	17 672	17 987	11 581	6 000
#卫　　生	17 798	18 136	11 581	
18. 文化、体育和娱乐业	14 561	14 617	3 000	6 349
19. 公共管理和社会组织	17 267	17 299	7 744	
#国家机构	17 558	17 558		

3—11 离休、退休、退职人员人

（2003

	离休、退休、退职人员（人）				
	年末人数	#女　性	离休人员	退休人员	领取定期生活费的退职人员
总　　计	**245 836**	**132 086**	**5 262**	**237 321**	**3 253**
一、企　　业	206 279	114 912	2 737	200 487	3 055
内资企业	206 207	114 889	2 737	200 428	3 042
国有企业	165 528	87 315	2 368	160 730	2 430
集体企业	39 700	26 950	363	38 734	603
其他企业	979	624	6	964	9
港、澳、台商投资企业	72	23		59	13
外商投资企业					
二、事　　业	29 666	11 887	1 210	28 339	117
三、机　　关	9 891	5 287	1 315	8 495	81

数及保险福利费用构成

年)

保险福利费用 (万元)	离休金	退休金	退职生活费	医疗卫生费	其他
247 168	**7 432**	**211 701**	**1 337**	**19 020**	**7 678**
176 902	3 677	155 438	1 099	12 880	3 808
176 854	3 677	155 404	1 088	12 877	3 808
154 692	3 436	136 420	822	10 448	3 566
21 505	232	18 452	190	2 392	239
657	9	532	76	37	3
48		34	11	3	
54 356	2 247	45 929	166	3 939	2 075
15 910	1 508	10 334	72	2 201	1 795

3—12 主要年份城市住户基本情况

年份	调查户数（户）	平均每户家庭人口（人）	平均每户就业人口（人）	负担人口（人）	平均每人每月实际收入（元）	平均每人可支配收入（元）	平均每人每月生活费支出（元）
1980	120	4.28	2.16	1.98		28.26	
1985	150	3.64	2.06	1.77	54.14	53.28	46.61
1990	200	3.34	1.88	1.77	112.92	112.39	90.45
1991	200	3.41	1.85	1.85	113.71	113.19	93.84
1992	200	3.35	1.81	1.85	129.23	128.39	110.56
1993	200	3.16	1.74	1.81	172.93	172.08	153.86
1994	200	3.11	1.74	1.79	255.84	255.36	215.54
1995	200	3.07	1.76	1.75	299.94	299.22	247.89
1996	200	3.03	1.67	1.82	333.98	333.50	267.59
1997	200	3.03	1.68	1.81	376.20	375.11	311.90
1998	200	3.09	1.76	1.75	407.7	405.89	319.98
1999	334	3.05	1.68	1.82	444.08	440.63	339.78
2000	300	3.21	1.67	1.92	481.72	477.80	327.07
2001	300	3.12	1.62	1.93	525.03	517.21	357.80
2002	300	2.99	1.55	1.93	602.63	585.05	399.10
2003	300	2.93	1.48	1.98	674.43	649.43	423.24

注："负担人口"指平均每个就业者所负担的人口，含就业者本人。

3—13 城市居民家庭生活基本情况

项目	2002	2003
调查户数	300	300
家庭人口（人）	897	879
就业人口（人）	465	444
平均每户家庭人口（人）	2.99	2.93
平均每户就业人口（人）	1.55	1.48
平均每户就业面（%）	51.84	50.51
平均每一就业者负担人数（含就业者本人，人）	1.93	1.98
平均每人实际收入（元）	7 231.56	8 093.13
平均每人可支配收入（元）	7 020.6	7 793.15
平均每人生活费支出（元）	4 789.2	5 078.90
家庭常住人口（人）	897	879
居住面积（平方米）	14 802	14 688
平均每户居住面积（平方米）	49.34	48.96
平均每户建筑面积（平方米）	65.21	64.52

3—14 城市住户基本情况

（按收入分组，2003年）

项目	总平均	最低收入户	低收入户	中等偏下户	中等收入户	中等偏上户	高收入户	最高收入户
调查户数（户）	300	30	30	60	60	60	30	30
家庭人口（人）	879	107	100	183	173	165	74	77
就业人口（人）	444	44	43	88	91	92	41	45
平均每户家庭人口（人）	2.93	3.56	3.33	3.04	2.89	2.74	2.47	2.56
平均每户就业人口（人）	1.48	1.47	1.44	1.46	1.51	1.54	1.38	1.52
平均每户就业面（%）	50.51	41.29	43.24	48.03	52.25	56.20	55.87	59.38
就业者负担人口（人）	1.98	2.42	2.31	2.08	1.91	1.78	1.79	1.68
平均每人实际收入（元）	8 093.13	2 229.86	3 448.70	4 537.32	6 002.74	8 195.80	12 290.69	27 761.83
平均每人消费性支出（元）	5 078.90	2 227.84	3 492.16	3 733.88	4 582.46	5 909.68	7 917.15	13 773.70
离退人数（人）	171	13	17	35	34	33	20	19

3—15 城市住户平均每百户主要消费品年末拥有量

品　名	2002	2003
组合家具（套）	73.14	70.67
自行车（辆）	142.7	139.86
电风扇（台）	226	229.94
洗衣机（台）	94.3	93.89
电冰箱（台）	94.3	92.94
摩托车（辆）	11.3	10.33
彩色电视（台）	130.6	126.89
影碟机（台）	49.2	49.00
淋浴热水器（架）	73.4	68.92
照相机（架）	36.3	33.28
中高档乐器（件）	5.8	4.00
空调器（台）	78.67	76.72
电炊具（台）	53.1	54.92
组合音响（台）	22.8	18.00
录放像机（台）	15.3	14.67
微波炉（台）	33.7	34.00
电话（台）	94.5	92.39
移动电话（台）	62.8	69.44
家用电脑（台）	16.8	16.86
摄像机（台）	1.7	1.00
消毒碗柜（台）	8.8	7.22
饮水机（台）	19.1	16.44

3—16 城市居民平均每人现金收支

单位：元

品　　　　名	2002	2003
一、期初手存现金	**870.61**	**1 125.46**
二、实 际 收 入	**7 231.56**	**8 093.13**
工资及补贴收入	4 739.88	5 552.16
个体经营劳动者收入	394.20	431.39
其他劳动收入	204.24	110.54
财产性收入	135.96	44.68
转移性收入	1 757.28	1 954.36
赡 养 收 入	105.96	67.49
离 退 休 金	1 280.52	1 505.56
赠 送 收 入	204.24	139.40
亲友搭伙费	139.32	114.62
记 帐 补 贴	22.08	39.76
出售财物收入	1.08	1.04
三、储蓄借贷收入	**592.32**	**593.27**
#提取储蓄存款	492.36	574.38
借　入　款	44.76	10.24
四、实 际 支 出	**5 644.08**	**5 078.90**
#赡 养 支 出	126.00	216.65
赠 送 支 出	439.68	364.31
五、储蓄借贷支出	**1 375.44**	**1 989.27**
#存入储蓄款	1 137.60	1 824.36
归 还 借 款	60.00	20.56
借　出　款	8.16	9.13
六、期末手存现金	**937.72**	**1 187.59**

3—17 城市居民平均每人现金收支

（按收入分组，2003 年）

单位：元

项目	合计	最低收入户	低收入户	中等偏下户	中等收入户	中等偏上户	高收入户	最高收入户
一、期初手存现金	**1125.46**	**399.88**	**579.36**	**763.17**	**1 020.22**	**1 182.81**	**1 668.22**	**3 302.04**
二、实际收入	**8 093.13**	**2 529.86**	**3 560.54**	**4 7434.65**	**6 170.22**	**8 570.74**	**12 827.64**	**28 467.10**
可支配收入	7 793.15	2 235.16	34 48.70	4 537.32	6 002.74	8 195.80	12 290.69	27 761.83
工资及补贴收入	5 552.16	1 792.20	2 410.19	3 343.81	4 508.58	6 339.11	8 523.83	17 938.05
个体经营劳动者收入	431.39	39.34	73.94	23.79	91.26	145.36	613.50	3 608.43
其他劳动收入	110.54	46.83	13.82	21.70	25.78	35.18	25.16	969.33
财产性收入	44.68	3.09	29.91	24.94	71.23	13.26	18.88	201.80
转移性收入	1 954.36	648.39	1 032.69	1 320.40	1 473.37	2 037.82	3 646.28	5 749.16
离退休金	1 505.56	544.31	912.98	1 174.80	1 298.78	1 587.11	2 513.74	3 720.48
赡养收入	67.49	9.11	29.65	29.42	20.41	72.36	269.42	188.52
赠送收入	139.40	7.49	24.91	33.41	56.75	128.28	435.09	647.97
亲友搭伙费	114.62	8.43	30.25	36.34	54.63	200.34	366.88	266.52
记帐补贴	39.76	34.10	32.82	40.16	35.97	40.04	35.73	67.48
出售财物收入	1.04	1.41	0	0.23	1.64	0.85	1.22	2.71
三、储蓄借贷收入	**593.27**	**232.79**	**694.90**	**297.18**	**288.01**	**1 084.53**	**609.22**	**1 279.04**
提取储蓄存款	574.38	222.48	694.90	297.13	266.37	1 058.16	517.08	1 271.24
借入款	10.24	10.30	0	0	18.71	3.96	54.47	0
四、实际支出	**5 952.57**	**2 584.44**	**3 834.61**	**4 134.57**	**5 055.78**	**7 212.92**	**9 345.64**	**13 773.70**
消费性支出	5 078.90	2227.84	3 492.16	3 733.88	4 582.46	5 909.68	7 917.15	10 919.54
非消费性支出	873.67	356.60	342.45	400.69	473.32	1 303.24	1 428.49	2 854.16
赡养支出	216.65	35.79	32.67	78.09	74.85	484.33	336.04	668.02
赠送支出	364.31	57.18	125.83	159.31	258.93	450.93	557.76	1 455.36
五、储蓄借贷支出	**1 989.27**	**182.467**	**233.53**	**667.24**	**949.95**	**1 543.09**	**3 172.80**	**12 078.31**
存入储蓄款	1 824.36	168.62	233.48	645.82	892.47	1 446.85	2 820.47	10 940.50
归还借款	20.56	0	0	0	0.58	0	106.52	0.16
借出款	9.13	14.05	0.05	2.73	43.27	6.09	89.50	13.00
六、期末手存现金	**1 187.59**	**399.87**	**594.97**	**782.35**	**1 058.06**	**1 257.82**	**1 744.86**	**3 626.77**

3—18 城市住户平均每人生活费支出及构成

项目	金额（元）		构成（%）	
	2002	2003	2002	2003
生活费支出	**4 789.20**	**5 078.90**	**100**	**100**
1. 食品	2 173.68	2 282.48	45.39	44.94
#粮食	176.28	186.40	8.11	8.17
油脂	101.76	128.57	4.68	5.63
肉禽及其制品	473.88	524.72	21.80	22.99
蛋类	56.04	53.94	2.58	2.36
水产类	147.96	145.90	6.81	6.39
菜类	281.88	319.35	12.97	13.99
烟类	118.68	86.83	5.46	3.80
酒和饮料	71.16	78.70	3.27	3.45
干鲜瓜果	153.48	162.85	7.06	7.13
奶及奶制品	104.52	121.18	4.81	5.31
2. 衣着	472.08	479.43	9.86	9.44
#服装	339.00	348.11	71.81	72.61
衣着材料	9.96	9.52	2.11	1.99
3. 家庭设备用品及服务	260.40	331.93	5.44	6.54
耐用消费品	104.88	160.52	40.28	48.36
4. 医疗保健	230.88	233.94	4.82	4.61
5. 交通与通讯	451.68	476.40	9.43	9.38
6. 教育文化娱乐服务	682.68	588.16	14.25	11.58
文化娱乐用品	122.40	117.13	17.93	19.91
教育	471.60	369.59	69.08	62.84
文化服务	88.68	101.45	12.99	17.25
7. 居住	401.40	587.21	8.38	11.56
8. 杂项商品与服务	116.52	99.35	2.43	1.96

3—19 城市住户平均每人购买消费品数量

单位：千克

品　　名	2002	2003
粮　　食	83.52	84.65
食用植物油	14.04	15.71
鲜　　菜	122.76	126.53
猪　　肉	26.28	26.89
牛 羊 肉	1.2	1.11
家　　禽	9.24	9.61
鲜　　蛋	8.16	7.83
鱼（不包括虾）	13.44	14.88
白　　酒	0.96	0.81
啤　　酒	4.32	5.74
鲜　　瓜	11.28	13.53
鲜　　果	36.48	34.91
糕　　点	3.6	3.63
鲜　　奶	18.36	21.64
男式服装（件）	1.68	1.72
女式服装（件）	3.6	3.31
鞋（双）	2.16	2.13
煤　　炭	6.12	5.25
液化石油气	36.12	34.47
管道煤气（立方米）	22.32	23.93

3—20 城市居民居住情况

类别	2002年调查户数（户）	2003年调查户数（户）
总计	**300**	**300**
一、按住宅建筑式样		
单栋住宅	1	1
四居室	8	18
三居室	53	55
二居室	168	160
一居室	31	38
普通楼房	28	20
平房及其他	11	8
二、按房屋产权		
租赁公房	35	27
租赁私房	2	1
原有私房	17	18
房改私房	231	233
商品房	12	11
其他	3	10
三、按自来水使用情况		
独用来水	285	284
公用自来水	15	16
四、按卫生设备拥有情况		
无卫生设备	3	0
有浴室、厕所	274	244
有厕所无浴室	11	49
公用卫生设备	12	7

3—21 城市居民家庭收入结构类型

(2003年)

	总平均数	最低收入户	低收入	中等偏下	中等收入户	中等偏上	高收收入户	最高收入户
一、占总调查户数的比重(%)								
2002年	300	10	10	20	20	20	10	10
2003年	300	10	10	20	20	20	10	10
二、1.平均人口(人)								
2002年	2.99	3.69	3.48	3.16	2.92	2.76	2.48	2.52
2003年	2.93	3.56	3.33	3.04	2.89	2.74	2.47	2.56
2.比重(%)								
2002年	100	123.41	116.39	105.69	97.66	92.31	82.94	84.28
2003年	100	121.50	113.65	103.75	98.63	93.52	84.30	87.37
三、1.人均可支配性收入								
2002年	7 020.60	2 200.56	3 400.08	4 338.36	5710.08	7 728.84	10 831.20	23 550.00
2003年	7 793.15	2 235.16	3 448.70	4 537.32	6 002.74	8 195.80	12 290.69	27 761.83
2.比重(%)								
2002年	100	31.14	48.43	61.79	81.33	110.09	154.28	335.44
2003年	100	28.68	44.25	58.22	77.03	105.17	157.71	356.23
3.2003年收入比上年增长(%)	11.10	1.57	1.43	4.59	5.13	6.04	13.47	17.88
四、全年人均消费性支出(元)								
2002年	4 789.20	2 183.52	2 889.60	3 759.72	4 747.56	5 796.48	6 814.92	9 706.80
2003年	5 078.90	2 227.84	3 492.16	3 733.88	4 582.46	5 909.68	7 917.15	10 919.54
2003年消费支出比上年增长(%)	6.05	2.03	20.85	-0.69	-3.48	1.95	16.17	12.49

3-22 1985-2003年农村居民家庭基本情况

年份	调查县区（个）	调查数（户）	平均每户常住人口（人）	平均每户整半劳动力（人）	平均每个劳动力负担人口（人）	纯收入（元/人）	生活用房面积（平方米/人）
1985	6	380	5.64	3.04	1.85	412.43	15.98
1990	6	410	5.25	2.95	1.78	721.21	19.50
1991	6	410	5.02	2.79	1.80	768.19	19.78
1992	6	410	4.99	2.81	1.76	854.74	21.30
1993	6	410	4.91	2.86	1.72	968.60	19.69
1994	6	410	4.79	2.89	1.66	1 310.75	22.53
1995	6	410	4.75	2.91	1.63	1 626.36	23.71
1996	6	410	4.67	2.91	1.61	2 031.20	23.44
1997	6	410	4.55	2.84	1.60	2 358.57	25.12
1998	6	400	4.46	2.80	1.59	2 164.26	26.26
1999	6	400	4.30	2.89	1.49	2 306.86	26.77
2000	6	400	4.29	2.96	1.45	2 390.10	26.10
2001	6	400	4.28	2.93	1.46	2 517.04	27.92
2002	6	400	4.21	2.93	1.44	2 663.68	28.21
2003	6	400	4.16	2.92	1.42	2 808.10	29.46

3-23 农村居民家庭基本情况

（分县区，2003年）

地区	调查数（户）	平均每户常住人口（人）	平均每户劳动力（人）	7-15岁人口入学率（%）	人均经营耕地（亩）	人均经营山地（亩）	平均每人年末住房（平方米）	人均纯收入
全市	**400**	**4.16**	**2.92**	**97.83**	**1.56**	**0.19**	**29.46**	**2 808.10**
南昌县	70	4.19	2.84	96.08	2.01		26.74	2 720.70
新建县	70	4.63	3.07	97.47	2.15	0.02	24.16	2 653.47
进贤县	70	4.00	3.03	100.00	1.64		37.71	2 694.32
安义县	70	4.09	3.00	95.65	1.75		28.74	2 717.54
湾里区	50	3.88	2.88	100.00	1.28	1.58	21.16	2 691.26
青山湖区	70	4.11	2.71	100.00	0.33		36.44	3 933.34

3－24 农村家庭房屋使用情况

项　　　　目	2002	2003	2003年比上年增长%
一、新建房户数（户）	13	8	－38.46
二、平均每户年新建房屋面积（平方米）	5.24	2.08	－60.31
新建房屋价值（元）	1 126.25	750	－33.41
三、平均每户年末使用房屋面积（平方米）	118.75	122.61	3.25
生活用房面积	118.75	122.61	3.25
#砖木结构	45.22	39.51	－12.63
钢筋混凝土结构	72.14	81.72	13.28
四、平均每人年末使用房屋面积（平方米）	28.21	29.46	4.43
#砖木结构	10.74	9.49	－11.63
钢筋混凝土结构	17.14	19.63	14.53

3－25　农村居民家庭总收入和构成

项　　　　　目	平　均　每　人（元）		构　　成（%）	
	2 0 0 2	2 0 0 3	2 0 0 2	2 0 0 3
总　收　入	**3 689.74**	**3 922.71**	**100.00**	**100.00**
一、工资性收入	1 024.08	1 080.04	27.75	27.53
1. 在非企业组织中劳动得到的收入	136.15	152.39	3.69	3.88
2. 在本乡地域内劳动得到的收入	116.63	249.12	3.16	6.35
#在本地乡镇企业	53.04	70.21	1.44	1.79
3. 常住人口外出从业得到的收入	685.38	678.53	18.58	17.29
4. 其　　他	85.92		2.32	
二、家庭经营收入	2 373.56	2 538.58	64.34	64.71
1. 农业收入	1 327.4	1 363.74	35.98	34.77
#种植业收入	1 266.54	1 337.88	34.34	34.11
2. 林 业 收 入	4.65	27.02	0.13	0.69
3. 牧业收入	541.73	630.68	14.68	16.08
4. 渔业收入	48.47	64.59	1.31	1.65
5. 工业收入	85.09	38.32	2.31	0.98
6. 建筑业收入	26.30	46.35	0.71	1.18
7. 交通、运输和邮电业收入	135.41	158.31	3.67	4.04
8. 批发和零售贸易、餐饮业收入	109.07	69.13	2.96	1.76
9. 社会服务业收入	34.19	44.65	0.93	1.14
10. 文教卫生业收入	9.28	15.98	0.25	0.41
11. 其他家庭经营收入	51.97	71.12	1.41	1.81
三、财产性收入	208.23	217.61	5.64	5.55
四、转移性收入	83.88	86.47	2.27	2.20
#家庭非常住人口寄回收入	7.65	3.13	0.21	0.08
亲 人 赠 送	36.86	51.47	1.00	1.31
#农村外部亲友赠送	5.89	7.06	0.16	0.18

3－26 农村居民家庭总支出和构成

项目	平均每人(元)		构成(%)	
	2002	2003	2002	2003
总支出	**3 218.73**	**3 265.52**	**100.00**	**100.00**
一、家庭生产经营支出	777.52	861.75	24.16	26.39
农业	319.93	358.03	9.94	10.96
#种植业	315.65	308.54	9.81	9.45
林业	0.96	0.48	0.03	0.01
牧业	288.96	360.45	8.98	11.04
渔业	19.36	21.27	0.60	0.65
工业	20.64	5.49	0.64	0.17
建筑业	5.39	8.65	0.17	0.26
交通运输和邮电业	51.47	69.28	1.60	2.12
批发和零售贸易、餐饮业	58.79	22.60	1.83	0.69
社会服务业	4.34	2.07	0.13	0.06
文教卫生业	3.02	5.34	0.09	0.16
其他家庭经营支出	4.67	8.11	0.15	0.25
二、购置生产性固定资产支出	199.23	62.41	6.19	1.91
三、税费支出	138.11	145.32	4.29	4.45
四、生产消费支出	1 984.49	2 088.54	61.65	63.96
#文化娱乐用品及服务	188.45	221.88	5.85	6.79
五、财产性支出	8.56	4.07	0.27	0.12
六、转移性支出	110.83	102.56	3.44	3.14
#寄给或带给在外人口	7.85	7.04	0.24	0.22
赠送亲友	83.59	78.67	2.60	2.41
#赠送农村以外亲友	5.10	3.23	0.16	0.10

3-27 农村居民家庭纯收入

(按人口平均)　　单位：元

项目	1985	1990	1995	1997	1998	1999	2000	2001	2002	2003
纯收入	**412.43**	**731.21**	**1 626.26**	**2 358.57**	**2 164.26**	**2 306.86**	**2 390.10**	**2 517.04**	**2 663.68**	**2 801.10**
一、按纯收入来源分										
工资性收入	40.40	50.32	399.87	628.46	723.12	895.58	1 012.63	938.85	1 024.08	1 080.04
家庭经营纯收入	336.73	632.06	1 167.07	1 576.15	1 311.09	1 292.65	1 283.12	1 434.55	1 399.55	1 465.63
第一产业	277.33	526.85	1 072.06	1 342.64	1 077.92	1 054.93	1 077.35	1 216.70	1 127.72	1 170.31
第二产业	10.20	24.40	32.41	60.81	38.07	57.69	96.03	91.56	82.27	68.44
第三产业	49.20	80.81	62.60	172.71	195.10	180.03	109.74	126.29	189.56	226.88
转移性收入	29.70	40.57	40.70	84.19	96.89	85.89	62.93	35.70	31.82	44.81
财产性收入	5.60	8.26	18.72	69.77	33.16	32.74	31.42	107.94	208.23	217.61
二、按纯收入性质分										
生产性纯收入	375.53	660.22	1 552.28	2 154.88	2 021.04	2 134.43	2 275.46	2 361.02	2 394.73	2 495.24
农业生产	277.33	526.85	1 072.06	1 342.64	1 077.92	1 054.93	1 077.35	1 216.70	1 127.72	1 170.31
非农业生产	98.20	133.37	480.22	812.24	943.12	1 079.50	1 198.11	1 144.32	1 267.01	1 324.93
非生产性纯收入	36.90	60.99	74.08	203.69	143.22	172.43	114.64	156.02	268.95	312.86

3-28 农村住户平均每人纯收入

(分县区，2003年)　　单位：元

地区	纯收入	1. 生产性纯收入	农业生产	非农业生产	2. 非生产性纯收入
全市	**2 808.10**	**2 495.24**	**1 170.31**	**1 324.93**	**312.86**
南昌县	2 720.70	2 589.77	1 510.41	1 079.36	130.93
新建县	2 653.47	2 367.63	1 086.19	1 281.44	285.84
进贤县	2 694.32	2 441.97	1 125.59	1 316.38	252.35
安义县	2 717.54	2 487.48	862.66	1 624.82	230.06
湾里区	2 691.26	2 463.00	880.10	1 582.90	228.26
青山湖区	3 933.34	2 600.58	533.01	2 067.57	1 332.76

3－29 农村住户生活消费支出

项目	平均每人（元）		构成（%）		商品性比重（%）	
	2002	2003	2002	2003	2002	2003
生活消费支出	**1 984.49**	**2 088.54**	**100.00**	**100.00**		
一、食品	975.50	1 054.00	49.16	50.47	63.89	64.51
#主食	266.18	267.76	13.41	12.82	9.57	14.29
副食	408.40	439.63	20.58	21.05	73.79	67.97
二、衣着	113.69	117.48	5.73	5.62	99.96	100.00
三、居住	310.31	267.58	15.64	12.81	86.93	87.34
四、家庭设备、用品及服务	80.53	76.69	4.06	3.67		
五、医疗保健	114.67	138.36	5.78	6.62		
六、交通和通讯	136.14	158.91	6.86	7.61		
七、文化娱乐用品和服务	188.45	221.88	9.50	10.62	100.00	100.00
文化教育娱乐用品	31.71	50.66	1.60	2.43	100.00	100.00
文化教育娱乐服务	156.74	162.9	7.90	7.80		
八、其他商品和服务	65.18	53.64	3.28	2.57	100.00	100.00

注：商品性比重是指生活消费品中商品性支出所占比重，不包括自产自用部分和文化及生活服务支出。

3-30 农村居民家庭现金收入和构成

项目	平均每人(元)		构成(%)	
	2002	2003	2002	2003
现金收入	**3 150.09**	**3 344.63**	**100.00**	**100.00**
一、工资性收入	1 024.08	1 080.04	32.51	32.29
在非企业组织中劳动得到的	136.15	152.39	4.32	4.56
在本乡地域内劳动得到的收入	116.63	249.12	3.70	7.45
常住人口外出从业得到	685.38	678.53	21.76	20.29
其他	85.92		2.73	
二、家庭经营收入	1 841.06	1 971.39	58.44	58.94
出售产品	1 395.04	1 493.24	44.29	44.65
农业	863.08	838.79	27.40	25.08
种植业	834.74	815.75	26.50	24.39
林业	3.92	19.29	0.12	0.58
牧业	475.92	599.92	15.11	17.94
渔业	45.79	60.81	1.45	1.82
工业加工费	79.96	38.32	2.54	1.15
建筑业	26.30	46.35	0.83	1.39
交通运输业	135.41	158.31	4.30	4.73
批发和零售贸易、餐饮业	109.07	69.13	3.46	2.07
社会服务业	34.19	44.65	1.09	1.33
文教卫生业	9.28	15.98	0.29	0.48
其他家庭经营	51.81	71.12	1.64	2.13
三、转移性收入	82.92	81.36	2.64	2.43
四、财产性收入	202.02	211.84	6.41	6.33

3－31 农村居民家庭现金支出和构成

指　　标	平均每人(元)		构成(%)	
	2002	2003	2002	2003
现金支出	**2 758.32**	**2 791.67**	**100.00**	**100.00**
一、生产费用支出	911.23	870.56	33.04	31.18
1. 家庭生产经营费用	712.00	807.28	25.81	28.92
农　　业	308.57	336.52	11.19	12.05
#种　植　业	304.29	295.99	11.03	10.60
林　　业	0.96	0.48	0.03	0.02
牧　　业	235.36	328.18	8.53	11.76
渔　　业	18.80	20.58	0.68	0.74
工　　业	20.64	5.49	0.75	0.20
建筑业	5.39	8.65	0.20	0.31
运输业	51.47	69.28	1.86	2.48
批发和零售贸易、餐饮业	58.79	22.60	2.13	0.81
社会服务业	4.34	2.07	0.16	0.07
文教卫生业	3.02	5.34	0.11	0.19
其他经营	4.67	8.11	0.17	0.29
2. 购置生产性固定资产	199.23	62.41	7.23	2.24
二、税费支出	136.93	134.19	4.96	4.81
三、财产性支出	8.00	4.07	0.29	0.15
四、转移性支出	110.56	102.26	4.01	3.66
五、生活消费支出	1 591.61	1 680.58	57.70	60.20

3－32 农 村 住 户 储 蓄 借 贷

指　　　　标	平 均 每 人（元）		2003 年比上年	
	2002	2003	增减额（元）	增长率（%）
一、非生产所得收入	438.16	270.02	－168.14	－38.37
#从银行信用社得到的贷款	112.71	31.73	－80.98	－71.85
借　入　款	213.95	176.00	－37.95	－17.74
收回借出款	19.54	11.04	－8.5	－43.50
从银行信用社取回存款	70.57	51.25	－19.32	－27.38
收回投资款	0.53		－0.53	－100.00
二、非消费性现金付出	402.24	371.83	－30.41	－7.56
#归还银行信用社贷款	11.60	7.31	－4.29	－36.98
借　出　款	22.13	12.02	－10.11	－45.68
归 还 借 款	135.21	93.64	－41.57	－30.74
存入银行信用社款	233.22	156.66	－76.56	－32.83
支出投资款	0.08		－0.08	－100.00
三、年末手存现金	972.29	810.29	－162	－16.66
四、年末存款余款	658.62	1 003.92	345.3	52.43

3－33　1992—2003 年农村住户人均纯收入

（按收入水平分组）

单位：户

分　　组	1992	1993	1994	1995	1996	1997	1998	1999	2000	2001	2002	2003
调查户数	**410**	**410**	**410**	**410**	**410**	**410**	**400**	**400**	**400**	**400**	**400**	**400**
200 元以下		2				1	1	4	3	1	2	1
200－300 元			1					2				1
300－400 元	7	14	1		1				2			
400－500 元	16	19	3					1	5		4	1
500－600 元	37	26	7		2	2	1	1	4	1	4	2
600－800 元	104	82	23	15	6		4	10	12	4	3	4
800－1000 元	115	102	60	34	7	2	10	9	14	11	10	4
1000－1500 元	107	122	190	154	84	62	75	72	70	54	42	35
1500－2000 元	20	35	68	100	82	105	81	59	67	70	72	67
2000 元以上	4	18	57	107	228	238	228	242	223	259	263	285

3-34 农村住户平均每人主要食品消费量

单位：千克

品　　名	1985	1990	1995	1996	1997	1998	1999	2000	2001	2002	2003
粮　　食	350.07	351.35	336.86	330.53	316.08	310.99	295.54	295.10	283.36	331.57	278.94
蔬　　菜	159.60	172.72	136.89	150.28	121.59	156.99	110.75	97.82	104.87	93.64	86.15
植 物 油	5.75	6.66	10.69	10.17	9.56	10.09	8.98	8.30	10.07	10.65	11.27
动 物 油	1.34	1.64	2.20	2.77	1.97	2.53	1.33	1.55	1.30	1.34	0.85
猪　　肉	10.75	10.18	10.93	12.34	11.52	11.58	11.84	10.76	12.11	13.10	12.24
牛 羊 肉	0.15	0.33	0.45	0.53	0.42	0.36	0.37	0.35	0.25	0.33	0.33
奶和奶制品		0.21	0.14	0.16	0.36	0.27	0.29	0.44	0.47	0.87	4.77
家　　禽	1.15	1.49	1.88	1.80	2.70	2.17	2.18	2.48	2.82	2.81	3.04
蛋　　类	2.70	2.96	3.73	3.84	3.24	4.88	4.47	4.57	5.21	4.36	4.60
水 产 品	2.20	3.07	4.09	5.29	6.26	6.63	5.66	5.11	6.29	7.45	6.96
食　　糖	1.10	1.36	1.23	1.25	1.20	1.30	1.06	1.05	0.94	0.92	0.83
酒	1.45	3.52	5.32	6.43	6.55	6.60	7.59	6.97	7.00	7.90	8.39
茶　　叶	0.04	0.07	0.13	0.23	1.50	1.52	0.06				0.07
糖果、糕点	1.55	1.52	2.14	2.32	1.55	2.11	1.78	1.87	1.79	1.97	
水　　果	1.70	3.13	7.31	7.99	8.81	7.80	19.97	25.56	32.53	26.95	10.51

3－35 农村住户耐用物品拥有量

(按每百户年末平均拥有量计算)

品名	1985	1990	1995	1997	1998	1999	2000	2001	2002	2003
自行车(辆)	72.1	129	166.34	151.95	151.75	154.75	146.50	133.25	136.80	138.50
电风扇(台)	20.5	84	135.37	152.44	147.50	164.00	180.25	177.75	190.80	196.75
洗衣机(台)		1	3.66	4.63	6.25	6.50	9.25	10.50	11.50	11.75
电冰箱(台)		3	9.27	16.59	17.00	16.25	19.50	20.75	21.50	22.50
摩托车(辆)			1.46	5.61	8.50	12.25	14.00	18.75	19.50	23.25
黑白电视机(台)	16.6	56	86.59	81.46	80.25	79.00	74.00	72.25	68.00	62.00
彩色电视机(台)		6	13.17	24.39	31.25	32.25	48.75	49.25	57.50	65.25
收录机(台)	5.0	18	26.1	23.90	25.50	28.50	26.25	17.75	20.50	16.25
照相机(架)		1	0.98	2.20	2.50	2.00	3.50	4.75	4.30	2.50
空调机(台)								7.75	8.00	10.50
电话机(部)								44.75	52.50	54.25
移动电话(部)								18.00	28.25	37.75

3－36 农村住户劳动力文化程度

(2003年)　　单位：百劳率(%)

地区	文盲或半文盲	小学程度	初中程度	高中程度	中专程度	大专以上程度
全市	3.93	32.99	52.31	8.80	1.11	0.86
南昌县	2.51	38.19	52.76	5.03	1.01	0.50
新建县	2.33	35.35	48.84	10.23	1.86	1.39
进贤县	7.08	34.43	51.42	7.07		
安义县	4.76	29.52	54.29	10.48		0.95
湾里区	6.25	22.22	59.72	9.03	2.78	
青山湖区	1.05	35.26	48.95	11.05	1.58	2.11

主 要 统 计 指 标 解 释

在岗职工工资总额 指各单位在一定时期内直接支付给本单位全部在岗职工的劳动报酬总额。包括：计时工资（含计时标准工资）、计件工资、计件超额工资、奖金、津贴和补贴、加班加点工资、特殊情况下支付的工资等。

津贴和补贴 包括：(1) 补偿职工特殊或额外劳动消耗的津贴及岗位性津贴。(2) 保健性津贴。(3) 技术性津贴。(4) 年功性津贴（包括工龄工资、工龄津贴、教龄津贴和护士工龄津贴)。(5) 地区津贴。(6) 其他津贴。包括伙食补贴、上下班交通补贴、洗理卫生费、书报费等。以及为保证职工工资水平不受物价上涨或变动影响而支付的各种补贴，如副食品价格补贴（含肉类等价格补贴)、粮、油、蔬菜等价格补贴，煤价补贴、房贴、水电贴、房改补贴等。

在岗职工平均工资 指企业、事业、机关单位的在岗职工在一定时期内平均每人所得的货币工资额。它表明一定时期在岗职工工资收入的高低程度。是反映在岗职工工资水平的主要指标。计算公式为

$$\text{在岗职工平均工资}=\frac{\text{报告期实际支付的全部在岗职工工资总额}}{\text{报告期全部在岗职工平均人数}}$$

在岗职工平均实际工资 指扣除物价变动因素后的职工平均工资。计算公式为：

$$\text{在岗职工平均实际工资}=\frac{\text{报告期在岗职工平均工资}}{\text{报告期职工生活费价格指数}}$$

城镇居民家庭就业人口 指城镇居民从事社会劳动并取得劳动报酬或经营收入的人口，就业人口包括通过国家统筹规划和指导由劳动部门介绍就业，自愿起来就业和自谋职业等方式，在国有经济单位、集体经济单位、中外合资、中外合作、外资在华独资的企事业单位和私营企业单位工作或从事个体劳动的有固定性职业或临时性职业的人口。被聘用和留用的离退休人员也计入就业人口。本指标可以反映城镇居民的就业情况，是计算就业面、负担系数的重要资料。

城镇居民家庭全部收入 指被调查城镇居民家庭全部的实际现金收入，包括经常或固定得到的收入和一次性收入。不包括周转性收入，如提取银行存款、向亲友借入款、收回借出款以及其他各种暂收款。

城镇居民家庭可支配收入 指被调查城镇居民家庭在支付个人所得税之后。所余下的实际收入。

城镇居民家庭消费性支出 指被调查的城镇居民家庭用于日常生活的全部支出，包括购买商品支出和文化生活、服务等非商品性支出。不包括罚没、丢失款和缴纳的各种税款（如个人所得税、牌照税、房产税等)，也不包括个体劳动者生产经营过程中发生的各项费用。

城镇居民家庭购买商品支出 指被调查的城镇居民家庭购买商品的全部支出，包括从商店、工厂、饮食业、工作单位食堂、集市以及直接从农民购买各种商品的开支。共分九类：食品、衣着品、日用品、文化娱乐用品、书报杂志、药及医疗用品、房屋及建筑材料、燃料、其他商品。不论自用的或赠送亲友的都包括在内。

农村居民家庭纯收入 指农村常住居民家庭总收入中，扣除从事生产和非生产经营费用支出、缴纳税款和上交承包集体任务金额以后剩余的，可直接用于进行生产性、非生产性建设投资、生活消费和积蓄的那一部分收入。它是反映农民家庭实际收入水平的综合性的主要指标。农民家庭纯收入，既包括从事生产性和非生产性的经营收入，又包括取自在外人口寄回带和国家财政救济、各种补贴等非经营性收入；既包括货币收入，又包括自产自用的实物收入。但不包括向银行、信用社和向亲友借款等属于借贷性的收入。

农村居民家庭整半劳动力 指农村常住居民家庭成员中有劳动能力并经常参加实际劳动的人员。是生产的基本要素指标之一，是发展生产增加农民家庭收入的重要源泉。按规定，农村男 18 周岁到 50 周岁、女 18 周岁到 45 周岁为整劳动力，男 16 周岁到 17 周岁、51 到 60 周岁，女 16 周岁到 17 周岁、46

周岁到55周岁为半劳动力。农民家庭整半劳动力，既包括在上述规定劳动年龄内和在劳动年龄以外有劳动能力并经常参加实际劳动的男女整半劳动力；也包括农民家庭常住人员中属于职工的劳动力。但不包括在劳动年龄内已丧失劳动能力的人员。

农村居民家庭生活消费支出 指农村常住居民家庭年内用于日常生活的全部开支。它是用来反映和研究农民家庭实际生活消费水平高低的重要指标。农民家庭生活消费支出，包括用于吃、穿、住、烧、用等生活消费品开支和文化、生活服务费用开支两大部分。

农村居民家庭商品性生活消费支出 指农村常住居民家庭用其货币收入，在市场上购买食品、衣着、家庭用家具器皿、日用杂品、燃料、耐用消费品、以及文教卫生用品等生活消费总量。包括向国有商店、集体商店和集市贸易市场以及其他流通渠道购买的全部生活消费品。农民家庭商品性生活消费支出，是农民家庭生活消费支出的一个重要组成部分，是用来反映和分析农民家庭生活消费水平的商品化程度，及其由自给性经济向商品经济发展趋势的重要指标，也是研究和预测农民家庭对市场消费品需求，制定商品供应计划的重要依据。

城乡储蓄存款余额 全国城乡储蓄存款，包括城镇居民储蓄存款和农民个人储蓄存款两部分。不包括居民的手存现金和工矿企业、部队、机关团体等集团存款。储蓄存款余额，是指城乡居民存入银行及农村信用社储蓄的时点数（存入数扣除取出数的余额），如月末，季末或年末数额。

四、物　　价

PRICE

本篇内容包括：

1. 居民消费价格指数
2. 商品零售价格指数

资料整理　　微机处理

胡惠珠　　　刘　健

89/102

居民消费价格指数

（以上年价格为100）

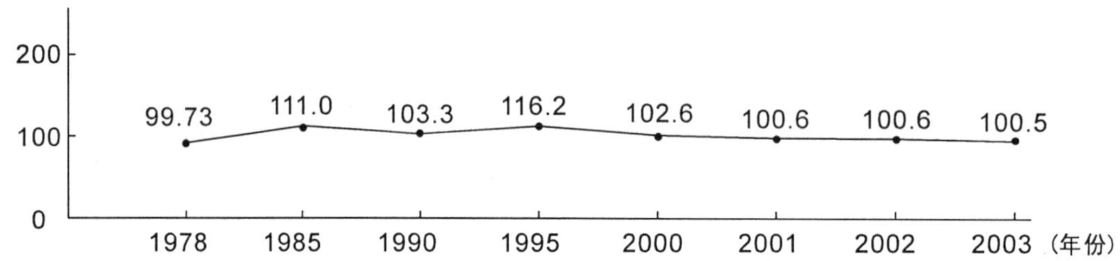

服务项目价格指数

（以上年价格为100）

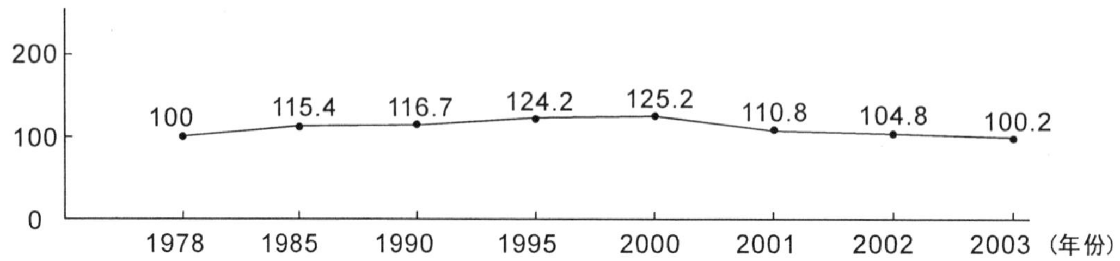

商品零售价格指数

（以上年价格为100）

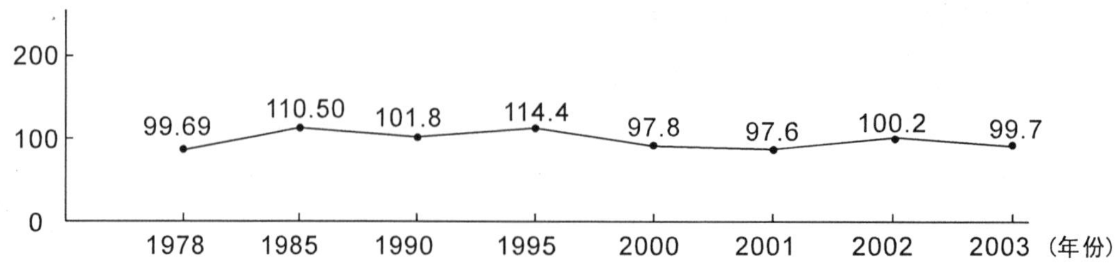

4—1 历 年 物 价 总 指 数

（以上年价格为 100）

年份	消费价格指数	#服务项目价格指数	零售价格指数
1951			113.78
1952			98.82
1953			103.38
1954			102.73
1955	97.85	100.49	99.86
1956	100.53	100.00	100.62
1957	100.67	93.72	101.60
1958			100.21
1959			99.88
1960			100.00
1961	117.24	107.82	118.48
1962	99.20	94.40	99.96
1963	88.55	96.05	88.10
1964	95.87	98.20	95.52
1965	98.70	97.20	98.96
1972	99.68	99.64	99.69
1973	99.86	99.86	99.86
1974	99.85	100.11	99.82
1975	99.84	99.92	99.83
1976	99.99	100.00	99.99
1977	100.14	100.00	100.16
1978	99.73	100.00	99.69
1979	101.08	100.00	101.25
1980	106.57	100.20	107.44
1981	101.91	100.20	102.10
1982	102.20	103.00	102.10
1983	101.20	101.20	101.20
1984	102.20	103.70	102.20
1985	111.00	115.40	110.50
1986	105.20	107.20	105.00
1987	107.30	100.40	107.90
1988	126.80	109.80	128.40
1989	118.40	117.80	118.50
1990	103.30	116.70	101.80
1991	105.60	108.90	105.20
1992	111.80	114.80	111.40
1993	122.70	167.70	116.40
1994	126.10	123.40	123.10
1995	116.20	124.20	114.40
1996	108.80	114.40	107.10
1997	103.90	128.00	99.50
1998	100.90	104.80	98.30
1999	99.80	113.90	96.90
2000	102.60	125.20	97.80
2001	100.60	110.80	97.60
2002	100.60	104.80	100.20
2003	100.50	100.20	99.70

4—2 居民消费价格指数

(2003年，以上年价格为100)

项 目	2003	项 目	2003	项 目	2003
居民消费价格总指数	**100.5**	毛 织 品	99.8	**六、交通和通讯**	**98.3**
一、食 品	**103.6**	丝 织 品	100.0	交 通	100.0
粮 食	101.6	毛 线	100.0	交通工具	95.8
油 脂	117.8	鞋	101.1	车用燃料及零配件	106.6
肉禽及其制品	102.9	袜 子	97.6	车辆使用及维修	102.6
蛋	101.8	衣着加工服务	100.0	市区公共交通	100.0
水 产 品	95.4	**四、家庭设备用品及维修服务**	**96.1**	城市间交通	100.2
鲜 菜	119.6	家 具	100.0	通 信	97.6
干菜及菜制品	100.8	家庭设备	90.5	通信工具	82.9
糖	100.6	室内装饰品	67.3	通信服务	100.0
饮 料	97.4	床上用品	100.0	**七、娱乐教育文化用品及服务**	**98.8**
鲜 果	96.6	家庭日用杂品	101.3	文娱用耐用消费品及服务	87.6
干（坚）果及瓜果制品	108.0	家庭服务及加工维修服务	104.0	修理服务费	101.6
糕点饼干面包	100.5	**五、医疗保健和个人用品**	**97.5**	教 育	101.9
奶及奶制品	100.2	医疗保健	98.3	教材及参考书	102.1
在外用膳食品	100.0	医疗器具及用品	100.0	学杂托幼费	101.9
其它食品及食品加工服务	97.5	中药材及中成药	103.5	文化娱乐用品	100.6
二、烟酒及用品	**100.2**	西 药	93.5	书报杂志	99.6
烟 草	101.1	保健器具及用品	97.3	文 娱 费	102.3
酒	98.9	医疗保健服务	100.0	旅游及外出	96.6
三、衣 着	**93.0**	个人用品及服务	96.2	**八、居 住**	**103.2**
服 装	89.9	化妆美容用品	94.7	建房及装修材料	99.7
棉 布	99.0	卫生用品	89.3	租 房	100.0
棉花化纤混纺布	102.0	个人饰品	101.7	自有住房	99.3
化 纤 布	102.5	个人服务	100.0	水、电、燃料	107.1

4—3 商品零售价格指数

（2003年，以上年价格为100）

项　　　目	2003	项　　　目	2003
商品零售价格指数	**99.7**	化　纤　布	102.5
一、食　品　类	104.2	毛　织　品	99.8
粮　　食	101.3	丝　织　品	100.0
油　脂　类	116.5	其　　它	100.0
肉禽及制品	102.8	五、家用电器及音像器材类	91.6
水　产　品	95.7	六、文化办公用品类	94.9
鲜　　菜	119.7	七、日用品类	98.3
干菜及菜制品	100.8	日用百货	100.2
鲜　　果	96.9	洗涤用品	99.5
干果及瓜果制品	108.0	日用杂品	102.2
食　　糖	86.7	八、体育娱乐用品类	96.1
糕　　点	100.0	娱乐用品	93.3
奶及奶制品	100.4	体育用品	100.1
在外用膳食品	99.8	九、交通、通信用品类	93.9
二、饮料、烟酒类	99.5	十、家　具　类	100.0
饮　　料	97.8	十一、化妆品类	97.8
烟	100.8	十二、金银珠宝类	108.3
酒	98.8	十三、中西药品及医疗保健	98.9
三、服装、鞋帽类	93.5	中　　药	113.0
服　　装	91.2	西　　药	93.4
鞋	101.1	保健器具及用品	100.8
其　　他	93.6	十四、书报杂志及电子出版	100.9
四、纺织品类	100.4	十五、燃　料　类	110.1
棉　　布	99.0	十六、建筑材料及五金电料	98.8
棉花化纤混纺布	102.0		

4—4 价　格　指　数

（以主要年份为基期，2003年）

指　　标	居民消费价格指数	零售物价指数	服务项目价格指数
以1950年价格为100		503.5	
以1952年价格为100	577.5	447.3	1 460.8
以1957年价格为100	571.7	412.5	1 635.8
以1962年价格为100	466.8	350.0	1 209.1
以1965年价格为100	528.3	398.1	1 518.3
以1970年价格为100	560.6	418.1	1 657.0
以1975年价格为100	567.7	421.3	1 664.7
以1978年价格为100	568.5	431.9	1 664.3
以1980年价格为100	527.5	388.7	1 664.7
以1985年价格为100	441.7	326.4	1 329.4
以1989年价格为100	260.3	189.3	955.0
以1990年价格为100	252.3	185.9	818.0
以1992年价格为100	213.6	158.5	654.3
以1993年价格为100	174.0	136.2	390.3
以1994年价格为100	137.9	110.7	316.3
以1995年价格为100	118.8	96.9	254.4
以1996年价格为100	109.0	90.4	222.5
以1997年价格为100	105.0	90.9	173.8
以1998年价格为100	104.1	92.4	165.9
以1999年价格为100	104.3	95.4	145.7
以2000年价格为100	101.7	97.5	116.3
以2001年价格为100	101.1	99.9	105.0
以2002年价格为100	100.5	99.7	100.2

4—5 主要商品平均零售价格

品名	平均单价（元）		品名	平均单价（元）	
	2002	2003		2002	2003
大米（千克）	2.050	2.123	床单（全棉，条）	123.000	125.000
精炼菜籽油（千克）	5.399	6.949	运动衫裤（李宁牌，套）	298.000	298.000
统猪肉（千克）	9.888	10.808	内衣（三枪牌，套）	66.000	66.000
牛肉（千克）	15.642	16.521	洗发用品（海飞丝，瓶）	34.150	33.725
母鸡（千克）	17.032	15.840	香皂（块）	3.750	3.700
母鸭（千克）	11.189	10.398	洗浴用品（强生，瓶）	45.463	35.733
带鱼（千克）	8.988	8.174	牙膏（支）	3.500	3.500
草鱼（千克）	6.637	6.381	洗衣粉（500g，袋）	3.700	3.650
鲫鱼（千克）	8.227	8.498	表（飞亚达牌，只）	318.167	295.500
精盐（千克）	1.867	1.867	信纸（50页，本）	1.500	1.500
白砂糖（千克）	3.488	3.075	铱金笔（英雄牌，支）	15.400	15.400
南昌金圣（盒）	10.825	10.850	自行车（捷安特，辆）	548.000	548.000
四特窖酒（瓶）	33.221	32.758	手机（摩托罗拉，台）	1 503.333	961.500
花茶（千克）	30.600	30.433	彩色电视机（54cm 台）	1 689.167	1 623.875
棉布（米）	5.458	5.183	音响（台）	3 460.667	3 150.000
化纤布（米）	8.833	9.375	全自动洗衣机（台）	2 054.583	1 777.500
毛织品（米）	108.333	120.000	电风扇（台）	239.333	219.333
丝织品（米）	89.600	89.600	电冰箱（双门，台）	3 110.000	3 085.000
纯毛线（千克）	80.000	80.000	空调器（分体式，台）	3 045.833	2 583.330
童皮鞋（双）	59.000	59.000	水泥（袋）	13.083	14.292
男皮鞋（双）	119.000	124.917	木材（立方米）	550.000	563.333
女皮鞋（双）	216.000	216.000	地板砖（块）	1.360	1.360
棉线袜（双）	12.350	12.400			

4—6 居 民 消 费 价

(2003年，以上年

类　　别	1 月	2 月	3 月	一季度平均	4 月	5 月	6 月	二季度平均
居民消费价格总指数	**100.0**	**99.3**	**100.1**	**99.8**	**99.9**	**99.1**	**98.3**	**99.1**
一、食　品	101.9	101.0	102.8	101.9	102.6	101.5	98.6	100.9
粮　食	100.8	100.8	100.8	100.8	101.0	100.9	100.9	101.0
大　米	101.2	101.2	101.2	101.2	101.2	101.2	101.2	101.2
淀粉及薯类	97.1	100.3	100.7	99.4	102.8	98.6	98.6	100.0
干豆类及豆制品	98.5	98.8	98.5	98.6	98.8	99.0	99.2	99.0
油　脂	118.1	116.7	116.5	117.1	117.1	120.9	120.8	119.6
肉禽及其制品	98.6	95.1	94.6	96.1	94.8	96.8	97.8	96.5
蛋	98.9	95.0	89.3	94.4	95.0	91.8	90.1	92.3
水 产 品	94.1	85.9	83.9	88.0	86.9	89.1	93.9	90.0
菜	115.4	126.2	148.3	130.0	140.2	110.9	88.3	113.1
鲜　菜	117.6	129.5	155.5	134.2	145.8	112.2	86.7	114.9
干菜及菜制品	99.0	99.4	99.5	99.3	100.5	100.5	100.5	100.5
调 味 品	101.6	101.8	101.7	101.7	101.8	101.8	102.7	102.1
糖	100.4	100.8	100.0	100.4	101.9	100.5	100.9	101.1
菜及饮料	98.8	98.8	96.4	98.0	95.0	99.1	98.3	97.4
干鲜瓜果	99.2	89.7	90.9	93.3	87.6	105.4	98.3	97.1
鲜　果	98.0	85.4	87.2	90.2	83.0	104.0	95.8	94.3
干(坚)果及瓜果制品	103.7	107.1	105.6	105.5	107.1	109.8	108.1	108.3
糕点饼干面包	100.2	100.2	100.0	100.1	100.6	100.2	100.3	100.4
奶及奶制品	99.8	100.8	100.6	100.4	100.6	100.6	99.9	100.3
在外用膳食品	97.3	97.3	99.0	97.9	100.7	100.7	100.7	100.7
其它食品及食品加工服务	102.2	102.2	98.2	100.9	96.9	96.9	96.9	96.9
二、烟酒及用品	99.2	99.6	100.0	99.6	99.9	99.0	99.8	99.6
烟　草	98.2	98.9	99.5	98.9	100.7	99.3	100.7	100.3
酒	100.5	100.3	100.7	100.5	98.5	98.3	98.3	98.3
三、衣　着	95.9	95.9	94.4	95.4	94.4	91.5	91.5	92.5
服　装	94.1	94.1	92.1	93.5	92.1	88.3	88.3	89.6
衣着材料	99.2	99.2	99.5	99.3	99.5	99.5	99.5	99.5
四、家庭设备用品及维修服务	95.4	95.1	95.2	95.2	94.9	95.1	95.0	95.0
五、医疗保健和个人用品	97.1	97.8	97.2	97.4	98.5	97.3	97.9	97.9
医疗保健	98.3	98.2	97.5	98.0	100.1	98.9	99.2	99.4
中药材及中成药	104.2	104.2	99.4	102.6	107.3	103.8	104.8	105.3
西　药	93.6	93.6	95.5	94.3	95.3	95.3	95.3	95.3
医疗保健服务	100.0	100.0	100.0	100.0	100.0	100.0	100.0	100.0
个人用品服务	95.2	97.0	96.4	96.2	95.3	94.2	95.2	94.9
六、交通和通讯	99.5	98.3	98.6	98.8	98.3	98.2	98.0	98.2
交　通	103.6	100.4	101.3	101.7	101.0	100.7	99.9	100.5
通　信	97.9	97.1	97.6	97.5	97.3	97.2	97.3	97.3
七、娱乐教育文化用品及服务	98.4	97.3	97.8	97.9	96.2	97.1	97.4	96.9
文娱用耐用消费品及服务	88.4	88.4	87.9	88.2	88.0	86.6	84.5	86.4
教　育	100.1	100.2	100.2	100.2	100.2	100.2	100.2	100.2
八、居　住	102.6	102.1	103.4	102.7	103.7	103.2	104.1	103.7
租　房	100.0	100.0	100.0	100.0	100.0	100.0	100.0	100.0
水、电、燃料	107.5	106.5	107.8	107.3	108.7	107.3	109.2	108.4

格 分 月 指 数

同期价格为100)

上半年平均	7 月	8 月	9 月	三季度平均	1－9月平均	10 月	11 月	12 月	四季度平均	全 年
99.5	**100.4**	**100.0**	**99.5**	**100.0**	**99.6**	**101.9**	**103.4**	**103.5**	**102.9**	**100.5**
101.4	103.7	104.7	104.0	104.1	102.3	105.7	108.7	108.7	107.7	103.6
100.9	100.9	100.9	101.0	101.0	100.9	101.0	105.0	105.3	103.8	101.6
101.2	101.2	101.2	101.2	101.2	101.2	101.2	105.8	105.7	104.2	102.0
99.7	98.6	123.9	123.8	115.4	104.9	113.1	110.9	109.9	111.3	106.5
98.8	98.2	97.0	97.1	97.4	98.3	98.2	106.6	110.8	105.2	100.0
118.4	121.1	118.8	109.0	116.3	117.7	112.2	122.2	120.8	118.4	117.9
96.3	104.6	104.3	107.3	105.4	99.3	110.3	117.6	114.9	114.3	103.1
93.4	97.3	94.1	104.8	98.7	95.2	111.3	122.5	130.4	121.4	101.7
89.0	101.6	102.3	100.6	101.5	93.2	103.2	102.2	103.8	103.0	95.6
121.6	109.1	109.4	107.5	108.7	117.3	119.1	119.6	119.5	119.4	117.8
124.5	110.1	110.4	108.1	109.5	119.5	121.3	121.9	121.9	121.7	120.1
99.9	101.5	101.5	101.5	101.5	100.4	101.5	101.5	102.3	101.8	100.8
101.9	102.7	102.5	101.9	102.4	102.1	100.8	99.6	99.4	99.9	101.5
100.7	100.5	102.2	100.7	101.1	100.9	98.6	99.2	101.7	99.8	100.6
97.7	98.4	98.2	983.6	98.4	98.0	98.4	98.0	97.3	97.9	97.9
95.2	105.5	114.9	106.4	108.9	99.8	97.0	97.1	98.5	97.5	99.2
92.2	104.4	116.4	106.0	109.0	97.8	93.9	93.5	95.1	94.1	96.9
106.9	109.1	108.1	107.6	108.3	107.4	108.3	110.3	110.8	109.8	108.0
100.2	100.9	100.8	100.3	100.7	100.4	100.2	100.6	101.3	100.7	100.5
100.4	100.5	100.2	100.1	100.3	100.3	99.2	99.6	101.1	99.9	100.2
99.3	100.0	101.5	101.5	101.0	99.9	100.4	100.4	100.4	100.4	100.0
98.9	96.9	96.8	96.4	96.7	98.2	96.0	95.5	95.5	95.7	97.5
99.6	99.8	100.5	101.2	100.5	99.9	100.8	101.6	101.6	101.3	100.2
99.6	100.7	102.0	103.6	102.1	100.4	102.9	103.4	103.4	103.3	101.1
99.4	98.2	98.4	98.1	98.2	99.0	97.7	99.2	99.2	98.7	98.9
93.9	91.3	86.5	81.8	86.5	91.5	96.1	99.7	96.8	97.5	93.0
91.5	87.3	80.9	74.5	80.9	88.0	93.9	98.8	94.6	95.8	89.9
99.4	99.5	99.5	101.6	100.2	99.7	101.6	101.6	108.9	104.0	100.8
95.1	96.1	96.1	96.4	96.2	95.5	96.4	97.2	100.3	97.9	96.1
97.6	97.8	95.6	98.8	97.4	97.6	97.4	97.7	97.5	97.5	97.5
98.7	99.2	95.6	99.8	98.2	98.5	97.7	97.5	97.1	97.4	98.3
104.0	104.7	100.2	103.5	102.8	103.6	103.4	103.4	102.4	103.1	103.5
94.8	95.3	90.8	95.2	93.8	94.4	90.5	90.5	90.5	90.5	93.4
100.0	100.0	100.0	100.0	100.0	100.0	100.0	100.0	100.0	100.0	100.0
95.5	95.0	95.6	97.0	95.9	95.6	96.9	98.2	98.3	97.8	96.2
98.5	98.6	98.5	98.1	98.4	98.5	97.8	97.5	97.8	97.7	98.3
101.1	99.9	99.4	99.4	99.6	100.6	97.7	97.8	98.5	98.0	100.0
97.4	98.1	98.2	97.6	98.0	97.6	97.8	97.2	97.3	97.4	97.6
97.4	98.2	98.2	98.1	98.2	97.6	102.6	102.0	102.9	102.5	98.9
87.3	87.3	87.7	86.5	87.2	87.3	86.6	89.8	89.8	88.7	87.6
100.2	100.2	100.2	100.1	100.1	100.2	107.1	107.1	107.1	107.1	101.9
103.2	104.5	102.7	103.1	103.4	103.3	102.6	103.3	103.2	103.0	103.2
100.0	100.0	100.0	100.0	100.0	100.0	100.0	100.0	100.0	100.0	100.0
107.8	109.8	105.7	106.6	107.4	107.7	104.6	106.0	105.7	105.4	107.1

4—7 居 民 消 费 价

(2003年，以上

类　　别	1月	2月	3月	4月	5月
居民消费价格总指数	**101.4**	**100.9**	**99.2**	**99.9**	**99.4**
一、食　品	103.3	102.8	98.6	99.5	99.8
粮　食	101.0	100.0	100.0	100.0	100.0
大　米	101.2	100.0	100.0	100.0	100.0
淀粉及薯类	98.9	104.4	100.0	102.1	95.9
干豆类及豆制品	100.1	100.1	100.0	100.2	100.1
油　脂	102.8	99.9	99.8	100.5	102.7
肉禽及其制品	99.9	104.6	95.0	98.6	101.1
蛋	100.0	99.1	91.5	98.3	99.5
水 产 品	98.4	99.6	97.1	101.7	104.6
菜	127.9	111.6	102.8	97.8	86.3
鲜　菜	131.6	112.8	103.1	97.6	85.0
干菜及菜制品	101.5	100.4	100.0	100.0	100.0
调 味 品	100.0	100.0	99.9	100.1	100.0
糖	101.4	99.0	99.7	100.0	98.5
菜 及 饮 料	99.6	100.0	97.4	98.4	103.7
干 鲜 瓜 果	100.4	104.7	98.1	101.3	117.7
鲜　果	99.4	105.1	98.0	101.0	122.3
干(坚)果及瓜果制品	103.9	103.2	98.3	102.3	101.5
糕点饼干面包	100.0	100.0	100.0	100.1	99.7
奶及奶制品	100.0	100.1	100.0	99.9	100.0
在外用膳食品	100.0	100.0	100.0	100.0	100.0
其它食品及食品加工服务	100.0	100.0	96.9	100.0	100.0
二、烟酒及用品	99.9	100.4	100.0	100.1	99.5
烟　草	99.8	100.7	100.0	100.0	99.3
酒	100.0	100.0	100.0	100.2	99.7
三、衣　着	99.1	100.0	98.5	99.6	97.0
服　装	98.8	100.0	97.9	99.5	95.8
衣 着 材 料	100.0	100.0	100.0	100.0	100.0
四、家庭设备用品及维修服务	100.4	99.9	99.9	100.0	100.0
五、医疗保健和个人用品	100.5	100.1	100.0	102.1	98.9
医 疗 保 健	100.6	100.0	100.4	103.0	98.8
中药材及中成药	100.4	100.0	101.0	109.0	96.8
西　药	100.1	100.0	100.0	99.7	100.0
医疗保健服务	100.0	100.0	100.0	100.0	100.0
个人用品服务	100.2	100.2	99.3	100.2	99.1
六、交通和通讯	100.7	99.6	99.1	99.8	99.8
交　通	102.1	100.1	97.6	100.0	99.8
通　信	99.8	99.2	100.0	99.6	99.8
七、娱乐教育文化用品及服务	100.6	99.4	100.1	99.9	99.7
文娱用耐用消费品及服务	98.4	100.0	99.3	100.0	96.8
教　育	100.0	100.0	100.0	100.0	100.0
八、居　住	100.3	99.5	99.8	998	99.4
租　房	100.0	100.0	100.0	100.0	100.0
水、电、燃料	100.6	99.1	99.7	99.7	98.8

格　分　月　指　数

月价格为 100）

6月	7月	8月	9月	10月	11月	12月
98.6	**101.5**	**100.7**	**99.4**	**102.1**	**100.8**	**99.6**
96.4	103.8	103.2	99.5	100.4	102.1	99.1
100.0	100.0	100.0	100.0	100.0	103.9	100.3
100.0	100.0	100.0	100.0	100.0	104.5	99.9
100.0	100.0	138.3	98.5	92.7	89.4	96.2
100.0	99.0	98.6	100.0	100.6	107.9	103.9
99.5	100.2	98.3	100.4	104.1	110.8	100.4
101.0	105.7	100.5	101.8	102.0	105.8	98.4
99.8	102.8	102.2	114.2	105.3	109.7	106.2
106.0	106.6	97.4	97.8	98.6	98.0	98.7
75.2	121.3	115.4	98.1	104.9	96.0	92.9
72.4	124.6	117.3	97.9	105.4	95.6	92.1
100.0	100.0	100.0	100.0	100.0	100.0	100.4
100.9	100.0	100.0	100.0	99.2	99.5	99.8
99.0	99.6	101.6	99.9	99.8	102.0	101.2
100.0	99.8	99.9	100.0	99.8	99.6	99.2
90.5	97.9	113.1	88.8	89.3	100.0	100.8
88.7	97.3	116.6	86.3	86.4	99.3	100.8
98.2	100.2	100.3	99.1	100.2	102.5	100.6
100.0	100.5	100.0	99.9	99.9	100.4	100.8
99.7	100.6	100.0	99.9	99.0	100.4	101.4
100.0	100.0	101.5	100.0	98.9	100.0	100.0
100.0	100.0	100.0	99.5	99.5	99.5	100.0
100.4	100.0	100.7	100.3	100.1	100.3	100.0
100.7	100.0	101.2	100.8	100.4	100.5	100.0
100.0	100.0	100.2	99.7	99.6	100.0	100.0
100.0	99.7	95.2	94.6	117.4	100.3	97.1
100.0	98.8	93.2	92.1	126.1	100.2	95.8
100.0	100.0	100.0	102.0	100.0	100.0	106.7
98.4	100.6	99.9	99.2	100.0	100.5	101.4
100.1	100.1	97.6	99.6	98.5	99.9	100.1
100.0	100.0	96.5	100.3	97.9	99.8	100.0
100.0	100.1	95.8	100.0	99.9	100.0	100.0
100.0	100.0	95.3	100.0	95.1	100.0	100.0
100.0	100.0	100.0	100.0	100.0	100.0	100.0
100.3	100.3	100.3	98.2	99.9	100.2	100.2
99.7	100.0	99.8	99.6	99.9	99.6	100.1
99.2	100.0	99.6	100.0	99.8	100.0	100.4
100.0	100.0	100.0	99.4	100.0	99.4	100.0
99.7	100.3	99.8	100.1	104.7	98.6	100.2
97.5	99.0	100.0	99.0	99.8	99.4	100.0
100.0	100.0	100.0	100.1	107.1	100.0	100.0
100.6	100.5	100.5	1005	100.5	101.0	100.5
100.0	100.0	100.0	100.0	100.0	100.0	100.0
101.3	101.1	100.9	101.1	100.5	102.1	100.9

4—8 商 品 零 售 价

(2003年，以上年

类 别	1 月	2 月	3 月	一季度平均	4 月	5 月	6 月	二季度平均	上半年平均
商品零售价格指数	**100.2**	**99.5**	**100.2**	**100.0**	**99.7**	**98.5**	**97.4**	**98.6**	**99.3**
一、食 品 类	102.7	101.3	103.8	102.6	103.6	101.5	97.9	101.0	101.8
粮 食	100.6	100.4	100.5	100.5	100.7	100.6	100.6	100.6	100.6
油 脂 类	115.5	114.7	114.4	114.9	115.0	119.0	118.8	117.6	116.2
肉禽及制品	98.5	95.7	94.9	96.3	95.0	96.8	97.8	96.6	96.5
水 产 品	94.8	86.8	84.5	88.7	87.7	90.9	95.8	91.5	90.1
鲜 菜	118.7	129.5	155.5	134.6	145.8	112.2	86.7	114.9	124.7
干菜及菜制品	99.0	99.4	99.5	99.3	100.5	100.5	100.5	100.5	99.9
调 味 品	1031	103.5	103.4	103.3	103.5	103.5	104.4	103.8	103.6
食 糖	80.0	83.3	84.3	82.5	85.1	80.8	85.0	83.6	83.1
糖 果	117.3	113.7	113.7	114.9	117.6	117.6	113.7	116.3	115.6
鲜 果	102.9	85.4	87.2	91.8	83.0	104.0	95.8	94.3	93.0
干(坚)果及瓜果制品	103.7	1071	105.6	105.5	107.1	109.8	1081	108.3	106.9
糕点饼干面包	100.2	100.2	100.0	100.1	100.6	99.6	99.7	100.0	100.0
奶及奶制品	99.8	101.4	101.0	100.7	101.0	101.0	100.0	100.6	100.7
在外用膳食品	96.5	96.5	98.6	97.2	100.9	100.9	100.9	100.9	99.1
其 它 食 品	102.4	102.4	98.1	100.9	96.8	96.8	96.8	96.8	98.9
二、饮料、烟酒	99.2	99.4	99.3	99.3	98.8	98.8	99.3	99.0	99.1
茶 及 饮 料	99.1	99.1	96.8	98.4	95.4	98.8	98.5	977.6	98.0
烟 草	98.1	98.9	99.5	98.8	100.8	99.2	100.8	100.3	99.6
酒	100.2	100.0	100.4	100.2	98.5	98.2	98.2	98.3	99.2
三、服装、鞋帽类	96.8	96.8	94.2	95.9	94.0	91.6	92.2	92.6	94.3
四、纺 织 品 类	99.3	99.3	99.6	99.4	99.6	99.6	99.6	99.6	99.5
五、家用电器及音像器材类	91.2	91.3	91.4	91.3	91.3	91.0	90.4	90.9	91.1
六、文化办公用品类	98.0	97.1	97.0	97.4	96.6	96.2	94.7	95.8	96.6
七、日 用 品	97.7	97.9	97.4	97.7	97.4	97.4	97.6	97.5	97.6
八、体育娱乐用品	97.7	97.7	96.2	97.2	95.6	95.6	95.6	95.6	96.4
体 育 用 品	100.6	100.0	100.0	100.2	100.0	100.0	100.0	100.0	100.1
娱 乐 用 品	96.0	96.2	93.5	95.2	92.4	92.4	92.4	92.4	93.8
九、交通、通信用品	94.1	92.8	94.7	93.9	94.3	94.1	94.3	94.2	94.1
十、家 具	100.0	100.0	100.0	100.0	100.0	100.0	100.0	100.0	100.0
十一、化 妆 品 类	96.8	97.4	97.6	97.3	97.6	97.6	97.6	97.6	97.4
十二、金银珠宝类	103.9	110.4	111.7	108.7	106.1	104.9	106.1	105.7	107.2
十三、中西药品及医疗保健	99.5	99.5	98.6	99.2	100.0	99.1	99.8	99.6	99.4
十四、书报杂志及电子出版	100.7	101.2	101.2	101.0	101.2	101.2	101.2	101.2	101.1
十五、燃 料 类	126.9	125.7	124.0	125.5	115.4	110.8	111.0	112.4	119.0
十六、建筑材料及五金电料	98.2	98.2	97.5	98.0	97.5	98.5	98.2	98.1	98.0

格　分　月　指　数

同期价格为100)

7 月	8 月	9 月	三季度平均	1－9月平均	10 月	11 月	12 月	四季度平均	全年
99.5	**98.7**	**98.6**	**98.9**	**99.2**	**100.4**	**101.8**	**102.1**	**101.5**	**99.7**
104.1	105.0	104.5	104.5	102.7	106.7	110.0	110.0	108.9	104.3
100.6	100.6	100.7	100.7	100.6	100.7	104.5	105.1	103.4	101.3
119.1	117.3	108.3	114.9	115.8	112.0	122.4	121.0	118.5	116.5
104.4	104.2	106.7	105.1	99.3	109.6	116.9	114.5	113.7	102.9
102.9	101.2	99.5	101.2	93.8	101.7	101.6	103.2	102.2	95.9
110.1	110.4	108.1	109.5	119.7	121.3	121.9	121.9	121.7	120.2
101.5	101.5	101.5	101.5	100.4	101.5	101.5	102.3	101.8	100.8
104.4	104.1	103.0	103.8	103.7	101.4	99.5	99.2	100.0	102.8
82.1	85.0	87.3	84.8	83.6	89.6	98.5	103.1	97.1	87.0
114.7	114.7	114.5	114.6	115.3	107.7	97.8	100.3	101.9	111.9
104.4	116.4	106.0	109.0	98.3	93.9	93.5	95.1	94.1	97.3
109.1	108.1	107.6	108.3	107.4	108.3	110.3	110.8	109.8	108.0
100.2	100.1	99.5	100.0	100.0	99.5	99.8	100.5	99.9	100.0
100.6	100.1	100.0	100.3	100.5	99.0	99.5	101.1	99.9	100.4
100.0	101.4	101.4	100.9	99.7	100.3	100.3	100.3	100.3	99.8
96.8	96.8	96.3	96.6	98.1	95.8	95.4	95.4	95.5	97.5
99.3	99.6	100.1	99.7	99.3	99.6	100.4	100.2	100.1	99.5
98.6	98.5	98.7	98.6	98.2	98.6	98.2	97.5	98.1	98.1
100.8	101.4	102.9	101.7	100.3	102.1	102.6	102.6	102.4	100.8
98.2	98.4	98.1	98.2	98.9	97.6	99.2	99.1	98.7	98.8
92.1	87.3	82.9	87.4	92.0	97.8	99.9	97.0	98.3	93.6
99.6	99.7	100.7	100.0	99.7	100.7	101.6	104.9	102.4	100.4
92.1	92.0	91.1	91.7	91.3	91.1	92.3	94.0	92.5	91.6
93.3	91.6	93.2	92.7	95.3	93.2	93.9	93.9	93.7	94.9
98.2	98.3	99.3	98.6	97.9	99.2	99.4	100.0	99.5	98.3
95.6	95.6	96.0	95.7	96.1	96.0	96.0	95.9	96.0	96.1
100.0	100.0	100.0	100.0	100.1	100.0	100.0	100.0	100.0	100.1
92.4	92.4	93.0	92.6	93.4	93.0	93.0	92.8	92.9	93.3
95.6	94.4	93.1	94.4	94.2	93.4	92.5	93.2	93.0	93.9
100.0	100.0	100.0	100.0	100.0	100.0	100.0	100.0	100.0	100.0
97.1	97.1	98.6	97.6	97.5	98.2	99.1	99.1	98.8	97.8
106.1	107.3	109.1	107.5	107.3	110.1	110.9	113.0	111.4	108.3
99.6	95.5	100.8	98.7	99.2	98.7	97.7	97.5	98.0	98.9
101.2	101.2	100.4	100.9	101.0	100.4	100.4	100.4	100.4	100.9
107.7	103.6	103.6	105.0	114.3	98.6	99.5	102.9	100.3	110.8
98.5	98.7	98.7	98.6	98.2	100.9	100.5	100.6	100.7	98.8

主 要 统 计 指 标 解 释

居民消费价格指数 （Consumer Price Index，简称 CPI）是反映居民购买并用于消费的一组代表性商品和服务项目价格水平的变化趋势和变动幅度的统计指标。调查内容既有城乡居民日常生活需要的各类消费品，也包括多种与人民生活密切相关的服务项目，如水、电、交通、教育、医疗等费用。该价格指数为分析和制定货币政策、价格政策、居民消费政策、工资政策以及进行国民经济核算提供科学依据。国际上通常将居民消费价格指数作为反映通货膨胀（或通货紧缩）程度的重要指标。

按照国际标准，居民消费价格的调查内容分为食品、烟酒及用品、衣着、家庭设备用品及服务、医疗保健及个人用品、交通和通信、娱乐教育文化用品及服务、居住等八大类。根据我国城乡居民消费模式、消费习惯，参照抽样调查原理选中的城乡居民家庭的消费支出数据，并结合其它相关资料，选取了 251 个基本分类、约 700 种商品和服务项目，作为经常性调查项目。国家统计局直属的全国调查系统采取定人、定时、定点的直接调查方式，由专职调查员到不同类型、不同规模的农贸市场和商店现场采集价格资料。对于与居民生活密切相关、价格变动比较频繁的商品，至少每五天调查一次价格，从而保证了居民消费价格指数能够及时、准确地反映市场价格的变动情况。

由于价格指数是用一定数量的代表品种反映价格总水平的变化，必须确定每一种调查商品或服务项目价格对价格总水平影响的重要程度（称为权数），用以加权计算分类价格指数直至价格总指数。随着人民消费结构不断变化，还要根据城乡居民家庭消费支出结构变化，每年对权数进行调整，通常是以上年的权数来计算本年的价格指数的。如食品的权数由 1995 年的 44.0%下降到 2004 年的 33.6%，其中，粮食的权数由 1995 年的 6.4%下降到 2004 年的 3.1%。居住的权数由 1995 年的 7.8%上升到 2004 年的 13.6%，娱乐教育文化用品及服务的权数由 1995 年的 10.6%上升至 2004 年的 14.5%。从消费品和服务项目看，消费品类的权数由 1995 年的 91.0%下降到 2004 年的 76.6%，服务类的权数由 1995 年的 9.0%上升至 2004 年的 23.4%。

零售价格指数 是反映城乡商品零售价格变动趋势的一种经济指数。零售物价的调整变动直接影响到城乡居民的生活支出和国家的财政收入，影响居民购买力和市场供需平衡，影响消费与积累的比例。因此，计算零售价格指数，可以从一个侧面对上述经济活动进行观察和分析。

五、固定资产投资

INVESTMENT IN FIXED ASSETS

本篇内容包括：

1. 全社会固定资产投资完成情况
2. 分行业的基本建设投资和更新改造投资情况
3. 房地产开发投资情况

资料整理

刘　程
罗新瑜
吴婉芸
万明刚
王　娟

微机处理

万明刚

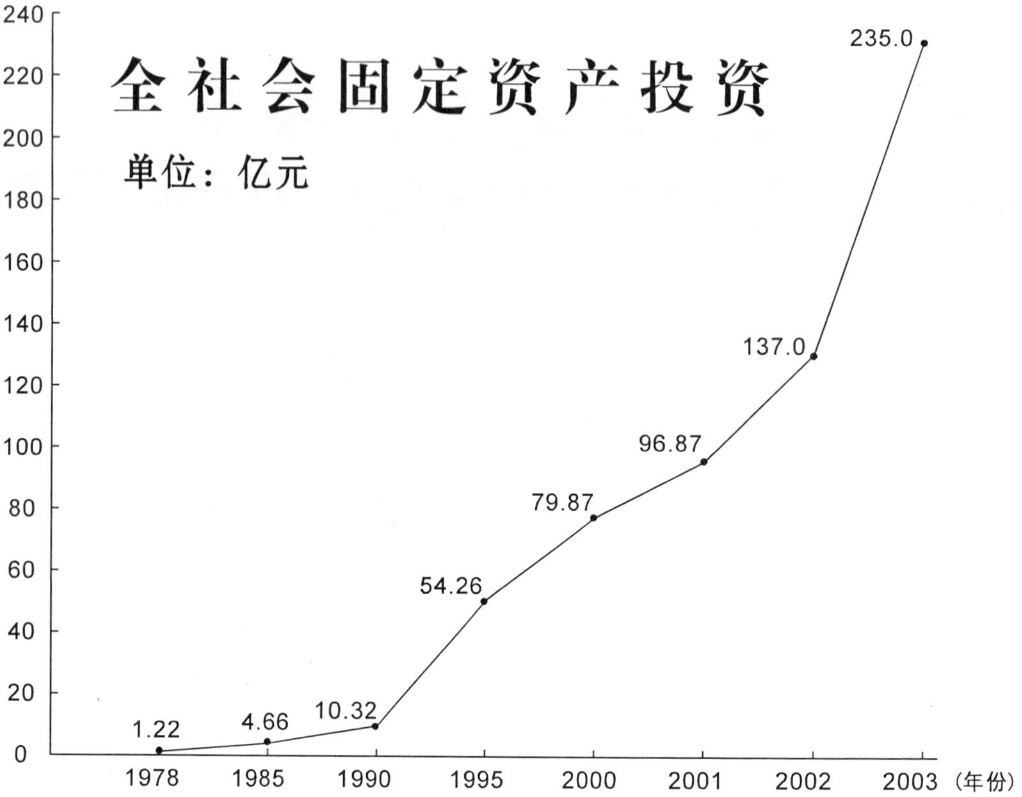

三次产业完成固定资产投资（%）

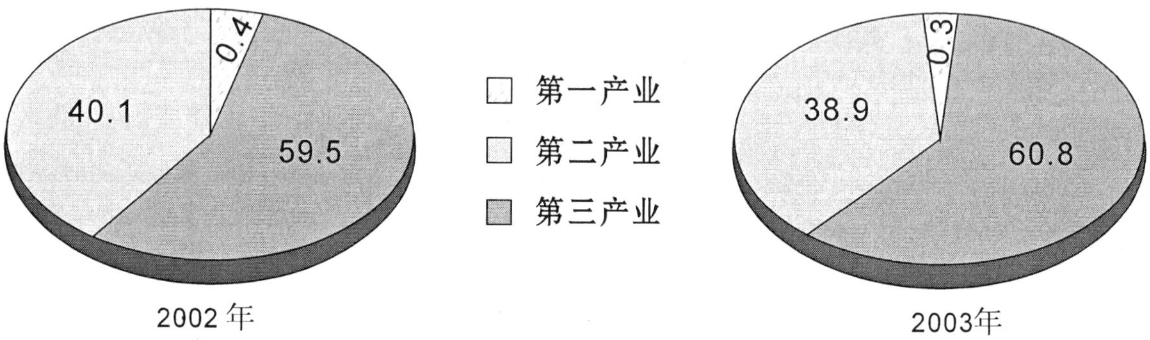

房地产开发投资

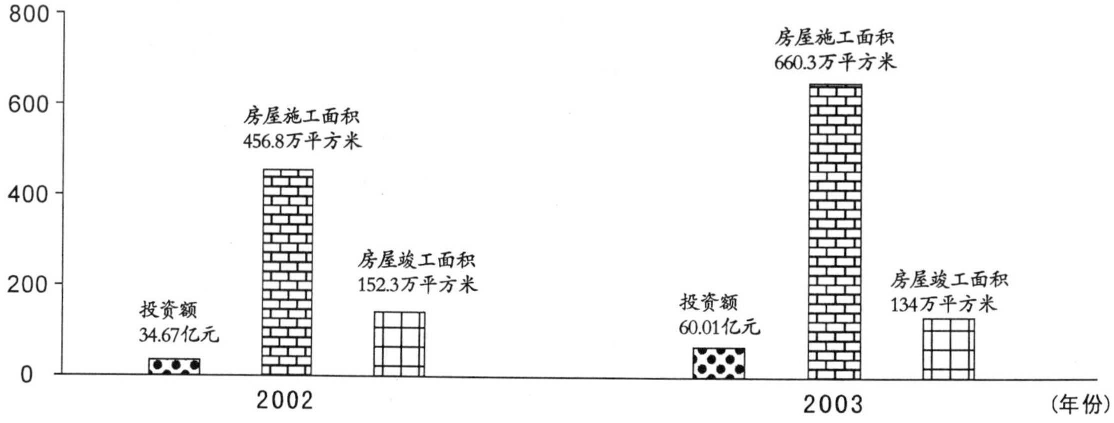

5—1 全社会固定资产投资

单位：万元

项　　　　目	2002	2003	2003年比上年增长 %
总　　计	**1 370 016**	**2 350 044**	**67.9**
中央、省属	376 701	651 083	72.8
市　　属	993 315	1 698 961	71.0
国有及其他经济类型	**1 091 625**	**2 083 760**	**90.9**
中央、省属	376 701	651 023	72.8
市　　属	714 924	1 314 339	83.8
1、基本建设	515 879	985 504	91.0
中央、省属	181 731	275 104	51.4
市　　属	334 148	710 400	112.6
2、更新改造	229 062	379 740	65.8
中央、省属	111 015	210 540	89.7
市　　属	118 047	169 200	43.3
3、房地产开发	346 684	600 118	73.1
中央、省属	83 955	165 379	97.0
市　　属	262 729	434 739	65.5
其他投资	**21 057**	**118 398**	**4.6倍**
#城镇集体	17 316	18 573	7.3
农村集体	**177 270**	**179 906**	**1.5**
城镇私人投资	**12 671**	**13 622**	**7.5**
农村私人投资	**67 393**	**72 757**	**8.0**

5—2 主要年份全社会固定资产投资

项目	1978	1980	1985	1990	1995	2000	2001	2002	2003
一、投资总额（万元）	**12 209**	**21 075**	**46 575**	**103 225**	**542 553**	**798 684**	**968 715**	**1 370 016**	**2 350 044**
按隶属关系分									
中央、省属	7 831	9 099	23 758	37 947	120 705	238 557	301 773	376 701	651 083
市　　属	4 378	11 976	22 817	65 278	421 848	560 127	666 942	993 315	1 698 961
按经济类型分									
国有单位	11 624	19 765	42 700	82 902	352 530	539 651	689 508	579 466	998 163
基本建设	11 624	14 310	27 391	38 302	131 108	287 138	327 633	409 051	753 149
更新改造		5 455	15 309	36 808	126 026	120 545	156 802	115 739	153 898
房地产开发				7 792	96 396	131 968	205 073	54 676	91 116
城乡集体	425	1 070	2 331	7 725	157 492	195 660	208 660	194 586	198 479
城　　镇	325	840	1 811	2 905	5 943	17 564	6 841	17 316	18 573
农　　村	100	230	520	4 320	151 549	178 096	201 819	177 270	179 906
其他经济类型								515 900	1 085 597
城乡个人	160	240	1 544	13 098	32 531	63 373	70 547	80 064	86 379
城　　镇	80	120	740	4 366	6 556	10 367	11 791	12 671	13 622
农　　村	80	120	840	8 732	25 975	53 006	58 756	67 393	72 757
二、新增固定资产（万元）	**7 775**	**18 092**	**25 501**	**86 174**	**425 293**	**367 220**	**393 144**	**461 056**	**843 959**
国有及其他经济类型	7 171	16 970	21 797	67 151	235 270	352 218	386 303	445 787	830 486
#房地产开发				8 147	24 396	73 626	77 361	145 547	289 242
三、竣工房屋面积（万平方米）	**39.57**	**101.24**	**106.05**	**190.19**	**233.97**	**355.48**	**266.27**	**368.99**	**427.83**
#国有及其他经济类型	35.83	95.46	83.3	108.21	160.05	238.74	182.31	262.8	335.81
#房地产开发				29.28	84.4	92.1	90.32	152.3	134.03
#住　　宅	22.71	57.69	61.51	131.72	160.44	265.75	238.08	257.51	232.58
国有及其他经济类型	20.18	53.29	42.1	53.76	100.44	157.97	154.12	167.74	138.65
#基本建设	20.18	49.17	34.81	25.75	33.67	73.89	69.01	45.58	33.72
更新改造		4.12	7.29	3.2	2.06		2.66		0.13
房地产开发				24.81	64.71	83.69	82.45	122.16	103.71
城乡集体	0.81	1	2.66		20.59	28.15		0.9	0.46
城乡个人	1.72	3.4	16.75	77.96	39.41	80.02	83.96	88.87	92.02

5—3 固定资产投资

单位：万元

指标名称	总计	#地方	基本建设	#地方	更新改造	#地方	其他投资	#地方
计划总投资	**5 146 138**	**4 773 631**	**3 389 761**	**3 103 329**	**1 363 063**	**1 276 988**	**393 314**	**393 314**
实际需要总投资	5 347 556	4 943 559	3 574 042	3 256 120	1 366 669	1 280 594	406 845	406 845
累计完成投资	2 292 203	1 974 214	1 631 764	1 331 514	385 549	367 810	274 890	274 890
累计新增固定资产	1 090 544	895 401	785 011	603 425	84 289	70 732	221 244	221 244
未完工程累计投资	821 861	723 038	773 150	674 327	13 378	13 378	35 333	35 333
本年计划投资	2 711 532	2 590 795	1 880 583	1 810 116	583 413	533 143	247 536	247 536
本年完成投资	**1 543 679**	**1 452 985**	**985 504**	**912 519**	**379 740**	**362 031**	**178 435**	**178 435**
#住宅投资	25 480	23 662	21 866	20 066	318	300	3 296	3 296
按构成分	**1 543 679**	**1 452 985**	**985 504**	**912 519**	**379 740**	**362 031**	**178 435**	**178 435**
建筑工程	1 011 984	957 935	795 682	743 197	105 443	103 879	110 859	110 859
安装工程	71 125	64 102	42 715	36 355	17 883	17 220	10 527	10 527
设备工器具购置	349 467	320 854	65 703	52 355	240 601	225 336	43 163	43 163
#用于更新的设备	44 042	44 042			44 042	44 042		
其他费用	111 103	110 094	81 404	80 612	15 813	15 596	13 886	13 886
按登记注册类型分	**1 543 679**	**1 452 985**	**985 504**	**912 519**	**379 740**	**362 031**	**178 435**	**178 435**
内资	1 364 746	1 292 052	852 795	797 810	348 631	330 922	163 320	163 320
国有单位投资	907 047	835 898	753 149	699 709	153 898	136 189		
集体单位投资	18 573	18 573					18 573	18 573
国有	894 839	823 690	746 882	693 442	147 957	130 248		
集体	5 746	5 746					5 746	5 746
股份合作	12 127	12 127					12 127	12 127
联营	810	810	110	110			700	700
集体联营	700	700					700	700
国有与集体联营	110	110	110	110				
有限责任公司	151 369	151 369	42 045	42 045	109 324	109 324		
国有独资公司	12 208	12 208	6 267	6 267	5 941	5 941		
其他有限责任公司	139 161	139 161	35 778	35 778	103 383	103 383		
股份有限公司	155 106	153 561	63 756	62 211	91 350	91 350		
私营	144 747	144 747					144 747	144 747
其他内资	2	2	2	2				
港澳台投资	117 078	117 078	100 880	100 880	16 198	16 198		
港澳台合资经营	54 203	54 203	45 710	45 710	8 493	8 493		
港澳台合作经营	175	175	175	175				
港澳台独资	60 700	60 700	53 995	53 995	6 705	6 705		
港澳台股份有限	2 000	2 000	1 000	1 000	1 000	1 000		
外商投资	46 740	28 740	31 829	13 829	14 911	14 911		
外商合资经营	38 678	20 678	25 323	7 323	13 355	13 355		
外商合作经营	534	534	534	534				
外商独资	7 528	7 528	5 972	5 972	1 556	1 556		
个体经营	15 115	15 115					15 115	15 115
个体户	11 290	11 290					11 290	11 290
个人合伙	3 825	3 825					3 825	3 825
按隶属关系分	**1 543 679**	**1 452 985**	**985 504**	**912 519**	**379 740**	**362 031**	**178 435**	**178 435**
中央	90 694		72 985		17 709			
地方	1 452 985	1 452 985	912 519	912 519	362 031	362 031	178 435	178 435
省	395 010	395 010	202 119	202 119	192 831	192 831	60	60
市	1 057 975	1 057 975	710 400	710 400	169 200	169 200	178 375	178 375
市属	418 881	418 881	341 384	341 384	76 296	76 296	1 201	1 201
县属	238 505	238 505	229 725	229 725	4 751	4 751	4 029	4 029

5—3 续表1 单位：万元

指标名称	总计	#地方	基本建设	#地方	更新改造	#地方	其他投资	#地方
其他	400 589	400 589	139 291	139 291	88 153	88 153	173 145	173 145
按建设性质分	**1 543 679**	**1 452 985**	**985 504**	**912 519**	**379 740**	**362 031**	**178 435**	**178 435**
新　建	922 693	890 618	659 125	629 686	145 331	142 695	118 237	118 237
扩　建	490 752	442 264	303 378	261 990	141 650	134 550	45 724	45 724
改　建	67 796	61 408	18 200	18 200	42 733	36 345	6 863	6 863
单纯建造生活设施	825	825	540	540	285	285		
迁　建	5 831	5 831	700	700	2 171	2 171	2 960	2 960
恢　复	2 158		2 158					
单纯购置	53 624	52 039	1 403	1 403	47 570	45 985	4 651	4 651
按项目规模分	**1 543 679**	**1 452 985**	**985 504**	**912 519**	**379 740**	**362 031**	**178 435**	**178 435**
基建大中型	71 924	50 516	71 924	50 516				
基建小型	912 177	860 600	912 177	860 600				
更改限上项目	86 818	79 718			86 818	79 718		
其　他	472 760	462 151	1 403	1 403	292 922	282 313	178 435	178 435
按国有经济控股分	**1 110 297**	**1 037 603**	**802 383**	**747 398**	**307 914**	**290 205**		
国有绝对控股	1 061 355	988 661	779 303	724 318	282 052	264 343		
国有相对控股	48 942	48 942	23 080	23 080	25 862	25 862		
按建设阶段分	**1 543 679**	**1 452 985**	**985 504**	**912 519**	**379 740**	**362 031**	**178 435**	**178 435**
#筹　建	23 366	23 366	23 366	23 366				
本年正式施工	1 035 640	955 555	955 129	882 144	80 511	73 411		
本年收尾	11 913	11 913	5 606	5 606	6 307	6 307		
单纯购置	1 403	1 403	1 403	1 403				
按园区项目分	**786 336**	**786 336**	**450 001**	**450 001**	**201 054**	**201 054**	**135 281**	**135 281**
工业园区	760 160	760 160	436 301	436 301	201 054	201 054	122 805	122 805
其他园区	26 176	26 176	13 700	13 700			12 476	12 476
招商引资项目	**214 390**	**214 390**	**110 176**	**110 176**	**40 162**	**40 162**	**64 052**	**64 052**
国债项目	**84 403**	**49 910**	**62 348**	**27 855**	**22 055**	**22 055**		
按国民经济行业分	**1 543 679**	**1 452 985**	**985 504**	**912 519**	**379 740**	**362 031**	**178 435**	**178 435**
农、林、牧、渔业	4 579	4 579	1 469	1 469			3 110	3 110
农　业	320	320					320	320
畜牧业	918	918	743	743			175	175
渔　业	2 226	2 226	426	426			1 800	1 800
农、林、牧、渔服务业	1 115	1 115	300	300			815	815
采矿业	447	447	201	201			246	246
制造业	538 682	505 740	146 215	126 415	301 158	288 016	91 309	91 309
农副食品加工业	16 545	16 545	5 857	5 857	600	600	10 088	10 088
食品制造业	25 999	7 999	20 675	2 675	3 338	3 338	1 986	1 986
饮料制造业	16 263	16 263	15	15	16 155	16 155	93	93
烟草制品业	38 525	38 525			38 525	38 525		
纺织业	13 143	13 143			7 952	7 952	5 191	5 191
纺织服装、鞋、帽制造业	5 103	5 103	1 393	1 393			3 710	3 710
皮革、毛皮、羽毛(绒)及其制品业	10 481	10 481	9 981	9 981			500	500
木材加工及木、竹、藤、棕、草制	435	435					435	435
家具制造业	1 800	1 800	100	100			1 700	1 700
造纸及纸制品业	24 200	24 200	1 500	1 500	22 055	22 055	645	645
印刷业和记录媒介的复制	18 405	10 405	4 037	4 037	11 547	3 547	2 821	2 821
文教体育用品制造业	8 959	8 959	600	600	7 413	7 413	946	946
化学原料及化学制品制造业	6 556	6 556	350	350	2 568	2 568	3 638	3 638
医药制造业	73 835	73 835	8 569	8 569	46 180	46 180	19 086	19 086

5—3 续表2 单位：万元

指标名称	总计	#地方	基本建设	#地方	更新改造	#地方	其他投资	#地方
化学纤维制造业	16 105	16 105			15 957	15 957	148	148
橡胶制品业	6 235	6 235			6 105	6 105	130	130
塑料制品业	5 025	5 025	1 215	1 215	1 620	1 620	2 190	2 190
非金属矿物制品业	45 108	45 108	10 638	10 638	22 256	22 256	12 214	12 214
黑色金属冶炼及压延加工业	57 004	57 004	673	673	56 331	56 331		
有色金属冶炼及压延加工业	2 055	2 055			1 255	1 255	800	800
金属制品业	17 602	17 602	7 826	7 826	5 012	5 012	4 764	4 764
通用设备制造业	13 913	13 913	13 913	13 913				
专用设备制造业	10 655	10 655	6 107	6 107	2 000	2 000	2 548	2 548
交通运输设备制造业	29 197	22 255	5 141	3 341	20 046	14 904	4 010	4 010
电气机械及器材制造业	41 676	41 676	27 652	27 652	3 764	3 764	10 260	10 260
通信设备、计算机及其他电子设备	25 082	25 082	19 973	19 973	4 699	4 699	410	410
仪器仪表及文化、办公用机械制造	5 800	5 800			5 780	5 780	20	20
工艺品及其他制造业	2 976	2 976					2 976	2 976
电力、燃气及水的生产和供应业	57 341	29 643	55 125	27 427	2 216	2 216		
电力、热力的生产和供应业	33 935	6 237	31 719	4 021	2 216	2 216		
燃气生产和供应业	3 625	3 625	3 625	3 625				
水的生产和供应业	19 781	19 781	19 781	19 781				
建筑业	3 959	3 959	1 242	1 242	2 207	2 207	510	510
房屋和土木工程建筑业	2 497	2 497	150	150	2 207	2 207	140	140
建筑装饰业	370	370					370	370
其他建筑业	1 092	1 092	1 092	1 092				
交通运输、仓储和邮政业	63 027	63 027	57 855	57 855	3 000	3 000	2 172	2 172
道路运输业	47 511	47 511	47 511	47 511				
城市公共交通业	6 472	6 472	1 300	1 300	3 000	3 000	2 172	2 172
水上运输业	5 007	5 007	5 007	5 007				
仓储业	1 010	1 010	1 010	1 010				
邮政业	3 027	3 027	3 027	3 027				
信息传输、计算机服务和软件业	66 237	49 421	37 178	20 600	27 711	27 473	1 348	1 348
电信和其他信息传输服务业	51 089	34 273	28 608	12 030	22 181	21 943	300	300
计算机服务业	8 910	8 910	8 460	8 460			450	450
软件业	6 238	6 238	110	110	5 530	5 530	598	598
批发和零售业	61 449	61 449	45 156	45 156	2 715	2 715	13 578	13 578
批发业	32 528	32 528	22 606	22 606	510	510	9 412	9 412
零售业	28 921	28 921	22 550	22 550	2 205	2 205	4 166	4 166
住宿和餐饮业	48 071	48 071	38 366	38 366	1 420	1 420	8 285	8 285
住宿业	37 090	37 090	35 891	35 891	420	420	779	779
餐饮业	10 981	10 981	2 475	2 475	1 000	1 000	7 506	7 506
金融业	11 481	5 166	5 578	3 592	5 903	1 574		
银行业	9 916	5 166	4 013	3 592	5 903	1 574		
保险业	1 565		1 565					
房地产业	2 336	2 336	480	480	1 856	1 856		
租赁和商务服务业	6 614	6 614	3 719	3 719			2 895	2 895
商务服务业	6 614	6 614	3 719	3 719			2 895	2 895
科学研究、技术服务和地质勘查业	9 541	9 541	9 418	9 418	123	123		
研究与试验发展	9 276	9 276	9 276	9 276				
专业技术服务业	123	123			123	123		
地质勘查业	142	142	142	142				
水利、环境和公共设施管理业	352 572	345 777	351 293	344 498	619	619	660	660

指 标 名 称	总 计	#地方	基本建设	#地方	更新改造	#地方	其他投资	#地方
水利管理业	12 586	5 791	12 586	5 791				
环境管理业	1 010	1 010	490	490			520	520
公共设施管理业	338 976	338 976	338 217	338 217	619	619	140	140
居民服务和其他服务业	450	450					450	450
居民服务业	450	450					450	450
教　育	189 689	189 689	147 391	147 391	2 123	2 123	40 175	40 175
卫生、社会保障和社会福利业	23 405	23 405	12 310	12 310	10 434	10 434	661	661
卫　生	23 315	23 315	12 220	12 220	10 434	10 434	661	661
社会保障业	40	40	40	40				
社会福利业	50	50	50	50				
文化、体育和娱乐业	37 034	37 034	17 687	17 687	6 311	6 311	13 036	13 036
新闻出版业	746	746	600	600	146	146		
广播、电视、电影和音像业	19 969	19 969	15 571	15 571	4 398	4 398		
文化艺术业	2 402	2 402	485	485	1 767	1 767	150	150
娱 乐 业	13 917	13 917	1 031	1 031			12 886	12 886
公共管理和社会组织	66 765	66 637	54 821	54 693	11 944	11 944		
中国共产党机关	536	536			536	536		
国 家 机 构	65 991	65 863	54 730	54 602	11 261	11 261		
群众团体、社会团体和宗教组织	238	238	91	91	147	147		
本年新增固定资产	684 398	610 897	461 453	401 509	79 971	66 414	142 974	142 974
本年施工房屋面积	4771 378	4546 551	3521 526	3297 296	272 643	272 046	977 209	977 209
#住　宅	498 001	396 523	473 285	371 897	5 290	5 200	19 426	19 426
本年竣工房屋面积	2017 803	1872 382	1323 261	1178 386	57 208	56 662	637 334	637 334
#住　宅	353 844	252 366	337 198	235 810	1 290	1 200	15 356	15 356
本年竣工房屋价值	169 973	156 100	117 554	103 730	4 411	4 362	48 008	48 008
#住　宅	22 237	17 160	21 280	16 211	80	72	877	877
施工项目个数	944	922	613	599	113	105	218	218
#本年新开工	536	529	395	391	38	35	103	103
本年投产项目个数	600	590	447	438	19	18	134	134
本年资金来源合计	1832 803	1721 503	1126 939	1053 610	478 539	440 568	227 325	227 325
上年末结余资金	109 255	80 172	25 075	17 232	45 622	24 382	38 558	38 558
本年资金来源小计	1723 548	1641 331	1101 864	1036 378	432 917	416 186	188 767	188 767
国家预算内资金	124 457	123 951	120 079	119 573	4 378	4 378		
国 内 贷 款	403 646	385 877	331 848	314 079	30 638	30 638	41 160	41 160
债　券	369	369	369	369				
利 用 外 资	69 416	59 288	67 326	57 198	2 090	2 090		
#外商直接投资	58 716	58 716	56 626	56 626	2 090	2 090		
自 筹 资 金	1043 602	990 498	522 133	485 760	377 408	360 677	144 061	144 061
省 自 筹	2 657	2 657	2 657	2 657				
市 自 筹	12 214	5 976	12 214	5 976				
县 自 筹	463	463	463	463				
企事业单位自有资金	1028 268	981 402	506 799	476 664	377 408	360 677	144 061	144 061
#发 行 股 票	7 280	7 280			7 280	7 280		
其他资金来源	82 058	81 348	60 109	59 399	18 403	18 403	3 546	3 546
本年各项应付款合计	205 690	193 891	142 483	130 684	42 974	42 974	20 233	20 233
#工　程　款	113 187	104 139	85 196	76 148	11 982	11 982	16 009	16 009
设备器材款	40 475	40 213	8 042	7 780	29 143	29 143	3 290	3 290
招商引资项目外省资金到位合计	246 399	231 246	82 955	67 802	89 901	89 901	73 543	73 543
#本年资金到位	180 741	165 588	80 593	65 440	72 058	72 058	28 090	28 090

5—4 国有固定资产投资完成情况

(分国民经济行业，2003 年)　　单位：万元

行　　业	总　　计	基本建设	更新改造
总　　计	**907 047**	**753 149**	**153 898**
农、林、牧、渔业	1 043	1 043	
畜　牧　业	743	743	
农、林、牧、渔服务业	300	300	
制　造　业	102 504	13 568	88 936
食品制造业	2 379	579	1 800
烟草制品业	38 525		38 525
纺　织　业	5 942		5 942
印刷业和记录媒介的复制	10 477	1 950	8 527
化学原料及化学制品制造业	60		60
医药制造业	7 392	451	6 941
化学纤维制造业	15 957		15 957
非金属矿物制品业	1 196		1 196
黑色金属冶炼及压延加工业	1 144	673	471
有色金属冶炼及压延加工业	1 255		1 255
通用设备制造业	50	50	
专用设备制造业	3 254	3 254	
交通运输设备制造业	9 775	1 811	7 964
通信设备、计算机及其他电子设备	5 098	4 800	298
电力、燃气及水的生产和供应业	54 211	54 211	
电力、热力的生产和供应业	31 719	31 719	
燃气生产和供应业	3 143	3 143	
水的生产和供应业	19 349	19 349	
建　筑　业	3 191	1 092	2 099
房屋和土木工程建筑业	2 099		2 099
其他建筑业	1 092	1 092	
交通运输、仓储和邮政业	58 755	55 755	3 000
道路运输业	45 411	45 411	
城市公共交通业	4 300	1 300	3 000
水上运输业	5 007	5 007	
仓　储　业	1 010	1 010	
邮　政　业	3 027	3 027	
信息传输、计算机服务和软件业	50 639	28 458	22 181
电信和其他信息传输服务业	50 639	28 458	22 181

行　　　业	总　计	基本建设	更新改造
批发和零售业	7 707	7 707	
批 发 业	2 657	2 657	
零 售 业	5 050	5 050	
住宿和餐饮业	1 280	1 280	
住 宿 业	1 280	1 280	
金 融 业	4 862	533	4 329
银行业	4 842	513	4 329
保 险 业	20	20	
房地产业	2 279	480	1 799
物业管理	2 279	480	1 799
租赁和商务服务业	3 719	3 719	
商务服务业	3 719	3 719	
科学研究、技术服务和地质勘查业	9 541	9 418	123
研究与试验发展	9 276	9 276	
专业技术服务业	123		123
地质勘查业	142	142	
水利、环境和公共设施管理业	351 292	350 673	619
水利管理业	12 586	12 586	
环境管理业	490	490	
公共设施管理业	338 216	337 597	619
# 市政公共设施管理	313 865	313 246	619
教　育	142 677	140 554	2 123
卫生、社会保障和社会福利业	22 584	12 150	10 434
# 卫　生	22 494	12 060	10 434
文化、体育和娱乐业	23 998	17 687	6 311
新闻出版业	746	600	146
广播、电视、电影和音像业	19 969	15 571	4 398
文化艺术业	2 252	485	1 767
娱 乐 业	1 031	1 031	
公共管理和社会组织	66 765	54 821	11 944
中国共产党机关	536		536
国家机构	65 991	54 730	11 261
群众团体、社会团体和宗教组织	238	91	147

5—5 市属固定资产投资完成情况

(2003年) 单位：万元

指标	总计	基本建设	更新改造	其他投资
计划总投资	**3 401 814**	**2 382 342**	**626 318**	**393 154**
实际需要总投资	3 545 230	2 510 727	627 818	406 685
累计完成投资	1 461 397	1 011 589	174 978	274 830
累计新增固定资产	746 584	481 695	43 645	221 244
未完工程累计投资	516 570	480 133	1 104	35 333
本年计划投资	1 851 838	1 346 786	257 676	247 376
本年完成投资	1 057 975	710 400	169 200	178 375
#住宅投资	17 961	14 365	300	3 296
按构成分	**1 057 975**	**710 400**	**169 200**	**178 375**
建筑工程	728 229	574 758	42 669	110 802
安装工程	49 067	32 374	6 166	10 527
设备工器具购置	199 533	45 815	110 555	43 163
#用于更新的设备	14 554		14 554	
其他费用	81 146	57 453	9 810	13 883
按登记注册类型分	**1 057 975**	**710 400**	**169 200**	**178 375**
内　　资	909 641	599 425	146 956	163 260
国有单位投资	578 140	506 006	72 134	
集体单位投资	18 513			18 513
国　　有	565 932	499 739	66 193	
集　　体	5 686			5 686
股份合作	12 127			12 127
联　　营	810	110		700
集体联营	700			700
国有与集体联营	110	110		
有限责任公司	103 549	39 063	64 486	
国有独资公司	12 208	6 267	5 941	
其他有限责任公司	91 341	32 796	58 545	
股份有限公司	76 788	60 511	16 277	
私　　营	144 747			144 747
其他内资	2	2		
港澳台投资	107 773	97 680	10 093	
港澳台合资经营	54 203	45 710	8 493	
港澳台合作经营	175	175		
港澳台独资	51 395	50 795	600	
港澳台股份有限	2 000	1 000	1 000	
外商投资	25 446	13 295	12 151	
外商合资经营	17 918	7 323	10 595	
外商独资	7 528	5 972	1 556	
个体经营	15 115			15 115
个 体 户	11 290			11 290
个人合伙	3 825			3 825
按建设性质分	**1 057 975**	**710 400**	**169 200**	**178 375**
新　　建	658 616	460 827	79 612	118 177
扩　　建	334 886	232 138	57 024	45 724
改　　建	32 689	14 912	10 914	6 863
单纯建造生活设施	705	420	285	
迁　　建	5 831	700	2 171	2 960
单纯购置	25 248	1 403	19 194	4 651

指　标	总　计	基本建设	更新改造	其他投资
按项目规模分	**1 057 975**	**710 400**	**169 200**	**178 375**
基建大中型	33 459	33 459		
基建小型	675 538	675 538		
更改限上项目	41 706		41 706	
其　他	307 272	1 403	127 494	178 375
按建设阶段分	**752 106**	**710 400**	**41 706**	
筹　建	300	300		
本年正式施工	744 797	703 091	41 706	
本年收尾	5 606	5 606		
单纯购置	1 403	1 403		
按国有经济控股分	**655 252**	**549 013**	**106 239**	
国有绝对控股	616 136	529 120	87 016	
国有相对控股	39 116	19 893	19 223	
按园区项目情况分	**648 275**	**380 937**	**132 057**	**135 281**
工业园区	622 099	367 237	132 057	122 805
其他园区	26 176	13 700		12 476
国债项目	**18 577**	**18 577**		
招商引资项目	**212 095**	**107 881**	**40 162**	**64 052**
按国民经济行业分	**1 057 975**	**710 400**	**169 200**	**178 375**
农、林、牧、渔业	4 436	1 326		3 110
农　业	320			320
畜牧业	775	600		175
渔　业	2 226	426		1 800
农、林、牧、渔服务业	1 115	300		815
采矿业	447	201		246
制造业	345 183	112 518	141 416	91 249
农副食品加工业	16 545	5 857	600	10 088
食品制造业	4 920	2 096	838	1 986
饮料制造业	16 263	15	16 155	93
烟草制品业	38 525		38 525	
纺织业	13 143		7 952	5 191
纺织服装、鞋、帽制造业	5 103	1 393		3 710
皮革、毛皮、羽毛(绒)及其制品业	10 481	9 981		500
木材加工及木、竹、藤、棕、草制	435			435
家具制造业	1 800	100		1 700
造纸及纸制品业	2 145	1 500		645
印刷业和记录媒介的复制	7 058	750	3 547	2 761
文教体育用品制造业	8 959	600	7 413	946
化学原料及化学制品制造业	4 757	350	769	3 638
医药制造业	35 585	6 335	10 164	19 086
化学纤维制造业	148			148
橡胶制品业	130			130
塑料制品业	5 025	1 215	1 620	2 190
非金属矿物制品业	45 108	10 638	22 256	12 214
黑色金属冶炼及压延加工业	490		490	
有色金属冶炼及压延加工业	800			800

5—5 续表2 （2003年） 单位：万元

指标	总计	基本建设	更新改造	其他投资
金属制品业	12 590	7 826		4 764
通用设备制造业	13 913	13 913		
专用设备制造业	7 381	2 833	2 000	2 548
交通运输设备制造业	22 255	3 341	14 904	4 010
电气机械及器材制造业	41 676	27 652	3 764	10 260
通信设备、计算机及其他电子设备	21 172	16 123	4 639	410
仪器仪表及文化、办公用机械制造	5 800		5 780	20
工艺品及其他制造业	2 976			2 976
电力、燃气及水的生产和供应业	27 427	27 427		
电力、热力的生产和供应业	4 021	4 021		
燃气生产和供应业	3 625	3 625		
水的生产和供应业	19 781	19 781		
建筑业	2 461	150	1 801	510
房屋和土木工程建筑业	2 091	150	1 801	140
建筑装饰业	370			370
交通运输、仓储和邮政业	48 607	43 435	3 000	2 172
道路运输业	41 125	41 125		
城市公共交通业	6 472	1 300	3 000	2 172
仓储业	1 010	1 010		
信息传输、计算机服务和软件业	23 313	11 450	10 515	1 348
电信和其他信息传输服务业	8 165	2 880	4 985	300
计算机服务业	8 910	8 460		450
软件业	6 238	110	5 530	598
批发和零售业	59 237	42 944	2 715	13 578
批发业	30 316	20 394	510	9 412
零售业	28 921	22 550	2 205	4 166
住宿和餐饮业	45 133	35 691	1 157	8 285
住宿业	35 627	34 691	157	779
餐饮业	9 506	1 000	1 000	7 506
金融业	5 166	3 592	1 574	
银行业	5 166	3 592	1 574	
房地产业	537	480	57	
租赁和商务服务业	3 055	160		2 895
商务服务业	3 055	160		2 895
科学研究、技术服务和地质勘查业	8 567	8 567		
研究与试验发展	8 567	8 567		
农业科学研究与试验发展	5 567	5 567		
社会人文科学研究与试验发展	3 000	3 000		
水利、环境和公共设施管理业	344 758	343 479	619	660
水利管理业	5 791	5 791		
环境管理业	1 010	490		520
公共设施管理业	337 957	337 198	619	140
市政公共设施管理	312 848	312 229	619	
城市绿化管理	4 245	4 105		140
游览景区管理	20 864	20 864		

5—5 续表3 (2003年) 单位：万元

指标	总计	基本建设	更新改造	其他投资
居民服务和其他服务业	450			450
居民服务业	450			450
教育	62 481	20 540	1 766	40 175
卫生、社会保障和社会福利业	4 254	1 138	2 455	661
卫生	4 204	1 088	2 455	661
社会福利业	50	50		
文化、体育和娱乐业	25 613	11 916	661	13 036
新闻出版业	361	300	61	
广播、电视、电影和音像业	10 990	10 390	600	
文化艺术业	635	485		150
娱乐业	13 627	741		12 886
公共管理和社会组织	46 850	45 386	1 464	
国家机构	46 703	45 386	1 317	
群众团体、社会团体和宗教组织	147		147	
本年新增固定资产	525 035	342 734	39 327	142 974
本年施工房屋面积（平方米）	2613 946	1532 929	106 162	974 855
#住宅	209 243	184 617	5 200	19 426
本年竣工房屋面积（平方米）	1400 688	726 052	37 302	637 334
#住宅	169 373	152 817	1 200	15 356
本年竣工房屋价值	120 748	69 808	2 932	48 008
#住宅	10 930	9 981	72	877
施工项目（个）	789	505	67	217
#本年新开工	465	348	15	102
本年投产项目（个）	538	389	15	134
本年资金来源合计	1222 359	813 804	181 290	227 265
上年末结余资金	50 302	8 295	3 449	38 558
本年资金来源小计	1172 057	805 509	177 841	188 707
国家预算内资金	86 244	83 661	2 583	
国内贷款	254 333	205 966	7 207	41 160
债券	369	369		
利用外资	59 288	57 198	2 090	
#外商直接投资	58 716	56 626	2 090	
自筹资金	715 122	412 199	158 862	144 061
省自筹	2 657	2 657		
市自筹	5 976	5 976		
县自筹	463	463		
企事业单位自有资金	706 026	403 103	158 862	144 061
#发行股票	7 280		7 280	
其他资金来源	56 701	46 116	7 099	3 486
本年各项应付款合计	116 894	86 292	10 369	20 233
#工程款	62 576	39 930	6 637	16 009
设备器材款	12 517	6 200	3 027	3 290
招商引资项目外省资金到位合计	178 909	64 161	41 205	73 543

5—6 基本建设投资完成情况

（分国民经济行业，2003 年） 单位：万元

	实际需要的总投资	本年完成投资	#住宅	#按建设性质分：新建	扩建	改建	本年新增固定资产
总计	**3 574 042**	**985 504**	**21 866**	**659 125**	**303 378**	**18 200**	**461 453**
农、林、牧、渔业	1 623	1 469		443	1 026		1 469
畜牧业	743	743		143	600		743
渔业	430	426			426		426
农、林、牧、渔服务业	450	300		300			300
采矿业	800	201		201			169
非金属矿采选业	800	201		201			169
制造业	935 544	146 215	7 272	138 074	7 441		88 986
农副食品加工业	9 440	5 857		5 157			5 057
食品制造业	37 156	20 675		20 675			711
饮料制造业	2 000	15		15			15
纺织服装、鞋、帽制造业	2 523	1 393		1 393			923
皮革、毛皮、羽毛（绒）及其制品业	64 800	9 981	100	9 981			3 600
家具制造业	3 000	100		100			
造纸及纸制品业	3 200	1 500		1 500			
印刷业和记录媒介的复制	34 600	4 037		172	3 865		4 037
文教体育用品制造业	800	600		600			600
化学原料及化学制品制造业	1 200	350		350			
医药制造业	27 450	8 569		8 035	534		2 609
塑料制品业	3 359	1 215		1 200	15		1 215
非金属矿物制品业	43 800	10 638	649	10 638			7 990
黑色金属冶炼及压延加工业	731	673	673		673		731
金属制品业	41 080	7 826		7 826			6 075
通用设备制造业	162 480	13 913	50	13 863	50		5 240
专用设备制造业	94 995	6 107		6 037	70		5 496
交通运输设备制造业	43 770	5 141	1 800	3 330	1 811		7 831
电气机械及器材制造业	308 050	27 652	4 000	27 652			27 457
通信设备、计算机及其他电子设备	51 110	19 973		19 550	423		9 399
电力、燃气及水的生产和供应业	286 936	55 125		28 132	26 572	421	28 909
电力、热力的生产和供应业	155 261	31 719		10 224	21 074	421	28 119
燃气生产和供应业	35 955	3 625		3 625			190
水的生产和供应业	95 720	19 781		14 283	5 498		600
建筑业	5 562	1 242	486		1 092	150	1 092
房屋和土木工程建筑业	3 000	150				150	
其他建筑业	2 562	1 092	486		1 092		1 092
交通运输、仓储和邮政业	142 642	57 855	300	40 096	17 759		46 689
道路运输业	120 078	47 511		29 752	17 759		44 449
城市公共交通业	1 300	1 300	300	1 300			1 300
水上运输业	14 924	5 007		5 007			
仓储业	1 360	1 010		1 010			940
邮政业	4 980	3 027		3 027			
信息传输、计算机服务和软件业	100 186	37 178		20 563	16 615		27 310
电信和其他信息传输服务业	55 986	28 608		11 993	16 615		17 240

	实际需要的总投资	本年完成投资	#住宅	#按建设性质分 新建	扩建	改建	本年新增固定资产
计算机服务业	34 200	8 460		8 460			9 960
软件业	10 000	110		110			110
批发和零售业	200 010	45 156	275	39 814	2 738	2 604	45 239
批发业	87 672	22 606	275	20 394	2 212		22 493
零售业	112 338	22 550		19 420	526	2 604	22 746
住宿和餐饮业	102 580	38 366		35 691	1 200	1 475	32 066
住宿业	91 580	35 891		34 691	1 200		29 591
餐饮业	11 000	2 475		1 000		1 475	2 475
金融业	19 662	5 578	92	5 466	112		12 398
银行业	13 862	4 013	92	3 921	92		9 658
保险业	5 800	1 565		1 545	20		2 740
房地产业	480	480	480	480			480
物业管理	480	480	480	480			480
租赁和商务服务业	9 000	3 719		3 719			160
商务服务业	9 000	3 719		3 719			160
科学研究、技术服务和地质勘查业	14 478	9 418	142	3 124	6 294		3 685
研究与试验发展	14 278	9 276		2 982	6 294		3 685
农业科学研究与试验发展	11 278	6 276		2 982	3 294		1 685
社会人文科学研究与试验发展	3 000	3 000			3 000		2 000
地质勘查业	200	142	142	142			
水利、环境和公共设施管理业	947 323	351 293		148 291	194 778	4 836	97 507
水利管理业	93 480	12 586		7 599	2 829		1 140
环境管理业	490	490		490			490
公共设施管理业	853 353	338 217		140 202	191 949	4 836	95 877
市政公共设施管理	776 540	313 248		122 277	186 059	3 682	85 360
城市绿化管理	9 866	4 105		3 216	889		3 487
游览景区管理	66 947	20 864		14 709	5 001	1 154	7 030
教育	549 363	147 391	10303	128 086	12 619	6 650	46 556
卫生、社会保障和社会福利业	41 380	12 310	40	3 066	8 587	100	7 680
卫生	36 619	12 220		2 976	8 587	100	6 747
社会保障业	4 706	40	40	40			883
社会福利业	55	50		50			50
文化、体育和娱乐业	91 735	17 687	616	17 063	324	300	2 057
新闻出版业	10 300	600		300		300	300
广播、电视、电影和音像业	58 720	15 571	616	15 571			1 423
文化艺术业	20 502	485		451	34		176
娱乐业	2 213	1 031		741	290		158
公共管理和社会组织	124 738	54 821	1860	46 816	6 221	1 664	19 001
国家机构	123 351	54 730	1860	46 816	6 130	1 664	18 910
人民法院和人民检察院	11 888	3 431			3 431		2 832
其他国家机构	2 059	560		560			
群众团体、社会团体和宗教组织	1 387	91			91		91

5—6 续表2　　　　　　　　（分国民经济行业，2003年）　　　　　　　　单位：平方米、万元、个

	本年施工房屋面积	#住宅	本年竣工房屋面积	#住宅	本年竣工房屋价值	#住宅	施工项目个数	#本年新开工	本年建成投产项目个数
总　　计	**3 521 526**	**473 285**	**1 323 261**	**337 198**	**117 554**	**21 280**	**613**	**395**	**447**
农、林、牧、渔业	8 752		1 182		58		4	3	4
畜　牧　业	7 570						2	2	2
渔　　业	1 182		1 182		58		1	1	1
农、林、牧、渔服务业							1		1
采　矿　业	2 800						1		
制　造　业	849 405	184 123	475 527	176 823	49 033	10 418	83	39	46
农副食品加工业	17 000		3 500		232		3	1	2
食品制造业	60 582		2 400		181		5	2	2
饮料制造业							1		1
纺织服装、鞋、帽制造业	22 300		2 500		500		3	3	2
皮革、毛皮、羽毛（绒）及其制品业	16 700	5 700					2	2	
家具制造业	16 000								
造纸及纸制品业	18 000						1	1	
印刷业和记录媒介的复制	8 000		8 000		600		5		4
文教体育用品制造业	8 600		8 600		600		1	1	1
化学原料及化学制品制造业							1	1	
医药制造业	43 358		5 693		414		11	8	4
塑料制品业							2	1	1
非金属矿物制品业	25 600	1 600	25 200		5 402		7	3	4
黑色金属冶炼及压延加工业	10 435	10 435	10 435	10 435	731	731	1		1
金属制品业	47 800		19 000		1 425		6	3	3
通用设备制造业	55 331	47 000	47 000	47 000	2 110	2 110	5	3	3
专用设备制造业	18 091		18 091		3 380		6	3	4
交通运输设备制造业	190 088	101 388	125 088	101 388	5 831	5 069	4	1	3
电气机械及器材制造业	270 920	18 000	190 820	18 000	27 007	2 508	6	2	3
通信设备、计算机及其他电子设备	20 600		9 200		620		13	4	8
电力、燃气及水的生产和供应业							16	6	7
电力、热力的生产和供应业							4	2	3
燃气生产和供应业							3	2	1
水的生产和供应业							9	2	3
建　筑　业	42 654	30 654	30 654	18 654	1 092	850	1		1
交通运输、仓储和邮政业	24 716	4 950	16 312	4 950	1 300	300	230	208	223
道路运输业							225	204	220
城市公共交通业	16 312	4 950	16 312	4 950	1 300	300	2	2	2
水上运输业							1	1	
仓　储　业	8 404						1		1
邮　政　业							1	1	
信息传输、计算机服务和软件业	131 886		82 350		9 960		13	4	9
电信和其他信息传输服务业	47 586		550		150		7	4	4
计算机服务业	84 300		81 800		9 810		5		4
软　件　业							1		1

5—6 续表3 （分国民经济行业，2003年） 单位：平方米、万元、个

	本年施工房屋面积	#住宅	本年竣工房屋面积	#住宅	本年竣工房屋价值	#住宅	施工项目个数	#本年新开工	本年建成投产项目个数
批发和零售业	196 429	30 000	61 929	7 500	3 890	351	16	4	13
批　发　业	57 099	30 000	14 599	7 500	845	351	9	2	6
零　售　业	139 330		47 330		3 045		7	2	7
住宿和餐饮业	46 322		3 200		133		7	6	6
住　宿　业	46 322		3 200		133		5	4	4
餐　饮　业							2	2	2
金　融　业	73 486	4 526	39 313	4 526	8 682	158	6	3	5
银　行　业	42 726	4 526	29 726	4 526	7 658	158	4	2	3
保　险　业	30 760		9 587		1 024		2	1	2
房 地 产 业	4 592	4 592	4 592	4 592	480	480	1	1	1
物业管理	4 592	4 592	4 592	4 592	480	480	1	1	1
租赁和商务服务业	17 666						2	1	1
商务服务业	17 666						2	1	1
旅　行　社							1		1
科学研究、技术服务和地质勘查业	11 442	4 228	4 100		150		6	4	2
研究与试验发展	7 214		4 100		150		5	3	2
农业科学研究与试验发展	7 214		4 100		150		4	2	1
地质勘查业	4 228	4 228					1	1	
水利、环境和公共设施管理业	44 200						107	60	60
水利管理业							7	2	1
环境管理业							1	1	1
公共设施管理业	44 200						99	57	58
市政公共设施管理	11 200						80	43	47
城市绿化管理							8	7	7
游览景区管理	33 000						11	7	4
教　　育	1 505 935	144 557	411 270	69 498	26 287	4 820	60	30	34
卫生、社会保障和社会福利业	127 183	4 706	44 497	4 706	5 703	883	15	6	9
卫　　生	121 509		38 823		4 770		13	5	7
社会保障业	4 706	4 706	4 706	4 706	883	883	1		1
社会福利业	968		968		50		1	1	1
文化、体育和娱乐业	118 821	15 000	21 400		1 696		14	6	6
新闻出版业	58 600		2 600		300		2	1	1
广播、电视、电影和音像业	54 521	15 000	13 100		1 220		6	3	3
文化艺术业	5 700		5 700		176		3	1	1
娱 乐 业							3	1	1
公共管理和社会组织	315 237	45 949	126 935	45 949	9 090	3 020	31	14	20
国家机构	304 857	45 949	126 935	45 949	9 090	3 020	30	14	20
人民法院和人民检察院	41 001		41 001		2 832		3		2
其他国家机构	9 900						1	1	
群众团体、社会团体和宗教组织	10 380						1		

5—7 更新改造投资完成情况

（分国民经济行业，2003 年）　　单位：万元

	实际需要的总投资	本年完成投资	#住宅	#按建设性质分 新建	扩建	改建	本年新增固定资产
合　　计	**1 366 669**	**379 740**	**318**	**145 331**	**141 650**	**42 733**	**79 971**
制　造　业	1 079 922	301 158	300	134 514	124 263	37 714	53 729
农副食品加工业	24 800	600		600			
食品制造业	4 920	3 338		1 000	2 338		538
饮料制造业	60 155	16 155		9 500	6 350	305	10 155
烟草制品业	104 325	38 525			38 525		
纺　织　业	46 989	7 952		1 510	6 353		89
造纸及纸制品业	288 428	22 055		22 055			197
印刷业和记录媒介的复制	30 755	11 547	100	1 220	8 900	900	9 937
文教体育用品制造业	10 000	7 413	200	7 413			
化学原料及化学制品制造业	14 727	2 568			435	1 849	920
医药制造业	89 151	46 180		43 780		2 400	5 468
化学纤维制造业	41 220	15 957			3 000	12 957	4 450
橡胶制品业	70 546	6 105				6 105	4 865
塑料制品业	3 000	1 620		1 620			
非金属矿物制品业	55 474	22 256		22 206		50	1 246
黑色金属冶炼及压延加工业	102 043	56 331			55 860	471	811
有色金属冶炼及压延加工业	1 920	1 255				1 255	974
金属制品业	7 500	5 012		5 012			
专用设备制造业	5 000	2 000		2 000			
交通运输设备制造业	73 949	20 046		3 847	1 902	11 206	9 007
电气机械及器材制造业	15 160	3 764		3 500			3 833
通信设备、计算机及其他电子设备	14 860	4 699		3 471	600	216	1 239
仪器仪表及文化、办公用机械制造	15 000	5 780		5 780			
电力、燃气及水的生产和供应业	5 977	2 216					2 216
电力、热力的生产和供应业	5 977	2 216					2 216
建　筑　业	3 611	2 207				108	406
交通运输、仓储和邮政业	7 000	3 000					3 000
城市公共交通业	7 000	3 000					3 000
信息传输、计算机服务和软件业	96 990	27 711		5 530	16 958	238	238
电信和其他信息传输服务业	51 990	22 181			16 958	238	238
互联网信息服务	27 230	16 958			16 958		
软　件　业	45 000	5 530		5 530			
批发和零售业	123 014	2 715		1 524			2 205
批　发　业	120 000	510		510			
零　售　业	3 014	2 205		1 014			2 205
住宿和餐饮业	1 450	1 420			263	1 067	367
住　宿　业	450	420			263	67	67
餐　饮　业	1 000	1 000				1 000	300
金　融　业	11 061	5 903	18	2 636		108	4 329
银　行　业	11 061	5 903	18	2 636		108	4 329
房 地 产 业	1 857	1 856				1 799	628
科学研究、技术服务和地质勘查业	123	123					123
水利、环境和公共设施管理业	700	619				619	
公共设施管理业	700	619				619	
市政公共设施管理	700	619				619	
教　　育	2 886	2 123		980			1 337
卫生、社会保障和社会福利业	12 607	10 434					2 823
卫　　生	12 607	10 434					2 823
文化、体育和娱乐业	6 543	6 311			61	600	6 311
新闻出版业	146	146			61		146
广播、电视、电影和音像业	4 600	4 398				600	4 398
文化艺术业	1 797	1 767					1 767
公共管理和社会组织	12 928	11 944		147	105	480	2 259
中国共产党机关	536	536					536
国 家 机 构	12 245	11 261			105	480	1 576
群众团体、社会团体和宗教组织	147	147		147			147

5—7 续表　　（分国民经济行业，2003 年）　　单位：万元

	本年施工房屋面积（平方米）	#住宅	本年竣工房屋面积（平方米）	#住宅	本年竣工房屋价值（万元）	#住宅	施工项目（个）	#本年新开工	本年建成投产项目个数（个）
合　　计	**272 643**	**5 290**	**57 208**	**1 290**	**4 411**	**80**	**113**	**38**	**19**
制　造　业	256 050	5 200	45 702	1 200	3 735	72	90	27	7
农副食品加工业							1		
食品制造业							4	2	
饮料制造业	17 822						10	1	1
烟草制品业							3		
纺　织　业	3 038						5	1	1
造纸及纸制品业	85 271						1	1	
印刷业和记录媒介的复制	7 600	1 200	5 400	1 200	324	72	5	2	1
文教体育用品制造业	12 000	4 000					1		
化学原料及化学制品制造业							4	2	
医药制造业	82 879		23 662		1 991		10	3	1
化学纤维制造业							4	3	
橡胶制品业							1	1	
塑料制品业							1		
非金属矿物制品业							4	1	
黑色金属冶炼及压延加工业	160		160		10		12	3	1
有色金属冶炼及压延加工业							6	5	
金属制品业							1		
专用设备制造业							1		
交通运输设备制造业	30 800						10	1	
电气机械及器材制造业	12 000		12000		1100		1		1
通信设备、计算机及其他电子设备	4 480		4480		310		4	1	1
仪器仪表及文化、办公用机械制造							1		
建　筑　业							1		
信息传输、计算机服务和软件业	3 051						4		
电信和其他信息传输服务业	51						2		
软　件　业	3 000						2		
批发和零售业							2	1	1
批　发　业							1		
零　售　业							1	1	1
住宿和餐饮业	2 036						3	3	2
住　宿　业	2 036						2	2	1
餐　饮　业							1	1	1
金　融　业	546	90	546	90	49	8	2	2	1
银　行　业	546	90	546	90	49	8	2	2	1
房 地 产 业							1		
水利、环境和公共设施管理业							1		
公共设施管理业							1		
市政公共设施管理							1		
教　　育							2	1	2
卫生、社会保障和社会福利业							1		
卫　生							1		
文化、体育和娱乐业							2	1	2
新闻出版业							1	1	1
广播、电视、电影和音像业							1		1
公共管理和社会组织	10 960		10 960		627		4	3	4
国家机构	8 800		8 800		480		3	3	3
群众团体、社会团体和宗教组织	2 160		2 160		147		1		1

5—8 各种口径分组的施工项目

单位：个

分组指标	总计	#地方	基本建设	#地方	更新改造	#地方	其他投资	#地方
按登记注册类型分	**944**	**922**	**613**	**599**	**113**	**105**	**218**	**218**
内资	855	834	587	574	93	85	175	175
国有单位投资	559	539	509	497	50	42		
集体单位投资	31	31					31	31
国有	549	529	500	488	49	41		
集体	13	13					13	13
股份合作	17	17					17	17
联营	2	2	1	1			1	1
集体联营	1	1					1	1
国有与集体联营	1	1	1	1				
有限责任公司	78	78	50	50	28	28		
国有独资公司	10	10	9	9	1	1		
其他有限责任公司	68	68	41	41	27	27		
股份有限公司	51	50	35	34	16	16		
私营	144	144					144	144
其他内资	1	1	1	1				
港澳台投资	26	26	18	18	8	8		
港澳台合资经营	12	12	7	7	5	5		
港澳台合作经营	2	2	2	2				
港澳台独资	10	10	8	8	2	2		
港澳台股份有限	2	2	1	1	1	1		
外商投资	20	19	8	7	12	12		
外商合资经营	15	14	4	3	11	11		
外商合作经营	1	1	1	1				
外商独资	4	4	3	3	1	1		
个体经营	43	43					43	43
个体户	31	31					31	31
个人合伙	12	12					12	12
按隶属关系分	**944**	**922**	**613**	**599**	**113**	**105**	**218**	**218**
中央	22		14		8			
地方	922	922	599	599	105	105	218	218
省	133	133	94	94	38	38	1	1
市属	789	789	505	505	67	67	217	217
市	388	388	364	364	20	20	4	4
县	98	98	81	81	7	7	10	10
其他	303	303	60	60	40	40	203	203
按建设性质分	**944**	**922**	**613**	**599**	**113**	**105**	**218**	**218**
新建	549	542	344	338	41	40	164	164
扩建	293	285	241	234	29	28	23	23
改建	89	83	22	22	39	33	28	28
单纯建造生活设施	6	6	4	4	2	2		
迁建	6	6	1	1	2	2	3	3
恢复	1		1					
按项目规模分	**944**	**922**	**613**	**599**	**113**	**105**	**218**	**218**
基建大中型	14	11	14	11				
基建小型	599	588	599	588				
更改限上项目	8	7			8	7		
其他	323	316			105	98	218	218
按国有经济控股分	**644**	**623**	**561**	**548**	**83**	**75**		
国有绝对控股	609	588	540	527	69	61		
国有相对控股	35	35	21	21	14	14		

5—9 城 镇 集 体 投

(200

指 标	本年完成投资	#住 宅	本年新增固定资产	本年施工房屋面积（平方米）	#住 宅
总 计	**18 573**	**224**	**13 473**	**98 754**	**4 600**
农、林、牧、渔业	520		200	16 300	
制 造 业	9 185	224	5 435	44 854	4 600
纺 织 业	314	224	310	4 600	4 600
纺织服装、鞋、帽制造业	180		180		
家具制造业	56		56		
造纸及纸制品业	500		500	11 900	
印刷业和记录媒介的复制	1 203		1 113	3 054	
文教体育用品制造业	586				
化学原料及化学制品制造业	730		730	2 000	
医药制造业	3 700		900	2 300	
塑料制品业	500		500	15 500	
专用设备制造业	951		951	4 300	
交通运输设备制造业	155		155	1 200	
电气机械及器材制造业	310		40		
建 筑 业	460		460		
交通运输、仓储和邮政业	2 172		2 172		
城市公共交通业	2 172		2 172		
信息传输、计算机服务和软件业	300		300	1 000	
电信和其他信息传输服务业	300		300	1 000	
批发和零售业	1 160		1 150	5 000	
零 售 业	1 160		1 150	5 000	
住宿和餐饮业	1 650		730		
餐 饮 业	1 650		730		
租赁和商务服务业	2 595		2 495	31 600	
商务服务业	2 595		2 495	31 600	
卫生、社会保障和社会福利业	531		531		
卫 生	531		531		

资　完　成　情　况

3年)　　　　　　　　　　　　　　　　　　　　单位：万元

本年竣工房屋面积（平方米）	#住　宅	本年竣工房屋价值	#住　宅	施工项目（个）	#本年新开工	本年投产项目（个）
57 600	**4 600**	**3 619**	**220**	**31**	**15**	**21**
				1		1
28 300	4 600	1 449	220	16	7	11
4 600	4 600	220	220	2	1	2
				1	1	1
				1		1
700		50		4	3	2
2 000		230		1	1	1
				2		
15 500		500		1		1
4 300		344		1	1	
1 200		105		2		2
				1		1
				2	2	2
800		80		1		
800		80		1		
3 500		290		2	2	1
3 500		290		2	2	1
				5	3	3
				5	3	3
25 000		1 800		4	1	3
25 000		1 800		4	1	3

5—10 城镇和工矿区私人建房情况

（2003年）

	城镇、工矿区（个）	竣工房屋建筑面积（万平方米）	#住宅	竣工房屋价值（万元）	#住宅	建房户（户）
总　　计	**48**	**438 711**	**351 006**	**13 622**	**11 538**	**5 014**
#农业户		316 405	274 102	9 794	8 531	3 305
1、市	1	116 406	58 902	3 672	2 461	1 347
#农　业　户		71 601	50 201	2 235	1 585	810
2、县　　城	4	121 304	101 803	3 752	3 162	1 512
#农　业　户		71 603	61 201	2 208	1 901	752
3、镇	43	201 001	190 301	6 198	5 915	2 155
#农　业　户		173 201	162 700	5 351	5 045	1 743

5—11 利　用　外　资　情　况

单位：万元

国别名称	总　计	#直接投资	基本建设	#直接投资	更新改造	#直接投资
合　　计	**69 416**	**52 393**	**67 326**	**50 303**	**2 090**	**2 090**
亚　　洲	61 613	51 413	59 523	49 323	2 090	2 090
香　　港	46 648	36 448	45 708	35 508	940	940
台　　湾	10 965	10 965	10 015	10 015	950	950
其他亚洲国家	4 000	4 000	3 800	3 800	200	200
欧　　洲	980	980	980	980		
法　　国	980	980	980	980		
北　美　洲	500		500			
加　拿　大	500		500			
大　洋　洲	6 300	6 300	6 300	6 300		
新　西　兰	6 300	6 300	6 300	6 300		
其　　他	23	23	23	23		

5—12 新 增 生 产 能 力

(2003年)

能力名称	单位	2003
输电线路长度（11万伏及以上）	公里	49.32
变电设备能力（11万伏及以上）	万千伏安	38
改建公路	公里	1 035
高等院校：学生席位	个	34 200
建筑面积	平方米	396 288
小学校：学生席位	个	200
建筑面积	平方米	2 583
医院病床	张	200
城市道路扩建长度	公里	112.17
城市道路扩建面积	万平方米	199.34
二级公路	公里	30
城市公共交通车辆购置	辆	150

5—13 房地产开发情况

（分经济类型，2003年）

单位：万元

指标	总计	国有单位	集体单位	私营及个体	联营	股份有限公司	外商投资	港澳台投资	其他内资
计划总投资	2 262 608	244 220	59 380	241 132	27 000	1 107 979	91 075	484 822	7 000
实际需要总投资	2 591 197	260 220	59 780	350 947	31 000	1 227 481	91 075	563 694	7 000
累计完成投资	1 271 157	128 787	32 888	257 618	16 497	508 751	59 256	267 349	11
累计新增固定资产	574 516	61 907	4 200	128 284		236 401	17 660	126 064	
未完工程累计投资	473 253	49 627	11 856	91 790	16 487	184 555	15 043	103 895	
本年计划投资	828 262	114 260	22 936	131 886	18 623	374 106	26 204	139 247	1 000
本年完成投资	600 118	91 116	20 688	113 112	9 022	265 646	19 712	80 811	11
#商品房建设投资额	425 367	69 690	18 347	84 915		180 740	12 627	59 048	
土地开发投资额	31 548	8 575	501	12 728		6 815	284	2 634	11
按构成分									
建筑工程	417 710	74 076	8 672	85 215	5 800	175 527	8 974	59 446	
安装工程	27 014	2 400	7 765	4 840	1 000	8 237	451	2 321	
设备工器具购置	9 650	522	80	772	1 672	5 254	270	1 080	
#购置旧设备	15					15			
其他费用	145 744	14 118	4 171	22 285	550	76 628	10 017	17 964	11
#旧建筑物购置费	1 862	1 657		60		145			
土地购置费	110 319	8 902	1 761	12 819	360	66 699	6 714	13 064	
按工程用途分									
住宅	445 574	79 832	11 243	56 193		222 171	13 750	62 385	
#别墅、高档公寓	20 501			1 552		18 299		650	
经济适用房	28 112	23 713		899		3 500			
办公楼	13 555	859		529	4 900	4 441	1 730	1 096	
商业营业用房	72 110	2 259	7 779	37 238	3 622	19 126	426	1 660	
其他	68 879	8 166	1 666	19 152	500	19 908	3 806	15 670	11
本年新增固定资产	289 242	42 601	4 200	80 268		127 595	1 660	32 918	
本年完成开发土地面积	2 088 030	242 894	28 000	229 198		1 381 554	41 454	164 930	
待开发土地面积	1 208 290	89 235	13 500	30 552		1 012 519	62 484		
本年购置土地面积	2 352 249	157 297	316 000	630 865		1 096 078	85 378	66 631	
本年土地成交价款	104 244	11 808	510	13 311		64 161	5 600	8 854	
本年资金来源合计	758 088	113 687	34 845	144 664	19 618	297 734	32 315	114 394	831
上年末结余资金	106 348	16 196	9 354	16 313	4 618	37 081	1 715	21 057	14
本年资金来源小计	651 740	97 491	25 491	128 351	15 000	260 653	30 600	93 337	817
国家预算内资金									
国内贷款	168 840	18 868	4 777	26 003		80 372	16 020	22 800	
债券									
利用外资	2 029						821	1 208	
#外商直接投资	1 208							1 208	
对外借款	821						821		
#统借统还	821						821		
自筹资金	195 297	41 170	7 093	25 482		101 186	9 919	9 630	817
#企事业单位自有资金	72 594	8 633	6 050	20 391		28 924	2 374	6 222	

5—13 续表 1　　（分经济类型，2003 年）　　单位：万元

指　　标	总 计	国有单位	集体单位	私营及个体	联 营	股份有限公司	外商投资	港澳台投资	其他内资
其他资金来源	285 574	37 453	13 621	76 866	15 000	79 095	3 840	59 699	
#集资	200	200							
定金及预付款	245 668	29 710	12 700	70 208		71 655	3 840	57 555	
本年各项应付款合计	142 102	9 635	6 848	18 555	732	72 966	3 284	30 082	
#工程款	69 533	2 780	2 138	7 882		49 377	300	7 056	
设备器材款	3 633	71	207	969		789	190	1 407	
竣工房屋住宅套数合计	9 174	2 633	200	1 887		3 510	40	904	
#别墅、高档公寓套数	583					583			
经济适用房套数	1 168	1 143		25					
拆迁还建竣工房屋面积	18 064			1 387		16 677			
统建代建竣工房屋面积	33 113	5 000						28 113	
公益性建筑竣工面积	23 500			23 500					
年末从业人员数	4 600	903	220	1 696	61	1 043	189	480	8
全年从业人员劳动报酬	6 307	1 278	234	1 574	80	1 568	255	1 306	12
招商引资项目外省资金到位合计	11 247	395	2 450	9	2 100	1 000	5 200	93	
#本年资金到位	7 149		900			1 000	5 200	49	
一、实收资本合计	179 411	27 043	12 050	33 844	3 000	56 741	11 313	35 020	400
#国家资本	3 900					3 900			
二、年末资产负债情况									
资产总计	841 712	113 561	36 581	178 629	35 725	236 254	46 640	193 522	800
固定资产累计折旧	5 620	756	112	1 085	28	2 368	384	887	
#本年折旧	2 842	165	48	415	20	1 774	209	211	
负债总计	675 778	96 591	30 046	152 291	33 276	170 905	41 040	150 829	800
所有者权益合计	165 934	16 970	6 535	26 338	2 449	65 349	5 600	42 693	
三、损益情况									
1. 经营收入总计	182 396	26 905	2 099	37 588		75 369	1 500	38 935	
商品房屋销售收入	180 864	26 774	2 099	36 544		75 352	1 500	38 595	
#销售给个人	172 509	20 824	2 099	35 412		75 352	1 500	37 322	
#商品住宅销售收入	168 666	20 054	2 099	34 853		73 422	1 500	36 738	
#销售给个人	168 041	20 054	2 099	34 228		73 422	1 500	36 738	
房屋出租收入	248							248	
其他收入	1 284	131		1 044		17		92	
2. 经营成本	134 109	18 014	2 481	30 487		50 394	749	31 984	
3. 销售费用	10 049	975	941	1 725	423	4 493	59	1 433	
4. 经营税金及附加	9 820	1 682	148	2 051		4 113	108	1 718	
5. 其他业务利润	88	19		4		-58		123	
6. 管理费用及财务费用	15 391	3 504	280	2 740	106	4 761	642	3 358	
7. 投资收益及营业外收入	1 459	224	595	14		650	1	-25	
8. 营业外支出	1 111	801	39	152		15	19	85	
9. 利润总额	13 463	2 172	-1 195	451	-529	12 185	-76	455	

指标	总计	国有单位	集体单位	私营及个体	联营	股份有限公司	外商投资	港澳台投资	其他内资
房屋施工面积	6 602 968	1092 051	302 032	1140 029	95 404	2671 691	222 265	1079 496	
住　　宅	5 504 370	975 117	238 587	745 838		2 461 371	169 086	914 371	
#别墅、高档公寓	122 028			53 628		68 400			
经济适用房	519 590	313 893		11 300		194 397			
办公楼	205 135	17 938		9 760	47 000	64 684	46 213	19 540	
商业营业用房	714 749	97 685	52 445	338 685	31 572	130 797	4 366	59 199	
其他房屋	178 714	1 311	11 000	45 746	16 832	14 839	2 600	86 386	
房屋新开工	2 917 529	521 813	120 610	490 898		1 334 213	103 000	346 995	
住　　宅	2 427 129	499 773	101 707	175 437		1 272 089	103 000	275 123	
#别墅、高档公寓	43 400					43 400			
经济适用房	220 457	201 760		11 300		7 397			
办公楼	13 712	1 100		2 600		10 012			
商业营业用房	377 487	20 940	7 903	297 876		45 984		4 784	
其他房屋	99 201		11 000	14 985		6 128		67 088	
房屋竣工面积	1 340 284	266 213	20 000	444 503		425 139	16 052	168 377	
住　　宅	1 037 212	255 371	20 000	241 489		408 968	6 052	105 332	
#别墅、高档公寓	23 400					23 400			
经济适用房	122 873	115 773		7 100					
办公楼	18 163	6 658				720	10 000	785	
商业营业用房	252 866	3 724		199 544		15 451		34 147	
其他房屋	32 043	460		3 470				28 113	
竣工房屋价值（万元）	168 474	27 606	2 000	69 332		49 267	1 484	18 785	
住　　宅	117 149	25 956	2 000	29 111		47 429	484	12 169	
#别墅、高档公寓	6 000					6 000			
经济适用房	9 304	8 404		900					
办公楼	2 417	1 211				127	1 000	79	
商业营业用房	46 758	409		40 010		1 711		4 628	
其他房屋	2 150	30		211				1 909	
房屋实际销售面积	1 351 008	217 734	99 741	406 796		475 491	16 052	135 194	
住　　宅	1 094 031	206 525	99 691	203 351		446 506	6 052	131 906	
#别墅、高档公寓	20 517					20 517			
经济适用房	83 343	69 258		13 640		445			
办公楼	18 864	7 077				720	10 000	1 067	
商业营业用房	235 050	3 409	50	201 105		28 265		2 221	
其他房屋	3 063	723		2 340					
#销售给个人	1 093 625	214 098	35 188	227 834		475 259	6 052	135 194	
住　　宅	1 029 478	206 525	35 138	203 351		446 506	6 052	131 906	
#别墅、高档公寓	20 517					20 517			
经济适用房	83 343	69 258		13 640		445			
办公楼	5 228	3 441				720		1 067	
商业营业用房	55 856	3 409	50	22 143		28 033		2 221	
其他房屋	3 063	723		2 340					

5—13 续表 3　　　　（分经济类型，2003 年）　　　　单位：平方米

指　　　标	总 计	国有单位	集体单位	私营及个体	联 营	股份有限公司	外商投资	港澳台投资	其他内资
房屋预售面积	**785 903**	**69 751**	**64 553**	**284 204**	**49 000**	**161 311**	**57 335**	**99 749**	
住宅	514 633	69 751	64 553	103 422		132 524	57 335	87 048	
# 别墅、高档公寓	55 632			40 688		4 944	10 000		
经济适用房	64 553		64 553						
办公楼	50 292				43 000	7 292			
商业营业用房	219 008			178 962	6 000	21 495		12 551	
其他房屋	1 970			1 820				150	
房屋出租面积	**17 966**							**17 966**	
商业营业用房	13 966							13 966	
其他房屋	4 000							4 000	
# 出租给个人	2 506							2 506	
商业营业用房	2 506							2 506	
房屋空置面积	**240 454**	**34 165**	**930**	**16 885**		**87 086**	**6 609**	**94 779**	
住　　宅	186 517	22 431	180	9 460		83 368	6 609	64 469	
# 别墅、高档公寓	11 000							11 000	
经济适用房	28 296	20 674		3 749		3 873			
办公楼	1 236	1 236							
商业营业用房	48 559	10 220	750	3 878		3 718		29 993	
其他房屋	4 142	278		3 547				317	
# 房屋空置一年至三年面积	17 692	11 549		744		2 158		3 241	
住　　宅	5 383	1 757		744				2 882	
商业营业用房	11 714	9 514				2 158		42	
其他房屋	595	278						317	
# 房屋空置三年以上面积	11 405	304						11 101	
住　　宅	11 101							11 101	
# 别墅、高档公寓	11 000							11 000	
商业营业用房	304	304							
房屋实际销售额（万元）	**319 727**	**36 892**	**22 232**	**121 104**		**86 474**	**2 698**	**50 327**	
住　　宅	227 465	34 294	22 219	40 423		80 074	1 150	49 305	
# 别墅、高档公寓	6 080					6 080			
经济适用房	10 101	8 326		1 725		50			
办公楼	3 284	1 169				180	1 548	387	
商业营业用房	88 529	1 401	13	80 260		6 220		635	
其他房屋	449	28		421					
# 销售给个人	229 789	36 301	6 094	49 520		86 397	1 150	50 327	
住　　宅	211 327	34 294	6 081	40 423		80 074	1 150	49 305	
# 别墅、高档公寓	6 080					6 080			
经济适用房	10 101	8 326		1 725		50			
办公楼	1 204	637				180		387	
商业营业用房	16 809	1 342	13	8 676		6 143		635	
其他房屋	449	28		421					

5—14 房地产开发情况

（按隶属关系分，2003年）　　单位：万元

指标	总计	中央	地方	省	市	市属	县	乡镇	其他
计划总投资	**2 262 608**	**105 080**	**2 157 528**	**326 718**	**1 830 810**	**545 674**	**87 387**	**14 900**	**1 182 849**
实际需要总投资	2 591 197	109 100	2 482 097	376 272	2 105 825	559 394	104 376	15 300	1 426 755
自开始累计完成投资	1 271 157	38 666	1 232 491	227 496	1 004 995	168 563	75 316	9 752	751 364
自开始累计新增固定资产	574 516	5 480	569 036	94 112	474 924	74 431	41 665	1 484	357 344
未完工程累计投资	473 253	3 820	469 433	83 309	386 124	62 149	23 529		300 446
本年计划投资	828 262	73 720	754 542	147 660	606 882	160 005	49 433	4 900	392 544
本年完成投资	**600 118**	**30 787**	**569 331**	**134 592**	**434 739**	**112 594**	**33 141**	**4 552**	**284 452**
#商品房建设投资额	425 367	3 399	421 968	96 165	325 803	78 899	22 682	2 966	221 256
#土地开发投资额	31 548	102	31 446	13 532	17 914	4 386	3 107	520	9 901
按构成分									
建筑工程	417 710	3 360	414 350	102 920	311 430	73 469	24 392	3 086	210 483
安装工程	27 014	40	26 974	10 145	16 829	9 514	404		6 911
设备工器具购置	9 650	1	9 649	3 766	5 883	2 344	521		3 018
#购置旧设备	15		15	15					
其他费用	145 744	27 386	118 358	17 761	100 597	27 267	7 824	1 466	64 040
#旧建筑物购置费	1 862		1 862	145	1 717		1 717		
#土地购置费	110 319	26 076	84 243	11 886	72 357	19 202	3 274	1 050	48 831
按工程用途分									
住宅	445 574	30 683	414 891	104 261	310 630	80 920	27 548	3 050	199 112
#别墅、高档公寓	20 501		20 501	1 552	18 949	4 140			14 809
经济适用房	28 112		28 112	1 200	26 912	21 282	5 630		
办公楼	13 555	100	13 455	4 790	8 665	5 121	586		2 958
商业营业用房	72 110	1	72 109	11 899	60 210	11 213	2 456	579	45 962
其他	68 879	3	68 876	13 642	55 234	15 340	2 551	923	36 420
本年新增固定资产	289 242	1 660	287 582	54 892	232 600	38 956	25 118	1 484	167 042
本年完成开发土地面积	2 088 030	144 458	1 943 572	703 731	1 239 841	217 330	95 025	25 567	901 919
待开发土地面积	1 208 290	3 840	1 204 450	90 006	1 114 444	103 426	1 500	13 500	996 018
本年购置土地面积	2 352 249	137 258	2 214 991	298 443	1 916 548	316 922	134 862	296 103	1 168 661
本年土地成交价款	104 244	25 876	78 368	13 223	65 145	18 751	2 867	900	42 627
本年资金来源合计	758 088	35 198	722 890	170 753	552 137	155 258	50 001	5 411	341 467
上年末结余资金	106 348	1 565	104 783	8 058	96 725	44 236	13 382	1 669	37 438
本年资金来源小计	651 740	33 633	618 107	162 695	455 412	111 022	36 619	3 742	304 029
国内贷款	168 840	25 000	143 840	38 282	105 558	22 985	5 320	400	76 853
利用外资	2 029		2 029	208	1 821	1 000			821
#外商直接投资	1 208		1 208	208	1 000	1 000			
对外借款	821		821		821				821
#统借统还	821		821		821				821
自筹资金	195 297	5 825	189 472	46 871	142 601	23 788	13 659	1 850	103 304
#企事业单位自有资金	72 594	3 025	69 569	25 018	44 551	5 771	8 493	102	30 185
其他资金来源	285 574	2 808	282 766	77 334	205 432	63 249	17 640	1 492	123 051
#集资	200		200		200		200		

5—14 续表 1　　（按隶属关系分，2003 年）　　单位：万元

指标	总计	中央	地方						
				省	市				
						市属	县	乡镇	其他
#定金及预付款	245 668	1 050	244 618	63 763	180 855	46 833	11 873	642	121 507
本年各项应付款合计	142 102	670	141 432	25 658	115 774	18 313	8 483	920	88 058
#工程款	69 533	560	68 973	11 308	57 665	7 574	2 600	685	46 806
设备器材款	3 633	110	3 523	1 532	1 991	23	13	115	1 840
竣工房屋住宅（套）	9 174	114	9 060	1 814	7 246	1 806	1 869	210	3 361
#别墅、高档公寓	583		583		583				583
经济适用房	1 168		1 168		1 168	755	413		
拆迁还建竣工房屋面积（平方米）	18 064		18 064		18 064		1 387	16 677	
统建代建竣工房屋面积（平方米）	33 113		33 113		33 113		5 000		28 113
公益性建筑竣工面积（平方米）	23 500		23 500		23 500				23 500
年末从业人员（人）	4 600	107	4 493	673	3 820	829	703	52	2 236
全年从业人员劳动报酬	6 307	149	6 158	879	5 279	1 394	820	57	3 008
招商引资项目外省到位资金合计	11 247		11 247	1 550	9 697	4 395	9		5 293
#本年到位	7 149		7 149		7 149	1 900			5 249
一、实收资本合计	179 411	2 300	177 111	44 478	132 633	40 905	14 150	2 600	74 978
#国家资本	3 900		3 900						
二、资产总计	841 712	3 583	838 129	195 123	643 006	155 548	56 913	7 123	423 422
固定资产累计折旧	5 620	45	5 575	2 116	3 459	789	570	96	2 004
#本年折旧	2 842		2 842	1 715	1 127	143	143	42	799
负债总计	675 778	2 291	673 487	150 943	522 544	123 565	47 975	5 327	345 677
所有者权益合计	165 934	1 292	164 642	44 180	120 462	31 983	8 938	1 796	77 745
三、损益情况									
1. 经营收入	182 396		182 396	34 127	148 269	39 549	14 982	2 099	91 639
商品房屋销售收入	180 864		180 864	34 115	146 749	39 331	14 891	2 099	90 428
#销售给个人	172 509		172 509	32 251	140 258	34 611	13 120	2 099	90 428
商品住宅销售收入	168 666		168 666	29 496	139 170	33 716	12 927	2 099	90 428
#销售给个人	168 041		168 041	29 496	138 545	33 091	12 927	2 099	90 428
房屋出租收入	248		248		248	178			70
其他收入	1 284		1 284	12	1 272	40	91		1 141
2. 经营成本	134 109		134 109	25 466	108 643	25 135	12 724	2 481	68 303
3. 销售费用	10 049		10 049	3 466	6 583	1 880	278		4 425
4. 经营税金及附加	9 820		9 820	1 997	7 823	2 457	822	148	4 396
5. 其他业务利润	88		88	23	65	7	21		37
6. 管理费用及财务费用	15 391	83	15 308	4 676	10 632	3 155	1 027	41	6 409
7. 投资收益及营业外收	1 459		1 459	3	1 456	283	62	595	516
8. 营业外支出	1 111		1 111	772	339	107	94	14	124
9. 利润总额	13 463	－83	13 546	－2 224	15 770	7 105	120	10	8 535

5—14 续表 2　　（按隶属关系分，2003 年）　　单位：万元

指标	总计	中央	地方	省	市	市属	县	乡镇	其他
房屋施工面积（平方米）	**6602 968**	**188 500**	**6414 468**	**1386 170**	**5028 298**	**1189 178**	**631 242**	**79 250**	**3128 628**
住　　宅	5504 370	112 900	5391 470	1189 358	4202 112	1021 727	574 858	71 347	2534 180
#别墅、高档公寓	122 028		122 028	53 628	68 400				68 400
经济适用房	519 590		519 590	187 000	332 590	218 697	113 893		
办公楼	205 135	2 600	202 535	85 221	117 314	55 892	12 000		49 422
商业营业用房	714 749	73 000	641 749	110 590	531 159	83 427	40 624	7 903	399 205
其他房屋	178 714		178 714	1 001	177 713	28 132	3 760		145 821
房屋新开工	**2917 529**	**115 500**	**2 802 029**	**381 471**	**2 420 558**	**633 939**	**266 396**	**62 573**	**1457 650**
住　　宅	2427 129	112 900	2 314 229	329 666	1 984 563	608 879	248 015	54 670	1072 999
#别墅、高档公寓	43 400		43 400		43 400				43 400
经济适用房	220 457		220 457		220 457	128 697	91 760		
办公楼	13 712	2 600	11 112		11 112	8 392	720		2 000
商业营业用房	377 487		377 487	51 804	325 683	5 668	16 361	7 903	295 751
其他房屋	99 201		99 201	1	99 200	11 000	1 300		86 900
房屋竣工面积（平方米）	**1340 284**	**11 614**	**1 328 670**	**202 401**	**1 126 269**	**206 414**	**201 563**	**22 254**	**696 038**
住　　宅	1037 212	11 614	1 025 598	165 828	859 770	203 581	194 264	22 254	439 671
#别墅、高档公寓	23 400		23 400		23 400				23 400
经济适用房	122 873		122 873		122 873	80 100	42 773		
办公楼	18 163		18 163	6 343	11 820	1 100	720		10 000
商业营业用房	252 866		252 866	30 230	222 636	1 733	6 119		214 784
其他房屋	32 043		32 043		32 043		460		31 583
竣工房屋价值	**168 474**	**1 660**	**166 814**	**30 271**	**136 543**	**12 749**	**15 068**	**1 016**	**107 710**
住　　宅	117 149	1 660	115 489	23 587	91 902	12 529	14 445	1 016	63 912
#别墅、高档公寓	6 000		6 000		6 000				6 000
经济适用房	9 304		9 304		9 304	5 185	4 119		
办公楼	2 417		2 417	1 180	1 237	110	127		1 000
商业营业用房	46 758		46 758	5 504	41 254	110	466		40 678
其他房屋	2 150		2 150		2 150		30		2 120
房屋实际销售面积（平方米）	**1351 008**	**11 614**	**1 339 394**	**271 143**	**1 068 251**	**190 011**	**217 098**	**37 392**	**623 750**
住　　宅	1094 031	11 614	1 082 417	234 288	848 129	187 039	200 990	37 392	422 708
#别墅、高档公寓	20 517		20 517		20 517				20 517
经济适用房	83 343		83 343		83 343	28 340	46 558		8 445
办公楼	18 864		18 864	6 908	11 956	1 236	720		10 000
商业营业用房	235 050		235 050	29 947	205 103	1 736	14 665		188 702
其他房屋	3 063		3 063		3 063		723		2 340
#房屋销售给个人	1093 625	11 614	1 082 011	202 954	879 057	190 011	217 098	37 392	434 556
住　　宅	1029 478	11 614	1 017 864	169 735	848 129	187 039	200 990	37 392	422 708
#别墅、高档公寓	20 517		20 517		20 517				20 517
经济适用房	83 343		83 343		83 343	28 340	46 558		8 445
办公楼	5 228		5 228	3 272	1 956	1 236	720		
商业营业用房	55 856		55 856	29 947	25 909	1 736	14 665		9 508
其他房屋	3 063		3 063		3 063		723		2 340

5—14 续表 3

单位：万元

指　　标	总 计	中 央	地 方	省	市				
						市 属	县	乡 镇	其 他
房屋预售面积（平方米）	**785 903**	**3 500**	**782 403**	**216 409**	**565 994**	**128 807**	**51 931**		**385 256**
住　　宅	514 633	3 500	511 133	206 789	304 344	62 179	51 931		190 234
# 别墅、高档公寓	55 632		55 632	50 688	4 944				4 944
经济适用房	64 553		64 553	64 553					
办公楼	50 292		50 292		50 292	50 292			
商业营业用房	219 008		219 008	9 620	209 388	16 336			193 052
其他房屋	1 970		1 970		1 970				1 970
房屋出租面积（平方米）	**17 966**		**17 966**		**17 966**	**10 336**			**7 630**
商业营业用房	13 966		13 966		13 966	10 336			3 630
其他房屋	4 000		4 000		4 000				4 000
# 房屋出租给个人面积	2 506		2 506		2 506				2 506
商业营业用房	2 506		2 506		2 506				2 506
房屋空置面积（平方米）	**240 454**		**240 454**	**17 104**	**223 350**	**16 456**	**42 275**		**164 619**
住　　宅	186 517		186 517	14 587	171 930	8 001	30 521		133 408
# 别墅、高档公寓	11 000		11 000	11 000					
经济适用房	28 296		28 296		28 296		20 674		7 622
办公楼	1 236		1 236		1 236	1 236			
商业营业用房	48 559		48 559	2 200	46 359	4 932	11 476		29 951
其他房屋	4 142		4 142	317	3 825	2 287	278		1 260
# 房屋空置一年至三年面积	17 692		17 692	2 517	15 175	744	11 549		2 882
住　　宅	5 383		5 383		5 383	744	1 757		2 882
商业营业用房	11 714		11 714	2 200	9 514		9 514		
其他房屋	595		595	317	278		278		
# 房屋空置三年以上面积	11 405		11 405	11 101	304	304			
住　　宅	11 101		11 101	11 101					
# 别墅、高档公寓	11 000		11 000	11 000					
商业营业用房	304		304		304	304			
房屋实际销售额	**319 727**	**1442**	**318 285**	**66 042**	**252 243**	**30 864**	**22 277**	**5416**	**193 686**
住　　宅	227 465	1442	226 023	54 609	171 414	29 764	18 963	5416	117 271
# 别墅、高档公寓	6 080		6 080		6 080				6 080
经济适用房	10 101		10 101		10 101	4 026	4 925		1 150
办公楼	3 284		3 284	1 301	1 983	255	180		1 548
商业营业用房	88 529		88 529	10 132	78 397	845	3 106		74 446
其他房屋	449		449		449		28		421
# 销售给个人	229 789	1442	228 347	49 313	179 034	30 864	22 277	5416	120 477
住　　宅	211 327	1442	209 885	38 471	171 414	29 764	18 963	5416	117 271
# 别墅、高档公寓	6 080		6 080		6 080				6 080
经济适用房	10 101		10 101		10 101	4 026	4 925		1 150
办公楼	1 204		1 204	769	435	255	180		
商业营业用房	16 809		16 809	10 073	6 736	845	3 106		2 785
其他房屋	449		449		449		28		421

5—15 房地产

(分资质等级及控

指标	总计	一级	二级	三级
计划总投资	**2 262 608**	**6 000**	**1 159 920**	**433 586**
实际需要总投资	2 591 197	6 080	1 324 911	489 292
累计完成投资	1 271 157	4 070	605 988	297 489
累计新增固定资产	574 516	3 477	263 584	140 313
未完工程累计投资	473 253		209 033	100 013
本年计划投资	828 262	4 000	436 506	200 205
本年完成投资	600 118	1 491	281 431	155 115
# 商品房建设投资额	425 367	1 491	202 685	111 017
土地开发投资额	31 548		13 505	12 097
按构成分				
建筑工程	417 710	1 461	208 366	103 076
安装工程	27 014		6 669	6 905
设备工器具购置	9 650		6 409	1 632
# 购置旧设备	15			15
其他费用	145 744	30	59 987	43 502
# 旧建筑物购置费	1 862		927	875
土地购置费	110 319		47 331	27 181
按工程用途分				
住宅	445 574	1 491	211 483	124 097
# 别墅、高档公寓	20 501		4 140	4 892
经济适用房	28 112		19 283	7 730
办公楼	13 555		8 340	1 732
商业营业用房	72 110		42 046	9 311
其他	68 879		19 562	19 975
本年新增固定资产	289 242	3 477	124 539	82 238
本年完成开发土地面积	2 088 030		586 004	383 274
待开发土地面积	1 208 290		81 085	130 882
本年购置土地面积	2 352 249		566 753	705 506
本年土地成交价款	104 244		40 725	28 871
本年资金来源合计	758 088	4 010	354 441	239 527
上年末结余资金	106 348	388	48 402	41 525
本年资金来源小计	651 740	3 622	306 039	198 002
国家预算内资金				
国内贷款	168 840		85 767	55 154
债券				
利用外资	2 029			2 029
# 外商直接投资	1 208			1 208
对外借款	821			821
# 统借统还	821			821
自筹资金	195 297		37 130	75 525
# 企事业单位自有资金	72 594		26 431	30 420

开　　发　　情　　况

股，2003年）　　单位：万元

四级	暂定	招商引资项目	国有经济控股	绝对控股	相对控股
73 318	**589 784**	**558 577**	**265 720**	**264 220**	**1 500**
83 054	687 860	678 768	281 720	280 220	1 500
30 254	333 356	371 171	131 287	131 287	
11 812	155 330	203 038	62 507	62 507	
6 557	157 650	140 733	49 627	49 627	
19 958	167 593	188 742	117 760	117 260	500
15 263	146 818	144 823	93 616	93 616	
13 415	96 759	121 161	72 189	72 189	
1 176	4 770	3 301	8 576	8 576	
12 947	91 860	116 912	76 276	76 276	
395	13 045	12 709	2 699	2 699	
300	1 309	2 766	522	522	
0		15			
1 621	40 604	12 436	14 119	14 119	
0	60		1 6571 657		
372	35 435	10 766	8 902	8 902	
14 188	94 315	82 523	82 331	82 331	
650	10 819	14 959			
1 099			24 913	24 913	
270	3 213	5 100	859	859	
699	20 054	50 906	2 259	2 259	
106	29 236	6 294	8 167	8 167	
3 223	75 765	117 368	43 201	43 201	
51 998	1066 754	320 693	429 894	429 894	
3 840	992 483	978 000	89 235	89 235	
284 750	795 240	585 664	157 297	157 297	
981	33 667	7 593	11 808	11 808	
17 722	142 388	157 104	116 187	116 187	
819	15 214	26 529	16 196	16 196	
16 903	127 174	130 575	99 991	99 991	
0					
790	27 129	33 000	18 868	18 868	
0					
0		208			
0		208			
0					
0					
6 087	76 555	20 669	43 670	43 670	
5 386	10 357	10 773	11 133	11 133	

指　　标	总　　计	一　　级	二　　级	三　　级
其他资金来源	285 574	3 622	183 142	65 294
#集资	200			200
定金及预付款	245 668	3 622	149 343	60 677
本年各项应付款合计	142 102	2 182	49 127	41 688
#工程款	69 533		18 975	16 275
设备器材款	3 633		2 261	787
竣工房屋住宅合计（套）	9 174	536	3 084	2 809
#别墅、高档公寓	583		492	
经济适用房	1 168		730	368
拆迁还建竣工房屋面积	18 064			0
统建代建竣工房屋面积	33 113			33 113
公益性建筑竣工面积	23 500			0
年末从业人员（人）	4 600	28	1 951	1 818
全年从业人员劳动报酬	6 307	34	2 894	2 235
招商引资项目外省到位资金合计	11 247		3 495	1 643
#本年到位	7 149		1 000	49
一、实收资本合计	179 411	5 000	48 711	86 615
#国家资本	3 900		2 000	1 900
二、年末资产负债情况				
资产总计	841 712	17 180	372 168	310 090
固定资产累计折旧	5 620	379	1 556	3 405
#本年折旧	2 842	30	429	2 262
负债总计	675 778	11 507	312 823	244 056
所有者权益合计	165 934	5 673	59 345	66 034
三、损益情况				
1. 经营收入总计	182 396	3 338	91 028	47 312
商品房屋销售收入	180 864	3 338	90 832	46 381
#销售给个人	172 509	3 338	84 200	45 790
商品住宅销售收入	168 666	3 338	84 192	43 377
#销售给个人	168 041	3 338	84 192	43 377
房屋出租收入	248		25	223
其他收入	1 284		171	708
2. 经营成本	134 109	2 501	68 350	35 611
3. 销售费用	10 049	24	4 522	2 707
4. 经营税金及附加	9 820	184	4 900	2 785
5. 其他业务利润	88	7	17	125
6. 管理费用及财务费用	15 391	− 145	5 833	6 858
7. 投资收益及营业外收	1 459	2	− 13	669
8. 营业外支出	1 111		178	864
9. 利润总额	13 463	783	7 249	− 719

股，2003 年）　　　　单位：万元

四级	暂定	招商引资项目	国有经济控股	绝对控股	相对控股
10 026	23 490	76 698	37 453	37 453	
			200	200	
8 784	23 242	60 848	29 710	29 710	
3 460	45 645	43 799	12 135	12 135	
1 984	32 299	36 472	4 980	4 980	
225	360	123	71	71	
284	2 461	422	2 633	2 633	
	91	91			
70			1 143	1 143	
	18 064				
			5 000	5 000	
	23 500				
210	583	533	915	909	6
303	826	1 042	1 296	1 287	9
	6 109	4 488	395	395	
	6 100	1 949			
4 565	34 020	32 826	27 643	27 343	300
		400			
11 057	130 217	171 184	114 761	114 161	600
27	253	327	756	756	
2	119	171	165	165	
9 578	96 814	130 295	97 791	97 191	600
1 479	33 403	40 889	16 970	16 970	
3 370	37 348	52 324	26 905	26 905	
3 370	36 943	52 146	26 774	26 774	
2 238	36 943	52 146	20 824	20 824	
2 863	34 896	52 146	20 054	20 054	
2 238	34 896	52 146	20 054	20 054	
		178			
	405		131	131	
3 036	24 611	31 174	18 014	18 014	
92	2 704	3 554	975	975	
215	1 736	2 843	1 682	1 682	
	-61		19	19	
168	2 677	3 824	3 504	3 504	
7	794	521	224	224	
20	49	74	801	801	
-154	6 304	11 376	2 172	2 172	

指标	总计	一级	二级	三级
房屋施工面积（平方米）	**6 602 968**	**67 814**	**2 869 308**	**2 028 469**
住宅	5 504 370	67 814	2 266 991	1 726 547
#别墅、高档公寓	122 028			98 628
经济适用房	519 590		387 000	115 397
办公楼	205 135		110 350	43 010
商业营业用房	714 749		388 784	190 042
其他房屋	178 714		103 183	68 870
房屋新开工面积（平方米）	**2 917 529**		**1 242 767**	**831 861**
住宅	2 427 129		885 202	763 410
#别墅、高档公寓	43 400			20 000
经济适用房	220 457		110 000	99 157
办公楼	13 712		1 100	720
商业营业用房	377 487		310 302	16 693
其他房屋	99 201		46 163	51 038
房屋竣工面积（平方米）	**1 340 284**	**67 814**	**548 388**	**412 463**
住宅	1 037 212	67 814	342 088	329 874
#别墅、高档公寓	23 400			
经济适用房	122 873		73 000	36 880
办公楼	18 163		1 885	16 278
商业营业用房	252 866		204 415	34 268
其他房屋	32 043			32 043
竣工房屋价值	**168 474**	**3 477**	**86 387**	**43 919**
住宅	117 149	3 477	45 274	35 180
#别墅、高档公寓	6 000			
经济适用房	9 304		4 285	3 854
办公楼	2 417		189	2 228
商业营业用房	46 758		40 924	4 361
其他房屋	2 150			2 150
房屋实际销售面积（平方米）	**1 351 008**	**67 814**	**507 712**	**493 843**
住宅	1 094 031	67 814	307 313	452 920
#别墅、高档公寓	20 517			
经济适用房	83 343		22 700	44 825
办公楼	18 864		2 021	16 843
商业营业用房	235 050		198 378	21 017
其他房屋	3 063			3 063
#销售给个人	1 093 625	67 814	328 750	415 422
住宅	1 029 478	67 814	307 313	388 367
#别墅、高档公寓	20 517			
经济适用房	83 343		22 700	44 825
办公楼	5 228		2 021	3 207
商业营业用房	55 856		19 416	20 785
其他房屋	3 063			3 063

股，2003年）

单位：万元

四级	暂定	招商引资项目	国有经济控股		
				绝对控股	相对控股
287 871	1349 506	1314 343	1279 051	1279 051	
270 364	1 172 654	839 513	1 162 117	1 162 117	
	23 400	23 400			
17 193			500 893	500 893	
9 892	41 883	17 938	49 290	17 938	
6 754	129 169	400 630	97 685	97 685	
861	5 800	1 311	24 910	1 311	
94 230	748 671	701 578	521 813	521 813	
79 338	699 179	406 914	499 773	499 773	
	23 400	23 400			
11 300			201 760	201 760	
9 892	2 000		1 100	1 100	
5 000	45 492	293 964	20 940	20 940	
	2 000	700			
32 452	279 167	255 467	266 213	266 213	
32 452	264 984	76 505	255 371	255 371	
	23 400	23 400			
12 993			115 773	115 773	
			6 658	6 658	
	14 183	3 724	178 962	3 724	
			460	460	
3 123	31 568	52 413	27 606	27 606	
3 123	30 095	16 621	25 956	25 956	
	6 000	6 000			
1 165			8 404	8 404	
			1 211	1 211	
	1 473	35 792	409	409	
			30	30	
35 277	246 362	252 584	217 734	217 734	
35 277	230 707	73 622	206 525	206 525	
	20 517	20 517			
15 818			69 258	69 258	
			7 077	7 077	
	15 655	178 962	3 409	3 409	
			723	723	
35 277	246 362	73 622	214 098	214 098	
35 277	230 707	73 622	206 525	206 525	
	20 517	20 517			
15 818			69 258	69 258	
			3 441	3 441	
	15 655		3 409	3 409	
			723	723	

指标	总计	一级	二级	三级
房屋预售面积（平方米）	**785 903**		**365 345**	**332 237**
住宅	514 633		135 168	312 056
#别墅、高档公寓	55 632		10 000	45 632
经济适用房	64 553			64 553
办公楼	50 292		43 000	
商业营业用房	219 008		187 177	18 211
其他房屋	1 970			1 970
房屋出租面积（平方米）	**17 966**		**3 630**	**14 336**
商业营业用房	13 966		3 630	10 336
其他房屋	4 000			4 000
#房屋出租给个人面积	2 506		2 506	
商业营业用房	2 506		2 506	
房屋空置面积	**240 454**		**17 375**	**150 294**
住宅	186 517		10 626	103 106
#别墅、高档公寓	11 000			11 000
经济适用房	28 296			28 122
办公楼	1 236		1 236	
商业营业用房	48 559		5 513	43 046
其他房屋	4 142			4 142
#房屋空置一年至三年面积	17 692		5 784	11 908
住宅	5 383		3 626	1 757
商业营业用房	11 714		2 158	9 556
其他房屋	595			595
#房屋空置三年以上面积	11 405		304	11 101
住宅	11 101			11 101
#别墅、高档公寓	11 000			11 000
商业营业用房	304		304	
房屋实际销售额	**319 727**	**8449**	**176 167**	**93 265**
住宅	227 465	8449	95 246	84 282
#别墅、高档公寓	6 080			
经济适用房	10 101		3 401	5 546
办公楼	3 284		519	2 765
商业营业用房	88 529		80 402	5 769
其他房屋	449			449
#销售给个人	229 789	8449	104 583	74 911
住宅	211 327	8449	95 246	68 144
#别墅、高档公寓	6 080			
经济适用房	10 101		3 401	5 546
办公楼	1 204		519	685
商业营业用房	16 809		8 818	5 633
其他房屋	449			449

股，2003年）

单位：万元

四级	暂定	招商引资项目	国有经济控股	绝对控股	相对控股
29 971	58 350	273 757	69 751		69 751
22 679	44 730	30 459	69 751		69 751
7 292		43 000			
	13 620	200 298			
		10 336			
		10 336			
174	72 611	67 355	34 165		34 165
174	72 611	66 996	22 431		22 431
174			20 674		20 674
			1 236		1 236
		42	10 220		10 220
		317	278		278
		359	11 549		11 549
			1 757		1 757
		42	9 514		9 514
		317	278		278
		101	304		304
		101			
			304		304
3 595	38 251	93 021	36 892		36 892
3 595	35 893	21 437	34 294		34 294
	6 080	6 080			
1 154			8 326		8 326
			1 169		1 169
	2 358	71 584	1 401		1 401
			28		28
3 595	38 251	21 437	36 301		36 301
3 595	35 893	21 437	34 294		34 294
	6 080	6 080			
1 154			8 326		8 326
			637		637
	2 358		1 342		1 342
			28		28

5—16 商品房造价和销售价格

指标	2002	2003
竣工房屋平均造价（元/平方米）	879	1 257
#住宅	854	1 129
商品房平均销售价格（元）	1 690	2 367
#住宅	1 636	2 079
#个人	1 673	2 053

5—17 房地产开发利用外资情况

（2003 年）

指标	总计	直接投资
合计	**2 029**	**1 208**
亚洲	2 029	1 208
香港	1 208	1 208
新加坡	821	

主 要 统 计 指 标 解 释

全社会固定资产投资　固定资产投资额（又称固定资产投资完成额）是以货币形式表现的在一定时期内建造和购置固定资产的工作量以及与此有关的费用的总称。它是反映固定资产投资规模、结构和发展速度的综合性指标，又是观察工程进度和考核投资效果的重要依据。

全社会固定资产投资包括国有经济单位投资，城乡集体经济制单位投资、其他各种经济类型的单位投资和城乡居民个人投资。按照我国计划管理体制，国有经济单位固定资产投资总额分为基本建设、更新改造、商品房屋建设投资和其他固定资产投资；城乡集体经济单位投资包括城镇集体经济单位投资和农村集体经济单位投资；城乡居民个人投资包括城市、县城、镇、工矿区所辖范围内的个人建房和农村个人建房及购买生产性固定资产（使用年限在二年以上，单位价值在50元以上的生产资料）的投资。

基本建设投资额　基本建设是企业、事业、行政单位以扩大生产能力或工程效率为主要目的的新建、扩建工程及有关工作。包括工厂、矿山、铁路、桥梁、港口、农田水利、商店、住宅、学校、医院等工程的建造和机器设备、车辆、船舶、飞机等的购置。

基本建设投资额是以货币表现的基本建设完成的工作量。具体包括：（1）列入中央和各级地方本年基本建设计划的建设项目，以及虽未列入本年基本建设计划，但使用以前年度基建计划内结转投资（包括利用基建库存设备材料）在本年继续施工的建设项目；（2）本年基本建设计划内投资与更新改造计划内投资结合安排的新建项目和新增生产能力（或工程效益）达到大中型项目标准的扩建项目，以及为改变生产力布局而进行的全厂性迁建项目；（3）国有单位既未列入基建计划，也未列入更新改造计划的新建、扩建、恢复项目和为改变生产力布局而进行的全厂性迁建项目，以及行政、事业单位增建业务用房和行政单位增建生活福利设施的项目；（4）国防、人防基本建设投资统计范围是指用军费和人防经费安排的基本建设项目。

更新改造投资　更新改造是指企业、事业单位对原有设施进行固定资产更新和技术改造，以及相应配套的工程和有关工作（不包括大修和维护工程）。更新改造投资是以货币表现的更新改造完成的工作量。具体包括：（1）列入中央和各级地方本年更新改造计划的投资单位（或项目）以及未列入本年更新改造计划，但使用上年更新改造计划内结转的投资在本年继续施工的单位（或项目）；（2）本年更新改造计划内投资结合安排的对企、事业单位原有设施进行技术改造或更新的项目和增建主要生产车间、分厂等其新增生产能力（或工程效益）未达到大中型项目标准的项目，以及由于城市环境保护和安全生产的需要而进行的迁建工程；（3）国有企、事业既未列入基建计划也未列入更新改造计划，属于改建或更新改造性质的项目以及由于城市环境保护和安全生产的需要而进行的迁建工程。

房地产开发投资　是指各种登记注册类型的房地产开发公司、商品房建设公司及其他房地产开发单位统一开发的统代建、拆迁还建的商品住宅、厂房、仓库、饭店、度假村、写字楼、办公楼等房屋建筑物和配套的服务设施、土地开发工程，，如通路、给水、排水、供电、供热、通讯、平整场地等（也称七通一平）基础设施工程。包括实际从事房地产开发经营活动的附营房地产开发单位。

固定资产按国民经济行业分　国民经济行业类别是按企业、事业、行政单位所从事的生产或其他社会经济活动性质的同一性进行的分类。固定资产投资统计中的国民经济行业分类，基本建设项目按项目建成投产后主要产品种类或主要用途及社会活动种类来划分。一般情况下，一个基本建设项目只能属于一种国民经济行业；更新改造、其他固定资产投资根据整个企、事业单位所属的行业来划分，一般情况下，一个企、事业单位只能属于一种国民经济行业。为了更准确地反映国民经济和行业之间的比例关系，联合企业（总厂）所属分厂属于不同行业的，原则上按分厂划分行业。

固定资产投资按建设性质分　建设项目的性质一般分为新建、扩建、改建、单纯建造生活设施、迁建、恢复、单纯购置。是指固定资产再生产的性质。基本建设根据整个建设项目的情况确定；更新改造和其他固定资产投资按整个企业、事业、行政单位的情况确定。一般情况下，一个基本建设项目或企业、事业、行政单位只能有一种建设性质。目前基本建设和更新改造是根据我国现行的计划管理体制区分的，所以基本建设和更新改造都可以分别按新建、扩建和改建等划分。

（1）新建　一般是指从无到有，“平地起家”开始建设的企业、事业和行政单位或独立的工程。现有企业、事业、行政单位一般不属于新建。但如有的单位原有基础很小，经过建设后新增的固定资产价值超过该企业、事业、行政单位原有固定资产价值（原值）三倍以上的也应作为新建。

（2）扩建　是指在厂内或其他地点，为扩大原有产品的生产能力（或效益）或增加新的产品生产能力，而增建主要的生产车间（或主要工程）、分厂、独立的生产线的企业、事业单位。行政、事业单位在原单位增建业务用房（如学校增建教学用房、医院增建门诊部、病房等）也作为扩建。

（3）改建　是指原有设施进行技术改造或更新（包括相应配套的辅助性生产、生活福利设施），没有增建主要生产车间、分厂等的企业、事业单位。现有企业、事业单位为适应市场变化的需要，而改变企业的主要产品种类，或原有产品生产作业线由于各工序（车间）之间能力不平衡，为填平补充充分发挥原有生产能力而增建不增加本企业主要产品设计能力的车间，也应作为改建。

（4）单纯建造生活设施　是指在不扩建、改建生产性工程和业务用房的情况下，单纯建造职工住宅、托儿所、子弟学校、医务室、浴室、食堂等生活福利设施的企业、事业及行政单位。

（5）迁建　是指为改变生产力布局或由于城市环境保护和安全生产的需要等原因而搬迁到另地建设的企业、事业单位。在搬迁另地建设过程中，不论是维持原来规模还是扩大规模都按迁建统计。

（6）恢复　是指因自然灾害、战争等原因，使原有的固定资产全部或部分报废，以后又投资恢复建设的单位。不论是按原规模恢复还是在恢复的同时进行扩建的都按恢复统计。尚未建成投产的基本建设项目或企业、事业单位，因自然灾害而损坏的，不作为恢复项目，仍按原有建设性质划分。

（7）单纯购置　是指现有企业、事业、行政单位单纯购置不需要安装的设备、工具、器具，而不进行工程建设的单位。有些单位当年虽然只从事一些购置活动，但其设计中规定有建筑安装活动，应根据文件的内容来确定建设性质，不得作为单纯购置统计。

固定资产投资按构成分　固定资产投资活动按其工作内容和实现方式分为建筑工程、安装工程、设备、工具、器具购置、用于更新的设备、购置旧设备、其他费用、其中：土地购置费、旧建筑物购置费。

（1）建筑工程　是指各种房屋、建筑物的建造工程，又称建筑工作量。这部分投资额必须兴工动料，通过施工活动才能实现，是固定资产投资额的重要组成部分。

（2）安装工程　是指各种设备、装置的安装工程，又称安装工作量。安装工程包括：（1）生产、动力、起重、运输、传动和医疗、实验等各种需要安装设备的装配和安装，与设备相连的工作台、梯子、栏杆等装设工程，附属于被安装设备的管线敷设工程，被安装设备的绝缘、附腐、保温、油漆等工作；（2）为测定安装工程质量，对单个设备、系统设备进行单机试运、系统联动无负荷试运工作（投料试运工作台不包括在内）。

在安装工程中，不包括被安装设备本身价值。

（3）设备、工具、器具购置　是指建设单位或企、事业单位购置或自制的，达到固定资产标准的设备、工具、器具的价值。（1）设备：指各种生产设备、传导设备、动力设备、运输设备等。分为需要安装的设备和不需要安装的设备两种。（2）工具、器具：是指具有独立用途的各种生产用具、工作工具和仪器。

（4）用于更新的设备　是指为更换陈旧设备而购置的设备。用于更新的设备与原有设备在台数和价值上不一定相等。

（5）购置旧设备　是指从外单位购入的，已经使用过的各种设备，不包括从国外购进的旧设备。

（6）其他费用　是指在固定资产建造和购置过程中发生的。

（7）其中：土地购置费　是指建设项目通过划拨方式或出让方式取得土地使用权而支付的各项费用。

（8）旧建筑物购置费　是指购置已使用过的各种旧房屋及其他建筑物的费用。

基本建设项目按大中小型划分　是根据基本建设项目的建设总规模（设计新增生产能力或工程效益）或计划总投资，按照《基本建设项目大中小型划分标准》进行划分的。建设项目的建设总规模或计划总投资原则上应以上级批准的设计任务书或初步设计的，可按国家或省、自治区、直辖市基本建设计划所列总规模或总投资划分；凡生产单一产品的项目，应按产品的设计生产能力划分；产品种类繁多，难以按产品的设计生产能力划分，或生产的产品在《基本建设项目大中小型划分标准》中未列示的，按计划总投资划分。

施工项目 是指报告期内进行过建筑或安装施工活动的项目。凡是报告期内施过工的建设项目，不论施工时间长短，均作为施工项目统计。施工项目个数可以反映一定时期固定资产投资的实际规模，与同期建成投产的建设项目个数相比，可以从建设速度的角度反映固定资产投资的效果。根据建设项目施工活动的不同性质，施工项目又分为：本年正式施工项目、本年收尾项目和以前年度全部停缓建项目。

全部建成投产项目 工业项目是指设计文件规定形成能力的主体工程及其相应配套的辅助设施全部建成，经负荷试运转，证明具备生产设计规定合格产品的条件，并经过验收鉴定合格或达到竣工验收标准，与生产性工程配套的生活福利设施可满足近期正常生产的需要，正式移交生产的建设项目；非工业项目是指设计文件规定的主体工程和相应配套工程全部建成，能够发挥设计规定的工程效益，经验收鉴定合格或达到竣工标准，正式移交使用的建设项目。

新增生产能力 是指通过固定资产投资活动而增加的设计能力（或工程效益），是以实物形态表现的固定资产投资成果的指标，也是考核投资经济效果的重要依据之一。新增生产能力的计算，是以能独立发挥生产能力或效益的单项工程（或项目）为对象。当单项工程（或项目）建成，经有关部门鉴定合格、正式移交投入生产，即可计算新增生产能力。新增生产能力的数量一般按设计能力计算。设计文件中规定的在正常情况下能够达到的生产能力，而不论投产后的实际产量如何。以设备数量、建筑物容积、面积、长度等表示为新增生产能力（或效益），则按建成的实际数量计算。

施工和竣工房屋建设面积 房屋建筑面积是从房屋建筑物勒脚以上外墙外围的水平截面积，包括房屋建筑物的有效面积和结构面积。包括房屋结构（如柱、墙）占用的面积和地下室面积。多层建筑按各自然层面积计算，包括房屋内的楼隔层，突出墙面的眺望间、门斗、有柱雨罩的面积。不包括突出墙面结构的构件、艺术装饰等所占的面积。如台阶等。凹阳台、挑台按其水平投影面积一半计算建筑面积。

施工面积 是指报告期内施工的全部房屋建筑面积。包括本期新开工的面积和上期开工跨入本期继续施工的房屋面积，以及上期已停建在本期恢复施工的房屋面积。以及上期已停建在本期继续施工的房屋建筑面积。

竣工面积 是指在报告期内房屋建筑按照设计要求已经全部完工，达到住人和使用条件，经验收鉴定合格（或达到竣工验收标准），正式移交使用单位的各栋房屋建设面积的总和。

新增固定资产 新增固定资产（又称交付使用的固定资产），是指已经完成建造和购置过程，并已交付生产或使用单位的固定资产的价值。新增固定资产是表示固定资产投资成果的价值指标，也是反映建设进度，计算固定资产投资效果的重要数据。

六、城市公用事业

URBAN PUBLIC UTKITIES

本篇内容包括:

1. 城市自来水供应
2. 市政公共设施
3. 城市公共交通
4. 园林绿化
5. 环境保护，环境卫生
6. 用电情况

资料整理	微机处理
姜同文	刘　程
刘　程	

城市供水

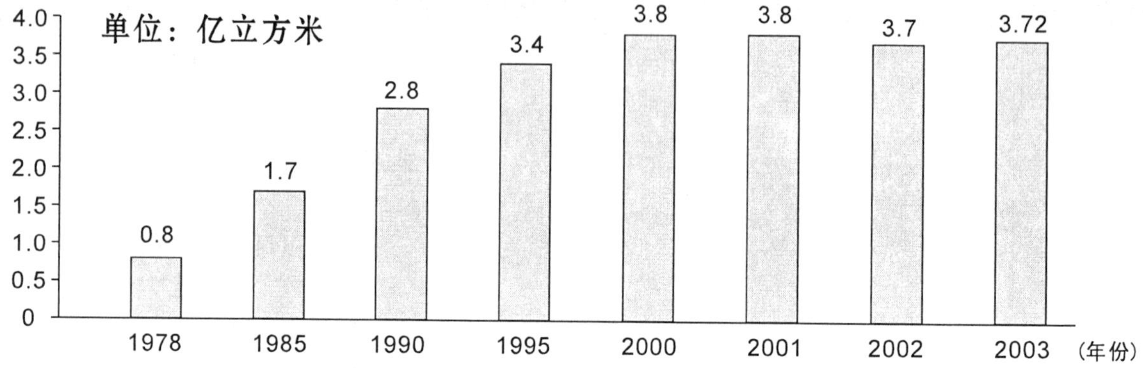

城市供电

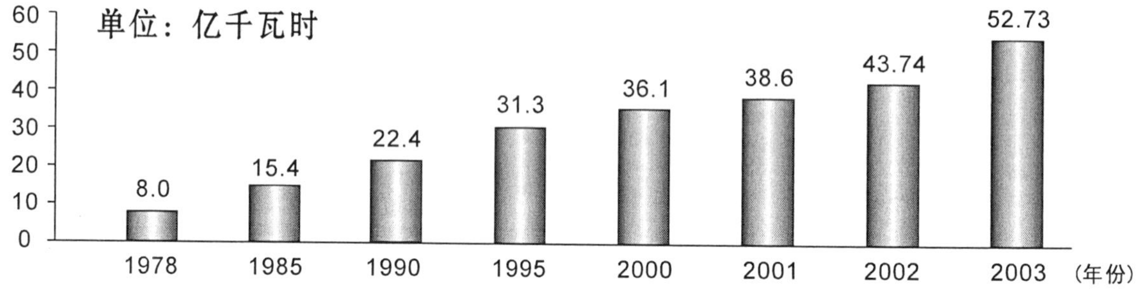

市政道路面积

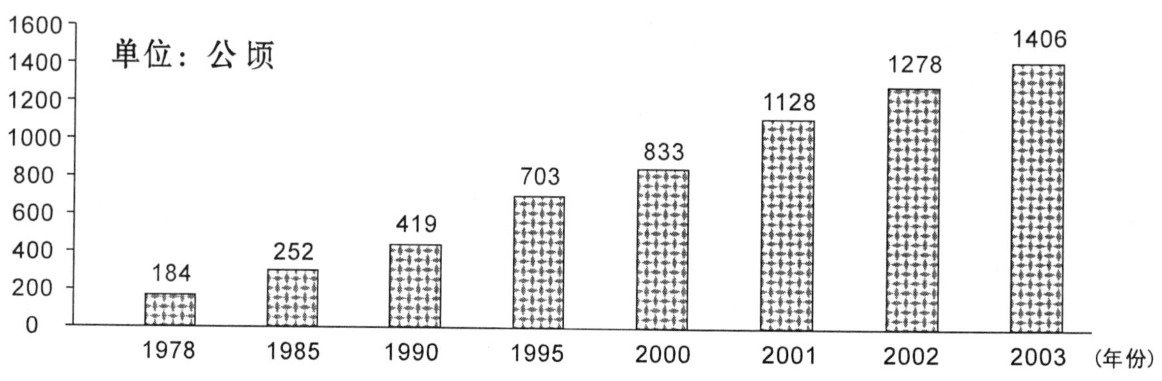

6-1 市政公用设施

（2003年）

项目	城市	城建系统	其他
一、道路总长度（公里）	781	548	233
二、道路总面积（万平方米）	1 506	1 193	313
三、人行道总面积（万平方米）	205	187	18
四、桥梁（座）	69	69	
#立交桥（座）	12	12	
五、排水管长度（公里）	783	696	87
六、城镇路灯盏数（盏）	66 375	66 375	
七、液化气储气能力（吨）	3 375	2 140	1 235
八、液化气供应总量（吨）	64 500	4 500	60 000
#家庭用量（吨）	60 630	4 230	56 400
九、液化气用气户数（万户）	35.41	5	30.41
#家庭户（万户）	33.71	4	29.71
十、液化气用气人口（万人）	130.29	16	114.29
十一、煤气供应总量（万立方米）	2 735	2 735	
#家庭用量（万立方米）	2 571	2 571	
十二、煤气用气户数（万户）	11.13	11.13	
#家庭户（万户）	11.12	11.12	
十三、煤气用气人口（万人）	42.58	42.58	
十四、气化率（%）	87.2		

6－2 城 市 自 来 水 供 应

（2003年）

项　　目	城　区	公共供水公司	自建设施供水单位
水厂个数（个）	5		
综合生产能力（万立方米/日）	134	100.5	33.5
年末供水管长度（公里）	1 714	1 615	99
全年供水总量（万立方米）	37 188	26 749	10 439
#生产用水（万立方米）	12 986	4 473	8 513
生活用水（万立方米）	18 782	16 856	1 926
用水人口（万人）	196.37	174.5	21.87
平均每人每天生活用水（升）	302		
自来水普及率（%）	100		
实际利润（万元）	4 569		

6－3 城 市 公 共 交 通

项　　目	2002	2003
一、年末实有营运车辆（辆）	1 160	1 447
公共汽车	1 068	1 355
无轨电车	92	92
二、运营线路网长度	630	874
三、全年客运量（万人次）	32 098	30 357
公共汽车	27 812	26 461
无轨电车	3 895	3 895
四、全年实现利润总额（万元）	850	1 340
五、行车责任事故（次）	27	4
六、年末出租汽车营运车数（辆）	3 265	3 450

6—4 城　市　园　林　绿　化

(2003 年)

项　目	城　区	城建系统内	城建系统外
城市园林绿地面积（公顷）	4 708.80	1 096.22	3 012.58
公共绿地面积（公顷）	1 281.64	913.89	367.75
人均公共绿地面积（平方米）	7.16		
城市绿化覆盖面积（公顷）	4 952.79	1 911.45	3 041.34
城区绿化覆盖率（%）	36.68		
苗圃面积（公顷）	87.40	87.40	
公园（含动物园，个）	16.00	10.00	6.00
公园面积（公顷）	293.68	161.98	131.70

6—5 城市环境卫生

（2003年）

项目	城区
全年清扫面积（万平方米）	961
全年清运生活垃圾（万吨）	57.18
生活垃圾无害化处理（万吨）	57.18
公共厕所数（座）	194
粪便无害化处理（万吨）	0
环卫机械数量（辆）	137
清洁卫生工作人员（人）	5 878
垃圾中转站（座）	86
果壳箱（个）	4 272

6—6 全市用电量

单位：万千瓦小时

行业	2002	2003
总计	**437 378**	**527 274**
农、林、牧、渔、水利业	57 361	65 871
工业	273 151	324 657
地质勘查勘探业	1 727	2 011
建筑业	2 313	2 692
交通运输、邮电业	7 314	8 810
商业、饮食及物资供销业	12 118	14 295
其他事业	19 768	22 705
居民生活用电	63 526	86 233
乡村	6 953	12 837
城市	56 570	73 396

6—7 环境保护

(2003年)

项目	全市
一、环境质量	
可吸入颗粒物年日平均值（毫克/立方米）	0.1
二氧化硫年日平均值（毫克/立方米）	0.051
二氧化氮年日平均值（毫克/立方米）	0.034
降尘（吨/月、平方公里）	12.04
城市交通干线噪声平均值（分贝）	69.9
区域环境噪声（分贝）	55.8
饮用水源水质达标率（%）	98.33
二、“三废”排放、处理及综合利用情况	
废水排放总量（万吨）	18 678.76
其中：工业废水（万吨）	6 987.76
工业废水排放达标率（%）	95.53
工业废气排放总量（亿标立方米）	401.67
其中：燃料燃烧过程中废气排放量（亿标立方米）	191.8
工艺废气排放量（亿标立方米）	209.87
工业二氧化硫排放量（吨）	33 205.05
工业烟尘排放量（吨）	23 270.52
工业固废产生量（吨）	159.48
工业固废综合利用量（万吨）	135.63
工业固废综合利用率（%）	85.05
“三废”综合利用产品产值（万元）	9 301.70
三、污染治理情况	
企事业用污染治理资金（万元）	1 547.90
其中：治理废水（万元）	415.7
治理废气（万元）	895.2
治理固体废弃物（万元）	200
其他（万元）	37
当年竣工的污染治理项目设计处理利用“三废”能力	
1、废水（吨/日）	87 800
2、废气（万标立方米/时）	42.36
3、治理固体废弃物（吨/日）	13 000

主要统计指标解释

年末自来水生产能力 指年末城建部门管理的自来水厂和社会单位自备水源的取水、净化、送水出厂输水干管等环节的实际生产能力。

年末供水管道长度 指从送水泵至用户水表之间所有管道的长度。

全年供水总量 指公用自来水厂和社会单位自备水源全年的供水总量，包括有效供水量及损失水量。

生活用水量 指居民日常生活与公共福利设施的用水量。包括饮食店、旅馆、医院、理发店、浴池、洗衣店、游泳池、商店、学校、机关、部队等单位的用水量。

年末实有铺装道路长度 指除土路外，路面经过铺装宽度在3．5米以上的道路，包括高级、次高级道路和普通道路。

城市下水道总长度 指所有排水总管、干管、支管及暗渠、检查井、连接井进出水口等长度之和。

年末实有公共汽（电）车辆 指年底可参加营运的全部车辆数。包括年底营运车辆数和库存查封未参加营运的车辆，不包括非营运车辆，如架线车、油罐车、工程车、货车及其他专用车辆和借入的客运车辆。

营运线路长度 指设置的固定营运线路长度，包括郊区营运线路长度。不包括临时行驶的线路长度。

七、外贸和旅游

FOREIGN ECONOMIC TRANE AND TOURISM RELATIONS

本篇内容包括:

1. 外贸出口情况
2. 利用外资情况
3. 接待国际旅游情况
4. 星级宾馆一览表

资料整理及微机处理

罗小云
褚艳红

海关出口总值

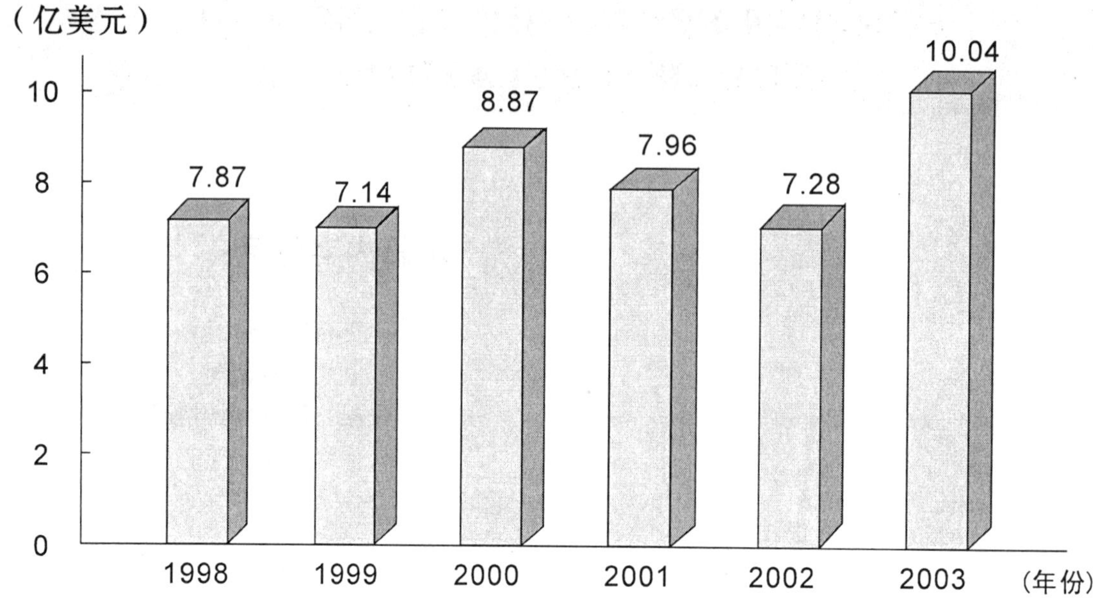

实际利用外资

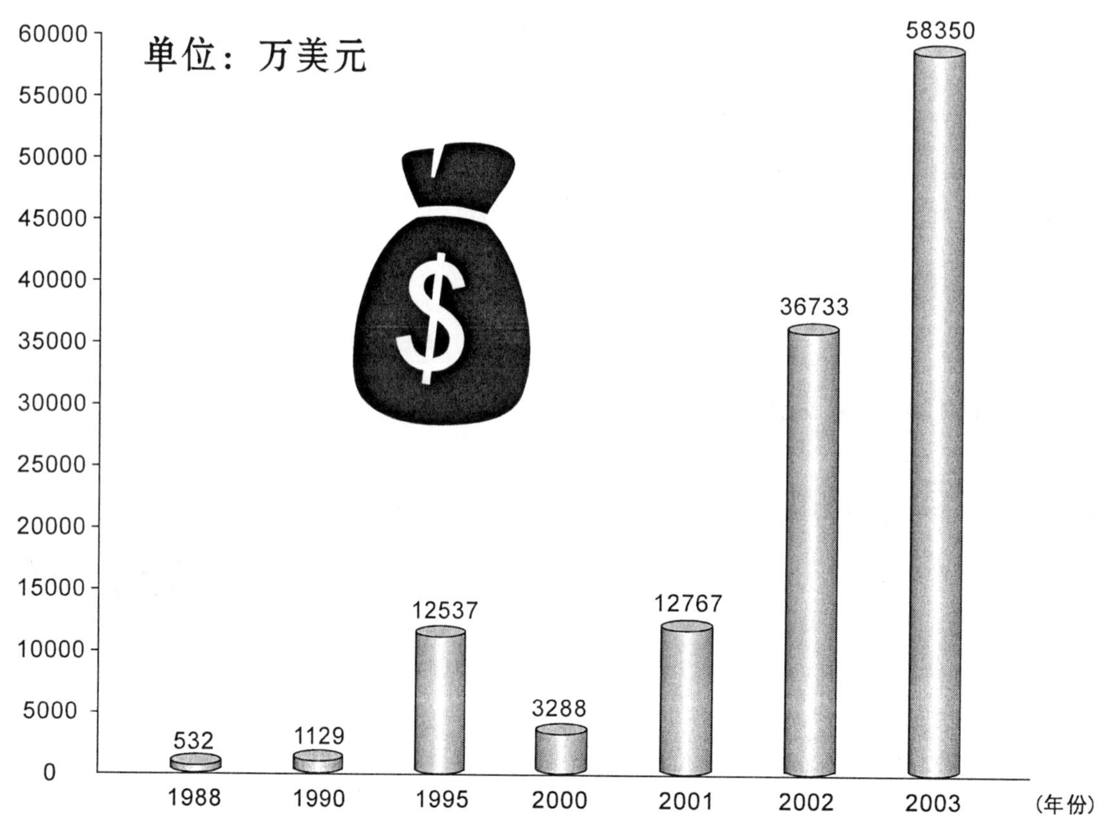

7-1 海关进出口总值

单位：万美元

项目	2002	2003	2003年比上年增长（%）
进出口总值	90 931	134 153	47.5
#出口总值	72 758	100 441	38.0
进口总值	18 173	33 712	85.5

7-2 实际利用外资

单位：万美元

项目	1988	1989	1990	1992	1994	1995	1998	1999	2000	2001	2002	2003
合计	**532**	**1 197**	**1 129**	**4 242**	**13 578**	**12 537**	**13 635**	**13 360**	**3 288**	**12 767**	**36 733**	**58 350**
一、对外借款	149	783	634	376	2 139	5 115						
二、外商直接投资	148	322	393	3 866	11 439	7 422	13 635	13 209	3141	12 767	36 733	58 350
合资经营	113	184	149	3 137	6 030	4 132	7 059	9 493	2 654	7 288	19 978	17 337
合作经营	15	77	203	203	1 769	720	1 103	600	2	17	1 149	6 990
独资经营	20	61	41	526	3 640	2 570	5 473	3 116	485	5 462	15 606	34 023

7－3　1994－2003年签订利用外资协议（合同）

年份	指标	合计	对外借款	外商直接投资	合资经营	合作经营	独资经营
1994	项目（个）	212		212	136	11	65
	金额（万美元）	15 324		15 324	7 086	3 695	4 543
1995	项目（个）	106	2	104	59	1	44
	金额（万美元）	7 579	1 195	6 384	2 696	325	3 363
1996	项目（个）	64		64	40	1	23
	金额（万美元）	12 419		12 419	8 615	540	3 264
1997	项目（个）	64		64	24	5	35
	金额（万美元）	13 610		13 610	2 798	7 033	3 779
1998	项目（个）	74		74	41	3	30
	金额（万美元）	11 740		11 740	6 642	1 510	3 588
1999	项目（个）	52	1	50	22		28
	金额（万美元）	12 007	360	12 007	6 252	590	5 165
2000	项目（个）	43		43	23	2	18
	金额（万美元）	2 856		2 856	1 932	42	882
2001	项目（个）	65		65	28	1	36
	金额（万美元）	17 381		17 381	3 395	83	13 903
2002	项目（个）	149		149	66	8	75
	金额（万美元）	53 239		53 239	22 033	3 092	28 114
2003	项目（个）	172		172	69	10	93
	金额（万美元）	73 579		73 579	13 377	8 884	51 318

7－4　接待海外旅游者人数和天数

项　　　目	接　待　人　数（人）		接　待　天　数（天）	
	2002	2003	2002	2003
合　　计	**44 840**	**34 549**	**118 224**	**82 438**
外 国 人	17 867	22 762	53 452	58 593
港澳同胞	11 008	6 156	23 989	11 940
台湾同胞	15 965	5 631	40 783	11 905

7－5　1991－2003 年旅游外汇收入和接待人数

年　　　份	旅游外汇收入（万美元）		接待海外旅游者（人）	
	绝 对 值	比上年增长 %	绝 对 值	比上年增长 %
1991	250	40.5	21 330	19.2
1992	405	62.0	19 370	－9.2
1993	633	56.3	16 287	－15.9
1994	981	54.9	15 432	－5.3
1995	888	－9.5	19 871	28.8
1996	1 171	31.9	23 832	19.9
1997	1 478	26.2	30 018	26.0
1998	1 743	17.9	28 722	－4.3
1999	2 155	23.6	34 141	18.9
2000	2 578	19.6	37 010	8.4
2001	2 913	13.0	41 430	11.9
2002	1 643	－43.6	44 840	8.2
2003	1 103	－31.2	34 549	－23.0

7-6 外国旅游者人数

单位：人

国别	2002	2003
合计	**17 867**	**22 762**
#日本	3 283	2 670
菲律宾	248	60
新加坡	1 239	461
泰国	175	145
印尼	162	64
马来西亚	419	217
韩国	699	425
印度	162	153
美国	3 135	2 286
加拿大	564	792
英国	498	1 410
法国	327	316
德国	594	461
意大利	185	218
瑞士	47	128
瑞典	621	245
荷兰	384	374
俄罗斯	224	106
西班牙	334	695
澳大利亚	289	682
新西兰	65	245

7-7 星级宾馆一览表

项　　目	客房数（间）	电　话	地　　址	邮　编
五星级				
江西宾馆	245	6206666	八一大道 368 号	330006
凯莱大酒店	327	6738855	沿江北路 88 号	330008
四星级				
五湖大酒店	298	8521888	湖滨南路 33 号青山湖湖心岛	330077
锦峰大酒店	167	6418888	站前西路 281 号	330002
富豪大酒店	219	6408888	洪城路 160 号	330002
三星级				
青山湖宾馆	225	6363888	福州路 169 号	330006
江西饭店	376	8858888	八一大道 356 号	330002
赣江宾馆	272	6221159	八一大道 138 号	330006
洪都宾馆	277	8829999	阳明路 249 号	330006
富洲大酒店	118	6232666	孺子路 19 号	330003
吉伟宾馆	80	6237700	二七北路 76 号	330046
江西九九隆大酒店	216	7061199	八一大道 122 号	330003
锦昌大酒店	144	7036666	站前西路 107 号	330002
天圆饭店	100	8869999	福州路 28 号	330006
南昌铁路大酒店	213	6108108	站前西路	330002
鄱阳湖大酒店	270	8856666	井冈山大道 1128 号	330006
华鑫大酒店	138	6777888	象山北路 237 号	330008
新天地酒店	165	6163888	二七南路 184 号	330003
环湖大酒店	172	8855888	环湖路 99 号	330006
华宇大酒店	108	8455238	井冈山大道 685 号	330002
星明辉娱乐有限公司	100	5273286	迎宾中大道 444 号	330200
灌城度假村	40	8330156	高新大道 8 号	330029
艾溪湖度假村	44	8330008	北京东路底	330029
预备三星级				
明园大酒店	152	7038888	二七南路 527 号	330002
二星级				
洪城宾馆	113	8857338	洪城路 63 号	330002
江铃宾馆	96	5233348	迎宾大道 290 号	330001
南昌进园宾馆	45	8108259	青山湖大道 388 号	330039
金城宾馆	100	8623609	青山南路 446 号	330077
华财大厦	56	6690199	沿江中路 19 号	330009
惠苑宾馆	91	6221140	福州路 4 号	330006
江龙大酒店	245	7068168	洪都北大道 10 号	330046
八一宾馆	158	6103189	洛阳路 117 号	330002
交通宾馆	94	6256918	八一大道 261 号	330006
江西核工业宾馆	87	6351118	北京西路 134 号	330046
华昌宾馆	72	6130008	广场南路 11 号	330003
实际已达星级标准，尚未报评				
民航大酒店	139	8898888	洪城路 587 号	330025

主 要 统 计 指 标 解 释

外贸出口商品收购额 指对外贸易企业单位以现金或通过银行划拨等方式，从对外贸易系统以外的单位或个人购进直接供应出口的以及经过加工后再供应出口的商品总额。

外贸进出口总额 对外贸易进出口总额是指从国外（境外）进入国境的进口商品和从国内运出国境的出口商品的总金额，包括一般贸易（含进料加工）、技术成套设备进口和出口、补偿贸易、加工装配、易货贸易以及中外合资、合作和外商独资企业的进口和出口等。外贸进口按到岸价格（CIF）计算，出口按离岸价格（FOB）计算。

利用外资 是指我国各级政府、部门、企业、中国银行和其他单位通过对外借款、吸收外商直接投资和用其他方式的境外现汇、设备、技术等。不包括赠款、援款。

对外借款 是我国利用外资的主要部分，包括我国通过外国政府贷款、国际金融组织贷款、外国银行商业贷款、出口信贷以及对外发行证券等方式，从国外和港澳地区筹措的资金。

外商直接投资 是指外国企业和经济组织或个人（包括华侨、港澳同胞以及我国在境外注册的企业）按我国有关政策、法规，用现汇、实物、技术等在我国境内开办外商独资企业、与我国境内的企业或经济组织共同举办中外合资经营企业、合作经营企业或合作开发资源的投资（包括外商投资收益的再投资）以及政府有关部门批准的项目投资总额内，企业从境外借入的资金。

外商其他投资 指对外借款和外商直接投资以外，用其他方式吸收的外资，包括补偿贸易、加工装配以及国际租赁等。

旅游人数 是指来我国参观、访问、旅行、探亲、访友、休养、考察、参加会议和从事经济、科技、文化、教育、体育、宗教等活动的外国人、港澳和台湾同胞的人数。不包括外国在我国的常驻机构，如领使馆、通讯社、企业办事处的工作人员和来我国常住的外国专家和留学生等。

旅游外汇收入 指国内各部门为来我国旅游的外国人、华侨、港澳和台湾同胞提供商品和劳务而得到的外汇收入。包括供应商品、饮食和提供住宿、交通、邮电、文化娱乐、导游等各项服务所得的全部外汇收入。

八、财政·金融

PUBLIC FINANCE, BANKING AND INSURANCE

本篇内容包括：

1. 财政收支
2. 银行存贷款及现金收支

资料整理

桂　姣

财 政 收 入（亿元）

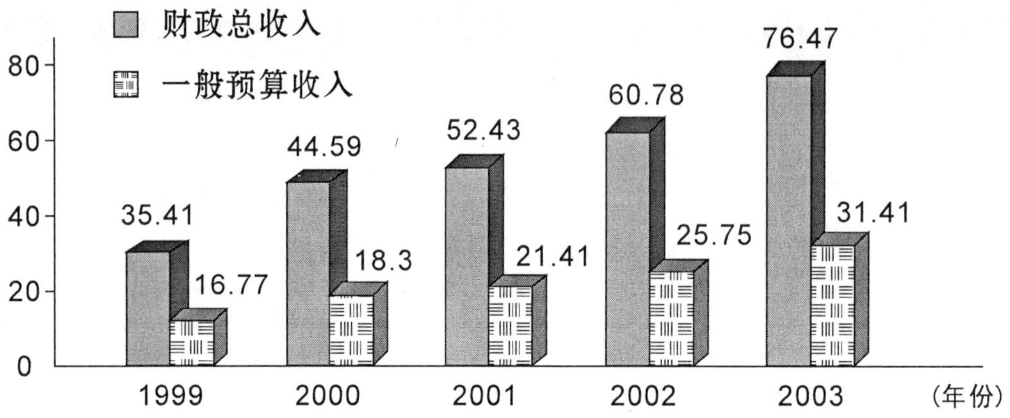

财政总收入增长速度（%）

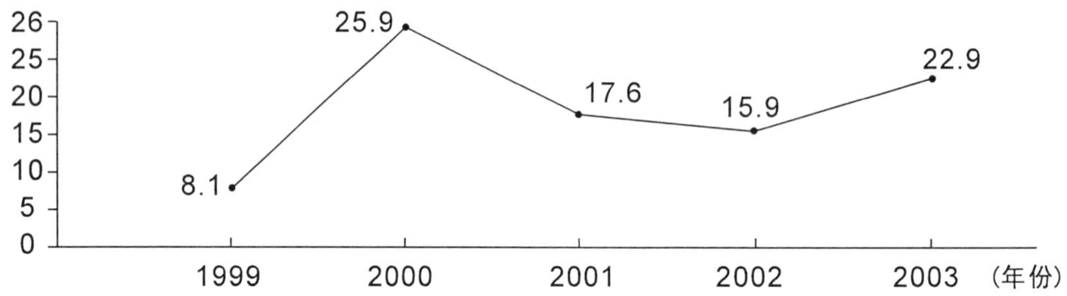

银 行 存 贷 款 余 额（亿元）

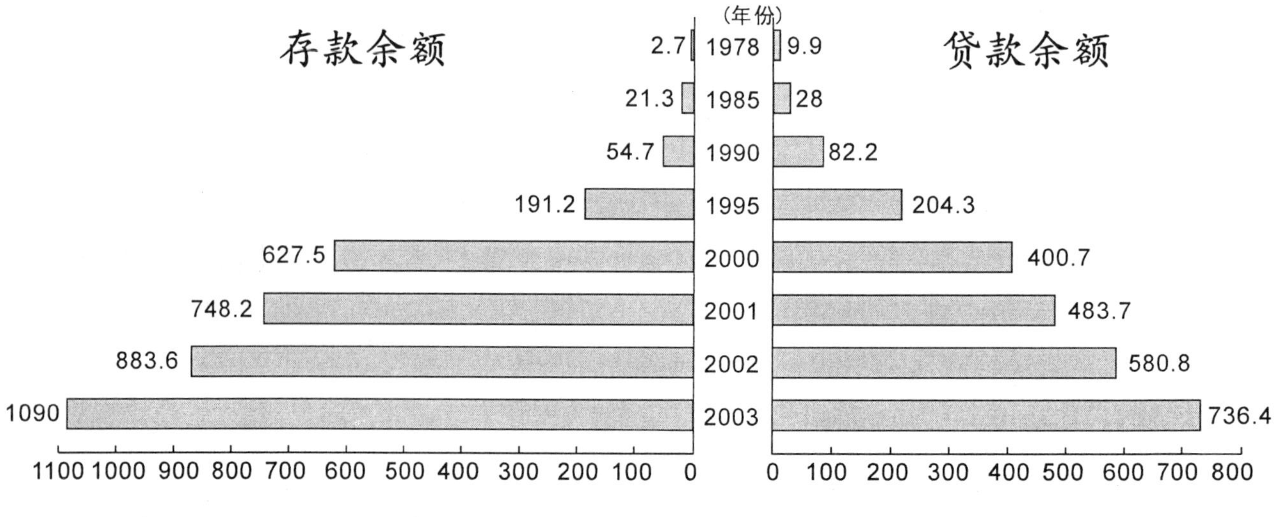

8－1 历年财政总收入和财政支出

年份	财政收入					财政支出		
	合计	企业收入	各项税收	#工商税收类	其他收入	合计	#文教、科学、卫生事业费支出	#行政管理费支出
1949	56	1	54		1	18		18
1950	1 910	4	1 303		233	149		80
1952	3 653	46	3 111	1 865	395	804		314
1955	5 341	98	4 578	3 914	166	1 335	686	402
1960	18 113	6 827	10 665	9 576	48	5 421	1 224	557
1965	11 911	1 596	10 232	9 317	85	3 022	968	569
1970	29 507	13 830	15 588	14 684	89	10 408	947	661
1975	16 089	966	15 090	14 207	32	6 078	2 032	951
1980	34 194	7 639	24 194	23 509	31	11 411	3 563	1 040
1985	55 665	1 285	53 337	55 887	1 043	24 455	6 402	2 262
1986	62 807	8 366	55 240	54 833	1 265	33 970	8 066	2 753
1987	66 114	4 801	58 355	56 597	2 320	34 442	8 430	2 970
1988	77 380	6 832	68 521	66 709	1 668	42 103	10 543	3 073
1989	88 600	3 796	81 364	78 903	2 868	49 048	11 962	5 206
1990	101 910	6 642	88 528	86 039	3 225	55 090	13 563	5 856
1991	108 438	8 238	98 136	95 441	2 386	62 186	14 015	6 426
1992	125 651	14 284	111 605	108 538	2 975	69 867	16 993	8 500
1993	164 968	9 916	145 662	142 394	4 681	71 828	19 990	7 115
1994	189 351	9 220	174 639	169 135	5 492	81 546	26 140	14 018
1995	220 392	10 644	200 734	179 762	9 014	102 101	30 186	18 828
1996	268 553	8 325	244 437	232 149	15 764	119 608	34 884	26 744
1997	290 225	13 856	248 346	238 888	28 023	145 353	39 320	14 486
1998	327 654	5 325	290 549	285 944	31 780	160 993	42 114	15 361
1999	354 125	5 755	314 022	309 045	34 348	218 821	46 863	18 886
2000	445 915	16 096	409 558	397 984	20 261	237 928	54 255	21 499
2001	524 268	30 603	444 056	444 056	49 609	283 229	65 106	25 644
2002	607 828					347 114	78 716	35 478
2003	764 711					395 944	88 017	41 808

8—2 地　方　财　政　收　入

2003年　　单位：万元

项　目	实　际　收　入
一般预算收入合计	**314 094**
工商税收类	218 106
农牧业税和耕地占用税类	40 551
企业所得税类	22 525
国有资产经营收益	2 382
罚 没 收 入	14 279
行政性收费收入	3 892
专 项 收 入	11 503
其 他 收 入	856
基 金 收 入	**20 467**

8—3 地　方　财　政　支　出

2003年　　单位：万元

项　目	实际支出数	项　目	实际支出数
合　计	**395 944**	文化、教育、科学事业费	67 376
基本建设支出	45 778	卫生经费	20 641
企业挖潜改造资金类	6 471	税务统计等部门的事业费类	19 721
科技三项费用类	4 448	抚恤和社会福利救济费类	14 393
支农支出（含农林水事业费）	19 765	行政管理费及公检法支出类	73 294
工业交通等部门的事业费类	1 364	国防、外交外事、武警部队支出	317
流通部门事业费类	911	政策性补贴支出类	1 408
城市维护费类	33 674	专项支出	9 449
行政事业单位离退休经费	16 484	其他支出类	13 512
社会保障补助支出	45 723	**基 金 支 出**	**23 941**

8—4 县区财政收入与支出

单位：万元

地区	财政收入		财政支出	
	2002	2003	2002	2003
全市	**274 523**	**314 094**	**347 114**	**395 944**
市本级	172 209	195 321	143 360	152 764
南昌县	20 540	23 357	37 873	42 121
新建县	15 673	14 961	29 086	32 000
进贤县	11 975	11 746	31 189	30 835
安义县	4 780	5 684	10 806	13 776
湾里区	3 371	4 617	7 768	9 830
青山湖区	11 602	14 747	17 011	20 523
东湖区	5 726	6 971	19 555	21 798
西湖区	5 812	7 006	15 595	22 175
青云谱区	3 237	4 378	8 151	10 793
昌北区	10 819	9 490	13 353	14 958
高新区	8 453	10 603	13 156	18 791
红谷滩区	326	5 213	211	5 580

8—5 历年银行存款与贷款

单位：万元

年份	年末存款余额	#企业存款	年末贷款余额	工业贷款	商业贷款	农业贷款
1949	179	153	18	10	8	
1950	1 990	865	53	31	4	18
1952	4 390	2 165	991	155	638	198
1955	5 298	1 682	6 611	226	6 043	341
1960	16 211	7 428	59 895	31 564	26 784	1 547
1965	18 022	13 350	30 845	9 941	18 688	2 202
1970	18 353	17 103	57 709	27 511	28 762	1 436
1975	28 874	21 462	75 590	42 852	30 602	2 136
1980	79 069	48 804	124 495	57 121	34 142	4 134
1985	212 594	85 489	280 325	102 072	126 745	9 512
1986	279 120	111 091	395 046	144 164	156 847	14 820
1987	326 295	128 210	467 779	166 560	182 686	18 240
1988	365 653	150 960	542 327	192 165	215 193	22 057
1989	411 551	151 482	671 863	242 878	270 014	26 567
1990	547 088	197 074	821 966	309 931	331 201	32 956
1991	697 950	245 715	982 895	354 253	40 042	42 145
1992	877 537	298 643	1 180 044	403 147	486 634	50 005
1993	1 120 739	349 387	1 426 183	475 958	558 854	60 746
1994	1 462 587	589 639	1 721 185	553 347	582 808	55 316
1995	1 912 127	759 818	2 043 053	672 039	627 058	70 696
1996	2 484 361	1 062 407	2 430 659	787 246	738 668	86 713
1997	2 990 353	1 299 735	2 908 996	897 179	921 886	100 710
1998	4 538 105	1 848 596	3 563 115	1 138 465	990 572	123 813
1999	5 447 080	2 350 951	4 054 545	1 218 517	1 034 144	130 735
2000	6 274 761	2 834 300	4 007 426	1 176 822	763 782	91 349
2001	7 481 703	3 195 355	4 837 239	1 176 305	861 226	83 490
2002	8 836 436	3 650 208	5 808 029	1 185 852	935 022	82 334
2003	10 900 197	4 439 313	7 364 103	1 375 116	979 089	78 099

8—6 金融机构资金来源

单位：万元

项　　目	2003	比年初增减额	
		2002	2003
资金来源合计	**8 572 028**	**901 608**	**1 569 948**
一、各项存款	**11 313 454**	**1 370 718**	**2 032 186**
1. 企业存款	4 451 774	453 695	792 610
# 定期	894 642	87 051	280 938
2. 财政存款	970 729	15 083	166 404
3. 机关团体存款	255 795	9 635	116 845
4. 储蓄存款	4 828 029	771 039	817 666
# 定期	3 018 166	408 947	417 703
5. 农业存款	91 130	11 201	22 697
6. 信托存款	13 167	– 424	– 9 500
7. 委托存款	– 20 370	– 2 148	– 43 029
8. 其他存款	723 200	112 637	168 493
二、金融债券	**– 44 543**	**92 372**	**– 16 186**
三、应付及暂收款	**169 214**	**– 6 493**	**13 139**
# 应付及预收利息	33 899	– 23 103	7 654
四、各项准备	**36 542**	**5 034**	**7 816**
# 贷款损失准备金	35 583		7 065
五、所有者权益	**200 636**	**22 258**	**76 850**
# 实收资本	137 724	7 560	34 270
当年结益	79 645	64 761	79 645
六、其　　他	**– 3 442 172**	**– 547 629**	**– 511 101**

8—7 金融机构资金运用

单位：万元

项目	2003	比年初增减额	
		2002	2003
资金运用合计	**8 572 028**	**901 608**	**1 569 948**
一、各项贷款	**7 724 164**	**952 273**	**1 543 142**
1. 短期贷款	3 957 720	288 172	549 679
工业贷款	1 375 382	77 152	189 531
商业贷款	979 089	−34 111	44 067
建筑业贷款	253 371	85 811	96 326
农业贷款	215 149	21 318	27 045
乡镇企业贷款	143 703	4 770	4 753
三资企业贷款	56 557	−13 015	−7 484
私营企业及个体贷款	30 978	−13 197	10 570
其他短期贷款	903 491	159 444	184 871
2. 中期流动资金贷款	248 073	64 332	−76 888
3. 中长期贷款	3 201 077	506 196	1 044 234
基本建设贷款	1 657 922	266 238	536 928
技术改造贷款	191 813	32 002	29 071
其他中长期贷款	1 351 342	207 956	478 235
4. 信托贷款	41 691	−17 955	−39 841
5. 融资租赁	143	−12	−2
6. 委托贷款	29 099	−299	876
7. 票据融资	230 458	113 732	66 106
8. 各项垫款	15 903	−1 893	−1 022
二、有价证券及投资	**288 275**	**−49 278**	**21 074**
三、应收及预付款	**195 934**	**−1 312**	**−34 108**
#应收利息	45 322	−36 579	−7 818
四、委托投资	**7 237**	**1 635**	**783**
五、金银占款	**1**	**−17 966**	
六、外汇占款	**58**	**167**	**7**
七、库存现金	**64 054**	**2 960**	**10 016**

8—8 银行机构资金来源

单位：万元

项　　目	2003	比年初增减额	
		2002	2003
资金来源合计	**7 790 258**	**912 372**	**1 535 726**
一、各项存款	**10 900 197**	**1 354 727**	**2 063 762**
1. 企业存款	4 439 313	454 139	789 108
#定　　期	887 035	86 771	276 896
2. 财政存款	970 721	15 160	166 442
3. 机关团体存款	252 817	8 994	116 003
4. 储蓄存款	4 503 022	744 010	769 536
#定　　期	2 800 735	399 230	387 377
5. 农业存款	11 652	7 867	-7 242
6. 其他存款	722 672	124 557	229 915
二、金融债券	**-38 358**	**92 372**	**-10 216**
三、应付及暂收款	**117 882**	**6 583**	**17 228**
#应付利息	28 296	-20 194	10 050
四、各项准备	**31 189**	**4 361**	**6 655**
#贷款损失准备金	31 013		6 655
五、所有者权益	**15 909**	**-16 364**	**-20 681**
#实收资本	34 941	4 758	2 999
当年结益	82 212	73 130	82 212
六、其　　他	**-3 496 000**	**-508 187**	**-410 081**

8—9 银行机构资金运用

单位：万元

项目	2003	比年初增减额	
		2002	2003
资金运用合计	**7 790 258**	**912 372**	**1 535 726**
一、各项贷款	**7 364 103**	**939 718**	**1 535 605**
1. 短期贷款	3 682 163	257 281	504 702
工业贷款	1 375 116	77 152	189 265
商业贷款	979 089	－34 111	44 067
建筑业贷款	253 371	85 811	96 326
农业贷款	78 099	－1 156	－4 235
乡镇企业贷款	58 192	－160	－31
三资企业贷款	56 557	－13 015	－7 484
私营企业及个体贷款	30 978	－13 197	10 570
其他短期贷款	850 761	155 957	176 224
2. 中期流动资金贷款	248 073	64 332	－76 888
3. 中长期贷款	3 188 286	506 266	1 043 487
基本建设贷款	1 654 172	266 238	533 178
技术改造贷款	191 813	32 002	29 071
其他中长期贷款	1 342 301	208 026	481 238
4. 票据融资	229 678	113 732	65 326
5. 各项垫款	15 093	－1 893	－1 022
二、有价证券及投资	**120 335**	**－64 156**	**－8 541**
三、应收及预付款	**137 118**	**4 627**	**－28 032**
#应收利息	37 720	－35 559	－10 439
四、买入返售证券	**28 440**	**29 824**	**24 460**
五、金银占款	**1**	**－17 966**	
六、外汇占款	**58**	**167**	**7**
七、库存现金	**55 671**	**3 913**	**9 540**

8—10 农村信用社存款与贷款

单位：万元

项　　　　　目	2003	比年初增减额	
		2002	2003
资金来源合计	**489 912**	**49 377**	**107 270**
一、各项存款	415 598	35 154	71 643
1. 企业存款	7 607	280	4 042
2. 储蓄存款	325 007	27 029	48 130
个人定期	217 431	9 717	30 326
活　　期	107 576	17 312	17 804
3. 机关团体存款	2 978	641	842
4. 农业存款	79 478	3 334	29 939
5. 其他存款	528	3 870	- 11 310
二、代理财政性存款	8	- 77	- 38
三、应付及暂收款	11 759	- 451	4 736
#应付及预提利息	2 902	54	578
四、向中央银行借款	6 000	- 1 000	- 1 000
五、同业往来	28 487	6 667	6 282
六、委托存款及委托投资基金（净）	12		11
七、代理金融机构委托贷款基金	1		
八、各项准备	3 431	5	704
九、所有者权益	7 504	2 456	3 372
十、其　　他	17 112	6 623	21 560
资金运用合计	**489 912**	**49 377**	**107 270**
一、各项贷款	282 511	31 014	51 037
1. 短期贷款	282 069	30 891	51 489
农业贷款	137 050	22 474	31 280
乡镇企业贷款	85 511	4 930	4 784
其他短期贷款	59 508	3 487	15 425
2. 中长期贷款	442	123	- 452
二、有价证卷及投资	13 498	- 18 469	7 671
三、应收及预付款	3 972	- 1 294	289
#应收利息	284	- 16	118
四、存放中央银行准备金存款	90 103	6 563	33 485
五、存放中央银行特种存款		6 500	- 6 500
六、同业往来	91 533	25 777	20 843
存放同业	91 523	28 277	21 193
拆放同业	10	- 2 500	- 350
七、库存现金	8 295	- 714	445

8—11 历年银行现金收支

单位：万元

年份	现金收入	#商品销售收入	#储蓄存款收入	现金支出	#工资性支出	#国家工资性支出	#农副产品采购支出	货币投放(+)或回笼(-)
1949			8					
1950			91					
1952	8 995	4 880	326	8 537	2 505		621	-458
1955	14 585	8 624	510	14 303	4 637		2 440	-282
1960	36 483	18 482	2 024	35 397	13 507		1 009	-1 086
1965	31 722	19 113	2 035	31 328	11 620		3 719	-394
1970	34 345	21 373	2 256	31 415	12 509		2 488	-2 930
1975	48 464	33 479	5 156	46 412	24 946	9 143	2 567	-2 052
1980	91 887	60 471	15 675	91 649	46 622	26 285	7 570	-238
1985	219 582	119 360	62 637	226 322	72 401	47 479	21 046	6 740
1986	274 079	139 568	89 238	274 805	106 616	50 243	26 438	726
1987	359 061	157 766	134 597	367 261	121 937	55 228	34 715	8 220
1988	509 682	204 126	211 771	543 149	153 412	67 714	45 151	33 467
1989	638 181	215 194	313 284	633 286	170 075	74 999	53 666	-4 895
1990	725 525	220 405	362 830	698 679	196 702	93 278	46 771	-26 846
1991	913 142	254 841	478 361	888 494	217 841	100 279	48 685	-24 648
1992	1 323 137	305 479	736 208	1 288 576	276 993	121 685	45 926	-34 561
1993	2 114 707	456 305	1 164 999	1 993 367	339 421	148 464	52 789	-121 340
1994	3 073 920	623 815	1 682 566	2 816 022	459 529	240 155	64 493	-257 898
1995	5 913 891	793 701	2 189 604	5 306 336	522 033	276 637	70 269	-607 555
1996	6 898 095	845 923	2 484 774	6 225 983	566 526	301 549	63 503	-672 112
1997	5 950 968	882 694	3 180 275	5 184 822	612 385	312 181	87 265	-766 146
1998	8 861 234	1 177 557	4 909 982	7 915 865	734 443	374 249	81 022	-945 369
1999	10 484 320	1 228 770	6 245 042	9 560 045	712 727	380 815	111 572	-924 275
2000	12 313 681	1 448 782	7 335 285	11 313 210	728 473	430 957	141 042	-1 000 471
2001	14 966 034	1 594 517	9 542 241	13 969 515	697 531	414 575	163 266	-996 519
2002	18 924 006	1 754 163	13 048 085	17 945 465	769 297	407 778	194 053	-978 541
2003	24 521 122	2 419 031	17 571 153	23 375 672	1 188 334	620 315	349 710	-1 145 450

8—12 金融机构现金收入

（2003年） 单位：万元

项　　目	2003	比上年增长%
收入合计	**26 047 229**	**30.3**
一、商品销售收入	2 453 663	37.6
二、服务业收入	1 189 350	26.4
三、税款收入	71 930	4.9
四、城乡个体经营收入	990 718	2.9
五、储蓄存款收入	18 627 158	34.9
六、其他金融机构收入	146 895	-16.8
七、居民归还贷款收入	224 788	29.6
八、汇兑收入	173 365	-24.3
九、有价证券收入	97 521	41.4
十、其他收入	2 071 841	16.3
投放（+）回笼（-）	-945 336	5.6

8—13 金融机构现金支出

（2003年）　　单位：万元

项　　目	2003	比上年增长%
支出合计	**25 101 893**	**31.4**
一、工资性支出	1 230 727	54.5
国家工资及奖金支出	637 760	52.4
国家对个人其他支出	252 013	16.7
部队存款支出	38 382	26.7
其他单位工资性支出	302 572	129.0
二、农副产品采购支出	393 213	87.5
三、工矿及其他产品采购支出	246 530	2.9
四、行政企事业管理费支出	1 467 432	41.0
五、城乡个体经营支出	1 078 944	35.4
六、储蓄存款支出	18 654 154	31.0
七、其他金融机构支出	212 898	-2.7
八、居民提取贷款支出	232 537	49.8
九、汇兑支出	68 660	-32.8
九、有价证券支出	67 007	31.3
十、其他支出	1 449 791	16.1

8—14 银 行 机 构 现 金 收 入

(2003年)　　单位：万元

项　　　　目	2003	比上年增长%
收入合计	**24 521 122**	**29.6**
一、商品销售收入	2 419 031	37.9
二、服务业收入	1 161 977	26.2
三、税款收入	60 226	5.5
四、城乡个体经营收入	820 550	-4.2
五、储蓄存款收入	17 571 153	34.7
六、其他金融机构收入	134 966	-21.7
七、居民归还贷款收入	96 983	31.2
八、汇兑收入	173 284	-24.1
九、有价证券收入	97 495	41.5
十、其他收入	1 985 457	13.9
投放（+）回笼（-）	-1 145 450	17.1

8—15 银行机构现金支出

(2003年)　　　　单位：万元

项　　目	2003	比上年增长%
支出合计	**23 375 672**	**30.3**
一、工资性支出	1 188 334	54.5
国家工资及奖金支出	620 315	52.1
国家对个人其他支出	236 536	12.8
部队存款支出	38 368	26.9
其他单位工资性支出	293 115	141.2
二、农副产品采购支出	349 710	80.2
三、工矿及其他产品采购支出	230 193	3.8
四、行政企事业管理费支出	1 432 848	41.8
五、城乡个体经营支出	787 794	25.3
六、储蓄存款支出	17 641 393	30.7
七、其他金融机构支出	205 987	-4.8
八、居民提取贷款支出	82 443	86.2
九、汇兑支出	67 898	-32.9
九、有价证券支出	66 995	32.5
十、其他支出	1 322 077	9.4

8—16 1978—2003年城乡居民储蓄种类

单位：万元

年份	城乡居民储蓄余额	城镇居民储蓄存款余额	定期	活期	农民储蓄存款余额	定期	活期
1978	8 947	8 281			666		
1979	11 610	10 877			1 033		
1980	17 596	15 675	8 145	7 530	1 921		
1981	21 868	18 908	14 792	4 116	2 960		
1982	29 154	24 381	18 711	5 670	4 773		
1983	38 824	31 960	25 768	6 192	6 864	3 991	2 893
1984	51 655	44 110	35 194	8 906	7 546	3 805	3 740
1985	70 563	60 019	47 204	12 815	10 550	6 099	4 451
1986	100 067	85 442	69 831	15 611	14 625	9 613	5 012
1987	136 269	116 939	94 212	22 727	19 330	12 820	6 510
1988	165 215	140 921	110 979	29 942	24 294	15 323	8 971
1989	230 534	200 275	170 660	29 615	30 259	21 825	6 744
1990	321 481	281 214	243 425	37 789	40 267	30 920	7 815
1991	421 877	368 485	317 413	51 072	53 392	40 184	11 916
1992	538 803	471 670	396 592	75 078	67 133	51 422	15 113
1993	706 424	619 431	505 154	114 277	86 993	64 430	22 075
1994	966 108	843 982	690 928	153 054	122 126	84 321	37 805
1995	1 259 559	1 103 752	920 136	183 616	155 807	120 745	35 062
1996	1 563 937	1 373 462	1 141 716	231 746	190 475	150 723	39 752
1997	1 824 475	1 608 930	1 310 741	298 189	215 545	172 936	42 609
1998	2 400 626	2 171 193	1 704 976	466 217	229 433	184 878	44 555
1999	2 640 460	2 206 159	1 656 006	550 153	434 301	344 132	90 169
2000	2 768 864	2 367 121	1 659 329	707 792	401 743	303 382	98 361
2001	3 239 324	2 799 586	1 872 405	927 181	439 738	317 703	122 035
2002	4 010 363	3 510 109	2 258 942	1 251 167	500 254	340 113	160 141
2003	4 828 029	4 222 067	2 625 906	1 596 161	605 962	392 260	213 702

8—17 城 乡 居 民 储 蓄

（2003年）　　单位：万元

项目	2003	比上年增长%
年末储蓄存款余额	**4 828 029**	**20.4**
城镇居民储蓄存款	**4 222 067**	**20.3**
定期	2 625 906	16.2
活期	1 596 161	27.6
农村存款	**605 962**	**21.1**
定期	392 260	15.3
活期	213 702	33.4

主 要 统 计 指 标 解 释

财政收入 国家财政参与社会产品分配所得的收入，是实现国家职能的财力保证。财政收入所包括的内容几经变化，目前主要包括：(1) 各项税收 包括增值税、营业税、消费税、土地增值税、城市维护建设税、资源税、城镇土地使用税、印花税、固定资产投资方向调节税、个人所得税、企业所得税、关税、农牧业税和耕地占用税等。

(2) 专项收入 包括征收排污费、征收城市水资源费收入、教育费附加收入等。

(3) 其他收入 包括基本建设贷款归还收入、国家能源交通重点建设基金收入、国家预算调节基金收入等。

(4) 国有企业计划亏损补贴 这项为负收入，冲减财政收入。

财政支出 国家财政将筹集起来的资金进行分配使用，以满足经济建设和各项事业的需要，主要包括：

(1) 基本建设支出 指按国家有关规定，属于基本建设范围内的基本建设有偿使用、拨款、资本金支出以及经国家批准对专项和政策性基建投资贷款，在部门的基建投资额中统筹支付的贴息支出。

(2) 企业挖潜改造资金 指国家预算内拨给的用于企业挖潜、革新和改造方面的资金。包括各部门企业挖潜改造资金和企业挖潜改造贷款资金，为农业服务的县办“五小”企业技术改造补助，挖潜改造贷款贴息支出。

(3) 地质勘探费用 国家预算用于地质勘探单位的勘探工作费用，包括地质勘探管理机构及其事业单位经费、地质勘探经费。

(4) 科技三项费用 国家预算用于科技支出的费用，包括新产品试制费、中间试验费、重要科学研究补助费。

(5) 支援农村生产支出 国家财政支援农村集体（户）各项生产的支出。包括对农村举办的小型农田水利和打井、喷灌等的补助费；对农村水土保持措施的补助费；对农村举办的小水电站的补助费；特大抗旱的补助费；农村开荒补助费；扶持乡镇企业资金；农村农技推广和植保补助费；农村草场和畜禽保护补助费；农村造林和林木保护补助费；农村水产补助费；发展粮食生产专项资金。

(6) 农林水利气象等部门的事业费用 国家财政用于农垦、农场、农业、畜牧、农机、林业、森工、水利、水产、气象、乡镇企业的技术推广、良种推广（示范）、植物（畜禽、森林）保护、水质监测、勘探设计、资源调查、干部训练等项费用，园艺特产场补助费，中等专业学校经费，飞播牧草试验补助费，营林机构、气象机构经费，渔政经费以及农业管理事业费等。

(7) 工业交通商业等部门的事业费 国家预算支付的工交商各部门用于事业发展的经费。包括勘探设计费、中等专业学校经费、技工学校经费、干部训练费。

(8) 文教科学卫生事业费 国家预算用于文化、出版、文物、教育、卫生、中医、公费医疗、体育、档案、地震、海洋、通讯、广播电影电视、计划生育、党政群干部训练、自然科学、社会科学、科协等项事业的经费支出和高技术研究专项经费。主要包括工资、补助工资、福利费、离退休费、助学金、公务费、设备购置费、修缮费、业务费、差额补助费。

(9) 抚恤和社会福利救济费 国家预算用于抚恤和社会福利救济事业的经费，包括由民政部门开支的烈士家属和牺牲病故人员家属的一次性、定期抚恤金，革命伤残人员的抚恤金，各种伤残补助费、烈军属、复员退伍军人生活补助费、退伍军人安置费，优抚事业单位经费，烈士纪念建筑物管理、维修费，自然灾害救济事业费和特大自然灾害灾后重建补助费等。

(10) 国防支出 国家预算用于国防建设和保卫国家安全的支出，包括驻防费、国防科研事业费、民兵建设以及专项工程支出等。

(11) 行政管理费 包括行政管理支出，党派团体补助支出，外交支出，公安安全支出，司法支出，法院支出，检察院支出和公检法办案费用补助。

中央财政收入和地方财政收入 按财政体制划分的中央本级收入和地方本级收入。1994年分税制财政体制以后，属于中央财政的收入包括关税、海关代征消费税和增值税，消费税，中央企业所得税，地方银行和外资银行及非银行金融企业所得税，铁道、银行总行、保险总公司等集中缴纳的营业税、所得税、利润和城市维护建设税，增值税的75%部分，海洋石油资源税和证券（印花）税50%部分。属于地方财政的收入包括营业税，地方企业所得税，个人所得税，城镇土地使用税，固定资产投资方向调节税，城镇维护建设税，房产税，车船使用税，印花税，屠宰税，农牧业税，农业特产税，耕地占用税，契税，增值税的25%部分，证券交易税（印花税）的50%部分和除海洋石油资源税以外的其他资源税。

中央财政支出和地方财政支出 根据政府在经济和社会活动中的不同职责，划分中央和地方政府的事权，按照政府的事权划分确定的支出。中央财政支出包括国防支出，武装警察部队支出，中央级行政管理费和各项事业费，重点建设支出以及中央政府调整国民经济结构、协调地区发展，实施宏观调控的支出。地方财政支出主要包括地方行政管理和各项事业费，地方统筹的基本建设、技术改造支出，支援农村生产支出，城市维护和建设经费等。

信贷资金 国家银行用于发放贷款的资金叫信贷资金。中国人民银行信贷资金的来源有各项存款、对国际金融机构负债、流通中货币、银行自有资金及当年结益等。信贷资金的运用有各项贷款、黄金占款、外汇占款、财政借款及在国际金融机构中的资产等。

存款 企业、机关、团体或居民根据可以收回的原则，把货币资金存入银行或其他信用机构保管并取得一定利息的一种信用活动形式。根据存款对象的不同可划分：企业存款、财政存款、机关团体存款、信托、城乡居民储蓄存款、农村存款等科目。

贷款 银行或其他信用机构根据必须归还的原则，按一定利率，为企业、个人等提供资金的一种信用活动形式。我国银行贷款，分流动资金贷款、中短期设备贷款以及农户贷款等科目。

九、农　业

AGRICULTURE

本篇内容包括:

1. 乡镇组织
2. 农村劳动力分布
3. 耕地面积变化
4. 农、林、牧、渔业生产
5. 主要农产品产量
6. 农业机械化水平
7. 乡镇企业情况

资料整理　刘　军　黄　菲

微机处理　黄　菲

农业总产值

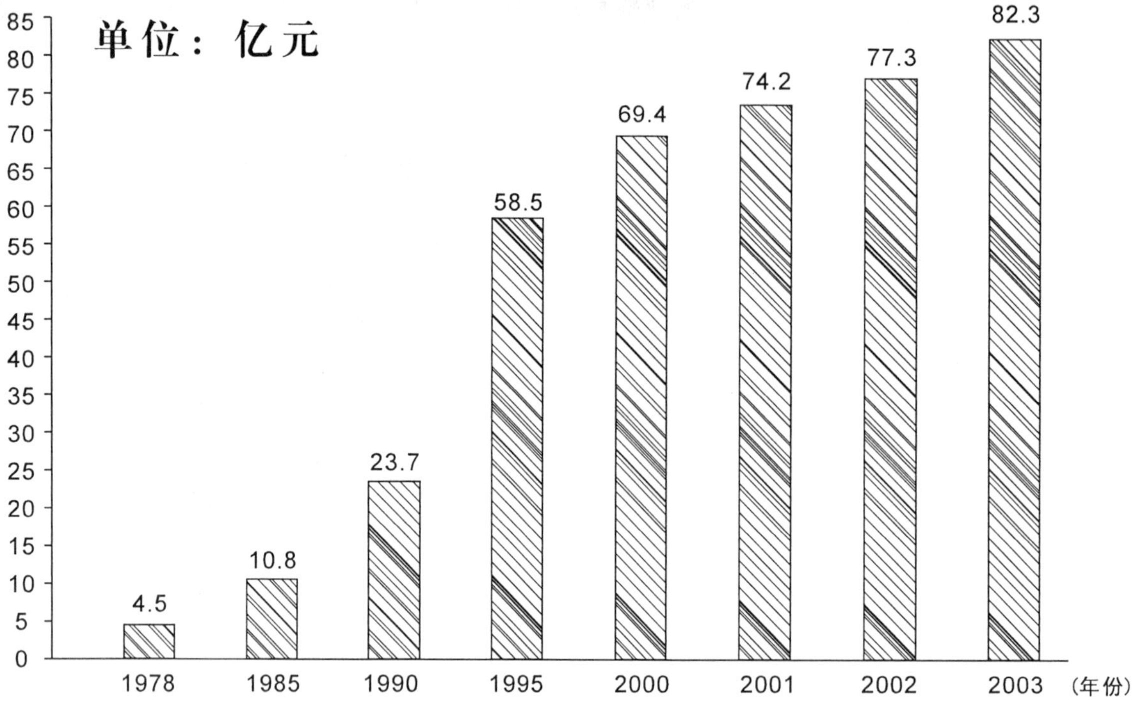

农林牧渔各业占总产值比率

单位：%

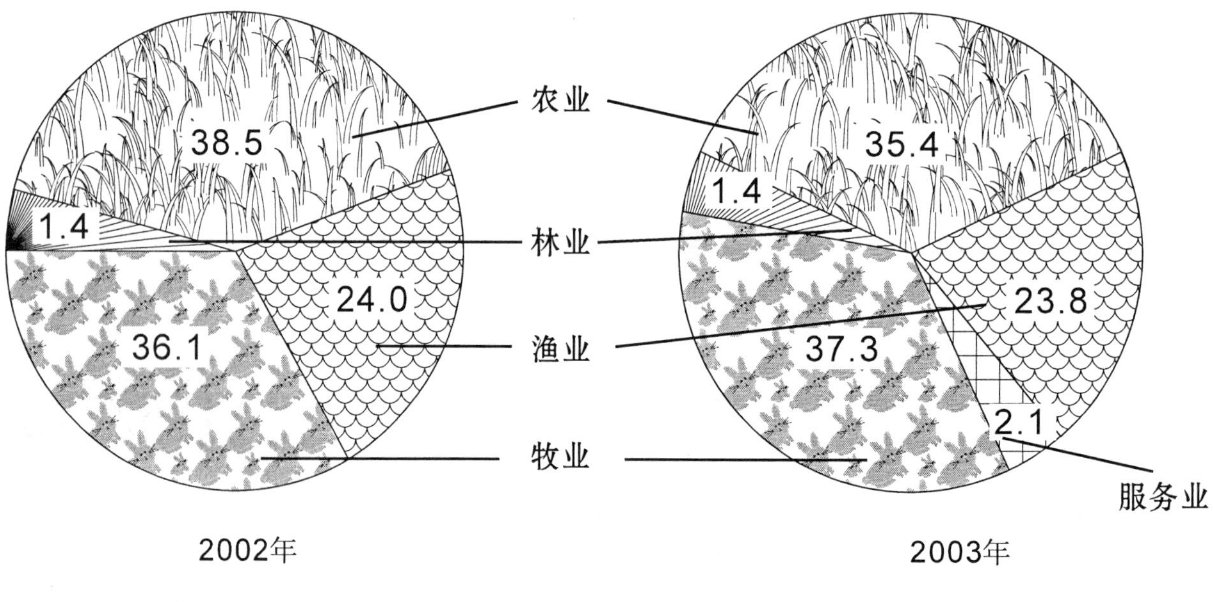

9-1 农村乡镇组织

(2003年)

项目	合计
一、乡镇政府（个）	80
#镇政府	47
二、村民委员会（个）	1 188
三、村民小组（个）	9 346
四、乡镇总户数（万户）	57.99
五、乡镇总人口（万人）	256.6
六、乡镇劳动力（万人）	124.5
#女性	58.5

9-2 县区乡镇组织

(2003年)

地区	乡镇政府（个）	#镇政府	村民委员会（个）	村民小组（个）	乡镇总户数（户）	乡镇总人口（万人）
合计	**80**	**47**	**1 188**	**9 346**	**579 953**	**256.6**
南昌县	16	9	265	2 251	172 891	72.2
新建县	19	10	309	2 074	116 983	58.4
进贤县	21	9	277	2 519	139 593	63.1
安义县	10	7	109	1 294	43 635	17.9
湾里区	4	3	41	246	10 950	4.4
青山湖区	6	5	99	437	44 378	17.7
青云谱区	1	1	9	53	4 916	2.1
昌北区	1	1	20	128	6 817	2.7
高新区	2	2	48	284	33 827	15.3
红谷滩区			11	60	5 963	2.8

9-3 乡村劳动力

(2003年)

单位：人

项目	合计	南昌县	新建县	进贤县	安义县	湾里区	青山湖区	青云谱区	昌北区	高新区	红谷滩区
总计	**1 245 267**	**354 353**	**283 258**	**313 155**	**80 975**	**19 710**	**84 329**	**11 556**	**14 998**	**68 747**	**14 186**
第一产业	779 939	247 767	210 821	162 290	42 521	14 507	41 474	5 846	8 953	38 564	7 196
第二产业	191 799	46 127	19 428	72 533	12 910	2 024	19 478	4 394	3 070	10 554	1 281
工业	114 217	22 977	11 121	45 045	5 983	965	17 064	3 478	2 350	4 929	305
建筑业	77 582	23 150	8 307	27 488	6 927	1 059	2 414	916	720	5 625	976
第三产业	273 529	60 459	53 009	78 332	25 544	3 179	23 377	1 316	2 975	19 629	5 709
交通、邮电	33 564	10 001	5 595	7 893	2 105	440	3 876	365	875	1 306	1 108
批发与零售业	58 422	14 215	14 583	11 691	1 998	636	6 194	461	660	7 689	295
其他行业	181 543	36 243	32 831	58 748	21 441	2 103	13 307	490	1 440	10 634	4 306

9-4 耕地面积变化情况

项目	1985	1990	1995	1998	1999	2000	2001	2002	2003
一、当年增加耕地（公顷）	129	170	306	44	149	201	1 516	575	110
新开荒地	24	161	91	35	26	158	18	10	72
其他	104	9	215	8	94	36	1 473	564	38
二、当年减少耕地（公顷）	1 072	318	702	1 179	1 277	1 984	1 010	12 105	15 457
(1) 国家基建	194	146	453	112	417	326	474	4 505	8 251
(2) 其他基建占地								2 184	828
(3) 退耕造林	137	3	41	39	189	108	18	2 324	3 957
(4) 退耕改园	0.4	4	112			63		39	4
(5) 其他减少耕地								3 053	2 416
三、年末实有耕地面积（万公顷）	21.81	21.58	21.30	22.46	22.34	22.17	22.22	21.06	20.87
水田	17.86	17.72	17.58	18.71	18.60	18.44	18.48	17.66	17.73
旱地	3.95	3.86	3.72	3.75	3.74	3.72	3.74	3.4	3.14
#水浇地			0.31	0.16	0.18	0.19	0.06	0.27	0.35

9-5 县区耕地面积变化情况

(分区域，2003年)　　单位：公顷

项目	合计	南昌县	新建县	进贤县	安义县	湾里区	青山湖区	青云谱区	昌北区	高新区	红谷滩区
一、当年增加耕地	110		74	15						21	
新开荒地	72		64	8							
其他	38		10	7						21	
二、当年减少耕地	15 457	3 395	1 307	3 070	340	311			641	651	5 742
(1) 国家基建	8 251	661	655	53	39	41			440	620	5 742
(2) 其他基建占地	828	280	69	146	9	97			201	26	
(3) 退耕造林	3 957	207	546	2 822	239	143					
(4) 退耕改园	4	4									
(5) 其他减少耕地	2 416	2 243	37	49	53	29				5	
三、年末实有耕地	208 666	72 031	50 559	48 290	16 413	2 417	4 266	402	600	6 113	7 575
水田	177 311	67 296	43 391	32 927	14 813	2 226	3 514	309	420	5 841	6 574
旱地	31 355	4 735	7 168	15 363	1 600	191	752	93	180	272	1 001
#水浇地	3 509		50	1 170	1 500		752		28	9	

9-6 县区农村劳动力资源及构成

(2003年)　　单位：人

项目	合计	南昌县	新建县	进贤县	安义县	湾里区	青山湖区	青云谱区	昌北区	高新区	红谷滩区
一、乡村劳动力资源总数	1 468 514	379 645	375 631	398 035	90 452	19 910	91 089	11 560	15 550	71 987	14 661
劳动年龄内的劳动力	1 339 238	346 984	352 911	374 073	61 736	16 862	83 121	11 560	11 830	66 581	13 580
二、乡村实有劳动力合计	1 245 267	354 353	283 258	313 155	80 975	19 710	84 329	11 556	14 998	68 747	14 186
按性别分											
男性	660 285	186 748	148 471	164 600	42 254	11 068	45 007	5 866	8 608	39 909	7 754
女性	584 982	167 605	134 787	148 555	38 721	8 642	39 322	5 690	6 390	28 838	6 432
按部门分											
农、林、牧、渔业	779 939	247 767	210 821	162 290	42 521	14 507	41 474	5 846	8 953	38 564	7 196
工业	114 217	22 977	11 121	45 045	5 983	965	17 064	3 478	2 350	4 929	305
建筑业	77 582	23 150	8 307	27 488	6 927	1 059	2 414	916	720	5 625	976
交通运输邮电业	33 564	10 001	5 595	7 893	2 105	440	3 876	365	875	1 306	1 108
批发与零售业	58 422	14 215	14 583	11 691	1 998	636	6 194	461	660	7 689	295
其他	181 543	36 243	32 831	58 748	21 441	2 103	13 307	490	1 440	10 634	4 306

9－7 1978－2003年农业总产值

（不变价）

单位：万元

年份	农业总产值	农业	林业	牧业	渔业	农林牧渔服务业
	（按1970年不变价格计算）					
1978	38 044	32 654	359	4 496	535	
1979	41 652	36 236	315	4 522	579	
1980	39 708	33 738	384	4 869	717	
1981	39 716	33 483	340	5 060	833	
	（按1980年不变价格计算）					
1981	52 669	43 701	665	6 765	1 538	
1982	65 998	53 402	739	10 077	1 780	
1983	69 500	54 930	722	11 451	2 397	
1984	79 743	62 354	737	14 090	2 562	
1985	85 660	64 748	1 225	16 637	3 050	
1986	87 508	64 261	1 224	18 534	3 489	
1987	94 921	69 147	1 252	19 941	4 581	
1988	96 786	66 038	1 234	23 858	5 656	
1989	101 911	69 984	1 305	24 346	6 276	
1990	107 574	73 863	1 323	25 591	6 797	
	（按1990年不变价格计算）					
1990	245 082	151 599	2 920	66 455	24 108	
1991	261 761	161 070	4 662	70 645	25 384	
1992	272 671	163 763	4 716	76 580	27 612	
1993	299 558	159 471	7 396	96 440	36 251	
1994	337 755	171 376	7 563	112 900	45 916	
1995	353 335	161 630	7 392	125 616	58 697	
1996	393 885	173 170	8 452	134 784	77 479	
1997	427 930	177 088	8 169	150 544	92 129	
1998	385 144	132 277	8 673	144 753	99 441	
1999	438 549	163 811	7 556	149 796	117 386	
2000	451 772	167 752	7 696	154 143	122 181	
2001	472 010	170 510	7 770	162 108	131 622	
2002	496 260	167 228	7 874	169 937	151 221	
2003	509 871	145 964	8 987	177 024	161 903	15 994

9－8 农 业 总 产 值

（分县区，2003年）　　单位：万元

地区	农业总产值	农业产值	林业产值	牧业产值	渔业产值	农林牧渔服务业产值
合计	**823 041**	**291 524**	**11 261**	**307 067**	**195 530**	**17 659**
南昌县	308 790	115 510	1 079	132 434	53 921	5 846
新建县	155 844	60 080	2 261	52 360	36 167	4 976
进贤县	186 296	62 068	1 766	46 581	73 731	2 150
安义县	60 480	20 334	3 680	21 051	13 991	1 424
湾里区	19 120	4 724	1 926	9 095	337	3 038
青山湖区	33 812	13 385	29	13 495	6 775	128
青云谱区	9 834	1 168		7 493	1 076	97
昌北区	17 579	4 094	418	12 581	486	
高新区	30 234	9 345	102	11 763	9 024	
红谷滩区	1 052	816		214	22	

9－9 不 变 价 农 业 总 产 值

（分县区，2003年）　　单位：万元

地区	农业总产值	农业产值	林业产值	牧业产值	渔业产值	农林牧渔服务业产值
合计	**509 871**	**145 964**	**8987**	**177 024**	**161 903**	**15 994**
南昌县	195 435	56 713	897	80 645	51 521	5 659
新建县	94 875	30 472	1 895	28 884	28 802	4 822
进贤县	116 746	31 071	1 112	26 487	56 526	1 550
安义县	35 200	8 575	2 898	10 607	12 268	852
湾里区	11 950	2 203	1 845	4 618	302	2 982
青山湖区	23 480	9 295	20	9 371	4 705	89
青云谱区	5 245	523		3 920	762	40
昌北区	7 099	1 707	250	4 877	265	
高新区	19 287	4 980	70	7 500	6 737	
红谷滩区	554	425		115	15	

9－10 农 业 总 产 值

（老口径）

单位：万元

	现价		不变价		
	2002	2003	2002	2003	2003年比上年增长%
农业总产值	**772 858**	**828 891**	**496 260**	**512 870**	**3.3**
农业	297 513	315 173	167 228	165 038	－1.3
林业	10 770	11 120	7 874	8 906	13.1
牧业	279 335	307 068	169 937	177 024	4.2
渔业	185 240	195 530	151 221	161 902	7.1

9－11 农 业 总 产 值

（新口径）

单位：万元

	现价		不变价		
	2002	2003	2002	2003	2003年比上年增长%
农业总产值	**773 133**	**823 041**	**500 280**	**509 871**	**1.9**
农业	280 432	291 524	153 906	145 964	－5.2
林业	10 770	11 261	7 874	8 987	14.1
牧业	279 335	307 067	169 937	177 024	4.2
渔业	185 240	195 530	151 221	161 903	7.1
农林牧渔服务业	17 356	17 659	17 342	15 994	－7.8

9－12 农、林、牧、渔业总产值

单位：万元

项目	按当年价格计算		按1990年不变价格计算		
	2002	2003	2002	2003	2003年比上年增长%
农林牧渔业总产值	**772 858**	**823 041**	**496 260**	**509 871**	**3.3**
一、农业产值	**297 513**	**291 524**	**167 228**	**145 964**	**－1.3**
粮食作物	151 356	159 817	84 732	80 300	－5.2
经济作物	21 632	26 212	12 997	12 076	－7.1
蔬菜园艺		89 467		44 014	
水果、坚果、饮料和香料		5 115		3 067	
中药材	196	203	107	114	6.5
其他农作物	12 163	10 711	7 259	6 393	－11.9
#饲料、绿肥	785	791	133	213	60.2
二、林业产值	**10 770**	**11 261**	**7 874**	**8 987**	**13.1**
营林	2 825	3 639	1 742	2 441	40.1
林产品	1 995	4 888	1 307	4 599	2.5倍
竹木采运		2 734		1 947	
三、牧业产值	**279 335**	**307 067**	**169 937**	**177 024**	**4.2**
牲畜饲养	161 028	21 827	87 694	9 294	3.3
牛		8 736		4 666	
羊	135	304	40	69	72.5
猪的饲养	150 159	173 900	81 515	85 818	5.3
家禽的饲养	41 759	110 786	26 149	81 600	6.5
捕猎	574	200	363	144	－60.3
其他动物饲养	1 175	354	969	168	－82.7
四、渔业产值	**185 240**	**195 530**		**161 903**	**7.1**
五、农林牧渔服务业产值		**17 659**		**15 994**	
补充资料：家庭兼营商品性工业		23 524	13 322	18 016	35.2

注：本表增长幅度按老口径计算。

9－13 农业商品产值和商品率

单位：万元

年份	农业商品产值	#农业	#林业	#牧业	#渔业	#农林牧渔服务业	农业商品率（%）
1985	58 668	37 717	276	16 913	3 762		54.4
1990	142 005	75 753	595	52 649	13 008		59.8
1991	147 586	77 843	538	51 600	17 605		59.1
1992	166 601	82 149	1 381	63 478	19 593		62.0
1993	204 552	92 328	2 353	82 146	27 725		61.0
1994	327 304	155 047	3 072	126 689	42 496		66.5
1995	374 221	161 098	2 876	148 702	61 545		64.0
1996	439 645	179 197	3 414	170 823	86 211		63.9
1997	485 310	176 708	3 115	200 714	104 773		63.9
1998	409 560	110 587	3 840	185 659	109 474		64.5
1999	459 893	149 329	3 391	181 458	125 715		66.8
2000	472 610	151 913	3 397	190 211	127 089		68.1
2001	507 406	164 577	3 791	202 918	118 468		68.4
2002	542 584	159 442	4 014	219 980	159 148		70.2
2003	587 501	152 034	4 164	245 738	167 943	17 622	71.4

9－14 农业商品产值和商品率

（分县区，2003 年）

单位：万元

年份	农业商品产值	#农业	#林业	#牧业	#渔业	#农林牧渔服务业	农业商品率（%）
合计	**587 501**	**152 034**	**4 164**	**245 738**	**167 943**	**17 622**	**71.4**
南昌县	222 392	59 409	787	106 393	49 957	5 846	72.0
新建县	120 013	33 806	320	47 140	33 771	4 976	77.0
进贤县	120 301	27 803	423	31 542	58 383	2 150	64.6
安义县	47 271	11 226	2 306	19 269	13 046	1 424	78.2
湾里区	13 324	2 439	200	7 366	281	3 038	69.7
青山湖区	24 000	9 509		9 587	4 813	91	71.0
青云谱区	8 170	491		6 668	914	97	83.1
昌北区	12 734	2 443	123	9 721	447		72.4
高新区	18 612	4 377	5	7 913	6 317		61.6
红谷滩区	684	531		139	14		65.0

9－15 农业总产出、中间消耗和增加值

项　　目	绝对数（万元）		构成（%）	
	2002	2003	2002	2003
一、农业总产出	**772 858**	**823 041**	**100.0**	**100.0**
农　　业	297 513	291 524	38.5	35.4
林　　业	10 770	11 261	1.4	1.4
牧　　业	279 335	307 067	36.1	37.3
渔　　业	185 240	195 530	24.0	23.8
农林牧渔服务业		17 659		2.1
二、农业中间消耗	**261 023**	**272 783**	**100.0**	**100.0**
农　　业	77 580	76 192	29.7	27.9
林　　业	3 162	3 212	1.2	1.2
牧　　业	127 465	131 170	48.8	48.1
渔　　业	52 816	54 963	20.2	20.1
农林牧渔服务业		7 246		2.7
三、农业增加值	**511 835**	**550 258**	**100.0**	**100.0**
农　　业	219 933	215 332	43.0	39.1
林　　业	7 608	8 049	1.5	1.5
牧　　业	151 870	175 898	29.7	32.0
渔　　业	132 424	140 566	25.9	25.5
农林牧渔服务业		10 413		1.9

9－16 农业中间物质消耗

项　　目	绝对数（万元）		构成（%）	
	2002	2003	2002	2003
总　　额	**252 191**	**272 783**	**100.0**	**100.0**
#用种费	17 914	18 951	7.1	6.9
饲料费	130 091	136 962	51.6	50.2
肥料费	28 382	27 631	11.3	10.1
燃料费	10 861	12 036	4.3	4.4
农药费	3 582	4 079	1.4	1.5
用电费	14 373	14 975	5.7	5.5
小农具购置费	1 574	1 369	0.6	0.5
办公用品消耗	638	694	0.3	0.3
物质性服务支出	27 411	38 447	10.9	14.1
其他物质消耗	17 365	17 639	6.9	6.5

9－17 农业总产出、中间消耗和增加值

（分县区，2003 年）

单位：万元

地区	农业总产出	中间消耗	增加值	占农业总产出比重（%）	
				中间消耗	增加值
合计	**823 041**	**272 783**	**550 258**	**33.1**	**66.9**
南昌县	308 790	98 881	209 909	32.0	68.0
新建县	155 844	46 671	109 173	29.9	70.1
进贤县	186 296	72 635	113 661	39.0	61.0
安义县	60 480	22 108	38 372	36.6	63.4
湾里区	19 120	6 754	12 366	35.3	64.7
青山湖区	33 812	11 949	21 863	35.3	64.7
青云谱区	9 834	4 024	5 810	40.9	59.1
昌北区	17 579	4 994	12 585	28.4	71.6
高新区	30 234	4 504	25 730	14.9	85.1
红谷滩区	1 052	263	789	25.0	75.0

9－18 农业中间消耗率

（分县区，2003年）

单位：%

地区	农业	林业	牧业	渔业	农林牧渔服务业
合计	**26.1**	**28.5**	**42.7**	**28.1**	**41.0**
南昌县	20.0	46.0	43.0	29.7	39.0
新建县	29.5	30.5	36.7	17.9	52.4
进贤县	32.3	29.0	51.3	36.5	57.9
安义县	29.3	26.1	60.9	16.6	3.9
湾里区	36.9	26.8	37.2	41.8	32.0
青山湖区	35.5	55.2	35.1	35.4	35.2
青云谱区	27.8		44.8	28.3	41.2
昌北区	10.4		35.7	16.5	
高新区	20.1	16.7	19.5	3.5	
红谷滩区	26.8		12.0	75.8	

9－19 农业增加值

单位：万元

项目	2002	2003
一、农业总产出	**772 858**	**823 041**
二、农业中间消耗	**261 023**	**272 783**
农业中间物质消耗	233 612	238 681
生产服务支出	27 411	26 856
三、农业增加值	**511 835**	**550 258**

9-20 农作物播种面积和产量

项目	播种面积（万公顷）		单产（千克/公顷）		总产量（万吨）		
	2002	2003	2002	2003	2002	2003	2003年比上年增长%
合计	**49.94**	**46.18**					
一、粮食作物	**29.41**	**27.16**	**5 130**	**4 989**	**150.88**	**135.53**	**-10.2**
稻谷	26.82	25.10	5 484	5 276	147.07	132.40	-10.0
早稻	10.79	10.04	5 183	5 054	55.94	50.75	-9.3
晚稻	16.02	15.06	5 688	5 422	91.13	81.65	-10.4
一晚	4.13	4.58	6 524	5 785	26.96	26.48	-1.8
二晚	11.89	10.48	5 396	5 266	64.17	55.17	-14.0
小麦	0.29	0.24	844	886	0.24	0.21	-13.9
薯类	0.50	0.47	3 130	3 003	1.57	1.41	-9.6
杂粮	0.04	0.03	2 277	2 779	0.08	0.08	-1.1
大豆	1.59	1.19	1 089	1 077	1.73	1.28	-25.7
二、经济作物	**10.20**						
棉花	0.16	0.20	1 017	579	0.16	0.11	-28.4
油料	8.74	7.54	871	915	7.61	6.90	-9.3
花生	1.79	1.76	2 194	1 999	3.92	3.51	-10.5
油菜籽	5.74	4.84	548	618	3.15	2.99	-5.0
芝麻	1.21	0.95	448	423	0.54	0.40	-26.0
甘蔗	0.09	0.10	35 761	33 118	3.04	3.22	5.8
三、其他农作物	**11.03**	**10.66**					
#瓜果类	0.21	0.21	18 452	18 187	3.82	3.83	0.4
蔬菜	3.83	3.81	30 768	30 028	117.78	114.29	-3.0
绿肥	6.99	6.64					

9－21 农作物播种面积

（分县区，2003年）　　单位：公顷

项目	全市	南昌县	新建县	进贤县	安义县	湾里区	青山湖区	青云谱区	昌北区	高新区	红谷滩区
合计	**461 770**	**154 616**	**116 328**	**123 376**	**31 043**	**4 670**	**12 191**	**830**	**2 051**	**15 862**	**803**
一、粮食作物	271 644	95 150	72 818	63 702	18 588	2 874	5 412	550	1 054	10 943	553
稻谷	250 959	93 649	67 108	51 407	17 824	2 715	5 383	550	960	10 830	533
早稻	100 418	38 999	24 542	23 784	5 021	545	2 275	275	100	4 674	203
晚稻	150 541	54 650	42 566	27 623	12 803	2 170	3 108	275	860	6 156	330
一晚	45 775	11 715	16 400	5 875	8 053	1 584	34		700	1 117	297
二晚	104 766	42 935	26 166	21 748	4 750	586	3 074	275	160	5 039	33
小麦	2 368		417	1 951							
薯类	4 712	505	1 976	1 763	254	62	24		56	55	17
杂粮	290	105	137	36	8		4				
大豆	11 906	582	2 708	8 145	379	14			28	48	2
二、经济作物	**78 352**	**8 362**	**24 833**	**37 051**	**6 249**	**295**	**89**		**157**	**1 153**	**163**
棉花	1 953		233	1 415	305						
油料	75 428	8 085	24 547	35 079	5 934	294	88		157	1 081	163
花生	17 552	769	7 657	7 189	1 525	81	3		140	41	147
油菜籽	48 408	7 166	15 905	19 740	4 249	193	85		15	1 040	15
芝麻	9 468	150	985	8 150	160	20			2		1
甘蔗	971	277	53	557	10	1	1			72	
三、其他农作物	**106 554**	**48 993**	**16 954**	**22 423**	**6 055**	**1 212**	**6 690**	**280**	**140**	**3 736**	**71**
#蔬菜	38 061	17 944	5 822	6 910	2 225	328	3 708	120	120	813	71
瓜果类	2 107	391	168	1 270	202	4	12		20	40	
绿肥	66 386	30 658	10 964	14 243	3 628	880	2 970	160		2 883	

9-22 主要农作物总产量

（分县区，2003年）

单位：吨

项目	全市	南昌县	新建县	进贤县	安义县	湾里区	青山湖区	青云谱区	昌北区	高新区	红谷滩区
一、粮食作物	**1 355 343**	**569 506**	**305 508**	**268 499**	**91 086**	**14 214**	**30 541**	**3 059**	**7 523**	**62 612**	**2 795**
稻谷	1 324 021	564 065	296 652	254 783	89 316	13 972	30 265	3 059	6 830	62 349	2 730
早稻	507 500	223 212	98 589	120 113	22 216	2 481	12 010	1 464	450	26 027	938
晚稻	816 521	340 853	198 063	134 670	67 100	11 491	18 255	1 595	6 380	36 322	1 792
一晚	264 821	78 173	86 753	32 090	45 570	8 647	226		5 020	6 707	1 635
二晚	551 700	262 680	111 310	102 580	21 530	2 844	18 029	1 595	1 360	29 615	157
小麦	2 098		419	1 679							
薯类	14 149	3 132	4 941	3 890	887	152	270		640	177	60
杂粮	806	444	129	111	120		2				
大豆	12 822	1 345	3 007	7 683	661	14			38	71	3
二、经济作物											
棉花	1 131		306	494	331						
油料合计	68 991	7 754	23 200	31 960	4 704	352	91		183	442	305
花生	35 091	2 284	13 568	16 506	2 020	144	3		170	102	294
油菜籽	29 894	5 343	9 149	12 150	2 619	183	88		11	340	11
芝麻	4 006	127	483	3 304	65	25			2		
甘蔗	32 158	14 188	1 675	15 721	100	23	50			401	
三、其他农作物											
#蔬菜	1 142 885	594 388	103 331	141 339	39 287	3 966	221 484	5 120	10 029	22 530	1 411
瓜果类	38 319	7 083	2 709	22 881	3 801	40	386		300	1 119	

9－23 茶叶、蚕茧、水果生产情况

项目	2002	2003	2003年比上年增长%
一、产量（吨）			
茶叶	712	758	6.5
#红毛茶	24	11	－54.2
绿毛茶	685	641	－6.4
蚕茧	7	9	28.6
水果	9 941	10 370	4.3
#柑桔	6 902	8 190	18.7
梨子	1 463	546	－62.7
桃子	860	915	6.4
二、年末茶圆面积（公顷）	**924**	**952**	**3**
#当年采摘	709	729	2.8
三、年末果园面积（公顷）	**6 703**	**5 812**	**－13.3**
#当年新增	132	83	－37.1
当年产果	3 701	3 619	－2.2

9－24 茶叶、蚕茧、水果产量

(分县区，2003年)　　单位：吨

地区	茶叶	#红毛茶	#绿毛茶	蚕茧	水果	#柑桔	#梨
合计	**758**	**11**	**641**	**9**	**10 370**	**8 190**	**546**
南昌县	336		336	4	2 489	2 184	184
新建县	81	2	79		814	714	36
进贤县	314	8	206	5	4 460	3 601	248
安义县	3	1	1		1 741	1 185	60
湾里区	17		17		484	161	18
青山湖区					147	147	
昌北区					120	98	
高新区					115	100	
红谷滩区	7		2				

9－25 茶园、果园面积

(分县区，2003年)　　单位：公顷

地区	茶园	果园	#柑桔	#梨
合计	**952**	**5 812**	**3 334**	**783**
南昌县	173	484	400	39
新建县	173	690	471	114
进贤县	170	2 985	1 740	392
安义县	2	979	343	229
湾里区	426	255	36	9
青山湖区		89	86	
昌北区		320	250	
高新区		10	8	
红谷滩区	8			

9－26 林 业 生 产 情 况

项　　　　目	2002	2003	2003年比上年增长%
一、当年造林面积（公顷）	6 533	10 325	58.0
用 材 林			
经 济 林	323	549	69.9
防 护 林	6 210	9 397	51.3
二、迹地更新面积（公顷）	10		
# 人 工 更 新	10		
三、封山育林面积（公顷）	9 364	7 647	－18.3
#本 年 新 封	800	747	－6.6
四、零星（四旁）植树（万株）	611	722	18.2
五、育 苗 面 积（公顷）	842	299	－64.5
#本 年 新 育	427	103	－75.8
六、幼林抚育作业面积（公顷次）	1 793	6 805	2.8倍
七、成林抚育面积（公顷）	4 660	315	－93.2
八、低产林改造面积（公顷）			
九、抚育改造出材量（万立方米）	0.74	0.06	－91.9
十、主要产品产量			
油 桐 籽（吨）	117	91	－22.2
油 菜 籽（吨）	3 797	3 930	3.5
乌 桕 籽（吨）	5		
板　　栗（吨）	273	200.2	－26.7
棕　　片（吨）	72	70	－2.8
松　　脂（吨）	588	685	16.5
木 材 采 伐（万立方米）	0.37	0.51	37.8
竹 林 采 伐（万根）	9.42	2.98	－68.4

9－27 牧 业 生 产 情 况

项 目	2002	2003	2003年比上年增长%
一、肉猪出栏数（万头）	220.40	223.24	1.3
二、出售和自宰肉用牛（万头）	3.04	3.39	11.5
出售和自宰肉用羊（只）	8 405	13 616	62
出售和自宰肉用兔（只）	25 928	29 740	14.7
出售和自宰肉用禽（万只）	3 421.20	3 439.67	0.5
三、肉类总产量（万吨）	22.42	22.94	2.3
猪 肉（万吨）	17.84	18.23	2.2
牛 肉（吨）	3 589	4 015	11.9
羊 肉（吨）	150	276	84
兔 肉（吨）	79	88	11.4
禽 肉（万吨）	4.18	4.25	1.7
四、牛羊奶产量（万吨）	5.83	6.23	6.8
五、禽蛋产量（万吨）	11.10	11.10	平
六、蜂蜜产量（吨）	176	227	29
七、牛年底数（万头）	22.14	22.49	1.5
#能繁殖母牛	11.06	11.23	1.5
当年生仔牛	3.79	4.13	9
黄 牛	10.02	10.07	0.5
水 牛	10.77	10.70	－0.7
良种及改良种乳牛	1.35	1.72	27.4
八、猪年底数（万头）	175.09	175.44	0.2
#能繁殖母猪	8.91	9.23	3.6
九、羊年底数（只）	13 371	1 717	28.4
十、兔年底数（只）	24 282	27 122	11.7
十一、家禽年底数（万只）	2 868.69	2 885.64	0.6
十二、年底养蜂数（箱）	4 710	4 269	－9.4

9－28 牧 业 生 产 情 况

（分县区，2003年）

项目	全市	南昌县	新建县	安义县	进贤县	湾里区	青山湖区	青云谱区	昌北区	高新区	红谷滩区
一、出栏肉猪头数（万头）	223.24	88.74	44.01	17.06	38.95	11.69	14.28	0.49	1.47	5.83	0.73
二、出售和自宰肉用牛（头）	33 855	8 588	5 894	3 985	11 521	361	1 374	135	856	809	332
出售和自宰肉用羊（只）	13 616	883	2 049	8 038	1 098	1 088				260	200
出售和自宰肉用兔（只）	29 740	1 400	1 250	8 390	16 100	570				2 030	
出售和自宰肉用禽（万只）	3 440	1 732	607	190	512	17	245	70	6	60	0.82
三、肉类总产量（吨）	229 361	96 844	45 438	16 331	37 722	10 092	14 059	1 072	1 530	5 667	606
猪肉	182 311	74 124	37 467	13 304	29 274	9 810	11 425	368	1 310	4 683	546
牛肉	4 015	1 039	786	478	1 239	49	178	4	112	82	48
羊肉	276	19	69	121	22	24				17	4
兔肉	88	3	4	21	54	1				5	
禽肉	42 545	21 555	7 112	2 385	7 133	208	2 456	700	108	880	8
四、牛奶产量（吨）	62 273	281	6 156		375		900	12 000	42 405	156	
五、禽蛋产量（吨）	111 049	70 850	6 800	5 014	16 971	881	5 260	1 800	110	3 324	39
六、蜂蜜产量（吨）	227	54	4	96	73						
七、牛年底数（头）	224 853	32 694	69 047	28 659	66 315	2 392	3 130	2 739	13 721	5 073	1 083
#能繁殖母牛	112 293	17 590	35 825	12 302	29 350	738	840	2 667	9 810	2 821	350
当年生仔牛	41 259	7 109	9 443	6 142	10 046	179	1 260	6	5 290	1 663	121
黄牛	100 705	14 378	36 094	10 056	34 847	1 234	331		720	2 547	498
水牛	106 980	18 156	31 333	18 603	31 368	1 158	2 420	72	1 021	2 414	435
良种及改良种乳牛	17 168	160	1 620		100		379	2 667	11 980	112	150
八、生猪年底数（万头）	175	60	38	15	33	8	14	0.3	1	5	0.4
#能繁殖母猪（头）	92 333	19 610	25 575	9 560	20 616	7 597	3 467	140	4 325	1 352	91
九、羊年底数（只）	17 171	2 249	1 847	9 389	1 770	1 496				110	310
十、兔年底数（只）	27 122	312	1 450	5 720	18 300	1 020				320	
十一、年底养蜂数（箱）	4 269	1 214	215	830	2 010						
十二、家禽年底数（万只）	2 886	1 119	426	152	486	16	540	65	6	74	3

9－29 渔业生产情况

项目	2002	2003	2003比上年增长%
一、渔业乡（个）			
二、渔业村（个）	39	34	－12.8
三、渔业户（万户）	1.72	2.1	22.1
四、渔业人口（万人）	8.10	9.00	11.1
五、渔业劳动力（万人）	4.88	5.1	4.5
专业劳动力（万人）	2.52	2.68	6.3
捕捞（人）	7 746	7 788	0.5
养殖（人）	14 966	15 989	6.8
兼业劳动力（万人）	2.36	2.4	1.7
六、已养殖面积（万公顷）	5.10	5.23	2.5
#池塘	1.04	0.96	－7.7
水库	0.46	0.47	2.2
湖泊	2.92	2.99	2.4
七、养殖单产（千克/公顷）			
#池塘	8 824	9 015	2.2
水库	4 532	4 920	8.6
湖泊	1 547	1 635	5.7
八、水产品总产量（万吨）	24.21	25.8	6.6
#养殖	18.86	20.34	7.8
池塘	9.20	8.68	－5.7
水库	2.10	2.29	9
湖泊	4.52	4.89	8.2
1.鱼类	21.69	18.9	－12.9
2.甲壳类	1.07	0.59	－44.9
3.贝类	1.26	0.66	－47.6
九、珍珠产量（千克）	4 881	60 000	11.3倍
十、鱼苗产量（亿尾）	19.97	21.8	9.2
十一、鱼种产量（吨）		18 884	

9－30 渔业生产情况

（分县区，2003年）

项目	全市	南昌县	新建县	安义县	进贤县	湾里区	青山湖区	青云谱区	昌北区	高新区
一、渔业乡（个）										
二、渔业村（个）	34	5	6		18		3	1	1	
三、渔业户（户）	20 651	5 558	3 849	901	9 065	20	596	170	108	384
四、渔业人口（人）	90 292	22 046	12 893	5 276	45 105	190	2 362	198	301	1 921
五、渔业劳动力（人）	50 843	18 668	8 032	2 881	17 477	146	1 952	108	301	1 278
专业劳动力	26 813	11 309	4 525	1 100	7 299	57	1 136	108	251	1 028
捕捞	7 788	3 030	1 586	131	2 867		166		8	
养殖	15 989	7 116	1 814	921	3 957	38	970	108	110	955
兼业劳动力	24 030	7 359	3 507	1 781	10 178	89	816		50	250
六、已养殖面积（公顷）	52 333	8 581	6 200	2 087	30 000	133	635	235	133	3 013
#池塘	9 625	3 636	1 297	1 087	1 904	21	556	35	109	133
水库	4 670	77	2 218	873	1 344	112			24	15
湖泊	29 915	829	1 572		24 590		11	200		2 667
七、养殖单产（千克/公顷）										
#池塘	9 015	9 495	10 590	7 050	9 960	5 580	9 435	10 500	7 050	8 775
水库	4 920	5 925	5 670	2 865	5 250	1 815			3 255	6 630
湖泊	1 635	3 120	5 295		1 230		5 340	4 680		2 460
八、水产品总产量（吨）	258 002	84 784	50 301	12 650	81 811	350	6 006	1 300	905	13 550
#养殖	203 402	62 025	43 347	10 912	63 443	345	5 856	1 300	879	8 950
池塘	86 817	34 537	13 740	7 673	18 952	119	5 248	364	772	1 170
水库	22 979	456	12 578	2 504	7 045	203			78	100
湖泊	48 905	2 591	8 324		30 357		57	936		6 540
1.鱼类	189 068	57 863	39 997	9 553	58 328	342	5 760	1 250	879	8 890
2.甲壳类	5 931	1 362	1 687	150	2 590		36	50		50
3.贝类	6 631	2 341	1 498	874	1 858		50			
九、珍珠产量（千克）	60 000	1 960		3	3 000		120			2 000
十、鱼苗产量（亿尾）	21.8	5.62	0.8	2.7	2.57					4.11
十一、鱼种产量（吨）	18 884	9 686	3 545	1 033	2 976	13	240			757

9－31 农 业 经 济 效 益

(2003年)

项 目	全 市	南昌县	新建县	进贤县	安义县	湾里区	青山湖区	青云谱区	昌北区	高新区	红谷滩区
农业劳动力创造农业总产值（元/人）	10 553	12 463	7 392	14 224	11 479	13 180	8 153	16 822	19 635	7 840	1 462
农业劳动力创造农业商品产值（元/人）	7 533	8 976	5 693	11 117	7 413	9 185	5 787	13 975	14 223	4 826	950
农业劳动力生产农产品（千克/人）											
粮 食	1 738	2 299	1 449	2 142	1 654	980	736	523	840	1 624	388
棉 花	1.45		1.45	7.78	3.04						
油 料	88.46	31.30	110.05	110.63	196.93	24.26	2.19		20.44	11.46	42.38
肉 类	294.08	390.87	215.53	384.07	232.44	695.57	338.98	183.37	170.89	146.95	84.21
水 产 品	330.8	342.19	238.6	297.5	504.1	24.13	144.81	222.37	101.08	351.36	
每公顷耕地产出农业总产值（元/公顷）	39 443	42 869	30 824	36 849	38 579	79 106	79 259	244 627	292 983	49 459	1 389

9-32 主要农业机械年末拥有量

项　　　　目	2002	2003	2003年比上年增长%
农业机械总动力（万千瓦）	135.68	143.74	5.9
大中型农用拖拉机（混合台）	2 809	3 286	17
（万千瓦）	6.88	8.45	22.8
小型及手扶拖拉机（混合台）	10 457	11 070	5.9
（万千瓦）	9.87	10.19	3.2
农用排灌动力机械（台）	55 740	57 423	3
（万千瓦）	38.99	40.83	4.7
#柴　油　机（台）	36 711	36 979	0.7
（万千瓦）	19.69	20.4	3.6
电　动　机（台）	18 991	20 404	7.4
（万千瓦）	19.29	20.42	5.9
农用水泵（台）	52 613	47 592	-9.5
动力脱粒机（台）	78 637	79 528	1.1
机动喷（雾）粉机（部）	164	205	25
（千瓦）	0.05	0.05	平
饲料粉碎机（台）	1 587	1 533	-3.4

9－33　农业机耕、水电、化肥、水利情况

项　　　　　　　　目	2002	2003	2003年比上年增长%
一、农业机械化情况			
当年实际机耕面积（万公顷）	12.95	13.18	1.8
机耕面积占耕地面积比重（%）	61.48	63.15	2.7
二、农业电气化情况			
农村用电量（万千瓦小时）	51 289	52 103	1.6
乡镇村办水电站个数（个）	19	18	－5.3
发 电 能 力（千瓦）	2 267	1 955	－13.8
三、农业化学化情况			
化肥施用量（实物量）（万吨）	30.61	30.07	－1.8
氮　　肥（万吨）	11.94	11.48	－3.8
磷　　肥（万吨）	9.51	9.35	－1.7
钾　　肥（万吨）	4.15	4.28	3.1
复　合　肥（万吨）	5.01	4.96	－1
化肥施用量（折纯量）（万吨）	11.37	11.22	－1.3
氮　　肥（万吨）	4.01	3.86	－3.7
磷　　肥（万吨）	3.20	3.14	－1.9
钾　　肥（万吨）	2.07	2.13	2.9
复　合　肥（万吨）	2.09	2.09	平
每亩耕地用化肥（实物量）（千克）	96.88	96.07	－0.8
每亩耕地用化肥（折纯量）（千克）	35.98	35.85	－0.4
四、农业水利化情况			
有效灌溉面积（万公顷）	20.00	20.10	0.5
有效灌溉面积占耕地面积比重（%）	94.96	96.30	1.4
旱涝保收面积（万公顷）	16.12	16.05	－0.4
旱涝保收面积占耕地面积比重（%）	76.55	76.90	0.5

9－34　农业机耕、水电、化肥、水利情况

（分县区，2003 年）

项　　　　目	全　市	南昌县	新建县	进贤县	安义县	湾里区	青山湖区	青云谱区	昌北区	高新区	红谷滩区
一、农业电气化情况											
农村用电量（万千瓦小时）	52 103	14 730	9 551	9 456	1 519	561	10 570	1 176	1 710	2 817	13
每亩耕地用电量（千瓦小时）	166	136	126	131	62	155	1 652	1 950	1 900	307	1
乡镇村办水电站个数（个）	18	3	3	1	4	4			3		
发 电 能 力（千瓦）	1 955	464	205	300	480	116			390		
二、农业化学化情况											
1. 化肥施用量（实物量，吨）	300 695	112 827	79 905	65 972	24 875	2 146	5 900	214	903	7 083	870
氮　　肥（吨）	114 782	43 647	32 173	24 980	8 335	330	2 635	65	380	1 951	286
磷　　肥（吨）	93 464	34 749	26 672	20 490	7 198	361	1 774	53	125	1 842	200
钾　　肥（吨）	42 845	15 649	10 954	9 346	4 120	290	1 024	48	75	1 230	109
复　合　肥（吨）	49 604	18 782	10 106	11 156	5 222	1 165	467	48	323	2 060	275
2. 化肥施用量（折纯量，吨）	112 206	48 926	25 516	19 748	11 758	912	1 927	93	265	2 887	174
氮　　肥（吨）	38 563	14 403	9 651	8 745	3 825	113	882	24	94	769	57
磷　　肥（吨）	31 396	17 374	5 338	4 100	3 262	72	355	21	25	809	40
钾　　肥（吨）	21 323	7 824	5 477	4 671	2 060	145	461	24	28	611	22
复　合　肥（吨）	20 924	9 325	5 050	2 232	2 611	582	229	24	118	698	55
每亩耕地用化肥（实物量，千克）	96	104	105	91	101	59	92	35	100	77	8
每亩耕地用化肥（折纯量，千克）	36	45	34	27	48	25	30	15	29	31	2
三、农业水利化情况											
有效灌溉面积（万公顷）	20.09	7.15	4.92	5.04	1.84	0.31	0.75		0.08		
有效灌溉面积占耕地面积比重（%）	96.26	99.31	97.31	104.35	112.19	129.17	174.42				
旱涝保收面积（万公顷）	16.05	6.17	3.54	3.91	1.37	0.29	0.75		0.02		
旱涝保收面积占耕地面积比重（%）	76.90	85.69	70.02	80.95	83.54	120.83	174.42		33.33		

9－35 水利灌溉设施

（年末数）

项目	2002	2003
一、工程座数		
蓄水工程（座）	494	492
中型水库（座）	7	7
小（一）型水库（座）	63	65
小（二）型水库（座）	424	420
塘坝（座）	4 854	4 868
引水工程（座）	154	155
机电灌站（座）	2 242	2 234
机电井（眼）	64	64
二、蓄水工程总库容	**3.99**	**4**
中型水库（亿立方米）	1.20	1.20
小（一）型水库（亿立方米）	1.56	1.59
小（二）型水库（亿立方米）	1.23	1.22
塘坝（亿立方米）	0.76	0.36
三、有效灌溉面积（万公顷）	**20.00**	**20.09**
蓄水工程（万公顷）	4.37	3.56
中型水库（万公顷）	1.21	1.2
小（一）型水库（万公顷）	1.24	1.24
小（二）型水库（万公顷）	1.13	1.11
塘坝（万公顷）	0.78	0.78
引水工程（万公顷）	6.28	6.22
30万亩以上（万公顷）	5.45	4.59
10－30万亩（万公顷）	0.47	1.27
万亩以下（万公顷）	0.36	0.36

9－36　1984—2003年农作物受灾情况

单位：公顷

年份	受灾面积	旱灾	水灾	病虫灾	其他
1984	70 286	5 040	2 613	31 273	7 840
1985	89 460	21 227	14 320	51 873	2 040
1986	130 369	75 174	31 285	15 763	8 147
1987	94 488	17 600	14 350	22 819	39 719
1988	126 560	76 366	23 800	12 793	
1989	138 667	12 333	102 000	1 300	11 334
1990	212 673	115 160	70 073	4 767	22 673
1991	85 866	52 133	18 867	5 733	9 093
1992	96 066	33 933	46 200	3 367	12 706
1993	158 466	4 600	150 653	1 387	773
1994	58 948	1 531	42 298	1 032	2 054
1995	131 915		98 186		33 729
1996	23 510		10 700		
1997	65 000		56 000	4 000	
1998	164 148		164 000		148
1999	57 826		57 826		
2000	36 968	13 403	4 917		18 648
2001	32 824	12 658	15 143	5 023	
2002	93 116	11 265	23 170	36 248	22 433
2003	160 679	7 999	152 680		

年份	成灾面积	旱灾	水灾	病虫灾	其他
1984	50 627	2 246	16 833	25 573	5 973
1985	41 420	6 980	8 040	25 753	647
1986	76 483	50 783	13 400	7 022	5 278
1987	62 568	13 519	11 535	12 001	25 513
1988	102 360	72 400	17 000	6 133	1 667
1989	99 266	7 800	80 866	4 713	800
1990	105 327	62 280	33 860	2 287	6 900
1991	58 466	37 133	10 600	3 086	7 600
1992	68 133	20 466	37 360	1 393	6 960
1993	89 673	3 133	85 853	153	280
1994	36 365	1 043	29 921	517	665
1995	92 340		78 730		13 610
1996	16 430		7 490		
1997	43 000		38 000	2 000	
1998	164 148		164 000		148
1999	43 904		43 904		
2000	30 974	11 402	3 044		16 528
2001	30 181	10 963	14 207	5 011	
2002	64 686	9 020	16 960	27 825	10 881
2003	126 215	6 835	119 380		

9－37 农村电力生产

（2003年）

地区	农村用电量（万千瓦小时）	水电站发电能力（千瓦）	水电站发电量（万千瓦小时）
合计	**52 103**	**1 955**	**159**
南昌县	14 730	464	77
新建县	9 551	205	12
进贤县	9 456	300	4
安义县	1 519	480	46
湾里区	561	116	16
青山湖区	10 570		
青云谱区	1 176		
昌北开发区	1 710	390	4
高新区	2 817		
红谷滩区	13		

主 要 统 计 指 标 解 释

农业总产值 以货币表现的农、林、牧、渔四业全部产品的总量。它反映一定时期内农业生产的总规模和总成果。

农、林、牧、渔业的统计范围包括国有经济的各种专业农（农、林、牧、渔）场以及国家各级机关团体学校、部队；集体所有制的乡、镇、村各级办农场；工矿企业经营的农、林、牧、渔业，农村各种经济和农户经营的农林牧渔业和农民家庭兼营的商品性工业等。

(1) 农业 包括种植业和其他农业。

种植业 包括谷物、豆类、著类、棉、油料、糖料、麻类、烟叶、蔬菜、药材、瓜类和其他农作物的种植，以及茶园、桑园、果园的生产经营。

其他农业 包括采集野生植物的果实、纤维、树胶、树脂、油料以及柴草、野生药材、菌类等及农民家庭兼营的商品性工业。

(2) 林业 包括林木的栽培（不包括茶园、桑园和果园的栽培、管理和收获等活动）、林产品的采集和村及村以下合作经济组织和农户的竹木采伐。

(3) 牧业 包括除渔业养殖以外的一切动物饲养和放牧以及野生动物的捕猎和饲养。

(4) 渔业 包括水生动物和海藻类植物的养殖和捕捞。

农业总产值的计算方法通常是按农林牧渔业产品及其副产品的产量分别乘以各自单位产品价格求得，少数生产周期较长，当年没有产品或产品产量不易统计的，则采用间接方法匡算其产值，然后将四业产品产值相加即为农业总产值。

副业，1993 年起已取消。其原包括的采集野生植物及农民家庭兼营商品性工业，并入农业的“其他农业”中；原包括的野生杂柴、小山竹产值并入林业；原包括的捕猎并入牧业之中。

农林牧渔业中间消耗 指各种经济类型的农业生产单位和农户，在农业生产经营过程中投入（或消耗）的各种物质产品和劳务价值的总和。包括中间物质消耗和中间劳务消耗两个部分。计入中间消耗必须具备以下两个条件：一是与总产出相对应的生产过程中消耗的物质产品和劳务活动；二是本期投入并一次性消耗的不属于固定资产的非耐用品。

农林牧渔业增加值 指各种经济类型的农业生产单位和农户从事农业生产经营活动所提供的社会最终产品的货币表现。增加值的计算方法有两种，一是生产法：农林牧渔业增加值 = 农林牧渔业总产出 - 农林牧渔业中间消耗；二是分配法：农林牧渔业增加值 = 固定资产折旧 + 劳动者报酬 + 生产税净额（生产税 - 生产补贴） + 营业盈余。

固定资产折旧 指在生产经营过程中逐步消耗并转移到产品成本和流通费用中的那部分价值。它包括两个部分：一是当年按一定标准提取的固定资产折旧；二是农业生产单位实际发生或预提的固定资产修理费。

劳动者报酬 指各种经济类型的农业生产单位的劳动者和农户在从事农业生产经营活动取得的以各种形式支付的报酬和收入。对于农业企业是指列入成本和销售费用的工资，不包括从利润、营业外收入、专用经费等列支的工资。对于农村集体和农户，是指农民从农业集体生产单位取得的劳动报酬和农民的农业纯收入（扣除生产性固定资产折旧）。

生产税 指农业生产单位和农户在生产、销售过程中向国家缴纳的农业税、农林特产税、宰屠税、渔业税、牧业税、销售税等利前税。

生产补贴 指国家直接支付给农业生产单位的补贴。

营业盈余 指生产要素在生产过程中创造的剩余价值，具体是指社会总产品扣除中间投入、固定资产折旧、劳动者报酬、生产税净额后剩余部分。

农林牧渔业总产出 指各种经济类型的农业生产单位或农户从事农业生产经济活动的总成果。包括农林牧渔业产品总量和劳务活动的总成果（即对非物质生产部门的劳务支出）两部分。

农村固定资产 是指农村各级合作经济组织，乡（镇）各级办企业事业单位，新经济联合体以及农民家庭经营的可供长期使用并在其使用过程中基本上保持其原有形态的劳动资料、其他物质资料以及用于人民文化和生活福利的设施。农村固定资产统计的标准，需同时具备以下两个条件，即使用年限在三年以上，单位价值在50元以上，在乡镇工业企业中，规定单位价值在200元以上，使用年限在一年以上；如企业的主要设备虽低于200元，而使用年限在一年以上的，也划为固定资产。

粮食产量 指全社会的产量。包括国有经济经营的、集体统一经营的和农民家庭经营的粮食产量，还包括工矿企业办的农场和其他生产单位的产量。粮食除包括稻谷、小麦、玉米、高粱、谷子及其他杂粮外，还包括薯类和豆类。其产量计算方法，豆类按去豆荚后的干豆计算；薯类（包括甘薯和马铃薯，不包括芋头和木薯）1963年以前按每4公斤鲜薯折1公斤粮食计算，从1964年开始及以后改为按5公斤鲜薯折1公斤粮食计算。城市郊区作为蔬菜的薯类（如：马铃薯等）按鲜品计算，并且不做为粮食统计。其他粮食一律按脱粒后的原粮计算。

油料产量 指全部油料作物的生产量。包括花生、油菜籽、芝麻、向日葵籽、胡麻籽（亚麻籽）和其他油料。不包括大豆，也不包括木本油料和野生油料。花生以带壳干花生计算。

水产品产量 指人工养殖的水产品和天然生长水产品的捕捞量。包括海水的鱼类、虾蟹类、贝类和藻类以及淡水的鱼类、虾蟹类和贝类，不包括淡水水生植物。

猪、牛、羊肉产量 指当年出栏并已屠宰后除去头蹄下水后带骨肉（即胴体）的重量。

有效灌溉面积 指即具有一定的水源，地块比较平整，灌溉工程或设备已经配套，在一般年景下当年能够进行正常灌溉的面积。

农业机械总动力 指主要用于农、林、牧、渔业的各种动力机械的动力总和，包括耕作机械、排灌机械、收获机械、农产品加工机械、运输机械、植物保护机械、牧业机械、林业机械、渔业机械和其他农业机械（内燃机按引擎功率折成瓦（特）计算，电动机按功率折成瓦（特）计算）。不包括专门用于乡、镇、村、组办工业、基本建设、非农业运输、科学试验和教学等非农业生产方面用的动力机械与作业机械。

耕地面积 指年初可以用来种植农作物、经常进行耕锄的田地，除包括熟地、当年新开荒地、连续撂荒未满三年的耕地和当年的休闲地（轮歇地）外，还包括以种植农作物为主并附带种植桑树、茶树、果树和其他林木的土地，以及沿海、沿湖地区已围垦利用的“海涂”、“湖田”等面积。但不包括属于专业性的桑园、茶园、果园、果木苗圃、林地、芦苇地、天然或人工草地面积。

农作物播种面积 指实际播种或移植有农作物的面积。凡是实际种植有农作物的面积。不论种植在耕地上还是种植在非耕地上，均包括在农作物播种面积中。在播种季节基本结束后，因遭灾而重新改种和补种的农作物面积，也包括在内。

农用化肥施用量 指本年内实际用于农业生产的化肥数量。包括氮肥、磷肥、钾肥和复合肥。化肥施用量要求按折纯量计算数量。折纯法化肥施用量是把氮肥、磷肥和钾肥分别按含氮、含五氧化二磷、含氧化钾的百分之一百成份折算后的数量。复合肥按其所含主要成分折算。

农林牧渔业劳动力 指直接参加农林牧渔业生产劳动的劳动力。

畜禽存栏数 指本期期初（末）农村各种合作经济和国营农场、农民个人、机关、团体、学校、工矿企业、部队等单位以及城镇居民饲养的大牲畜、猪、羊、家禽等畜禽的存栏头（只）数。

十、工　　业

INDUSTRY

本篇内容包括：

1. 工业总产值
2. 主要工业产品产量
3. 支柱产业主要指标
4. 乡及乡以上独立核算工业企业和年产品销售收入500万元及以上村及村以下企业主要经济指标
5. 规模以上工业企业主要经济指标

资料整理及微机处理

谢晓灿
张志萍
许卫群
宣　治
袁　芳

217/277

工 业 总 产 值

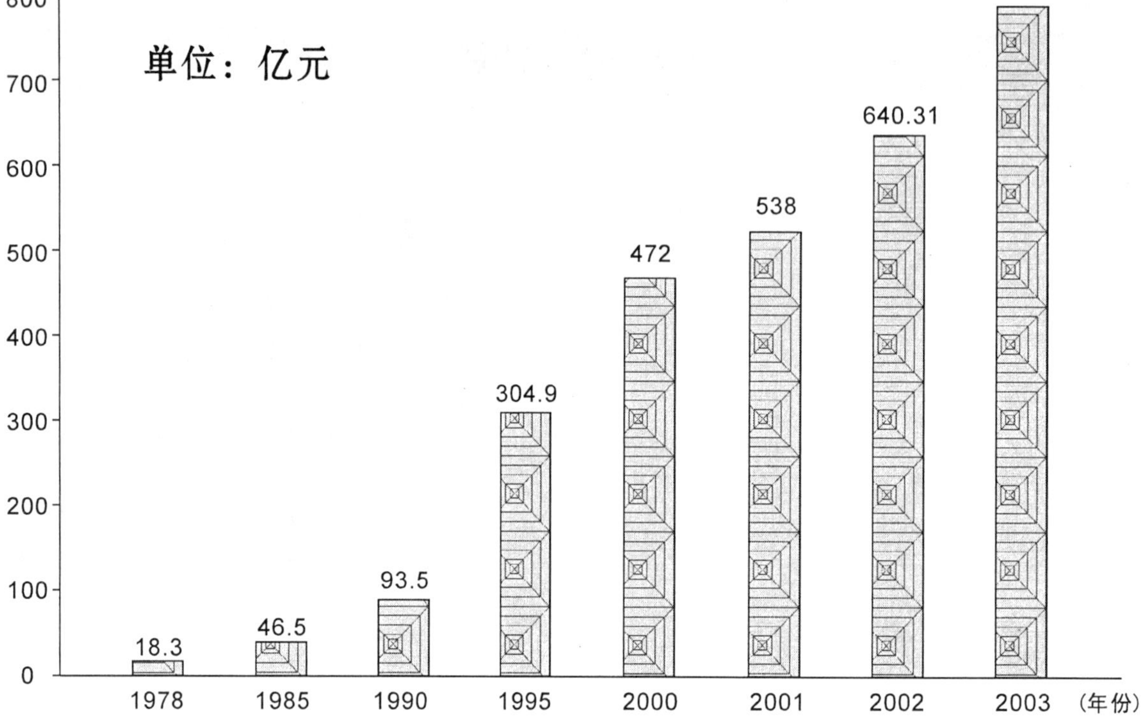

工业总产值构成（%）
（500万元以上）

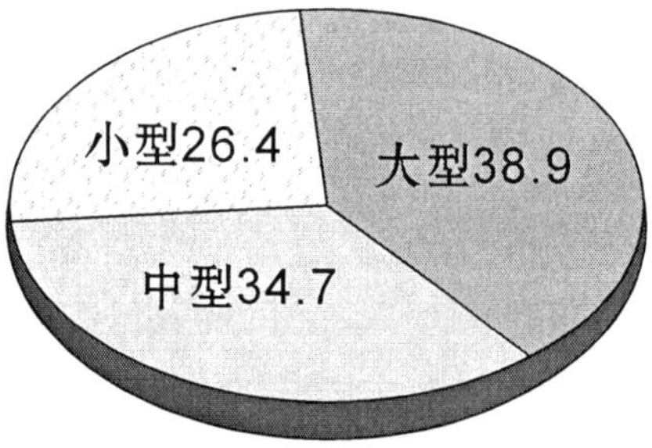

2002 年

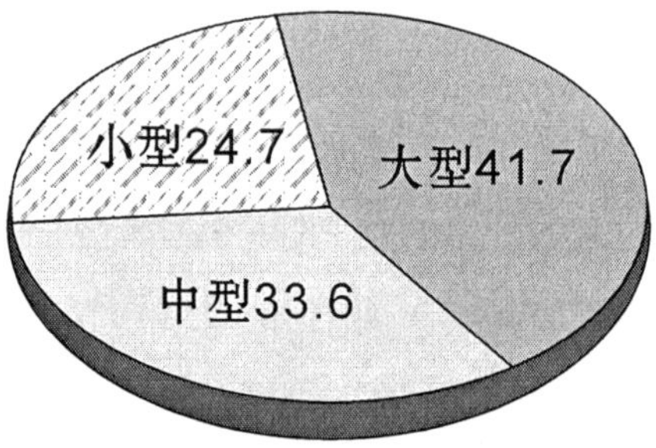

2003年

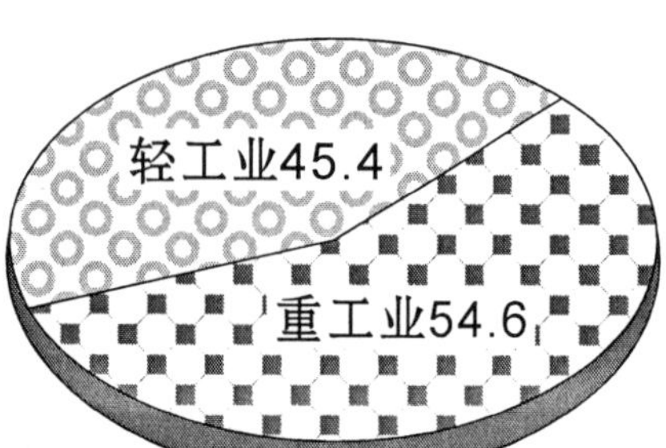

2002 年

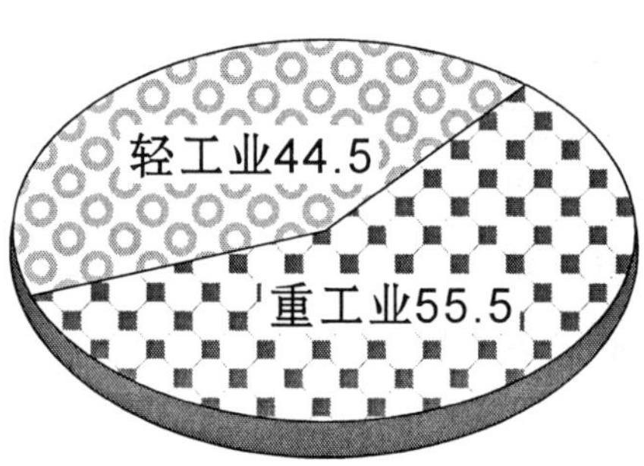

2003年

10－1 全 市 工 业 总 产 值

(2003年)

分 类	2003	比上年增长%
全市工业总产值		
乡及乡以上工业	4 293 353	15.1
#规模以上工业	4 149 169	16.8
1. 按经济类型分		
#国有经济	837 606	－3.0
集体经济	100 616	－18.0
2. 按轻、重工业分		
轻 工 业	1 847 832	16.1
重 工 业	2 301 336	17.3
3. 大中型工业	3 125 507	22.2
市属工业总产值		
乡及乡以上工业	2 828 039	16.7
#规模以上工业	2 695 391	19.9
1. 按经济类型分		
#国有经济	176 820	－16.3
集体经济	98 164	－16.7
2. 按轻、重工业分		
轻 工 业	1 271 345	20.7
重 工 业	1 424 046	19.3
3. 大中型工业	1 734 011	29.6

10－2 主 要 年 份 工 业 总 产 值

单位：万元

指 标	1995	2000	2001	2002	#规模以上	2003	#规模以上
工业总产值	**2 041 084**	**2 854 683**	**3 057 718**	**3 474 895**	**3 299 897**	**4 293 353**	**4 149 169**
国有经济	1 204 382	690 148	759 354	785 496	785 496	845 317	837 606
集体经济	465 878	540 521	250 814	204 948	126 400	126 679	100 616
其他经济	1 575 206	1 624 014	2 047 550	2 484 451	2 388 001	3 321 357	2 728 268
#外商及港澳台投资企业	154 933	608 317	676 438	815 769	813 284	1 087 898	1 082 109
股份制企业	195 219	853 171	1 099 948	1 340 788	1 328 223	502 038	496 786

注：本表为全市乡及乡以上独立核算工业企业及村及村以下年产品销售收入500万元以上工业企业口径。

10－3　主要年份工业企业主要指标

单位：万元

指　　标	1995	2000	2001	2002	#规模以上	2003	#规模以上
单位数（个）	2 375	1 778	1 659	1 135	504	1 020	500
从业人员（人）		246 998	221 905	216 811	191 899	218 372	195 487
工业总产值	2 041 084	2 854 683	3 057 718	3 474 895	3 299 897	4 293 353	4 149 169
产品销售收入	1 872 297	2 554 809	2 845 287	3 348 025	3 191 313	4 223 029	4 088 976
利润总额	13 321	114 048	105 448	144 343	141 251	236 067	232 231
税金总额	116 107	215 228	251 079	289 538	285 893	348 856	344 125
固定资产原价	1 479 818	2 189 293	2 266 253	2 418 904	2 339 926	2 690 677	2 623 086
固定资产净值	1 092 335	1 522 148	1 541 769	1 618 959	1 563 057	1 736 616	1 687 007

注：本表为乡及乡以上独立核算工业企业及村及村以下年产品销售收入500万元以上工业企业口径，以下同。

10—3　续表

单位：万元

指　　标	1995	2000	2001	2002	#规模以上	2003	#规模以上
工业销售产值		2 750 044	2 967 162	3 385 189	3 217 833	4 239 275	4 099 999
出口交货值		113 693	155 389	176 407	175 922	214 461	213 238
工业增加值	530 452	885 881	936 282	1 118 478	1 072 538	1 399 707	1 356 247
固定资产净值年平均余额	814 937	1 532 372	1 495 596	1 618 798	1 563 262	1 717 461	1 665 369
流动资产合计	1 512 944	2 030 740	2 006 773	2 308 038	2 241 100	2 710 835	2 629 367
流动资产年平均余额	1 425 654	1 885 466	2 000 685	2 260 787	2 194 459	2 554 797	2 478 593
年末资产总计	3 165 223	4 190 310	4 179 194	4 701 199	4 562 298	5 437 780	5 281 145
年末负债合计	2 138 053	2 703 362	2 496 630	2 856 336	2 762 553	3 290 844	3 196 767
流动负债合计	1 468 484	1 980 054	2 058 309	2 371 865	2 290 174	2 747 022	2 666 410
年末所有者权益	1 027 170	1 486 948	1 682 564	1 651 787	1 606 669	1 910 991	1 848 433
成本费用总额		2 361 906	2 637 885	3 085 039	2 933 772	3 822 957	3 700 154

10－4 工 业 主 要 指 标

（按地域分，2003 年） 单位：万元

项 目	企业数（个）	#大中型	年平均从业人员（人）	工业总产值（当年价）	工业增加值（当年价）
总 计	**500**	**66**	**195 487**	**4 149 169**	**1 356 247**
东湖区	41	12	23 379	336 479	123 028
西湖区	52	12	24 466	648 942	298 151
青云谱区	59	11	53 024	1 181 028	332 027
湾里区	33		2 887	33 562	9 483
青山湖区	161	16	49 761	1 325 913	422 930
南昌县	28	3	10 115	233 096	62 995
新建县	48	6	12 952	216 322	50 895
安义县	17	1	2 230	31 982	9 197
进贤县	61	5	16 673	141 845	47 541

注：本表为全部国有及年销售收入 500 万元以上非国有工业企业口径，以下同。

10－4 续表 （按地域分，2003 年） 单位：万元

项 目	流动资产	固定资产	负债合计	产品销售收入	利税总额
总 计	**2 629 367**	**2 031 388**	**3 196 767**	**4 088 976**	**576 356**
东湖区	357 960	341 294	499 065	320 307	40 394
西湖区	365 458	273 317	455 736	593 469	212 985
青云谱区	895 555	673 254	1 053 952	1 192 722	158 237
湾里区	21 719	14 202	35 663	29 597	964
青山湖区	730 500	533 010	837 745	1 323 437	117 043
南昌县	80 999	76 232	100 538	288 908	22 947
新建县	112 043	57 427	144 636	174 161	10 982
安义县	13 377	14 216	16 196	38 964	2 137
进贤县	51 755	48 437	53 235	127 411	10 668

10－5 县区工业主要指标

(按隶属关系分，2003年) 单位：万元

项目	企业数(个)	#大中型	年平均从业人员(人)	工业总产值(当年价)	工业增加值(当年价)
县区合计	**303**	**15**	**54 321**	**1 158 530**	**397 946**
县小计	**127**	**11**	**30 788**	**499 163**	**142 652**
南昌县	23	3	9 086	226 701	60 634
新建县	31	3	5 607	105 766	27 405
安义县	17	1	2 230	31 982	9 197
进贤县	56	4	13 865	134 714	45 416
区小计	**176**	**4**	**23 533**	**659 367**	**255 294**
东湖区	5		544	8 078	2 222
西湖区	6	1	1 773	22 710	3 822
青云谱区	30		3 526	60 366	14 505
湾里区	27		2 021	31 123	8 467
青山湖区	83	1	11 072	355 618	172 098
南昌经济技术开发区	25	2	4 597	181 473	54 181

注：本表为全部国有及年销售收入500万元以上非国有工业企业口径，以下同。

10－5 续表 (按隶属关系分，2003年) 单位：万元

项目	流动资产合计	固定资产合计	负债合计	产品销售收入	利税总额	附：乡及乡以上工业总产值	附：乡及乡以上工业增加值
县区合计	**368 877**	**315 886**	**402 031**	**1 152 912**	**85 782**	**1 286 685**	**437 141**
县小计	**152 188**	**143 068**	**164 202**	**522 129**	**38 641**	**591 625**	**172 270**
南昌县	66 647	65 810	74 665	278 423	21 459	273 296	75 436
新建县	25 314	22 154	25 476	83 770	4 339	111 660	29 401
安义县	13 377	14 216	16 196	38 964	2 137	35 013	10 150
进贤县	46 850	40 888	47 866	120 973	10 706	171 658	57 284
区小计	**216 690**	**172 818**	**237 829**	**630 783**	**47 141**	**695 059**	**264 871**
东湖区	4 569	1 013	4 099	7 030	600	8 807	2 415
西湖区	6 386	4 942	6 357	21 058	1 258	24 395	4 256
青云谱区	13 334	9 665	14 813	58 355	914	69 463	17 299
湾里区	15 232	9 016	19 314	27 866	1 417	50 377	12 682
青山湖区	66 118	71 190	84 045	322 549	35 375	358 736	173 921
南昌经济技术开发区	111 052	76 993	109 201	193 925	7 577	183 281	54 299

10－6 市直属工业主要指标

（按隶属关系分，2003年） 单位：万元

项目	企业数（个）	#大中型	年平均从业人员（人）	工业总产值（当年价）	工业增加值（当年价）
市直合计	**126**	**28**	**73 312**	**1 536 861**	**417 062**
工业局	**67**	**22**	**52 827**	**1 142 057**	**306 791**
资产公司	63	20	33 030	360 850	116 912
江联集团	1	1	1 585	31 523	10 598
江铃集团	3	1	18 212	749 685	179 280
非工业局	**59**	**6**	**20 485**	**394 803**	**110 271**
民政局	5		653	12 730	3 732
商贸委	2		1 505	6 150	1 250
粮食局	6		921	1 977	341
林业局	9	1	3 916	54 223	12 151
其他各局	9	2	4 009	63 089	27 443
高新区	28	3	9 481	256 636	65 355

注：本表为全部国有及年销售收入500万元以上非国有工业企业口径，以下同。

10－6续表 （按隶属关系分，2003年） 单位：万元

项目	流动资产合计	固定资产合计	负债合计	产品销售收入	利税总额	附：乡及乡以上工业总产值	附：乡及乡以上工业增加值
市直合计	**1 189 883**	**830 847**	**1 502 285**	**1 479 356**	**173 243**	**1 541 354**	**418 521**
工业局	**901 938**	**575 408**	**1 211 785**	**1 100 441**	**125 121**	**1 142 425**	**306 901**
资产公司	439 121	301 341	715 171	315 637	13 655	361 218	117 023
江联	44 818	19 849	46 597	30 023	597	31 523	10 598
江铃集团	417 999	254 218	450 017	754 781	110 869	749 685	179 280
非工业局	**287 945**	**255 439**	**290 499**	**378 915**	**48 123**	**398 930**	**111 621**
民政局	6 593	5 338	9 281	11 757	992	13 362	4 085
商贸委	1 247	10 764	11 013	3 164	－396	6 150	1 250
粮食局	9 164	5 367	9 036	2 006	－165	1 977	341
林业局	23 327	16 539	46 319	36 432	3 283	55 185	12 212
其他各局	38 641	88 295	63 343	63 277	10 848	63 131	27 391
高新区	208 973	129 138	151 508	262 279	33 561	259 124	66 342

10－7 支柱产业主要指标

（2003年）

单位：万元

项目	企业单位数（个）	全部从业人员年平均人数（人）	工业总产值	工业销售产值	#出口交货值	利税总额
总计	**400**	**177 597**	**3 927 524**	**3 883 758**	**191 728**	**563 348**
农副食品加工业	41	6 575	166 271	162 864	1 005	1 351
食品制造业	24	5 359	116 553	113 220	37	7 362
方便食品制造	9	1 966	43 768	42 562	37	1 825
液体乳及乳制品制造	3	1 482	33 026	31 226		3 063
饮料制造业	11	3 061	53 049	50 735		11 042
烟草制品业	1	1 530	312 889	319 133	1 645	204 285
纺织业	60	19 127	219 388	216 849	51 055	18 134
纺织服装、鞋、帽制造业	12	4 472	35 130	34 414	16 259	551
造纸及纸制品业	9	1 887	27 418	29 014	462	－7 197
印刷业和记录媒介的复制	20	6 344	113 429	106 934	13	26 404
化学原料及化学制品制造业	39	10 341	169 136	166 444	20 461	10 401
医药制造业	34	24 080	558 745	560 011	7 341	64 055
中成药制造	9	10 678	340 282	333 935		47 493
化学纤维制造业	2	2 006	56 452	55 687	42	1 755
橡胶制品业	7	1 515	46 616	46 136		1 885
黑色金属冶炼及压延加工业	10	14 604	515 572	531 411	1 862	43 841
炼钢	1	10 941	413 526	429 352	1 862	39 351
钢压延加工	9	3 663	102 046	102 058		4 489
通用设备制造业	31	7 654	108 224	108 291	3 333	7 463
锅炉及原动机制造	5	2 995	40 422	40 373	1 076	－34
专用设备制造业	21	5 933	30 912	29 705	140	574
交通运输设备制造业	24	38 759	900 336	870 223	60 533	111 050
汽车制造	12	19 846	733 706	722 729	11 537	105 191
摩托车制造	4	848	6 226	5 823		111
航空航天器制造	1	16 770	145 626	126 960	48 330	4 749
电气机械及器材制造业	28	8 169	170 089	163 172	3 319	13 437
通信设备、计算机及其他电子设备制造业	13	7 437	170 454	167 914	24 221	19 025
电力、热力的生产和供应业	8	6 100	122 097	116 837		20 624
水的生产和供应业	5	2 644	34 764	34 764		7 306

10－8 市属支柱产业主要指标

（2003 年）　　单位：万元

项　　目	企业单位数（个）	全部从业人员年平均人数（人）	工业总产值	工业销售产值（当年价格）	#出口交货值	利税总额
总　计	**343**	**114 048**	**2 503 249**	**2 469 940**	**132 837**	**246 790**
农副食品加工业	39	5 661	161 251	157 296	907	1 827
饲料加工	17	1 437	70 253	68 518		－629
食品制造业	21	4 284	101 848	99 256	37	7 584
方便食品制造	9	1 966	43 768	42 562	37	1 825
液体乳及乳制品制造	2	588	20 811	19 754		3 554
饮料制造业	10	3 036	52 856	50 538		10 995
纺　织　业	59	18 860	217 570	214 985	51 055	18 089
纺织服装、鞋、帽制造业	9	2 070	32 897	32 043	15 823	1 083
造纸及纸制品业	7	1 587	23 904	24 994	462	－7 322
印刷业和记录媒介的复制	15	3 623	42 055	41 089	13	3 694
化学原料及化学制品制造业	33	6 981	128 767	124 834	20 049	9 059
医药制造业	28	16 782	449 580	450 697	1 397	41 760
中成药制造	8	9 354	271 696	264 013		27 771
化学纤维制造业	1	208	3 268	3 024	42	153
橡胶制品业	7	1 515	46 616	46 136		1 885
黑色金属冶炼及压延加工业	8	957	13 351	13 262		2 219
钢压延加工	8	957	13 351	13 262		2 219
通用设备制造业	26	6 395	105 099	105 474	3 169	8 267
专用设备制造业	17	4 052	26 798	25 864	140	1 302
交通运输设备制造业	16	19 468	735 693	724 100	12 203	105 918
汽车制造	8	18 380	724 249	713 263	11 537	104 995
摩托车制造	3	549	5 001	4 653		309
电气机械及器材制造业	25	7 055	149 793	143 934	3 319	13 136
通信设备、计算机及其他电子设备制造业	12	7 279	164 185	164 669	24 221	18 995
电力、热力的生产和供应业	5	1 591	12 954	12 981		840
水的生产和供应业	5	2 644	34 764	34 764		7 306

10－9 主要工业产品生产量和销售量

（2003年）

项目	生产量	销售量
配混合饲料（吨）	384 029	408 157
乳制品（吨）	5 679	5 773
罐头（吨）	1 455	1 488
白酒（吨）	6 122	6 255
啤酒（吨）	137 312	137 356
软饮料（吨）	38 469	38 879
卷烟（箱）	373 359	365 082
化学纤维（吨）	45 001	42 636
合成纤维（吨）	45 001	42 636
纱（吨）	21 478	9 131
布（万米）	7 879	7 450
棉布（万米）	4 562	4 213
混纺交织布（万米）	3 313	3 233
纯化纤布（万米）	4	4
丝（吨）		2
丝织品（万米）	3 258	3 322
服装（万件）	8 763	9 191
锯材（立方米）		94
机制纸（吨）	36 269	37 385
新闻纸（吨）	31 569	32 070
机制纸板（吨）	2 435	2 460
润滑油（吨）	5 174	4 835
焦炭（吨）	460 599	
氢氧化钠（烧碱）（折纯，吨）	18 822	6 958
合成氨（吨）	82 900	852
农用氮、磷、钾化学肥料总计（折纯，吨）	32 399	33 108
氮肥（折含N100%，吨）	29 947	30 656
尿素（吨）	29 947	30 656
磷肥（折合$P_2O_5$100%，吨）	2 452	2 452
化学农药（吨）	621	932
塑料树脂及共聚物（吨）	8 256	8 309
合成洗涤剂（吨）	4 561	4 905
化学原料药（吨）	736	533
轮胎外胎（条）	1 696 838	1 708 457

10－9 续表 (2003年)

项 目	生 产 量	销 售 量
塑料制品（吨）	5 103	5 166
农用薄膜（吨）		12
水泥（万吨）	83	80
生铁（吨）	1 247 582	
钢（吨）	1 568 126	
成品钢材（吨）	2 078 337	2 089 427
普通中型钢材（吨）	185 290	185 064
普通小型钢材（吨）	1 306 650	1 315 465
优质型钢材（吨）	250 988	253 722
钢带（吨）	110 436	110 540
无缝钢管（吨）	85 954	86 581
焊接钢管（吨）	126 882	126 110
铝材（吨）	8 384	8 018
工业锅炉（蒸发量吨）	651	733
内燃机（万千瓦）	14	13
金属切削机床（台）	2 453	2 251
数控机床（台）	625	442
大型机床（台）	46	41
大中型拖拉机（台）	641	859
小型拖拉机（台）	3 903	4 224
汽车（辆）	64 042	62 220
载货汽车（辆）	47 563	45 840
公路客车（辆）	16 476	16 380
摩托车（辆）	51 038	52 196
自行车（辆）	3 950	3 950
民用钢质船舶（综合吨）	1 676	1 676
发电设备（千瓦）	61 500	60 240
交流电动机（千瓦）	496 900	526 311
家用电冰箱（台）	57 812	57 181
冷冻箱（台）	43 849	43 510
程控交换机（线）	29 295	29 295
数字程控交换机（线）	29 295	29 295
电子元件（万只）	8 737	8 271
彩色电视机（部）	635 774	635 838
激光视盘机（万台）	26 414	26 414
照相机（台）	315 748	310 041

10－10 全市乡及乡以上工

(200

项 目	单位数 (个)	#亏损企业	从业人员 (人)	工业总产值 (不变价)	工业总产值 (当年价)	工业销售产值 (当年价)
总 计	**1 020**	**192**	**218 372**	**3 831 445**	**4 293 353**	**4 239 275**
一、按隶属关系分						
中央企业	15	8	25 462	356 866	598 595	581 417
省属企业	71	33	49 735	862 440	953 187	960 928
市属企业	186	76	72 671	1 556 433	1 546 133	1 523 121
县属企业	173	36	17 021	179 612	193 557	184 946
街道企业	32	3	1 070	16 559	16 919	16 604
镇属企业	128	2	12 677	102 208	99 512	95 616
乡属企业	143	2	9 934	88 423	93 356	88 694
居委会企业	2		150	1 531	1 711	1 699
村委会企业	81	4	7 747	129 887	152 169	148 465
其他企业	189	28	21 905	537 487	638 214	637 786
二、按登记注册类型分						
内资企业	951	174	189 471	2 690 801	3 205 455	3 158 073
国有企业	139	61	51 380	678 777	845 317	833 856
中央企业	12	6	7 568	214 916	442 797	444 422
地方企业	127	55	43 812	463 861	402 521	389 434
集体企业	215	41	15 965	117 112	126 679	123 524
股份合作企业	68	11	9 079	99 975	150 031	146 046
联营企业	3		75	4 000	5 075	5 018
国有联营企业	1		50	3 900	4 925	4 868
集体联营企业	1		25	100	150	150
有限责任公司	102	28	62 928	873 951	1 096 561	1 081 675
国有独资公司	8		34 239	465 185	656 800	652 229
其他有限责任公司	94	28	28 689	408 766	439 761	429 445
股份有限公司	39	9	18 843	469 283	502 038	500 697
私营企业	380	24	30 172	414 580	448 775	438 273
私营独资企业	233	5	14 840	178 977	188 628	182 675
私营合伙企业	45	2	2 973	38 689	43 574	44 763
私营有限责任公司	75	12	9 425	156 703	172 667	168 154
私营股份有限公司	27	5	2 934	40 211	43 906	42 682
其他企业	5		1 029	33 123	30 978	28 985
港、澳、台商投资企业	32	9	4 521	120 506	138 459	140 820
合资经营企业	21	7	2 238	63 482	68 596	69 568
合作经营企业	2	1	1 062	35 715	45 460	45 205
港澳台商独资企业	7		898	11 853	14 047	14 173
港澳台商投资股份有限公司	2	1	323	9 457	10 356	11 874
外商投资企业	37	9	24 380	1 020 138	949 439	940 382
中外合资经营企业	24	7	5 146	161 567	165 651	162 551

业企业主要经济指标

3年)

单位：万元

工业增加值	资产总计	固定资产原价	固定资产净值	负债合计	实收资本	产品销售收入	利润总额	利税总额
1 399 707	**5 437 780**	**2 690 677**	**1 736 616**	**3 290 844**	**1 266 308**	**4 223 029**	**236 067**	**584 923**
329 650	966 428	496 393	315 904	541 717	192 295	603 948	58 376	235 634
246 457	1 403 875	766 141	464 852	835 721	375 383	937 786	34 419	91 159
436 452	2 233 752	1 096 413	694 894	1 506 156	392 276	1 490 821	85 538	164 636
59 218	183 595	81 033	60 232	100 066	72 394	172 223	4 929	9 315
4 584	8 187	2 983	2 261	5 180	1 958	14 576	202	944
29 725	67 999	34 333	29 166	22 434	39 023	96 448	5 950	8 793
32 213	49 797	21 294	15 701	22 804	21 531	82 056	2 785	6 927
708	507	199	176	407	100	1 555	62	87
61 253	64 360	30 282	23 810	28 667	30 822	139 826	13 317	17 054
199 448	459 282	161 604	129 619	227 691	140 527	683 790	30 490	50 375
1 097 795	4 324 633	2 129 529	1 400 444	2 672 144	1 071 067	3 147 817	159 698	445 145
372 749	1 208 667	674 437	418 143	840 902	283 864	775 796	52 484	238 436
285 122	404 243	232 873	124 658	200 300	107 363	423 811	55 811	229 950
87 627	804 423	441 565	293 485	640 602	176 500	351 986	－3 327	8 487
41 317	112 183	49 979	31 340	87 098	32 905	108 886	3 542	7 354
66 065	81 219	34 179	26 944	37 512	33 717	135 155	6 524	12 057
1 777	1 022	167	－205	69	607	5 118	32	48
1 724	931	162	－208	29	558	4 968	32	42
53	91	5	3	40	49	150		6
300 625	1 659 104	762 254	497 496	1 020 199	402 135	1 161 605	38 593	92 197
174 764	1 129 973	522 819	340 037	704 677	235 879	673 497	22 141	55 860
125 861	529 131	239 434	157 458	315 522	166 256	488 108	16 452	36 337
161 907	1 001 158	509 150	347 096	574 978	210 721	516 268	34 025	60 218
142 778	246 118	91 765	75 098	102 240	101 362	418 407	21 956	31 470
66 231	81 538	35 767	28 384	38 526	35 787	170 231	9 124	13 456
12 591	24 336	6 852	5 442	14 589	8 083	53 608	1 581	2 545
49 775	119 480	42 029	35 507	41 694	49 330	155 237	10 295	13 539
14 181	20 764	7 117	5 765	7 431	8 163	39 331	956	1 929
10 578	15 161	7 600	4 532	9 146	5 758	26 582	2 542	3 366
55 215	130 760	72 596	45 731	64 602	62 148	127 863	6 536	10 597
28 241	69 442	35 085	20 010	30 939	34 022	67 382	6 237	8 691
19 297	39 037	29 769	19 264	21 660	19 826	38 096	－729	9
7 092	8 988	3 932	2 825	4 095	4 501	11 100	1 001	1 543
585	13 293	3 810	3 633	7 909	3 800	11 285	27	355
246 697	982 387	488 552	290 440	554 098	133 092	947 349	69 833	129 180
64 620	192 341	97 063	66 613	86 639	74 688	158 609	7 284	15 204

项　　目	单位数（个）	#亏损企业	从业人员（人）	工业总产值（不变价）	工业总产值（当年价）	工业销售产值（当年价）
中外合作经营企业	3		416	9 577	11 639	16 242
外资企业	9	2	891	45 692	54 086	54 271
外商投资股份有限公司	1		17 927	803 302	718 063	707 317
三、按经济组织类型分						
独资企业	603	109	83 974	1 032 411	1 228 757	1 208 498
国有企业	139	61	51 380	678 777	845 317	833 856
集体企业	215	41	15 965	117 112	126 679	123 524
私营独资企业	233	5	14 840	178 977	188 628	182 675
港澳台商独资经营企业	7		898	11 853	14 047	14 173
外资企业	9	2	891	45 692	54 086	54 271
合作、合伙企业	126	14	14 634	221 078	286 758	286 258
股份合作企业	68	11	9 079	99 975	150 031	146 046
国有联营企业	1		50	3 900	4 925	4 868
集体联营企业	1		25	100	150	150
私营合伙企业	45	2	2 973	38 689	43 574	44 763
港或澳、台资合作经营企业	2	1	1 062	35 715	45 460	45 205
中外合作经营企业	3		416	9 577	11 639	16 242
其他企业（内资）	5		1 029	33 123	30 978	28 985
股份有限公司	69	15	40 027	1 322 253	1 274 364	1 262 570
股份有限公司（内资）	39	9	18 843	469 283	502 038	500 697
私营股份有限公司	27	5	2 934	40 211	43 906	42 682
港澳台商投资股份有限公司	2	1	323	9 457	10 356	11 874
外商投资股份有限公司	1		17 927	803 302	718 063	707 317
有限责任公司	222	54	79 737	1 255 703	1 503 475	1 481 948
国有独资公司	8		34 239	465 185	656 800	652 229
私营有限责任公司	75	12	9 425	156 703	172 667	168 154
港澳台合资经营企业	21	7	2 238	63 482	68 596	69 568
中外合资经营企业	24	7	5 146	161 567	165 651	162 551
其他有限责任公司	94	28	28 689	408 766	439 761	429 445
在总计中：亏损企业	192	192	36 528	256 724	257 004	250 347
国有控股企业	210	83	137 620	2 652 623	2 921 171	2 894 201
农村工业	224	6	17 681	218 309	245 525	237 159
四、按轻重工业分						
轻　工　业	531	104	97 855	1 617 360	1 915 564	1 899 258
重　工　业	489	88	120 517	2 214 085	2 377 790	2 340 017
五、按企业规模分						
大型企业	9		68 077	1 582 257	1 729 479	1 709 723
中型企业	57	10	57 757	1 212 875	1 396 028	1 378 093
小型企业	954	182	92 538	1 036 313	1 167 846	1 151 459

3年)　　　　单位：万元

工业增加值	资产总计	固定资产原价	固定资产净值	负债合计	实收资本	产品销售收入	利润总额	利税总额
3 679	15 283	15 476	6 464	18 794	5 186	16 573	1 312	2 285
11 081	18 840	3 087	2 535	6 339	6 339	50 813	5 826	7 060
167 317	755 923	372 925	214 829	442 326	46 879	721 354	55 411	104 631
498 470	1 430 215	767 201	483 227	976 960	363 396	1 116 827	71 977	267 850
372 749	1 208 667	674 437	418 143	840 902	283 864	775 796	52 484	238 436
41 317	112 183	49 979	31 340	87 098	32 905	108 886	3 542	7 354
66 231	81 538	35 767	28 384	38 526	35 787	170 231	9 124	13 456
7 092	8 988	3 932	2 825	4 095	4 501	11 100	1 001	1 543
11 081	18 840	3 087	2 535	6 339	6 339	50 813	5 826	7 060
113 987	176 059	94 043	62 442	101 770	73 176	275 132	11 262	20 310
66 065	81 219	34 179	26 944	37 512	33 717	135 155	6 524	12 057
1 724	931	162	－208	29	558	4 968	32	42
53	91	5	3	40	49	150		6
12 591	24 336	6 852	5 442	14 589	8 083	53 608	1 581	2 545
19 297	39 037	29 769	19 264	21 660	19 826	38 096	－729	9
3 679	15 283	15 476	6 464	18 794	5 186	16 573	1 312	2 285
10 578	15 161	7 600	4 532	9 146	5 758	26 582	2 542	3 366
343 990	1 791 138	893 002	571 322	1 032 643	269 563	1 288 238	90 419	167 132
161 907	1 001 158	509 150	347 096	574 978	210 721	516 268	34 025	60 218
14 181	20 764	7 117	5 765	7 431	8 163	39 331	956	1 929
585	13 293	3 810	3 633	7 909	3 800	11 285	27	355
167 317	755 923	372 925	214 829	442 326	46 879	721 354	55 411	104 631
443 261	2 040 368	936 431	619 625	1 179 470	560 174	1 542 832	62 410	129 631
174 764	1 129 973	522 819	340 037	704 677	235 879	673 497	22 141	55 860
49 775	119 480	42 029	35 507	41 694	49 330	155 237	10 295	13 539
28 241	69 442	35 085	20 010	30 939	34 022	67 382	6 237	8 691
64 620	192 341	97 063	66 613	86 639	74 688	158 609	7 284	15 204
125 861	529 131	239 434	157 458	315 522	166 256	488 108	16 452	36 337
75 080	839 984	432 267	288 780	771 254	258 771	227 937	－30 819	－21 682
928 674	4 352 037	2 231 530	1 394 664	2 713 110	841 712	2 879 631	165 089	467 305
93 466	114 156	51 577	39 511	51 471	52 353	221 882	16 102	23 981
750 382	2 119 929	1 029 149	704 254	1 332 407	582 903	1 857 906	120 738	348 552
649 325	3 317 851	1 661 527	1 032 362	1 958 437	683 405	2 365 122	115 329	236 371
435 289	2 189 048	1 089 973	661 061	1 276 485	368 810	1 819 194	96 513	195 585
570 212	2 079 689	1 037 866	675 016	1 280 460	510 295	1 330 104	94 470	310 470
394 206	1 169 043	562 838	400 539	733 899	387 203	1 073 731	45 084	78 868

项目	单位数(个)	#亏损企业	从业人员(人)	工业总产值(不变价)	工业总产值(当年价)	工业销售产值(当年价)
六、按工业行业分						
煤炭开采和洗选业	1	1	23	227	227	227
非金属矿采选业	13		455	2 949	3 295	3 204
农副食品加工业	93	15	8 646	164 124	185 107	182 255
食品制造业	39	12	6 377	106 702	123 607	119 739
饮料制造业	24	1	3 332	46 512	56 463	54 076
烟草制品业	1		1 530	108 274	312 889	319 133
纺 织 业	77	10	20 067	193 244	226 076	223 370
纺织服装、鞋、帽制造业	25	5	5 151	34 727	37 607	36 830
皮革、毛皮、羽毛（绒）及其制品业	10	4	885	6 656	7 005	7 019
木材加工及木、竹、藤、棕、草制品业	8		386	4 896	5 897	5 599
家具制造业	6	2	295	1 784	1 829	1 795
造纸及纸制品业	17	6	2 254	28 107	29 816	31 260
印刷业和记录媒介的复制	45	5	7 101	120 860	116 904	110 275
文教体育用品制造业	27	1	1 826	22 490	22 530	21 257
石油加工、炼焦及核燃料加工业	5	1	252	10 698	12 477	12 190
化学原料及化学制品制造业	75	13	11 953	174 950	178 522	175 181
医药制造业	49	12	24 834	499 721	562 267	563 487
化学纤维制造业	2		2 006	134 311	56 452	55 687
橡胶制品业	12	2	1 735	39 407	47 632	47 056
塑料制品业	35	6	2 604	21 509	24 300	24 053
非金属矿物制品业	129	9	11 739	88 978	99 984	95 523
黑色金属冶炼及压延加工业	16	1	14 685	328 396	516 573	532 367
有色金属冶炼及压延加工业	10	3	2 335	48 429	47 433	47 899
金属制品业	36	9	4 134	32 634	34 128	33 486
通用设备制造业	71	17	9 699	123 037	123 630	123 757
专用设备制造业	44	11	6 692	33 998	38 028	36 362
交通运输设备制造业	44	16	39 709	980 603	903 370	872 917
电气机械及器材制造业	41	9	8 809	188 411	174 217	167 048
通信设备、计算机及其他电子设备制造业	19	9	7 643	212 278	171 538	168 922
仪器仪表及文化、办公用机械制造业	9	4	1 082	8 513	8 402	7 054
工艺品及其他制造业	19	5	1 316	4 959	6 400	6 761
废弃资源和废旧材料回收加工业	1	1	26	1 000	1 000	1 000
电力、热力的生产和供应业	8	1	6 100	41 100	122 097	116 837
水的生产和供应业	9	1	2 691	16 962	35 651	35 650

3年)

单位：万元

工业增加值	资产总计	固定资产原价	固定资产净值	负债合计	实收资本	产品销售收入	利润总额	利税总额
119	1 452	226	110	100	500	227	– 87	– 81
995	993	431	328	281	631	3 144	67	130
55 800	147 715	86 330	51 444	96 984	82 071	161 554	702	2 715
45 487	84 527	51 013	40 173	42 560	34 660	114 643	5 619	7 683
26 337	67 540	53 406	35 794	27 960	36 993	55 075	4 160	11 165
226 011	237 658	73 193	42 009	119 637	31 943	298 295	40 700	204 285
78 250	207 510	120 946	75 552	150 164	33 999	203 467	11 876	18 439
14 538	43 866	10 720	8 089	30 477	7 693	25 660	– 37	689
1 965	9 210	4 814	3 397	9 204	1 880	4 912	– 148	– 25
2 506	8 401	908	841	3 714	3 142	5 240	532	675
529	2 644	632	548	1 528	1 242	1 782	56	87
8 429	220 131	82 973	56 529	247 967	39 739	28 109	– 7 529	– 7 095
52 301	141 663	110 462	68 361	61 133	51 149	107 123	18 962	26 774
6 647	18 865	10 885	9 393	5 401	11 422	21 658	1 107	1 633
5 148	2 350	1 068	643	727	1 264	12144	657	721
57 708	230 920	141 731	93 771	160 401	62 300	171 737	3 942	10 818
167 539	533 628	184 408	136 470	289 212	154 865	600 352	32 922	63 490
6 556	130 100	82 159	67 777	96 566	13 150	55 845	411	1 755
19 240	43 501	28 893	21 987	25 268	19 101	38 597	895	1 922
9 389	33 582	22 211	17 157	32 518	11 748	21 693	706	1 388
32 712	135 204	77 004	63 373	70 392	45 042	92 925	5 088	8 262
115 694	508 579	205 850	116 251	336 649	121 466	532 611	14 444	44 134
15 228	55 842	29 866	16 598	38 159	15 028	41 474	645	2 172
9 898	56 209	24 582	14 941	37 238	20 180	37 196	1 019	2 754
39 774	218 123	89 464	54 462	162 978	54 449	117 189	4 178	8 398
12 517	73 453	39 660	26 438	45 061	28 039	34 873	32	1 102
216 894	1 346 706	619 267	389 800	809 227	138 922	929 070	58 807	111 125
47 313	264 097	80 380	54 413	176 865	44 565	18 3041	8 905	13 654
44 857	198 443	83 610	57 098	78 012	41 115	157 791	14 305	18 967
601	21 570	8 423	5 901	14 066	10 954	7 453	– 706	– 596
1 942	20 598	6 937	5 366	10 400	3 417	6 873	– 517	– 247
401	1 590	42	30	1 465	90	1000	– 1	37
55 028	259 306	259 590	134 303	65 008	102 349	115 040	8 632	20 624
21 357	111 805	98 595	67 271	43 525	41 201	35 234	5 722	7 368

10－11　全市规模以上工业

（200

项目	单位数（个）	#亏损企业	从业人员（人）	工业总产值（不变价）	工业总产值（当年价）	#新产品
总计	**500**	**134**	**195 487**	**3 697 776**	**4 149 169**	**760 375**
一、按隶属关系分						
中央企业	13	6	24 501	348 008	590 884	152 730
省属企业	68	31	49 654	862 109	952 846	117 900
市属企业	143	58	70 544	1 549 495	1 538 843	478 928
县属企业	88	18	13 101	161 737	174 251	198
街道企业	6	1	480	8 445	8 738	
镇属企业	36	2	8 384	79 250	73 906	90
乡属企业	27	2	4 786	54 751	57 562	826
居委会企业	2		150	1 531	1 711	
村委会企业	53	4	6 978	126 167	148 084	
其他企业	64	12	16 909	506 285	602 344	9 703
二、按登记注册类型分						
内资企业	446	120	167 631	2 562 751	3 067 060	365 840
国有企业	132	59	50 419	669 918	837 606	126 793
中央企业	10	4	6 607	206 058	435 085	51 842
地方企业	122	55	43 812	463 861	402 521	74 952
集体企业	47	12	9 963	92 191	100 616	180
股份合作企业	34	7	7 757	91 972	140 569	826
联营企业	1		50	3 900	4 925	
国有联营企业	1		50	3 900	4 925	
有限责任公司	68	17	61 508	864 488	1 086 051	151 015
国有独资公司	8		34 239	465 185	656 800	105 334
其他有限责任公司	60	17	27 269	399 303	429 251	45 680
股份有限公司	23	8	18 222	464 683	496 786	86 743
私营企业	136	17	18 683	342 476	369 529	282
私营独资企业	57	4	6 346	127 264	131 516	90
私营合伙企业	8	2	1 298	25 068	29 167	13
私营有限责任公司	54	8	8 719	152 852	168 159	56
私营股份有限公司	17	3	2 320	37 293	40 688	124
其他企业	5		1 029	33 123	30 978	
港、澳、台商投资企业	25	7	4 291	119 165	136 979	152
合资经营企业	17	5	2 070	62 980	68 092	152
合作经营企业	2	1	1 062	35 715	45 460	
港澳台商独资企业	4		836	11 014	13 070	
港澳台商投资股份有限公司	2	1	323	9 457	10 356	
外商投资企业	29	7	23 565	1 015 859	945 130	394 384
中外合资经营企业	19	5	4 509	158 525	162 579	31 999

企业主要经济指标

3年)

单位：万元

工业销售产值(当年价)	#出口交货值	工业中间投入合计	工业增加值	实收资本	#国家资本	#集体资本	#港澳台资本	#外商资本
4 099 999	**213 238**	**2 975 347**	**1 356 247**	**1 203 850**	**622 540**	**28 193**	**51 383**	**51 805**
573 318	50 641	309 616	328 079	189 881	138 163			
960 587	31 868	757 965	246 293	374 792	260 917	994	3 159	4 197
1 516 530	67 340	1 166 903	434 204	381 115	192 188	16 847	43 402	36 609
166 943	1 649	124 045	53 310	59 169	21 139	1 777	1 629	303
8 675	536	6 756	2 227	908		203		
71 045	128	53 195	21 702	31 926		1 005	380	
54 879	17 333	36 786	22 238	13 543	182	2 935	39	1 304
1 699		1 010	708	100				
144 505	21 679	89 638	60 008	29 577	100	4 082	1 315	656
601 817	22 065	429 434	187 479	122 840	9 850	350	1 460	8 735
3 024 511	183 672	2 144 431	1 056 321	1 016 667	563 005	26 179	2 838	6 243
825 757	27 167	520 987	371 178	281 449	200 025	338	530	1 884
436 323	1 645	195 914	283 550	104 949	67 511			
389 434	25 522	325 073	87 627	176 500	132 514	338	530	1 884
98 703	9 603	68 306	34 026	22 074		10 747		
136 803	26 198	79 750	62 671	27 967	232	2 751		
4 868		3 201	1 724	558		250		
4 868		3 201	1 724	558		250		
1 072 106	77 123	837 243	296 636	391 136	261 820	7 100	1 519	3 555
652 229	50 388	511 956	174 764	235 879	228 439	556	1 519	83
419 877	26 735	325 288	121 872	155 257	33 382	6 544		3 473
495 836	21 601	359 622	160 253	207 720	97 873	2 500	750	
361 453	21 981	254 371	119 256	80 006	197	2 493	39	804
128 112	8 898	83 082	49 762	22 935	170	1 317	39	804
29 875	181	21 646	8 041	4 135		320		
163 934	10 854	121 637	48 309	46 227	27	350		
39 532	2 048	28 006	13 144	6 709		506		
28 985		20 951	10 578	5 758	2 858			
139 384	2 365	85 248	54 742	57 392	1 864	1 136	35 845	2 833
69 081	1 465	42 346	28 076	32 612	1 864	1 016	13 833	2 585
45 205		26 163	19 297	19 826			19 826	
13 224	900	6 744	6 783	1 154				248
11 874		9 996	585	3 800		120	2 186	
936 103	27 201	745 668	245 185	129 790	57 670	878	12 700	42 729
159 582	10 442	103 688	63 638	72 142	10 748	878	10 000	35 453

项　目	单位数（个）	#亏损企业	从业人员（人）	工业总产值（不变价）	工业总产值（当年价）	#新产品
中外合作经营企业	3		416	9 577	11 639	
外资企业	6	2	713	44 455	52 848	44 652
外商投资股份有限公司	1		17 927	803 302	718 063	317 733
三、按经济组织类型分						
独资企业	246	77	68 277	944 842	1 135 656	171 716
国有企业	132	59	50 419	669 918	837 606	126 793
集体企业	47	12	9 963	92 191	100 616	180
私营独资企业	57	4	6 346	127 264	131 516	90
港澳台商独资经营企业	4		836	11 014	13 070	
外资企业	6	2	713	44 455	52 848	44 652
合作、合伙企业	53	10	11 612	199 354	262 738	839
股份合作企业	34	7	7 757	91 972	140 569	826
国有联营企业	1		50	3 900	4 925	
私营合伙企业	8	2	1 298	25 068	29 167	13
港或澳、台资合作经营企业	2	1	1 062	35 715	45 460	
中外合作经营企业	3		416	9 577	11 639	
其他企业（内资）	5		1 029	33 123	30 978	
股份有限公司	43	12	38 792	1 314 735	1 265 894	404 600
股份有限公司（内资）	23	8	18 222	464 683	496 786	86 743
私营股份有限公司	17	3	2 320	37 293	40 688	124
港澳台商投资股份有限公司	2	1	323	9 457	10 356	
外商投资股份有限公司	1		17 927	803 302	718 063	317 733
有限责任公司	158	35	76 806	1 238 845	1 484 881	183 221
国有独资公司	8		34 236	465 185	656 800	105 334
私营有限责任公司	54	8	8 719	152 852	168 159	56
港澳台合资经营企业	17	5	2 070	62 980	68 092	152
中外合资经营企业	19	5	4 509	158 525	162 579	31 999
其他有限责任公司	60	17	27 269	399 303	429 251	45 680
在总计中：亏损企业	134	134	31 821	239 120	239 677	9 064
国有控股企业	189	76	136 128	2 641 759	2 911 346	679 067
农村工业	80	6	11 764	180 917	205 647	826
四、按轻重工业分						
轻工业	284	72	87 260	1 556 258	1 847 832	135 679
重工业	216	62	108 227	2 141 518	2 301 336	624 696
五、按企业规模分						
大型企业	9		68 077	1 582 257	1 729 479	516 056
中型企业	57	10	57 757	1 212 875	1 396 028	158 021
小型企业	434	124	69 653	902 643	1 023 662	86 298

单位：万元

工业销售产值（当年价）	#出口交货值	工业中间投入合计	工业增加值	实收资本	#国家资本	#集体资本	#港澳台资本	#外商资本
16 242	43	8 902	3 679	5 186	42			4 392
52 962	5 179	43 437	10 551	5 584			2 700	2 884
707 317	11 537	589 640	167 317	46 879	46 879			
1 118 758	51 746	722 555	472 299	333 195	200 195	12 402	3 269	5 820
825 757	27 167	520 987	371 178	281 449	200 025	338	530	1 884
98 703	9 603	68 306	34 026	22 074		10 747		
128 112	8 898	83 082	49 762	22 935	170	1 317	39	804
13 224	900	6 744	6 783	1 154				248
52 962	5 179	43 437	10 551	5 584			2 700	2 884
261 979	26 422	160 613	105 990	63 429	3 132	3 321	19 826	4 392
136 803	26 198	79 750	62 671	27 967	232	2 751		
4 868		3 201	1 724	558		250		
29 875	181	21 646	8 041	4 135		320		
45 205		26 163	19 297	19 826			19 826	
16 242	43	8 902	3 679	5 186	42			4 392
28 985		20 951	10 578	5 758	2 858			
1 254 559	35 186	987 264	341 298	265 108	144 752	3 126	2 936	
495 836	21 601	359 622	160 253	207 720	97 873	2 500	750	
39 532	2 048	28 006	13 144	6 709		506		
11 874		9 996	585	3 800		120	2 186	
707 317	11 537	589 640	167 317	46 879	46 879			
1 464 703	99 884	1 104 914	436 659	542 117	274 460	9 344	25 353	41 593
652 229	50 388	511 956	174 764	235 879	228 439	556	1 519	83
163 934	10 854	121 637	48 309	46 227	27	350		
69 081	1 465	42 346	28 076	32 612	1 864	1 016	13 833	2 585
159 582	10 442	103 688	63 638	72 142	10 748	878	10 000	35 453
419 877	26 735	325 288	121 872	155 257	33 382	6 544		3 473
233 240	21 218	176 747	70 543	243 886	130 287	7 317	10 169	13 071
2 884 275	143 937	2 138 425	926 227	834 280	608 558	1 961	4 953	10 737
199 384	39 012	126 423	82 245	43 120	282	7 017	1 354	1 960
1 833 036	84 812	1 202 608	729 482	553 335	246 832	11 180	29 528	27 345
2 266 963	128 426	1 772 739	626 765	650 514	375 708	17 013	21 855	24 460
1 709 723	89 483	1 377 874	435 289	368 810	284 154	328	1 519	
1 378 093	51 234	903 676	570 212	510 295	249 310	8 638	26 531	16 197
1 012 183	72 521	693 796	350 746	324 744	89 076	19 228	23 333	35 608

项　　目	单位数(个)	#亏损企业	从业人员(人)	工业总产值(不变价)	工业总产值(当年价)	#新产品
六、按工业行业分						
农副食品加工业	41	13	6 575	147 764	166 271	
食品制造业	24	11	5 359	100 295	116 553	738
饮料制造业	11	1	3 061	43 694	53 049	
烟草制品业	1		1 530	108 274	312 889	49 967
纺　织　业	60	8	19 127	187 260	219 388	9 401
纺织服装、鞋、帽制造业	12	4	4 472	32 541	35 130	
皮革、毛皮、羽毛(绒)及其制品业	5	2	625	5 709	5 886	
木材加工及木、竹、藤、棕、草制品业	1		280	4 085	4 965	
家具制造业	1	1	60	784	784	
造纸及纸制品业	9	3	1 887	25 885	27 418	
印刷业和记录媒介的复制	20	2	6 344	117 646	113 429	332
文教体育用品制造业	17	1	1 376	19 415	19 415	
石油加工、炼焦及核燃料加工业	3		167	10 212	11 980	
化学原料及化学制品制造业	39	9	10 341	165 839	169 136	5 520
医药制造业	34	8	24 080	496 485	558 745	17 032
化学纤维制造业	2		2 006	134 311	56 452	12 599
橡胶制品业	7	1	1 515	38 395	46 616	
塑料制品业	12	3	1 498	16 157	18 408	
非金属矿物制品业	28	7	6 494	64 005	72 927	
黑色金属冶炼及压延加工业	10	1	14 604	327 395	515 572	42 387
有色金属冶炼及压延加工业	8	3	2 147	47 429	46 433	13 725
金属制品业	13	4	3 464	26 614	27 488	56
通用设备制造业	31	12	7 654	107 281	108 224	20 951
专用设备制造业	21	9	5 933	27 485	30 912	366
交通运输设备制造业	24	8	38 759	977 728	900 336	419 533
电气机械及器材制造业	28	7	8 169	184 456	170 089	40 969
通信设备、计算机及其他电子设备制造业	13	5	7 437	211 277	170 454	126 778
仪器仪表及文化、办公用机械制造业	4	3	991	7 586	7 586	
工艺品及其他制造业	7	5	762	3 459	4 774	
废弃资源和废旧材料回收加工业	1	1	26	1 000	1 000	
电力、热力的生产和供应业	8	1	6 100	41 100	122 097	
水的生产和供应业	5	1	2 644	16 212	34 764	24

单位：万元

工业销售产值（当年价）	#出口交货值	工业中间投入合计	工业增加值	实收资本				
					#国家资本	#集体资本	#港澳台资本	#外商资本
162 864	1 005	117 369	49 918	77 619	45 984		7 139	1 063
113 220	37	75 072	43 169	31 868	1 186	6 178	9 960	566
50 735		31 037	25 415	36 764	7 652			14 119
319 133	1 645	122 080	226 011	31 943	31 943			
216 849	51 055	147 374	76 239	32 409	12 957	500	900	165
34 414	16 259	21 702	13 815	7 021	5 622	637	116	414
5 951	1 833	4 388	1 591	1 534	573	7		500
4 700		2 624	2 341	3 050				
784		450	347	620				
29 014	462	19 810	7 953	38 593	36 107	267		200
106 934	13	69 046	50 990	49 308	42 055	1 896	776	
18 283	2	13 801	5 779	10 270				
11 713		7 035	4 955	944		450		
166 444	20 461	119 192	54 733	58 733	15 553	2 843	577	7 516
560 011	7 341	418 083	166 706	152 072	14 353	1 388	5 698	7 910
55 687	42	51 239	6 556	13 150	8 153		530	
46 136		27 919	18 893	18 152		92	16 571	
18 322	336	11 551	7 235	9 294	637	4 277	790	
69 979	118	50 835	24 080	36 141	6 061	301	1 852	1 675
531 411	1 862	426 784	115 430	121 319	115 387	3 691		
46 899	16 739	32 929	14 935	13 028		517		
27 078	1 595	20 703	7 795	18 268	10 930	398		
108 291	3 333	75 722	35 648	47 924	20 176	1 757	2 777	8 257
29 705	140	20 936	10 732	25 678	18 464	111	39	
870 223	60 533	725 371	215 874	131 731	124 459	476		
163 172	3 319	127 469	46 446	42 389	6 088	1 860		4 231
167 914	24 221	130 187	44 613	39 260	17 966	455	2 140	3 700
6 374	153	7 435	227	10 584	7 245			1 200
5 159	736	3 602	1 334	2 933	871	3		291
1 000		635	401	90		90		
116 837		78 016	55 028	102 349	38 186			
34 764		14 954	21 058	38 811	33 933		1 519	

项目	资产总计	#流动资产	流动资产平均余额	固定资产原值	固定资产净值
总计	**5 281 145**	**2 629 367**	**2 478 593**	**2 623 086**	**1 687 007**
一、按隶属关系分					
中央企业	951 781	522 554	498 210	487 830	310 743
省属企业	1 402 142	611 977	549 371	765 856	464 708
市属企业	2 206 674	1 146 229	1 104 053	1 088 447	688 355
县属企业	150 094	72 712	70 672	66 247	49 737
街道企业	3 479	2 392	2 490	1 018	822
镇属企业	51 937	20 490	20 394	26 193	23 050
乡属企业	34 557	22 253	20 966	12 885	8 971
居委会企业	507	331	328	199	176
村委会企业	61 778	21 900	21 061	29 034	22 911
其他企业	418 197	208 530	191 047	145 377	117 534
二、按登记注册类型分					
内资企业	4 186 045	2 051 786	1 910 902	2 067 864	1 355 679
国有企业	1 194 020	573 377	559 765	665 874	412 982
中央企业	389 597	227 393	220 190	224 309	119 497
地方企业	804 423	345 984	339 575	441 565	293 485
集体企业	76 512	35 731	34 149	35 170	22 067
股份合作企业	71 807	36 087	34 743	28 697	22 955
联营企业	931	191	182	162	－208
国有联营企业	931	191	182	162	－208
有限责任公司	1 637 878	830 690	733 457	755 054	491 503
国有独资公司	1 129 973	578 733	507 747	522 819	340 037
其他有限责任公司	507 905	251 957	225 710	232 235	151 465
股份有限公司	994 396	461 286	439 481	506 763	344 875
私营企业	195 340	105 965	100 571	68 545	56 972
私营独资企业	50 761	27 357	26 965	20 823	17 124
私营合伙企业	15 958	13 337	13 169	3 099	2 487
私营有限责任公司	113 360	55 219	51 339	39 588	33 500
私营股份有限公司	15 261	10 053	9 098	5 036	3 862
其他企业	15 161	8 459	8 555	7 600	4 532
港、澳、台商投资企业	124 547	62 202	71 573	69 784	43 375
合资经营企业	67 228	38 338	35 952	34 408	19 466
合作经营企业	39 037	14 289	26 111	29 769	19 264
港澳台商独资企业	4 988	2 640	2 575	1 798	1 013
港澳台商投资股份有限公司	13 293	6 935	6 935	3 810	3 633
外商投资企业	970 553	515 380	496 118	485 437	287 953
中外合资经营企业	182 103	90 946	89 830	94 522	64 584

单位：万元

固定资产净值年平均余额	负债合计	#流动负债	产品销售收入	利润总额	利税总额	成本费用总额	销项税额
1 665 369	**3 196 767**	**2 666 500**	**4 088 976**	**232 231**	**576 356**	**3 700 154**	**665 576**
298 178	526 575	407 142	595 849	58 624	235 465	410 305	78 961
454 428	835 329	702 410	937 514	34 507	91 238	902 604	172 730
689 767	1 483 246	1 254 568	1 484 353	86 475	165 317	1 387 661	324 024
49 330	81 702	66 637	156 695	4 561	8 424	140 612	11 651
781	2 110	2 105	8 267	105	529	7 691	1 039
22 836	17 089	16 132	71 619	3 990	5 955	67 298	6 336
8 946	15 985	12 583	48 559	1 737	5 020	44 341	2 087
176	407	407	1 555	62	87	1 485	148
25 310	27 400	16 090	136 049	13 129	16 788	122 026	6 333
115 617	206 925	188 426	648 517	29 041	47 534	616 132	62 267
1 337 285	2 593 160	2 165 493	3 017 956	155 202	436 047	2 719 009	390 921
416 903	825 760	658 415	767 697	52 732	238 267	588 523	131 406
123 513	185 158	146 090	415 711	56 059	229 781	229 858	74 151
293 390	640 602	512 325	351 986	-3 327	8 487	358 665	57 255
24 618	59 239	40 778	86 081	2 712	5 441	81 841	6 367
23 238	34 608	27 826	125 891	6 115	11 240	118 832	9 000
160	29	29	4 968	32	42	5 040	
160	29	29	4 968	32	42	5 040	
478 416	1 012 834	863 201	1 152 139	38 140	91 337	1 115 580	156 592
327 298	704 677	610 398	673 497	22 141	55 860	653 523	87 155
151 118	308 157	252 803	478 642	15 999	35 477	462 056	69 437
331 336	571 927	500 869	511 439	33 814	59 866	477 912	69 871
57 278	79 618	65 431	343 159	19 115	26 489	310 317	15 188
16 679	22 504	16 520	117 033	6 905	9 684	107 378	4 087
2 890	11 305	11 196	38 872	1 139	1 793	29 462	1 146
34 047	39 403	32 571	150 944	10 139	13 232	138 249	5 589
3 662	6 405	5 144	36 310	931	1 781	35 229	4 365
5 337	9 146	8 944	26 582	2 542	3 366	20 966	2 498
44 771	63 150	57 960	126 411	6 551	10 560	115 591	11 874
20 385	30 139	27 321	66 879	6 303	8 735	58 681	7 609
20 237	21 660	21 660	38 096	-729	9	36 178	2 707
1 321	3 442	3 033	10 151	950	1 461	9 985	447
2 828	7 909	5 947	11 285	27	355	10 748	1 110
283 313	540 457	443 046	944 610	70 478	129 749	865 556	262 782
58 040	73 745	53 056	157 179	8 038	15 943	146 897	15 501

项目	资产总计	#流动资产	流动资产平均余额	固定资产原值	固定资产净值
中外合作经营企业	15 283	7 737	7 434	15 476	6 464
外资企业	17 244	14 321	12 403	2 514	2 076
外商投资股份有限公司	755 923	402 376	386 451	372 925	214 829
三、按经济组织类型分					
独资企业	1 343 526	653 425	635 858	726 179	455 262
国有企业	1 194 020	573 377	559 765	665 874	412 982
集体企业	76 512	35 731	34 149	35 170	22 067
私营独资企业	50 761	27 357	26 965	20 823	17 124
港澳台商独资经营企业	4 988	2 640	2 575	1 798	1 013
外资企业	17 244	14 321	12 403	2 514	2 076
合作、合伙企业	158 177	80 100	90 193	84 802	55 494
股份合作企业	71 807	36 087	34 743	28 697	22 955
国有联营企业	931	191	182	162	－208
私营合伙企业	15 958	13 337	13 169	3 099	2 487
港或澳、台资合作经营企业	39 037	14 289	26 111	29 769	19 264
中外合作经营企业	15 283	7 737	7 434	15 476	6 464
其他企业（内资）	15 161	8 459	8 555	7 600	4 532
股份有限公司	1 778 874	880 649	841 965	888 534	567 198
股份有限公司（内资）	994 396	461 286	439 481	506 763	344 875
私营股份有限公司	15 261	10 053	9 098	5 036	3 862
港澳台商投资股份有限公司	13 293	6 935	6 935	3 810	3 633
外商投资股份有限公司	755 923	402 376	386 451	372 925	214 829
有限责任公司	2 000 569	1 015 194	910 578	923 571	609 052
国有独资公司	1 129 973	578 733	507 747	522 819	340 037
私营有限责任公司	113 360	55 219	51 339	39 588	33 500
港澳台合资经营企业	67 228	38 338	35 952	34 408	19 466
中外合资经营企业	182 103	90 946	89 830	94 522	64 584
其他有限责任公司	507 905	251 957	225 710	232 235	151 465
在总计中：亏损企业	783 872	376 521	382 319	408 245	272 686
国有控股企业	4 327 083	2 175 078	2 039 057	2 219 864	1 386 906
农村工业	96 335	44 152	42 027	41 920	31 882
四、按轻重工业分					
轻工业	2 044 728	977 386	937 024	998 064	680 841
重工业	3 236 417	1 651 982	1 541 569	1 625 021	1 006 166
五、按企业规模分					
大型企业	2 189 048	1 139 716	1 040 543	1 089 973	661 061
中型企业	2 079 689	1 000 599	970 241	1 037 866	675 016
小型企业	1 012 407	489 053	467 809	495 248	350 930

单位：万元

固定资产净值年平均余额	负债合计	#流动负债	产品销售收入	利润总额	利税总额	成本费用总额	销项税额
7 561	18 794	10 094	16 573	1 312	2 285	15 225	2 123
1 254	5 592	4 992	49 505	5 718	6 891	42 701	7 898
216 459	442 326	374 905	721 354	55 411	104 631	660 733	237 261
460 775	916 537	723 738	1 030 467	69 017	261 745	830 428	150 205
416 903	825 760	658 415	767 697	52 732	238 267	588 523	131 406
24 618	59 239	40 778	86 081	2 712	5 441	81 841	6 367
16 679	22 504	16 520	117 033	6 905	9 684	107 378	4 087
1 321	3 442	3 033	10 151	950	1 461	9 985	447
1 254	5 592	4 992	49 505	5 718	6 891	42 701	7 898
59 423	95 543	79 749	250 982	10 411	18 734	225 698	17 474
23 238	34 608	27 826	125 891	6 115	11 240	118 832	9 000
160	29	29	4 968	32	42	5 040	
2 890	11 305	11 196	38 872	1 139	1 793	29 462	1 146
20 237	21 660	21 660	38 096	– 729	9	36 178	2 707
7 561	18 794	10 094	16 573	1 312	2 285	15 225	2 123
5 337	9 146	8 944	26 582	2 542	3 366	20 966	2 498
554 284	1 028 567	886 864	1 280 387	90 183	166 631	1 184 622	312 606
331 336	571 927	500 869	511 439	33 814	59 866	477 912	69 871
3 662	6 405	5 144	36 310	931	1 781	35 229	4 365
2 828	7 909	5 947	11 285	27	355	10 748	1 110
216 459	442 326	374 905	721 354	55 411	104 631	660 733	237 261
590 887	1 156 121	976 149	1 527 141	62 620	129 246	1 459 406	185 291
327 298	704 677	610 398	673 497	22 141	55 860	653 523	87 155
34 047	39 403	32 571	150 944	10 139	13 232	138 249	5 589
20 385	30 139	27 321	66 879	6 303	8 735	58 681	7 609
58 040	73 745	53 056	157 179	8 038	15 943	146 897	15 501
151 118	308 157	252 803	478 642	15 999	35 477	462 056	69 437
283 239	717 315	605 475	212 131	– 28 647	– 20 227	242 662	21 669
1 371 454	2 693 364	2 262 264	2 869 761	165 538	467 273	2 571 960	553 474
34 256	43 385	28 673	184 608	14 866	21 808	166 369	8 420
682 775	1 281 738	1 030 848	1 794 692	119 250	345 145	1 521 771	226 383
982 595	1 915 029	1 635 652	2 294 284	112 981	231 211	2 178 384	439 193
641 706	1 276 485	1 078 155	1 819 194	96 513	195 585	1 718 057	388 659
664 876	1 280 460	1 084 190	1 330 104	94 471	310 471	1 094 208	195 298
358 787	639 822	504 155	939 679	41 247	70 300	887 890	81 618

项目	资产总计	#流动资产	流动资产平均余额	固定资产原值	固定资产净值
六、按工业行业分					
农副食品加工业	132 920	52 258	57 482	80 726	47 110
食品制造业	79 236	31 644	32 761	47 644	37 271
饮料制造业	66 715	24 182	26 728	52 849	35 384
烟草制品业	237 658	162 296	152 266	73 193	42 009
纺织业	204 065	92 371	86 663	119 103	74 056
纺织服装、鞋、帽制造业	41 376	16 251	15 069	9 740	7 441
皮革、毛皮、羽毛（绒）及其制品业	7 276	2 152	2 107	3 327	2 169
木材加工及木、竹、藤、棕、草制	8 166	798	750	820	780
家具制造业	1 375	771	472	50	34
造纸及纸制品业	217 986	148 637	148 697	81 864	55 740
印刷业和记录媒介的复制	135 578	54 631	51 814	107 605	66 308
文教体育用品制造业	16 693	7 380	6 899	9 754	8 474
石油加工、炼焦及核燃料加工业	2 013	483	464	967	562
化学原料及化学制品制造业	221 713	95 646	93 614	138 087	90 650
医药制造业	523 472	242 816	219 024	182 052	134 549
化学纤维制造业	130 100	32 201	30 186	82 159	67 777
橡胶制品业	41 619	15 948	27 803	27 856	21 048
塑料制品业	30 440	10 373	10 826	20 970	16 204
非金属矿物制品业	117 253	41 930	39 270	68 226	57 016
黑色金属冶炼及压延加工业	508 054	283 468	224 672	205 554	116 057
有色金属冶炼及压延加工业	50 718	28 900	27 571	27 331	14 071
金属制品业	51 667	24 347	24 124	22 889	13 695
通用设备制造业	193 331	113 844	102 018	75 858	46 161
专用设备制造业	67 938	29 577	28 776	37 476	24 619
交通运输设备制造业	1 330 341	724 708	691 496	614 945	387 668
电气机械及器材制造业	258 788	170 252	160 265	78 690	53 209
通信设备、计算机及其他电子设备	194 949	114 117	110 214	82 361	56 205
仪器仪表及文化、办公用机械制造	20 942	11 870	10 734	8 099	5 673
工艺品及其他制造业	19 011	12 662	12 704	6 155	4 707
废弃资源和废旧材料回收加工业	1 590	1 537	1 501	42	30
电力、热力的生产和供应业	259 306	57 219	56 878	259 590	134 303
水的生产和供应业	108 857	24 100	24 745	97 106	66 029

3年）

单位：万元

固定资产净值年平均余额	负债合计	#流动负债	产品销售收入	利润总额	利税总额	成本费用总额	销项税额
54 030	88 351	84 862	142 523	－213	1 351	140 920	1 274
27 927	40 125	30 957	109 508	5 400	7 362	102 050	5 801
37 593	27 485	25 528	51 748	4 088	11 042	42 874	8 132
45 900	119 637	108 637	298 295	40 700	204 285	127 016	55 779
78 333	148 685	113 508	197 645	11 699	18 134	186 584	18 883
6 829	29 181	7 769	23 330	－109	551	23 085	669
1 162	6 835	3 722	3 923	－130	－31	4 067	192
800	3 588	375	4 346	522	650	4 392	
24	757	757	784	－1	14	786	133
55 312	246 605	229 235	25 873	－7 581	－7 197	33 550	1 895
62 101	57 553	43 549	103 880	18 872	26 404	80 219	13 627
8 298	4 329	3 969	18 611	915	1 291	17 513	753
949	695	695	11 658	646	696	11 633	467
91 737	155 885	130 925	162 980	3 811	10 401	149 952	15 767
136 090	277 635	220 679	596 963	33 618	64 055	562 167	79 740
61 530	96 566	45 772	55 845	411	1 755	55 003	23 107
17 404	23 515	22 422	37 749	875	1 885	34 617	3 240
18 425	30 864	17 814	15 962	403	895	16 246	2 187
52 988	62 566	50 472	67 557	3 918	6 210	64 171	5 590
119 486	336 528	330 855	531 659	14 174	43 841	516 098	91 666
14 463	37 764	29 669	40 474	618	2 122	39 332	3 618
13 678	34 908	31 912	31 286	747	2 199	29 766	3 086
47 469	143 343	129 163	102 727	4 079	7 463	96 822	15 499
26 172	42 268	40 063	28 069	－310	574	28 342	3 233
372 144	797 321	660 123	926 793	58 879	111 050	866 045	245 223
53 375	174 431	156 042	179 506	8 840	13 437	173 589	20 532
45 180	76 650	54 855	156 808	14 408	19 025	142 891	22 714
5 749	13 818	13 408	6 827	－714	－634	7 642	960
4 813	9 440	8 554	5 262	－649	－439	4 818	312
41	1 465	1 446	1 000	－1	37	996	170
139 575	65 008	42 054	115 040	8 632	20 624	107 179	19 328
65 793	42 968	26 707	34 348	5 683	7 306	29 790	2 001

10—12 市属规模以上工

(2003

项　　目	单位数（个）	#亏损企业	从业人员（人）	工业总产值（不变价）	工业总产值（当年价）	#新产品
总　计	**429**	**100**	**127 633**	**2 603 447**	**2 695 391**	**528 062**
一、按登记注册类型分						
内资企业	378	86	100 188	1 493 980	1 627 413	133 784
国有企业	80	32	22 236	181 124	176 820	8 484
中央企业	2	1	95	3 642	3 642	
地方企业	78	31	22 141	177 482	173 178	8 484
集体企业	44	11	8 792	90 084	98 164	180
股份合作企业	34	7	7 757	91 972	140 569	826
联营企业	1		50	3 900	4 925	
国有联营企业	1		50	3 900	4 925	
有限责任公司	61	14	30 154	409 475	495 474	37 269
国有独资公司	5		6 181	66 549	93 778	5 295
其他有限责任公司	56	14	23 973	342 926	401 696	31 974
股份有限公司	17	5	11 487	341 827	310 955	86 743
私营企业	136	17	18 683	342 476	369 529	282
私营独资企业	57	4	6 346	127 264	131 516	90
私营合伙企业	8	2	1 298	25 068	29 167	13
私营有限责任公司	54	8	8 719	152 852	168 159	56
私营股份有限公司	17	3	2 320	37 293	40 688	124
其他企业	5		1 029	33 123	30 978	
港、澳、台商投资企业	24	7	4 216	116 919	134 798	
合资经营企业	16	5	1 995	60 734	65 912	
合作经营企业	2	1	1 062	35 715	45 460	
港澳台商独资企业	4		836	11 014	13 070	
港澳台商投资股份有限公司	2	1	323	9 457	10 356	
外商投资企业	27	7	23 229	992 548	933 179	394 278
中外合资经营企业	18	5	4 319	137 294	153 155	31 892
中外合作经营企业	2		270	7 497	9 112	
外资企业	6	2	713	44 455	52 848	44 652
外商投资股份有限公司	1		17 927	803 302	718 063	317 733
二、按经济组织类型分						
独资企业	191	49	38 923	453 940	472 418	53 406

业 企 业 主 要 经 济 指 标

年）　　　　　　　　　　　　　　　　　　单位：万元

工业销售产值（当年价）	#出口交货值	工业中间投入合计	工业增加值	实收资本	#国家资本	#集体资本	#港澳台资本	#外商资本
2 655 498	**137 493**	**1 966 410**	**815 008**	**672 839**	**241 266**	**27 216**	**51 256**	**47 210**
1 598 736	107 970	1 146 507	519 178	491 994	181 774	25 202	2 838	6 243
173 336	16 690	128 112	53 164	63 937	55 725	11	530	1 884
3 449		2 405	1 321	1 203	506			
169 887	16 690	125 707	51 843	62 735	55 219	11	530	1 884
96 277	9 603	66 603	33 122	21 424		10 098		
136 803	26 198	79 750	62 671	27 967	232	2 751		
4 868		3 201	1 724	558		250		
4 868		3 201	1 724	558		250		
483 998	11 897	366 989	149 175	174 618	61 804	7 100	1 519	3 555
92 030		63 685	34 500	45 631	38 191	556	1 519	83
391 968	11 897	303 304	114 675	128 987	23 614	6 544		3 473
313 016	21 601	226 529	89 488	117 725	60 958	2 500	750	
361 453	21 981	254 371	119 256	80 006	197	2 493	39	804
128 112	8 898	83 082	49 762	22 935	170	1 317	39	804
29 875	181	21 646	8 041	4 135		320		
163 934	10 854	121 637	48 309	46 227	27	350		
39 532	2 048	28 006	13 144	6 709		506		
28 985		20 951	10 578	5 758	2 858			
137 176	2 365	83 656	54 007	56 884	1 864	1 136	35 718	2 833
66 873	1 465	40 753	27 341	32 105	1 864	1 016	13 706	2 585
45 205		26 163	19 297	19 826			19 826	
13 224	900	6 744	6 783	1 154				248
11 874		9 996	585	3 800		120	2 186	
919 586	27 158	736 248	241 823	123 961	57 628	878	12 700	38 134
150 416	10 442	96 072	61 448	70 551	10 748	878	10 000	35 055
8 891		7 099	2 508	946				195
52 962	5 179	43 437	10 551	5 584			2 700	2 884
707 317	11 537	589 640	167 317	46 879	46 879			
463 911	41 270	327 977	153 383	115 034	55 895	11 425	3 269	5 820

项目	单位数（个）	#亏损企业	从业人员（人）	工业总产值（不变价）	工业总产值（当年价）	#新产品
国有企业	80	32	22 236	181 124	176 820	8 484
集体企业	44	11	8 792	90 084	98 164	180
私营独资企业	57	4	6 346	127 264	131 516	90
港澳台商独资经营企业	4		836	11 014	13 070	
外资企业	6	2	713	44 455	52 848	44 652
合作、合伙企业	52	10	11 466	197 275	260 211	839
股份合作企业	34	7	7 757	91 972	140 569	826
国有联营企业	1		50	3 900	4 925	
私营合伙企业	8	2	1 298	25 068	29 167	13
港或澳、台资合作经营企业	2	1	1 062	35 715	45 460	
中外合作经营企业	2		270	7 497	9 112	
其他企业（内资）	5		1 029	33 123	30 978	
股份有限公司	37	9	32 057	1 191 879	1 080 062	404 600
股份有限公司（内资）	17	5	11 487	341 827	310 955	86 743
私营股份有限公司	17	3	2 320	37 293	40 688	124
港澳台商投资股份有限公司	2	1	323	9 457	10 356	
外商投资股份有限公司	1		17 927	803 302	718 063	317 733
有限责任公司	149	32	45 187	760 354	882 700	69 217
国有独资公司	5		6 181	66 549	93 778	5 295
私营有限责任公司	54	8	8 719	152 852	168 159	56
港澳台合资经营企业	16	5	1 995	60 734	65 912	
中外合资经营企业	18	5	4 319	137 294	153 155	31 892
其他有限责任公司	56	14	23 973	342 926	401 696	31 974
在总计中：亏损企业	100	100	19 335	142 366	160 376	3 066
国有控股企业	122	43	69 591	1 551 618	1 462 548	446 754
农村工业	80	6	11 764	180 917	205 647	826
三、按轻重工业分						
轻工业	253	59	68 315	1 082 259	1 271 345	62 575
重工业	176	41	59 318	1 521 188	1 424 046	465 487
四、按企业规模分						
大型企业	5		35 538	1 115 926	1 045 515	373 630
中型企业	38	4	37 305	664 238	688 496	70 823
小型企业	386	96	54 790	823 284	961 380	83 609

年） 单位：万元

工业销售产值（当年价）	#出口交货值	工业中间投入合计	工业增加值	实收资本	#国家资本	#集体资本	#港澳台资本	#外商资本
173 336	16 690	128 112	53 164	63 937	55 725	11	530	1 884
96 277	9 603	66 603	33 122	21 424		10 098		
128 112	8 898	83 082	49 762	22 935	170	1 317	39	804
13 224	900	6 744	6 783	1 154				248
52 962	5 179	43 437	10 551	5 584			2 700	2 884
254 627	26 379	158 809	104 819	59 190	3 090	3 321	19 826	195
136 803	26 198	79 750	62 671	27 967	232	2 751		
4 868		3 201	1 724	558		250		
29 875	181	21 646	8 041	4 135		320		
45 205		26 163	19 297	19 826			19 826	
8 891		7 099	2 508	946				195
28 985		20 951	10 578	5 758	2 858			
1 071 739	35 186	854 172	270 533	175 114	107 837	3 126	2 936	
313 016	21 601	226 529	89 488	117 725	60 958	2 500	750	
39 532	2 048	28 006	13 144	6 709		506		
11 874		9 996	585	3 800		120	2 186	
707 317	11 537	589 640	167 317	46 879	46 879			
865 221	34 658	625 452	286 274	323 501	74 444	9 344	25 226	41 195
92 030		63 685	34 500	45 631	38 191	556	1 519	83
163 934	10 854	121 637	48 309	46 227	27	350		
66 873	1 465	40 753	27 341	32 105	1 864	1 016	13 706	2 585
150 416	10 442	96 072	61 448	70 551	10 748	878	10 000	35 055
391 968	11 897	303 304	114 675	128 987	23 614	6 544		3 473
158 730	20 520	119 921	43 580	124 116	58 941	7 066	10 169	13 071
1 449 553	68 234	1 132 996	387 063	308 158	227 327	1 634	4 826	10 339
199 384	39 012	126 423	82 245	43 120	282	7 017	1 354	1 960
1 255 866	76 253	880 513	420 700	379 886	129 219	11 180	29 401	23 148
1 399 632	61 240	1 085 897	394 308	292 953	112 048	16 036	21 855	24 062
1 028 497	39 291	824 326	274 611	153 060	98 367		1 519	
678 268	26 858	491 968	211 460	243 441	92 543	8 638	26 531	16 197
948 733	71 344	650 116	328 938	276 337	50 356	18 579	23 206	31 014

项目	单位数（个）	#亏损企业	从业人员（人）	工业总产值（不变价）	工业总产值（当年价）	#新产品
五、按工业行业分						
农副食品加工业	39	12	5 661	143 602	161 251	
食品制造业	21	9	4 284	89 635	101 848	738
饮料制造业	10	1	3 036	43 641	52 856	
纺织业	59	8	18 860	184 231	217 570	9 401
纺织服装、鞋、帽制造业	9	3	2 070	30 597	32 897	
皮革、毛皮、羽毛(绒)及其制品业	4	1	559	5 550	5 727	
木材加工及木、竹、藤、棕、草制品业	1		280	4 085	4 965	
家具制造业	1	1	60	784	784	
造纸及纸制品业	7	1	1 587	20 911	23 904	
印刷业和记录媒介的复制	15	1	3 623	47 537	42 055	180
文教体育用品制造业	17	1	1 376	19 415	19 415	
石油加工、炼焦及核燃料加工业	3		167	10 212	11 980	
化学原料及化学制品制造业	33	6	6 981	129 687	128 767	5 464
医药制造业	28	7	16 782	356 899	449 580	6 701
化学纤维制造业	1		208	5 286	3 268	
橡胶制品业	7	1	1 515	38 395	46 616	
塑料制品业	10	2	1 284	14 976	16 903	
非金属矿物制品业	26	5	6 061	61 312	71 581	
黑色金属冶炼及压延加工业	8	1	957	11 952	13 351	
有色金属冶炼及压延加工业	6	3	1 036	21 616	26 992	
金属制品业	9	3	1 753	19 374	20 779	56
通用设备制造业	26	8	6 395	103 483	105 099	20 695
专用设备制造业	17	6	4 052	23 756	26 798	366
交通运输设备制造业	16	3	19 468	821 776	735 693	318 673
电气机械及器材制造业	25	6	7 055	152 478	149 793	40 863
通信设备、计算机及其他电子设备制造业	12	4	7 279	204 212	164 185	124 903
仪器仪表及文化、办公用机械制造业	2	1	253	7 246	7 246	
工艺品及其他制造业	6	4	730	3 456	4 771	
废弃资源和废旧材料回收加工业	1	1	26	1 000	1 000	
电力、热力的生产和供应业	5		1 591	10 132	12 954	
水的生产和供应业	5	1	2 644	16 212	34 764	24

年）

单位：万元

工业销售产值（当年价）	#出口交货值	工业中间投入合计	工业增加值	实收资本	#国家资本	#集体资本	#港澳台资本	#外商资本
157 296	907	114 246	47 834	40 884	9 248		7 139	1 063
99 256	37	61 928	40 864	25 515	1 053	6 178	9 960	566
50 538		30 929	25 310	36 714	7 602			14 119
214 985	51 055	146 396	75 360	31 507	12 055	500	900	165
32 043	15 823	20 181	12 975	3 816	2 500	637	116	414
5 792	1 808	4 245	1 565	1 071	110	7		500
4 700		2 624	2 341	3 050				
784		450	347	620				
24 994	462	18 109	5 953	37 774	36 107	267		200
41 089	13	28 958	14 152	13 453	6 707	1 896	649	
18 283	2	13 801	5 779	10 270				
11 713		7 035	4 955	944		450		
124 834	20 049	86 155	46 044	43 056	14 321	2 843	577	7 516
450 697	1 397	328 973	135 625	104 349	14 077	1 388	5 698	3 713
3 024	42	2 649	762	5 978	1 741		530	
46 136		27 919	18 893	18 152		92	16 571	
16 825	336	10 130	7 116	8 999	342	4 277	790	
68 828	118	49 421	24 139	33 195	3 116	301	1 852	1 675
13 262		9 435	4 325	5 676	72	3 363		
25 944	105	17 529	9 949	4 848		517		
20 535	1 398	15 683	5 747	7 965	1 025			
105 474	3 169	72 640	35 516	41 555	13 806	1 757	2 777	8 257
25 864	140	18 641	8 747	15 078	7 864	111	39	
724 100	12 203	601 018	173 968	51 796	50 472	225		
143 934	3 319	113 809	39 015	39 760	5 049	1 860		3 833
164 669	24 221	127 679	40 644	37 852	17 966	455	2 140	3 700
5 999	153	6 864	453	3 425	86			1 200
5 158	736	3 599	1 334	2 806	744	3		291
1 000		635	401	90		90		
12 981		9 777	3 838	3 831	1 271			
34 764		14 954	21 058	38 811	33 933		1 519	

项　　目	资产总计	# 流动资产	流动资产平均余额	固定资产原　价	固定资产净　值
总　计	**3 081 415**	**1 558 760**	**1 492 853**	**1 452 897**	**976 209**
一、按登记注册类型分					
内资企业	2 010 196	999 136	942 030	912 373	650 139
国有企业	414 950	184 500	177 851	220 407	150 204
中央企业	3 795	1 465	1 653	3 598	2 317
地方企业	411 155	183 035	176 198	216 809	147 886
集体企业	69 312	30 268	29 264	32 068	20 808
股份合作企业	71 807	36 087	34 743	28 697	22 955
联营企业	931	191	182	162	－208
国有联营企业	931	191	182	162	－208
有限责任公司	595 178	264 228	242 279	316 045	211 088
国有独资公司	152 090	44 554	44 992	119 697	79 177
其他有限责任公司	443 088	219 675	197 287	196 348	131 911
股份有限公司	647 516	369 437	348 587	238 850	183 786
私营企业	195 340	105 965	100 571	68 545	56 972
私营独资企业	50 761	27 357	26 965	20 823	17 124
私营合伙企业	15 958	13 337	13 169	3 099	2 487
私营有限责任公司	113 360	55 219	51 339	39 588	33 500
私营股份有限公司	15 261	10 053	9 098	5 036	3 862
其他企业	15 161	8 459	8 555	7 600	4 532
港、澳、台商投资企业	122 581	60 664	69 986	68 668	42 969
合资经营企业	65 262	36 800	34 366	33 292	19 059
合作经营企业	39 037	14 289	26 111	29 769	19 264
港澳台商独资企业	4 988	2 640	2 575	1 798	1 013
港澳台商投资股份有限公司	13 293	6 935	6 935	3 810	3 633
外商投资企业	948 638	498 960	480 836	471 856	283 102
中外合资经营企业	169 954	79 670	79 332	91 510	63 713
中外合作经营企业	5 516	2 595	2 650	4 907	2 484
外资企业	17 244	14 321	12 403	2 514	2 076
外商投资股份有限公司	755 923	402 376	386 451	372 925	214 829
二、按经济组织类型分					
独资企业	557 256	259 086	249 058	277 609	191 225

年）　　　　单位：万元

固定资产净值年平均余额	负债合计	#流动负债	产品销售收入	利润总额	利税总额	成本费用合计	销项税额
965 397	**1 904 315**	**1 599 532**	**2 632 268**	**146 250**	**259 025**	**2 457 439**	**424 869**
642 973	1 324 683	1 113 809	1 579 737	70 595	121 069	1 493 665	152 705
154 650	336 030	277 059	142 649	－17	5 508	143 816	10 590
2 338	7 906	1 259	3 515	－1 010	－916	4 532	514
152 312	328 124	275 800	139 134	993	6 423	139 285	10 076
23 332	53 548	35 268	79 308	2 688	5 117	75 232	5 837
23 238	34 608	27 826	125 891	6 115	11 240	118 832	9 000
160	29	29	4 968	32	42	5 040	
160	29	29	4 968	32	42	5 040	
211 152	356 978	288 115	525 704	23 304	46 012	503 254	75 732
80 348	91 750	65 903	74 917	6 286	11 225	70 052	8 839
130 805	265 229	222 212	450 787	17 018	34 787	433 202	66 893
167 825	454 726	411 137	331 477	16 817	23 296	316 212	33 862
57 278	79 618	65 431	343 159	19 115	26 489	310 317	15 188
16 679	22 504	16 520	117 033	6 905	9 684	107 378	4 087
2 890	11 305	11 196	38 872	1 139	1 793	29 462	1 146
34 047	39 403	32 571	150 944	10 139	13 232	138 249	5 589
3 662	6 405	5 144	36 310	931	1 781	35 229	4 365
5 337	9 146	8 944	26 582	2 542	3 366	20 966	2 498
44 381	62 431	57 242	124 284	6 148	10 011	113 808	11 466
19 995	29 420	26 602	64 752	5 900	8 186	56 900	7 202
20 237	21 660	21 660	38 096	－729	9	36 178	2 707
1 321	3 442	3 033	10 151	950	1 461	9 985	447
2 828	7 909	5 947	11 285	27	355	10 748	1 110
278 044	517 202	428 481	928 247	69 506	127 946	849 966	260 697
57 024	63 140	42 451	148 013	7 931	15 453	137 857	13 943
3 308	6 144	6 134	9 375	446	972	8 673	1 596
1 254	5 592	4 992	49 505	5 718	6 891	42 701	7 898
216 459	442 326	374 905	721 354	55 411	104 631	660 733	237 261
197 237	421 116	336 872	398 646	16 245	28 661	379 111	28 859

项　　　　　　目	资产总计	# 流动资产	流动资产平均余额	固定资产原　价	固定资产净　值
国有企业	414 950	184 500	177 851	220 407	150 204
集体企业	69 312	30 268	29 264	32 068	20 808
私营独资企业	50 761	27 357	26 965	20 823	17 124
港澳台商独资经营企业	4 988	2 640	2 575	1 798	1 013
外资企业	17 244	14 321	12 403	2 514	2 076
合作、合伙企业	148 410	74 958	85 409	74 232	51 515
股份合作企业	71 807	36 087	34 743	28 697	22 955
国有联营企业	931	191	182	162	-208
私营合伙企业	15 958	13 337	13 169	3 099	2 487
港或澳、台资合作经营企业	39 037	14 289	26 111	29 769	19 264
中外合作经营企业	5 516	2 595	2 650	4 907	2 484
其他企业（内资）	15 161	8 459	8 555	7 600	4 532
股份有限公司	1 431 994	788 800	751 071	620 622	406 110
股份有限公司（内资）	647 516	369 437	348 587	238 850	183 786
私营股份有限公司	15 261	10 053	9 098	5 036	3 862
港澳台商投资股份有限公司	13 293	6 935	6 935	3 810	3 633
外商投资股份有限公司	755 923	402 376	386 451	372 925	214 829
有限责任公司	943 755	435 917	407 315	480 434	327 360
国有独资公司	152 090	44 554	44 992	119 697	79 177
私营有限责任公司	113 360	55 219	51 339	39 588	33 500
港澳台合资经营企业	65 262	36 800	34 366	33 292	19 059
中外合资经营企业	169 954	79 670	79 332	91 510	63 713
其他有限责任公司	443 088	219 675	197 287	196 348	131 911
在总计中：亏损企业	535 003	287 547	283 417	229 875	158 486
国有控股企业	2 144 320	1 115 076	1 062 986	1 063 347	681 347
农村工业	96 335	44 152	42 027	41 920	31 882
三、按轻重工业分					
轻工业	1 359 276	652 817	622 657	654 857	462 345
重工业	1 722 139	905 943	870 195	798 040	513 864
四、按企业规模分					
大型企业	1 122 146	550 147	526 040	601 986	364 693
中型企业	1 096 894	595 839	573 718	448 884	317 736
小型企业	862 375	412 775	393 095	402 027	293 780

年）

单位：万元

固定资产净值年平均余额	负债合计	#流动负债	产品销售收入	利润总额	利税总额	成本费用合计	销项税额
154 650	336 030	277 059	142 649	– 17	5 508	143 816	10 590
23 332	53 548	35 268	79 308	2 688	5 117	75 232	5 837
16 679	22 504	16 520	117 033	6 905	9 684	107 378	4 087
1 321	3 442	3 033	10 151	950	1 461	9 985	447
1 254	5 592	4 992	49 505	5 718	6 891	42 701	7 898
55 170	82 892	75 789	243 784	9 546	17 421	219 146	16 948
23 238	34 608	27 826	125 891	6 115	11 240	118 832	9 000
160	29	29	4 968	32	42	5 040	
2 890	11 305	11 196	38 872	1 139	1 793	29 462	1 146
20 237	21 660	21 660	38 096	– 729	9	36 178	2 707
3 308	6 144	6 134	9 375	446	972	8 673	1 596
5 337	9 146	8 944	26 582	2 542	3 366	20 966	2 498
390 773	911 365	797 132	1 100 425	73 185	130 062	1 022 922	276 597
167 825	454 726	411 137	331 477	16 817	23 296	316 212	33 862
3 662	6 405	5 144	36 310	931	1 781	35 229	4 365
2 828	7 909	5 947	11 285	27	355	10 748	1 110
216 459	442 326	374 905	721 354	55 411	104 631	660 733	237 261
322 217	488 942	389 739	889 413	47 274	82 882	836 259	102 465
80 348	91 750	65 903	74 917	6 286	11 225	70 052	8 839
34 047	39 403	32 571	150 944	10 139	13 232	138 249	5 589
19 995	29 420	26 602	64 752	5 900	8 186	56 900	7 202
57 024	63 140	42 451	148 013	7 931	15 453	137 857	13 943
130 805	265 229	222 212	450 787	17 018	34 787	433 202	66 893
166 617	508 864	450 205	140 753	– 18 025	– 14 548	158 378	12 602
677 020	1 419 254	1 204 766	1 427 024	80 446	151 580	1 342 406	313 823
34 256	43 385	28 673	184 608	14 866	21 808	166 369	8 420
469 031	890 761	749 575	1 249 089	54 075	95 657	1 172 784	111 577
496 366	1 013 554	849 957	1 383 180	92 174	163 369	1 284 655	313 291
356 582	610 382	486 536	1 094 056	79 173	144 208	1 009 511	288 865
307 929	783 233	716 631	659 206	22 060	44 324	626 968	62 239
300 886	510 700	396 366	879 007	45 017	70 494	820 961	73 765

项目	资产总计	#流动资产	流动资产平均余额	固定资产原价	固定资产净值
五、按工业行业分					
农副食品加工业	100 043	40 896	37 285	56 879	38 898
食品制造业	64 611	27 652	26 705	36 320	30 041
饮料制造业	66 448	24 069	26 601	52 769	35 349
纺　织　业	202 595	91 972	86 265	117 989	72 984
纺织服装、鞋、帽制造业	33 611	12 735	11 450	4 822	3 656
皮革、毛皮、羽毛(绒)及其制品业	2 789	1 302	1 257	1 298	826
木材加工及木、竹、藤、棕、草制品业	8 166	798	750	820	780
家具制造业	1 375	771	472	50	34
造纸及纸制品业	215 499	147 231	147 251	78 750	54 748
印刷业和记录媒介的复制	48 342	21 724	18 954	30 600	19 371
文教体育用品制造业	16 693	7 380	6 899	9 754	8 474
石油加工、炼焦及核燃料加工业	2 013	483	464	967	562
化学原料及化学制品制造业	147 665	68 496	67 785	69 569	48 043
医药制造业	343 554	167 468	153 524	103 251	82 742
化学纤维制造业	19 386	3 480	2 760	17 418	14 398
橡胶制品业	41 619	15 948	27 803	27 856	21 048
塑料制品业	28 270	9 323	9 705	19 660	15 195
非金属矿物制品业	103 663	39 887	37 206	56 469	47 261
黑色金属冶炼及压延加工业	7 727	2 854	2 991	5 363	4 294
有色金属冶炼及压延加工业	22 535	13 334	13 018	11 812	8 069
金属制品业	24 879	10 021	10 524	9 966	7 356
通用设备制造业	176 087	105 404	93 733	63 139	38 692
专用设备制造业	50 449	22 895	21 890	23 520	14 047
交通运输设备制造业	773 940	412 315	395 826	380 781	220 484
电气机械及器材制造业	225 682	149 827	136 215	66 732	45 522
通信设备、计算机及其他电子设备制造业	191 350	111 067	107 390	81 283	55 656
仪器仪表及文化、办公用机械制造业	9 683	5 674	4 806	4 159	3 694
工艺品及其他制造业	18 836	12 564	12 544	6 047	4 632
废弃资源和废旧材料回收加工业	1 590	1 537	1 501	42	30
电力、热力的生产和供应业	23 460	5 552	4 536	17 707	13 298
水的生产和供应业	108 857	24 100	24 745	97 106	66 029

年）

单位：万元

固定资产净值年平均余额	负债合计	#流动负债	产品销售收入	利润总额	利税总额	成本费用合计	销项税额
44 496	48 459	44 969	136 874	478	1 827	134 411	1 269
20 709	29 955	25 325	95 513	6 439	7 584	87 420	3 692
37 557	27 226	25 269	51 537	4 063	10 995	42 690	8 096
77 261	148 149	112 972	196 579	11 694	18 089	185 190	18 664
2 967	23 783	4 597	21 181	555	1 083	20 272	397
1 050	2 010	1 590	3 764	91	179	3 675	164
800	3 588	375	4 346	522	650	4 392	
24	757	757	784	-1	14	786	133
54 277	244 880	227 765	23 606	-7 516	-7 322	31 233	1 644
18 023	28 416	23 350	38 956	2 253	3 694	32 546	2 508
8 298	4 329	3 969	18 611	915	1 291	17 513	753
949	695	695	11 658	646	696	11 633	467
49 470	87 814	69 277	122 593	3 977	9 059	109 146	9 093
83 438	184 130	163 287	494 562	23 171	41 760	470 300	57 827
14 972	14 447	6 532	3 066	10	153	3 178	309
17 404	23 515	22 422	37 749	875	1 885	34 617	3 240
17 491	29 321	17 154	14 417	513	965	14 575	1 924
42 280	52 123	41 471	66 313	4 346	6 624	61 559	5 578
4 630	5 414	3 920	12 741	1 681	2 219	12 372	1 174
7 874	20 683	13 706	20 586	-109	447	20 053	2 746
7 186	17 780	15 954	20 885	760	1 706	19 536	2 066
39 777	119 656	106 849	100 848	4 980	8 267	93 877	15 183
15 602	32 580	31 160	24 305	598	1 302	23 672	3 009
221 646	452 773	384 642	736 034	56 167	105 918	675 018	238 783
44 825	148 953	138 840	161 118	9 395	13 136	152 969	18 684
44 619	73 370	51 577	153 803	14 606	18 995	139 678	22 202
3 736	7 059	6 779	6 441	-68	7	6 557	927
4 737	8 796	7 915	5 261	-593	-383	4 761	312
41	1 465	1 446	1 000	-1	37	996	170
13 465	19 223	18 263	12 792	118	840	13 021	1 855
65 793	42 968	26 707	34 348	5 683	7 306	29 790	2 001

10－13　全市规模以上工业企业经济效益指数

（2003年）　　　　单位：%

项　目	工业经济效益综合指数	总资产贡献率	资本保值增值率	资产负债率	流动资产周转率（次/年）	成本费用利润率	全员劳动生产率（元/人）	工业产品销售率
总　计	**146.37**	**12.73**	**115.05**	**60.53**	**1.65**	**6.28**	**69 378**	**98.81**
一、按隶属关系分								
中央企业	243.74	29.04	130.84	55.33	1.2	14.29	133 904	97.03
省属企业	118.89	8.48	120.4	59.58	1.71	3.82	49 602	100.81
市属企业	124.68	8.31	89.17	67.22	1.34	6.23	61 551	98.55
县属企业	118.82	7.16	162.62	54.43	2.22	3.24	40 692	95.81
街道企业	167.86	19.82	296.56	60.65	3.32	1.36	46 385	99.28
镇属企业	146.58	14.9	157.36	32.9	3.51	5.93	25 885	96.13
乡属企业	122.01	12.18	64.04	46.26	2.32	3.92	46 464	95.34
居委会企业	111.85	0.68	0.69	80.28	4.74	4.18	47 180	99.29
村委会企业		55.9		44.35	6.46	10.76	85 996	97.58
其他企业	194.46	15.47	161.54	49.48	3.39	4.71	110 875	99.91
二、按登记注册类型分								
内资企业	138.03	12.19	113.75	61.95	1.58	5.71	63 015	98.61
国有企业	169.16	21.45	108.81	69.16	1.37	8.96	73 619	98.59
中央企业	542.37	68.25	138.49	47.53	1.89	24.39	429 167	100.28
地方企业	53.1	1.92	85.86	79.63	1.04	－0.93	20 001	96.75
集体企业	98.49	6.45	62.24	77.42	2.52	3.31	34 152	98.1
股份合作企业	168.27	14.29	91.83	48.2	3.62	5.15	80 793	97.32
联营企业	516.01	2.29	42.24	3.11	27.3	0.64	344 740	98.84
国有联营企业		9.04		3.11	27.3	0.64	344 740	98.84
有限责任公司	113.43	7.26	130.62	61.84	1.57	3.42	48 227	98.72
国有独资公司	111.65	6.55	134	62.36	1.33	3.39	51 042	99.3
其他有限责任公司	119.34	8.85	125.08	60.67	2.12	3.46	44 693	97.82
股份有限公司	144.4	7.63	98.49	57.52	1.16	7.08	87 945	99.81
私营企业	173.28	17.05	154.26	40.76	3.41	6.16	63 831	97.81
私营独资企业	208.07	22.66	194.19	44.33	4.34	6.43	78 415	97.41
私营合伙企业	166.91	18.32	215.82	70.84	2.95	3.87	61 948	102.43
私营有限责任公司	169.21	15.74	182.3	34.76	2.94	7.33	55 407	97.49
私营股份有限公司	133.96	9.87	49.91	41.97	3.99	2.64	56 653	97.16
其他企业	375.11	44.91	959.1	60.32	3.11	12.12	102 798	93.57
港、澳、台商投资企业	177.18	10.14	122.43	50.7	1.77	5.67	127 574	101.76
合资经营企业	212.42	14.67	136.31	44.83	1.86	10.74	135 633	101.45
合作经营企业	164.79	1.52	146.82	55.49	1.46	－2.02	181 707	99.44
港澳台商独资企业	172.67	12.74	13.92	69.01	3.94	9.52	81 140	101.18
港澳台商投资股份有限公司		5.79		59.49	1.63	0.25	18 124	114.66
外商投资企业	182.98	15.43	121.21	55.69	1.9	8.14	104 046	99.04
中外合资经营企业	183.54	9.7	125.06	40.5	1.75	5.47	141 136	98.16
中外合作经营企业	134	17.65	－143.35	122.98	2.23	8.62	88 440	139.55

10－13　续表1－1　　　　　　　　　　　　（2003年）　　　　　　　　　　　　单位：%

项　　目	工业经济效益综合指数	总资产贡献率	资本保值增值率	资产负债率	流动资产周转率（次/年）	成本费用利润率	全员劳动生产率（元/人）	工业产品销售率
外资企业	566.98	65.58	1 794.23	32.43	3.99	13.39	147 976	100.21
外商投资股份有限公司	177.35	16.05	115.37	58.51	1.87	8.39	93 332	98.5
三、按经济组织类型分								
独资企业	165.39	20.72	108.79	68.22	1.62	8.31	69 174	98.51
国有企业	169.16	21.45	108.81	69.16	1.37	8.96	73 619	98.59
集体企业	98.49	6.45	62.24	77.42	2.52	3.31	34 152	98.1
私营独资企业	208.07	22.66	194.19	44.33	4.34	6.43	78 415	97.41
港澳台商独资经营企业	172.67	12.74	13.92	69.01	3.94	9.52	81 140	101.18
外资企业	566.98	65.58	1 794.23	32.43	3.99	13.39	147 976	100.21
合作、合伙企业	164.94	13.58	104.9	60.4	2.78	4.61	91 276	99.71
股份合作企业	168.27	14.29	91.83	48.2	3.62	5.15	80 793	97.32
国有联营企业		9.04		3.11	27.3	0.64	344 740	98.84
私营合伙企业	166.91	18.32	215.82	70.84	2.95	3.87	61 948	102.43
港或澳、台资合作经营企业	164.79	1.52	146.82	55.49	1.46	－2.02	181 707	99.44
中外合作经营企业	134	17.65	－143.35	122.98	2.23	8.62	88 440	139.55
其他企业（内资）	375.11	44.91	959.1	60.32	3.11	12.12	102 798	93.57
股份有限公司	156.96	11.19	101.78	57.82	1.52	7.61	87 982	99.1
股份有限公司（内资）	144.4	7.63	98.49	57.52	1.16	7.08	87 945	99.81
私营股份有限公司	133.96	9.87	49.91	41.97	3.99	2.64	56 653	97.16
港澳台商投资股份有限公司		5.79		59.49	1.63	0.25	18 124	114.66
外商投资股份有限公司	177.35	16.05	115.37	58.51	1.87	8.39	93 332	98.5
有限责任公司	125.67	8.18	133.7	57.79	1.68	4.29	56 852	98.64
国有独资公司	111.65	6.55	134	62.36	1.33	3.39	51 042	99.3
私营有限责任公司	169.21	15.74	182.3	34.76	2.94	7.33	55 407	97.49
港澳台合资经营企业	212.42	14.67	136.31	44.83	1.86	10.74	135 633	101.45
中外合资经营企业	183.54	9.7	125.06	40.5	1.75	5.47	141 136	98.16
其他有限责任公司	119.34	8.85	125.08	60.67	2.12	3.46	44 693	97.82
在总计中：亏损企业	－5.66	－0.91	44.6	91.51	0.55	－11.81	22 169	97.31
国有控股企业	141.88	12.4	109.11	62.24	1.41	6.44	68 041	99.07
农村工业	208.92	25.73	121.96	45.04	4.39	8.94	69 913	96.95
四、按轻重工业分								
轻工业	175.33	18.97	120.87	62.69	1.92	7.84	83 599	99.2
重工业	125.79	8.7	111.28	59.17	1.49	5.19	57 912	98.51
五、按企业规模分								
大型企业	140.79	11.24	128.86	58.31	1.75	5.62	63 941	98.86
中型企业	176.32	16.81	105.47	61.57	1.37	8.63	98 726	98.72
小型企业	121.84	7.6	114.97	63.2	2.01	4.65	50 356	98.88
六、按工业行业分								
农副食品加工业	120.65	2.07	176.56	66.47	2.48	－0.15	75 922	97.95

10－13　续表 1－2　　　　(2003 年)　　　　单位:%

项　　目	工业经济效益综合指数	总资产贡献率	资本保值增值率	资产负债率	流动资产周转率（次/年）	成本费用利润率	全员劳动生产率（元/人）	工业产品销售率
食品制造业	164.59	10.56	134.45	50.64	3.34	5.29	80 554	97.14
饮料制造业	183.57	18.8	135.51	41.2	1.94	9.54	83 028	95.64
烟草制品业	1 261.74	97.68	133.75	50.34	1.96	32.04	1 477 197	102
纺织业	126.39	10.2	116.06	72.86	2.28	6.27	39 859	98.84
纺织服装、鞋、帽制造业	87.04	2.01	217.17	70.53	1.55	－0.47	30 893	97.96
皮革、毛皮、羽毛（绒）及其制品业	－49.95	2.24	－685.69	93.94	1.86	－3.19	25 458	101.11
木材加工及木、竹、藤、棕、草制品业	207.59	8.47	107.05	43.94	5.79	11.88	83 593	94.66
家具制造业	95.11	2.03	110.01	55.05	1.66	－0.09	57 850	100
造纸及纸制品业	－66.11	－0.68	－129.08	113.13	0.17	－22.6	42 147	105.82
印刷业和记录媒介的复制	237.15	21.35	114	42.45	2	23.53	80 376	94.27
文教体育用品制造业	129.65	8.49	129.31	25.93	2.7	5.22	41 996	94.17
石油加工、炼焦及核燃料加工业	599.4	45.18	307.32	34.55	25.13	5.55	296 725	97.77
化学原料及化学制品制造业	96.81	4.68	52.35	70.31	1.74	2.54	52 929	98.41
医药制造业	170.5	16.81	165.66	53.04	2.73	5.98	69 230	100.23
化学纤维制造业	85.98	3.03	137.57	74.22	1.85	0.75	32 683	98.64
橡胶制品业	151.04	6.3	115.06	56.5	1.36	2.53	124 706	98.97
塑料制品业	71.41	3.15	－5.27	101.39	1.47	2.48	48 300	99.53
非金属矿物制品业	123.33	7.1	169.31	53.36	1.72	6.1	37 081	95.96
黑色金属冶炼及压延加工业	141.98	11.12	116.19	66.24	2.37	2.75	79 040	103.07
有色金属冶炼及压延加工业	105.98	6.6	72.91	74.46	1.47	1.57	69 561	101
金属制品业	82.79	5.16	106.3	67.56	1.3	2.51	22 501	98.51
通用设备制造业	93.07	4.21	73.7	74.14	1.01	4.21	46 575	100.06
专用设备制造业	53.7	1.58	74.48	62.22	0.98	－1.1	18 088	96.1
交通运输设备制造业	131.32	9.99	111.89	59.93	1.34	6.8	55 696	96.66
电气机械及器材制造业	115.15	6.45	116.94	67.4	1.12	5.09	56 856	95.93
通信设备、计算机及其他电子设备制造业	153.73	10.07	158.42	39.32	1.42	10.08	59 987	98.51
仪器仪表及文化、办公用机械制造业	1.64	－2.01	85.58	65.98	0.64	－9.35	2 294	84.02
工艺品及其他制造业	－2.07	－2.22	86.61	49.66	0.41	－13.46	17 501	108.06
废弃资源和废旧材料回收加工业		4.63		92.12	0.67	－0.1	154 038	100
电力、热力的生产和供应业	166.96	10.41	131.38	25.07	2.02	8.05	90 209	95.69
水的生产和供应业	190.09	8.3	113.06	39.47	1.39	19.08	79 645	100

10－14 市属规模以上工业企业经济效益指数

（2003 年）

单位：%

项目	工业经济效益综合指数	总资产贡献率	资本保值增值率	资产负债率	流动资产周转率（次/年）	成本费用利润率	全员劳动生产率（元/人）	工业产品销售率
总计	**137.12**	**9.8**	**115.84**	**61.8**	**1.76**	**5.95**	**63 856**	**98.52**
一、按登记注册类型分								
内资企业	117.86	7.22	112.83	65.9	1.68	4.73	51 820	98.24
国有企业	55.64	1.78	82.27	80.98	0.8	－0.01	23 909	98.03
集体企业	104.5	7.1	60.55	77.26	2.71	3.57	37 673	98.08
股份合作企业	168.27	14.29	91.83	48.2	3.62	5.15	80 793	97.32
联营企业	516.01	2.29	42.24	3.11	27.3	0.64	344 740	98.84
国有联营企业		9.04		3.11	27.3	0.64	344 740	98.84
有限责任公司	132.82	9.32	159.67	59.98	2.17	4.63	49 471	97.68
国有独资公司	187.36	8.53	465.8	60.33	1.67	8.97	55 817	98.14
其他有限责任公司	126.98	9.63	130.56	59.86	2.28	3.93	47 835	97.58
股份有限公司	120.75	5.21	88.38	70.23	0.95	5.32	77 904	100.66
私营企业	173.28	17.05	154.26	40.76	3.41	6.16	63 831	97.81
私营独资企业	208.07	22.66	194.19	44.33	4.34	6.43	78 415	97.41
私营合伙企业	166.91	18.32	215.82	70.84	2.95	3.87	61 948	102.43
私营有限责任公司	169.21	15.74	182.3	34.76	2.94	7.33	55 407	97.49
私营股份有限公司	133.96	9.87	49.91	41.97	3.99	2.64	56 653	97.16
其他企业	375.11	44.91	959.1	60.32	3.11	12.12	102 798	93.57
港、澳、台商投资企业	175.99	9.82	122.34	50.93	1.78	5.4	128 101	101.76
合资经营企业	211.31	14.21	136.64	45.08	1.88	10.37	137 050	101.46
合作经营企业	164.79	1.52	146.82	55.49	1.46	－2.02	181 707	99.44
港澳台商独资企业	172.67	12.74	13.92	69.01	3.94	9.52	81 140	101.18
港澳台商投资股份有限公司		5.79		59.49	1.63	0.25	18 124	114.66
外商投资企业	183.65	15.48	122.71	54.52	1.93	8.18	104 104	98.54
中外合资经营企业	186.84	9.89	125.35	37.15	1.87	5.75	142 274	98.21
中外合作经营企业	140.14	12.38	－25.63	111.38	3.54	5.15	92 874	97.57
外资企业	660.11	70.23	2 427.44	32.43	3.99	13.39	147 976	100.21
外商投资股份有限公司	177.35	16.05	115.37	58.51	1.87	8.39	93 332	98.5
二、按经济组织类型分								
独资企业	98.93	5.45	91.93	75.57	1.6	4.28	39 407	98.2
国有企业	55.64	1.78	82.27	80.98	0.8	－0.01	23 909	98.03
集体企业	104.5	7.1	60.55	77.26	2.71	3.57	37 673	98.08
私营独资企业	208.07	22.66	194.19	44.33	4.34	6.43	78 415	97.41
港澳台商独资经营企业	172.67	12.74	13.92	69.01	3.94	9.52	81 140	101.18

10－14 续表 1－1 （2003 年） 单位：%

项 目	工业经济效益综合指数	总资产贡献率	资本保值增值率	资产负债率	流动资产周转率（次/年）	成本费用利润率	全员劳动生产率（元/人）	工业产品销售率
外资企业	660.11	70.23	2 427.44	32.43	3.99	13.39	147 976	100.21
合作、合伙企业	164.44	13.13	109.73	55.85	2.85	4.36	91 417	97.85
股份合作企业	168.27	14.29	91.83	48.2	3.62	5.15	80 793	97.32
国有联营企业		9.04		3.11	27.3	0.64	344 740	98.84
私营合伙企业	166.91	18.32	215.82	70.84	2.95	3.87	61 948	102.43
港或澳、台资合作经营企业	164.79	1.52	146.82	55.49	1.46	－2.02	181 707	99.44
中外合作经营企业	140.14	12.38	－25.63	111.38	3.54	5.15	92 874	97.57
其他企业（内资）	375.11	44.91	959.1	60.32	3.11	12.12	102 798	93.57
股份有限公司	150.35	10.9	97.67	63.64	1.47	7.15	84 391	99.23
股份有限公司（内资）	120.75	5.21	88.38	70.23	0.95	5.32	77 904	100.66
私营股份有限公司	133.96	9.87	49.91	41.97	3.99	2.64	56 653	97.16
港澳台商投资股份有限公司		5.79		59.49	1.63	0.25	18 124	114.66
外商投资股份有限公司	177.35	16.05	115.37	58.51	1.87	8.39	93 332	98.5
有限责任公司	146.2	10.44	151.01	51.81	2.18	5.65	63 353	98.02
国有独资公司	187.36	8.53	465.8	60.33	1.67	8.97	55 817	98.14
私营有限责任公司	169.21	15.74	182.3	34.76	2.94	7.33	55 407	97.49
港澳台合资经营企业	211.31	14.21	136.64	45.08	1.88	10.37	137 050	101.46
中外合资经营企业	186.84	9.89	125.35	37.15	1.87	5.75	142 274	98.21
其他有限责任公司	126.98	9.63	130.56	59.86	2.28	3.93	47 835	97.58
在总计中：亏损企业	－8.01	－1.12	26.94	95.11	0.5	－11.38	22 540	98.97
国有控股企业	121.81	8.07	101.94	66.19	1.34	5.99	55 620	99.11
农村工业	208.92	25.73	121.96	45.04	4.39	8.94	69 913	96.95
三、按轻重工业分								
轻工业	130.36	8.38	123.52	65.53	2.01	4.61	61 582	98.78
重工业	143.47	10.94	109.98	58.85	1.59	7.18	66 474	98.29
四、按企业规模分								
大型企业	169.4	15.58	135.04	54.39	2.08	7.84	77 272	98.37
中型企业	102.96	5.28	91.52	71.4	1.15	3.52	56 684	98.51
小型企业	138.05	8.81	128.06	59.22	2.24	5.48	60 036	98.68
五、按工业行业分								
农副食品加工业	139.16	2.7	150.97	48.44	3.67	0.36	84 498	97.55
食品制造业	193	13.14	167.6	46.36	3.58	7.37	95 388	97.46
饮料制造业	183.83	18.85	135.68	40.97	1.94	9.52	83 367	95.61

10－14 续表 1－2　　(2003 年)　　单位:%

项目	工业经济效益综合指数	总资产贡献率	资本保值增值率	资产负债率	流动资产周转率(次/年)	成本费用利润率	全员劳动生产率(元/人)	工业产品销售率
纺织业	126.63	10.26	116.13	73.13	2.28	6.31	39 958	98.81
纺织服装、鞋、帽制造业	120.12	4.25	177.33	70.76	1.85	2.74	62 681	97.4
皮革、毛皮、羽毛(绒)及其制品业	297.61	14.6	1 443.33	72.06	2.99	2.46	27 993	101.14
木材加工及木、竹、藤、棕、草制品业	207.59	8.47	107.05	43.94	5.79	11.88	83 593	94.66
家具制造业	92.6	2.34	86.89	55.05	1.66	－0.09	57 850	100
造纸及纸制品业	－76.18	－0.75	－137.7	113.63	0.16	－24.06	37 511	104.56
印刷业和记录媒介的复制	133.2	10.73	133.78	58.78	2.06	6.92	39 060	97.7
文教体育用品制造业	129.65	8.49	129.31	25.93	2.7	5.22	41 996	94.17
石油加工、炼焦及核燃料加工业	599.4	45.18	307.32	34.55	25.13	5.55	296 725	97.77
化学原料及化学制品制造业	113.07	5.19	50.02	59.47	1.81	3.64	65 956	96.95
医药制造业	191.96	17.66	255.06	53.6	3.22	4.93	80 816	100.25
化学纤维制造业	69.83	0.8	103.49	74.52	1.11	0.31	36 644	92.53
橡胶制品业	151.04	6.3	115.06	56.5	1.36	2.53	124 706	98.97
塑料制品业	78.54	3.53	－14.63	103.72	1.49	3.52	55 420	99.54
非金属矿物制品业	139	8.54	222.36	50.28	1.78	7.06	39 827	96.15
黑色金属冶炼及压延加工业	－752.54	38.08	－7 251.41	70.06	4.26	13.59	45 192	99.33
有色金属冶炼及压延加工业	98.49	4.53	20.88	91.79	1.58	－0.54	96 037	96.11
金属制品业	115.43	9.06	168.18	71.47	1.98	3.89	32 782	98.82
通用设备制造业	107.93	4.93	84.09	67.95	1.08	5.3	55 538	100.36
专用设备制造业	73.09	2.99	76.7	64.58	1.11	2.53	21 586	96.51
交通运输设备制造业	174.43	15.88	116.27	58.5	1.86	8.32	89 361	98.42
电气机械及器材制造业	120.49	6.99	118.84	66	1.18	6.14	55 301	96.09
通信设备、计算机及其他电子设备制造业	153.3	10.28	157.99	38.34	1.43	10.46	55 837	100.29
仪器仪表及文化、办公用机械制造业	55.35	1.85	92.7	72.9	1.34	－1.03	17 917	82.79
工艺品及其他制造业	2.85	－1.97	87.58	46.69	0.42	－12.46	18 270	108.1
废弃资源和废旧材料回收加工业	124.11	4.63		92.12	0.67	－0.1	154 038	100
电力、热力的生产和供应业	87.52	3.8	116.54	81.94	2.82	0.91	24 122	100.21
水的生产和供应业	190.09	8.3	113.06	39.47	1.39	19.08	79 645	100

10－15 县区工业主要经济指标

（按隶属关系分，2003年）　　单位：万元

项　　目	合　计	县属小计	南昌县	新建县	安义县	进贤县
企业单位数（个）	303	127	23	31	17	56
#亏损企业	50	17	7	5	1	4
从业人员年平均人数（人）	54 321	30 788	9 086	5 607	2 230	13 865
工业总产值（不变价格）	997 691	450 338	178 939	104 408	33 325	133 667
工业总产值（当年价格）	1 158 530	499 163	226 701	105 766	31 982	134 714
#新产品产值	1 618	1 004		51	36	916
工业销售产值（当年价格）	1 140 744	483 535	218 797	103 351	30 775	130 162
#出口交货值	55 020	19 030		142		18 888
工业中间投入合计	782 832	371 682	177 114	78 776	23 848	91 945
工业增加值（当年价）	397 946	142 652	60 634	27 405	9 197	45 416
实收资本	293 138	150 387	74 354	21 409	9 533	45 091
#国家资本	34 048	19 413	7 387	4 620	4 611	2 795
集体资本	11 205	4 433	344	564	3	3 522
港澳台资本	21 070	1 658			577	1 081
外商资本	14 805	7 407	5 800		303	1 304
资产总计	808 106	347 428	162 625	54 037	28 704	102 062
流动资产合计	368 877	152 188	66 647	25 314	13 377	46 850
流动资产年平均余额	345 491	143 248	60 959	24 974	13 660	43 654
固定资产原价	328 262	153 598	64 158	25 359	17 332	46 750
固定资产净值	263 947	124 950	55 244	21 481	12 590	35 635
固定资产净值年平均余额	259 308	120 288	51 750	21 505	12 146	34 887
负债合计	402 031	164 202	74 665	25 476	16 196	47 866
流动负债合计	323 893	138 198	66 087	17 149	15 145	39 817
产品销售收入	1 152 912	522 129	278 423	83 770	38 964	120 973
利润总额	53 447	19 576	9 746	3 683	836	5 311
利税总额	85 782	38 641	21 459	4 339	2 137	10 706
产品销售成本	1 083 264	483 693	267 880	74 482	28 004	113 328
本年销项税额	92 342	54 429	40 001	3 052	3 060	8 316

10－15　续表　（按隶属关系分，2003 年）　单位：万元

项目	区属小计	东湖区	西湖区	青云谱区	湾里区	郊区	昌北
企业单位数（个）	176	5	6	30	27	83	25
#亏损企业	33	1	3	10	4	2	13
从业人员年平均人数（人）	23 533	544	1 773	3 526	2 021	11 072	4 597
工业总产值（不变价格）	547 353	7 546	22 959	60 100	31 512	254 153	171 085
工业总产值（当年价格）	659 367	8 078	22 710	60 366	31 123	355 618	181 473
#新产品产值	614					214	400
工业销售产值（当年价格）	657 209	8 015	22 416	60 349	29 522	351 395	185 513
#出口交货值	35 991	536		16 320	103	18 199	833
工业中间投入合计	411 150	6 216	19 282	46 307	23 483	186 291	129 572
工业增加值（当年价）	255 294	2 222	3 822	14 505	8 467	172 098	54 181
实收资本	142 751	1 036	7 658	9 203	5 986	64 016	54 852
#国家资本	14 634		205	375	946	5 559	7 549
集体资本	6 772	1 036	608	124	520	4 484	
港澳台资本	19 412			550		15 080	3 782
外商资本	7 398			200		2 732	4 466
资产总计	460 678	5 583	15 656	25 241	26 574	167 670	219 954
流动资产合计	216 690	4 569	6 386	13 334	15 232	66 118	111 052
流动资产年平均余额	202 244	4 487	4 059	12 885	15 081	63 486	102 246
固定资产原价	174 664	1 263	6 352	12 373	13 127	68 952	72 597
固定资产净值	138 997	907	4 857	9 581	8 613	54 177	60 861
固定资产净值年平均余额	139 020	942	6 314	9 371	8 463	54 589	59 341
负债合计	237 829	4 099	6 357	14 813	19 314	84 045	109 201
流动负债合计	185 695	3 861	4 945	13 343	16 270	46 490	100 786
产品销售收入	630 783	7 030	21 058	58 355	27 866	322 549	193 925
利润总额	33 871	92	753	367	419	27 751	4 490
利税总额	47 141	600	1 258	914	1 417	35 375	7 577
产品销售成本	599 571	6 919	20 381	57 536	27 475	296 109	191 151
本年销项税额	37 913	612	560	7 181	1 973	8 656	18 932

10－16 市直工业主要经济指标

（2003年）　　单位：万元

项　　目	合　计	资产公司	江联重工	江铃集团	民政局
企业单位数（个）	126	63	1	3	5
#亏损企业	50	28			2
从业人员年平均人数（人）	73 312	33 030	1 585	18 212	653
工业总产值（不变价格）	1 605 756	348 755	34 641	832 988	10 474
工业总产值（当年价格）	1 536 861	360 850	31 523	749 685	12 730
#新产品产值	526 445	50 378	16 047	317 733	
工业销售产值（当年价格）	1 514 754	355 326	31 523	740 332	12 352
#出口交货值	82 473	43 282		11 685	768
工业中间投入合计	1 183 578	254 241	21 388	610 530	9 619
工业增加值（当年价）	417 062	116 912	10 598	179 280	3 732
实收资本	379 700	151 001	11 720	55 509	7 405
#国家资本	207 219	86 151	9 545	48 069	
集体资本	16 012	5 679	342		1 545
港澳台资本	30 187	17 101		2 777	
外商资本	32 406	17 238	8	3 770	5 072
资产总计	2 273 309	828 238	65 728	777 189	13 122
流动资产合计	1 189 883	439 121	44 818	417 999	6 593
流动资产年平均余额	1 147 361	438 431	35 534	399 798	6 240
固定资产原价	1 124 635	402 426	26 202	383 287	8 866
固定资产净值	712 262	251 798	17 572	219 967	5 331
固定资产净值年平均余额	706 089	259 772	18 469	221 649	5 469
负债合计	1 502 285	715 171	46 597	450 017	9 281
流动负债合计	1 275 639	610 682	45 597	382 596	8 758
产品销售收入	1 479 356	315 637	30 023	754 781	11 757
利润总额	92 803	－1 477	52	60 416	367
利税总额	173 243	13 655	597	110 869	992
产品销售成本	1 374 175	310 844	28 109	689 145	10 949
本年销项税额	332 526	37 952	4 747	242 948	1 857

10－16 续表 （2003年） 单位：万元

高新区	商贸委	粮食局	林业局	教委	其它各局
企业单位数（个）	2	6	9	9	28
#亏损企业	2	3	4	5	6
从业人员年平均人数（人）	1 505	921	3 916	4 009	9 481
工业总产值（不变价格）	5 359	2 962	44 182	40 601	285 796
工业总产值（当年价格）	6 150	1 977	54 223	63 089	256 636
#新产品产值			5 912		136 374
工业销售产值（当年价格）	6 150	1 991	52 256	64 931	249 894
#出口交货值				13	26 726
工业中间投入合计	4 932	1 651	44 997	38 008	198 212
工业增加值（当年价）	1 250	341	12 151	27 443	65 355
实收资本	2 506	3 382	8 860	49 185	90 132
#国家资本	2 506	3 094	2 817	35 077	19 959
集体资本			556	6 861	1 028
港澳台资本				3 589	6 720
外商资本			1 902		4 416
资产总计	12 372	15 209	44 258	139 606	377 587
流动资产合计	1 247	9 164	23 327	38 641	208 973
流动资产年平均余额	1 105	8 505	23 783	39 005	194 961
固定资产原价	14 626	7 667	21 012	115 314	145 235
固定资产净值	10 754	5 240	10 649	80 111	110 841
固定资产净值年平均余额	10 825	5 521	12 482	78 616	93 287
负债合计	11 013	9 036	46 319	63 343	151 508
流动负债合计	10 546	8 967	35 047	46 264	127 183
产品销售收入	3 164	2 006	36 432	63 277	262 279
利润总额	－543	－183	199	8 017	25 955
利税总额	－396	－165	3 283	10 848	33 561
产品销售成本	3 397	2 197	36 151	56 257	237 126
本年销项税额	145	62	5 842	6 292	32 682

10－17 工业企业能源购进、消费与库存

（2003年）

单位：吨

项目	年初库存	购进量		消费量					年末库存
		实物量	金额（万元）	消费合计	工业生产	用于原材料	非工业生产消费	合计中：车辆用油	
原煤	180 866	3 364 776	73 617	3 325 099	3 317 533	226 457	7 566		187 883
洗精煤	12 546	655 888	28 963	647 035	647 035				21 399
其他洗煤	120	12 061	599	11 929	11 929				263
型煤	70	4 938	218	4 938	4 938				812
焦炭	1 133	191 428	16 775	647 508	647 508				4 804
焦炉煤气（万立方米）				15 628	15 628				
汽油	140	4 700	1 574	4 977	2 397		2 580	2 075	113
煤油	8	808	275	773	767		6		43
柴油	970	16 405	4 512	16 646	12 197		4 449	4 187	735
燃料油	4 045	18 965	3 247	20 284	20 284				1 375
液化石油气		145	29	145	145				
热力（百万千焦）		38 663	271	38 663	38 663				
电力（万千瓦时）		218 885	100 182	249 351	239 814		9 537		
其他燃料（吨标煤）		18	4	18	18				

10－18 主要能源按行业分组消费量

(2003年)　　单位：吨

项　　目	原　煤	洗　精　煤	焦　炭	汽　油
总　计	**3 325 099**	**647 035**	**647 508**	**4 977**
农副食品加工业	8 271			731
食品制造业	37 724			204
饮料制造业	29 458			54
烟草制品业	10 951	3 300		159
纺织业	81 248		32	429
纺织服装、鞋、帽制造业	383			68
材加工及木、竹、藤、棕、草制品业				6
造纸及纸制品业	55 194			38
印刷业和记录媒介的复制业	371			410
文教体育用品制造业	1 657			10
石油加工、炼焦及核燃料加工业				5
化学原料及化学制品制造业	440 270			198
医药制造业	89 167			241
化学纤维制造业	11 570			27
橡胶制品业	382			67
塑料制品业	208			15
非金属矿物制品业	38 335	1 852		11
黑色金属冶炼及压延加工业	133 895	640 148	642 389	341
有色金属冶炼及压延加工业	6 585		1	285
金属制品业	1 050	1 272		41
通用设备制造业	1 600		1 242	186
专用设备制造业	2 357	90	15	266
交通运输设备制造业	44 080	373	3 815	871
电气机械及器材制造业	6 102		14	88
设备、计算机及其他电子设备制造业				66
仪器仪表及文化、办公用机械制造业				2
工艺品及其他制造业	46 574			21
电力、热力的生产和供应业	2 277 667			57
自来水的生产和供应业				80

10－18 续表　　(2003年)　　单位：吨

项　　目	煤　　油	柴　　油	燃 料 油	电　　力（万千瓦时）
总　　计	**773**	**16 646**	**20 284**	**249 351**
农副食品加工业	1	1 948	308	1 759
食品制造业		425	5	2 049
饮料制造业		102		2 278
烟草制品业		125		1 811
纺织业	8	214	1	13 715
纺织服装、鞋、帽制造业	5	72		863
皮革、毛皮、羽毛（绒）及其制品业				158
材加工及木、竹、藤、棕、草制品业		2		30
造纸及纸制品业		45		8 504
印刷业和记录媒介的复制业	20	821		1 630
文教体育用品制造业		5		200
石油加工、炼焦及核燃料加工业				12
化学原料及化学制品制造业	9	879		41 506
医药制造业		276		8 711
化学纤维制造业		9		11 959
橡胶制品业		477	4 537	2 412
塑料制品业		21		1 273
非金属矿物制品业		419	1 960	6 853
黑色金属冶炼及压延加工业		1 217	10 476	70 505
有色金属冶炼及压延加工业	240	1 380		2 484
金属制品业	2	30		1 366
通用设备制造业	50	250		2 542
专用设备制造业	1	65	3	3 274
交通运输设备制造业	435	6 385		19 104
电气机械及器材制造业	1	114		3 658
设备、计算机及其他电子设备制造业		44		1 418
仪器仪表及文化、办公用机械制造业	1			146
工艺品及其他制造业				180
电力、热力的生产和供应业		1 232	2 994	31 483
水的生产和供应业		89		7 468

10－19 工业企业主要能源库存量

(2003年)　　单位：吨

项目	原煤	洗精煤	焦炭	汽油	煤油	柴油	燃料油
总计	**187 883**	**21 399**	**4 804**	**113**	**43**	**735**	**1 375**
农副食品加工业	322					5	14
食品制造业	3 089			4		12	
饮料制造业	3 602						
烟草制品业	406	848					
纺织业	4 072			10		10	
纺织服装、鞋、帽制造业	11						
造纸及纸制品业	1 700			1		1	
印刷业和记录媒介的复制业	10			6		4	
文教体育用品制造业	74						
化学原料及化学制品制造业	14 349			5		1	
医药制造业	2 081						
化学纤维制造业	497						
橡胶制品业	62					16	308
塑料制品业	2					3	
非金属矿物制品业	2 325	114				21	78
黑色金属冶炼及压延加工业	7 412	20 401	4 514	21		30	329
有色金属冶炼及压延加工业	1 204			11	40	48	
金属制品业	30	36					
通用设备制造业	23			3			
专用设备制造业	81			45			
交通运输设备制造业	40		290	4	3	29	
电气机械及器材制造业	269			2		9	
工艺品及其他制造业	4 926						
电力、热力的生产和供应业	141 296			1		546	646

10－20 工业企业能源消费量

(按隶属关系分，2003年)

项目	单位	总计	中央	省	市	其它
原煤	吨	3 325 099	1 128 167	1 716 302	329 346	151 284
洗精煤	吨	647 035	3 300	640 148	3 587	
其他洗煤	吨	11 929		8 603	490	2 836
型煤	吨	4 938			4 825	113
焦炭	吨	647 508	438	642 465	4 330	275
焦炉煤气	万立方米	15 628		15 628		
汽油	吨	4 977	829	1 027	1 320	1 801
煤油	吨	773	419	24	82	248
柴油	吨	16 646	1 089	2 807	8 308	4 442
燃料油	吨	20 284	1 036	12 409	6 505	334
液化石油气	吨	145		1	144	
热力	百万千焦	38 663			38 663	
电力	万千瓦时	249 351	22 804	139 619	66 141	20 787
其他燃料	吨标准煤	18		8		10

10－21　全　市　工　业　50　强

（按销售收入排序，2003 年）

1. 江铃汽车集团公司
2. 南昌钢铁有限责任公司
3. 南昌卷烟厂
4. 江西汇仁集团有限公司
5. 江西洪都航空工业集团有限责任公司
6. 诚志股份有限公司
7. 江西洪都钢厂
8. 江西江中药业股份有限公司
9. 江西联创光电科技股份有限公司
10. 江西赣能股份有限公司
11. 南昌印钞厂
12. 江西华源江纺有限公司
13. 江西涤纶厂
14. 泰豪科技股份有限公司
15. 江西省南昌市济民可信集团有限公司
16. TCL 王牌电器（南昌）有限公司
17. 江西南昌发电厂
18. 南昌统一企业有限公司
19. 南昌水业集团有限责任公司
20. 江西捷德智能卡系统有限公司
21. 江西桑海集团有限责任公司
22. 江西锅炉化工石油机械联合有限责任公司
23. 江西昌九生物化工股份有限公司江氨分公司
24. 江西泰丰轮胎有限公司
25. 江西变压器科技股份有限公司
26. 江西汪氏蜜蜂有限公司
27. 南昌亚洲啤酒有限公司
28. 江西新电汽车空调系统有限公司
29. 南昌市赣江溶剂厂
30. 江西阳光乳业有限公司
31. 江西煌上煌集团有限公司
32. 南昌硬质合金有限责任公司
33. 江西晶安高科技股份有限公司
34. 四通（江西）电机有限责任公司
35. 江西沙神集团公司
36. 南昌齐洛瓦电器集团公司
37. 江西纸业集团有限公司
38. 江西润田昌北饮料食品有限公司
39. 南昌广联实业有限公司
40. 南昌电缆有限责任公司
41. 南昌赣新油脂有限公司
42. 江西光明英雄乳业股份有限公司
43. 江西国药有限责任公司
44. 江西泓泰企业集团有限公司
45. 南昌化工集团有限责任公司
46. 江西福昌空调系统有限公司
47. 江西赣达牧业有限公司
48. 江西省仙丹健康食品有限公司
49. 江西印刷集团公司
50. 安义县雄鹰化工厂

主 要 统 计 指 标 解 释

工业 指从事自然资源的开采，对采掘品和农产品进行加工再加工的物质生产部门，具体包括：(1) 对自然资源的开采，如采矿、晒盐、森林采伐等（但不包括禽兽捕猎和水产捕捞）；(2) 对农副产品的加工、再加工，如粮油加工、食品加工、轧花、缫丝、纺织、制革等；(3) 对采掘品的加工、再加工，如炼铁、炼钢、炼焦、化工生产、机器制造、木材加工以及自来水、煤气的生产和电力的生产及供应；(4) 对工业品的修理、翻新，如修理机械设备、交通运输工具等。

1984 年以前农村的村及村以下办工业归属农业，1984 年及以后划归工业。

工业统计调查单位 工业统计调查单位分为两类：独立核算法人工业企业和工业活动单位。

(1) 独立核算法人工业企业 是指从事工业生产经营活动的单位。独立核算法人工业应同时具备以下条件：①依法成立，有自己的名称、组织机构和场所，能够承担民事责任；②独立拥有和使用资产，承担负债，有权与其他单位签订合同；③独立核算盈亏，并能够编制资产负债表。

(2) 工业活动单位是指在一个场所从事一种或主要从事一种工业生产活动的经济单位。它包括独立核算工业企业按主营业务活动（即工业生产活动）划分的主营业务活动单位和非工业企业所属的工业生产活动单位（即原非独立核算工业生产单位）。工业活动单位，一般应同时具备以下三个条件：①具有一个场所，从事一种或主要从事一种工业活动；②单独组织工业生产、经营或业务活动；③单独核算收人和支出。

工业企业经济类型 是按企业生产资料和产品归属对象划分企业类型。1992 年以前，执行的是由国家统计局和国家工商行政管理局于 1980 年联合颁发的《关于统计上划分经济类型的暂行规定》及近几年来的补充规定，将我国经济类型划分为：全民所有制、集体所有制、全民与集体合营、全民与大陆私人合营、全民与华侨或港澳台工商业者合营、集体与大陆私人合营、集体与华侨或港澳台工商业者合营、中外合营、华侨或港澳台工商业者经营、外资经营、个体经营、其他等十二种。随着经济体制改革的不断深化和社会经济的发展，我国国民经济结构发生了新的变化。出现了一些新的经济成份，原有的分类已不能反映我国体制格局发展变化的新情况。为此。国家统计局和国家工商行政管理局在调查研究的基础上，联合颁发了修订后的《关于经济类型划分暂行规定》，将我国经济成份划分为九种类型。

1．国有经济工业 是指生产资料归国家所有的一种经济类型，是社会主义公有制经济的重要组成部分。包括中央和地方各级国家机关、事业单位和社会团体使用国有资产投资举办的企业，也包括实行企业化经营，国家不再核拨经费或核拨部分经费的事业单位和从事经营性活动的社会团体，以及上述企业、事业单位和社会团体使用自有资金投资举办的企业。

2．集体经济工业 是指生产资料归公民集体所有的一种经济类型，是社会主义公有制经济的组成部分。包括城乡所有用集体投资举办的企业，以及部分个人通过集资自愿放弃所有权并依法经工商行政管理机关认定为集体所有制的企业。

3．私营经济工业 是生产资料归公民私人所有，以雇佣劳动力为基础的一种经济类型。包括所有按国家法律、规定登记注册的私营独资企业、私营合伙企业和私营有限责任公司。

4．个体经济工业 是指生产资料归劳动力者个人所有，以个体劳动为基础，劳动成果归劳动者个人占有和支配的一种经济类型。包括所有按国家有关规定登记注册的个体工商户和个人合伙经营者。

5．联营经济工业 是指不同所有制性质的企业之间或者企业、事业单位之间共同投资组成新的经济实体的一种经济类型。联营经济只包括具备法人条件的紧密型联营企业。

6．股份制经济工业 是指全部注册资本由全体股东共同出资，并以股份形式投资举办企业而形成的一种经济类型。股份制经济主要有股份有限公司和有限责任公司两种组织形式。国有、集体、联营、私营企业等经济组织虽然以股份制形式经营，但不以股份有限公司或有限责任公司登记注册的，仍按原有所有制性质划归经济类型。

7. 外商投资经济工业　是指国外投资者根据我国有关涉外经济的法律、法规，以合资、合作或独资的形式在大陆境内开办企业而形成的一种经济类型。外商投资经济包括中外合资经营企业、中外合作经营企业和外资企业的三种形式。

8. 港、澳、台投资经济工业　是指港、澳、台地区投资者依照中华人民共和国有关涉外经济的法律、法规，以合资、合作或独资的形式在大陆举办企业而形成的一种经济类型。港、澳、台投资经济参照外商投资经济，可分为合资经营企业、合作经营企业和独资企业三种形式。

9. 其他经济工业　是指以上八种类型之外的其他经济类型。随着经济体制改革的深化，可能会出现新的经济形式，或遇到不易划清的，可列人其他经济类型。

轻工业　指主要提供生活消费品和制作手工工具的工业。按其所使用的原料不同，可分为两大类：(1) 以农产品为原料的轻工业，是指直接或间接以农产品为基本原料的轻工业。主要包括食品制造、饮料制造、烟草加工、纺织、缝纫、皮革和毛皮制作、造纸以及印刷等工业；(2) 以非农产品为原料的轻工业，是指以工业品为原料的轻工业。主要包括文教体育用品、化学药品制造、合成纤维制造、日用化学制品、日用玻璃制品、日用金属制品、手工工具制造、医疗器械制造、文化和办公用机械制造等工业。

重工业　是指为国民经济各部门提供物质技术基础的主要生产资料的工业。按其生产性质和产品用途，可以分为下列三类：(1) 采掘（伐）工业，是指对自然资源的开采，包括石油开采、煤炭开采、金属矿开采、非金属矿开采和木材采伐等工业；(2) 原材料工业，指向国民经济各部门提供基本材料、动力和燃料的工业。包括金属冶炼及加工、炼焦及焦炭化学、化工原料、水泥、人造板以及电力、石油和煤炭加工等工业；(3) 加工工业，是指对工业原材料进行再加工制造的工业。包括装备国民经济各部门的机械设备制造工业、金属结构、水泥制品等工业，以及为农业提供的生产资料如化肥、农药等工业。

根据上述划分原则，修理业中以重工业产品为修理作业对象的划为重工业，反之划为轻工业。

大、中、小型企业划分　根据国家经贸委、国家计委、财政部、国家统计局《关于印发中小企业标准暂行规定的通知》（国经贸中小企［2003］143 号），结合统计工作的实际情况，2003 年制定了统计上大中小型企业划分办法（暂定）。它以法人企业或单位作为对企业规模的划分对象，以从业人员数、销售额和资产总额三项指标为划分依据。工业企业规模的具体划分标准如下表：

指标名称	计算单位	大型	中型	小型
从业人员数	人	2000 及以上	300－2000	300 以下
销售额	万元	30000 及以上	3000－30000	3000 以下
资产总额	万元	40000 及以上	4000－40000	4000 以下

1. 该标准所指的“工业企业”包括采矿业、制造业、电力、燃气及水的生产和供应业三个行业的企业。

2. 工业企业的销售额以现行统计制度中的年产品销售收入代替；资产总额以现行统计制度中的资产合计代替。

3. 大型和中型企业须同时满足所列各项条件的下限指标，否则下划一档。

4. 企业规模由政府综合统计部门根据上年统计年报每年划分一次。企业规模一经确认，月度统计原则上不进行调整。

工业总产值　是以货币表现的工业企业在一定时期内生产的已出售或可供出售工业产品总量，它反映一定时间内工业生产的总规模和总水平。它包括：在本企业内不再进行加工，经检验、包装入库（规定不需包装的产品除外）的成品价值，工业性作业价值，自制半成品、在产品期末初差额价值。工业总产值采用“工厂法”计算，即以工业企业作为一个整体，按企业工业生产活动的最终成果来计算，企业内部不允许重复计算，不能把企业内部各个车间（分厂）生产的成果相加。但在企业之间、行业之间、地区之间存在着重复计算。

轻重工业总产值的划分也是按“工厂法”计算的，即一个工业企业在正常情况下生产的主要产品的性质属于轻工业，则该企业的全部总产值作为轻工业总产值；一个工业企业生产的主要产品的性质属于重工业，则该企业的全部总产值作为重工业总产值。

工业销售产值 是以货币表现的工业企业是一定时期内销售的本企业生产的工业产品总量。包括已销售的成品、半成品价值，对外提供的工业性作业价值和对本企业基本建设部门、生活福利部门等提供的产品和工业性作业及自制设备的价值。

工业增加值 是指工业企业在报告期内以货币形式表现的工业生产活动的最终成果。是企业全部生产活动的总成果扣除了在生产过程中消耗或转换的物质产品和劳务价值后的余额，即企业生产过程中新增加的价值。

所有者权益 是指企业投资人对企业净资产的所有权，包括企业投资者对企业的投入资本以及形成的资本公积金、盈余公积金和未分配利润等的所有权。

固定资产原值 指企业在建造、购置、安装、改建、扩建、技术改造某项固定资产时所支出的全部货币总额。它一般包括买价、包装费、运杂费和安装费等。

固定资产净值 是指固定资产原价减去历年已提折旧额后的净额。

流动资产 是指可以在一年或者超过一年的一个营业周期内变现或者耗用的资产，包括现金及各种存款、短期投资、应收及预付货款、存货等。

流动负债 是指将在一年或者超过一年的一个营业周期内偿还的债务。包括短期借款、应付票据、应付帐款、预收货款、应付工资、应交税金、应付利润、其他应付款、预报费用等。

产品销售收入 指企业销售产品的销售收人和提供劳务等主要经营业务取得的业务总额。1994 年实施新的税制后，取消了产品税，开征消费税，增值税由价内税改为价外税，因此，产品销售收人中不再含增值税。

利润总额 是指企业实现的利润总额，等于盈利企业的利润额减亏损企业的亏损额。

利税总额 指企业利润总额、产品销售税金及附加和应交增值税之和。

工业经济效益综合指数 是综合衡量工业经济效益各方面在数量上总体水平的一种特殊相对数，是反映工业经济运行质量的总量指标。它是以各项工业经济效益指标实际数值分别除以该项指标的全国标准值并乘以各自权数，加总后除以总权数求得。

工业经济效益综合指数的计算方法：

$$\text{工业经济效益综合指数} = \Sigma\left(\frac{\text{某项经济效益指标报告期数值}}{\text{该项指标全国标准值}} \times \text{权数}\right) \div \text{总权数}$$

权数是根据上述各项工业经济效益指标在综合经济效益中的重要程度，由专家调查确定的，各项权数之和即是总权数。

工业产品销售率 指报告期销售产值与同期全部工业总产值之比，反映工业产品生产已实现销售的程度。计算公式为：

$$\text{工业产品销售率（\%）} = \frac{\text{报告期现价工业销售产值}}{\text{报告期现价工业总产值}} \times 100\%$$

工业资金利税率 指报告期已实现的利润、税金总额与同期的资产（流动资产和固定资产净值）之比，反映企业资金运用的经济效益指标。

计算公式为：

$$\text{工业资金利税率（\%）} = \frac{\text{报告期累计实现利税总额}}{\text{报告期平均流动资产固定资产净值平均余额}} \times \frac{12}{\text{累计数}} \times 100\%$$

工业增加值率 指报告期工业增加值与同期工业总产值之比，反映降低中间消耗的经济效益指标。计算公式为：

$$\text{工业增加值率（\%）} = \frac{\text{现价工业增加值}}{\text{现价工业总产值}} \times 100\%$$

工业成本费用利润率 指报告期实现利润与成本费用之比，反映降低成本的经济效益的指标。计算公式为

$$工业成本费用利润率（\%）=\frac{利润总额}{成本费用总额}\times 100\%$$

成本费用总额是指企业的产品销售成本、产品销售费用、管理费用和财务费用之和。由于 1994 年工业财务统计年报中没有财务费用指标，故用利息支出代替（1993 年全省利息支出占财务费用的 91.7%）。

工业全员劳动生产率 指根据产品的价值量指标计算的平均每一个职工在单位时间内的产品生产量。是考核企业经济活动的重要指标，是企业生产技术水平、经营管理水平、职工技术熟练程度和劳动积极性的综合表现。目前我国的全员劳动生产率是将工业企业的工业增加值除以同一时期全部职工的平均人数来计算的。计算公式：

$$全员劳动生产率=\frac{工业增加值}{全部职工平均人数}$$

流动资产周转次数 指一定时期内流动资产完成的周转次数，是反映工业企业投入流动资产的周转速度的指标。计算公式为：

$$流动资产周转次数（次）=\frac{报告期累计产品销售收入}{报告期流动资产平均余额}\times\frac{12}{累计月数}$$

资本金 指企业在工商行政管理部门登记的注册资金合计。企业资本金按投资主体可分为国家资本金、法人资本金、个人资本金和外商资本金等。资本金会计包括企业各种投资主体注册的全部资本金。

总资产 指企业拥有或控制的全部资产。包括流动资产、长期投资、固定资产、无形及递延资产、其他长期资产、递延税项等，即为企业资产负债表的资产总计项。

（1）流动资产 指企业可以在一年内或者超过一年的一个生产周期内变现或耗用的资产合计。包括现金及各种存款、短期投资、应收及预付款项、存货等。

（2）固定资产 指企业固定资产净值、固定资产清理、在建工程、待处理固定资产损失所占用的资金合计。

（3）无形资产 指企业长期使用而没有实物形态的资产。包括专利权、非专利技术、商标权、著作权、土地使用权、商誉等。

总负债 指企业承担并需要偿还的全部债务。包括流动负债和长期负债、递延税项等，即为企业资产负债表的负债合计项。

（1）流动负债 指企业在一年内或者超过一年的一个营业周期内需要偿还的债务合计，其中包括短期借款、应付及预收款项、应付工资、应交税金和应交利润等。

（2）长期负债 指企业在一年以上或者超过一年的一个生产周期以上需要偿还的债务合计，其中包括长期借款、应付债务、长期应付款项等。

所有者权益 指企业投资人对企业净资产的所有权。企业净资产等于企业全部资产减去全部负债后的余额，其中包括投资者对企业的最初投人，以及资本公积金、盈余公积金和未分配利润。对股份制企业即为股东权益。

工业企业能源消费 工业企业能源消费指独立核算的法人工业企业在报告期内实际使用的能源数量。能源消费数量分别用价值量和实物量表示。

能源消费 能源消费指独立核算的法人企业在报告期内实际使用的能源的数量，包括主营活动和附营活动实际使用能源数量；并包括由本企业（作为投资单位）代填的乡镇建筑企业为完成本企业建筑项目而实际使用的能源数量。能源消费数量用价值量和实物量表示。

消费的核算原则："谁消费谁统计"，即能源在哪个企业使用，就由哪个企业统计消费。

消费的核算方法：能源进人第一道生产工序，改变了原来的形态或性能，或者已经实际投入使用，即作消费统计。

能源库存 能源库存是指独立核算法人企业在报告期初、期末实际结存的能源的数量和价值。

库存的核算原则："谁支配谁统计"，即凡是本企业有权支配动用的能源，不论存放何处，都应作本企业库存统计；反之，本企业无权支配动用的能源，即使存在本企业仓库，也不能作为本企业库存统计。

库存的核算方法：凡属本企业有权支配动用的某一时点实际结存的能源，都应作本企业库存统计。

全国工业经济效益综合指数标准

单位：%

总资产贡献率	资本保值增值率	资产负债率	流动资产周转率（次）	成本费用利润率	劳动生产率（元/人）	产品销售率
10.7	120	≤60	1.52	3.71	16500	96.0

十一、建　筑　业

CONSTRUCTION

本篇内容包括：

1. 建筑业企业生产情况
2. 建筑业企业财务状况

资料整理　　微机处理

刘　程　　万明刚

11－1 建　筑　业　企

(2003

项　目	入统企业（个）	有工作量的	建筑业合同情况 合同额	上年结转	本年新签	承包工程 直接从建设单位承揽工程产值	自行完成施工产值
总　计	**266**	**255**	**2 434 594**	**731 433**	**1 703 161**	**1 461 220**	**1 409 387**
＃国有及国有控股	82	80	1 329 484	443 133	886 351	788 757	739 423
一、按登记注册类型分							
内资企业	254	244	2 417 742	726 168	1 691 574	1 448 601	1 396 768
国有企业	55	55	1 009 839	357 697	652 142	606 850	564 136
集体企业	63	61	747 435	187 688	559 747	439 184	437 484
股份合作企业	11	10	46 871	11 033	35 838	34 691	34 521
有限责任公司	49	49	387 628	106 528	281 100	239 912	232 892
国有独资公司	3	3	137 136	42 713	94 423	80 115	74 272
其他有限责任公司	46	46	250 492	63 815	186 677	159 797	158 620
股份有限公司	28	25	108 988	21 817	87 171	70 803	70 630
私营企业	48	44	116 981	41 405	75 576	57 161	57 105
私营独资企业	1	1	3 620	1 200	2 420	2 420	2 420
私营有限责任公司	35	32	42 401	17 034	25 367	33 039	33 039
私营股份有限公司	12	11	70 960	23 171	47 789	21 702	21 646
港、澳、台商投资企业	10	9	14 705	3 370	11 335	11 711	11 711
合资经营企业	8	7	14 087	3 370	10 717	11 280	11 280
独资经营企业	2	2	618		618	431	431
外商投资企业	2	2	2 147	1 895	252	908	908
中外合资经营企业	2	2	2 147	1 895	252	908	908
二、按经济组织类型分							
独资企业	121	119	1 761 512	546 585	1 214 927	1 048 885	1 004 471
国有企业	55	55	1 009 839	357 697	652 142	606 850	564 136
集体企业	63	61	747 435	187 688	559 747	439 184	437 484
私营独资企业	1	1	3 620	1 200	2 420	2 420	2 420

业　生　产　情　况

年)　　　　　　　　　　　　　　　　　　　　　　　　　　　　　　单位：万元

完成情况		建筑业			按构成分的建筑业总产值			竣工产值
分包出去工程的产值	从建设单位以外承揽工程产值	总产值	装饰装修	在省外完成	建筑工程	安装工程	其　他	
51 833	**80 383**	**1 489 770**	**97 570**	**214 459**	**1 210 387**	**183 446**	**95 937**	**1 092 518**
49 334	75 593	815 016	37 382	162 192	658 163	130 741	26 112	615 011
51 833	77 653	1 474 421	94 125	212 759	1 201 619	180 304	92 498	1 077 999
42 714	69 441	633 577	28 773	139 016	502 689	117 142	13 746	486 019
1 700	300	437 784	12 452	35 700	397 088	23 093	17 603	264 670
170	250	34 771	3 016		30 249	3 009	1 513	38 337
7 020	7 336	240 228	18 971	31 889	194 105	21 899	24 224	181 718
5 843	5 005	79 277			79 277			44 592
1 177	2 331	160 951	18 971	31 889	114 828	21 899	24 224	137 126
173	16	70 646	23 313	892	38 394	8 543	23 709	58 030
56	310	57 415	7 600	5 262	39 094	6 618	11 703	49 225
		2 420			1 620		800	2 300
	310	33 349	6 033	4 210	19 795	4 437	9 117	26 351
56		21 646	1 567	1 052	17 679	2 181	1 786	20 574
	1 527	13 238	3 402	1 700	6 700	3 142	3 396	12 408
	1 500	12 780	3 223	1 700	6 700	2 857	3 223	12 208
	27	458	179			285	173	200
	1 203	2 111	43		2 068		43	2 111
	1 203	2 111	43		2 068		43	2 111
44 414	69 768	1 074 239	41 404	174 716	901 397	140 520	32 322	753 189
42 714	69 441	633 577	28 773	139 016	502 689	117 142	13 746	486 019
1 700	300	437 784	12 452	35 700	397 088	23 093	17 603	264 670
		2 420			1 620		800	2 300

11－1 建筑业企

11－1 续表1－1　　　　　　　　　　　　　　　　　　　　　　　　　(2003

项　　　目	入统企业(个)	有工作量的企业	建筑业合同情况 合同额	上年结转	本年新签	承包工程 直接从建设单位承揽工程产值	自行完成施工产值
港、澳、台商独资经营企业	2	2	618		618	431	431
合作、合伙企业	11	10	46 871	11 033	35 838	34 691	34 521
股份合作企业	11	10	46 871	11 033	35 838	34 691	34 521
股份有限公司	40	36	179 948	44 988	134 960	92 505	92 276
股份有限公司（内资）	28	25	108 988	21 817	87 171	70 803	70 630
私营股份有限公司	12	11	70 960	23 171	47 789	21 702	21 646
有限责任公司	94	90	446 263	128 827	317 436	285 139	278 119
国有独资公司	3	3	137 136	42 713	94 423	80 115	74 272
私营有限责任公司	35	32	42 401	17 034	25 367	33 039	33 039
港澳台合资经营企业	8	7	14 087	3 370	10 717	11 280	11 280
中外合资经营企业	2	2	2 147	1 895	252	908	908
其他有限责任公司	46	46	250 492	63 815	186 677	159 797	158 620
三、按国民经济行业分							
房屋和土木工程建筑业	144	141	2 130 161	654 806	1 475 355	1 215 622	1 166 838
房屋工程建筑	98	98	1 450 417	417 793	1 032 624	886 043	882 803
土木工程建筑	46	43	679 744	237 013	442 731	329 579	284 035
铁路、道路、隧道桥梁建筑	17	15	361 527	149 749	211 778	218 383	175 123
水利和港口建筑	12	12	134 287	33 234	101 053	53 270	50 986
工矿工程建筑	1	1	74 916	41 692	33 224	22 526	22 526
架线和管道工程建筑	1	1	5 791	841	4 950	841	841
其他土木工程建筑	15	14	103 223	11 497	91 726	34 559	34 559
建筑安装业	58	55	223 362	63 053	160 309	179 441	176 392
建筑装饰业	64	59	81 071	13 574	67 497	66 157	66 157

业　生　产　情　况

年）　　　　　　　　　　　　　　　　　　　　　　　　　　　　　　单位：万元

完成情况		建筑业总产值			按构成分的建筑业总产值			竣工产值
分包出去工程的产值	从建设单位以外承揽工程产值	建筑业总产值	装饰装修	在省外完成	建筑工程	安装工程	其　他	
	27	458	179			285	173	200
170	250	34 771	3 016		30 249	3 009	1 513	38 337
170	250	34 771	3 016		30 249	3 009	1 513	38 337
229	16	92 292	24 880	1 944	56 073	10 724	25 495	78 604
173	16	70 646	23 313	892	38 394	8 543	23 709	58 030
56		21 646	1 567	1 052	17 679	2 181	1 786	20 574
7 020	10 349	288 468	28 270	37 799	222 668	29 193	36 607	222 388
5 843	5 005	79 277			79 277			44 592
	310	33 349	6 033	4 210	19 795	4 437	9 117	26 351
	1 500	12 780	3 223	1 700	6 700	2 857	3 223	12 208
	1 203	2 111	43		2 068		43	2 111
1 177	2 331	160 951	18 971	31 889	114 828	21 899	24 224	137 126
48 784	78 282	1 245 120	36 686	187 896	1 177 267	35 012	32 841	816 173
3 240	2 608	885 411	35 386	70 614	822 868	32 595	29 948	560 819
45 544	75 674	359 709	1 300	117 282	354 399	2 417	2 893	255 354
43 260	18 664	193 787		43 203	192 019		1 768	126 582
2 284	3 840	54 826	1 200	2 989	52 385	2 417	24	43 534
	1 555	24 081		11 206	24 081			16 599
		841			841			841
	51 615	86 174	100	59 884	85 073		1 101	67 798
3 049	2 101	178 493	852	25 637	29 765	142 219	6 509	218 576
		66 157	60 032	926	3 355	6 215	56 587	57 769

11－1 续表1－2

(2003

项 目	入统企业(个)	有工作量的企业	建筑业合同情况 合同额	上年结转	本年新签	承包工程 直接从建设单位承揽工程产值	自行完成施工产值
四、按法人批准机关或登记注册机关分							
工商行政管理部门	266	255	2 434 594	731 433	1 703 161	1 461 220	1 409 387
五、按国有经济控股情况分							
国有绝对控股	79	77	1 239 124	415 716	823 408	756 927	707 593
国有相对控股	3	3	90 360	27 417	62 943	31 830	31 830
其他国有	184	175	1 105 110	288 300	816 810	672 463	669 964
六、按隶属关系分							
中 央	14	14	233 560	92 465	141 095	154 851	153 035
省	61	60	854 731	270 670	584 061	475 801	426 566
市	36	35	416 579	135 270	281 309	271 575	271 575
县	33	31	226 271	77 819	148 452	149 365	149 365
街 道	2	2	231		231	231	231
镇	11	11	302 461	37 053	265 408	158 033	158 033
乡	8	8	146 636	45 292	101 344	91 031	91 031
其 他	101	94	254 125	72 864	181 261	160 333	159 551
七、按营业状态分							
营 业	266	255	2 434 594	731 433	1 703 161	1 461 220	1 409 387
八、按企业资质等级分（新标准）							
施工总承包	122	120	2 102 762	663 743	1 439 019	1 231 628	1 183 326
一 级	19	19	1 233 462	381 167	852 295	672 385	626 126
二 级	33	32	568 096	180 533	387 563	336 934	335 234
三 级	70	69	301 204	102 043	199 161	222 309	221 966
专业承包	144	135	331 832	67 690	264 142	229 592	226 061
一 级	13	13	148 677	18 000	130 677	83 877	81 593
二 级	59	55	95 582	20 704	74 878	78 621	78 227
三 级	67	62	78 554	23 226	55 328	59 465	59 012

业　生　产　情　况

年）　　　　　　　　　　　　　　　　　　　　单位：万元

完成情况		建筑业总产值			按构成分的建筑业总产值			竣工产值
分包出去工程的产值	从建设单位以外承揽工程产值		装饰装修	在省外完成	建筑工程	安装工程	其他	
51 833	80 383	1 489 770	97 570	214 459	1 210 387	183 446	95 937	1 092 518
49 334	75 320	782 913	36 852	141 764	627 650	129 681	25 582	583 534
	273	32 103	530	20 428	30 513	1 060	530	31 477
2 499	4 790	674 754	60 188	52 267	552 224	52 705	69 825	477 507
1 816	3 413	156 448	6 670	41 382	66 887	85 497	4 064	185 125
49 235	74 368	500 934	28 345	119 719	420 753	56 447	23 734	334 220
	1 965	273 540	5 764	14 868	245 849	19 331	8 360	197 329
		149 365	7 931		139 107	3 679	6 579	107 635
		231				231		231
		158 033	7 438	29 640	155 215	712	2 106	80 852
		91 031	1 873	1 000	87 113	600	3 318	56 964
782	637	160 188	39 549	7 850	95 463	16 949	47 776	130 162
51 833	80 383	1 489 770	97 570	214 459	1 210 387	183 446	95 937	1 092 518
48 302	24 904	1 208 230	35 654	146 575	1 071 537	103 890	32 803	845 032
46 259	11 684	637 810	18 355	123 417	550 526	84 606	2 678	400 202
1 700	12 670	347 904	16 101	20 958	322 922	8 205	16 777	255 701
343	550	222 516	1 198	2 200	198 089	11 079	13 348	189 129
3 531	55 479	281 540	61 916	67 884	138 850	79 556	63 134	247 486
2 284	51 865	133 458	30 918	59 301	77 481	28 610	27 367	114 996
394	965	79 192	21 330	3 806	28 251	30 672	20 269	68 555
453	1 449	60 461	9 668	4 777	32 813	14 298	13 350	55 931

11－1 建 筑 业 企

11－1 续表2

（2003

项目	房屋建筑施工面积（平方米）	#本年新开工	#实行投标承包	#本年新开工	年末自有机械设备（千瓦） 净值（万元）	总台数（台）	总功率
总计	**17 533 175**	**11 097 264**	**17 125 162**	**10 962 260**	**144 506**	**26 297**	**565 398**
#国有及国有控股	6 247 238	3 678 200	6 134 003	3 606 661	90 884	14 423	374 954
一、按登记注册类型分							
内资企业	17 533 175	11 097 264	17 125 162	10 962 260	140 014	25 822	552 225
国有企业	4 721 209	2 763 242	4 675 788	2 734 340	54 651	10 975	262 530
集体企业	8 570 223	5 915 235	8 316 877	5 904 840	29 518	6 813	84 249
股份合作企业	818 001	216 463	813 001	210 756	1 072	240	4 343
有限责任公司	2 242 019	1 363 474	2 174 205	1 320 837	40 463	4 444	121 024
国有独资公司	612 794	250 920	612 794	250 920	18 705	1 796	73 450
其他有限责任公司	1 629 225	1 112 554	1 561 411	1 069 917	21 758	2 648	47 574
股份有限公司	629 738	576 927	593 306	529 564	4 606	1 603	27 415
私营企业	551 985	261 923	551 985	261 923	9 704	1 747	52 664
私营独资企业	41 590	22 000	41 590	22 000	355	80	2 000
私营有限责任公司	342 395	177 923	342 395	177 923	6 667	851	28 614
私营股份有限公司	168 000	62 000	168 000	62 000	2 682	816	22 050
港、澳、台商投资企业					3 391	453	10 163
合资经营企业					3 391	453	10 163
独资经营企业							
外商投资企业					1 101	22	3 010
中外合资经营企业					1 101	22	3 010
二、按经济组织类型分							
独资企业	13 333 022	8 700 477	13 034 255	8 661 180	84 524	17 868	348 779
国有企业	4 721 209	2 763 242	4 675 788	2 734 340	54 651	10 975	262 530
集体企业	8 570 223	5 915 235	8 316 877	5 904 840	29 518	6 813	84 249
私营独资企业	41 590	22 000	41 590	22 000	355	80	2 000

业　生　产　情　况

年)　　　　　　　　　　　　　　　　　　　　　　　　单位：万元

	劳动人员情况（人）				补充资料			
#施工机械	计算劳动生产率的平均人数	期末从业人员	#工程技术人员	#持有一级资质证书的项目经理	企业总产值	#对内销售	企业营业额	#境外完成
487 506	**171 807**	**163 296**	**20 461**	**766**	**1 513 669**	**743**	**1 526 066**	**12 397**
310 110	73 555	70 368	8 908	440	831 414	743	843 811	12 397
474 533	170 115	162 069	20 116	758	1 498 320	743	1 510 717	12 397
214 883	56 788	53 717	6 626	325	647 250	743	659 647	12 397
76 464	66 393	63 451	6 039	159	439 908		439 908	
4 214	4 442	4 414	1 021	23	34 941		34 941	
103 433	25 212	24 408	3 691	153	247 773		247 773	
69 269	7 379	7 574	954	53	79 277		79 277	
34 164	17 833	16 834	2 737	100	168 496		168 496	
27 415	8 625	7 249	1 207	31	71 033		71 033	
48 124	8 655	8 830	1 532	67	57 415		57 415	
2 000	570	480	50		2 420		2 420	
27 519	4 916	5 033	913	29	33 349		33 349	
18 605	3 169	3 317	569	38	21 646		21 646	
9 963	1 461	1 075	328	8	13 238		13 238	
9 963	1 406	1 025	314	8	12 780		12 780	
	55	50	14		458		458	
3 010	231	152	17		2 111		2 111	
3 010	231	152	17		2 111		2 111	
293 347	123 806	117 698	12 729	484	1 090 036	743	1 102 433	12 397
214 883	56 788	53 717	6 626	325	647 250	743	659 647	12 397
76 464	66 393	63 451	6 039	159	439 908		439 908	
2 000	570	480	50		2 420		2 420	

11－1 建 筑 业 企

11－1 续表 2－1 (2003

项 目	房屋建筑施工面积(平方米)	#本年新开工	#实行投标承包	#本年新开工	年末自有机械设备(千瓦) 净值(万元)	总台数(台)	总功率
港、澳、台商独资经营企业							
合作、合伙企业	818 001	216 463	813 001	210 756	1 072	240	4 343
股份合作企业	818 001	216 463	813 001	210 756	1 072	240	4 343
股份有限公司	797 738	638 927	761 306	591 564	7 288	2 419	49 465
股份有限公司(内资)	629 738	576 927	593 306	529 564	4 606	1 603	27 415
私营股份有限公司	168 000	62 000	168 000	62 000	2 682	816	22 050
有限责任公司	2 584 414	1 541 397	2 516 600	1 498 760	51 622	5 770	162 811
国有独资公司	612 794	250 920	612 794	250 920	18 705	1 796	73 450
私营有限责任公司	342 395	177 923	342 395	177 923	6 667	851	28 614
港澳台合资经营企业					3 391	453	10 163
中外合资经营企业					1 101	22	3 010
其他有限责任公司	1 629 225	1 112 554	1 561 411	1 069 917	21 758	2 648	47 574
三、按国民经济行业分							
房屋和土木工程建筑业	17 230 226	10 816 282	16 822 213	10 681 278	128 550	20 162	507 714
房屋工程建筑	16 938 312	10 580 061	16 530 299	10 445 057	55 086	13 048	205 968
土木工程建筑	291 914	236 221	291 914	236 221	73 464	7 114	301 746
铁路、道路、隧道和桥梁建筑	126 384	84 222	126 384	84 222	45 972	3 378	141 171
水利和港口建筑	67 329	53 798	67 329	53 798	16 339	1 321	70 934
工矿工程建筑	19 397	19 397	19 397	19 397	4 038	967	37 325
架线和管道工程建筑					140	97	673
其他土木工程建筑	78 804	78 804	78 804	78 804	6 975	1 351	51 643
建筑安装业	302 949	280 982	302 949	280 982	13 599	4 671	48 197
建筑装饰业					2 357	1 464	9 487

业　生　产　情　况

年)

单位：万元

#施工机械	劳动人员情况（人） 计算劳动生产率的平均人数	期末从业人员	#工程技术人员	#持有一级资质证书的项目经理	补充资料 企业总产值	#对内销售	企业营业额	#境外完成
	55	50	14		458		458	
4 214	4 442	4 414	1 021	23	34 941		34 941	
4 214	4 442	4 414	1 021	23	34 941		34 941	
46 020	11 794	10 566	1 776	69	92 679		92 679	
27 415	8 625	7 249	1 207	31	71 033		71 033	
18 605	3 169	3 317	569	38	21 646		21 646	
143 925	31 765	30 618	4 935	190	296 013		296 013	
69 269	7 379	7 574	954	53	79 277		79 277	
27 519	4 916	5 033	913	29	33 349		33 349	
9 963	1 406	1 025	314	8	12 780		12 780	
3 010	231	152	17		2 111		2 111	
34 164	17 833	16 834	2 737	100	168 496		168 496	
444 424	145 836	140 018	16 367	555	1 258 000	743	1 270 397	12 397
181 497	119 079	113 445	11 530	352	892 713	743	897 491	4 778
262 927	26 757	26 573	4 837	203	365 287		372 906	7 619
126 757	11 950	11 851	2 164	106	196 874		196 874	
55 826	7 122	6 883	1 241	58	54 826		54 826	
28 228	2 200	2 325	239	22	26 186		26 186	
673	107	92	55		841		841	
51 443	5 378	5 422	1 138	17	86 560		94 179	7 619
33 884	17 971	15 783	2 397	99	184 689		184 689	
9 198	8 000	7 495	1 697	112	70 980		70 980	

11－1 续表2－2

(2003

项 目	房屋建筑施工面积(平方米)	#本年新开工	#实行投标承包	#本年新开工	年末自有机械设备（千瓦）净值(万元)	总台数(台)	总功率
四、按法人批准机关或登记注册机关分							
工商行政管理部门	17 533 175	11 097 264	17 125 162	10 962 260	144 506	26 297	565 398
五、按国有经济控股情况分							
国有绝对控股	6 076 854	3 549 978	5 963 619	3 478 439	84 030	13 810	366 468
国有相对控股	170 384	128 222	170 384	128 222	6 854	613	8 486
其他国有	11 285 937	7 419 064	10 991 159	7 355 599	53 622	11 874	190 444
六、按隶属关系分							
中 央	392 226	248 324	392 226	248 324	16 941	5 443	107 332
省	3 314 079	1 993 539	3 269 328	1 965 307	66 628	9 082	242 150
市	3 802 559	2 004 040	3 801 889	1 997 663	17 368	2 352	50 988
县	3 770 526	2 336 505	3 749 338	2 336 505	8 691	3 471	32 472
街 道					233	195	2 606
镇	2 846 994	2 109 018	2 846 994	2 109 018	13 051	850	14 707
乡	1 855 805	1 326 339	1 663 633	1 326 339	3 688	1 543	32 188
其 他	1 550 986	1 079 499	1 401 754	979 104	17 906	3 361	82 955
七、按营业状态分							
营 业	17 533 175	11 097 264	17 125 162	10 962 260	144 506	26 297	565 398
八、按企业资质等级分（新标准）							
施工总承包	16 988 811	10 736 678	16 648 612	10 644 311	113 784	20 645	433 174
一 级	4 821 530	2 876 261	4 821 530	2 876 261	73 597	10 603	256 967
二 级	7 245 423	4 490 350	7 087 871	4 489 088	26 970	4 643	103 969
三 级	4 921 858	3 370 067	4 739 211	3 278 962	13 217	5 399	72 238
专业承包	544 364	360 586	476 550	317 949	30 722	5 652	132 224
一 级					10 885	1 687	61 115
二 级	164 678	142 711	164 678	142 711	12 452	2 260	43 525
三 级	379 686	217 875	311 872	175 238	6 870	1 589	26 690

业　生　产　情　况

年）　　　　　　　　　　　　　　　　　　　　单位：万元

	劳动人员情况（人）				补充资料			
#施工机械	计算劳动生产率的平均人数	期末从业人员	#工程技术人员	#持有一级资质证书的项目经理	企业总产值	#对内销售	企业营业额	#境外完成
487 506	171 807	163 296	20 461	766	1 513 669	743	1 526 066	12 397
303 506	71 623	68 594	8 526	414	799 311	743	811 708	12 397
6 604	1 932	1 774	382	26	32 103		32 103	
177 396	98 252	92 928	11 553	326	682 255		682 255	
85 398	15 040	13 331	1 302	67	163 567		163 567	
211 223	46 427	42 311	6 596	321	509 061		513 839	4 778
43 792	28 468	28 488	3 552	103	275 048	743	282 667	7 619
30 056	25 248	24 778	2 796	89	149 365		149 365	
2 606	60	50	11		231		231	
12 858	21 446	21 516	1 406	30	158 033		158 033	
30 168	12 268	11 251	1 197	25	91 031		91 031	
71 405	22 850	21 571	3 601	131	167 333		167 333	
487 506	171 807	163 296	20 461	766	1 513 669	743	1 526 066	12 397
362 653	145 770	139 075	15 395	558	1 224 181	743	1 236 578	12 397
205 385	60 854	57 889	5 303	355	651 069	743	655 847	4 778
88 286	46 328	42 348	5 802	121	350 111		357 730	7 619
68 982	38 588	38 838	4 290	82	223 001		223 001	
124 853	26 037	24 221	5 066	208	289 488		289 488	
59 539	8 404	7 925	1 458	95	133 458		133 458	
40 288	8 703	8 268	1 975	79	84 867		84 867	
24 192	8 274	7 463	1 387	34	62 734		62 734	

11-2 建　筑　业　企

(2003

项　　　　目	流动资产		长期投资	固定资产			
	小　计	#存　货		合　计	固定资产原　价	#生　产经营用	累计折旧
总　　计	**1 080 479**	**283 959**	**110 297**	**322 486**	**432 846**	**349 786**	**118 298**
#国有及国有控股	653 125	86 992	95 271	194 801	273 770	216 817	84 239
一、按登记注册类型分							
内资企业	1 059 344	278 926	110 194	316 082	422 554	340 173	114 408
国有企业	514 328	72 353	86 542	147 612	208 221	159 000	64 838
集体企业	221 483	96 709	4 238	62 516	78 605	66 068	16 306
股份合作企业	46 652	39 980	4 322	3 760	5 343	4 600	1 586
有限责任公司	191 546	42 227	12 253	63 090	82 464	71 454	22 830
国有独资公司	60 245	6 687	3 185	19 017	30 748	28 744	11 731
其他有限责任公司	131 301	35 540	9 068	44 073	51 716	42 710	11 099
股份有限公司	43 092	9 537	1 656	15 286	19 079	18 503	3 824
私营企业	42 243	18 120	1 183	23 818	28 842	20 548	5 024
私营独资企业	288	168		355	559	437	204
私营有限责任公司	28 143	12 866	623	10 960	12 935	10 244	1 975
私营股份有限公司	13 812	5 086	560	12 503	15 348	9 867	2 845
港、澳、台商投资企业	20 446	5 030	103	5 032	7 724	7 045	2 694
合资经营企业	12 509	4 110	13	4 729	7 173	6 964	2 446
独资经营企业	7 937	920	90	303	551	81	248
外商投资企业	689	3		1 372	2 568	2 568	1 196
中外合资经营企业	689	3		1 372	2 568	2 568	1 196
二、按经济组织类型分							
独资企业	744 036	170 150	90 870	210 786	287 936	225 586	81 596
国有企业	514 328	72 353	86 542	147 612	208 221	159 000	64 838
集体企业	221 483	96 709	4 238	62 516	78 605	66 068	16 306
私营独资企业	288	168		355	559	437	204

业　财　务　状　况

年）　　　　　　　　单位：万元

#本年折旧	在建工程	无形及递延资产小计	#无形资产	其他资产	资产合计	流动负债合计	长期负债合计	负债合计
17 050	**2 104**	**35 537**	**28 699**	**7 073**	**1 555 872**	**946 933**	**59 943**	**1 006 876**
10 712	2 104	12 872	7 541	6 965	963 034	597 648	53 071	650 719
16 091	2 104	35 537	28 699	7 073	1 528 230	933 499	59 843	993 342
7 803	1 754	12 765	7 521	2 641	763 888	483 691	37 523	521 214
2 021		19 383	18 495	60	307 680	191 909	3 621	195 530
202		522	515	1	55 257	49 824	6	49 830
3 935	350	1 102	1 002	4 327	272 318	148 596	17 604	166 200
1 227		23		2 345	84 815	55 825	6 502	62 327
2 708	350	1 079	1 002	1 982	187 503	92 771	11 102	103 873
1 242		677	589	39	60 750	32 564	84	32 648
888		1 088	577	5	68 337	26 915	1 005	27 920
11		340			983	204		204
591		307	176		40 033	13 397	1 005	14 402
286		441	401	5	27 321	13 314		13 314
741					25 581	12 991	100	13 091
734					17 251	8 049	100	8 149
7					8 330	4 942		4 942
218					2 061	443		443
218					2 061	443		443
9 842	1 754	32 488	26 016	2 701	1 080 881	680 746	41 144	721 890
7 803	1 754	12 765	7 521	2 641	763 888	483 691	37 523	521 214
2 021		19 383	18 495	60	307 680	191 909	3 621	195 530
11		340			983	204		204

11－2 续表 1－1 (2003

项 目	流动资产 小 计	#存 货	长期投资	固定资产 合 计	固定资产原 价	#生 产 经营用	累计折旧
港、澳、台商独资经营企业	7 937	920	90	303	551	81	248
合作、合伙企业	46 652	39 980	4 322	3 760	5 343	4 600	1 586
股份合作企业	46 652	39 980	4 322	3 760	5 343	4 600	1 586
股份有限公司	56 904	14 623	2 216	27 789	34 427	28 370	6 669
股份有限公司（内资）	43 092	9 537	1 656	15 286	19 079	18 503	3 824
私营股份有限公司	13 812	5 086	560	12 503	15 348	9 867	2 845
有限责任公司	232 887	59 206	12 889	80 151	105 140	91 230	28 447
国有独资公司	60 245	6 687	3 185	19 017	30 748	28 744	11 731
私营有限责任公司	28 143	12 866	623	10 960	12 935	10 244	1 975
港澳台合资经营企业	12 509	4 110	13	4 729	7 173	6 964	2 446
中外合资经营企业	689	3		1 372	2 568	2 568	1 196
其他有限责任公司	131 301	35 540	9 068	44 073	51 716	42 710	11 099
三、按国民经济行业分							
房屋和土木工程建筑业	863 759	222 974	91 816	265 334	353 385	294 430	91 833
房屋工程建筑	549 888	181 630	85 228	149 219	184 791	145 883	37 940
土木工程建筑	313 871	41 344	6 588	116 115	168 594	148 547	53 893
铁路、道路、隧道和桥梁建筑	203 709	23 962	5 152	51 748	80 716	75 484	29 522
水利和港口建筑	51 150	4 987	269	36 292	49 267	38 121	13 473
工矿工程建筑	7 960	699	2	10 312	13 700	10 909	3 727
架线和管道工程建筑	1 549	433	981	160	172	172	12
其他土木工程建筑	49 503	11 263	184	17 603	24 739	23 861	7 159
建筑安装业	130 523	25 818	13 514	44 684	66 063	43 753	23 120
建筑装饰业	86 197	35 167	4 967	12 468	13 398	11 603	3 345

业　财　务　状　况

年)　　　　　　　　　　　　　　　　　　单位：万元

#本年折旧	在建工程	无形及递延资产小计	#无形资产	其他资产	资产合计	流动负债合计	长期负债合计	负债合计
7					8 330	4 942		4 942
202		522	515	1	55 257	49 824	6	49 830
202		522	515	1	55 257	49 824	6	49 830
1 528		1 118	990	44	88 071	45 878	84	45 962
1 242		677	589	39	60 750	32 564	84	32 648
286		441	401	5	27 321	13 314		13 314
5 478	350	1 409	1 178	4 327	331 663	170 485	18 709	189 194
1 227		23		2 345	84 815	55 825	6 502	62 327
591		307	176		40 033	13 397	1 005	14 402
734					17 251	8 049	100	8 149
218					2 061	443		443
2 708	350	1 079	1 002	1 982	187 503	92 771	11 102	103 873
12 799	1 825	32 516	26 076	6 695	1 260 120	788 986	44 061	833 047
4 587	1 486	28 797	22 835	4 596	817 728	519 984	18 156	538 140
8 212	339	3 719	3 241	2 099	442 392	269 002	25 905	294 907
4 825		3 521	3 159	2 099	266 229	179 890	11 343	191 233
1 560		2			87 713	39 107	8 088	47 195
296	339	10			18 284	8 176	2 856	11 032
12		37			2 727	727		727
1 519		149	82		67 439	41 102	3 618	44 720
3 714	279	2 851	2 605	292	191 864	109 657	7 644	117 301
537		170	18	86	103 888	48 290	8 238	56 528

11－2 续表 1－2

(2003

项目	流动资产		长期投资	固定资产	固定资产		累计折旧
	小计	#存货		合计	原价	#生产经营用	
四、按法人批准机关或登记注册机关分							
工商行政管理部门	1 080 479	283 959	110 297	322 486	432 846	349 786	118 298
五、按国有经济控股情况分							
国有绝对控股	630 560	86 992	95 271	187 947	264 649	207 696	81 972
国有相对控股	22 565			6 854	9 121	9 121	2 267
其他国有	427 354	196 967	15 026	127 685	159 076	132 969	34 059
六、按隶属关系分							
中央	105 462	13 389	15 191	36 581	59 780	47 147	25 374
省	384 316	48 239	70 475	146 747	202 479	160 167	58 518
市	248 936	94 229	12 469	35 808	48 109	42 347	12 474
县	135 198	56 894	401	25 109	30 611	25 327	5 828
街道	996	196	1	541	774	774	233
镇	40 359	11 408	98	19 956	22 530	19 060	2 574
乡	21 287	6 609		8 417	11 324	9 066	2 938
其他	143 925	52 995	11 662	49 327	57 239	45 898	10 359
七、按营业状态分							
营业	1 080 479	283 959	110 297	322 486	432 846	349 786	118 298
八、按企业资质等级分（新标准）							
施工总承包	833 058	215 832	96 870	251 200	338 479	268 400	91 508
一级	429 241	45 733	87 355	136 895	196 440	163 602	62 058
二级	276 226	114 751	4 599	74 556	91 485	64 481	18 273
三级	127 591	55 348	4 916	39 749	50 554	40 317	11 177
专业承包	247 421	68 127	13 427	71 286	94 367	81 386	26 790
一级	61 171	12 254	1 567	19 844	28 701	24 099	9 546
二级	103 566	40 229	4 370	25 895	33 879	29 967	10 402
三级	76 313	14 574	7 426	23 189	28 818	25 231	6 231

业　　财　　务　　状　　况

年)　　　　　　　　　　　　　　　　　　　　　　　　单位：万元

#本年折旧	在建工程	无形及递延资产小计	#无形资产	其他资产	资产合计	流动负债合计	长期负债合计	负债合计
17 050	2 104	35 537	28 699	7 073	1 555 872	946 933	59 943	1 006 876
10 313	2 104	12 872	7 541	4 986	931 636	582 842	49 471	632 313
399				1 979	31 398	14 806	3 600	18 406
6 338		22 665	21 158	108	592 838	349 285	6 872	356 157
3 789	811	1 167	1 133	307	158 708	110 542	3 826	114 368
8 085	1 276	5 891	1 338	4 770	612 199	340 542	39 692	380 234
1 208	17	5 128	3 991	1 949	304 290	219 458	12 169	231 627
806		7 115	6 668		167 823	124 397	391	124 788
10					1 538	813		813
207		5 197	5 197		65 610	36 014		36 014
403		8 065	8 063		37 769	16 257		16 257
2 542		2 974	2 309	47	207 935	98 910	3 865	102 775
17 050	2 104	35 537	28 699	7 073	1 555 872	946 933	59 943	1 006 876
12 146	2 104	33 183	26 709	6 945	1 221 256	769 808	41 341	811 149
7 543	1 138	6 838	6 154	6 769	667 098	412 272	32 140	444 412
3 020	954	15 974	11 415	113	371 468	250 856	6 028	256 884
1 583	12	10 371	9 140	63	182 690	106 680	3 173	109 853
4 904		2 354	1 990	128	334 616	177 125	18 602	195 727
979		61	11		82 643	46 506	4 907	51 413
1 818		1 619	1 484	81	135 531	64 599	12 039	76 638
1 922		673	494	47	107 648	61 569	1 600	63 169

11－2 续表2

(2003

项目	所有者权益合计	实收资本	国家资本	集体资本	法人资本	个人资本
总计	**548 996**	**515 650**	**209 828**	**102 742**	**136 710**	**55 966**
#国有及国有控股	312 315	309 612	209 684	1 117	94 552	4 259
一、按登记注册类型分						
内资企业	534 888	504 080	209 734	102 640	135 740	55 966
国有企业	242 674	245 311	185 146		60 165	
集体企业	112 150	97 476		93 464	4 012	
股份合作企业	5 427	5 108		4 151	957	
有限责任公司	106 118	94 148	23 838	2 430	50 508	17 372
国有独资公司	22 488	23 830	10 404		13 426	
其他有限责任公司	83 630	70 318	13 434	2 430	37 082	17 372
股份有限公司	28 102	23 738	750	2 595	10 792	9 601
私营企业	40 417	38 299			9 306	28 993
私营独资企业	779	779				779
私营有限责任公司	25 631	24 454			6 038	18 416
私营股份有限公司	14 007	13 066			3 268	9 798
港、澳、台商投资企业	12 490	9 952	94		970	
合资经营企业	9 102	7 132	94		970	
独资经营企业	3 388	2 820				
外商投资企业	1 618	1 618		102		
中外合资经营企业	1 618	1 618		102		
二、按经济组织类型分						
独资企业	358 991	346 386	185 146	93 464	64 177	779
国有企业	242 674	245 311	185 146		60 165	
集体企业	112 150	97 476		93 464	4 012	
私营独资企业	779	779				779

业　　财　　务　　状　　况

年）　　　　　　　　　　　　　　　　　　　　　　　　　　单位：万元

港澳台资本	外商资本	工程结算收入	工程结算成本	工程结算税金及附加	工程结算利润	其他业务收入	其他业务利润
8 888	**1 516**	**1 516 818**	**1 375 707**	**47 489**	**93 622**	**25 935**	**4 201**
		890 696	806 685	28 704	55 307	18 577	1 700
		1 504 224	1 365 002	47 113	92 109	25 935	4 201
		612 945	547 880	19 636	45 429	12 887	1 410
		413 492	386 942	11 837	14 713	825	697
		22 787	20 930	722	1 135	510	171
		336 403	311 663	10 843	13 897	11 038	1 833
		186 763	176 377	6 132	4 254	272	65
		149 640	135 286	4 711	9 643	10 766	1 768
		56 159	42 758	1 747	11 654	21	16
		62 438	54 829	2 328	5 281	654	74
		2 300	2 185	75	40		
		33 929	29 443	1 122	3 364	459	56
		26 209	23 201	1 131	1 877	195	18
8 888		10 484	8 677	317	1 490		
6 068		10 283	8 513	311	1 459		
2 820		201	164	6	31		
	1 516	2 110	2 028	59	23		
	1 516	2 110	2 028	59	23		
2 820		1 028 938	937 171	31 554	60 213	13 712	2 107
		612 945	547 880	19 636	45 429	12 887	1 410
		413 492	386 942	11 837	14 713	825	697
		2 300	2 185	75	40		

11－2 建 筑 业 企

11－2 续表2－1

(2003

项目	所有者权益合计	实收资本	国家资本	集体资本	法人资本	个人资本
港、澳、台商独资经营企业	3 388	2 820				
合作、合伙企业	5 427	5 108		4 151	957	
股份合作企业	5 427	5 108		4 151	957	
股份有限公司	42 109	36 804	750	2 595	14 060	19 399
股份有限公司（内资）	28 102	23 738	750	2 595	10 792	9 601
私营股份有限公司	14 007	13 066			3 268	9 798
有限责任公司	142 469	127 352	23 932	2 532	57 516	35 788
国有独资公司	22 488	23 830	10 404		13 426	
私营有限责任公司	25 631	24 454			6 038	18 416
港澳台合资经营企业	9 102	7 132	94		970	
中外合资经营企业	1 618	1 618		102		
其他有限责任公司	83 630	70 318	13 434	2 430	37 082	17 372
三、按国民经济行业分						
房屋和土木工程建筑业	427 073	381 049	179 086	91 917	72 170	32 784
房屋工程建筑	279 588	269 481	107 489	91 042	55 488	15 462
土木工程建筑	147 485	111 568	71 597	875	16 682	17 322
铁路、道路、隧道和桥梁建筑	74 996	51 640	32 084	125	5 439	8 900
水利和港口建筑	40 518	33 183	24 650		3 483	5 050
工矿工程建筑	7 252	5 532	5 532			
架线和管道工程建筑	2 000	2 000		750	1 000	250
其他土木工程建筑	22 719	19 213	9 331		6 760	3 122
建筑安装业	74 563	92 367	24 822	6 659	51 647	6 564
建筑装饰业	47 360	42 234	5 920	4 166	12 893	16 618

业　财　务　状　况

年)　　　　　　　　　　　　　　　　　　　　　　单位：万元

		工程结算	工程结算	工程结算	工程结算	其他业务	其他业务
港澳台资本	外商资本	收　入	成　本	税金及附加	利　润	收　入	利　润
2 820		201	164	6	31		
		22 787	20 930	722	1 135	510	171
		22 787	20 930	722	1 135	510	171
		82 368	65 959	2 878	13 531	216	34
		56 159	42 758	1 747	11 654	21	16
		26 209	23 201	1 131	1 877	195	18
6 068	1 516	382 725	351 647	12 335	18 743	11 497	1 889
		186 763	176 377	6 132	4 254	272	65
		33 929	29 443	1 122	3 364	459	56
6 068		10 283	8 513	311	1 459		
	1 516	2 110	2 028	59	23		
		149 640	135 286	4 711	9 643	10 766	1 768
3 664	1 428	1 297 058	1 199 420	40 241	57 397	12 858	1 938
		951 307	892 098	29 136	30 073	7 956	1 814
3 664	1 428	345 751	307 322	11 105	27 324	4 902	124
3 664	1 428	185 801	167 439	6 000	12 362	1 754	-99
		51 853	44 522	1 875	5 456	41	39
		24 081	21 849	719	1 513	2 039	80
		841	755	25	61		
		83 175	72 757	2 486	7 932	1 068	104
2 587	88	158 823	129 709	5 263	23 851	7 893	735
2 637		60 937	46 578	1 985	12 374	5 184	1 528

11－2 续表 2－2

(2003

项 目	所有者权益合计	实收资本	国家资本	集体资本	法人资本	个人资本
四、按法人批准机关或登记注册机关分						
工商行政管理部门	548 996	515 650	209 828	102 742	136 710	55 966
五、按国有经济控股情况分						
国有绝对控股	299 323	302 256	207 494	167	94 136	459
国有相对控股	12 992	7 356	2 190	950	416	3 800
其他国有	236 681	206 038	144	101 625	42 158	51 707
六、按隶属关系分						
中 央	44 340	37 503	14 767	323	20 751	234
省	231 965	247 416	150 545	7 631	78 450	6 873
市	72 663	52 994	29 201	15 411	7 748	634
县	43 035	35 811	8 926	25 487	1 398	
街 道	725	653		653		
镇	29 596	28 197		27 491	356	350
乡	21 512	18 885		18 885		
其 他	105 160	94 191	6 389	6 861	28 007	47 875
七、按营业状态分						
营 业	548 996	515 650	209 828	102 742	136 710	55 966
八、按企业资质等级分（新标准）						
施工总承包	410 107	360 014	171 535	90 882	65 926	28 007
一 级	222 686	200 064	132 829	20 426	38 169	8 640
二 级	114 584	95 383	26 631	35 709	21 582	7 797
三 级	72 837	64 567	12 075	34 747	6 175	11 570
专业承包	138 889	155 636	38 293	11 860	70 784	27 959
一 级	31 230	56 304	18 323	1 636	34 514	1 831
二 级	58 893	55 278	13 654	4 603	18 007	15 790
三 级	44 479	40 768	5 516	5 215	16 563	9 958

业　财　务　状　况

年)　　　　单位：万元

港澳台资本	外商资本	工程结算收入	工程结算成本	工程结算税金及附加	工程结算利润	其他业务收入	其他业务利润
8 888	1 516	1 516 818	1 375 707	47 489	93 622	25 935	4 201
		860 708	780 089	27 680	52 939	18 272	1 669
		29 988	26 596	1 024	2 368	305	31
8 888	1 516	626 122	569 022	18 785	38 315	7 358	2 501
	1 428	156 354	131 944	4 991	19 419	8 613	470
3 917		652 520	599 845	21 149	31 526	7 691	420
		189 087	168 412	6 174	14 501	3 493	1 376
		129 790	121 456	4 402	3 932	247	238
		231	210	5	16		
		145 266	140 920	2 712	1 634	137	130
		91 031	85 709	2 888	2 434	54	50
4 971	88	152 539	127 211	5 168	20 160	5 700	1 517
8 888	1 516	1 516 818	1 375 707	47 489	93 622	25 935	4 201
3 664		1 280 028	1 176 728	39 809	63 491	18 157	2 289
		775 915	714 677	23 176	38 062	10 881	637
3 664		300 582	278 412	9 827	12 343	6 546	1 144
		203 531	183 639	6 806	13 086	730	508
5 224	1 516	236 790	198 979	7 680	30 131	7 778	1 912
		98 572	81 268	3 231	14 073	1 211	185
3 224		78 353	66 442	2 529	9 382	5 278	1 543
2 000	1 516	51 833	44 535	1 659	5 639	672	81

11－2 建 筑 业 企

11－2 续表3

(2003

项 目	管理费用	税 金	财 产 保险费	劳动、待业保险费	财务费用	利息支出	营业利润	利润总额
总 计	**74 395**	**1 079**	**258**	**10 766**	**4 860**	**4 405**	**18 568**	**18 939**
#国有及国有控股	45 659	533	162	9 496	3 681	3 407	7 667	7 296
一、按登记注册类型分								
内资企业	73 194	1 075	253	10 726	4 783	4 341	18 333	18 706
国有企业	37 235	484	122	8 098	2 989	2 814	6 615	6 293
集体企业	12 255	360	55	928	486	477	2 669	3 243
股份合作企业	943	49	4	68	63	67	300	176
有限责任公司	11 551	115	53	1 518	825	698	3 354	3 645
国有独资公司	4 328	19	3	813	435	381	－444	－467
其他有限责任公司	7 223	96	50	705	390	317	3 798	4 112
股份有限公司	8 253	25	11	39	85	5	3 332	3 342
私营企业	2 957	42	8	75	335	280	2 063	2 007
私营独资企业	28	1		1	6	6	6	4
私营有限责任公司	1 964	33	6	50	262	262	1 194	1 176
私营股份有限公司	965	8	2	24	67	12	863	827
港、澳、台商投资企业	1 082	3	5	40	68	64	340	338
合资经营企业	1 042	3	5	38	62	58	355	353
独资经营企业	40			2	6	6	－15	－15
外商投资企业	119	1			9		－105	－105
中外合资经营企业	119	1			9		－105	－105
二、按经济组织类型分								
独资企业	49 558	845	177	9 029	3 487	3 303	9 275	9 525
国有企业	37 235	484	122	8 098	2 989	2 814	6 615	6 293
集体企业	12 255	360	55	928	486	477	2 669	3 243
私营独资企业	28	1		1	6	6	6	4

业　财　务　状　况

年)

单位：万元

应交所得税	应付利润	本年应付工资总额	主营业务	本年应付福利费总额	主营业务	年末拖欠工程款	竣工拖欠	亏损企业（个）	亏损额	建筑业增加值
5 836	**7 764**	**191 955**	**179 029**	**19 433**	**17 101**	**189 416**	**88 155**	**54**	**3 342**	**306 340**
2 541	3 679	92 385	82 367	11 239	9 154	151 951	66 017	14	1 898	160 736
5 718	7 691	190 134	177 305	19 205	16 886	188 186	87 496	50	3 210	302 677
1 867	2 944	68 172	58 770	7 921	6 044	135 926	60 971	10	1 054	118 729
1 307	1 347	65 953	63 804	5 241	5 093	25 327	15 761	10	817	89 009
112	201	6 472	6 431	182	176	1 679	367	3	195	7 995
1 243	1 238	32 834	31 869	4 406	4 158	20 629	7 158	10	937	57 005
110	217	11 416	11 163	1 598	1 563	11 030	1 304	1	804	20 761
1 133	1 021	21 418	20 706	2 808	2 595	9 599	5 854	9	133	36 244
573	1 267	9 512	9 482	1 010	1 009	2 097	1 896	5	25	16 907
616	694	7 191	6 949	445	406	2 528	1 343	12	182	13 032
1	3	575	575	8	8					677
353	572	3 637	3 446	258	225	2 139	1 052	10	82	6 885
262	119	2 979	2 928	179	173	389	291	2	100	5 470
118	73	1 445	1 348	178	165	1 230	659	2	27	3 064
117	71	1 405	1 308	177	164	1 230	659	1	9	3 023
1	2	40	40	1	1			1	18	41
		376	376	50	50			2	105	599
		376	376	50	50			2	105	599
3 176	4 296	134 740	123 189	13 171	11 146	161 253	76 732	21	1 889	208 456
1 867	2 944	68 172	58 770	7 921	6 044	135 926	60 971	10	1 054	118 729
1 307	1 347	65 953	63 804	5 241	5 093	25 327	15 761	10	817	89 009
1	3	575	575	8	8					677

11－2 续表3－1

(2003

项　　目	管理费用	税金	财产保险费	劳动、待业保险费	财务费用	利息支出	营业利润	利润总额
港、澳、台商独资经营企业	40			2	6	6	－15	－15
合作、合伙企业	943	49	4	68	63	67	300	176
股份合作企业	943	49	4	68	63	67	300	176
股份有限公司	9 218	33	13	63	152	17	4 195	4 169
股份有限公司（内资）	8 253	25	11	39	85	5	3 332	3 342
私营股份有限公司	965	8	2	24	67	12	863	827
有限责任公司	14 676	152	64	1 606	1 158	1 018	4 798	5 069
国有独资公司	4 328	19	3	813	435	381	－444	－467
私营有限责任公司	1 964	33	6	50	262	262	1 194	1 176
港澳台合资经营企业	1 042	3	5	38	62	58	355	353
中外合资经营企业	119	1			9		－105	－105
其他有限责任公司	7 223	96	50	705	390	317	3 798	4 112
三、按国民经济行业分								
房屋和土木工程建筑业	46 712	728	156	7 287	3 895	3 455	8 728	8 371
房屋工程建筑	27 051	594	78	5 902	2 695	2 408	2 141	2 356
土木工程建筑	19 661	134	78	1 385	1 200	1 047	6 587	6 015
铁路、道路、隧道和桥梁建筑	10 434	32	39	421	848	686	981	877
水利和港口建筑	4 678	28	34	473	40	43	777	777
工矿工程建筑	1 104	36	4	405	38	44	451	397
架线和管道工程建筑	64				－2	－2	－1	21
其他土木工程建筑	3 381	38	1	86	276	276	4 379	3 943
建筑安装业	18 185	294	68	3 343	480	615	5 921	6 350
建筑装饰业	9 498	57	34	136	485	335	3 919	4 218

业 财 务 状 况

年）

单位：万元

应交所得税	应付利润	本年应付工资总额	主营业务	本年应付福利费总额	主营业务	年末拖欠工程款	竣工拖欠	亏损企业（个）	亏损额	建筑业增加值
1	2	40	40	1	1			1	18	41
112	201	6 472	6 431	182	176	1 679	367	3	195	7 995
112	201	6 472	6 431	182	176	1 679	367	3	195	7 995
835	1 386	12 491	12 410	1 189	1 182	2 486	2 187	7	125	22 377
573	1 267	9 512	9 482	1 010	1 009	2 097	1 896	5	25	16 907
262	119	2 979	2 928	179	173	389	291	2	100	5 470
1 713	1 881	38 252	36 999	4 891	4 597	23 998	8 869	23	1 133	67 512
110	217	11 416	11 163	1 598	1 563	11 030	1 304	1	804	20 761
353	572	3 637	3 446	258	225	2 139	1 052	10	82	6 885
117	71	1 405	1 308	177	164	1 230	659	1	9	3 023
		376	376	50	50			2	105	599
1 133	1 021	21 418	20 706	2 808	2 595	9 599	5 854	9	133	36 244
2 971	4 223	161 409	152 294	14 547	13 484	162 550	69 290	27	2 615	245 739
1 164	1 740	136 705	129 633	11 592	10 707	122 664	48 562	14	1 762	190 657
1 807	2 483	24 704	22 661	2 955	2 777	39 886	20 728	13	853	55 082
412	453	12 415	10 973	1 690	1 596	25 104	9 281	7	382	26 364
288	164	5 218	4 833	385	332	7 400	6 247	2	428	10 316
117	45	2 008	1 878	281	263	3 433	1 846			4 196
1	5	118	118	16	16					170
989	1 816	4 945	4 859	583	570	3 949	3 354	4	43	14 036
2 087	2 192	22 019	18 347	3 508	2 260	24 983	17 380	9	477	44 062
778	1 349	8 527	8 388	1 378	1 357	1 883	1 485	18	250	16 539

11－2 续表3－2

（2003

项 目	管理费用	税 金	财 产 保险费	劳动、待业保险费	财务费用	利息支出	营业利润	利润总额
四、按法人批准机关或登记注册机关分								
工商行政管理部门	74 395	1 079	258	10 766	4 860	4 405	18 568	18 939
五、按国有经济控股情况分								
国有绝对控股	43 943	529	127	9 247	3 450	3 234	7 215	6 845
国有相对控股	1 716	4	35	249	231	173	452	451
其他国有	28 736	546	96	1 270	1 179	998	10 901	11 643
六、按隶属关系分								
中 央	16 909	219	49	4 670	1 080	1 096	1 900	2 291
省	26 139	365	130	4 046	1 594	1 385	4 213	4 135
市	10 206	125	19	1 564	1 094	1 172	4 577	4 529
县	3 586	119	1	179	99	2	485	498
街 道	13						3	3
镇	1 357	55		16	329	267	78	70
乡	2 114	35	17	93	88	55	282	282
其 他	14 071	161	42	198	576	428	7 030	7 131
七、按营业状态分								
营 业	74 395	1 079	258	10 766	4 860	4 405	18 568	18 939
八、按企业资质等级分（新标准）								
施工总承包	54 097	844	165	9 960	4 026	3 683	7 657	7 831
一 级	33 163	359	115	8 040	3 136	3 039	2 400	2 398
二 级	10 228	164	23	1 377	513	350	2 746	2 515
三 级	10 706	321	27	543	377	294	2 511	2 918
专业承包	20 298	235	93	806	834	722	10 911	11 108
一 级	10 285	71	16	345	357	302	3 616	3 758
二 级	5 850	84	42	264	242	201	4 833	4 902
三 级	3 310	40	14	138	220	203	2 190	2 145

业　财　务　状　况

年)　　　　　　　　　　　　　　　　　　　　单位：万元

应交所得税	应付利润	本年应付工资总额	主营业务	本年应付福利费总额	主营业务	年末拖欠工程款	竣工拖欠	亏损企业（个）	亏损额	建筑业增加值
5 836	7 764	191 955	179 029	19 433	17 101	189 416	88 155	54	3 342	306 340
2 417	3 633	90 568	80 563	11 045	8 960	151 056	65 144	14	1 898	156 597
124	46	1 817	1 804	194	194	895	873			4 139
3 295	4 085	99 570	96 662	8 194	7 947	37 465	22 138	40	1 444	145 604
717	781	26 127	23 712	3 935	2 929	37 747	14 258	1	90	45 631
1 825	2 905	55 185	52 064	6 636	6 172	90 732	41 843	17	1 965	99 679
1 142	1 054	30 266	24 432	2 420	1 754	43 417	19 868	7	172	46 334
240	607	23 614	22 856	2 397	2 293	6 603	6 083	5	389	32 002
1	2	37	37							55
86	176	16 377	16 324	528	527	2 421	1 132	1	330	19 973
93	171	19 060	18 951	1 599	1 594	1 246	266			24 360
1 732	2 068	21 289	20 653	1 918	1 832	7 250	4 705	23	396	38 306
5 836	7 764	191 955	179 029	19 433	17 101	189 416	88 155	54	3 342	306 340
2 776	2 785	168 372	156 486	16 197	14 144	174 143	75 989	21	2 309	254 985
1 131	902	72 656	64 314	7 909	6 152	145 739	58 338	3	1 245	122 083
524	752	61 091	58 808	5 667	5 480	15 181	6 779	6	210	83 892
1 121	1 131	34 625	33 364	2 621	2 512	13 223	10 872	12	854	49 010
3 060	4 979	23 583	22 543	3 236	2 957	15 273	12 166	33	1 033	51 355
999	2 521	8 402	7 916	1 533	1 476	8 281	7 248	2	410	18 177
1 225	1 406	8 168	7 908	930	891	3 551	2 373	15	399	18 626
707	970	6 547	6 273	723	543	3 439	2 543	15	208	13 219

11－3　劳务分包建筑企业生产经营情况

（2003年）　　　　单位：万元

项　　　目	入统企业（个）	有工作量的企业个数	生产经营情况 企业总收入	劳务收入	税金	劳动、待业保险费	利润总额	从业人员劳动报酬	工资总额
总　　计	**6**	**6**	**1 198**	**1 104**	**94**	**41**	**10**	**369**	**319**
一、按登记注册类型分									
内资企业	6	6	1 198	1 104	94	41	10	369	319
集体企业	3	3	649	649	7		2	45	45
有限责任公司	1	1	260	260	8		4	148	148
其他有限责任公司	1	1	260	260	8		4	148	148
股份有限公司	1	1	52	52				26	26
私营企业	1	1	237	143	79	41	4	150	100
私营有限责任公司	1	1	237	143	79	41	4	150	100
二、按经济组织类型分									
独资企业	3	3	649	649	7		2	45	45
集体企业	3	3	649	649	7		2	45	45
股份有限公司	1	1	52	52				26	26
股份有限公司（内资）	1	1	52	52				26	26
有限责任公司	2	2	497	403	87	41	8	298	248
私营有限责任公司	1	1	237	143	79	41	4	150	100
其他有限责任公司	1	1	260	260	8		4	148	148
三、按国民经济行业分									
房屋和土木工程建筑业	5	5	641	547	92	41	10	357	307
房屋工程建筑	1	1	33	33	2		1	17	17
土木工程建筑	4	4	608	514	90	41	9	340	290
其他土木工程建筑	4	4	608	514	90	41	9	340	290
建筑安装业	1	1	557	557	2			12	12
四、按法人批准机关或登记注册机关分									
工商行政管理部门	6	6	1 198	1 104	94	41	10	369	319
五、按国有经济控股情况分									
其他国有	6	6	1 198	1 104	94	41	10	369	319
六、按隶属关系分									
省	1	1	52	52				26	26
市	1	1	557	557	2			12	12
县	1	1	33	33	2		1	17	17
其　他	3	3	556	462	90	41	9	314	264
七、按营业状态分									
营　业	6	6	1 198	1 104	94	41	10	369	319
八、按企业资质等级分（新标准）									

11－4　劳务分包建筑企业从业人员情况

（2003 年）　　　　单位：人

项　　　　目	计算劳动生产率的平均人数	期末从业人员	管理人员	工程技术人员	现场施工工人	持证上岗人员	高级技工	中级技工
总　　计	**694**	**704**	**120**	**70**	**530**	**453**	**6**	**282**
一、按登记注册类型分								
内资企业	694	704	120	70	530	453	6	282
集体企业	134	134	54	29	80	78	5	63
有限责任公司	219	219	29	26	190	117		60
其他有限责任公司	219	219	29	26	190	117		60
股份有限公司	129	129	15	3	60	60	1	59
私营企业	212	222	22	12	200	198		100
私营有限责任公司	212	222	22	12	200	198		100
二、按经济组织类型分								
独资企业	134	134	54	29	80	78	5	63
集体企业	134	134	54	29	80	78	5	63
股份有限公司	129	129	15	3	60	60	1	59
股份有限公司（内资）	129	129	15	3	60	60	1	59
有限责任公司	431	441	51	38	390	315		160
私营有限责任公司	212	222	22	12	200	198		100
其他有限责任公司	219	219	29	26	190	117		60
三、按国民经济行业分								
房屋和土木工程建筑业	640	650	96	63	500	425	1	259
房屋工程建筑	22	22	2	2	20	20		20
土木工程建筑	618	628	94	61	480	405	1	239
其他土木工程建筑	618	628	94	61	480	405	1	239
建筑安装业	54	54	24	7	30	28	5	23
四、按法人批准机关或登记注册机关分								
工商行政管理部门	694	704	120	70	530	453	6	282
五、按国有经济控股情况分								
其他国有	694	704	120	70	530	453	6	282
六、按隶属关系分								
省	129	129	15	3	60	60	1	59
市	54	54	24	7	30	28	5	23
县	22	22	2	2	20	20		20
其　他	489	499	79	58	420	345		180
七、按营业状态分								
营　业	694	704	120	70	530	453	6	282
八、按企业资质等级分（新标准）								

11－5 建筑业企业房

（2003

项　　　　目	总　计	厂房、仓库	住　宅	办公用房	批发和零售用房
总　　计	**8 179 978**	**599 252**	**5 077 344**	**644 105**	**270 860**
＃国有及国有控股	2 550 699	184 620	1 473 304	314 850	38 084
一、按登记注册类型分					
内资企业	8 179 978	599 252	5 077 344	644 105	270 860
国有企业	1 848 782	157 166	1 121 296	158 254	38 084
集体企业	3 988 422	216 414	2 826 929	192 876	146 081
股份合作企业	350 206	3 161	167 818	13 196	50 860
有限责任公司	1 279 334	199 809	563 395	272 196	35 200
国有独资公司	226 497		51 881	121 432	
其他有限责任公司	1 052 837	199 809	511 514	150 764	35 200
股份有限公司	383 635	17 534	103 025	7 583	635
私营企业	329 599	5 168	294 881		
私营独资企业	38 000		38 000		
私营有限责任公司	139 599	5 168	104 881		
私营股份有限公司	152 000		152 000		
二、按经济组织类型分					
独资企业	5 875 204	373 580	3 986 225	351 130	184 165
国有企业	1 848 782	157 166	1 121 296	158 254	38 084
集体企业	3 988 422	216 414	2 826 929	192 876	146 081
私营独资企业	38 000		38 000		
合作、合伙企业	350 206	3 161	167 818	13 196	50 860
股份合作企业	350 206	3 161	167 818	13 196	50 860
股份有限公司	535 635	17 534	255 025	7 583	635
股份有限公司（内资）	383 635	17 534	103 025	7 583	635
私营股份有限公司	152 000		152 000		
有限责任公司	1 418 933	204 977	668 276	272 196	35 200
国有独资公司	226 497		51 881	121 432	
私营有限责任公司	139 599	5 168	104 881		
其他有限责任公司	1 052 837	199 809	511 514	150 764	35 200
三、按国民经济行业分					
房屋和土木工程建筑业	7 950 899	483 420	5 056 932	644 105	270 860

屋建筑竣工面积

年)

单位：平方米

住宿和餐饮用房	居民服务业用房	教育用房	文化、体育和娱乐用房	卫生医疗用房	科研用房	其他用房
111 998	**118 277**	**817 282**	**68 356**	**75 897**	**7 520**	**389 087**
42 708	7 068	367 218	11 588	71 197		40 062
111 998	118 277	817 282	68 356	75 897	7 520	389 087
15 156	7 068	241 840		71 197		38 721
52 781	97 949	253 708	48 558	3 462	7 520	142 144
16 509		86 199	7 465			4 998
27 552	13 260	148 869	12 333	1 238		5 482
		53 184				
27 552	13 260	95 685	12 333	1 238		5 482
		86 666				168 192
						29 550
						29 550
67 937	105 017	495 548	48 558	74 659	7 520	180 865
15 156	7 068	241 840		71 197		38 721
52 781	97 949	253 708	48 558	3 462	7 520	142 144
16 509		86 199	7 465			4 998
16 509		86 199	7 465			4 998
		86 666				168 192
		86 666				168 192
27 552	13 260	148 869	12 333	1 238		35 032
		53 184				
						29 550
27 552	13 260	95 685	12 333	1 238		5 482
111 998	51 147	817 282	68 356	75 897	7 520	363 382

11－5 续表 (2003

项 目	总 计	厂 房、仓 库	住 宅	办公用房	批发和零售用房
房屋工程建筑	7 812 019	483 420	4 991 615	625 822	270 860
土木工程建筑	138 880		65 317	18 283	
铁路、道路、隧道和桥梁建筑	94 588		28 152	12 323	
水利和港口建筑	31 901		30 734		
工矿工程建筑	12 391		6 431	5 960	
建筑安装业	229 079	115 832	20 412		
四、按法人批准机关或登记注册机关分					
工商行政管理部门	8 179 978	599 252	5 077 344	644 105	270 860
五、按国有经济控股情况分					
国有绝对控股	2 412 111	184 620	1 445 152	302 527	38 084
国有相对控股	138 588		28 152	12 323	
其他国有	5 629 279	414 632	3 604 040	329 255	232 776
六、按隶属关系分					
中 央	146 023	26 198	62 978	34 336	
省	1 608 303	149 657	681 340	347 514	30 284
市	1 372 477	44 393	943 984	20 917	103 895
县	1 760 926	175 646	1 145 075	112 085	66 706
镇	1 429 779	43 312	1 065 758	107 213	
乡	822 762	26 176	600 286	19 550	19 060
其 他	1 039 708	133 870	577 923	2 490	50 915
七、按营业状态分					
营 业	8 179 978	599 252	5 077 344	644 105	270 860
八、按企业资质等级分（新标准）					
施工总承包	7 740 961	471 850	4 842 273	644 105	235 660
一 级	1 827 856	123 006	1 016 728	201 905	30 284
二 级	2 948 130	187 524	1 890 297	237 768	104 530
三 级	2 964 975	161 320	1 935 248	204 432	100 846
专业承包	439 017	127 402	235 071		35 200
二 级	137 838	115 832	20 412		
三 级	301 179	11 570	214 659		35 200

屋建筑竣工面积

年)　　　　　　　　　　　　　　　　　　　　　　　　单位：平方米

住宿和餐饮用房	居民服务业用房	教育用房	文化、体育和娱乐用房	卫生医疗用房	科研用房	其他用房
84 446	51 147	802 483	56 768	75 897	7 520	362 041
27 552		14 799	11 588			1 341
27 552		13 632	11 588			1 341
		1 167				
	67 130					25 705
111 998	118 277	817 282	68 356	75 897	7 520	389 087
15 156	7 068	309 586		71 197		38 721
27 552		57 632	11 588			1 341
69 290	111 209	450 064	56 768	4 700	7 520	349 025
	7 068	7 000		231		8 212
42 708	67 130	203 044	11 588	24 232		50 806
61 570	30 819	149 645	7 465			9 789
		134 273	45 071	46 734	1 200	34 136
		119 085		2 738	6 320	85 353
7 720		144 538	4 232			1 200
	13 260	59 697		1 962		199 591
111 998	118 277	817 282	68 356	75 897	7 520	389 087
111 998	118 277	807 082	68 356	75 897	7 520	357 943
81 547		240 355	11 588	24 232	6 320	91 891
22 731	74 198	278 515	41 608	46 965	1 200	62 794
7 720	44 079	288 212	15 160	4 700		203 258
		10 200				31 144
						1 594
		10 200				29 550

11－6 建筑业企业房

（2003

项　　　目	总　计	厂　房、仓　库	住　宅	办公用房	批发和零售用房
总　　计	**434 064**	**30 493**	**258 466**	**42 278**	**14 721**
#国有及国有控股	149 032	8 919	80 253	23 025	2 383
一、按登记注册类型分					
内资企业	434 064	30 493	258 466	42 278	14 721
国有企业	100 545	7 529	58 144	9 813	2 383
集体企业	192 761	12 572	133 959	9 797	6 758
股份合作企业	23 117	190	10 976	760	3 912
有限责任公司	78 549	8 403	33 644	21 539	1 619
国有独资公司	19 154		3 613	11 093	
其他有限责任公司	59 395	8 403	30 031	10 446	1 619
股份有限公司	21 252	1 639	5 696	369	49
私营企业	17 840	160	16 047		
私营独资企业	1 976		1 976		
私营有限责任公司	8 750	160	6 957		
私营股份有限公司	7 114		7 114		
二、按经济组织类型分					
独资企业	295 282	20 101	194 079	19 610	9 141
国有企业	100 545	7 529	58 144	9 813	2 383
集体企业	192 761	12 572	133 959	9 797	6 758
私营独资企业	1 976		1 976		
合作、合伙企业	23 117	190	10 976	760	3 912
股份合作企业	23 117	190	10 976	760	3 912
股份有限公司	28 366	1 639	12 810	369	49
股份有限公司（内资）	21 252	1 639	5 696	369	49
私营股份有限公司	7 114		7 114		
有限责任公司	87 299	8 563	40 601	21 539	1 619
国有独资公司	19 154		3 613	11 093	
私营有限责任公司	8 750	160	6 957		
其他有限责任公司	59 395	8 403	30 031	10 446	1 619
三、按国民经济行业分					
房屋和土木工程建筑业	423 717	25 988	257 440	42 278	14 721

屋建筑竣工造价

年）　　　　　　　　　　　　　　　　　　　　　　　　单位：万元

住宿和餐饮用房	居民服务业用房	教育用房	文化、体育和娱乐用房	卫生医疗用房	科研用房	其他用房
6 256	**7 478**	**44 975**	**4 360**	**4 791**	**433**	**19 813**
3 494	488	23 228	618	4 507		2 117
6 256	7 478	44 975	4 360	4 791	433	19 813
1 165	488	14 473		4 507		2 043
1 771	6 074	10 660	3 358	216	433	7 163
991		5 616	360			312
2 329	916	9 057	642	68		332
		4 448				
2 329	916	4 609	642	68		332
		5 169				8 330
						1 633
						1 633
2 936	6 562	25 133	3 358	4 723	433	9 206
1 165	488	14 473		4 507		2 043
1 771	6 074	10 660	3 358	216	433	7 163
991		5 616	360			312
991		5 616	360			312
		5 169				8 330
		5 169				8 330
2 329	916	9 057	642	68		1 965
		4 448				
						1 633
2 329	916	4 609	642	68		332
6 256	3 584	44 975	4 360	4 791	433	18 891

11－6 续表

(2003

项目	总计	厂房、仓库	住宅	办公用房	批发和零售用房
房屋工程建筑	415 386	25 988	254 351	41 169	14 721
土木工程建筑	8 331		3 089	1 109	
铁路、道路、隧道和桥梁建筑	6 587		1 688	801	
水利和港口建筑	1 172		1 137		
工矿工程建筑	572		264	308	
建筑安装业	10 347	4 505	1 026		
四、按法人批准机关或登记注册机关分					
工商行政管理部门	434 064	30 493	258 466	42 278	14 721
五、按国有经济控股情况分					
国有绝对控股	140 139	8 919	78 565	22 224	2 383
国有相对控股	8 893		1 688	801	
其他国有	285 032	21 574	178 213	19 253	12 338
六、按隶属关系分					
中　央	7 814	1 555	3 059	2 047	
省	102 241	7 982	39 920	26 138	2 032
市	74 651	2 660	49 659	1 233	6 400
县	86 949	10 144	52 540	6 712	2 980
镇	70 441	1 782	53 259	5 013	
乡	39 306	1 110	29 871	975	736
其　他	52 662	5 260	30 158	160	2 573
七、按营业状态分					
营　业	434 064	30 493	258 466	42 278	14 721
八、按企业资质等级分（新标准）					
施工总承包	412 998	25 433	246 212	42 278	13 102
一　级	105 236	6 374	52 991	16 014	2 032
二　级	168 805	12 279	103 642	15 539	6 449
三　级	138 957	6 780	89 579	10 725	4 621
专业承包	21 066	5 060	12 254		1 619
二　级	5 633	4 505	1 026		
三　级	15 433	555	11 228		1 619

屋 建 筑 竣 工 造 价

年)

单位：万元

住宿和餐饮用房	居民服务业用房	教育用房	文化、体育和娱乐用房	卫生医疗用房	科研用房	其他用房
3 927	3 584	43 863	3 742	4 791	433	18 817
2 329		1 112	618			74
2 329		1 077	618			74
		35				
	3 894					922
6 256	7 478	44 975	4 360	4 791	433	19 813
1 165	488	19 845		4 507		2 043
2 329		3 383	618			74
2 762	6 990	21 747	3 742	284	433	17 696
	488	353		16		296
3 494	3 894	14 214	618	1 617		2 332
2 247	2 180	9 283	360			629
		7 190	3 128	2 874	54	1 327
		4 733		151	379	5 124
515		5 785	254			60
	916	3 417		133		10 045
6 256	7 478	44 975	4 360	4 791	433	19 813
6 256	7 478	44 577	4 360	4 791	433	18 078
4 350		15 634	618	1 617	379	5 227
1 391	4 382	16 774	2 963	2 890	54	2 442
515	3 096	12 169	779	284		10 409
		398				1 735
						102
		398				1 633

11－7　建筑业企业计算指标综合表

（2003年，不含劳务分包企业）

项目	增加值（万元）	劳动生产率（元/人）		房屋建筑面积竣工率（%）	产值利税率（%）	人均利润（元/人）	人均利税（元/人）	资产负债率（%）	技术装备率（元/人）	动力装备率（千瓦/人）
		按总产值计算	按增加值计算							
总计	**306 340**	**86 712**	**17 831**	**46.7**	**4.9**	**1 102**	**4 269**	**64.7**	**8 849**	**3.5**
#国有及国有控股	160 736	110 804	21 853	40.8	4.8	992	5 312	67.6	12 916	5.3
一、按登记注册类型分										
内资企业	302 677	86 672	17 793	46.7	4.9	1 100	4 268	65	8 639	3.4
国有企业	118 729	111 569	20 907	39.2	4.5	1 108	4 980	68.2	10 174	4.9
集体企业	89 009	65 938	13 406	46.5	3.8	489	2 522	64	4 652	1.3
股份合作企业	7 995	78 278	17 999	42.8	3	396	2 384	90.2	2 429	1
有限责任公司	57 005	95 283	22 610	57.1	6.6	1 446	6 285	61	16 578	5
国有独资公司	20 761	107 436	28 135	37	7.3	－633	7 852	73.5	24 696	9.7
其他有限责任公司	36 244	90 255	20 324	64.6	6.2	2 306	5 637	55.4	12 925	3.8
股份有限公司	16 907	81 908	19 602	60.9	8	3 875	6 594	53.7	6 354	3.8
私营企业	13 032	66 337	15 057	59.7	8.7	2 319	5 769	40.9	10 990	6
私营独资企业	677	42 456	11 877	91.4	3.3	70	1 421	20.8	7 396	4.2
私营有限责任公司	6 885	67 838	14 005	40.8	8	2 392	5 460	36	13 247	5.7
私营股份有限公司	5 470	68 306	17 261	90.5	10.3	2 610	7 031	48.7	8 086	6.6
港、澳、台商投资企业	3 064	90 609	20 972		5.9	2 314	5 311	51.2	31 544	9.5
合资经营企业	3 023	90 896	21 501		6.1	2 511	5 576	47.2	33 083	9.9
独资经营企业	41	83 273	7 455		－1.7	－2 727	－1 455	59.3		
外商投资企业	599	91 385	25 931		－2.1	－4 546	－1 948	21.5	72 434	19.8
中外合资经营企业	599	91 385	25 931		－2.1	－4 546	－1 948	21.5	72 434	19.8
二、按经济组织类型分										
独资企业	208 456	86 768	16 837	44.1	4.2	769	3 643	66.8	7 181	3
国有企业	118 729	111 569	20 907	39.2	4.5	1 108	4 980	68.2	10 174	4.9
集体企业	89 009	65 938	13 406	46.5	3.8	489	2 522	63.5	4 652	1.3
私营独资企业	677	42 456	11 877	91.4	3.3	70	1 421	20.8	7 396	4.2
港、澳、台商独资经营	41	83 273	7 455		－1.7	－2 727	－1 455	59.3		

11－7　续表1

项　目	增加值（万元）	劳动生产率（元/人）		房屋建筑面积竣工率（%）	产值利税率（%）	人均利润（元/人）	人均利税（元/人）	资产负债率（%）	技术装备率（元/人）	动力装备率（千瓦/人）
		按总产值计算	按增加值计算							
合作、合伙企业	7 995	78 278	17 999	42.8	3	396	2 384	90.2	2 429	1
股份合作企业	7 995	78 278	17 999	42.8	3	396	2 384	90.2	2 429	1
股份有限公司	22 377	78 253	18 973	67.1	8.6	3 535	6 711	52.2	6 898	4.7
股份有限公司（内资）	16 907	81 908	19 602	60.9	8	3 875	6 594	53.7	6 354	3.8
私营股份有限公司	5 470	68 306	17 261	90.5	10.3	2 610	7 031	48.7	8 086	6.6
有限责任公司	67 512	90 813	21 254	54.9	6.7	1 596	6 066	57	16 860	5.3
国有独资公司	20 761	107 436	28 135	37	7.3	－633	7 852	73.5	24 696	9.7
私营有限责任公司	6 885	67 838	14 005	40.8	8	2 392	5 460	36	13 247	5.7
港澳台合资经营企业	3 023	90 896	21 501		6.1	2 511	5 576	47.2	33 083	9.9
中外合资经营企业	599	91 385	25 931		－2.1	－4 546	－1 948	21.5	72 434	19.8
其他有限责任公司	36 244	90 255	20 324	64.6	6.2	2 306	5 637	55.4	12 925	2.8
三、按国民经济行业分										
房屋和土木工程建筑业	245 739	85 378	16 850	46.1	4.2	574	3 587	66.1	9 181	3.6
房屋工程建筑	190 657	74 355	16 011	46.1	3.8	198	2 792	65.8	4 856	1.8
土木工程建筑	55 082	134 436	20 586	47.6	5.3	2 248	7 124	66.7	27 646	11.4
铁路、道路、隧道和桥梁建筑	26 364	162 165	22 062	74.8	3.8	734	6 126	71.8	38 792	11.9
水利和港口建筑	10 316	76 981	14 485	47.4	5.4	1 091	4 167	53.8	23 738	10.3
工矿工程建筑	4 196	109 459	19 073	63.9	5.3	1 805	5 768	60.3	17 368	16.1
架线和管道工程建	170	78 598	15 888		5.6	1 963	4 393	26.7	15 217	7.3
其他土木工程建筑	14 036	160 234	26 099		8.7	7 332	13 864	66.3	12 864	9.5
建筑安装业	44 062	99 323	24 518	75.6	7.8	3 534	7 787	61.1	8 616	3.1
建筑装饰业	16 539	82 696	20 674		10.6	5 273	8 798	54.4	3 145	1.3

11－7 续表2

项目	增加值（万元）	劳动生产率（元/人）		房屋建筑面积竣工率（%）	产值利税率（%）	人均利润（元/人）	人均利税（元/人）	资产负债率（%）	技术装备率（元/人）	动力装备率（千瓦/人）
		按总产值计算	按增加值计算							
四、按法人批准机关或登记注册机关分										
工商行政管理部门	306 340	86 712	17 831	46.7	4.9	1 102	4 269	64.7	8 849	3.5
五、按国有经济控股情况分										
国有绝对控股	156 597	109 310	21 864	39.7	4.8	956	5 232	67.9	12 250	5.3
国有相对控股	4 139	166 165	21 423	81.3	5	2 334	8 297	58.6	38 636	4.8
其他国有	145 604	68 676	14 819	49.9	5.1	1 185	3 488	60.1	5 770	2
六、按隶属关系分										
中　央	45 631	104 021	30 340	37.2	5.3	1 523	5 464	72.1	12 708	8.1
省	99 679	107 897	21 470	48.5	5.5	891	5 918	62.1	15 747	5.7
市	46 334	96 087	16 276	36.1	4.4	1 591	4 205	76.1	6 097	1.8
县	32 002	59 159	12 675	46.7	3.5	197	2 083	74.4	3 508	1.3
街　道	55	38 500	9 167		3.9	500	1 500	52.9	46 600	52.1
镇	19 973	73 689	9 313	50.2	1.8	33	1 363	54.9	6 066	0.7
乡	24 360	74 202	19 857	44.3	3.6	230	2 688	43	3 278	2.9
其　他	38 306	70 104	16 764	67	8.9	3 121	6 211	49.4	8 301	3.8
七、按营业状态分										
营　业	306 340	86 712	17 831	46.7	4.9	1 102	4 269	64.7	8 849	3.5
八、按企业资质等级分（新标准）										
施工总承包	254 985	82 886	17 492	45.6	4.2	537	3 517	66.4	8 182	3.1
一　级	122 083	104 810	20 062	37.9	4.2	394	4 447	66.6	12 714	4.4
二　级	83 892	75 096	18 108	40.7	3.7	543	2 813	69.2	6 369	2.5
三　级	49 010	57 665	12 701	60.2	5	756	2 894	60.1	3 403	1.9
专业承包	51 355	108 131	19 723	80.6	7.8	4 2663	8 481	58.5	12 684	5.5
一　级	18 177	158 803	21 629		6	4 472	9 590	62.2	13 735	7.7
二　级	18 626	90 994	21 402	83.7	11	5 633	10 043	56.5	15 061	5.3
三　级	13 219	73 074	15 977	79.3	7.5	2 593	5 500	58.7	9 205	3.6

主 要 统 计 指 标 解 释

建筑施工企业 指从事房屋、构筑物和设备安装生产活动的独立施工单位，分为建筑安装企业和自营施工单位两种组织形式。建筑安装企业是指行政上有独立组织、经济上实行独立核算的企业。一般称为建筑公司、安装公司、工程公司、工程局（处）等。自营施工单位是指附属于现有生产企业、事业内部或行政单位的，为建造和修理本单位固定资产而自行组织的。并同时具备下述条件：(1) 对内独立核算；(2) 有固定组织和施工队伍；(3) 全年施工期在半年以上。

建筑业总产值 建筑总产值是以货币表现的建筑安装企业在一定时期内生产的建筑业产品的总和。按现行报表制度规定，具体包括：建筑工程产值、设备安装工程产值和其他产值。

建筑业增加值 是建筑业企业在报告期内以货币表现的建筑业生产经营活动的最终成果。建筑业增加值有两种计算方法：一是生产法，即建筑业总产出减去建筑业中间消耗后的余额；二是分配法(收入法)，即从收入的角度出发，根据生产要素在生产过程中应得到的收入份额计算，具体构成项目有固定资产折旧、劳动者报酬、生产税净额、营业盈余。

年末自有机械设备价值 指年末本单位自有施工机械、生产设备、运输设备的全部机械价值，分别按原值和净值计算，不包括非生产用的机械设备价值。

利润总额 指建筑业企业在一定时期内所实现的利润。包括营业利润、投资收益和营业外收入与营业外支出的差额。

工程结算收入 指本企业承包实现的工程价额结算收入以及向发包单位收取的除工程价款以外按规定列作营业收入的各种款项，如临时设施费、劳动保险费、施工机构调迁等以及向发包单位收取的各种索赔款。

十二、运输和邮电

TRANSPORTATION, POSTS AND TELECOMMUNICATIONS SERVICES

本篇内容包括:

1. 交通运输资料。主要有：运输设备拥有量；各种运输方式完成的货物运输量和旅客运输量。
2. 邮电通信业资料。主要有：全市邮电及邮路情况；邮电业务完成情况

资料整理　　**微机处理**

许卫群　　许卫群

货物、旅客运输量

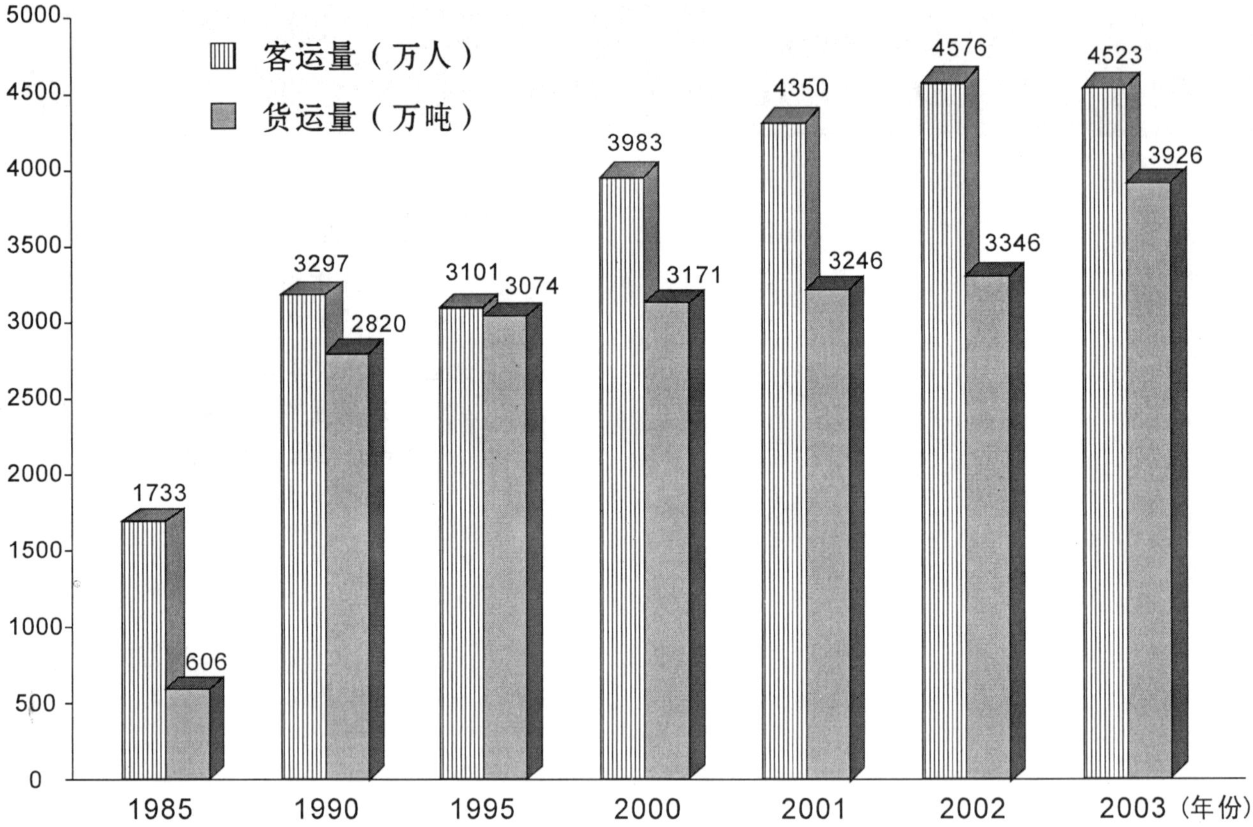

邮电业务总量

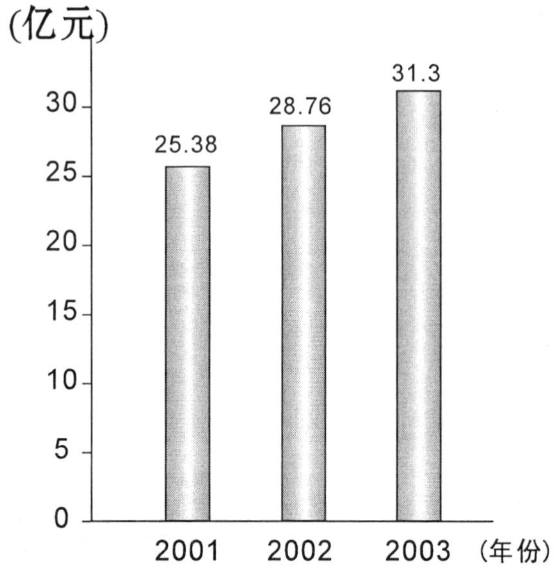

年末电话交换机总容量

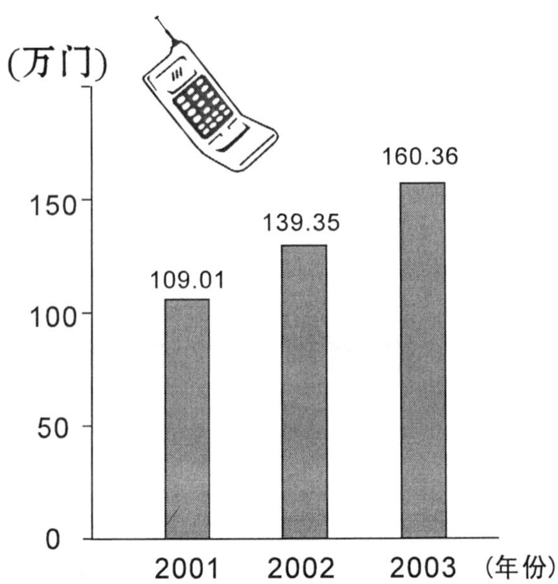

12－1　主要年份交通运输工具拥有量

项　目	1978	1980	1985	1990	1995	1997	2000	2001	2002	2003
一、汽车（辆）	**9 183**	**10 551**	**14 953**	**25 373**	**24 697**	**29 176**	**41 707**	**75 810**	**83 377**	**107 633**
#载货汽车	5 808	7 395	10 719	12 290	11 688	13 990	20 827	28 116	34 524	37 278
载客汽车	2 588	3 020	3 758	10 710	10 829	13 130	18 280	45 193	46 275	66 477
特种汽车	787	136	476	2 373	2 172	2 056	2 600	2 501	21	1 695
二、其他机动车（辆）	**2 733**	**3 178**	**9 636**	**13 428**	**31 733**	**44 209**	**118 248**	**133 390**	**139 377**	**150 577**
#摩托车	988	1 255	2 837	10 342	23 936	36 085	102 505	116 975	122 616	142 204
拖拉机	1 745	1 923	5 144	3 086	3 833	4 101	9 314	9 314	8 914	
三、船舶（艘）										
#机动船	207	225	505	860	800	801	334	328	407	210
客货轮	14	13	12	11	11	13	6	6	6	2
推拖船	51	51	54	57	40	40	29	20	20	20
驳船	125	153	240	211	161	134	141	112	80	76
四、汽车挂车（辆）			**389**		**455**	**128**	**114**	**107**	**536**	**624**
附：年末汽车驾驶员（万人）					**7.12**	**8.83**	**13.74**	**20.17**	**24.45**	**26.81**

注：2001年起，民用汽车拥有量含省直属部分。2002年民用车辆指标解释重新制定，故特种汽车数量变动较大。

12－2　主要年份旅客运输量及周转量

项　目	1978	1980	1985	1990	1995	1997	2000	2001	2002	2003
一、旅客运输总量（万人）			**1 733**	**3 297**	**3 101**	**3 171**	**3 983**	**4 350**	**4 576**	**4 523**
1、民航			4	8	75	69	78	93	99	89
2、铁路			680	517	625	706	906	1 068	1 133	1 084
3、公路			955	2 720	2 357	2 358	2 978	3 156	3 310	3 318
交通部门			955	1 114	719	356	558	657		
非交通部门				1 606	1 638	2 002	2 420	2 499		
4、水运	150	96	94	52	44	37	20	33	34	32
交通部门	150	96	94	50	31	24	15	9	4	5
非交通部门				2	13	14	5	24	30	27
二、旅客运输周转量（万人公里）				**239 480**	**314 305**	**415 479**	**609 103**	**685 270**	**735 546**	**716 750**
1、民航			1 133	7 306	38 608	40 000	86 356	81 714	92 804	82 042
2、铁路				113 319	153 674	216 631	325 371	398 256	428 338	419 386
3、公路			12 607	115 521	118 451	155 962	195 477	203 528	212 943	214 292
交通部门			12 607	61 649	48 667	60 041	79 393	86 122		
非交通部门				53 871	69 784	95 921	116 084	117 406		
4、水运	15 661	5 077	5 292	3 335	3 572	2 885	1 899	1 772	1 461	1 029
交通部门	15 661	5 077	5 292	3 255	3 227	2 518	1 811	1 036	548	565
非交通部门				80	345	367	88	736	913	464

12－3　主要年份货物运输量及周转量

项　　　目	1978	1980	1985	1992	1995	1997	2000	2001	2002	2003
一、货物运输总量（万吨）			**606**	**2 820**	**3 074**	**3 169**	**3 171**	**3 246**	**3 346**	**3 926**
1、民　　航			0.07	0.07	0.74	0.66	0.95	1.15	1.34	1.45
2、铁　　路			235	221	201	174	224	272	332	353
3、公　　路	125	257	262	2 298	2 541	2 722	2 784	2 807	2 845	3 398
#交 通 部 门	125	257	262	194	91	39	23	29		
非交通部门				2 104	2 450	2 683	2 761	2 778		
4、水　　运	87	77	109	301	331	272	163	166	167	174
#交 通 部 门	87	77	109	71	61	47	35	30	29	28
非交通部门				230	271	225	128	136	138	146
二、货物运输周转量（万吨公里）				**218 157**	**223 886**	**233 692**	**282 129**	**303 451**	**345 790**	**370 703**
1、民　　航			19	56	423	4 431	1 697	1 268	9 877	8 793
2、铁　　路				65 573	61 491	68 983	99 691	115 396	140 188	146 297
3、公　　路	2 245	3 503	12 607	96 686	116 418	124 649	148 211	148 779	150 585	179 972
#交 通 部 门	2 245	3 503	12 607	15 007	9 452	6 490	7 710	7 596		
非交通部门				81 679	106 966	118 159	140 501	141 183		
4、水　　运	4 266	17 314	39 174	55 843	45 554	35 629	32 531	38 009	45 140	35 640
#交 通 部 门	4 266	17 314	39 174	41 313	33 457	25 642	21 330	20 869	22 691	16 291
非交通部门				14 530	12 097	9 987	11 201	17 140	22 449	19 349

注：民航货物运输总量 1992 年及以前年份为发送量。

12－4　主要年份电信网络及主要设备拥有量

项　　目	1978	1980	1985	1992	1995
电报电路总数（路）	57	65	81	210	204
长话业务电路总数（路）	197	248	419	3 710	5 495
自备火车邮箱（辆）	6	3	13	16	16
邮政汽车车辆（辆）	25	26	38	57	66
市内电话交换机总容量（万门）	0.69	0.73	1.45	6.24	9.91
# 自动交换机容量			1.4	6.24	9.91
市内电话总数（万部）	0.99	1.54	2.3	8.58	10.47
# 接入局用交换机的话机	0.5	0.61	0.93	5.04	6.78

项　　目	1997	2000	2001	2002	2003
长话业务电路总数（路）	26 562	51 791	54 571	62 034	62 085
自备火车邮箱（辆）	20	10	9	9	9
邮政汽车车辆（辆）	94	281	249	259	259
本地电话中继电路（路）	42 603	37 841	48 728	55 294	56 294
接入网光缆长度（皮长公里）	29	1 019	1 669	1 952	1 961
市内电话交换机总容量（万门）	71.3	100.31	109.01	139.35	160.36
市内电话总数（万部）	43.12	81.58	88.58	97.35	99.28
# 接入局用交换机的话机	36.11	74.08	83.44	91.89	94.77
无线寻呼用户数（万户）	27.06	28.15	15.79	6	0.95
移动通信交换机容量（万户）	10.5	105	113	165.8	250
移动电话用户数（万户）	6.96	42.73	77.35	120.09	152
因特网用户数（万户）		7.09	22.6	37.42	46.74

12－5 主要年份邮电业务量

项　　　　　目	1978	1980	1985	1995	1997	2000	2001	2002	2003
一、邮电业务总量（不变价，万元）	**469**	**596**	**3 262**	**42 100**	**83 155**	**218 524**	**253 839**	**287 644**	**312 983**
二、邮电业务量									
函件（万件）	1 332	1 742	5 205	5 642	4 098	3 016	3 482	3 596	3 480
包裹（万件）	19	22	36	185	48	60	59	68	68.22
汇票（万件）	56	61	82	74	66	57	55	52	51.45
报纸累计（万份）	34 539	30 658	13 207	7 044	6 793	7 468	7 402	7 734	7 571
杂志累计（万份）	121	586		9 778	354	802	721	555	606
特快专递（万件）					39.42	71.49	74.45	78.26	94.23
机要文件（万件）	0.58	0.64	16.02	15.5	13.92	12	11	13	16.31
长途电话（万个）	60	77	152	4 401	6 658	9 804	9 770	8 910	14 167
城乡电话用户数（户）	5 847	6 458	14 121	195 781	343 449	740 813	834 414	928 994	1 155 626
#市话年末到达户数（户）	4 930	5 547	12 598	195 781	318 827	603 010	667 575	738 117	962 265
#农话年末到达户数（户）	917	911	1 523		24 622	137 803	166 839	190 877	193 361

注：1998年起，市辖县的邮政业务统计由市电信局转为市邮政局。2001年起邮电业务总量以2000年不变价计算。2002由于移动通讯统计口径发生变化，故2001年邮电业务总量相应调整为可比口径。

12－6 主要年份邮电邮路

项　　　　　目	1978	1980	1985	1995	1997	2000	2001	2002	2003
一、邮路总条数（条）	**90**	**116**	**213**	**177**	**236**	**100**	**86**	**95**	**95**
#一级邮路						51	36	42	37
二、邮路单程总长度（公里）	**11 269**	**10 769**	**8 021**	**10 637**	**18 228**	**85 324**	**55 218**	**67 555**	**56 955**
1、航　　空	321	321	481	3 788	12 489	73 487	42 629	53 779	41 612
2、铁　　路	3 871	3 170	4 895	5 262	4 247	3 351	3 284	3 284	3 763
3、汽　　车	2 013	2 574	1 614	1 104	1 213	8 470	9 289	10 476	11 564
4、水路邮路	234	269	275	140					
5、摩　　托			4						
6、其它邮路	4 830	4 423	751	343	279	16	16	16	16
三、农村投递路线单程长度（公里）				**7 985**	**7 984**	**8 564**	**8 270**	**8 270**	**8 085**

主 要 统 计 指 标 解 释

铁路营业里程　指办理客货运输业务的铁路正线总长度。凡是全线或部分建成双线及以上的线路，以第一线的实际长度计算：复线、站线、线管线、岔线和特别用途以及不计算运费的联络线都不计算营业里程。铁路线营业里程是反映铁路运输业基础设施发展水平的重要指标，也是计算客货周转量、运输密度和机车车辆运用效率指标的基础资料。

公路里程　也称“公路通车里程”，是指实际达到交通部制定的公路工程技术标准规定的等级的公路长度。它包括大中城市的郊区公路以及通过小城镇街道的公路里程，也包括桥梁、渡口的长度，但不包括城市的街道以及厂矿、林区和农业生产用道的里程，两条或多条公路共同经由同一路段，只计算一次，不重复计算里程长度。公路里程是反映公路建设发展规模的重要指标，也是计算运输网密度等指标的基础资料。

内河航道里程　也称“内河通航里程”，是指在枯水季节水深在0．3米及以上，能通航运船舶及排筏的天然河流、湖泊水库、运河及通航渠道的长度。包括全年季节性通航累计三月以上的航道，但不包括仅供零散流放竹木排的河道。内河航道里程是反映河水运网规模，水平和发展情况的主要指标。

货（客）运量　指运输业实际运送的货物（旅客）数量。货运按吨计算，客运按人计算。货物不论运输距离长短，货物类别，均按实际重量统计：旅客不论行程远近或票价多少、均按一人一次作为客运量统计。半票价、小孩标，也按一人统计。货（客）运量是反映运输业为国民经济和人民生活服务的数量指标，也是制定和检查运输生产计划、研究运输发展规模和速度的重要指标。

货物（旅客）周转量　指运输业运送的货物（旅客）数量与其相应运输距离的乘积之总和，常以吨公里和人公里为计算单位。计算货物周转量通常按发出站与到达站之间的最短距离，也就是计费距离计算。它是反映运输业生产总成果的重要指标，也是编制和检查运输生产计划、计算运输效率、劳动生产率以及核算运输单位成本的主要基础资料。

邮电业务总量　指以货币表现的邮电部门为用户传递信息和提供其他邮电服务的总量。它用各种邮电分类业务量，如函件件数、电报份数、长话张数、市内电话和农村电话年均户数、订销报刊累计份数等，分别乘以相应的平均单价（不变价格）加总后再加上出租电路和设备的收入、代用户维护电话交换机和线路等设备的收入、其它业务收入求得。邮电业务量综合反映了一定时期邮电工作的总成果，是研究邮电业务量构成和发展趋势的重要指标。

十三、国内贸易

DOMESTIC TRADE

本篇内容包括：

1. 全市社会消费品零售总额
2. 限额以上批发零售贸易企业商品购进、销售及库存总额
3. 限额以上批发零售贸易业商品销售类值、销售数量
4. 限额以上连锁店（公司）商品销售总额
5. 限额以上批发零售贸易企业、餐饮企业财务状况
6. 零售企业排位和亿元以上市场排名
7. 个体工商业及私营企业基本情况
8. 商品交易市场概况及成交额

资料整理及微机处理

罗小云

褚艳红

社会消费品零售总额

单位：亿元

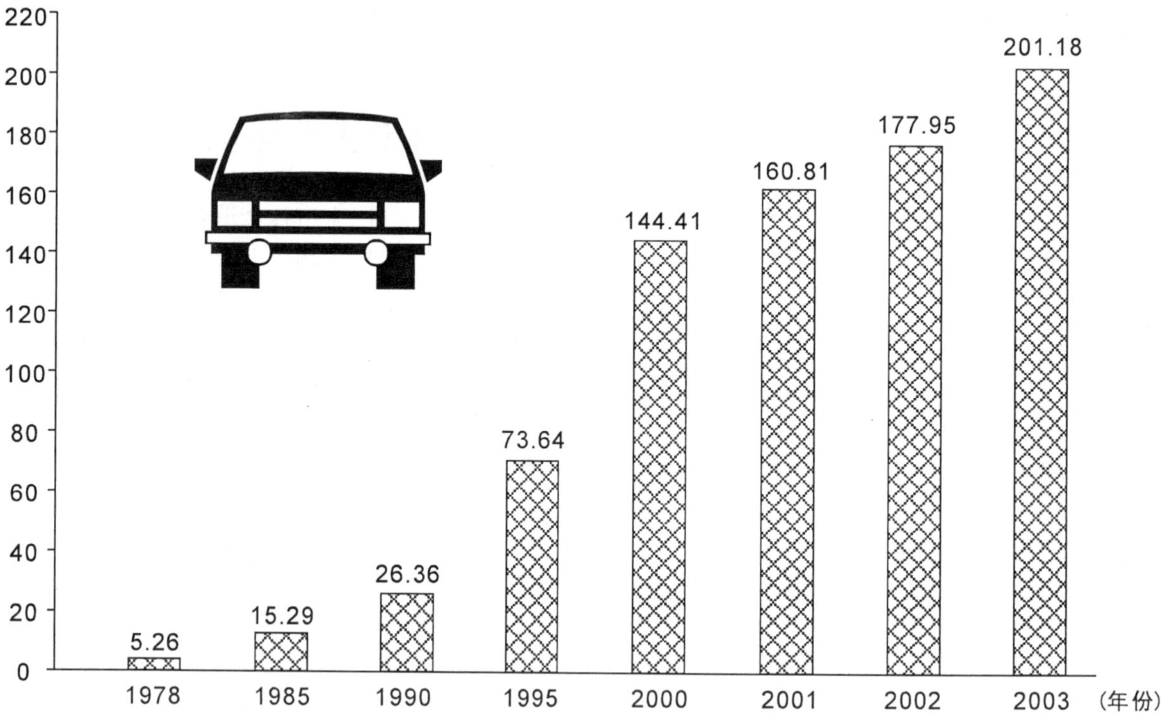

社会消费品零售总额构成（%）

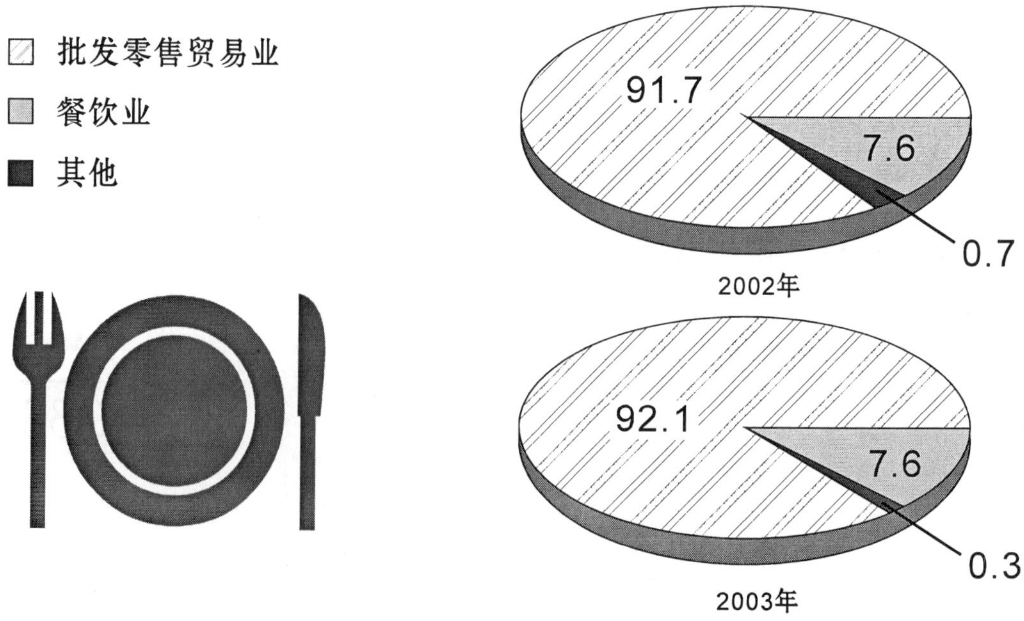

13－1 社会消费品零售总额

单位：万元

项　　　　目	2002	2003	2003年比上年增长（%）
社会消费品零售总额	**1 779 484**	**2 011 763**	**13.1**
按销售地区分			
市	1 499 839	1 703 775	13.6
县	126 610	139 771	10.4
县以下	153 035	168 217	9.9
按行业分			
批发零售贸易业	1 637 752	1 853 019	13.1
#限额以上	545 406	648 622	18.9
限额以下及个体户	1 092 346	1 204 397	10.3
餐　饮　业	136 113	152 517	12.1
其　　他	5 619	6 227	10.8
按地区分			
市　　区	1 499 839	1 703 775	13.6
#东湖区	96 136	111 700	16.2
西湖区	96 415	108 830	12.9
青山湖区	44 267	53 791	21.5
青云谱区	42 612	50 810	19.2
湾里区	12 132	14 200	17.0
南　昌　县	90 644	99 302	9.6
新　建　县	59 355	67 092	13.0
进　贤　县	90 783	100 121	10.3
安　义　县	38 863	41 473	6.7

注：本表2002年的数据为2003年采用新口径后调整的数据。

13－2 市区及各县社会消费品零售总额

（2003年）

单位：万元

项　　　　目	全　市	市　区	南昌县	新建县	进贤县	安义县
社会消费品零售总额	**2 011 763**	**1 703 775**	**99 302**	**67 092**	**100 121**	**41 473**
按销售地区分						
市	1 703 775	1 703 775				
县	139 771		43 132	29 423	48 970	18 246
县以下	168 217		56 170	37 669	51 151	23 227
按行业分						
批发零售贸易业	1 853 019	1 563 315	92 753	64 131	93 007	39 813
餐　饮　业	152 517	137 311	5 035	1 871	6 747	1 553
其　　他	6 227	3 149	1 514	1 090	367	107

13－3 主要年份社会

年份	社会消费品零售总额	按销售单位所在地分	
		市区	县及县以下
1949	5 142	3 019	2 123
1950	6 464	3 911	2 553
1952	9 922	6 561	3 361
1955	14 844	9 727	5 117
1960	31 760	23 497	8 263
1965	30 647	21 305	9 342
1970	33 100	22 019	11 081
1975	45 824	30 093	15 731
1978	52 647	34 235	18 412
1979	60 984	39 486	21 498
1980	74 920	51 698	23 222
1985	152 853	110 289	42 564
1986	169 491	119 812	49 679
1987	193 187	138 579	54 608
1988	236 106	171 641	64 465
1989	260 467	190 070	70 397
1990	263 645	196 331	67 314
1991	299 652	224 992	74 660
1992	352 049	266 131	85 918
1993	446 635	339 136	107 499
1994	582 412	445 036	137 376
1995	736 419	571 231	165 188
1996	920 925	729 862	191 063
1997	1 096 094	889 575	206 519
1998	1 199 107	981 158	217 949
1999	1 307 748	1 079 572	228 176
2000	1 444 136	1 202 920	241 216
2001	1 608 075	1 350 483	257 592
2002	1 798 431	1 515 737	282 694
2003	2 011 763	1 703 775	307 988

注：2003 年的数据为新口径，与以前年份的数据不可比。

消 费 品 零 售 总 额

单位：万元

按行业分				
批发零售贸易业	餐饮业	制造业	农业生产者	其它
4 022	257	396	406	61
5 068	304	522	503	67
7 628	497	984	695	118
12 184	731	1 005	721	203
27 528	1 258	1 241	1 262	471
25 617	1 501	1 347	770	412
29 829	1 177	1 107	723	264
41 030	1 821	1 012	1 398	563
46 242	2 253	2 007	1 479	666
51 409	2 304	2 885	2 356	2 030
61 881	2 683	5 931	3 061	1 364
111 760	4 633	18 791	14 928	2 741
120 281	4 991	18 458	23 585	2 176
133 030	5 511	17 490	35 194	1 962
159 257	7 492	21 477	44 354	3 526
179 371	8 381	19 278	49 525	3 912
176 416	10 306	22 716	48 870	5 337
205 145	10 633	18 828	59 290	5 756
236 499	12 981	21 962	73 499	7 108
295 072	21 753	24 772	97 152	7 886
381 595	27 412	35 853	130 049	7 503
477 058	35 977	44 423	171 156	7 805
599 184	51 914	350 286	211 756	7 785
704 064	73 607	59 859	250 883	7 681
773 257	83 553	62 040	274 920	5 337
852 603	95 774	65 781	287 626	5 964
947 915	107 184	73 304	309 547	6 186
1 065 691	120 989	81 864	333 257	6 274
1 217 709	136 113	87 374	351 616	5 619
1 853 019	152 517	（合并）	（合并）	6 227

13－4 社 会 消 费 品 零

(200

	一 月	二 月	三 月	四 月	五 月
社会消费品零售总额	**185 232**	**159 410**	**146 393**	**127 837**	**168 352**
按销售地区分					
市	158 530	135 799	125 424	106 738	148 056
县	12 142	11 030	9 491	9 874	9 624
县 以 下	14 560	12 581	11 478	11 225	10 672
按行业分					
批发零售贸易业	173 907	150 948	137 681	120 461	161 917
#限额以上	53 839	53 806	50 990	44 864	54 652
限额以下及个体户	120 068	97 142	86 691	75 597	107 265
餐 饮 业	10 801	7 921	8 314	6 985	5 904
其 他	524	541	398	391	531

13－5 社 会 消 费 品 零

(分县区，

	一 月	二 月	三 月	四 月	五 月
市 区	**134496**	**108601**	**101042**	**84184**	**122746**
南 昌 县	8666	7050	7385	8012	7119
新 建 县	6910	5723	3987	4263	4134
进 贤 县	7948	7430	7226	6619	6839
安 义 县	3178	3408	2371	2205	2204
东 湖 区	8546	10529	8774	8373	8962
西 湖 区	7273	7488	7110	6234	7749
青 山 湖 区	3287	3613	3638	3463	3661
青 云 谱 区	3968	4028	3850	3534	4146
湾 里 区	960	1540	1010	950	792

注：市区社会消费品零售总额包括省、市属企业，不含各区区属企业。

售　总　额　分　月　数

3年）　　单位：万元

六　月	七　月	八　月	九　月	十　月	十一月	十二月	全　年
148 955	**142 824**	**143 005**	**166 725**	**193 863**	**195 589**	**233 578**	**2 011 763**
128 507	122 704	121 636	141 217	166 365	162 731	186 068	1 703 795
9 423	8 042	9 318	11 200	12 089	15 439	22 099	139 771
11 025	12 078	12 051	14 308	15 409	17 419	25 411	168 217
139 091	130 553	129 581	147 706	173 471	176 136	211 567	1 853 019
51 560	46 488	48 176	50 717	61 007	57 516	71 951	645 566
87 531	84 065	81 405	96 989	112 464	118 620	139 616	1 207 453
9 178	11 633	13 028	18 474	19 856	18 939	21 484	152 517
686	638	396	545	536	514	527	6 227

售　总　额　分　月　数

2003年）　　单位：万元

六　月	七　月	八　月	九　月	十　月	十一月	十二月	全　年
92 555	**93 567**	**93 356**	**112 731**	**130 995**	**134 791**	**155 380**	**1 364 444**
6 958	7 102	7 726	8 390	9 240	10 190	11 464	99 302
4 213	3 835	4 132	5 021	5 378	6 798	12 698	67 092
6 854	6 754	7 094	8 350	8 998	11 418	14 591	100 121
2 423	2 429	2 417	3 747	3 882	4 452	8 757	41 473
10 776	8 826	9 681	8 328	10 691	8 905	9 309	111 700
11 000	10 253	8 897	10 082	13 661	9 421	9 662	108 830
7 351	5 045	4 384	4 453	5 233	4 523	5 140	53 791
5 480	3 715	4 168	4 243	4 295	3 901	5 482	50 810
1 345	1 298	1 150	1 380	1 490	1 190	1 095	14 200

13－6 社 会 消 费 品 零

（2004年对

	一 月	二 月	三 月	四 月	五 月
社会消费品零售总额	**190 032**	**162 410**	**146 393**	**127 837**	**168 352**
按销售地区分					
市	163 330	138 799	125 424	106 438	148 056
县	12 142	11 030	9 491	9 874	9 624
县 以 下	14 560	12 581	11 478	11 525	10 672
按行业分					
批发零售贸易业	177 907	153 948	137 681	120 461	161 917
#限 额 以 上	57 689	56 406	51 590	45 464	55 308
限 额 以 下	59 366	39 052	34 675	30 476	38 898
个 体 户	60 852	58 490	51 416	44 521	67 711
餐 饮 业	11 601	7 921	8 314	6 985	5 904
其 他	524	541	398	391	531

注：此表为与2004年社会消费品零售总额对比的基数，下表同。

13－7 社 会 消 费 品 零

（分县区，2004年

	一 月	二 月	三 月	四 月	五 月
市 区	**136942**	**108095**	**99066**	**82884**	**123346**
南 昌 县	8666	7750	7385	8012	7119
新 建 县	6910	5723	3987	4563	4134
进 贤 县	7948	7430	7226	6619	6839
安 义 县	3178	3408	2371	2205	2204
东 湖 区	8546	10529	8774	8373	8962
西 湖 区	9627	10294	9086	7234	7149
青 山 湖 区	3287	3613	3638	3463	3661
青 云 谱 区	3968	4028	3850	3534	4146
湾 里 区	960	1540	1010	950	792

注：市区社会消费品零售总额包括省、市属企业，不含各区区属企业。

售　总　额　分　月　数

比基数）　　单位：万元

六　月	七　月	八　月	九　月	十　月	十一月	十二月	全　年
148 955	**142 824**	**138 705**	**166 725**	**199 363**	**198 589**	**221 578**	**2 011 763**
128 107	122 704	117 736	141 617	171 765	165 731	174 068	1 703 775
9 423	8 042	9 318	11 100	12 189	15 439	22 099	139 771
11 425	12 078	11 651	14 008	15 409	17 419	25 411	168 217
139 091	130 553	126 081	147 706	178 971	179 136	199 567	1 853 019
51 560	46 488	44 676	50 717	65 507	60 016	65 951	651 372
35 014	32 319	30 308	32 981	34 943	37 674	46 697	452 403
52 517	51 746	51 097	64 008	78 521	81 446	86 919	749 244
9 178	11 633	12 228	18 474	19 856	18 939	21 484	152 517
686	638	396	545	536	514	527	6 227

售　总　额　分　月　数

对比基数）　　单位：万元

六　月	七　月	八　月	九　月	十　月	十一月	十二月	全　年
93 403	**94 567**	**88 144**	**111 831**	**136 995**	**137 791**	**143 380**	**1 356 444**
6 958	7 102	7 926	8 590	9 640	10 190	11 464	100 802
4 613	3 835	3 732	4 621	5 478	6 798	12 698	67 092
6 854	6 754	7 094	8 350	8 998	11 418	14 591	100 121
2 423	2 429	2 417	3 747	3 882	4 452	8 757	41 473
10 776	8 826	9 681	8 328	10 691	8 905	9 309	111 700
9 752	9 253	10 009	11 182	12 661	9 421	9 662	115 330
7 351	5 045	4 384	4 453	5 233	4 523	5 140	53 791
5 480	3 715	4 168	4 243	4 295	3 901	5 482	50 810
1 345	1 298	1 150	1 380	1 490	1 190	1 095	14 200

13－8 批发零售贸易业商品

（限额以上，

	法人企业（个）	产业活动单位（个）	从业人数（人）
总　　计	**135**	**147**	**26 722**
一、批　发　业	**79**	**85**	**10 666**
#国有及国有控股	56	56	7 696
1. 按登记注册类型分			
内资企业	79	84	10 647
#国有企业	37	41	5 107
集体企业	3	3	441
股份合作企业	4	4	1 176
联营企业	1	1	13
有限责任公司	21	21	2 525
股份有限公司	8	9	1 249
私营企业	5	5	136
外商投资企业		1	19
#中外合资经营企业		1	19
2. 按国民经济行业分			
农畜产品批发业	1	1	23
食品、饮料及烟草制品批发业	7	8	2 206
#米、面制品及食用油批发业	2	2	345
烟草制品批发业	1	2	913
纺织、服装及日用品批发业	10	10	881
#服装批发业	3	3	400
文化、体育用品及器材批发业	4	4	510
医药及医疗器材批发业	8	8	2 848
矿产品、建材及化工产品批发业	14	15	1 726
#煤炭及制品批发业	2	2	78
石油及制品批发业	2	3	1 155
金属及金属矿批发业	6	6	271
建材批发业			
化肥批发业	1	1	7
机械设备、五金交电及电子产品批	30	32	2 080
#汽车、摩托车及零配件批发业	15	16	922
家用电器批发业	4	5	535
计算机、软件及辅助设备批发业	1	1	155
其他批发业	5	7	392

购进、销售、库存总额

2003年)　　　　　　　　　　　　　　　　　　　　　　　　单位：万元

购进总额		销售总额				年末库存
	#进口		批发	#出口	零售	总额
2 988 661	**32 839**	**3 323 473**	**2 643 437**	**653 581**	**680 036**	**149 627**
2 443 200	**32 839**	**2 711 715**	**2 560 907**	**653 581**	**150 808**	**90 148**
1 764 729	24 174	1 946 991	1 817 414	634 374	129 577	62 882
2 390 445	32 839	2 649 990	2 499 182	653 581	150 808	90 148
1 775 630	23 560	1 897 529	1 880 204	544 892	17 325	58 320
56 775		61 802	61 802			3 011
27 075		41 670	29 727	3 313	11 943	4 380
1 793		2 093	2 093			31
321 666	9 269	424 102	322 404	79 465	101 698	20 168
144 465	10	159 006	140 567	25 912	18 439	2 006
63 043		63 789	62 386		1 403	2 233
52 755		61 725	61 725			
52 755		61 725	61 725			
3 657		5 840	5 810			1 321
499 642		542 390	540 296	131 204	2 094	10 325
131 945		135 792	135 792	131 204		5 047
350 965		384 638	384 638			4 747
304 350	15 894	389 255	383 974	369 579	5 281	12 609
110 532	12 711	174 134	174 134	168 270		10 772
117 838	107	117 485	117 485	2 901		16 804
197 645	498	259 151	184 330	30 908	74 821	16 635
302 292	4 789	325 130	295 269	54 598	29 862	10 384
10 013	9	9 947	9 947	2 341		260
168 741		183 042	153 180		29 862	6 864
109 217	4 331	110 189	110 189	48 006		667
1 213	380	2 065	2 065	400		227
955 215	7 066	1 006 816	968 066	56 374	38 750	18 072
699 958	4 142	744 875	713 167	14 818	31 708	7 348
115 093		122 085	121 491		594	3 477
35 753		35 405	33 041		2 365	4 113
62 560	4 485	65 677	65 677	8 017		3 999

	法人企业（个）	产业活动单位（个）	从业人数（人）
二、零 售 业	**56**	**62**	**16 056**
＃国有及国有控股	20	20	7 884
1. 按登记注册类型分			
内资企业	56	60	15 420
＃国有企业	14	16	1 889
集体企业			
股份合作企业	4	4	589
联营企业	1	1	158
有限责任公司	19	21	8 025
股份有限公司	8	8	3 712
私营企业	10	10	1 047
港、澳、台商投资企业		2	636
＃合资经营企业		2	636
2. 按国民经济行业分			
综合零售业	13	14	6 679
＃百货零售业	8	8	5 194
超级市场零售业	5	6	1 485
食品、饮料及烟草制品专门零售业	2	2	545
纺织、服装及日用品专门零售业	3	4	447
＃服装零售业	1	2	142
文化、体育用品及器材专门零售业	7	9	1 014
＃图书零售业	6	6	753
医药及医疗器材专门零售业	5	6	6 097
＃药品零售业	5	6	6 097
汽车、摩托车、燃料及零配件专门	18	18	891
＃汽车零售业	15	15	700
机动车燃料零售业	3	3	191
家用电器及电子产品专门零售业	8	9	383
＃家用电器零售业	4	5	155
计算机、软件及辅助设备零售业	2	2	46
通讯设备零售业	2	2	182

单位：万元

购进总额	#进口	销售总额	批发	#出口	零售	年末库存总额
545 461		**611 758**	**82 530**		**529 229**	**59 479**
110 359		132 200	12 527		119 673	18 749
535 454		598 397	81 533		516 864	56 508
48 251		51 547	1 472		50 075	7 614
49 020		48 704	5 313		43 391	4 752
29 835		28 133			28 133	1 792
133 385		147 872	6 451		141 421	18 267
202 271		235 264	46 032		189 232	14 031
72 693		86 876	22 265		64 612	10 054
10 008		13 362	997		12 364	2 971
10 008		13 362	997		12 364	2 971
282 559		319 215	46 032		273 184	27 794
250 052		285 101	46 032		239 070	22 342
32 508		34 114			34 114	5 453
3 180		3 880	1 520		2 360	340
13 749		16 003	1 028		14 975	3 936
4 264		3 545	997		2 548	1 305
23 810		23 587	1 247		22 339	7 817
17 776		17 334			17 334	6 748
39 975		51 586	225		51 361	9 524
39 975		51 586	225		51 361	9 524
153 042		156 532	12 059		144 474	7 160
144 259		147 613	12 059		135 555	6 483
8 783		8 919			8 919	676
29 147		40 956	20 419		20 536	2 908
14 119		24 749	17 079		7 670	1 698
3 754		3 622			3 622	402
11 274		12 585	3 341		9 244	808

13－9　批发零售贸易业商品销售类值

单位：万元

	销售合计		批发		零售	
	2002	2003	2002	2003	2002	2003
合　　计	**3 758 005**	**5 319 992**	**2 540 296**	**3 466 973**	**1 217 709**	**1 853 019**
一、按行业分						
批 发 业	2 542 402	3 606 560	2 465 975	3 282 178	76 427	324 382
零 售 业	1 215 603	1 713 432	74 321	184 795	1 141 282	1 528 637
二、按规模分						
限额以上	1 973 654	3 128 057	1 660 347	2 476 685	313 307	651 372
食品、饮料、烟酒类	317 881	511 682	284 396	442 761	33 485	68 921
#肉禽蛋类	17 481	10 151	16 153	5 886	1 328	4 265
其他食品类	77 722	148 771	56 153	103 221	21 569	45 550
饮 料 类	5 935	4 540	2 962		2 973	4 540
烟 酒 类	216 743	348 220	209 128	333 654	7 615	14 566
服装、鞋帽、针、纺织品类	232 646	442 261	201 045	382 307	31 601	59 954
#服 装 类	125 966	327 109	108 630	287 871	17 336	39 238
鞋 帽 类	17 796	22 233	10 897	10 964	6 899	11 269
针、纺织品类	88 884	92 919	81 518	83 472	7 366	9 447
化妆品类	5 073	7 534			5 073	7 534
金银珠宝类	11 944	17 708		31	11 944	17 677
日用品类	30 681	46 216	13 055	20 509	17 676	25 707
#洗涤用品类	13 428	15 050	4 971	4 406	8 457	10 644
儿童玩具类	1 407	1 966	3		1 404	1 966
五金、电料类	2 140	946	1 606	32	534	914
体育、娱乐用品类	2 007	3 353	734	1 290	1 273	2 063
书报杂志类	101 912	136 220	87 194	116 939	14 718	19 281
电子出版物及音像制品类	6 519	5 438	4 623	3 891	1 896	1 547
家用电器和音像器材类	149 105	240 514	76 180	146 573	72 925	93 941
中西药品类	190 453	287 419	118 451	184 790	72 002	102 629
#西　药	103 920	218 180	55 881	144 433	48 039	73 747
中草药及中成药	73 400	46 746	61 204	27 099	12 196	19 647
文化办公用品类	28 201	45 093	21 121	34 770	7 080	10 323
家 俱 类	784	307	773	254	11	53
通讯器材类	21 186	52 956	19 448	35 862	1 738	17 094
煤炭及制品类	1 815	7 563	1 815	7 117		446
木材及制品类	326	3 788	326	2 788		1 000
石油及制品类	112 589	205 059	99 116	159 658	13 473	45 401
化工材料及制品类	56 096	33 271	56 096	29 819		3 452
#化 肥 类	12 687	2 243	12 687	2 243		
金属材料类	39 038	70 714	39 038	70 714		
建筑及装璜材料类	3 507	4 297	3 507	3 547		750
机电产品及设备类	561 574	890 685	542 079	738 662	19 495	152 023
#农 机 类	426	8 119	426	8 119		
汽 车 类	512 452	855 662	493 069	707 406	19 383	148 256
种子饲料类	4 843	1 544	4 843	1 544		
棉 麻 类	4 122	431	4 122	431		
其 他 类	89 212	113 058	80 829	92 396	8 383	20 662
限额以下和个体户	1 784 351	2 191 935	879 949	990 288	904 402	1 201 647
限额以上企业年末库存总额	110 174					

13－10 批发零售贸易业商品销售量

（限额以上）

	单位	销售合计		批发		零售		库存	
		2002	2003	2002	2003	2002	2003	2002	2003
粮食	吨	254 075	198 615	239 603	188 815	14 472	9 800	217	38
食用植物油	吨	4 875	6 660	1 553	2 896	3 322	3 764	469	83
食糖	吨	26	150			26	150	1	3
卷烟	吨		1 683 388		1 490 108		193 280		51 266
酒	吨		851				851		31
#白酒	吨		327				327		8
啤酒	吨		231				231		2
棉花	吨	5 604		5 604				158	
布	百米	691 248	637 493	691 248	637 493				
各种服装	百件		2 445 599		2 422 208		23 391		1 654
#童装	百件		33 818		32 443		1 375		47
照相机	台		58 755		49 056		9 699		386
#数码照相机	台		14 799				14 799		374
鞋	百双	62 174	784	55 296		6 878	784	708	45
彩色电视机	台	327 951	388 084	225 493	282 297	102 458	105 787		13 411
组合音响	台	7 822	7 879	1 665	64	6 157	7 815	449	115
摄像机	台	602	1 107			602	1 107		23
影碟机	台	52 976	53 627	5 596	2 524	47 380	51 103	1 025	1 815
家用电冰箱	台	135 080	150 332	83 162	90 381	51 918	59 951	10 159	8 451
家用洗衣机	台	122 783	121 703	74 793	69 173	47 990	52 530	7 220	11 900
房间空调器	台	162 404	428 760	94 705	318 106	67 699	110 654	18 109	13 961
微波炉	台	62 170	117 936	29 213	70 771	32 957	47 165	4 117	5 025
微型计算机	台	48 099	55 530	42 819	47 581	5 280	7 949	4 316	7 416
普通电话机	台	25 745	38 880		5 228	25 745	33 652	1 578	1 627
移动电话机	台	141 749	264 819	134 702	177 081	7 047	87 738	14 464	15 588
化学肥料	吨	108 146		108 146				4 366	
化学农药	吨	1 185	16	1 185	16			413	
煤炭	吨	119 222	315 086	119 222	315 086				
木材	吨	36		36					
汽油	吨	97 802	136 825	80 851	96 375	16 951	40 450	1 738	8 696
煤油	吨	839	1 490	493	1 182	346	308	127	13
柴油	吨	239 585	382 955	214 976	351 224	24 609	31 731	5 146	15 303
钢材	吨	36 211	57 478	36 211	57 478			1 086	1 646
铝	吨	191	3 570	191	3 570				
汽车	辆	69 602	85 042	67 482	74 502	2 120	10 540	426	985
#轿车	辆	11 304	15 135	10 238	8 333	1 066	6 802	151	521
拖拉机	辆	157	315	157	315				

注：卷烟、酒、各种服装、照相机、彩色电视机为2003年新增的数量品种。

13－11 批 发 零 售 贸 易

（限额以上，

	企业数（个）	#亏损企业	流动资产
总计	**135**	**58**	**689 267**
一、批发业	**79**	**27**	**524 898**
#国有及国有控股	56	20	385 362
1. 按登记注册类型分			
内资企业	79	27	524 898
#国有企业	37	13	302 955
集体企业	3	1	6 370
股份合作企业	4	1	10 873
联营企业	1	1	223
有限责任公司	21	6	155 962
股份有限公司	8	4	19 386
私营企业	5	1	29 129
2. 按国民经济行业分			
农畜产品批发业	1		3 086
食品、饮料及烟草制品批发业	7	1	115 665
#米、面制品及食用油批发业	2		91 705
烟草制品批发业	1		14 034
纺织、服装及日用品批发业	10	2	100 711
#服装批发业	3	1	51 417
文化、体育用品及器材批发业	4	1	16 054
医药及医疗器材批发业	8	3	73 359
矿产品、建材及化工产品批发业	14	5	45 372
#煤炭及制品批发业	2		4 760
石油及制品批发业	2		3 612
金属及金属矿批发业	6	2	24 184
化肥批发业	1	1	1 259
机械设备、五金交电及电子产品批	30	13	162 192
#汽车、摩托车及零配件批发业	15	5	98 274
家用电器批发业	4	3	27 625
计算机、软件及辅助设备批发业	1	1	6 522
其他批发业	5	2	8 461

企业财务状况

2003年)

单位：万元

年末资产负债					损益及分配	
固定资产	资产总计	负债合计	所有者权益合计	#实收资本	商品销售收入净额	商品销售成本
154 148	**900 378**	**669 568**	**230 810**	**167 070**	**2 397 042**	**2 197 317**
73 727	**629 404**	**472 355**	**157 050**	**113 504**	**1 890 725**	**1 736 316**
68 156	512 218	378 757	133 461	92 263	1 581 977	1 484 404
73 727	629 404	472 355	157 050	113 504	1 890 725	1 736 316
41 279	394 064	301 292	92 772	54552	1 249 556	1 173 329
63	6 564	6 284	280	181	49 828	46 411
1 199	12 952	8 195	4 757	3 548	36 189	23 217
1	233	192	41	80	1 532	1 489
15 811	150 713	104 843	45 870	41 419	370 036	319 268
15 161	35 502	23 593	11 909	12 176	129 046	119 238
213	29 376	27 955	1 421	1 548	54 538	53 364
676	4 105	1 099	3 006	236	5 810	4 058
12 942	155 273	90 224	65 049	25 229	214 686	197 265
2 561	117 086	81 170	35 916	20 291	116 318	112 688
5 793	22 731	3 745	18 987	1 033	77 574	67 499
8 649	124 070	125 280	－1 210	7 336	350 292	334 612
6 078	62 057	56 743	5 314	2 706	157 153	149 434
11 397	31 116	12 736	18 380	6 123	78 274	70 348
10 027	85 821	63 460	22 361	27 983	217 247	162 235
19 931	70 052	49 234	20 818	17 897	202 250	189 748
1 140	6 082	4 509	1 573	1 041	9 523	8 888
15 139	19 535	9 102	10 434	11 034	95 647	87 128
1 283	28 032	19 830	8 203	4 581	78 018	75 700
65	1 405	1 586	－181	102	2 065	1 995
8 349	148 468	122 697	25 771	26 072	796 588	754 805
5 489	74 775	63 549	11 226	8 325	585 469	553 487
149	27 863	27 660	202	406	92 712	87 901
139	10 049	5 749	4 301	4 400	30 262	29 602
1 757	10 500	7 625	2 875	2 629	25 579	23 244

	企业数（个）	#亏损企业	流动资产
二、零 售 业	**56**	**31**	**164 369**
#国有及国有控股	20	10	34 260
1. 按登记注册类型分			
内资企业	56	31	164 369
#国有企业	14	7	13 676
股份合作企业	4	2	24 237
联营企业	1		4 708
有限责任公司	19	14	31 430
股份有限公司	8	5	61 760
私营企业	10	3	28 559
2. 按国民经济行业分			
综合零售业	13	8	88 868
#百货零售业	8	4	79 609
超级市场零售业	5	4	9 259
食品、饮料及烟草制品专门零售业	2	1	5 763
纺织、服装及日用品专门零售业	3	2	4 877
#服装零售业	1	1	145
文化、体育用品及器材专门零售业	7	1	8 883
#图书零售业	6		8 048
医药及医疗器材专门零售业	5	3	9 813
#药品零售业	5	3	9 813
汽车、摩托车、燃料及零配件专门	18	12	32 351
#汽车零售业	15	10	31 126
机动车燃料零售业	3	2	1 225
家用电器及电子产品专门零售业	8	4	13 815
#家用电器零售业	4	2	11 655
计算机、软件及辅助设备零售业	2	1	928
通讯设备零售业	2	1	1 233
3. 按业态分			
百货商店	8	4	79 609
超级市场	7	4	11 762
专业（专卖）商店	34	18	67 889
其　他	7	5	5 109

单位：万元

年末资产负债					损益及分配	
固定资产	资产总计	负债合计	所有者权益合计	#实收资本	商品销售收入净额	商品销售成本
80 422	**270 974**	**197 214**	**73 760**	**53 566**	**506317**	**461 001**
16 001	53 502	44 863	8639	8 131	113922	99 631
80 422	270 974	197 214	73 760	53 566	506317	461 001
6 221	21 650	14 057	7 593	3 831	39844	34 988
1 676	30 473	18 806	11 668	12 411	41749	38 953
837	5 615	4 931	684	1 000	24046	23 938
15 786	51 109	40 773	10 335	11 252	121236	105 967
51 094	118 570	82 383	36 186	16 727	204820	189 430
4 808	43 558	36 264	7 294	8 345	74623	67 725
59 525	169 867	120 334	49 533	35 578	266099	243 427
56 746	153 826	111 664	42 162	26 482	246443	225 071
2 779	16 041	8 671	7 371	9 096	19656	18 355
2 727	8 677	6 911	1 766	1 588	3864	3 344
1 975	7 597	4 555	3 042	1 286	12400	9 660
2	265	827	－562	36	1660	1 569
4 014	13 210	5 994	7 216	3 720	15859	12 242
3 323	11 594	5 163	6 431	2 853	15437	11 951
8 160	18 763	19 081	－318	1 660	41979	31 956
8 160	18 763	19 081	－318	1 660	41979	31 956
3 924	38 188	28 966	9 221	6 824	134185	129 206
3 743	36 782	27 948	8 834	6 455	126562	122 403
181	1 406	1 019	387	368	7623	6 803
98	14 672	11 371	3 301	2 910	31930	31 166
70	12 336	10 272	2 064	1 900	18053	17 754
8	947	329	618	400	3121	2 940
20	1 389	769	619	610	10756	10 472
56 746	153 826	111 664	42 162	26 482	246 443	225 071
2 821	18 601	9 727	8 874	10 596	23 586	22 000
18 923	90 100	69 784	20 316	15 504	212 012	191 296
1 933	8 447	6 038	2 408	984	24 277	22 633

	损益及		
	经营费用	商品销售税金及附加	商品销售利润
总　　计	**116 524**	**3 907**	**79 293**
一、批 发 业	**95 928**	**2 000**	**56 481**
#国有及国有控股	48 497	1 214	47 861
1. 按登记注册类型分			
内资企业	95 928	2 000	56 481
#国有企业	38 839	952	36 436
集体企业	2 714	56	646
股份合作企业	11 080	279	1 613
联营企业			43
有限责任公司	37 186	595	12 987
股份有限公司	5 174	113	4 521
私营企业	934	6	234
2. 按国民经济行业分			
农畜产品批发业	326		1 426
食品、饮料及烟草制品批发业	3 980	294	13 147
#米、面制品及食用油批发业	2 199	36	1 395
烟草制品批发业	569	187	9 320
纺织、服装及日用品批发业	8 285	20	7 376
#服装批发业	4 164	8	3 547
文化、体育用品及器材批发业	2 148	112	5 665
医药及医疗器材批发业	44 207	783	10 021
矿产品、建材及化工产品批发业	5 682	155	6 664
#煤炭及制品批发业	236	17	382
石油及制品批发业	3 847	118	4 554
金属及金属矿批发业	891	14	1 413
化肥批发业	39		31
机械设备、五金交电及电子产品批	30 649	609	10 524
#汽车、摩托车及零配件批发业	24 651	458	6 873
家用电器批发业	3 940	62	809
计算机、软件及辅助设备批发业	348	8	305
其他批发业	651	27	1 657

2003年）

单位：万元

分配			工资福利及增值税		
管理费用	财务费用	利润总额	本年应付工资总额	本年应付福利费总额	本年应交增值税
57 205	**6 965**	**22 015**	**30 090**	**3 989**	**26 252**
33 955	**4 124**	**20 393**	**16 990**	**2 341**	**18 983**
30 036	3 787	15 457	12 924	1 770	10 231
33 955	4 124	20 393	16 990	2 341	18 983
24 275	3 235	11 821	8741	1 143	7 422
791	-5	-4	791	110	436
1 338	-5	504	1 411	196	2 798
54	1	-15	19		0
5 507	933	5 706	4 538	706	6 759
1 703	14	2 376	1 304	162	1 526
287	-50	5	186	25	42
566	-8	869	270		
5 504	947	7 982	2 550	379	2 311
1 702	944	568	860	103	9
2 792	-38	6 486	1 200	139	1 597
5 953	1 828	-416	2 333	299	235
2 706	769	1	1 442	178	76
2 963	14	2 630	924	162	245
4 809	777	3 432	4 750	696	8 773
3 923	385	3 335	2 298	294	2 230
409	88	111	175	23	1
1 400	17	2 440	1 190	137	1 533
1 446	254	890	600	85	345
41	12	-22	11	2	
9 880	167	1 612	3 594	481	4 926
4 854	-293	2 914	1 311	173	3 856
1 880	-23	-150	774	95	555
287	125	-37	167	25	68
358	14	950	272	32	264

13－11 续表3 （限额以上，

	损	益	及
	经营费用	商品销售税金及附加	商品销售利润
二、零　售　业	**20 597**	**1 907**	**22 813**
#国有及国有控股	8 793	294	5 203
1. 按登记注册类型分			
内资企业	20 597	1 907	22 813
#国有企业	2 180	109	2 567
股份合作企业	716	308	1 772
联营企业	25	13	69
有限责任公司	10 508	424	4 337
股份有限公司	5 569	941	8 880
私营企业	1 598	112	5 188
2. 按国民经济行业分			
综合零售业	9 225	1 112	12 336
#百货零售业	6 057	1 088	14 228
超级市场零售业	3 169	25	－1 892
食品、饮料及烟草制品专门零售业	148	19	352
纺织、服装及日用品专门零售业	1 010	210	1 521
#服装零售业	84	7	
文化、体育用品及器材专门零售业	1 636	81	1 899
#图书零售业	1 449	79	1 958
医药及医疗器材专门零售业	5 786	171	4 066
#药品零售业	5 786	171	4 066
汽车、摩托车、燃料及零配件专门	2 470	291	2 218
#汽车零售业	2 106	70	1 983
机动车燃料零售业	364	221	235
家用电器及电子产品专门零售业	321	23	421
#家用电器零售业	175	7	117
计算机、软件及辅助设备零售业	71	4	107
通讯设备零售业	75	12	197
3. 按业态分			
百货商店	6 057	1 088	14 228
超级市场	3 295	40	－1 749
专业（专卖）商店	10 468	544	9 703
其他	777	235	631

2003年）　　　　　　　　　　　　　　　　　　　　　　单位：万元

分配			工资福利及增值税		
管理费用	财务费用	利润总额	本年应付工资总额	本年应付福利费总额	本年应交增值税
23 250	**2 841**	**1 622**	**13 100**	**1 647**	**7 270**
7 544	562	－1 705	6 419	863	2361
23 250	2 841	1 622	13 100	1 647	7 270
2 511	28	264	1 946	248	695
1 677	513	629	448	34	886
112	83	255	170	12	129
6 690	677	－1 318	6 537	828	2 428
7 055	1 495	1 724	3 145	406	2 479
5 205	45	69	854	120	652
13 395	2 094	541	4 505	565	3 403
12 833	2 092	1 491	3 849	465	2 634
561	2	－951	656	100	768
203	34	115	125	11	173
553	18	997	358	47	441
20		－1	3		
1 653	－12	454	1 515	205	562
1 653	－17	513	1 479	205	560
5 164	483	－1 931	4 470	619	1 557
5 164	483	－1 931	4 470	619	1 557
1 659	265	1 414	1 919	178	1 063
1 402	268	1 432	1 717	174	533
257	－3	－18	202	5	530
623	－40	31	208	21	72
99	－39	44	56	7	37
101	1	－0	52	7	14
424	－1	－12	100	7	21
12 833	2 092	1 491	3 849	465	2 634
722	－2	－947	665	106	783
8 933	710	1 223	8 126	1 037	3 271
762	42	－146	460	39	582

13－12 餐 饮 业 销 售 情 况

(2003 年) 单位：万元

	法人企业(个)	产业活动单位(个)	从业人数(人)	营业总收入	商品零售额
总　　计	**343**	**11 358**	**36 508**	**167 397**	**158 341**
一、限额以上	**40**	**64**	**8 389**	**71 398**	**69 118**
1、按登记注册类型分					
内资企业	34	49	6 057	52 927	50 793
#国有企业		5	596	3 068	3 068
集体企业	3	4	317	2 459	2 459
股份合作企业	3	4	513	3 826	3 060
联营企业		1	68	353	353
有限责任公司	2	3	356	2 236	2 216
股份有限公司		1	182	4 312	3 018
私营企业	26	31	4 025	36 673	36 619
其他企业					
港、澳、台商投资企业	3	6	740	5 774	5 694
#合资经营企业	3	4	547	4 025	4 025
合作经营企业		1	75	337	337
独资经营企业		1	118	1 412	1 332
投资股份有限公司					
外商投资企业	3	9	1 592	12 697	12 631
#中外合资经营企业	2	5	468	3 012	2 946
中外合作经营企业					
外资企业	1	4	1 124	9 685	9 685
外商投资股份有限公司					
2、按国民经济行业分					
正　　餐	37	58	6 939	61 058	58 779
快　　餐	3	6	1 450	10 339	10 339
二、限额以下及个体	**303**	**11 294**	**28 119**	**95 999**	**89 223**

13－13 餐饮企业财务状况

（限额以上，2003 年）

单位：万元

	企业数（个）	#亏损企业	年末资产负债 流动资产	固定资产	资产总计	负债合计	所有者权益合计	#实收资本	损益及分配 营业收入
总　　计	**40**	**10**	**11 361**	**17 142**	**35 166**	**18 387**	**16 779**	**14 280**	**56 315**
一、按登记注册类型分									
内资企业	34	7	8 538	10 913	23 164	13 806	9 359	9 602	39 756
#集体企业	3		221	80	280	90	190	123	1 259
股份合作企业	3	1	410	400	1 418	1 126	292	250	3 024
有限责任公司	2		141	233	434	128	306	195	1 495
私营企业	26	6	7 765	10 200	21 031	12 461	8 570	9 034	33 979
港、澳、台商投资企业	3	1	1 001	770	2 118	1 053	1 065	1 289	3 299
#合资经营企业	3	1	1 001	770	2 118	1 053	1 065	1 289	3 299
外商投资企业	3	2	1 822	5 459	9 884	3 529	6 355	3 389	13 260
#中外合资经营企业	2	2	1 198	829	2 472	1 989	483	1 280	1 382
外资企业	1		624	4 630	7 412	1 540	5 872	2 109	11 878
二、按国民经济行业分									
正　　餐	37	10	10 663	12 146	27 584	16 824	10 760	11 868	43 782
快　　餐	3		698	4 996	7 582	1 563	6 019	2 412	12 533

（限额以上，2003年） 单位：万元

	损益及分配							工资福利及增值税	
	营业成本	营业费用	营业税金及附加	经营利润	管理费用	财务费用	利润总额	本年应付工资总额	本年应付福利费总额
总计	**32 357**	**12 965**	**2 658**	**8 335**	**3 628**	**767**	**3775**	**4403**	**1059**
一、按登记注册类型分									
内资企业	24 973	8 069	1 868	4 846	2 204	693	1808	2951	426
#集体企业	750	241	48	221	87	2	100	100	5
股份合作企业	1 726	987	189	123	61	5	58	279	23
有限责任公司	852	330	77	236	168	－0	66	164	
私营企业	21 646	6 511	1 555	4 266	1 888	686	1583	2408	398
港、澳、台商投资企业	2 270	607	164	258	248	27	4	237	52
#合资经营企业	2 270	607	164	258	248	27	4	237	52
外商投资企业	5 114	4 289	626	3 231	1 176	47	1964	1216	581
#中外合资经营企业	792	635	69	－113	413	19	－535	464	6
外资企业	4 322	3 654	557	3 345	763	28	2499	752	576
二、按国民经济行业分									
正餐	27 543	9 231	2 083	4 926	2 837	738	1239	3491	472
快餐	4 814	3 734	575	3 409	791	29	2536	912	587

13－14 连锁店（公司）基本情况

（限额以上，2003年）　　　　单位：万元

	连锁总店（个）	连锁门店（个）	直销店	营业面积（平方米）	从业人数（人）	销售总额或营业总收入	零售额
总　　计	**16**	**1 021**	**952**	**298 628**	**12 964**	**332 982**	**282 487**
一、零　售　业	**12**	**1 007**	**940**	**263 328**	**10 861**	**318 923**	**268 428**
#国有及国有控股	4	891		88 170	6 554	49 285	49 285
按业态分							
百货商店	3	10	9	169 000	3 443	246 782	200 750
超级市场	1	2	2	820	52	700	700
专业店	7	914	914	92 178	6 907	68 548	65 605
专卖店	1	81	15	1 330	459	2 893	1 373
二、餐　饮　业							
正餐	3	7	6	32 500	1 771	13 506	13 506
快餐	1	7	6	2 800	332	553	553

13－15 商品交易市场主要指标

（亿元以上，2003年）

	市场成交总额（亿元）	营业面积（平方米）	已出租摊位（个）
合　　计	**237.00**	**712 862**	**16 145**
南昌市洪城大市场	108.20	115 406	6 642
南昌市农产品中心批发市场	26.11	63 200	519
江西省装潢建材大市场	22.33	42 724	607
江西钢材市场有限公司	12.99	6 900	149
江西省五华批发大市场	11.00	21 060	745
南昌市佛塔生猪交易批发市场	6.80	13 400	43
江西省洪城汽配城	5.32	38 500	295
南昌市建材大市场	4.81	64 900	1 002
南昌市万寿宫商城	3.73	50 000	1 251
南昌市摩托车交易市场	3.25	6 000	44
江西科技大市场有限公司	3.13	7 200	169
江西省机动车交易中心有限公司	2.87	10 000	60
江西新大地实业发展总公司	2.38	12 000	171
新建县集贸中心市场	2.35	19 000	1 167
进贤县文港镇毛笔市场	2.10	8 700	180
南昌市肉联厂食品交易批发市场	2.10	13 200	47
江西红谷滩汽车广场有限公司	2.04	35 000	18
南昌市移动广场	2.00	4 000	56
南昌市香江家俱城	1.80	30 000	180
南昌长运商贸城	1.59	28 525	303
南昌县莲塘综合市场	1.41	7 600	454
大世界海鲜水产城	1.38	2 900	108
南昌市墩子塘集贸市场	1.35	3 145	256
南昌市青山湖农副产品批发市场	1.23	20 000	154
南昌市家电市场	1.20	30 000	604
江西旧货大市场	1.20	15 000	312
南昌市京东家俱大市场	1.03	40 002	226
江西省联信实业发展有限公司	1.00	4 500	383

13－16 零售企业排位

（按商品销售额）

2002		2003	
位次	企业名称	位次	企业名称
1	南昌百货大楼股份有限公司	1	南昌百货大楼股份有限公司
2	南昌洪城大厦股份有限公司	2	中国石油化工股份江西南昌分公司
3	江西黄庆仁栈华氏大药房有限公司	3	南昌洪城大厦股份有限公司
4	江西大众汽车销售维修服务有限公司	4	中国石油天然气股份有限公司江西销售分公司
5	江西新洪客隆工贸发展总公司	5	江西黄庆仁栈华氏大药房有限公司
6	北京华联（江西）综合超市有限公司	6	南昌新洪客隆工贸发展有限公司
7	江西省汽车销售技术服务总公司	7	江铃汽车销售有限公司
8	江西大洋百货有限公司	8	江西太平洋购物广场有限公司
9	江西国力汽车服务有限公司	9	江西运通汽车贸易有限公司
10	江西运通汽车贸易有限公司	10	江西大众汽车销售维修服务有限公司
11	南昌市新华书店	11	江西东维汽车销售有限公司
12	南昌亨得利钟表眼镜公司	12	江西省智通汽车销售服务有限公司
13	江西长青超市有限责任公司	13	江西省汽车销售技术服务总公司
14	江西金阳光百货有限公司	14	江西省国力汽车服务有限公司
15	江西长运石油有限公司	15	江西泰豪电器城有限公司
16	江西农工商超市有限公司	16	北京华联（江西）综合超市有限公司
17	上海华联超市（南昌）有限公司	17	深圳沃尔玛珠江百货有限公司南昌八一广场分店
18	江西扬帆信息产业有限公司	18	南昌亨得利钟表眼镜有限公司
19	江西天马空调销售网络有限公司	19	南昌市新华书店
20	南昌开心大药房有限公司	20	江西水晶宫数码科技广场有限公司

13－17 亿元以上商品交易市场排位

（按市场成交额）

2002		2003	
位次	市场名称	位次	市场名称
1	南昌市洪城大市场	1	南昌市洪城大市场
2	南昌市农产品中心批发市场	2	南昌市农产品中心批发市场
3	江西省装潢建材大市场	3	江西省装潢建材大市场
4	江西省五华实业发展有限公司	4	江西钢材市场有限公司
5	南昌市佛塔生猪交易批发市场	5	江西省五华批发大市场
6	江西省洪城汽配城	6	南昌市佛塔生猪交易批发市场
7	江西钢材市场有限公司	7	江西省洪城汽配城
8	南昌市建材大市场	8	南昌市建材大市场
9	南昌市万寿宫商城	9	南昌市万寿宫商城
10	新建县集贸中心市场	10	南昌市摩托车交易市场
11	南昌长运商贸城	11	江西科技大市场有限公司
12	南昌县莲塘综合市场	12	江西省机动车交易中心有限公司
13	南昌市青山湖农副产品批发市场	13	江西新大地实业发展总公司
14	南昌市香江家具市场	14	新建县集贸中心市场
15	进贤县凤凰街市场	15	进贤县文港镇毛笔市场
16	江西旧货大市场	16	南昌市肉联厂食品交易批发市场
17	南昌市京东家俱大市场	17	江西红谷滩汽车广场有限公司
		18	南昌市移动广场
		19	南昌市香江家俱城
		20	南昌长运商贸城
		21	南昌县莲塘综合市场
		22	大世界海鲜水产城
		23	南昌市墩子塘集贸市场
		24	南昌市青山湖农副产品批发市场
		25	南昌市家电市场
		26	江西旧货大市场
		27	南昌市京东家俱大市场
		28	江西省联信实业发展有限公司

13－18 个体工商业基本情况

(2003年)

项　　目	户数(户)	城镇	从业人员(人)	城镇	注册资金(万元)	城镇	总产值(万元)	城镇	销售总额或营业收入(万元)	城镇
合　　计	**57 064**	**39 248**	**143 523**	**72 825**	**86 840**	**62 305**	**413 501**	**34 578**	**1 052 142**	**813 449**
一、农、林、牧、渔业	137	17	423	69	866	246	1 083	202	931	162
二、采　掘　业	8	6	26	22	20	15	23			
三、制　造　业	5 285	2 226	16 696	4 378	9 894	5 409	205 262	32 456		
四、建　筑　业	24	8	126	18	742	5	207 133	1 920		
五、交通运输、仓储业	2 613	1 239	5 209	1 612	14 002	2 262			22 863	11 914
六、批发零售贸易业	30 053	19 148	71 924	50 824	42 705	34 544			732 520	519 206
七、餐饮业	10 230	12 985	24 200	7 328	8 054	12 989			205 479	259 801
八、社会服务业	7 751	3 415	21 724	8 183	9 953	6 570			88 604	21 860
#理发及美容化妆业	3 060	958	9 393	3 046	2 238	1 564			7 803	4 184
沐　浴　业	46	28	137	97	64	33			422	387
日用品修理业	1 605	590	4 288	891	1 313	1 190			13 683	3 182
旅　馆　业	212	110	768	525	262	163			16 100	1 617
娱乐服务业	510	184	2 094	567	1 790	1 213			18 002	1 279
信息咨询服务业	326	112	992	260	367	109			4 053	447
计算机应用服务业	428	158	1 299	527	1 470	543			10 892	2 241
九、其它行业	963	204	3 195	391	604	265			1 745	506

资料来源：南昌市工商局。

13－19 私营工商业

（200

项目	户数（户）	城镇	雇工人数（人）	城镇	注册资金（万元）
合计	**13 953**	**12 598**	**140 647**	**50 084**	**1 272 484**
一、农、林、牧、渔业	170	56	1 623	515	12 662
二、采掘业	200	43	2 569	372	12 042
三、制造业	1 925	1 620	17 210	15 799	179 719
四、建筑业	754	693	2 007	3 173	96 975
五、交通运输、仓储业	198	123	1 046	508	11 819
六、批发零售贸易业	5 531	4 698	42 569	13 691	430 537
七、餐饮业	677	9	17 304	5 800	111 605
八、社会服务业	2 430	2 276	42 166	9 637	274 989
#理发及美容化妆业	77	27	1 874	94	2 149
沐浴业	5	5	8	8	420
日用品修理业	44	7	1 708	24	1 726
旅馆业	26	25	97	92	7 302
娱乐服务业	53	20	466	293	7 076
信息咨询服务业	1 319	1 308	3 612	2 639	80 348
计算机应用服务业	306	303	975	964	16 860
九、其它行业	2 068	3 080	14 153	589	142 136

资料来源：南昌市工商局。

基　本　情　况

3 年)

城　　镇	总　产　值（万元）	城　　镇	销售总额或营业收入（万元）	城　　镇	按注册资本分组（户）100－500万元	500－1000万元	1000万元以上
1 179 100	**661 726**	**524 562**	**1 169 755**	**1 003 912**	**1 522**	**343**	**215**
4 589	4 990		1 528		18	4	1
11 729	46						
168 566	438 247	365 744			171	31	23
85 475	218 443	158 818			95	46	14
9 574			357 345	356 254			
423 672			495 617	450 571	527	53	49
108 709			18 957	33 010	222	29	17
256 586			271 307	149 615	232	33	26
390			1 364	680			
420			6		1		
30			12 928	12 320			
7 286			249	37	8	1	2
6 325			72 303	71 538	2		1
80 258			48 326	47 438	98	15	11
16 778			798	450	37		
110 210			25 001	14 462	215	147	85

项目	独资企业 户数(户)	独资企业 投资者人数(人)	独资企业 雇工人数(人)	合 户数(户)
合计	**361**	**439**	**6 318**	**2 095**
一、农、林、牧、渔业	22	27	159	41
二、采掘业				199
三、制造业	91	90	1 982	355
四、建筑业				47
五、交通运输业、仓储业	27	57	111	18
六、批发零售贸易业	89	90	1 832	1 099
七、餐饮业	19	41	349	20
八、社会服务业	112	126	1 877	291
#理发及美容化妆业	18	26	643	52
沐浴业	1	1	6	
日用品修理业	9	13	526	35
旅馆业	6	6	28	6
娱乐服务业	15	10	204	26
信息咨询服务业	5	12	38	98
计算机应用服务业	2	2	4	13
九、其它行业	1	8	8	25

资料来源：南昌市工商局。

3年)

伙企业		有限责任公司		
投资者人数（人）	雇工人数（人）	户数（户）	投资者人数（人）	雇工人数（人）
1 500	**78 666**	**11 497**	**37 242**	**55 663**
95	434	107	227	1 030
469	2 561	1	3	8
70	1 719	1 479	6 907	13 509
71	171	707	2 892	1 836
13	235	153	152	700
369	29 755	4 343	16 908	10 982
150	8 177	638	3 728	8 778
240	33 400	2 027	4 748	6 889
56	1 207	7	209	24
		4	51	2
59	1 182			
3	5	14	26	64
57	196	12	13	66
26	271	1 216	2 417	3 303
11	49	291	1 176	922
23	2 214	2 042	1 677	11 931

13－20　个体贸易业、餐饮业户数和人员数

项　　目	户　数（万户）		从业人员（万人）	
	2002	2003	2002	2003
个体批发零售贸易业、餐饮业	**3.62**	**4.03**	**8.48**	**9.61**
一、个体批发零售贸易业	**2.79**	**3.01**	**6.54**	**7.19**
#市　区	1.97	2.29	5.08	5.87
南昌县	0.12	0.14	0.34	0.34
新建县	0.31	0.32	0.46	0.47
进贤县	0.29	0.18	0.50	0.36
安义县	0.10	0.08	0.16	0.15
二、个体餐饮业	**0.83**	**1.02**	**1.94**	**2.42**
#市　区	0.57	0.75	1.37	1.85
南昌县	0.19	0.18	0.39	0.39
新建县	0.03	0.04	0.06	0.07
进贤县	0.02	0.04	0.08	0.08
安义县	0.02	0.01	0.04	0.03

资料来源：南昌市工商局。

13－21　私营贸易业、餐饮业户数和人员数

项　　目	户　数（户）		从业人员（万人）	
	2002	2003	2002	2003
私营批发零售贸易业、餐饮业	6 088	6 208	57 831	59 873
#批发零售贸易业	5 450	5 531	41 545	42 567
餐饮业	638	677	16 286	17 306

资料来源：南昌市工商局。

13－22 商品交易市场交易额

（2003年） 单位：亿元

项目	合计	城市	农村
合计	**275.70**	**232.70**	**43.00**
一、消费品市场	215.19	177.05	38.14
（一）消费品综合市场	77.48	47.82	29.66
（二）农副产品市场	47.63	43.02	4.61
综合市场	36.14	33.71	2.43
专业市场	11.49	9.31	2.18
（三）工业消费品市场	85.29	81.42	3.87
综合市场	5.56	4.69	0.87
专业市场	79.73	76.73	3.00
（四）其　他	4.79	4.79	
工业消费品旧货市场	407.00	407.00	
二、生产资料市场	60.51	55.65	4.86

资料来源：南昌市工商局。

13－23 商品交易市场

（2003年） 单位：个

项目	合计	城市	农村
合计	**289**	**142**	**147**
一、消费品市场	254	126	128
（一）消费品综合市场	21	8	13
（二）农副产品市场	203	90	113
综合市场	187	85	102
专业市场	16	5	11
（三）工业消费品市场	29	27	2
综合市场	18	16	2
专业市场	11	11	
（四）其　他	1	1	
工业消费品旧货市场	1	1	
二、生产资料市场	35	16	19

资料来源：南昌市工商局。

13—24 南昌市个体经济基本情况

项目	户数 (户)	户数 比重 (%)	从业人员 (人)	从业人员 比重 (%)	注册资金 (万元)	注册资金 比重 (%)
合计	**57 064**	**100**	**143 523**	**100**	**86 840**	**100**
农林牧渔业	137	0.24	423	0.29	866	1.00
采掘业	8	0.01	26	0.02	20	0.02
制造业	5 285	9.26	16 696	11.63	9 894	11.39
建筑业	24	0.04	126	0.09	742	0.85
交通运输、仓储业	2 613	4.58	5 209	3.63	14 002	16.12
# 交通运输业	1 398	53.50	2 988	57.36	3 054	21.81
批发和零售贸易、餐饮业	40 283	70.59	96 124	66.97	50 759	58.45
# 批发零售贸易业	30 053	74.60	71 924	74.82	42 705	84.13
社会服务业	7 751	13.58	21 724	15.14	9 953	11.46
# 1、理发及美容化妆业	3 060	39.48	9 393	43.24	2 238	22.49
2、沐浴业	46	0.59	137	0.63	64	0.64
3、日用品修理业	1 605	20.71	4 288	19.74	1 313	13.19
4、旅馆业	212	2.74	768	3.54	262	2.63
5、娱乐服务业	510	6.58	2 094	9.64	1 790	17.98
6、信息咨询服务业	326	4.21	992	4.57	367	3.69
7、计算机应用服务业	428	5.52	1 299	5.98	1 470	14.77
其他行业	963	1.69	3 195	2.23	604	0.7

13—25 私营经济基本情况

项目	户数		投资者人数		雇工人数		注册资本(金)	
	(户)	比重(%)	(人)	比重(%)	(人)	比重(%)	(万元)	比重(%)
合计	**13 953**	**100**	**39 181**	**100**	**140 647**	**100**	**1 272 484**	**100**
农林牧渔业	170	1.22	349	0.89	1 623	1.15	12 662	1.00
采掘业	200	1.43	472	1.20	2 569	1.83	12 042	0.95
制造业	1 925	13.80	7 067	18.04	17 210	12.24	179 719	14.12
建筑业	754	5.40	2 963	7.56	2 007	1.43	96 975	7.62
交通运输、仓储业	198	1.42	222	0.57	1 046	0.74	11 819	0.93
#交通运输业	60	30.30	137	61.71	735	70.27	3 503	29.64
批发和零售贸易、餐饮业	6 208	44.49	21 286	54.33	59 873	42.57	542 142	42.61
#批发零售贸易业	5 531	89.09	17 367	81.59	42 569	71.10	430 537	79.41
社会服务业	2 430	17.42	5 114	13.05	42 166	29.98	274 989	21.61
#1、理发及美容化妆业	77	3.17	291	5.69	1 874	4.44	2 149	0.78
2、沐浴业	5		52	1.02	8	0.02	420	0.15
3、日用品修理业	44	1.81	72	1.41	1 708	4.05	1 726	0.63
4、旅馆业	26	1.07	35	0.68	97	0.23	7 302	2.66
5、娱乐服务业	53	2.18	80	1.56	466	1.11	7 076	2.57
6、信息咨询服务业	1 319	54.28	2 455	48.01	3 612	8.57	80 348	29.22
7、计算机应用服务业	306	12.59	1 189	23.25	975	2.31	16 860	6.13
其他行业	2 068	14.82	1 708	4.36	14 153	10.06	142 136	11.17

主 要 统 计 指 标 解 释

社会消费品零售总额 指各种经济类型的批发零售贸易业、餐饮业和其他行业对城乡居民和社会集团的消费品零售额总和。这个指标反映通过各种商品流通渠道向居民和社会集团供应的生活消费品来满足他们生活需要，是研究人民生活、社会消费品购买力、货币流通等问题的重要指标。对居民的消费品零售额：指售给城乡居民用于生活消费的商品。对社会集团的消费品零售额：指售给机关、团体、部队、学校企业、事业单位和城市街道居民委员会、农村村民委员会用公款购买的用作非生产、非经营使用的消费品。社会消费品零售额包括：（1）售给城乡居民作为生活用的商品及修建房屋建筑材料；（2）售给机关、团体、学校、部队、企业、事业单位的职工食堂和旅店（招待所）附设专门供本店旅客食用，不对外营业的食堂的各种食品、燃料；企业、单位和国营农场直接售给本单位职工和职工食堂的自己生产的产品；（3）售给部队干部、战士生活粮食、副食品、衣着品、日用品、燃料；（4）售给来华的外国人、华侨、港澳台同胞的消费品（包括友谊商店、在海关前后设立的免税商店、外轮供应公司等）；（5）居民自费购买的中、西药品，中药材及医疗用品；（6）报社、出版社直接售给居民和社会集团的报纸、图书、杂志，集邮公司（包括邮局集邮专柜）出售的新、旧（盖销的）纪念邮票、特种邮票、首日封、集邮册、集邮工具等；（7）旧货寄售商店自购、自销部分的商品；（8）煤气公司、液化石油气站售给居民和社会集团的煤气灶具和罐装液化石油气；（9）售给社会集团的办公用品、纸张、帐册、文印用品、计算工具、书报杂志和奖品；公共用品和纺织品、针织品；学校用的教学用具；文体用品；有明确专用的劳动保护用品。

（一）按行业分的社会商品零售额

1、批发零售贸易业零售额 指专门从事商品转卖业务的各种经济类型独立核算的批发零售贸易企业、产业活动单位单位直接售给居民和社会集团的消费品零售额。

2、餐饮业零售额 指专门从事食品的烹饪、调制并直接零售给居民饮食的各种饭馆、酒馆、茶馆等餐饮业的零售额。包括各种企业单位附设对外营业的饭馆、火车餐厅、轮船餐厅、车站食堂、机场餐厅的零售额。不包括旅店（招待所）专供本店旅客食用，不对外营业的食堂，机关、团体学校、企业、事业单位的职工食堂出售饭菜的收入。

3、其他行业零售额 指批发零售贸易业、餐饮业、工业制造业以外的其他行业的直接零售额。包括各种经济类型的交通运输业、邮电业、建筑业、居民服务业、公用事业、出版社等行业的零售额（跨行业的经济联合组织的零售额，按其主营活动确定其所属行业，列入 该行业的零售额内）。

（二）按销售地区分组

1、市的零售额 指设立在中央直辖市，省、地辖市的市区和郊区以及县级市的市区的各行业消费品零售额，不包括市属县的消费品零售额。

2、县的零售额 指设立在县城关区的各行业消费品零售额。

3、县以下的零售额 指设立在县城关区以及县级市的市区以外的集镇和农村的各行业消费品零售额。但不包括分布在农村的独立工矿、林区的商品零售额，这部分零售额，凡属市直辖的列入“市的零售额”中，凡属县直辖的列入“县的零售额”中。

商品购进总额 指从本企业以外的单位和个人购进（包括从国外直接进口）作为转卖或加工后转卖的商品金额。本指标由从生产者购进额、从批发零售贸易业购进额、进口额和其他项目组成。这个指标反映批发零售贸易业从国内、国外市场上购进商品的总量。

从生产者购进额 指直接从工农业生产者购进的各种工矿产品、农副产品。

进口 指直接从国外进口的商品和委托外贸部门代理进口的商品，

商品销售总额 指对本企业以外的单位和个人出售的商品（包括售给本单位消费用的商品）金额。本指标由对生产经营单位批发额、对批发零售贸易批发额、出口额和对居民和社会集团商品零售额项目组成。这个指标反映批发零售贸易业在国内市场上销售商品以及出口商品的总量。

批发 指除零售以外的一切商品销售活动，包括对生产经营单位批发、对批发零售贸易业批发和出口。

对生产经营单位批发 指售给国民经济和社会各部门作为生产或经营使用的商品。

出口 指直接向国（境）外出口商品和委托外贸部门代理出口的商品。

零售 指售给城乡居民直接用于生活消费的商品和社会集团直接用于公用消费的商品。

期末库存 指批发零售贸易业已取得所有权的全部商品。这个指标反映批发零售业的商品库存情况，以及对市场商品供应的保证程度。

餐饮业营业总收入 指餐饮企业、活动单位或个体户的全部营业额，包括商品零售额和其他服务性收入。

餐饮业商品零售额 指餐饮企业、活动单位或个体户直接对居民和社会集团零售的各种商品。包括：(1) 经烹饪、调制加工后出售的各种食品；(2) 不经加工直接转卖的各种外购商品；(3) 附设非独立核算的专门销售商品的小卖部出售的各种食品及其他商品。

市场成交总额 指该市场所有摊位商品交易总额之和。

十四、科技·教育·文化

SCIENCE、EDUCATION AND CULTURE

本篇内容包括：

1. 专业技术人员及其行业分布
2. 独立科技机构及大中型工业企业科技活动情况
3. 教育事业情况
4. 文化事业情况

资料整理

瞿世英
姜同文

微机处理

彭艳红

大中型工业企业技术开发情况

2002年
机构51个
技术开发人员11159人
科技活动经费支出总额6.45亿元，其中用于开发新产品的支出3.1亿元

2003年
机构46个
技术开发人员11791人
科技活动经费支出总额8.03亿元，其中用于开发新产品的支出4.77亿元

高等学校在校学生数（万人）

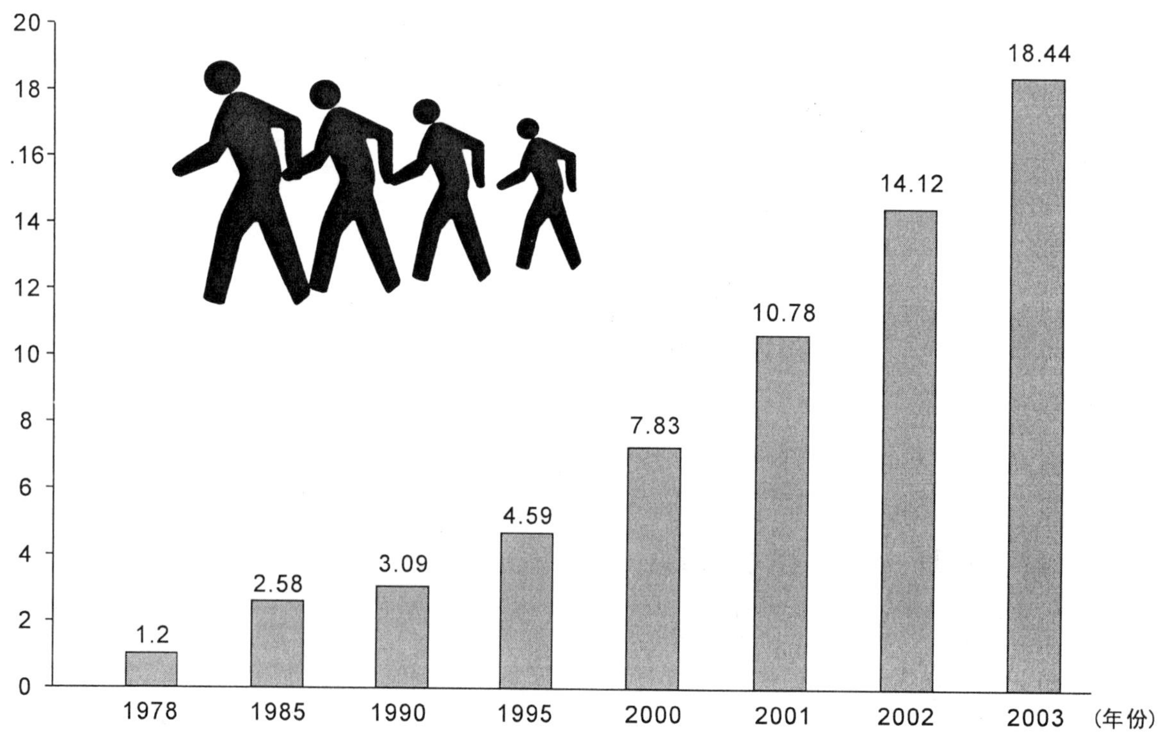

14—1 各类专业技术人员

（市属国有单位，2003年）

项目	合计		女性	
	人数（人）	比重（%）	人数（人）	比重（%）
总计	**67 111**	**100.0**	**27 925**	**100.0**
按层级分				
市	30 480	45.4	13 036	46.7
县	33 348	49.7	14 034	50.3
乡	3 283	4.9	855	3.0
按职称分				
高级职称	4 829	7.2	1 560	5.6
中级职称	22 723	33.9	8 870	31.8
初级职称	38 353	57.1	16 881	60.4
未聘	1 206	1.8	614	2.2
按类别分				
工程技术人员	9 280	13.8	1 878	6.7
农业技术人员	1 408	2.1	266	0.9
科学研究人员	164	0.2	48	0.2
卫生技术人员	8 091	12.1	5 018	18.0
教学人员	34 488	51.4	15 059	53.9

14—2 专业技术人员学历状况

（市属国有单位，2003年）　　单位：人

项　　目	合　计	研究生	大学本科	大学专科	中　专	高中及以下
总　计	**67 111**	**156**	**14 169**	**25 218**	**21 109**	**6 459**
按层级分						
市	30 480	142	9 395	11 171	5 665	4 107
县	33 348	12	4 430	12 935	14 096	1 875
乡	3 283	2	344	1 112	1 348	477
按类别分						
工程技术人员	9 322	33	2 917	3 510	2 266	554
农业技术人员	1 408	3	205	447	513	240
科学研究人员	164	2	127	19	10	6
卫生技术人员	8 091	28	1 641	2 338	3 614	470
教学人员	34 488	63	7 550	13 277	12 401	1 197

14—3 专业技术人员年龄状况

（市属国有单位，2003年）

项　　目	合　计	30岁及以　下	31岁至35　岁	36岁至40　岁	41岁至45　岁	46岁至50　岁	51岁至54　岁	55岁及以　上
总　　计	**67 111**	**15 489**	**12 238**	**10 630**	**8 885**	**8 821**	**6 551**	**4 497**
按层次分								
市	30 480	6 217	5 530	5 692	4 477	4 014	2 616	1 934
县	33 348	8 357	6 042	4 415	3 996	4 437	3 671	2 430
乡	3 283	915	666	523	412	370	264	133
按职称分								
高级职称	4 829	16	100	949	1 041	984	700	1 039
中级职称	22 723	954	3 912	4 790	3 763	4 179	3 072	2 053
初级职称	38 353	13 675	8 043	4 859	4 060	3 615	2 726	1 375
未　　聘	1 206	844	183	32	21	43	53	30
按类别分								
工程技术人员	9 280	2 425	2 046	1 932	1 058	804	572	443
农业技术人员	1 408	478	198	226	148	169	108	81
科学研究人员	164	39	34	37	12	19	10	13
卫生技术人员	8 091	2 007	1 528	1 433	999	1 082	691	351
教学人员	34 488	8 905	6 068	4 695	4 125	4 531	3 604	2 560

14－4 专 业 技 术 人

（市属国有单位，

项目	合计	农林牧渔业	采矿业	制造业	电力燃气及水的生产和供应业	建筑业	交通运输仓储和邮政业	信息传输计算机服务和软件业	批发和零售业	住宿和餐饮业
总计	**67 111**	**4 138**	**91**	**9 152**	**463**	**1 577**	**2 224**	**75**	**2 557**	**103**
按层次分										
市	30 480	2 504	70	8 667	399	1 511	1 702	31	1 666	89
县	33 348	864	21	415	64	61	146	40	666	14
乡	3 283	770		70		5	16	4	225	
按职称分										
高级职务	4 829	216	5	512	17	65	37	3	20	1
中级职务	22 723	1 067	22	2 870	133	441	575	20	731	43
初级职务	38 353	2 819	63	5 768	312	1 071	1 594	49	1 805	59
未聘	1 206	36	1	2	1		18	3	1	
按类别分										
工程技术人员	9 280	768	41	4 303	245	1 043	551	50	182	9
农业技术人员	1 408	1 361		1			10		1	
科学研究人员	164	5								
卫生技术人员	8 091	212	10	495	6	33	71	1	14	1
教学人员	34 488	415		440	10	16	28		15	

员 行 业 状 况

2003年）　　　　　　　　　　　　　　　　　　　　　　单位：人

金融业	房地产业	租赁和商务服务业	科学研究技术服务和地质勘查业	水利环境和公共设施管理业	居民服务和其他服务业	教育	卫生社会保障和社会福利业	文化体育和娱乐业	其他行业
1	**78**	**92**	**589**	**1 302**	**311**	**33 860**	**7 754**	**1 366**	**1 378**
	38	53	546	664	40	6 383	4 093	1 083	581
	40	31	35	600	268	25 888	3 257	259	679
1		8	8	38	3	1 589	404	24	118
	3	3	117	51	3	2 752	832	140	52
	35	36	237	484	100	12 239	2 657	563	470
1	40	53	216	705	194	17 950	4 217	609	828
			19	62	14	919	48	54	28
	38	20	391	828	80	54	62	145	470
			5	8		2	4	2	14
			86			69	1	3	
			23	25	1	80	7 099	5	15
		6		10	4	33 339	104	80	21

14—5 科研机构和人员

指　　标	2002	2003	2003年为上年%
科研机构数（个）	71	69	97.2
#科研单位（个）	57	57	100
大中型工业企业（个）	106	68	64.2
市属各类专业技术人员（万人）	7.22	6.71	92.9
#工程技术人员（万人）	1.09	0.93	85.3

注：科研机构数中不含高等院校的科研机构数。

14—6 大中型工业企业科技活动

指　　　　标	2002	2003
一、企业概况		
有科技活动企业所占比重（%）	51.9	61.76
微电子控制设备原值（万元）	268 027	219 934
企业办科技机构数（个）	51	46
有经常性研究任务的机构数（个）	45	43
有稳定经费来源的机构数（个）	46	45
有一定试验测试条件的机构数（个）	49	45
二、科技活动人员总计（人）	11 159	11 791
总计中：具有高、中级职称人员和无高中级职称的大学本科及以上学历人员	5 938	4 247
总计中：研究与发展活动人员	7 710	8 264
总计中：企业办科技机构中参加项目人员	3 628	3 888
# 具有高、中级职称人员和无高中级职称的大学本科及以上学历人员	2 695	1 756
三、科技活动项目及经费		
本年科研项目数（项）	1 031	1 051
本年科技活动经费筹集总额（万元）	70 686	836 060
# 来自政府部门的资金	16 496	69 436
来自事业单位的资金		

14－6　续表1

指　　　　　　标	2002	2003
银行贷款（万元）	921	24 080
其　　他（万元）	378	8 851
本企业自筹（万元）	52 892	731 843
本年科技活动经费支出总额（万元）	64 500	802 557
1、内部支出合计	57 240	699 063
合计中：用于开发新产品经费支出（万元）	30 973	476 654
合计中：研究与发展活动经费支出（万元）	41 922	583 093
2、外部支出合计（万元）	7 260	103 494
四、其他技术活动经费支出		
技术改造经费支出（万元）	86 701	1 079 127
技术引进经费支出（万元）	12 129	260 957
用于消化吸收经费（万元）	1 360	245 251
用于购买国内技术经费（万元）	4 585	32 860
五、科技活动产出		
专利申请（件）	64	71
新产品销售收入合计（万元）	611 944	7 147 577
#新产品出口销售收入	52 064	756 224
新产品销售利润（万元）	55 723	810 463

14—7 各类全日制学校基本情况

(2003年)　　单位：人

项　　目	学校数（个）	招生数	毕业生	在校学生	教职员工	#专任教师
合　计	**1 574**	**317 855**	**237 584**	**1 017 489**	**66 463**	**50 258**
高等学校	33	72 409	25 844	184 418	20 161	11 003
中等学校	27	47 193	36 722	104 669	3 499	2 164
技工学校	32	15 390	5 982	29 754	2 674	1 616
普通中学	286	104 060	88 942	315 217	18 814	15 572
职业高中	17	3 400	3 950	10 335	877	657
小　学	1 170	75 209	76 011	371 825	20 243	19 092
特教学校	9	194	133	1 271	195	154

14—8 普通高等学校基本情况

(2003 年)

单位：人

校名	学校数	毕业生数	招生数	在校学生数	毕业班学生数	教职工数	
						计	其中：专任教师
合计	**33**	**25 844**	**72 409**	**184 418**	**34 808**	**20 161**	**11 003**
南昌大学	1	5 656	7 077	26 983	7 071	2 571	1 253
华东交通大学	1	1 660	3 786	12 546	2 734	981	592
南昌航空工业学院	1	2 104	3 820	12 132	2 619	1 202	712
江西农业大学	1	2 416	3 197	12 348	2 608	1 150	608
江西医学院	1	1 086	2 644	8 686	1 696	987	457
江西中医学院	1	460	1 973	5 571	723	787	378
江西师范大学	1	3 881	5 621	19 695	4 713	1 746	928
江西财经大学	1	2 514	5 075	15 952	2 730	1 658	875
江西工业职业技术学院	1	304	717	1 519	332	141	86
江西科技师范学院	1	1 672	2 480	7 402	1 501	675	425
南昌水利水电专科学校	1	695	4 549	8 111	1 214	530	352
南昌高等专科学校	1	530	2 516	4 747	691	413	242
江西公安专科学校	1	505	906	2 648	859	349	187
江西旅游商贸职业学院	1		2 510	3 209		298	196
江西电力职业技术学院	1		1 156	1 280		347	153
江西艺术职业学院	1		29	60	31	248	180
江西信息应用职业技术学院	1		860	1 098		195	102
江西交通职业技术学院	1		1 044	1 295		343	160
江西工业工程职业技术学院	1		1 032	1 380	83	225	139
江西现代职业技术学院	1	1 739	2 317	2 926		461	301
江西机电职业技术学院	1		696	1 024		327	195
江西工业贸易职业技术学院	1		177	177		267	169

校名	学校数	毕业生数	招生数	在校学生数	毕业班学生数	教职工数 计	其中：专任教师
江西生物科技职业学院	1		206	206		223	127
江西建设职业技术学院	1		252	252		175	110
江西外语外贸职业学院	1		183	183		133	94
江西行政管理干部学院	1	71	614	1 624	383		
蓝天职业技术学院	1	466	4 594	8 945	1 395	1 135	535
江西航天科技职业技术学院	1		3 966	7 772	611	789	608
江西新亚职业技术学院	1		1 525	1 788		327	162
江西服装职业技术学院师范大学	1		46	46		375	249
江西科技职业技术学院	1		636	636		150	82
江西大宇职业技术学院	1		71	71		582	128
江西赣江职业技术学院	1		1 400	1 400		140	83
江西教育学院		128	331	900	300		
南昌师范学校		69		150	150		
江西经济管理干部学院		492	859	2 171	720		
南昌飞机制造公司		172	251	757	205		
南昌教育学院			416	1 212	326		
江西广播电视大学		999	938	2 929	1 113		
南昌钢铁责任公司			56	73			
江西司法警官职工学院			1 883	2 514		231	135

14—9 成人中专学校基本情况

(2003年)

单位：人

校名	学校数	毕业生数	招生数	在校学生数	毕业班学生数	教职工数	
						计	其中：专任教师
合计	**23**	**4 027**	**5 527**	**13 997**	**4 548**	**642**	**373**
江西女子职业中专	1	131		364	73		
江西建设职业技术学院（中专部）	1	98	57	185	47		
南昌铁路成人中专	1	233	75	339	205	73	22
江西建工集团职工中专	1	72	501	1 023	50	148	64
江西外语外贸职业学院（成中部）	1	11	83	102	47	42	17
江西广播电视中等专业学校	1	505		330	330		
江西省新闻出版学校	1	14	33	237	32		
江西交通职工中专	1	113		71	71	37	18
南昌市广播电视学校	1	1 814	1 143	3 818	2 532	20	20
核工业南昌干部学校	1	38	206	438	82	77	37
江西公安专科学校（中专部）	1	175	21	138	117		
南昌铁路机械学校	1	163	2 373	4 830	408		
江西电力职业技术学校（中专部）	1			25			
江西司法警官职业学院（中专部）	1	269	148	183	35		
南昌市成人中等专业学校	1	111	157	371	173	27	21
南昌飞机制造公司中专	1	156	302	613	193	46	32
南昌市电子职工中等专业学校	1	124	428	930	153	49	40
南昌市教师进修学校	6					165	119

注：南昌市教师进修学校共6所，南昌县、新建、进贤、安义、湾里区、青山湖区各一所。

14—10 高 等 学 校 研 究 生

（2003 年）

单位：人

院　　校	毕 业 生	招 生 数	在校研究生
合　　计	**876**	**2 214**	**4 760**
南 昌 大 学	281	730	1 649
南昌航空工业学院	24	88	179
江西农业大学	55	158	345
江西医学院	108	256	589
江西中医学院	49	144	314
江西师范大学	168	369	825
江西财经大学	152	360	806
华东交通大学	39	109	233

14—11 普通中等专业学校基本情况

（2003 年） 单位：人

学校	学校数	招生数	毕业生	在校学生	教职员工	专任教师
合计	**27**	**47 193**	**36 722**	**104 669**	**3 499**	**2 164**
南昌铁路机械学校	1	3 088	1 783	6 758	308	136
江西省女子中专学校	1	177		177	27	18
江西省轻工业学校	1	1 686	1 154	3 701	133	77
江西电力职业技术学院（中专部）		505	334	967		
江西省中山艺术中专学校	1	32	28	162	46	30
江西省通用技术工程学校	1	924	326	1 715	85	67
江西中山电子计算机中专	1	3 250	841	5 841	89	70
江西省中医药学校	1	954	982	2 680	162	113
江西省水利水电学校	1	1 608	940	2 278	179	100
江西交通职业技术学院（中专部）		1 322	1 522	2 497		
江西财大（中专部）			1 610	723		
江西外语外贸学校（中专部）		2 604	583	4 074		
江西国防科技工业学校			1 371	141		
江西省化学工业学校	1	501	912	1 470	176	82
江西省人民警察学校	1	196	224	710	50	38
江西省纺织工业学校	1	405	411	658		
江西赣江职业技术学院（中专部）		438		438		
南昌气象学校						
江西师范大学（中专部）			381	459		
南昌铁路卫生学校	1	1 290	772	2 435	137	104
江西省卫生学校	1	1 318	1 487	3 722	235	136
南昌市卫生学校	1	1 277	1 481	3 402	133	73
江西省贸易学校	1	1 009	496	2 282	89	51
江西航天科技职业学院（中专部）		1 045		1 583		
江西大宇职业技术学院（中专部）		416		444		
江西广播电视学校	1	205	273	509	42	32
江西省医药学校	1	1 053	616	2 402	129	106

学　　校	学校数	招生数	毕业生	在校学生	教职员工	专任教师
江西现代职业技术学院（中专部）		1 556	1 944	3 944		
江西建设职业技术学院（中专部）		619	336	908		
江西省物资学校	1	400	280	1 003	79	44
江西省工商行政管理学校	1		149	68	57	29
江西省计划统计学校	1	980	533	1 130	99	57
江西工业贸易职业技术学院（中专部）		2 380	1 125	4 244		
江西省税务学校						
江西机电职业技术学院（中专部）		2 039	1 897	4 103		
江西生物科技职业学院（中专部）		928	859	2 034		
江西省电子信息工程学校	1	155		155	253	148
江西信息应用职业技术学院（中专部）		726	517	1 519		
江西省体育运动学校	1	217	558	905	141	80
南昌市体育运动学校	1	92	143	328	43	11
江西艺术职业学院（中专部）		370	663	2 341		
江西省民政学校	1	380	563	894	41	22
南昌师范学校	1	1 015	587	3 273	238	196
南昌第二师范学校	1	358	328	957	96	75
江西旅游商贸学院（中专部）		2 584	1 225	6 090		
江西省新闻出版学校	1	530	612	1 191	74	45
江西科技职业技术学院（中专部）		207		207		
江西新亚职业技术学院（中专部）		180		279	43	32
江西省团校（中专部）		419	268	1 005	140	82
蓝天职业技术学院（中专部）		485		1 808		
江西服装职业技术学院（中专部）		140		243		
江西公安专科学校（中专部）		299	175	836		
江西司法警官职业学院（中专部）		623	1 529	1 673		
南昌高等专科学校（中专部）		78	282	446		

14—12 技工学校基本情况

（2003年）　　　　单位：人

学校	招生数	女性	毕业生	在校学生数	教职员工	#女性	#专任教师
合计	**15 390**	**6 298**	**5 982**	**29 754**	**2 674**	**1 091**	**1 616**
江西省印刷技工学校	698	361	8	732	65	24	50
江西核工业技工学校	399	125	272	968	64	29	49
江西电力技工学校	1 025	204	723	1 621	199	81	105
江西机械高级技工学校	854	156	565	1 569	133	69	75
江西无线电高级技工学校	2 641	1 260	865	5 233	167	57	84
江西现代高级技工学校	1 093	460	389	1 926	146	53	85
江西工贸技工学校	815	389	306	1 439	160	68	138
江西交通技工学校	60	21	168	114	110	38	52
江西建筑工程高级技工学校	532	215	186	1 140	122	35	57
南昌高级技工学校	104	17	104	332	45	9	40
江西中药材技工学校	260	147	309	1 310	42	11	36
江西省化学工业技工学校	832	389	255	1 693	70	31	53
江西省兵器技工学校	95	6	35	131	262	122	78
南昌钢铁厂技工学校	130	65	151	860	58	26	30
江西航空技工学校	415	82	375	1 178	83	24	51
核工业南昌技工学校	354	167	152	1 044	90	37	37
江西工程技工学校	478	222	121	1 148	76	28	28
江西电子商务技工学校	128	35	65	438	42	27	42
江西纺织技工学校	316	154	89	479	55	28	34
南昌市轻工技工学校	209	98	40	270	17	10	13
江西省二轻工业技工学校	313	158	56	566	39	16	26
南昌市化工技工学校	209	104		258	56	28	40
南昌市商业技工学校	27	12	42	121	29	18	24
南昌市技工学校	210	96	267	510	47	23	32
江西省城市建设高级技工学校	477	197	92	983	59	18	35
江西省医药技工学校	108	69		108	129	58	106
江西省邮电技工学校	144			144	79	33	66
江西省劳动技工学校	532	315	106	733	47	18	33
南昌市建工技工学校	30	10	60	120	29	13	23
南昌县技工学校	65	28	43	95	21	9	21
江西石油技工学校	235	100	138	219	38	14	17
江西省实验技工学校	1 602	636		2 272	95	36	56

14—13 普通中学基本情况

(2003年) 单位：人

类别	学校数(个)	招生数	毕业生	在校学生数	教职员工数	专任教师
合计	**286**	**104 060**	**88 942**	**315 217**	**18 814**	**15 572**
#女性		45 424	40 050	138 860	7 287	6 130
按城乡分						
城市	101	27 184	28 284	92 966	7 461	5 817
县镇	94	47 097	36 819	133 938	6 909	5 880
农村	91	29 779	23 839	88 313	4 444	3 875
按层次分						
初中	198	74 808	71 737	238 281		11 672
城市	56	14 902	20 336	59 614		3 789
县镇	64	32 526	28 697	96 907		4 305
农村	78	27 380	22 704	81 760		3 578
高中	88	29 252	17 205	76 936		3 900
城市	45	12 282	7 948	33 352		2 028
县镇	30	14 571	8 122	37 031		1 575
农村	13	2 399	1 135	6 553		297
按地区分						
市区	131	36 570	37 097	122 743	10 362	8 136
南昌县	37	22 732	17 527	64 083	2 595	2 321
新建县	46	16 601	11 969	45 383	2 182	1 878
进贤县	57	21 319	15 957	63 084	2 703	2 349
安义县	15	6 838	6 392	19 969	972	888
按部门分						
教育部门办	186	86 222	76 089	262 692	14 421	12 394
社会力量办	58	11 953	5 981	32 046	2 690	1 809
其他部门办	42	5 885	6 872	20 479	1 703	1 369

14—14 职业高中基本情况

(2003年)

单位：人

类别	学校数(个)	招生数	毕业生	在校学生数	教职员工数	专任教师
合计	**17**	**3 400**	**3 980**	**10 335**	**877**	**657**
#女性		1 838	2 344	5 929	449	334
按城乡分						
城市	12	2 746	3 076	8 699	751	554
县镇	5	654	904	1 636	126	103
农村						
按部门分						
教育部门办	14	2 189	2 781	7 178	650	530
社会力量办	3	1 152	1 169	3 006	213	113
其他部门办		59	30	151	14	14

14—15 小学、特殊教育、工读学校基本情况

(2003年)　　单位：人

类别	学校数(个)	招生数	毕业生	在校学生数	教职员工数	专任教师
一、小学	1 170	75 209	76 011	371 825	20 243	19 092
#女性		32 758	35 077	165 638	10 294	9 905
按城乡分						
城市	79	18 204	12 443	98 150	4 839	4 500
县镇	436	26 706	29 117	131 789	7 226	6 734
农村	655	30 229	34 451	141 886	8 178	7 858
按县、区分						
市区	230	28 228	24 477	147 488	7 613	7 050
南昌县	266	14 679	17 432	73 548	4 956	4 757
新建县	288	14 150	13 200	67 920	2 799	2 653
进贤县	289	14 365	15 428	62 992	3 754	3 632
安义县	97	3 787	5 474	19 877	1 121	1 000
按部门分						
教育部门	1 150	67 391	68 892	333 207	18 257	17 310
社会力量办	11	1 780	919	6 618	484	379
其他部门办	9	6 038	6 200	32 000	1 502	1 403
二、特殊教育	8	194	133	1 271	190	154
#女性		54	45	382	126	107
特教学校	8	135	80	774		
普校附设及随班就读		59	53	497		
三、工读学校	1				9	2

14—16 幼儿园基本情况

（2003年）

单位：人

类别	幼儿园（个）	在园幼儿	教职员工数	教师
总计	**512**	**83 909**	**5 391**	**3 219**
#女性		35 433	5 098	3 181
按城乡分				
城市	163	31 652	3 039	1 683
县镇	260	36 946	2 068	1 365
农村	89	15 311	284	171
按部门分				
教育部门和集体办	86	42 004	1 866	1 130
社会力量办	369	32 063	2 569	1 540
其他部门办	57	9 842	956	549

14—17 南昌市成人高校基本情况

单位：人/所

校名	学校数（个）	毕业生数	招生数	在校学生数	毕业班学生数	教职工数	专任教师
总计	**10**	**28 459**	**42 187**	**111 060**	**33 333**	**3 147**	**1 343**
江西财经大学		3 379	3 779	11 230	3 934		
江西教育学院	1	3 294	2 400	7 058	3 203	476	225
南昌钢铁公司职工大学	1	215	78	296	174	59	27
江西机械职工大学	1	71	52	309	155	142	103
江西行政管理干部学院	1	312	189	791	471	932	139
南昌市业余大学	1	668	406	1 162	756	88	59
江西广播电视大学	1	4 927	2 734	9 542	4 295	910	469
南昌教育学院	1	1 410	1 554	3 841	1 078	114	87
江西经济管理干部学院	1	631	330	843	370	219	105
南昌职工科技大学	1	516	818	2 200	866	94	47
南昌飞机制造公司职工学院	1	382	153	714	197	113	82
江西中医学院		785	1 318	4 930	853		
江西工业职业技术学院		277	334	803	286		
华东交通大学		362	3 176	4 550	711		
南昌大学		2 547	5 121	12 979	3 656		
南昌水利水电专科学校		1 327	1 741	5 097	2 240		
江西师范大学		3 167	5 079	13 581	3 824		
南昌航空工业学院		1 103	889	3 291	1 377		
江西农业大学		585	859	2 107	556		
蓝天职业技术学院			1 115	1 603	225		
江西电力职业技术学院		795	505	1 421	467		
江西现代职业技术学院			55	55			
南昌科技学院		280	1 303	3 053	626		
江西公安专科学校		32	352	1 363	519		
江西司法警官职业学院			278	278			
江西旅游商贸职业学院			89	89			
江西信息应用职业技术学院			124	124			
江西交通职业技术学院			53	53			
江西医学院		1 394	7 303	17 697	2 405		

14—18 广　播　电　视　情　况

（2003 年）

项　　目	2003
一、广　　播	
1. 广播电台（座）	2
2. 中短波发射台和转播台（座）	3
3. 调频广播台和传输台（座）	89
4. 广播覆盖率（%）	96.89
二、电　　视	
1. 电　视　台（座）	2
2. 电视转播发射台和差转台（座）	25
#一千瓦以上的发射台	3
3. 卫星电视地面站（个）	374
#收 转 境 内	311
收 转 境 外	63
4. 全年自制电视节目（小时）	11 651
5. 电视覆盖率（%）	98.35
6. 有线电视用户（万户）	45.35

注：1. “电视”含有线电视台，不含教育台。

2. 调频广播台和传输台包括了乡村的小调频台。

14—19 艺　术　剧　团　和　剧　院

（2003 年）

项　　目	合　计	省　级	市　级	县　级
一、艺术表演团体				
剧 团 个 数（个）	12	6	4	2
职 工 人 数（人）	1 139	748	317	74
演 出 场 次（场）	1 012	656	145	211
年末固定资产原值（万元）	2 155	1 277	738	140
当年创作首演剧目（个）	43	13	23	7
全 年 收 入（万元）	3 024	2 345	544	135
#演 出 收 入	224	182	21	21
全 年 支 出（万元）	2 874	2 193	546	135
二、艺术表演场数				
表 演 场 所（个）	7	3	4	
座　席　数（个）	4 466	2 942	1 524	
演 映 场 次（场）	1 796	1 406	390	
观 众 人 数（万人次）	26.7	19	7.7	

14—20 群众艺术馆和文化馆

（2003年）

项目	合计	省级	市级	县级
群艺馆、文化馆数（个）	11	1	1	9
举办展览（个）	70	2	5	63
组织文艺活动次数（次）	616	41	15	560
举办训练班结业人数（人次）	3 038	863		2 175
录相放映场数（场次）				
观众人数（万人次）				
公用房屋建筑面积（平方米）	21 224		2 187	19 037
职工人数（人）	196	38	34	124

14—21 博物馆

（2003年）

项目	合计	省级	市级	县级
博物馆（个）	8	2	4	2
公用房屋面积（平方米）	41 841	33 620	5 994	2 227
藏品（件）	71 876	62 604	2 672	6 600
陈列个数（个）	7		7	
展览个数（个）	9		8	1
参观人次（万人次）	32	26	6	
#外宾				
职工（人）	232	150	68	14

14—22 图书、报纸、杂志出版

(2003年)

项目	种数 (种)	总印数 (万册、份)	总印张数 (千印张)
一、图书合计	1 752	19 352	971 084
书籍	1 594	7 552	287 639
课本	158	11 800	683 445
二、报纸合计	70	53 063	1 563 836
省级	16	32 432	1 182 753
市级	54	20 631	381 083
三、杂志合计	167	5 820	136 662

14—23 公共图书馆

(2003年)

项目	合计	省级	市级	县级
图书馆（个）	11	1	1	9
藏书（万册）	343.9	214.4	82	47.5
公用房屋建筑面积（平方米）	66 482	40 885	13 694	11 903
发放借书证（个）	35 319	21 967	5 100	8 252
总流通人次（万人次）	125.3	57.3	8.3	59.7
书刊外借册数（万册次）	124.2	50.3	16.5	57.4
经费支出合计（万元）	1 176	727	236	213
#购书支出	173	100.5	56	16.5
职工（人）	295	137	66	92

主 要 统 计 指 标 解 释

专业技术人员 指已取得科学技术职称，或大学、中专的理、工、农医科系毕业，以及国民经济各部门从工作实践中提拔，从事理、工、农、医等自然科学技术的研究、数学、生产的专业人员和在机关、企业、事业单位中从事科学技术业务管理工作的专业人员。

科技活动 指在所有科学技术领域内，即在自然科学、农业科学、医药科学、工程与技术科学、人文与社会科学中，与科技知识的产生、发展、传播和应用密切相关的全部有系统的活动。

研究与发展活动 指增加知识总量（包括人类、文化和社会方面的知识），以及运用这些知识去创造新的应用而进行的系统的创造性的工作。

企业办科技机构 指企业自办、或与外单位合办、管理上同生产系统相对独立的，或单独核算的专门技术开发机构（如企业办研究所、开发中心、开发部等专门技术开发机构）。

企业科研项目 指当年立项并开展研究工作的项目、以前年份立项当年仍继续进行的项目（课题）、当年完成及通过鉴定的项目（课题），包括年内研究开发工作已告失败的项目。

获奖成果 指企业在本年度内从地（市）及以上政府科技管理部门获得的各种科技成果奖。获奖成果分为：国家级奖、省部级奖和地市级奖。

新产品 指采用新技术原理，新设计构思研制、生产的全新产品或在结构、材质、工艺等某一方面比老产品有明显改进，从而显著提高了产品性能或扩大了使用功能的产品。

从事科技活动人员 指企业在报告期内，从事科技活动的时间（不包括加班时间）占全年工作时间10%及以上的工程技术人员、管理人员、工人及其他人员。

从事研究与发展活动人员 指报告期参与研究与发展项目（课题）研究、管理和辅助工作的人员，具体包括直接参加研究与发展项目（课题）组人员，直接参与上述项目（课题）的行政管理人员和直接为上述项目（课题）活动提供服务的辅助人员。

工程技术人员 指负担工程技术和工程技术管理工作，并具有工程技术能力的人员。

高中级职称人员 指企业从业人员中具有高级职称和中级职称的人员数。高级职称指高级工程师、讲师、正、副教授，正、副研究员，高级统计师，高级会计师，高级经济师，以及相当于这一级的其他技术职务的人员。中级职称指工程师、讲师、助理研究员、技师、统计师、会计师、经济师，以及相当于这一级的其他技术职务的人员。

无高中级职称的大学本科及以上学历人员 指企业从业人员中具有大学本科及以上学历，但没有高中级职称的人员数。具体包括没有高中级职称的大学本科毕业生、硕士研究生、博士研究生、博士后研究生等。

普通高等学校 指按照国家规定的审批程序批准举办，通过全国统一招生考试，招收高中毕业生为主要培养对象，实施高等教育的全日制大学、独立设置的学院和高等、专科学校、短期职业大学。

成人高等学校 指按照国家有关规定审批，招收通过全国成人高教统一招生考试的具有高中毕业或同等学历的在职从业人员全脱产、半脱产、业余或函授等多种形式对其实施高等学历教育，培养高等教育专科或本科毕业水平的专门人才，修业年限、课程设置等均按高等学历教育要求付诸实施的学校。包括广播电视大学、职工高等学校、农民高等学校、管理干部学院、教育学院、独立设置的函授等。

小学学龄儿童入学率 指调查范围内已入小学学习的学龄儿童占校内外学龄儿童总数（包括弱智儿童在内，但不包括盲聋哑儿童）的比重。计算公式：

$$小学学龄儿童入学率=\frac{已入学的小学学龄儿童数}{校内外小学学龄儿童总数}\times 100\%$$

艺术表演团体 指从事戏曲、音乐、舞蹈、杂技等专业艺术表演，有独立帐户、实行单独核算的团体。不包括半工半艺，半农半艺的业余剧团。

艺术表演观众人数（人次） 指售票、包场演出或民族地区免费演出的艺术表演观众人次数。不包括彩排审查和内部观摩演出的观看人次数。

十五、卫生·体育·其他

PUBLIC HEALTH, SPORTS AND OTHERS

本篇内容包括：

1. 医疗卫生事业情况
2. 体育事业
4. 婚姻情况
5. 民政事业
6. 社会保险情况
7. 司法情况
8. 交通事故、火灾事故、职工伤亡事故

资料整理 姜同文　　**微机处理** 彭艳红

医　生　人　数（人）

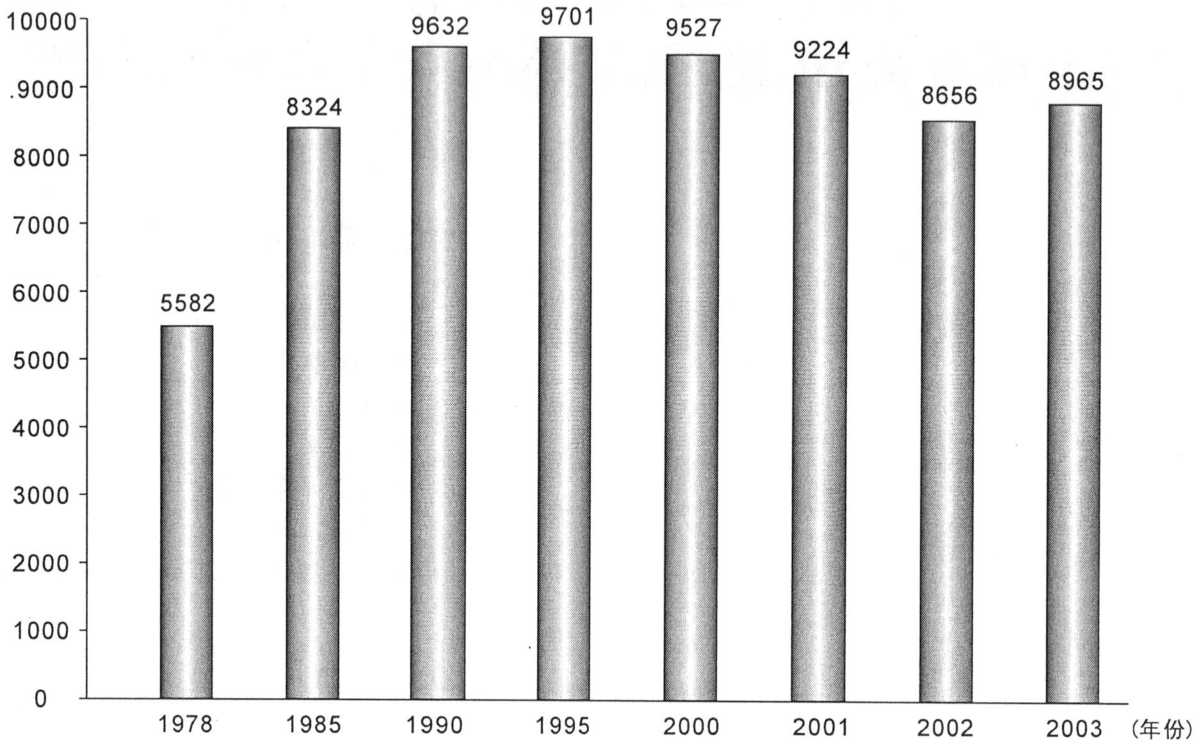

医疗卫生机构病床数（张）

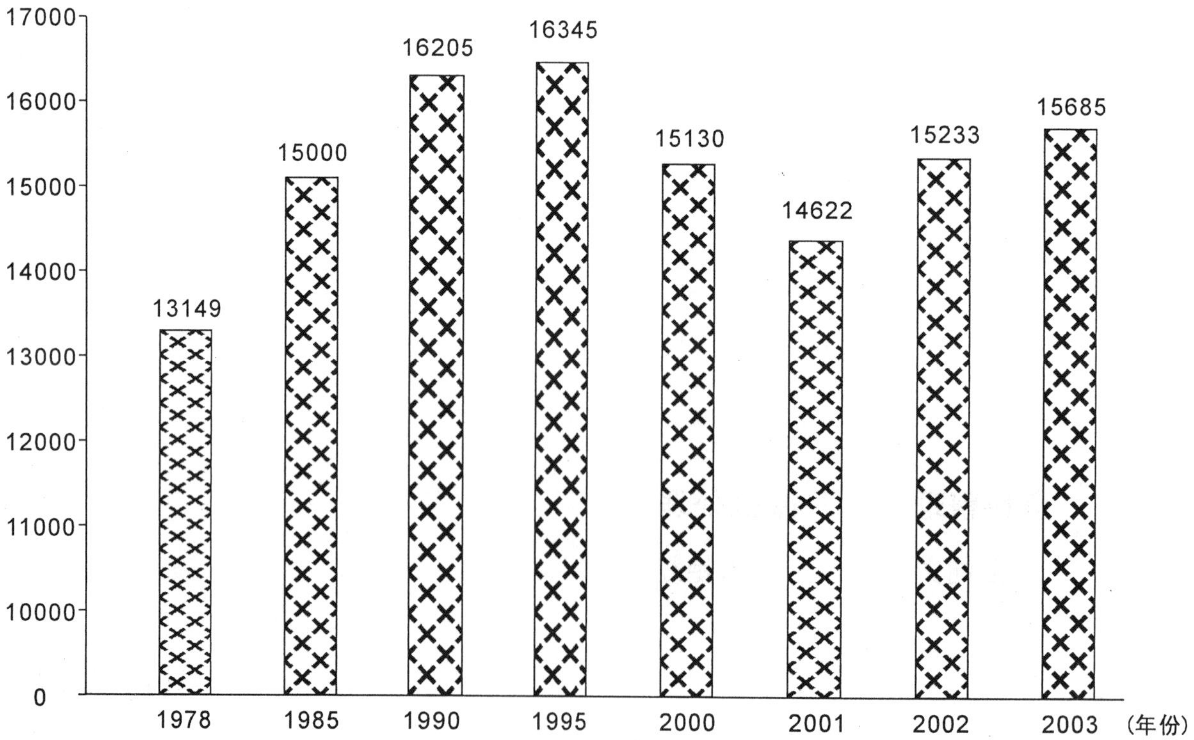

15—1 卫生机构、床位、人员

(2003年)

类别	机构(个)	床位(张)	人员(人)	#卫生技术人员	#医生
总计	**874**	**15 685**	**27 766**	**21 980**	**8 965**
省、市	145	11 784	18 864	14 394	5 702
县、区	729	3 901	8 902	7 586	3 263
一、按经济类别分					
国有经济单位	535	14 967	25 211	19 853	8 012
集体经济单位	132	422	1 683	1 267	508
联营	3	141	148	120	49
个体	195	101	686	663	360
其他	9	54	83	77	36
二、按机构类别分					
(一)各类医院及医学教育科研机构	267	15 685	25 412	19 626	7 715
1、医院	88	13 623	18 733	14 668	5 477
#综合医院	63	9 216	11 927	9 408	3 651
中医医院	9	1 048	1 622	1 351	551
其他医院	16	3 359	5 184	3 909	1 275
2、卫生院	86	1 405	2 947	2 424	912
3、疗养院	1	180	44	19	12
4、门诊部	33	80	441	374	191
5、专科防治所、站	10	240	474	370	142
6、卫生防疫机构	13		998	766	435
7、妇幼保健机构	10	77	388	313	190
8、卫生监督检验机构	1		47	27	4
9、医学科学研究机构	5	80	462	248	130
10、医学在职培训机构	7		493	191	106
11、健康教育所	2		44	12	12
12、卫生监督所	2		104	86	71
13、急救中心	1		57	20	7
14、采供血机构	2		131	89	14
15、其他卫生机构	6		49	19	12
(二)诊所、卫生保健所、医务室	563		2 058	2 058	1 117
(三)县、区社区卫生服务站	44		296	296	133

15—2 体　育　事　业

（2003年）

项　目	2003
一、举办运动会（次）	68
参加运动会人数（百人次）	218
二、等级裁判员发展人数（人）	180
三、等级运动员发展人数（人）	90
四、“国家体育锻炼标准”发展人数（万人）	46.64
及格级	21.31
良好级	19.06
优秀级	6.27
五、参加省级及其以上和同等城市比赛（次）	48
参加比赛人数（人次）	675
获得奖牌数（枚）	204
金牌	156
银牌	48

15—3 主要年份市属共青团组织情况

年　份	基层团支部（个）	共青团（人）	#女团员	专职干部（人）
1981	5 278	96 017	39 108	451
1985	6 366	152 918	59 995	687
1987	6 144	168 941	66 118	566
1988	6 288	154 217	55 081	690
1990	5 809	133 041	47 227	644
1991	5 809	145 713	51 034	646
1992	5 232	144 709	53 956	713
1993	5 243	121 532	48 012	609
1994	5 478	126 645	46 222	1 100
1995	5 315	139 734	50 626	1 198
1996	5 362	141 483	48 581	1 198
1997	5 667	122 177	45 095	1 198
1998	5 867	113 818	47 481	1 392
1999	5 667	113 718	47 481	1 392
2000	5 636	113 758	47 461	1 402
2001	5 626	112 467	46 321	1 398
2002	5 271	112 467	46 321	1 392
2003	5 636	112 960	46 642	1 404

15—4　1995—2003 年妇联系统组织情况

单位：个

项　　目	1995	1996	1997	1998	1999	2000	2001	2002	2003
城镇街道基层妇代会	727	727	762	792	792	792	340	375	375
农村基层妇代会	1 192	1 144	874	1 088	1 088	1 197	1 197	1 078	1 078
乡镇（街办）妇联	109	110	143	143	143	137	165	108	108
机关、事业单位妇委会	148	148	72	72	72	72	72	199	199

15—5　1996—2003 年 工 会 组 织 情 况

项　　目	1996	1997	1998	1999	2000	2001	2002	2003
工会基层组织数（个）	2 102	1 620	1 721	1 593	1 713	2 441	2 636	1 973
已建工会组织的基层单位职工人数（万人）	58.22	37.08	37.15	36.9	37.01	38.38	38.52	40.25
已建工会组织的基层单位工会人数（万人）	52.42	33.68	33.52	32.14	33.01	37.32	37.91	36.24

注：本表数据为南昌市市属单位数．其中 1996 年为抽样调查数。

15—6 历届南昌市人民代表大会的代表人数

单位：人

项　　目	一届 (1954)	二届 (1956)	三届 (1958)	四届 (1960)	五届 (1963)	六届 (1965)	七届 (1968)	八届 (1982)	九届 (1987)	十届 (1992)	十一届 (1997)	十二届 (2001)
代表总数	**233**	**239**	**253**	**307**	**375**	**385**	**724**	**555**	**495**	**489**	**434**	**421**
代　表　中												
女　代　表	52	49	68	77	99			150	102	98	89	90
占代表总数%	22.3	20.5	27.0	25.1	26.4			27.0	20.6	20.0	20.5	21.4
代　表　中												
少数民族代表										8	7	8
占代表总数%										1.6	1.6	1.9

注：在文化大革命中，国家政治生活处于不正常的情况下 .1968 年 2 月 18 日成立了南昌市革命委员会。根据江西省人民代表大会常务委员会的规定，将革命委员会作为南昌市第七届人民代表大会。七届代表构成为革命委员会成员、人民解放军代表、群众组织推举的代表。

15—7 历届南昌市政治协商会议的委员人数

单位：人

项　　目	一　届 (1955)	二　届 (1958)	三　届 (1959)	四　届 (1962)	五　届 (1963)	六　届 (1965)	七　届 (1982)	八　届 (1987)	九　届 (1992)	十　届 (1997)	十一届 (2001)
委员总数	**129**	**189**	**299**	**288**	**300**	**302**	**458**	**405**	**413**	**403**	**405**
委　员　中											
中国共产党代表	22	47	63	81	82	87	175	171	169	157	149
占代表总数%	17.05	24.87	21.07	28.13	27.33	28.81	38.21	42.22	40.92	38.9	36.8
委　员　中											
少数民族代表	3	3	3	3	4	4	6	8	10	11	6
占代表总数%	2.33	1.58	1.00	1.04	1.33	1.32	1.31	1.98	2.42	2.70	1.50
委　员　中											
女性代表	20	29	54	54	58	64	108	100	89	103	119
占代表总数%	15.50	15.34	18.06	18.75	19.33	21.19	21.19	24.69	20.09	25.60	29.40

15—8 社会福利事业单位基本情况

(2003年)

项目	院数(个)	工作人员(人)	床位(张)	年末在院人数(人)	#女性	#儿童
全市总计	**161**	**802**	**5 062**	**4 900**	**1 957**	**907**
收养类社会福利单位	159	774	4 938	3 813	1 975	907
国家办	9	355	1 723	1 610	942	887
集体办	149	418	3 207	2 196	1 013	20
民办	1	1	8	7	2	
复员军人疗养院	1	27	120	83		
光荣院	1	1	4	4		
社会福利院	5	165	1 273	1 202	875	761
儿童福利机构	1	26	126	126		126
社会福利医院	1	136	200	195	67	
城镇老年收养性福利机构	51	160	1 102	801	267	3
农村老年收养性福利机构	99	259	2 113	1 402	748	17
优抚类收养性单位	2	28	124	87		

15—9 社会福利企业基本情况

项目	2002	2003
单位数(个)	72	81
国有	1	1
集体	67	59
其他	14	21
职工人数(人)	4 911	4 017
国有	48	14
集体	4 394	3 512
其他	469	491
#残疾职工	2 305	2 344
国有	18	6
集体	2 129	2 160
其他	158	178

15—10 城镇社区服务和农村服务网络

（2003年）

单位：个

地　　　　区	城镇社区服务设施	从业人员（人）	安置下岗人员数	城镇便民利民服务网点	社区服务志愿者组织	社区服务志愿者（人）	农村社会保障网络
总　计	**337**	**785**	**499**	**1 145**	**153**	**24 810**	
东湖区	160				5	135	
西湖区	86	283	190	1 100	120	24 500	
青云谱区	39						
湾里区	20	81	27	33	20	100	
青山湖区	2						
昌北区	3						
新建县	3	135	80	4	8	75	
进贤县	12	152	68	1			
安义县	3	134	134	7			
南昌县	9						

15—11 享受国家补助、救济人员情况

单位：人、人次

项　　　　目	2002	2003
优抚对象		
享受伤残保健、抚恤金人数	1 858	1 854
享受定期抚恤金人数	432	435
享受定期补助人数	3 602	3 591
优待优抚对象户（户）	17 377	16 592
城镇居民最低生活保障家庭数		36 766
城镇居民最低生活保障人数	85 530	127 020
#下岗人员	53 721	56 787
#城镇五保户		3 406
传统救济情况		
农村贫困家庭得到临时救济人次数	27 730	12 849
农村定期救济对象人数	44 545	88 420
农村定期救济户数		64 167
#农村困难户	33 539	17 865
#农村五保户	7 527	12 489
城镇困难户得到临时救济人数	22 202	2 898
精简退职老职工得到救济人数	1 566	
享受原工资40%救济人数	227	
享受定期定量救济人数	1 339	

15—12 婚 姻 登 记 情 况

(2003 年)

单位：对

地　区	结婚登记	1. 内地居民	#初婚（人）	#再婚（人）	#男性	#复婚	2. 涉外婚姻	离婚登记（对）	内地居民（人）	港澳台、华侨（人）
南昌市	**20 950**	**20 748**	**38 672**	**2 824**	**1 682**	**261**	**202**	**2 843**	**2 838**	**5**
市本级	202						202	5		5
东湖区	3 785	3 785	6 785	785	520	70		886	886	
西湖区	4 358	4 358	7 766	950	514	86		1 034	1 034	
青云谱区	1 900	1 900	3 500	300	180	20		280	280	
湾里区	576	576	1 098	54	18	2		22	22	
青山湖区	1 638	1 638	3 208	68	59	3		169	169	
昌北经济开发区	700	700	1 250	150	90	5		40	40	
南昌县	2 376	2 376	4 743	9	7			102	102	
新建县										
安义县	1 215	1 215	2 202	228	114	15		205	205	
进贤县	4 200	4 200	8 120	280	180	60		100	100	

15—13 1985—2003年婚姻登记情况

单位：对

年份	结婚	#复婚	离婚
1985	23 594	63	549
1986	24 018	101	647
1987	26 904	100	660
1988	27 834	159	624
1989	32 164	262	773
1990	29 136	91	1 145
1991	26 574	136	935
1992	27 203	160	1 035
1993	23 812	142	1 080
1994	21 543	248	1 546
1995	22 583	116	1 481
1996	23 559	168	1 713
1997	24 190	220	2 096
1998	26 367	160	2 389
1999	25 269	189	2 199
2000	25 486	253	2 610
2001	25 732	196	5 649
2002	25 080	192	5 398
2003	20 950	261	6 610

15—14 社会保险情况

单位：人

项目	2002	2003
失业保险参保人数	530 523	494 623
企业	417 158	380 141
国有企业	328 362	29 992
集体企业	76 581	62 951
外商投资企业	2 627	2 550
其他企业	9 588	14 648
事业单位	113 365	114 482
其他单位		
领取失业保险金人数	3 236	7 641
基本养老保险参保人数	563 638	570 704
企业	444 948	439 417
国有企业	29 741	285 609
集体企业	90 578	85 038
其他企业	43 363	53 928
港、澳、台及外资企业	13 066	14 842
机关事业单位	74 039	72 829
其他	44 651	58 458

15—15 律师、公证和人民调解基本情况

（市属）

项　　　目	2002	2003
一、律师工作		
律师事务所（个）	32	38
律　　师（人）	275	347
#专　　职	267	335
兼　　职	8	12
聘请担任常年法律顾问的单位（处）	787	638
刑事诉讼辩护及代理（件）	954	893
民事诉讼代理（件）	2 349	3 188
办理非诉讼法律事务（件）	1 677	1 235
解答法律咨询（件）	4 152	11 076
代理法律文书（件）	2 746	3 043
二、公证工作		
公　证　处（个）	11	11
公证人员（人）	59	87
#公　证　员	49	50
助理公证员	28	19
办理公证文书（件）	29 189	21 901
#经济合同文书	5 523	4 942
三、人民调解工作		
专职司法助理员（人）	182	224
人民调解委员会（人）	2 216	1 577
调解工作人员（人）	9 056	9 706
调解民间纠纷（件）	5 476	3 742

15—16　产品和商品质量监督检查情况

（2003年）

项　　目	产品质量			商品质量	
	监督检验企业数（个）	有不合格产品企业所占比例（%）	批次合格率（%）	检查商业企业数（个）	批次合格率（%）
全市总计	**1 000**	**22.3**	**75**	**1 662**	**72.7**
农用产品	192	15	87.2	103	67.4
加工食品和饮料	473	22.7	83	829	75.3
家用电器	17	30	42.3	42	72.6
轻工产品	107	32.2	80.4	202	65.3
纺织、鞋类产品	15	18.6	79.8	80	77.3
化工产品	17	40.2	57.3	34	75.2
建材产品	72	19.7	73.6	107	72.4
机电产品	92	25	75.8	113	70.4
冶金产品及金属制品	8	12	86		
能源产品	7	17.4	84.7		
医疗器械					
其　　他				78	85.4

本表根据南昌市质量技术监督局提供的资料整理。

15—17 1993—2003年南昌市消协受理投诉情况

单位：件

项目	1993	1994	1995	1996	1997	1998	1999	2000	2001	2002	2003
一、投诉案件数	1 355	1 863	2 104	4 079	3 957	4 043	3 199	2 088	2 086	1 710	2 343
按行业分											
家用电器类	204	300	206	371	348	642	386	140	209	504	498
家用机械类	116	203	219	269	233	278	350	110	123	80	121
日用百货类	336	467	608	818	694	532	589	345	378	756	865
房屋及装修建材										89	110
服务类	54	76	158	310	243	698	652	163	188	223	322
农用生产资料类	13	8	30	111	11	118	52	40	44	25	36
其它类	329	364	330	809	750	692	405	276	627	33	391
按内容分											
质量	849	848	878	1 289	915	1 746	1 833	964	1 025	778	1 106
价格	86	152	275	579	603	677	352	266	73	133	136
虚假广告	72	126	122	206	278	79	88	34	47	53	73
假冒商品	82	246	236	657	512	261	164	164	70	141	132
计量	54	128	121	339	664	330	168	466	165	103	167
安全										75	110
其它	212	363	432	937	840	804	510	146	654	427	619
二、当年解决件数	1 274	1 774	2 005	3 958	3 805	3 973	3 199	2 047	2 024	1 682	2 311
解决率（%）	94.02	95.22	95.29	97.03	96.16	98.27	100.00	98.04	97.03	98.36	98.63
三、消费者免受损失（万元）	99.5	54.6	42.0	139.7	90.7	98.0	147.8	98.57	116.9	103.6	110.5

15—18 南昌市消协受理投诉案件

（2003年）

单位：件

项目	合计	质量	价格	虚假广告	假冒商品	计量	安全	其它
总计	**2 343**	**1 106**	**136**	**73**	**132**	**167**	**110**	**619**
一、家用电子电器类	498	278	32	15	30		11	132
#电视机	30	17	5	1			2	5
电冰箱、冰柜	26	11	3					12
洗衣机	21	7						14
通信类产品	308	189	15	4	27		3	70
空调器	33	20	2		3			8
其他	80	34	7	10			6	13
二、家用机械类	121	61	6	6			24	24
三、日用百货类	865	432	33	31	81	145	14	129
#家俱	58	50	5	3				
服装、鞋帽	196	131	22		19			24
食品	147	41				106		
化妆品	48	38	2	2			6	
其他	416	172	4	26	62	39	8	105
四、房屋及装修建材	110	41	5	3		4	8	49
#房屋	46	26	4			4	3	9
装饰材料	33	15	1				2	15
其他	31			3			3	25
五、服务类	322	107	21	13	16	15	52	98
#医疗	31	8	5	8			7	3
美容	53	21	3	3			17	9
邮电	25		11					14
食宿、娱乐	36	2	2				28	4
旅游、出租	14	7						7
物业、装修业	12					3		9
其他	151	69		2	16	12		52
六、农用生产资料类	36	16	2	5	5	3	1	4
七、其它类	391	171	37					183

15—19 南昌“12315”受理举报申诉情况

单位：件

项　　目	2001	2002	2003
一、受理申诉	4 135	3 910	3 326
#商　　品	2 685	2 446	2 453
服　　务	1 450	1 464	873
二、申诉内容			
质　　量	2 019	1 868	2 058
价　　格	252	380	364
计　　量	18	59	125
售后服务	737	682	475
其　　他	1 109	921	304
三、挽回损失（万元）	280	328.3	221

本表由南昌市“12315”投诉中心办公室提供。

15—20 社　会　治　安　案　件

(2003年)　　单位：件

项　目	全　市	市　区
治安案件		
受 理 数	13 175	10 318
查 处 数	8 773	6 137

15—21 交　通　事　故

(2003年)

项　目	合　计	市　区	四　县
一、交通事故次数（次）	1 571	1 142	429
二、死亡人数（人）	265	144	121
三、受伤人数（人）	1 170	720	450
四、经济损失（万元）	616	462	153

15—22 火　灾　事　故

(2003年)

项　目	合　计	市　区	四　县
一、火灾次数（次）	1 412	964	448
二、死亡人数（人）	10	3	7
三、受伤人数（人）	11	11	
四、经济损失（万元）	271	157	114

15—23 1998—2003年人民法院一审案件结案情况

单位：件

项目	1998	1999	2000	2001	2002	2003
合计	**11 458**	**12 870**	**11 723**	**11 557**	**11 959**	**9 847**
刑事案件	1 409	1 837	1 580	2 069	1 721	2 081
民事案件	6 910	7 882	7 758	4 024	5 250	7 663
经济纠纷案件	3 064	3 043	2 278	5 324	4 830	
行政案件	75	108	107	140	158	103

15—24 职 工 伤 亡 事 故

单位：人

项目	死亡		重伤	
	2002	2003	2002	2003
总计	**20**	**46**	**9**	
高处坠落	7	12	2	
机械伤害	2		1	
物体打伤	5	5	1	
触电	1	5	3	
坍塌		15		
车辆伤害	3	1		
起重伤害		2	1	
爆燃		4		
灼烫				
其他	2	2	1	

主要统计指标解释

医院 指名称为医院，设有固定床位能收容病人住院并能为病人提供医疗、护理服务的医疗机构。包括县及县以上医院、农村乡卫生院、其他医院三部份。按所属性质分为卫生部门、工业及其他部门、集体所有制三类。其中县及县以上医院按业务性质分为综合医院和专科医院。

卫生技术人员 指卫生事业机构支付工资的全部固定职工和合同制职工中现任职务为卫生技术工作人员。包括中医师、西医师、中西医结合高级医师、护师、中药师、西药师、检验师、其他技师、中医士、西医士、护士、助产士、中药剂士、西药剂士、检验士、其他技士、其他中医、护理员、中药剂员、西药剂员、检验员、其他初级卫生技术人员。

医生 指经卫生部门审查合格，从事医疗工作的专业人员。分为中医医生和西医医生、包括卫生技术人员中的中医师、西医师、中西医结合高级医师、中医士、西医士和其他中医。

等级运动员人数 指经考核正式批准授予等级运动员称号的人数。运动员等级分为国际级运动健将、运动健将、一级运动员、二级运动员、三级运动员、少年级运动员。

等级裁判员人数 指经考核正式批准授予等级裁判员称号的人数。裁判员等级分为国际裁判、国家级裁判、一级裁判、二级裁判、三级裁判。

体育场 指有400米跑道（中心含足球场）和固定道牙，跑道6条以上，并有固定看台的田径场地。以看台容纳观众人数分：甲级25 000人以上，乙级15 000—25 000人，丙级5 000—15 000人，丁级5 000以下，共四级。

律师 指受聘参加法律顾问处工作，提任法律顾问、刑（民）事代理人、刑事辩护人，办理非诉讼事件、解答法律询问，代写法律事务文书等主要从事律师业务的专职法律工作者和兼职律师。

公证人员 指在国家公证机关依法办理公证事务的司法人员。包括公证员、助理公证员和公证处工作的其他人员。

办理公证文书 指公证处一定时期内办结的公证文书件数。公证文书系按司法部规定或批准的格式制作。包括国内公证和涉外公证两部分。其中国内公证分为经济合同公证和民事法律机系公证两大类。

调解人员 在人民调解委员会担负调解民间一般民事纠纷和轻微违法行为所引起的纠纷的工作人员。包括调解委员会的委员和调解小组的调解员。

调解民间纠纷 指调解委员会依照法律规定，根据自愿原则，用说服教育的方法调解民间发生的有关民事权利和义务的争执，促成当事双方达到协议和谅解，解决纠纷。包括婚姻家庭纠纷，财产权益纠纷等。包括法院管理调解的民事案件数。

收养性福利单位 指提供食宿的，不以盈利为目的的革命伤残军人休养院、复员军人慢性病疗养院、复退军人精神病院、光荣院、社会福利院、儿童福利院、精神病人福利院、老年收养机构（敬老院、养老院、老年公寓）等收养性的社会福利事业单位的总称。

收容遣送站 指由民政部门管理的，独立核算的收容、救济、教育和遣送城市流浪乞讨人员的特殊社会福利事业单位的总称。包括收容遣送中转站、收容遣送对口接收站、一般收容遣送站三种单位。

十六、企业景气调查和现代企业制度企业调查

ENTERPRISE PROSPERITY INVESTIGATION AND MODERN ENTERPRISE SYSTEM

本篇内容包括：

1. 企业景气总指数
2. 建立现代企业制度企业指标

资料整理

胡素强
刘跃青

16—1 南昌市企业家信心指数

(2003年)　　单位:%

	一季度	二季度	三季度	四季度
企业家信心指数	**132.87**	**114.25**	**141.53**	**136.35**
一、按行业门类分				
工　　业	122.61	126.45	137.11	125.07
建 筑 业	131.71	130.14	130.76	157.13
交通运输、仓储及邮政业	160.00	80.00	170.00	150.00
批发和零售业	118.80	114.44	111.02	116.30
房 地 产 业	166.67	180.00	173.33	166.67
社会服务业	157.14	57.14	171.43	157.14
信息传输、计算机服务和软件业	133.33	125.00	150.00	150.00
住宿和餐饮业	116.67	41.67	116.67	127.27
二、按企业登记注册类型分				
国 有 企 业	119.56	90.03	125.19	118.87
集 体 企 业	123.53	145.29	157.79	151.54
股份合作企业	175.00	158.68	132.96	183.68
联 营 企 业				
有限责任公司	138.81	142.55	145.34	142.70
股份有限公司	173.20	159.76	183.13	181.87
私 营 企 业	66.67	50.00	50.00	50.00
其它内资企业				
外商及港、澳、台投资企业	100.00	83.33	133.33	116.67
三、按企业规模分				
大　　型	161.64	124.88	172.88	161.08
中　　型	113.89	105.66	123.81	117.31
小　　型	123.68	113.51	129.73	141.67

16—2 南昌市企业景气指数

(2003年)　　　　单位:%

	一季度	二季度	三季度	四季度
企业景气指数	**126.95**	**108.80**	**124.88**	**136.49**
一、按行业门类分				
工　　业	118.85	122.68	111.24	132.02
建 筑 业	100.18	123.81	122.16	143.76
交通运输、仓储及邮政业	170.00	71.17	157.63	170.00
批发和零售业	118.66	98.77	107.76	106.92
房地产业	140.00	133.33	120.00	126.67
社会服务业	157.14	71.43	171.43	157.14
信息传输、计算机服务和软件业	155.56	150.00	162.50	162.50
住宿和餐饮业	116.67	25.00	125.00	136.36
二、按企业登记注册类型分				
国有企业	111.69	84.50	103.81	114.95
集体企业	111.76	126.54	120.29	132.79
股份合作企业	183.68	158.68	142.35	167.35
联营企业				
有限责任公司	150.01	122.94	134.65	145.92
股份有限公司	157.74	153.19	165.94	184.74
私营企业	100.00	50.00	150.00	150.00
其它内资企业				
外商及港、澳、台投资企业	133.33	83.33	133.33	150.00
三、按企业规模分				
大　　型	153.98	120.37	141.03	172.82
中　　型	115.74	97.17	114.29	113.46
小　　型	115.79	94.59	108.11	125.00

16—3　建立现代企业制度企业从业人员和劳动报酬

（2003 年）

单位：万元

项　　目	从业人员（人）	#在岗职工	#其他	研究开发人员	从业人员劳动报酬	#在岗职工	#其他	研究开发人员劳动报酬
总　　计	**140 388**	**125 403**	**14 985**	**4 465**	**192 082**	**176 388**	**15 694**	**7 213**
按控股情况分								
国有及国有控股	104 018	90 058	13 960	3 759	151 949	136 976	14 973	5 770
国有绝对控股	102 765	88 889	13 876	3 749	149 957	135 156	14 801	5 760
国有相对控股	1 253	1 169	84	10	1 992	1 820	172	10
集体控股	18 427	17 675	752	27	23 103	22 619	484	40
集体绝对控股	18 298	17 558	740	20	23 041	22 563	478	35
集体相对控股	129	117	12	7	62	56	6	5
其　　他	17 943	17 670	273	679	17 030	16 793	237	1 403
按主营业行业分								
工　　业	75 811	70 055	5 756	4 354	104 033	100 362	3 671	6 809
采 矿 业	463	436		1	290	290		1
制 造 业	73 799	68 237	5 562	4 353	101 123	97 571	3 552	6 808
电气水的生产和供应业	1 576	1 382	194		2 620	2 501	119	
建 筑 业	50 372	42 934	7 438	5	67 893	58 090	9 803	8
运输、仓储和邮政业	7 087	5 455	1 632		11 977	9 897	2 080	
信息传输、计算机服务和软件业	125	125		84	495	495		368
批发和零售业	4 355	4 324	31	22	4 859	4 805	54	28
住宿和餐饮业	1 397	1 289	108		1 292	1 221	71	
房 地 产 业	148	148			190	190		
租赁和商务服务业	888	868	20		968	953	15	
水利、环境和公共设施管理业	205	205			375	375		
按登记注册类型分								
国 有 企 业	22 680	19 681	2 999	84	31 775	28 610	3 165	249
公司制企业	117 708	105 722	11 986	4 381	160 307	147 778	12 529	6 964
国有独资公司	23 522	23 173	349	1 558	35 012	34 702	310	2 939
其他有限责任公司	71 007	60 014	10 993	1 664	92 369	80 973	11 396	2 028
股份有限公司	21 048	20 488	560	1 087	30 831	30 180	651	1 895
中外合资企业	1 805	1 721	84	72	1 827	1 655	172	102
港澳台合资企业	326	326			268	268		
按重点企业类型分								
中央管理企业	670	670			3 512	3 512		
520 户国家重点企业	5 518	5 014	504	58	6 169	5 585	584	98
重组为集团的原 512 户企业	11 762	11 664	98	1 481	21 461	21 420	41	2 887
省级重点企业	63 477	53 363	10 114	2 256	96 341	85 694	10 647	3 002
现企省级试点企业	1 129	1 129			1 776	1 776		
按企业规模分								
大　　型	69 908	62 194	7 714	3 429	110 290	99 604	10 686	5 260
中　　型	49 855	43 113	6 742	859	60 849	56 290	4 559	1 455
小　　型	20 145	19 636	509	93	19 911	19 477	434	130
其　　他	480	460	20	84	1 032	1 017	15	368

16—4 建立现代企业制度企业主要经济指标

（2003年）　　单位：万元

项目	单位数（个）	年末资产总计	累计对外投资	流动资产年平均余额	主营业务收入	出口额	主营业务成本	主营业务税金及附加
总计	**88**	**3 244 293**	**223 479**	**1 498 467**	**2 507 478**	**128 016**	**1 839 279**	**166 649**
按控股情况分								
国有及国有控股	56	2 690 253	207 069	1 290 403	1 727 620	115 822	1 259 637	142 390
国有绝对控股	52	2 646 083	207 069	1 273 871	1 700 393	115 822	1 239 456	142 309
国有相对控股	4	44 170		16 532	27 227		20 181	81
集体控股	7	80 019	466	31 831	141 240		54 518	21 557
集体绝对控股	6	73 365	466	27 353	139 993		53 248	21 557
集体相对控股	1	6 654		4 478	1 247		1 270	
其他	25	474 021	15 944	176 233	638 618	12 194	525 124	2 702
按主营业行业分								
工业	52	2 303 647	104 716	1 170 531	1 856 452	116 105	1 358 265	135 526
采矿业	1	1 921		1 167	13 511		12 635	184
制造业	49	2 240 722	104 716	1 158 404	1 810 161	116 105	1 321 669	135 234
电气水的生产和供应业	2	61 004		10 960	32 780		23 961	108
建筑业	12	312 766	8 569	198 635	341 272		230 042	27 763
运输、仓储和邮政业	5	102 368	25 975	33 119	109 180		89 766	1 891
信息传输、计算机服务和软件业	1	3 538	456	1 987	2 501	1 391	612	75
批发和零售业	6	231 659	9 228	32 348	179 954	10 520	157 532	473
住宿和餐饮业	5	35 926	560	2 972	8 612		1 886	429
房地产业	3	45 416	314	36 658	7 084		650	386
租赁和商务服务业	3	202 103	73 586	21 203	1 146		50	63
水利、环境和公共设施管理业	1	6 870	75	1 014	1 277		476	43
按登记注册类型分								
国有企业	17	490 214	1 547	233 525	395 735	12 390	178 798	131 037
公司制企业	71	2 754 079	221 932	1 264 942	2 111 743	115 626	1 660 481	35 612
国有独资公司	8	563 462	136 223	213 968	190 273	13 607	155 854	2 653
其他有限责任公司	44	1 177 517	37 953	491 057	1 172 052	22 054	902 781	29 871
股份有限公司	13	937 028	47 756	507 024	603 395	79 965	462 020	2 999
中外合资企业	3	39 327		28 024	144 336		139 079	8
港澳台合资企业	3	36 745		24 869	1 687		747	81
按重点企业类型分								
中央管理企业	1	6 622			67 258		59 641	590
520户国家重点企业	3	493 404	79 268	204 920	106 926	10 200	50 855	733
重组为集团的原512户企业	1	192 641	62 323	92 651	78 896	13 107	62 015	57
省级重点企业	20	1 798 542	68 537	848 450	1 639 349	99 301	1 212 054	138 658
现企省级试点企业	1	42 234	25 655	16 542	13 760		9 111	455
按企业规模分								
大型	17	1 690 688	180 082	666 132	1 216 634	100 521	1 009 801	8 238
中型	34	1 381 963	39 656	781 263	1 127 882	23 865	781 548	156 317
小型	32	149 340	3 210	46 831	157 933	2 239	46 679	1 911
其他	5	22 302	531	4 241	5 029	1 391	1 251	183

项目	年末负债合计	流动负债	权益合计	股本	固定资产投资完成额
总计	**1 996 285**	**1 662 851**	**1 248 008**	**703 967**	**172 692**
按控股情况分					
国有及国有控股	1 657 253	1 411 998	1 033 000	520 570	125 510
国有绝对控股	1 633 439	1 398 940	1 012 644	508 379	125 510
国有相对控股	23 814	13 058	20 356	12 191	－
集体控股	36 202	14 928	43 817	80 051	280
集体绝对控股	29 942	14 928	43 423	79 489	280
集体相对控股	6 260		394	562	
其他	302 830	235 925	171 191	103 346	46 902
按主营业行业分					
工业	1 396 364	1 220 726	907 283	465 487	138 439
采矿业	660	660	1 261	614	－
制造业	1 371 351	1 205 847	869 371	441 673	137 488
电气水的生产和供应业	24 353	14 219	36 651	23 200	951
建筑业	216 565	169 514	96 201	128 407	280
运输、仓储和邮政业	57 687	54 755	44 681	17 616	3 147
信息传输、计算机服务和软件业	1 569	1 421	1 969	1 004	244
批发和零售业	181 401	128 297	50 258	21 550	238
住宿和餐饮业	20 306	13 862	15 620	17 224	27
房地产业	41 952	19 637	3 464	4 377	29 574
租赁和商务服务业	79 583	53 825	122 520	48 093	743
水利、环境和公共设施管理业	858	814	6 012	209	
按登记注册类型分					
国有企业	313 625	267 818	176 589	60 799	8 460
公司制企业	1 682 660	1 395 033	1 071 419	643 168	164 232
国有独资公司	306 613	224 939	256 849	155 483	17 837
其他有限责任公司	760 053	681 677	417 464	329 356	79 383
股份有限公司	554 004	444 131	383 024	147 922	37 411
中外合资企业	24 813	23 678	14 514	6 555	－
港澳台合资企业	37 177	20 608	－432	3 852	29 601
按重点企业类型分					
中央管理企业	6 622	6 622	—	—	—
520户国家重点企业	345 475	296 874	147 929	97 597	3 083
重组为集团的原512户企业	111 968	87 795	80 673	72 565	14 360
省级重点企业	1 011 254	857 223	787 288	328 767	113 806
现企省级试点企业	13 136	10 611	29 098	9 286	3 147
按企业规模分					
大型	950 016	812 480	740 672	381 133	112 161
中型	957 593	783 547	424 370	265 066	59 751
小型	76 818	55 158	72 522	55 341	536
其他	11 858	11 666	10 444	2 427	244

年）

单位：万元

研究开发费用	存货跌价损失和营业管理财务费用合计	其他业务收入	投资收益	营业外收入	利润总额	应缴增值税
32 098	**344 551**	**114 225**	**6 381**	**4 473**	**118 583**	**100 628**
29 461	230 704	112 443	5 594	2 312	103 363	81 596
29 461	227 597	112 442	5 594	2 311	99 495	80 600
—	3 107	1		1	3 868	996
420	3 397	680	12	12	119	468
420	3 218	680	12	12	223	274
	179				－104	194
2 217	110 450	1 102	775	2 149	15 101	18 564
31 302	267 790	61 088	5 301	1 472	107 477	92 471
42	176				516	98
31 260	262 122	59 769	5 289	1 400	102 474	91 180
	5 492	1 319	12	72	4 487	1 193
420	20 270	2 379	235	577	1 801	579
	17 185	1 759	747	203	6 959	
376	1 308		22		528	
	25 531	691	64	2 007	1 532	6 855
	5 451			20	99	
	1 766		2		－1 345	
	4 869	48 298	10	194	1 144	723
	381	10			388	
408	43 016	30 931	108	289	42 487	35 992
31 690	301 535	83 294	6 273	4 184	76 096	64 636
22 803	25 023	49 643	3 928	267	10 764	2 352
3 408	165 879	25 666	1 026	3 058	28 350	48 339
5 479	105 753	7 984	1 319	851	36 594	13 680
	3 434	1		7	1 869	265
	1 446			1	－1 481	
—	5 223	52			1 036	—
119	56 650	48 714	－84	56	3 837	9 496
21 333	12 838		3 904	179	8 108	1 084
6 797	190 631	63 157	2 099	1 713	99 293	79 534
	1 787	1 702	711	103	4 705	
26 979	153 784	78 541	5 211	3 174	56 375	39 577
4 085	176 204	35 322	1 112	886	60 954	60 147
658	11 509	298	36	219	384	904
376	3 054	64	22	194	870	

企 业 景 气 调 查 简 介

企业景气调查是为适应我国社会主义市场经济需要，借鉴西方国家的成功经验而建立起来的一种新的统计调查制度。它通过对企业家进行定期的问卷调查，并根据他们对企业经营情况及宏观经济状况的判断和预期来编制企业景气指数，由此反映企业的经营状况和经济运行情况，预测未来经济发展的变化趋势，为党政领导进行宏观管理，企业家制定经营决策提供参考依据。景气指数又称景气度，它是对企业景气调查中定性指标的量化描述，其最大的特点是具有信息超前性和预测功能，可靠性较强。景气指数的数值介于0和200%之间，一般地讲，当景气指数为100，即临界值时，则说明经济处于景气与不景气的边缘；大于100时，则表示经济处于景气状态。越接近200%状态越好；小于100时，则表示经济处于不景气状态，越接近0，状态越差。

南昌企业调查队根据国家统计局的统一部署，开展了南昌企业景气调查工作。企业景气调查为季度性资料，调查企业涉及工业、建筑业、交通运输仓储及邮电通信业、批发和零售贸易业餐饮业、房地产业和社会服务业六大国民经济行业。

景 气 指 数 的 计 算 方 法

在计算景气指数过程中，对不同规模的企业 采用不同的加权方法计算。首先对大型企业依据上年销售收入进行加权（中小企业不加权），然后通过大型企业与中小型企业的样本比例再进行加权，总加权后得到景气指数。计算景气指数的基本方法是：用选择“上升”的企业比例减去选择“下降”的企业比例，所得的值即为景气指数。

企业景气指数的计算方法如下：

第一、分别计算工业、建筑业、交通运输仓储及邮电通信业、批发和零售贸易餐饮业、房地产业和社会服务业的景气指数；

第二、计算各行业上年增加值占这些行业增加值之和的比重；

第三、利用各行业的景气指数，以各行业上年增加值占这些行业增加值之和的比重为权数计算企业景气总指数。

现代企业制度与企业集团简要说明

一、根据国家统计局《关于印发 < 企业集团统计报表制度 > 的通知》（国统字［1998］233号）和《关于印发〈建立现代企业制度企业跟踪监测统计制度〉的通知》（国统宇［1998］234号）文件精神，南昌企业调查队对全市企业集团和建立现代企业制度试点企业进行定期统计调查。

二、统计范围：

1、企业集团：一是由国务院及国务院主管部门批准的国家试点企业集团；二是由省政府及省直主管部门批准的企业集团；三是已在各地工商部门登记注册的年主营业务收入和资产总计均在3 000万元及以上的其他各类企业集团。企业内部的统计范围包括企业集团的母公司、全资子公司、绝对控股子公司和相对控股子公司。不包括参股企业、协作企业和子公司下属的二级公司。

2、建立现代企业制度企业：一是全省首批建立现代企业制度试点企业；二是国家重点联系企业；三是省级调查企业集团的母公司（即核心企业）；四是已在工商部门登记的公司制企业；五是地市级调查企业集团的母公司（即核心企业）。

三、企业集团：以一个实力雄厚的大型企业为核心，以产权联结为主要纽带，并以产品、技术、经济、契约等多种纽带把多个企业、事业单位联结在一起，具有多层次结构的以母子公司为主体的多法人经济联合体。

四、现代企业制度：适应市场经济要求，产权明晰、责权明确、政企分开、管理科学的制度。产权明晰是指企业中国有资产所有权属于国家，企业拥有全部法人财产权；责权明确是指出资者按投入企业的资本额享有资产受益、重大决策审定、选择管理者等权利，同时以其出资额为限，对企业债务承担有限责任，企业以其全部法人财产为限，对企业债务承担有限责任，并依法自主经营、自负盈亏、照章纳税，企业对出资者承担资产保值增值责任；政企分开是指企业以提高生产力和经济效益为目的按照市场需求组织生产经营，政府不再直接干预企业生产经营活动；管理科学是指有科学的企业领导体制和组织管理制度，调节所有者、经营者和职工之间的关系，并形成激励和约束相结合的机制。

主 要 统 计 指 标 解 释

主营业务收入 按各行业会计制度或报表定义的口径进行填报，其中农业企业是指“主营业务收入”；工业企业是指“产品销售收入”；交通运输企业指“主营业务收入”；建筑企业指“工程结算收入”；批发零售贸易企业指“商品销售收入”；房地产企业指“房地产经营收入”；其他企业指“经营（营业）收入”。企业集团本项指标应按各成员企业相加汇总的数据填报。

注册资本合计 指企业集团各成员企业在工商行政管理部门登记注册资金的合计。包括国家资本、集体资本、法人资本、个人资本以及外商资本等。

主营行业：指本企业集团生产经营活动的主要行业性质。企业集团往往从事多种生产经营活动，一般应根据集团内获得营业收入份额最大的三项产品或活动确定其主要行业性质。主营业务如果是工业或农业应填报其主要产品的产量（实物量），非工业和农业应填报主营业务的营业收入（价值量）。

登记注册类型 是指在工商行政管理机关登记注册的具有法人资格的各类企业。其中：①国有企业：是指企业全部资产归国家所有，并按《中华人民共和国企业法人登记管理条例》规定登记注册的非公司制的经济组织。不包括有限责任公司中的国有独资公司；②国有独资公司：是指国家授权的投资机构或者国家授权的部门单独投资设立的有限责任公司；③其他有限责任公司：是指根据《中华人民共和国公司登记管理条例》规定登记注册，由两个以上，五十个以下的股东共同出资，每个股东以其所认缴的出资额对公司承担有限责任，公司以其全部资产对其债务承担责任的经济组织。其他有限责任公司不包括国有独资公司；④股份有限公司：是指根据《中华人民共和国公司登记管理条例》规定登记注册，其全部注册资本由等额股份构成并通过发行股票筹集资本 股东以其认购的股份对公司承担有限责任，公司以其全部资产对其债务承担责任的经济组织。

控股情况 指按所有制性质和控股状况划分的企业情况，包括①国有绝对控股：指在企业的全部资本中，国家资本（股本）所占比例大于50%的企业；②国有相对控股：指在企业的全部资本中，国家资本（股本）所占的比例虽未大于50%，但相对大于企业中的其他经济成分所占比例的企业；或者虽不大于其他经济成分，但根据协议规定，由国家拥有实际控制权的企业（协议控制）；③集体绝对控股：指在企业的全部资本中，集体资本（股本）所占比例大于50%的企业；④集体相对控股：指在企业的全部资本中，集体资本（股本）所占的比例虽未大于50%，但相对大于企业中的其他经济成分所占比例的企业；或者虽不大于其他经济成份，但根据协议规定，由集体拥有实际控制权的企业（协议控制）；⑤其他：指国有绝对控股、国有相对控投、集体绝对控股和集体相对控股以外的控股情况。

从业人员 指在企业（企业集团包括母公司和子公司，下同）工作并领取工资或其他形式的劳动报酬的全部人员数，包括在岗职工、再就业的离退休人员以及在企业集团中工作的外方人员和港澳台方人员、兼职人员、借用的外单位人员和第二职业者。不包括离开本企业（集团）仍保留劳动关系的职工。

离职人员 指离开本企业（集团）仍保留劳动关系的职工。

确定企业改制工作的主管部门：指确定建立现代企业制度试点企业的主管部门，分为国家经贸委、国家体改委、省（自治区、直辖市）经贸委、省（自治区、直辖市）体改委、企业主管部门以及其他部门。

企业规模 指企业按某一数量指标进行的分类，如工业企业按产品生产能力或生产经营用固定资产进行的分类。工业企业规模的确定，应按全国统一制订的《大中小型企业划分标准》中的具体划分规定执行，非工业企业规模的确定，应暂按统计上使用的《大中小型非工业企业划分标准》中的具体划分规定执行。没有划分标准的非工业企业填报‘其他’项。

附　　录

APPENDIX

本篇内容包括：

1. 国家 2003 年国民经济和社会发展统计公报
2. 全国各省市主要经济指标
3. 省会城市主要经济指标
4. 江西省 2003 年国民经济和社会发展统计公报
5. 江西各地主要经济指标

资料整理

张　宁
熊泽荣
吴　蕊

中华人民共和国
2003年国民经济和社会发展统计公报

中华人民共和国国家统计局

2004年2月26日

2003年，全国各族人民在党中央、国务院的正确领导下，以邓小平理论和“三个代表重要思想为指导，全面贯彻落实党的十六大和十六届三中全会精神，沉着应对突如其来的非典疫情、多种自然灾害和复杂多变的国际形势带来的严峻困难和挑战，万众一心，奋力拼搏，实现了经济和社会发展的主要预期目标。国民经济较快增长，运行质量明显提高，经济活力进一步增强；结构调整取得积极进展，改革开放稳步推进；科技、教育、文化、卫生、体育等社会事业取得新成绩；城乡居民生活继续改善。

一、综　　合

国民经济较快增长。全年国内生产总值116 694亿元，按可比价格计算，比上年增长9.1%，加快1.1个百分点。其中，第一产业增加值17 247亿元，增长2.5%，减慢0.4个百分点；第二产业增加值61 778亿元，增长12.5%，加快2.7个百分点；第三产业增加值37 669亿元，增长6.7%，减慢0.8个百分点。在第三产业中，金融保险业增长6.9%，批发和零售贸易餐饮业增长6.6%，房地产业增长5.3%。

价格总水平有所上涨。全国居民消费价格总水平比上年上涨1.2%。其中，城市上涨0.9%，农村上涨1.6%（见表1）。居民消费价格中，食品价格上涨3.4%，服务价格上涨2.2%。商品零售价格下降0.1%。工业品出厂价格上涨2.3%。原材料、燃料、动力购进价格上涨4.8%。固定资产投资价格上涨2.2%。农产品生产价格上涨4.4%，其中，谷物上涨2.3%，棉花上涨35.3%，油料上涨19.4%，畜产品上涨1.8%。

表1：2003年全国居民消费价格比上年上涨情况

指　　标	全国（%）	城市	农村
全国居民消费价格总水平	1.2	0.9	1.6
食　品	3.4	3.4	3.4
其中：粮食	2.3	2.3	2.2
烟酒及用品	-0.2	-0.2	-0.1
衣　着	-2.2	-2.6	-1.4
家庭设备用品及服务	-2.6	-3.0	-1.7
医疗保健及个人用品	0.9	-0.2	2.5
交通和通信	-2.2	-2.6	-1.4
娱乐教育文化用品及服务	1.3	0.5	2.8
居　住	2.1	2.8	1.0

就业人数增加。年末全国就业人员74 432万人，比上年末增加692万人。其中城镇就业人员25 639万人，增加859万人。全年有440万下岗失业人员实现了再就业。年末城镇登记失业率为4.3%，比上年末上升0.3个百分点。

国际收支状况良好。全年对外贸易顺差255亿美元，比上年减少49亿美元。利用外资继续增加。外汇储备大幅度增长，年末国家外汇储备达到4 033亿美元，比上年末增加1 168亿美元。人民币汇率保持基本稳定。

国民经济和社会发展中存在的主要问题是：农民收入增长缓慢；就业和社会保障任务较重；能源、交通供需关系紧张；固定资产投资规模偏大，部分行业盲目投资、低水平重复建设比较严重；部分社会成员收入差距过大，不少低收入居民生活还比较困难，资源环境压力增大等。

二、农　　业

农作物种植结构继续调整。全年粮食种植面积

9 941 万公顷，比上年减少 448 万公顷；糖料种植面积 165 万公顷，减少 17 万公顷；棉花种植面积 511 万公顷，扩大 92 万公顷；油料种植面积 1 497 万公顷，扩大 20 万公顷；蔬菜种植面积 1 791 万公顷，扩大 56 万公顷。

粮食、棉花、油料、糖料等大宗农产品减产；蔬菜、水果在调整品种、优化品质的基础上稳定增长。全年粮食产量 43 067 万吨，比上年减产 2 639 万吨，下降 5.8%（见表 2）。

表 2：2003 年主要农产品产量

单位：万吨

产品名称	绝对数	比上年增长 %
粮　食	43 067	-5.8
夏　粮	9 622	-2.4
早　稻	2 944	-2.8
秋　粮	30 501	-7.1
油　料	2 805	-3.2
花　生	1 337	-9.8
油菜籽	1 141	8.1
棉　花	487	-0.9
糖　料	9 670	-6.1
甘　蔗	9 051	0.4
甜　菜	619	-51.8
烤　烟	201	-5.7
茶　叶	78	4.5
水　果	14 470	0.3
蔬　菜	53 960	2.1

畜牧业、渔业生产稳步发展。全年肉类总产量达 6 920 万吨，比上年增长 5.1%。其中，牛、羊肉产量分别增长 12.9% 和 10.8%。牛奶产量增长迅速。全年水产品产量达 4 690 万吨，增长 2.8%。

全年新增有效灌溉面积 78 万公顷，新增节水灌溉面积 137 万公顷。

三、工业和建筑业

工业生产高速增长。全年全部工业增加值 53 612 亿元，比上年增长 12.6%，其中规模以上工业企业（即国有工业企业及年产品销售收入 500 万元以上的非国有工业企业）增加值增长 17.0%（见表 3）。工业产品销售率 98.1%，比上年提高 0.1 个百分点。

表 3：2003 年规模以上工业增加值主要分类情况

单位：亿元

指　标	绝对数	比上年增长 %
工业增加值	41 045	17.0
其中：国有及国有控股企业	19 408	14.3
其中：集体企业	2 787	11.5
股份制企业	16 878	18.3
外商及港澳台投资企业	11 174	20.0
其中：轻工业	14 653	14.6
重工业	26 392	18.6

高技术产业增长较快。规模以上工业中，高技术产业增加值比上年增长 20.6%。光通信设备、程控交换机、移动电话机和微型电子计算机等信息通信产品产量分别增长 25.9%至 1.2 倍（见表 4）。

能源生产增长加快。全国一次能源生产总量 16.03 亿吨标准煤，比上年增长 11.0%。全年发电量 19107.6 亿千瓦小时，比上年增长 15.5%；原煤生产量 16.67 亿吨，增长 15.0%；原油生产量 1.70 亿吨，增长 1.8%。

主要原材料生产快速增长。全年黑色金属冶炼及压延加工业增加值比上年增长 22.6%，有色金属冶炼及压延加工业增长 18.1%，化学原料及化学制品制造业增长 14.1%，非金属矿物制品业增长 16.6%。分产品看，钢产量 2.22 亿吨，增长 21.9%；钢材产量 2.41 亿吨，增长 25.3%；十种有色金属增长 19.1%；氧化铝增长 11.2%；烧碱增长 7.7%；水泥增长 18.9%。

汽车工业增势强劲。全年交通运输设备制造业增加值比上年增长 22.0%。汽车产量 444.4 万辆，增长 36.7%，其中轿车产量 202.0 万辆，增长 85.0%。

表 4：2003 年主要工业产品产量

产品名称	单　位	绝对数	比上年增长 %
纱	万吨	983.58	15.72
布	亿米	374.64	16.21
化　纤	万吨	1181.14	19.16
糖	万吨	1 083.94	17.06
卷　烟	万箱	3 583.25	3.35
彩色电视机	万部	6 541.40	26.89
家用电冰箱	万台	2 242.56	40.26

产品名称	单　位	绝对数	比上年增长%
能源生产总量	万台		
房间空调器	万台	4 993.40	59.27
一次能源生产总量	亿吨标准煤	16.03	11.00
原　　煤	亿吨	16.67	15.00
原　　油	亿吨	1.70	1.80
发 电 量	亿千瓦小时	19 107.62	15.52
钢	万吨	22 233.60	21.92
钢　　材	万吨	24 119.35	25.28
十种有色金属	万吨	1 205.00	19.07
其中：铜	万吨	184.00	12.71
氧 化 铝	万吨	609.39	11.24
水　　泥	亿吨	8.62	18.90
木　　材	万立方米	4 950.00	11.59
硫　　酸	万吨	3 371.22	10.52
纯　　碱	万吨	1 128.04	9.18
烧　　碱	万吨	945.27	7.67
乙　　烯	万吨	611.77	12.66
化　　肥（折100%）	万吨	4 200.85	10.81
发电设备	万千瓦	3 700.62	74.49
汽　　车	万辆	444.39	36.69
轿　　车	万辆	202.01	84.99
大中型拖拉机	万台	4.88	7.49
集成电路	亿块	148.31	53.99
程控交换机	万线	7 379.93	25.92
移动电话机	万部	18 231.37	50.10
传真机	万部	746.58	151.13
微型电子计算机	万部	3 216.70	119.79
光通信设备	万部	8.65	34.11

工业经济效益大幅度提高。规模以上工业企业实现利润总额8 152亿元，比上年增长42.7%，其中国有及国有控股企业实现利润3 784亿元，增长45.2%；集体企业实现利润480亿元，增长31.4%；股份制企业实现利润3 764.6亿元，增长46%；外商及港澳台投资企业实现利润2 680.5亿元，增长40.5%。亏损企业亏损额同比下降1.9%。行业盈利面明显扩大。39个工业大类行业中有38个行业利润保持增长。石油和天然气开采业、交通运输设备制造业、黑色金属冶炼及压延加工业、化学工业和电力工业新增利润占全部规模以上工业新增利润的48.7%。

建筑业保持较快发展。全年全社会建筑业实现增加值8 166亿元，比上年增长11.9%。全国具有建筑业资质等级的总承包和专业承包建筑业企业实现利润459亿元，增长23.8%。

四、固定资产投资

固定资产投资大幅度增长。全年全社会固定资产投资55 118亿元，比上年增长26.7%（见表5）。国有及其他经济类型投资中，东部地区投资24 666亿元，增长33.6%；中部地区投资10 092亿元，增长33.1%；西部地区投资7 171亿元，增长26.4%。

表5：2003年固定资产投资情况

单位：亿元

指　　标	绝对数	比上年增长%
全社会固定资产投资	55 118	26.7
其中：国有及其他固定资产投资	39 748	28.2
集体经济投资	7 807	30.4
城乡居民个人投资	7 563	16.0
其中：基本建设投资	22 729	28.7
更新改造投资	8 444	25.1
房地产开发投资	10 106	29.7

工业投资增长明显快于其他产业。全年国有及其他经济类型投资中，第一产业投资1 156亿元，增长3.7%，增速比上年回落19.8个百分点。第二产业投资15 007亿元，增长39.1%，加快16.2个百分点。其中工业投资14 460亿元，增长39.0%，加快16.8个百分点。部分工业行业投资高速增长。在500万元以上项目中，钢铁投资增长96.6%，电解铝增长92.9%，水泥增长121.9%，汽车增长87.2%，纺织增长80.4%，煤炭增长52.3%。第三产业投资继续保持较快增长，全年完成投资26 480亿元，增长24.2%，加快9.8个百分点。房地产开发投资10 106亿元，比上年增长29.7%；全年商品房销售额7 671亿元，增长34.1%，其中销售给个人增长35.8%，所占比重为92.5%。

表6：2003年全国基本建设投资新增主要生产能力

指　　标	单　位	绝对数
发电机组容量	万千瓦	3 000
11万伏及以上变电设备	万千伏安	8 300
新建铁路投产里程	公里	1 164
增建铁路复线投产里程	公里	583
电气化铁路投产里程	公里	615
新建公路	公里	36 444
其中：高速公路	公里	4 639

指　　　　标	单　位	绝对数
港口万吨级码头泊位新增吞吐能力	万吨	8 220
新增局用交换机容量	万门	6 744
新增光缆线路长度	万公里	45
新增数字蜂窝移动电话交换机容量	万户	6 232

重点工程建设进展顺利。长江三峡工程实现了蓄水、通航、发电的目标；青藏铁路建设累计完成新线铺轨317公里，占应铺轨里程的28.6%；西电东送工程向广东送电能力已突破500万千瓦；西气东输管道工程已完成总投资的48%，东段线路全面完工，实现向华东地区供气；南水北调工程东线和中线已开工4个单项工程；19项治淮骨干工程已完成总投资的49%。

五、国内贸易

消费品市场稳定增长。全年社会消费品零售总额达到45 842亿元，比上年增长9.1%，扣除物价因素，实际增长9.2%。其中，城市消费品零售额29 777亿元，增长10.3%；县及县以下消费品零售额16 065亿元，增长6.8%。分行业看，批发零售贸易业零售额37 693亿元，增长9.2%；餐饮业零售额6 066亿元，增长11.6%；其他行业零售额2 083亿元，增长0.2%。

全年限额以上批发零售贸易业销售额中，汽车类零售额比上年增长68.5%，通信器材类增长70.9%，家用电器和音像器材类增长18.3%，家具类增长28.2%。

六、对外经济

对外贸易快速增长。全年进出口总额达8 512亿美元，比上年增长37.1%。其中出口额4 384亿美元，增长34.6%；进口额4 128亿美元，增长39.9%（见表7）。对主要贸易伙伴的进出口均增长较快（见表8）。

能源和原材料进口大幅度增加。全年进口原油9 112万吨，比上年增长31.3%；成品油2 824万吨，增长38.8%；钢材3 717万吨，增长51.8%；氧化铝561万吨，增长22.6%；铁矿砂及其精矿14 813万吨，增长32.9%。

表7：2003年进出口主要分类情况

单位：亿美元

指　　　　标	绝对数	比上年增长%
进出口总额	8 512	37.1
出口额	4 384	34.6
其中：一般贸易	1 820	33.7
加工贸易	2 418	34.4
其中：机电产品	2 275	44.8
其中：高新技术产品	1 103	62.6
进口额	4 128	39.9
其中：一般贸易	1 877	45.4
加工贸易	1 629	33.3
其中：机电产品	2 250	44.6
其中：高新技术产品	1 193	44.0

表8：2003年对主要国家和地区进出口情况

单位：亿美元

国　　家	出口额	比上年增长%	进口额	比上年增长%
美　国	925	32.2	339	24.3
香港地区	763	30.5	111	3.7
欧　盟	722	49.7	531	37.7
日　本	594	22.7	742	38.7
东　盟	309	31.1	473	51.7
韩　国	201	29.4	431	51.0
俄罗斯	60	71.4	97	15.7

外商直接投资保持较大规模。全年批准设立外商直接投资企业41 081个，比上年增长20.2%；合同金额1 151亿美元，增长39.0%；实际使用金额535亿美元，增长1.4%（见表9）。

表9：2003年外商直接投资分主要行业情况

金额单位：亿美元

行业名称	合同项目		合同金额		实际使用金额	
	个数	增长%	绝对数	增长%	绝对数	增长%
全国总计	41 081	20.2	1 150.7	39.0	535.1	1.4
其中：农、林、牧、渔业	1 116	14.5	22.8	34.8	10.0	-2.6
采掘业	211	28.7	6.6	72.1	3.4	-42.1
制造业	29 281	17.5	807.5	36.2	369.4	0.4
建筑业	396	20.4	16.8	58.6	6.1	-13.7
交通运输、仓储及邮电通信业	506	24.9	50.1	228.0	8.7	-5.1
批发和零售贸易餐饮业	2 207	28.6	23.8	43.3	11.2	19.7
金融、保险业	23	35.3	3.2	-30.7	2.3	117.5
房地产业	1 553	18.0	91.1	26.2	52.4	-7.5
社会服务业	4 242	24.1	70.4	41.2	31.6	7.4
卫生、体育和社会福利业	85	70.0	2.7	4.4	1.3	-0.6
教育、文化艺术及广播电影电视业	70	45.8	2.8	159.1	0.6	53.0
科学研究和综合技术服务业	558	145.8	7.5	41.1	2.6	31.0

对外经济技术合作保持良好发展势头。全年对外承包工程、对外劳务合作、对外设计咨询新签合同额209亿美元，比上年增长17.0%；完成营业额172亿美元，增长20.1%。

七、交通、邮电和旅游

交通运输和邮电通信业全年实现增加值6 531亿元，比上年增长7.0%。

全年完成货物周转量57 152亿吨公里，比上年增长13.1%；港口完成货物吞吐量33亿吨，增长17.9%。受非典疫情的影响，旅客周转量13 795亿人公里，下降2.3%（见表10）。

表10：2003年各种运输方式完成运输量

指标	单位	绝对数	比上年增长%
货物周转量	亿吨公里	57 152	13.1
其中：铁路	亿吨公里	17 092	10.2
公路	亿吨公里	7 010	3.4
水运	亿吨公里	32 275	17.3
民航	亿吨公里	58	12.3
旅客周转量	亿人公里	13 795	-2.3
其中：铁路	亿人公里	4 789	-3.6
公路	亿人公里	7 679	-1.6
水运	亿人公里	64	-21.1
民航	亿人公里	1 263	-0.4
港口完成货物吞吐量	亿吨	33	17.9
其中：外贸货物吞吐量	亿吨	9.4	19.8

全年完成邮电业务总量7 282亿元，比上年增长27.8%。其中，邮政业务总量543亿元，增长9.7%；电信业务总量6 739亿元，增长29.6%。全年新增局用交换机6 744万门，总容量达到3.5亿门。新增固定电话用户4 908万户，年末达到26 330.5万户，其中城市电话用户17 129.2万户，乡村电话用户9 201.3万户。新增移动电话用户6 269万户，年末达到26 869万户。年末全国固定及移动电话用户总数达到53 200万户，比上年末增加11 177万户，电话普及率达到42部/百人。

旅游业受非典疫情影响较大。全年入境人数9 166万人次，比上年下降6.4%。其中，外国人1 140万人次，下降15.2%；香港、澳门和台湾同胞8 026万人次，下降5.0%。在入境旅游者中，过夜人数3 297万人次，下降10.4%。国际旅游外汇收入174亿美元，下降14.6%。全年国内出境人数达2 022万人次，增长21.8%。其中因私出境1 481万人次，增长47.2%，占出境人数的73.2%。国内旅游人数达8.7亿人次，下降0.9%；旅游总收入3 442亿元，下降11.2%。

八、金融、证券和保险

货币供应量增长加快。年末广义货币供应量（M2）余额为221 223亿元，比上年末增长19.6%，增速加快2.8个百分点；狭义货币供应量（M1）余额为84 119亿元，增长18.7%，加快1.9个百分点；流通中现金（M0）余额为19 746亿元，增长14.3%，加快4.2个百分点。

金融机构存贷款增加较多。年末全部金融机构本外币各项存款余额 220 364 亿元，比上年末增长 20.2%；全部金融机构本外币各项贷款余额 169 771 亿元，增长 21.4%（见表 11）。贷款结构继续改善。全国农村信用社人民币贷款余额 16 979 亿元，比上年末增加 3 186 亿元。人民币消费贷款余额 15 736 亿元，增加 5 091 亿元，其中个人住房贷款余额 11 780亿元，增加 3 528 亿元。

金融机构不良贷款减少。按照五级分类统计，年末银行业主要金融机构不良贷款余额为 2.44 万亿元，比年初减少 1 906 亿元，不良贷款的比例为 17.8%，比年初下降 5.32 个百分点。

表 11：2003 年全部金融机构本外币存贷款情况

单位：亿元

指　　标	年末数	比上年增长 %
各项存款余额	220 364	20.2
其中：企业存款	76 785	19.4
城乡居民储蓄存款	110 695	17.4
其中：人民币	103 618	19.2
各项贷款余额	169 771	21.4
其中：短期贷款	87 398	13.8
中长期贷款	67 252	30.0

证券市场稳定发展。全年证券市场通过发行、配售股票共筹集资金 1 358 亿元，比上年增加 396 亿元。其中，发行 A 股（包括增发及可转债）97 只，配股 24 只，筹集资金 820 亿元，增加 40 亿元；发行 B 股、H 股共 24 只，筹集资金 537 亿元，增加 355 亿元。年末境内上市公司（A、B 股）数量由上年末的 1 224 家增加到 1 287 家，市价总值 42 578 亿元，比上年末增长 11%。

保险事业发展较快。全年内外资保险公司保费收入 3 880 亿元，比上年增长 27.1%。其中，寿险保费收入 2 669 亿元；健康险和意外伤害险保费收入 342 亿元；财产险保费收入 869 亿元。支付各类赔款及给付 841 亿元。其中，寿险业务给付 264 亿元；健康险和意外伤害险赔款及给付 101 亿元；财产险赔款 476 亿元。

九、教育和科学技术

教育事业保持较快发展。全国研究生教育招生 26.9 万人，在学研究生 65.1 万人，毕业生 11.1 万人。全国普通高等教育招生 382.2 万人，在校生 1 108.6万人，毕业生 187.8 万人。各类中等职业教育招生 504.1 万人，在校生 1 240.2 万人，毕业生 343.8 万人。全国普通高中招生 752.1 万人，在校生 1 964.8 万人，毕业生 458.1 万人（见表 12)。全国初中招生 2 220.1 万人，在校生 6 690.6 万人，毕业生 2 018.4 万人。普通小学招生 1 829.4 万人，在校生 11 689.7 万人，毕业生 2 267.9 万人。特殊教育招生 4.9 万人，在校生 36.5 万人。幼儿园在园幼儿 2 004 万人。

表 12：2003 年各类教育招生和毕业生情况

单位：万人

指　　标	招生数	毕业生数
研究生	26.9	11.1
普通高等教育本专科	382.2	187.8
各类中等职业教育	504.1	343.8
普通高中	752.1	458.1

科技事业取得新突破。全年全国科学研究与试验发展（R&D）经费支出 1 520.1 亿元，比上年增长 18.1%，占国内生产总值的 1.3%，其中基础研究经费 86 亿元。年末国有企事业单位共有各类专业技术人员 2 834.4 万人。全年国家安排了 1 573 项科技攻关计划项目和 4 479 项“863”计划项目，新安排高技术产业化示范工程项目 274 项，滚动安排重大技术装备研制项目 15 项，新建国家工程研究中心 9 家，安排国家重点实验室改造项目 46 项。认定国家级企业（集团）技术中心 302 家。全年共取得省部级以上科技成果 29 870 项。其中，基础理论成果 2 029 项，应用技术成果 26 425 项，软科学成果 1 416 项。全年受理国内外专利申请 30.8 万件，授权专利 18.2 万件，分别比上年增长 22.1% 和 37.6%。全年共签订技术合同 26.8 万项，技术合同成交金额 1 082.7 亿元，比上年增长 22.5%。首次载人航天飞行的圆满成功，使我国成为世界上第三个独立掌握载人航天技术的国家。

全国共有产品检测实验室 15 676 个，其中国家检测中心 245 个。全国现有产品质量、体系认证机构 113 个，已累计完成对 4.6 万个企业的产品认证。全国共有法定计量技术机构 3 815 个，全年强制检定计量器具 2 691 万台件。制定、修订国家标准 1 653项，其中新制定 734 项。全国共有天气雷达观测站点 250 个，卫星云图接收站点 386 个。全国共有地震台站 1 253 个，地震遥测台网 30 个。全国共有 1 737 个海洋观测、监测站点。测绘部门公开出版地图 1 572 种，测绘图书 454 种。

十、文化、卫生和体育

文化事业稳步发展。年末全国共有艺术表演团体 2 587 个，文化馆 2 892 个，公共图书馆 2 708 个，博物馆 1 519 个。广播电台 282 座，中、短波广播发射台和转播台 744 座，电视台 320 座，教育台 62 个。全国有线电视用户 10 508 万户。生产故事影片 140 部，科教、纪录、美术片 61 部，特种影片 1 部。出版全国性和省级报纸 243.6 亿份，各类期刊 29.9 亿册，图书 67.5 亿册（张）（见表 13）。年末全国共有档案馆 3 978 个，已开放各类档案 5 583 万卷（件）。

表 13：2003 年广播电视及出版物情况

指　　标	单　位	数　值
广播综合人口覆盖率	%	93.6
电视综合人口覆盖率	%	94.8
期刊出版量	亿册	29.9
图书出版量	亿册（张）	67.5

卫生事业发展加快。2003 年上半年，24 个省、自治区、直辖市先后发生非典疫情，全年累计临床确诊病例 5 327 例，累计死亡 349 人。非典疫情发生后，中央和地方政府增加了卫生投入，应对突发公共卫生事件应急机制逐步建立，医疗救治和疾病预防控制机构得到较大加强。年末全国共有卫生机构 30.5 万个，其中医院、卫生院 6.4 万个，妇幼保健院（所、站）3 058 个，专科疾病防治院（所、站）1 811 个。医院和卫生院床位 290 万张。卫生技术人员 424 万人，其中执业医师和执业助理医师 183 万人，注册护士 124 万人。全国疾病预防控制中心（防疫站）3 600 个，卫生技术人员 15.9 万人。卫生监督检验机构 755 个，卫生技术人员 1.5 万人。乡镇卫生院 4.5 万个，床位 66.8 万张，卫生技术人员 90.7 万人。

体育事业取得新成绩。全年我国运动健儿共获得了 87 个世界冠军；9 人 1 队 19 次创 16 项世界纪录。全民健身运动蓬勃发展。

十一、人口、人民生活和社会保障

人口自然增长率继续下降。年末全国总人口为 129 227 万人（见表 14）。全年全国出生人口 1 599 万人，出生率为 12.41‰；死亡人口 825 万人，死亡率为 6.40‰；全年净增人口 774 万人，自然增长率为 6.01‰。

表 14：2003 年人口主要构成情况

单位：万人

指　　标	年末数	比　重（%）
全国总人口	129 227	100.0
其中：城镇	52 376	40.53
乡村	76 851	59.47
其中：男性	66 556	51.50
女性	62 671	48.50
其中：0－14 岁	28 559	22.1
15－64 岁	90 976	70.4
65 岁及以上	9 692	7.5

居民生活继续改善。全年全国城镇居民人均可支配收入 8 472 元，扣除物价上涨因素，实际增长 9.0%；农村居民人均纯收入 2 622 元，实际增长 4.3%。居民家庭恩格尔系数（即居民家庭食品消费支出占家庭消费总支出的比重），城市为 37.1%，比上年降低 0.6 个百分点；农村为 45.6%，降低 0.6 个百分点。年末全国私人轿车拥有量已达 489 万辆，比上年末增加 146 万辆。年末农村贫困人口为 2 900 万人。

社会保障进一步加强。年末全国参加基本养老保险人数为 15 490 万人，比上年增加 753 万人。其中参保职工 11 638 万人，参保的离退休人员 3 852 万人。全国参加失业保险的人数为 10 373 万人，增加 191 万人。全国参加医疗保险的人数为 10 895 万人，增加 1 494 万人。其中参保职工 7 977 万人，参保退休人员 2 918 万人。年末全国企业参加基本养老保险离退休人员 3 551 万人，绝大部分实现了养老金按时足额发放；年末全国有 195 万国有企业下岗职工进入再就业服务中心，进入再就业服务中心的人员全部按时足额领到了基本生活费和代缴了社会保险费；年末全国领取失业保险金人数为 415 万人，比上年减少 25 万人；全国共有 2 235 万城镇居民得到政府最低生活保障，增加 170 万人。

年末全国各类收养性社会福利单位床位 122.2 万张，收养各类人员 92.4 万人。城镇建立各种社区服务设施 19.2 万个，其中综合性社区服务中心 9 251个。全年销售社会福利彩票 200 亿元，筹集社会福利资金近 70 亿元，直接接收社会捐赠款30.1亿元。

十二、资源与环境

耕地面积继续减少。全年建设占用耕地22.9万公顷，灾毁耕地5.0万公顷。生态退耕223.7万公顷，因农业结构调整减少耕地33.2万公顷。土地整理复垦开发补充耕地31.1万公顷。全年净减少耕地253.7万公顷。

能源和主要原材料消费明显上升。初步测算，全年能源消费总量16.78亿吨标准煤，比上年增长10.1%。其中，原油消费量2.52亿吨，增长12%；原煤15.79亿吨，增长13.6%。主要原材料消费中，钢材2.71亿吨，增长28.6%；氧化铝1 168万吨，增长15.7%；水泥8.36亿吨，增长15.3%。

水资源供求关系依然紧张。当年人均水资源2 076立方米，比上年下降5.6%。全年平均年降水量640毫米，下降3.0%。年末全国454座大型水库蓄水总量1 864亿立方米，增加210亿立方米。全年总用水量5 410亿立方米，比上年下降1.5%。其中生活用水增长5.0%；工业用水增长1.1%；农业用水下降3.5%。全国人均用水量为420立方米，下降1.9%。

总体水质状况略有下降。七大水系干流地表水水质有52.5%的断面满足国家地表水三类水质标准要求，比上年下降0.4个百分点；38.1%的断面为四类、五类水质，比上年上升11.3个百分点；超过五类水质标准断面的比例为9.3%，比上年下降11个百分点。237个近岸海域海水水质监测点中，达到国家一类海水水质标准的监测点占19.8%，比上年下降1.5个百分点。

矿产资源勘探取得新进展。全国已发现的矿种为171种。有查明资源储量的矿种共计158种，其中，能源矿产10种，金属矿产54种，非金属矿产91种，水气矿产3种。国土资源调查及地质勘查新发现大中型矿产地157处。有59种矿产新增查明资源储量，其中，石油7.99亿吨，天然气5 035.4亿立方米，原煤51.95亿吨。

城市环保工作有所加强。监测的340个城市中，有141个城市空气质量达到二级标准，占监测城市数的41.5%，比上年提高7.7个百分点；有108个城市为三级，占31.8%，比上年下降3.2个百分点；有91个城市为劣三级，占26.7%，比上年下降4.5个百分点。城市污水集中处理率、城市生活垃圾无害化处理率和工业固体废物综合利用率，分别达到42.1%、58.0%和53.5%，比上年提高2.1、3.8和1.5个百分点。全国建成烟尘控制区3.3万平方公里，环境噪声达标区2.0万平方公里。

生态环境建设力度加大。全年完成造林面积930万公顷，比上年增长19.7%。其中，六大林业重点工程完成造林面积831万公顷。截止2003年，全国共批准国家级生态示范区82个，自然保护区达到1 999个，国家地质公园44个，地质遗迹保护区457个，三峡库区完成地质灾害治理项目158个。综合治理水土流失面积5.6万平方公里。

赤潮发生次数增多。全年发现赤潮119次，比上年增加40次，上升50.6%；累计面积约14 550平方公里，直接经济损失约4 280万元。

各种自然灾害比较严重。全年全国农作物受灾面积5 438.6万公顷，比上年上升15.4%；其中成灾面积3 251.6万公顷，上升19.0%；绝收854.6万公顷，上升30.3%。全年因海洋灾害造成的直接经济损失约80.5亿元，比上年上升22%。全年共发生5级以上地震29次，比上年增加20次，其中6级以上地震7次。地震共造成319人死亡，直接经济损失46.6亿元。

注：

本公报为初步统计数。

各项统计数据均未包括香港特别行政区、澳门特别行政区和台湾省。

国内生产总值、各产业增加值绝对数按现价计算，增长速度按可比价计算。

表2中的水果产量含果用瓜。

基本建设新增生产能力中新增局用交换机容量、新增光缆线路长度及新增数字蜂窝移动电话交换机容量含更新改造增加的能力。

邮电业务总量完成额按2000年不变价格计算。

地　区　生　产　总　值

(2003年)

单位：亿元

地　　区	总　　计	第一产业	第二产业	第三产业	人均地区生产总值(元)
全　　国	**116 694**	**17 247**	**61 778**	**37 669**	**9 030**
北　　京	3 612	95	1 299	2 218	31 613
天　　津	2 387	90	1 212	1 085	25 874
河　　北	7 095	1 064	3 675	2 356	10 508
山　　西	2 446	213	1 400	832	7 402
内 蒙 古	2 903	422	948	723	8 734
辽　　宁	6 003	623	2 853	2 527	14 258
吉　　林	2 522	489	1 141	892	
黑 龙 江	4 433	513	2 532	1 388	11 623
上　　海	6 251	93	3 131	3 027	
江　　苏	12 452	1 107	6 782	4 563	16 796
浙　　江	9 200	722	4 830	3 648	19 730
安　　徽	3 973	749	1 781	1 444	6 457
福　　建	5 242	706	2 496	2 041	15 006
江　　西	2 830	560	1 227	1 043	6 677
山　　东	12 430	1 505	6 650	4 275	13 654
河　　南	7 026	1 237	3 551	2 239	
湖　　北	5 396	793	2 581	2 023	
湖　　南	4 634	886	1 794	1 954	* 7 247
广　　东	13 450	1 052	7 048	5 350	
广　　西	2 733	628	1 006	1 099	* 5 964
海　　南	698	257	172	270	* 8 655
重　　庆	2 250	343	976	931	* 8 075
四　　川	5 456	1 129	2 266	2 062	
贵　　州	1 344	295	572	478	3 600
云　　南	2 459	499	1 068	892	5 647
西　　藏	185	41	48	96	6 874
陕　　西	2 399	320	1 134	945	6 480
甘　　肃	1 301	240	608	453	4 984
青　　海	390	47	184	159	7 276
宁　　夏	385	56	192	138	
新　　疆	1 875	413	796	666	9 686

1. 本表按当年价格计算
2. 国内生产总值和地方生产总值分别测算，故地区相加不等于全国总计
3. * 按常住人口计算的 GDP

地　区　生　产　总　值(续)

(2003年)

地　　区	地区生产总值比上年增长(%)	第一产业	第二产业	第三产业	比重(%) 第一产业	第二产业	第三产业
全　　国	**9.1**	**2.5**	**12.5**	**6.7**	**14.8**	**52.9**	**32.3**
北　　京	10.5	3.3	11.9	10.0	2.6	36.0	61.4
天　　津	14.5	6.1	17.8	11.5	3.7	50.8	45.5
河　　北	11.6	5.9	14.2	10.0	15.0	51.8	33.2
山　　西	13.2	2.7	18.4	8.6	8.7	57.3	34.0
内　蒙　古	16.3	5.0	26.9	11.0	20.2	45.3	34.5
辽　　宁	11.5	7.1	12.2	11.7	10.4	47.5	42.1
吉　　林	10.2	6.1	12.9	9.1	19.4	45.2	35.4
黑　龙　江	10.3	2.5	11.9	10.1	11.6	57.1	31.3
上　　海	11.8	2.3	16.1	8.0	1.5	50.1	48.4
江　　苏	13.5	3.5	17.2	11.7	8.9	54.5	36.6
浙　　江	14.0	2.7	16.6	13.2	7.8	52.5	39.7
安　　徽	9.2	-3.0	14.0	10.2	18.9	44.8	36.3
福　　建	11.5	3.3	16.1	9.2	13.5	47.6	38.9
江　　西	13.0	2.7	24.4	7.4	19.8	43.4	36.8
山　　东	13.7	5.6	17.0	11.9	12.1	53.5	34.4
河　　南	10.5	-2.5	17.0	9.1	17.6	50.5	31.9
湖　　北	9.3	5.0	10.2	9.7	14.7	47.8	37.5
湖　　南	9.6	3.6	12.6	9.6	19.1	38.7	42.2
广　　东	13.6	1.2	18.0	10.8	7.8	52.4	39.8
广　　西	10.2	4.0	14.5	10.0	23.0	36.8	40.2
海　　南	10.5	9.0	18.9	7.7	36.8	24.6	38.6
重　　庆	11.4	4.2	15.9	9.4	15.2	43.4	41.4
四　　川	11.8	5.5	16.5	10.1	20.7	41.5	37.8
贵　　州	10.1	4.6	13.2	10.1	21.9	42.5	35.6
云　　南	8.6	5.0	10.4	8.6	20.3	43.4	36.3
西　　藏	12.1	3.0	29.4	8.9	22.2	26.1	51.7
陕　　西	10.9	5.1	14.8	8.5	13.3	47.3	39.4
甘　　肃	10.1	6.0	12.2	9.4	18.4	46.7	34.9
青　　海	12.1	3.8	16.4	9.7	12.1	47.2	40.7
宁　　夏	12.2	2.5	18.7	8.3	14.4	49.8	35.8
新　　疆	10.8	8.2	12.3	10.3	22.0	42.5	35.5

增长率按可比价格计算，比重按当年价格计算。

人　　　　　　口

（2003 年）

地　　区	年末总人口（万人）	城镇人口比重（%）	65 岁以上人口比重（%）	出生率（‰）	死亡率（‰）	自然增长率（‰）
全　国	**129 227**	**40.53**	**7.5**	**12.41**	**6.40**	**6.01**
北　京	1 456			5.10	5.20	-0.10
天　津	1 011			7.14	6.04	1.10
河　北	6 769		7.6	11.40	6.30	5.16
山　西	3 314	38.8	7.1	12.26	6.04	6.22
内蒙古	2 380	44.7	6.3	9.24	6.17	3.07
辽　宁	4 210	56.0	8.5	6.90	5.83	1.07
吉　林	2 704	51.8	7.1	7.25	5.64	1.61
黑龙江	3 815	52.6	6.7	7.48	5.45	2.03
上　海	*1 342			4.26	7.55	-3.29
江　苏	7 406	46.8		9.04	7.03	2.01
浙　江	4 680			9.66	6.38	3.28
安　徽	6 163			11.15	5.20	5.95
福　建	3 488	45.1	8.0	11.43	5.58	5.85
江　西	4 254	34.0	6.7	14.07	5.98	8.09
山　东	9 125	41.8		11.42	6.64	4.78
河　南	9 667	27.2	7.4	12.10	6.46	5.64
湖　北	6 002	42.9	7.0	8.26	5.94	2.32
湖　南	6 663	33.5	8.4	11.82	6.87	4.95
广　东	7 954			13.66	5.31	8.35
广　西	4 857	29.1		13.86	6.57	7.29
海　南	811			14.68	5.52	9.16
重　庆	2 778	41.9		9.89	7.20	2.69
四　川	8 700			9.20	6.10	3.10
贵　州	3 870			15.90	6.90	9.00
云　南	4 376	26.6		17.00	7.20	9.80
西　藏	270			17.40	6.30	11.10
陕　西	3 690	32.7	7.8	10.67	6.38	4.29
甘　肃	2 603	27.4	6.0	12.58	6.46	6.12
青　海	534	38.2	5.9	16.94	6.09	10.85
宁　夏	580			15.68	4.73	10.95
新　疆	1 934	34.4		16.00	5.20	10.80

* 户籍人口

人 民 生 活 主 要 指 标

(2003 年)

地　　区	城镇居民年人均（元）		农民年人均（元）	
	可支配收入	消费支出	纯收入	消费支出
全　国	**8 472**		**2 666**	
北　京	13 883	11 124	6 496	4 655
天　津	10 313	7 868	5 861	3 015
河　北	7 239	5 440	2 853	1 600
山　西	7 005	5 105	2 299	1 430
内蒙古	7 013		2 268	
辽　宁	7 241		2 934	
吉　林	7 005	5 492	2 530	1 816
黑龙江	6 679		2 525	
上　海	14 867		6 658	
江　苏	9 262	6 708	4 239	2 704
浙　江	13 180		5 431	
安　徽	6 778	5 064	2 127	1 596
福　建	10 000	7 356	3 734	2 718
江　西	6 901		2 458	
山　东	8 400	6 069	3 150	2 133
河　南	6 926	4 942	2 236	1 509
湖　北	7 322		2 567	
湖　南	7 674	6 083	2 533	2 139
广　东	12 380		4 055	
广　西	7 785	5 764	2 095	
海　南	7 259		2 588	
重　庆	8 094	7 118	2 215	1 583
四　川	7 042	5 759	2 230	1 747
贵　州	6 569	4 948	1 565	1 185
云　南	7 644	6 024	1 697	1 406
西　藏	8 058		1 690	
陕　西	6 806	5 667	1 676	1 455
甘　肃	6 657		1 673	
青　海	6 732		1 817	
宁　夏	6 530	5 330	2 043	1 637
新　疆	7 221		2 106	

社 会 消 费 品 零 售 总 额

(2003 年)　　　　单位：亿元

地区	社会消费品零售总额				分行业		商品交易市场成交额
	总额	比上年增长(%)	城市	农村	批发零售业	餐饮业	
全　国	**45 842**	**9.0**	**29 777**	**16 065**	**27 693**	**6 066**	
北　京	1 917	14.5	1 625	292	1 611	121	
天　津	1 074	14.1			727	110	713
河　北	2 178	10.7	1 064	1 114			2 765
山　西	729	13.7	471	258	614	82	269
内蒙古	727	12.6	450	277	592	99	379
辽　宁	2 331	12.3	1 964	367	1 936	339	1 736
吉　林	1 110	10.1	858	252	952	153	
黑龙江	1 376	10.1	1 206	170	1 192	152	709
上　海	2 221	9.1					1 650
江　苏	3 567	13.7	2 516	1 050	3 073	435	5 051
浙　江	3 157	10.9	2 000	1 157	2 696	359	5 591
安　徽	1 331	9.8	667	665	1 144	159	1 042
福　建	1 740	12.8	1 058	683	1 423	211	
江　西	923	11.7	455	468	812	85	555
山　东	3 670	13.9	2 711	959	3 019	467	2 049
河　南	2 426	10.8	1 235	1 192	2 010	343	
湖　北	2 359	10.8	1 063	755	1 885	298	
湖　南	1 816	10.8			1 558	225	
广　东	5 587	11.4	4 000	1 588	4 629	888	1 498
广　西	1 124	9.6	575	550	781	139	
海　南	192	10.8	145	47	150	31	
重　庆	836	9.5	482	353	719	107	
四　川	2 091	10.8	1 004	1 087	1 622	349	
贵　州	459	10	272	187			
云　南	783	10.0	425	357	635	126	
西　藏	58	9.2	26	32	47	8	
陕　西	795	9.2	539	256	610	163	
甘　肃	475	9.5	308	167	388	67	
青　海	103	11.5	66	37	83	16	
宁　夏	117	11.0	80	37	95	20	108
新　疆	421	11.1	311	110	342	61	

对　外　贸　易

（2003 年）

地区	进出口总值（亿美元）	出口	进口	比上年增长（%）	出口	进口
全国	**8 512**	**4 384**	**4 128**	**37.1**	**34.6**	**39.9**
北京	685	169	516	30	33.6	29.4
天津	294	144	150	28.7	24.0	33.5
河北	90	59	31	34.7	29.1	47.2
山西	31	23	8	33.4	36.4	25.9
内蒙古	31	14	17		43.2	2.4
辽宁	119	146	119	27.3	18.3	27.3
吉林	62	22	40	66.7	22.2	107.3
黑龙江	53	29	25	22.5	44.6	4.0
上海	1 124	485	639	54.7	51.2	57.4
江苏	1 137	591	545	61.7	53.7	71.3
浙江	614	416	198	46.4	41.5	58.0
安徽	59	31	29	41.2	24.9	66.6
福建	353	211	142	24.4	21.7	28.7
江西	25	15	10	49.2	43.1	59.1
山东	447	266	181		25.8	41.0
河南	47	30	17	47.2	40.6	60.0
湖北	51	27	25	29.2	26.5	32.3
湖南	37	22	16	29.9	19.5	47.1
广东	2 837	1 529	1 307	28.3	29.1	27.3
广西	32	20	12	31.4	30.7	32.3
海南	23	9	14	22.1	6.1	
重庆	26	16	10	44.6	45.3	43.7
四川	56	32	24	26.2	18.5	38.1
贵州	10	6	4	42.4	33.2	58.8
云南	27	17	10	19.8	17.3	24.3
西藏	2	1	0	23.6	50.0	－19.8
陕西	28	17	11	25.2	26.1	23.6
甘肃	13	9	5	51.3	59.9	37.0
青海	3	3	1	72.4	81.3	43.1
宁夏	7	5	1	47.4	56.0	23.1
新疆	48	25	22	77.3	94.3	61.2

工　业　增　加　值

（2003年）

地　　区	工业增加值（亿元）				
		#规模以上			
			国有及国有控股	轻工业	重工业
全　　国	**53 612**	**41 045**	**19 408**	**14 653**	**26 392**
北　　京	1 017	971	569	211	760
天　　津	1 103	1 028		242	786
河　　北	3 252	1 810	891	481	1 330
山　　西		882		70	812
内 蒙 古	707	510		161	349
辽　　宁	2 510	1 764			
吉　　林		807	620	160	646
黑 龙 江	2 249	1 380	1 198	181	1 199
上　　海	2 866	2 767		896	1 970
江　　苏	5 955	4 621	1 024	1 688	2 933
浙　　江	4 310	3 194	607	1 557	1 637
安　　徽	1 446	834	477	277	557
福　　建	2 150	1 461	420	691	770
江　　西	849	440		145	295
山　　东		4 695	1 848		
河　　南	3 034	1 754	990	511	1 243
湖　　北		1 356	686	425	931
湖　　南	1 455	887	549	358	528
广　　东	6 358	5 606			
广　　西	812	437	277	163	274
海　　南	123	107	59	38	69
重　　庆	768	478		169	309
四　　川	1 771	1 156		427	729
贵　　州	451	332		95	237
云　　南	866	720	624	464	256
西　　藏	13	11			
陕　　西		665		54	511
甘　　肃	450	390	303	68	322
青　　海	121	96	85	6	89
宁　　夏	143	123		22	101
新　　疆		571		88	483

全社会固定资产投资

（2003年）

单位：亿元

地区	固定资产投资		国有经济	集体经济	城乡个人
	完成额	比上年增长（%）			
全国	**55 118**	**26.7**	**39 748**	**28**	**7 563**
北京	2 157	18.9			
天津	1 047	29.0			
河北	2 516	22.9	1 619	593	304
山西	1 116	33.2	949	68	70
内蒙古	1 208	68.9	1 110	31	67
辽宁	2 083	29.7			
吉林	966	19.5	849	*116	
黑龙江	1 241	12.0	1 026	*215	
上海	2 452	12.1			
江苏	5 336	38.6	2 970	*2 366	
浙江	4 947	38.1			
安徽	1 478	30.4	1 179	*299	
福建	1 508	22.5	1 194	*314	
江西	1 380	49.3			
山东	5 327	51.7	3 585	1 122	621
河南	2 311	26.9	1 580	319	407
湖北	1 884	11.1	1 471	109	304
湖南	1 557	14.8			
广东	4 989	26.5			
广西	987	18.2	733		
海南	276	22.4			
重庆	1 269	27.5			
四川	2 158	19.6	1 817		
贵州	754	19.2			
云南	1 024	23.5	790		
西藏	139	27.2	133	3	3
陕西	1 250	28.2	1 073	45	132
甘肃	655	13.8	564	32	59
青海	285	16.4	251	8	27
宁夏	318	37.9			
新疆	1 002	23.2			

*为集体经济和城乡个人。

全社会固定资产投资(续)

(2003年)

单位：亿元

地区	基本建设		更新改造		房地产开发	
	完成额	比上年增长(%)	完成额	比上年增长(%)	完成额	比上年增长(%)
全国	**22 729**	**28.7**	**8 444**	**25**	**10 106**	**29.7**
北京	515	24.1	216	27.5	1 203	21.5
天津	501	38.6	211	27.0	211	20.2
河北	843	41.2	509	36.1	252	44.0
山西	515	28.7	253	31.0	95	41.3
内蒙古	781	85.3	178	65.4	91	25.5
辽宁	683	29.1	462	26.4	486	25.2
吉林	436	17.3	207	28.2	139	19.3
黑龙江	573	15.4	226	5.8	163	11.9
上海	927		388		901	
江苏	1 865	62.8	669	47.6	809	48.7
浙江						
安徽	553	30.3	355	53.4	241	64.3
福建	483	18.3	227	16.6	362	45.4
江西	567	62.9	196	37.8	177	71.2
山东	1 809	65.8	916	43.7	580	48.4
河南	974	34.4	365	56.1	186	34.1
湖北	845	10.9	383	19.7	239	33.8
湖南	605	13.1	302	32.4	230	52.4
广东	1 899	40.4	634	24.1	1 210	8.3
广西	447	19.9	143	35.3	120	59.8
海南	181	19.3	12	7.1	36	84.4
重庆	692	38.5	161	1.7	328	33.3
四川	980	16.9	369	43.4	449	30.4
贵州	385	23.1	141	16.4	105	26.4
云南	492	16.7	146	28.2	112	16.0
西藏	120	37.4	9	0.8	2	-27.8
陕西	678	31.5	168	13.2	189	52.6
甘肃	322	12.8	174	12.6	51	34.7
青海	184	11.9	38	50.1	22	32.1
宁夏	165	32.4	41	55.8	51	64.9
新疆	647	28.5	127	10.2	99	12.3

价　　格　　指　　数

（2003年）

地　　区	居民消费价格指数	城　镇	农　村	商品零售价格指数	城　市	农　村
全　　国	**101.2**	**100.9**	**101.6**	**99.9**		
北　　京	100.2	100.2		98.2	98.2	
天　　津	101.0	101.0		97.4	97.4	
河　　北	102.2	102.3	102.0	100.2		
山　　西	101.8	101.6	102.5	100.3		
内 蒙 古	102.2	101.5	103.5	99.6		
辽　　宁	101.7	101.2	103.7	98.9		
吉　　林	101.2	101.1	101.5	100.5		
黑 龙 江	100.9	100.8	101.2	99.7		
上　　海	100.1	100.1		99.0		
江　　苏	101.0	100.9	101.2	99.8		
浙　　江	101.9	100.5	102.9	99.6		
安　　徽	101.7	101.8	101.7	101.3	100.8	101.7
福　　建	100.8	100.7	101.0	99.1		
江　　西	100.8	100.9	100.6	100.1		
山　　东	101.1	100.7	101.5	100.2		
河　　南	101.6	101.7	101.4	101.3		
湖　　北	102.2	102.6	101.3	101.2		
湖　　南	102.4			100.6		
广　　东	100.6	100.7	100.4	100.0	99.7	100.6
广　　西	101.1	100.9	101.3	100.2		
海　　南	100.1	99.4	100.9	100.4	100.2	100.4
重　　庆	100.6	100.6		99.5		
四　　川	101.7			100.1		
贵　　州	101.2	100.9	102.0	100.0		
云　　南	101.2	101.3	101.0	99.9		
西　　藏	100.9	100.8	100.9	99.4		
陕　　西	101.7	100.8	103.5	100.5		
甘　　肃	101.1	100.9	101.4	100.2		
青　　海	102.0	101.8	102.5	100.8		
宁　　夏	101.7	101.5	102.0	99.5	99.2	100.1
新　　疆	100.4	100.5	100.2	99.2		

财政收支与金融信贷

（2003年）

地区	财政收入	比上年增长（%）	财政支出	比上年增长（%）	金融机构存款年末余额	金融机构贷款年末余额
全国	**21 691**	**14.7**	**24 607**	**11.6**	**220 364**	**169 771**
北京			737	17.3	18 322	11 343
天津	718	22.8	350	16.6	*4 363	*3 791
河北	634	16.5	634	9.9	7 970	5 655
山西	380	29.8	415	24.0	4 752	3 631
内蒙古	258	28.1	469	13.8	2 091	1 924
辽宁			785	13.6	8 943	7 222
吉林	289	18.1	409	12.9	*3 447	*3 422
黑龙江	293	14.8	606	9.3	4 810	3 981
上海	2 829	28.5	1 103	25.6	17 318	13 168
江苏	1 969	23.1	1 378	14.4	15 379	11 300
浙江					*15 416	*12 419
安徽	412	18.9	506	10.8	4 190	3 375
福建	523	16.0	452	13.7	5 178	3 838
江西	286	21.9			3 240	2 545
山东	2 109	16.9	1 009	17.2	12 438	10 467
河南					7 618	6 423
湖北			538	4.2	5 986	5 000
湖南					4 775	3 901
广东					*29 641	*20 126
广西	341	11.8	439	4.6	3 175	2 321
海南					*1 051	*875
重庆	207	31.1	392	17.0	3 439	2 775
四川					7 236	5 911
贵州	237	16.6	331	4.6	1 899	1 714
云南	510		588	11.6	3 748	2 956
西藏	10	14.9			*322	*145
陕西					4 593	3 550
甘肃	176	18.2	300	9.5	2 130	1 728
青海	44	14.5	123	3.9	539	565
宁夏	51	14.1	106	-7.6	746	682
新疆	263	15.8	368	13.0	2 662	2 099

*指本外币数据。

省会城市对比资料(一)

(2003年)

城市	土地面积(平方公里)		总人口(万人)	
	数值	位次	年末数	位次
南昌	7 402	21	450.77	18
合肥	7 266	22	456.60	17
长沙	11 820	14	601.76	13
郑州	7 446	19	697.00	8
武汉	8 494	16	776.10	4
太原	6 988	23	327.40	20
济南	8 154	17	582.56	14
南京	6 598	24	572.23	15
杭州	16 596	7	642.78	10
福州	11 968	13	601.91	12
广州	7 434	20	725.19	5
海口	236	27	166.92	25
南宁	2 293	3	641.67	11
成都	12 390	11	1 044.31	1
贵阳	8 034	18	344.86	19
昆明	21 111	4	500.80	16
哈尔滨	53 068	1	954.30	2
长春	20 571	5	718.00	6
沈阳	12 980	10	689.10	9
石家庄	15 848	8	910.51	3
呼和浩特	17 224	6	213.90	22
西安	9 983	15	716.58	7
兰州	13 806	9	304.36	21
西宁	3 456	26	204.97	23
银川	3 512	25	133.50	26
乌鲁木齐	12 000	12	181.53	24
拉萨	29 052	2	42.08	27

注：2003年南宁市进行了区划调整，增加了五个县，故其主要指标数据与2002年不具可比性。

省 会 城 市 对 比 资 料(二)

(2003年)　　单位：亿元

城市	地区生产总值			
	全年	位次	比上年增长%	位次
南昌	641	16	15.5	3
合肥	478	19	13.3	18
长沙	928	14	14.0	13
郑州	1 102	12	14.7	8
武汉	1 662	4	12.1	24
太原	516	17	15.5	3
济南	1 368	9	14.5	9
南京	1 576	6	15.1	5
杭州	2 092	2	15.0	6
福州	1 300	11	13.0	19
广州	3 467	1	15.0	6
海口	227	24	13.8	14
南宁	502	18	10.7	26
成都	1 871	3	13.0	19
贵阳	381	23	13.0	19
昆明	812	15	10.3	27
哈尔滨	1 415	7	13.5	16
长春	1 338	10	14.20	10
沈阳	1 602	5	14.20	10
石家庄	1 377	8	12.50	23
呼和浩特	406	22	24.9	1
西安	940	13	13.5	16
兰州	440	20	11.0	25
西宁	145	26	13.7	15
银川	157	25	14.2	10
乌鲁木齐	408	21	12.7	22
拉萨	64	27	16.8	2

省会城市对比资料(二-1)

(2003年)　　　　单位：亿元

城市	第二产业			
	全年	位次	比上年增长%	位次
南昌	324	16	18.9	10
合肥	238	18	16.1	19
长沙	394	14	20.3	6
郑州	574	11	20.2	7
武汉	742	6	12.8	24
太原	266	17	19.8	8
济南	59960	10	18.0	13
南京	804	4	18.8	11
杭州	1 081	2	18.3	12
福州	646	8	18.0	13
广州	1 505	1	21.4	4
海口	73	25	27.7	2
南宁	140	23	14.54	23
成都	859	3	15.5	20
贵阳	192	20	14.8	22
昆明	377	15	11.0	27
哈尔滨	525	12	17.7	15
长春	630	9	17.2	17
沈阳	759	5	21.0	5
石家庄	669	7	15.5	20
呼和浩特	175	21	28.1	1
西安	447	13	17.4	16
兰州	233	19	11.7	25
西宁	68	26	19.6	9
银川	74	24	21.7	3
乌鲁木齐	144	22	11.1	26
拉萨	15	27	16.3	18

省 会 城 市 对 比 资 料（二－2）

（2003年）

单位：亿元

城市	第三产业			
	全年	位次	比上年增长%	位次
南昌	264	17	13.1	6
合肥	199	20	13.8	3
长沙	451	13	10.5	22
郑州	480	12	10.0	23
武汉	826	4	12.5	9
太原	232	19	11.9	12
济南	663	8	13.0	7
南京	707	6	12.5	9
杭州	884	2	12.2	11
福州	512	11	9.6	25
广州	1 858	1	11.0	18
海口	131	24	8.6	27
南宁	266	16	11.6	16
成都	859	3	11.7	14
贵阳	160	23	11.8	13
昆明	376	15	10.6	21
哈尔滨	674	7	12.7	8
长春	552	9	13.5	4
沈阳	755	5	8.9	26
石家庄	527	10	11.7	14
呼和浩特	194	21	23.3	1
西安	444	14	11.3	17
兰州	189	22	11.0	18
西宁	68	25	9.7	24
银川	67	26	10.7	20
乌鲁木齐	258	18	13.2	5
拉萨	43	27	19.4	2

省 会 城 市 对 比 资 料（三）

（2003 年）

单位：亿元

城市	工业增加值			
	全年	位次	比上年增长%	位次
南昌	130	18	30.2	5
合肥	162	17	18.9	18
长沙	198	14	25.5	7
郑州	297	11	24.0	9
武汉	428	5	14.3	21
太原	162	16	29.4	6
济南	427	6	22.4	10
南京	640	3	18.7	19
杭州	744	2	33.5	3
福州	366	8		
广州	1 141	1	25.0	8
海口	47	23	36.8	2
南宁	72	22	20.6	15
成都	330	9	20.4	16
贵阳	121	19	16.1	20
昆明	215	13	10.9	23
哈尔滨	226	12	21.4	11
长春	438	4	19.5	17
沈阳	300	10	33.5	3
石家庄	378	7	21.2	13
呼和浩特	82	20	43.3	1
西安	0	26	0.0	25
兰州	166	15	12.1	22
西宁	35	25	21.4	11
银川	41	24	20.7	14
乌鲁木齐	79	21	5.2	24
拉萨				

省会城市对比资料(四)

(2003年)　　单位：亿元

城市	固定资产投资完成额			
	全年	位次	比上年增长%	位次
南昌	235	18	67.9	1
合肥	255	16	51.2	4
长沙	495	10	36.5	12
郑州	502	9	47.4	5
武汉	645	5	13.1	23
太原	205	21	38.5	10
济南	505	8	24.7	16
南京	954	3	58.2	3
杭州	1 006	2	30.7	13
福州	439	12	45.0	6
广州	1 158	1	14.7	22
海口	105	25	12.1	24
南宁	190	22	30.2	14
成都	863	4	22.9	18
贵阳	240	17	27.6	15
昆明	360	15	23.3	17
哈尔滨	436	13	20.7	20
长春	390	14	21.6	19
沈阳	583	6	44.8	7
石家庄	560	7	36.9	11
呼和浩特	206	20	42.1	8
西安	479	11	41.7	9
兰州	211	19	10.0	26
西宁	85	26	10.0	25
银川	145	24	65.4	2
乌鲁木齐	181	23	20.1	21
拉萨	35	27	4.0	27

省会城市对比资料(五)

(2003年)

单位：亿元

城市	社会消费品零售总额			
	全年	位次	比上年增长%	位次
南昌	201	19	13.1	8
合肥	207	17	12.3	15
长沙	452	12	12.7	11
郑州	480	10	11.4	20
武汉	854	2	12.0	17
太原	185	20	17.8	1
济南	533	8	15.6	2
南京	600	6	14.4	5
杭州	588	7	12.4	13
福州	484	9	15.0	4
广州	1 494	1	9.0	24
海口	86	24	11.3	21
南宁	255	16	12.3	14
成都	772	4	13.0	9
贵阳	154	22	12.5	12
昆明	328	15	12.1	16
哈尔滨	624	5	11.6	19
长春	438	14	8.4	26
沈阳	776	3	11.7	18
石家庄	457	11	11.0	22
呼和浩特	123	23	15.5	3
西安	440	13	13.0	9
兰州	207	18	9.0	25
西宁	64	25	10.2	23
银川	61	26	14.0	6
乌鲁木齐	172	21	13.2	7
拉萨	27	27	7.2	27

省会城市对比资料(六)

(2003年) 单位：万美元

城市	实际利用外资			
	全年	位次	比上年增长%	位次
南昌	58 350	9	58.8	4
合肥	26 048	15	43.0	7
长沙	50 209	11	53.2	5
郑州	29 120	12	112.4	1
武汉	176 200	4	11.8	21
太原	11 887	19	20.0	15
济南	65 329	8	20.6	14
南京	221 022	3	47.2	6
杭州	100 900	6	93.3	2
福州	130 200	5	8.7	23
广州	306 400	1	15.5	17
海口	27 693	13	13.4	18
南宁	14 721	18	11.9	20
成都	50 270	10	25.3	13
贵阳	7 492	21	13.3	19
昆明	5 148	22	39.0	8
哈尔滨	23 000	17	10.3	22
长春	75 101	7	19.8	16
沈阳	227 217	2	37.7	9
石家庄	26 307	14	28.7	11
呼和浩特	10 546	20	89.9	3
西安	26 000	16	26.0	12
兰州				
西宁	776			
银川	2 878	25	35.0	10
乌鲁木齐	1 400	23		
拉萨		24		

省会城市对比资料(七)

(2003年)

单位：万美元

城市	出口总值(海关数)			
	全年	位次	比上年增长%	位次
南昌	100 441	15	38.1	6
合肥	181 845	6	21.0	20
长沙	109 811	13	7.4	26
郑州	87 192	17	27.3	13
武汉	141 800	9	30.0	8
太原	151 741	8	28.6	11
济南	84 000	18	20.2	21
南京	766 500	3	27.5	12
杭州	1 095 000	2	29.2	10
福州	430 000	4	21.7	19
广州	1 688 900	1	22.6	16
海口	26 733	24	19.4	22
南宁	51 143	21	25.5	14
成都	135 472	11	11.1	24
贵阳	52 321	20	31.6	7
昆明	100 633	14	12.4	23
哈尔滨	100 000	16	8.5	25
长春	155 183	7	21.9	17
沈阳	200 438	5	43.1	5
石家庄	135 200	12	53.3	4
呼和浩特	36 184	23	29.9	9
西安	140 000	10	24.9	15
兰州	64 500	19	84.5	2
西宁	23 934	25	76.2	3
银川	22 750	26	21.9	17
乌鲁木齐	41 968	22	2.0	27
拉萨	341	27	92.5	1

省会城市对比资料(八)

(2003年)

单位：亿元

城市	一般预算收入（不含上划中央收入+基金收入）			
	全年	位次	比上年增长%	位次
南昌	31	21	22.0	9
合肥	36	19	23.2	7
长沙	60	13	33.2	1
郑州	66	10	25.1	4
武汉	80	6	14.5	23
太原	33	20	28.9	3
济南	76	8	19.6	12
南京	137	3	21.9	10
杭州	150	2	31.3	2
福州	68	9	17.6	17
广州	275	1	15.5	21
海口	12	25	15.3	22
南宁	36	18	18.7	15
成都	90	4	17.7	16
贵阳	40	17	22.1	8
昆明	60	12	11.8	26
哈尔滨	76	7	16.2	20
长春	46	15	21.5	11
沈阳	81	5	24.6	5
石家庄	49	14	13.9	24
呼和浩特	21	22	23.9	6
西安	65	11	18.9	13
兰州	21	23	16.8	19
西宁	8	26	17.3	18
银川	12	24	18.9	13
乌鲁木齐	41	16	9.8	27
拉萨	3	27	13.5	25

省 会 城 市 对 比 资 料(九)

(2003年)

单位：亿元

城市	城乡居民储蓄存款余额			
	全年	位次	比上年增长%	位次
南昌	483	17	20.4	11
合肥	359	21	24.7	3
长沙	705	15	18.8	17
郑州	1 049	9	23.4	4
武汉	1 286	5	19.0	15
太原	660	16	20.1	13
济南	758	13	17.8	21
南京	1 254	6	21.3	9
杭州	1 590	2	208	10
福州	876	11	23.3	5
广州	3 727	1	19.0	15
海口	284	23	12.5	27
南宁	452	19	15.3	25
成都	1 494	3	21.9	8
贵阳	345	22	19.8	14
昆明	709	14	18.6	19
哈尔滨	1 094	8	18.1	20
长春	831	12	16.5	24
沈阳	1 423	4	17.2	23
石家庄	1 045	10	13.5	26
呼和浩特	255	24	22.9	6
西安	1 211	7	22.5	7
兰州	468	18	18.8	18
西宁	175	26	17.6	22
银川	193	25	25.0	2
乌鲁木齐	420	20	20.2	12
拉萨	50	27	30.7	1

省会城市对比资料(十)

(2003年)

单位：元

城市	城市居民人均可支配收入			
	全年	位次	比上年增长%	位次
南昌	7 793	21	11.0	9
合肥	7 784	22	8.9	17
长沙	9 933	6	10.1	11
郑州	8 641	11	11.3	7
武汉	8 525	12	9.0	16
太原	8 264	14	12.0	6
济南	11 013	3	9.1	14
南京	10 196	4	11.3	7
杭州	12 898	2	9.5	12
福州	10 179	5	10.8	10
广州	15 003	1	12.1	5
海口	8 350	13	4.3	26
南宁	9 612	8	4.2	27
成都	9 641	7	7.4	22
贵阳	7 985	16	9.3	13
昆明	7 979	17	8.1	20
哈尔滨	7 893	20	12.7	4
长春	7 905	19	13.5	2
沈阳	7 961	18	12.9	3
石家庄	7 741	24	6.9	23
呼和浩特	8 230	15	17.6	1
西安	7 748	23	7.9	21
兰州	7 095	26	8.2	19
西宁	7 025	27	9.0	15
银川	7 245	25	5.8	24
乌鲁木齐	9 087	9	5.0	25
拉萨	8 765	10	8.5	18

省会城市对比资料（十一）

（2003年）

单位：元

城市	农民人均纯收入			
	全年	位次	比上年增长%	位次
南昌	2 808	20	5.4	20
合肥	2 385	24	7.0	15
长沙	3 745	7	8.2	9
郑州	3 631	9	7.5	12
武汉	3 497	12	6.1	17
太原	3 502	11	13.8	2
济南	3 619	10	7.9	11
南京	4 923	3	7.5	12
杭州	5 740	2	9.5	5
福州	4 401	4	5.0	26
广州	6 130	1	5.1	25
海口	3 271	15	5.4	20
南宁	2 224	26	5.4	20
成都	3 655	8	8.2	9
贵阳	2 510	22	6.7	16
昆明	2 576	21	5.5	20
哈尔滨	2 943	18	6.0	18
长春	3 411	13	8.4	7
沈阳	3 813	6	9.1	6
石家庄	3 394	14	4.6	27
呼和浩特	3 160	16	12.0	3
西安	2 838	19	7.4	14
兰州	2 398	23	5.7	19
西宁	2 054	27	11.7	4
银川	3 087	17	5.3	24
乌鲁木齐	4 154	5	8.4	7
拉萨	2 265	25	14.7	1

副省级（非省会）城市主要经济指标

（2003年）

指　　　　标	深　　圳	大　　连	宁　　波	厦　　门	青　　岛
地区生产总值（亿元）	2 861	1 633	1 787	760	1 780
比上年增长（%）	17.3	15.2	16.6	17.0	15.9
全社会固定资产投资（亿元）	947	507	836	245	739
比上年增长（%）	20.1	37.8	39.0	13.8	54.6
社会消费品零售总额（亿元）	802	569	522	230	512
比上年增长（%）	16.3	12.4	12.7	15.9	15.8
外贸出口（海关数，亿美元）	629.62	95.3	120.74	105.54	123.90
比上年增长（%）	35.2	11.8	47.9	20.0	17.2
实际利用外资（亿美元）	50.42	22.11	17.27	4.22	40.10
比上年增长（%）	2.9	37.9	57.0	-32.0	68.8
地方财政收入（亿元）	290.84	110.54	139.42	70.15	120.10
比上年增长（%）	15.8	11.9	32.4	17.4	23.9
工业总产值（亿元）	5 074	1 542	2 630	1 318	2 559
比上年增长（%）		21.5	31.5	29.3	27.2
工业销售产值（亿元）	4 974	1 517	2 582	1 303	2 508
比上年增长（%）	23.5	24.0	32.9	28.7	23.4
城市居民可支配收入（元）	25 936	9 101	14 277	12 915	10 075
比上年增长（%）	4.0	11.0	10.0	9.8	15.5
居民消费价格指数（%）	101	101	101	101	101

注：工业为全部国有和年销售收入500万元以上非国有工业企业。

人　　口

（2003年）

地　　区	单　　位	指　标　值
全　　省	**万　人**	**4 254.2**
南　昌　市	万　人	445.4
景德镇市	万　人	151.8
萍　乡　市	万　人	180
九　江　市	万　人	460.1
新　余　市	万　人	110.3
鹰　潭　市	万　人	106.8
赣　州　市	万　人	806.9
宜　春　市	万　人	526.8
上　饶　市	万　人	626.8
吉　安　市	万　人	463.2
抚　州　市	万　人	376.1

注：南昌市人口为公安局户籍人口数，全省及其他设区市人口为抽样调查数。

地　区　生　产　总　值

（2003年）

单位：亿元

地　　区	GDP	第一产业	第二产业	第三产业
全　　省	**2 830**	**560**	**1 227**	**1 043**
南　昌　市	641.02	52.82	324.16	264.04
景德镇市	140.69	12.38	76.11	52.20
萍　乡　市	142.86	16.15	83.95	42.75
九　江　市	306.77	51.64	147.32	107.81
新　余　市	109.10	14.70	57.30	37.10
鹰　潭　市	79.09	12.37	37.90	28.82
赣　州　市	344.82	101.61	112.73	130.48
吉　安　市	205	61.79	76.82	66.39
宜　春　市	249.5	75.3	94.22	79.98
抚　州　市	168.41	47.86	72	48.55
上　饶　市	252.75	62.0	93.33	97.42

农业总产值

（2003年）　　单位：亿元

地　　区	2002	2003	2003年比上年增长%
全　省	**824.54**	**875**	**2.8**
南昌市	77.29	82.3	3.3
景德镇市	16.36	17.56	7.3
萍乡市	25.75	27.5	4.5
九江市	69.31	75.01	6.4
新余市	22.91	23.87	2.5
鹰潭市	19.39	21.78	4.8
赣州市	146.67	154.32	3.11
吉安市	98.96	102.94	4.02
宜春市	124.31	115.17	－3.56
抚州市	86.36	89.24	1.3
上饶市	103.21	109.92	5.2

工业增加值

（2003年）　　单位：亿元

地　　区	绝对数	比上年增长%	其中：市属企业	
			绝对数	比上年增长%
全　省	**440.31**	**21.01**	**216.46**	**21.56**
南昌市	129.76	30.18	73.31	33.32
景德镇市	38.18	4.91	15.29	33.02
萍乡市	25.28	39.1	6.52	36.4
九江市	50.52	27.88	21.70	28.66
新余市	31.81	28.3	6.89	29.5
鹰潭市	27.46	29.33	4.81	20.01
赣州市	30.19	23.83	23.44	29.29
宜春市	30.89	38.23	20.18	44.72
抚州市	17.96	28.21	16.63	30.24
上饶市	25.49	27.03	1997	35.9
吉安市	19.72	44.2	15.63	52

注：本表为“500万元以上”工业，下同。

工 业 产 品 销 售 率

（2003年）

单位：%

地　　区	工业产品销售率		#市属企业	
	指标值	比上年增减%	指标值	比上年增减%
全　省	**98.13**	**0.23**	**97.45**	**-0.15**
南昌市	98.11	0.29	98.07	-0.56
景德镇市	101.62	5.54	97.28	0.73
萍乡市	99.25	0.36	99.77	3.47
九江市	96.99	-1.73	96.81	0.28
新余市	100.14	0.11	98.87	0.3
鹰潭市	95.39	-0.77	94.44	5.35
赣州市	98.11	0.74	97.81	0.42
吉安市	97.06	-0.94	96.43	-1.42
宜春市	96.86	-0.26	96.47	-0.78
抚州市	96.84	0.76	96.76	0.82
上饶市	97.88	-0.51	97.1	-0.82

社 会 消 费 品 零 售 总 额

（2003年）

单位：亿元

地　　区	2002	2003	2003年比上年增长%
全　省	**832.71**	**923.21**	**11.7**
南昌市	179.84	201.18	13.1
景德镇市	34.03	38.07	13.1
萍乡市	41.85	46.99	13.5
九江市	75.64	85.18	13.8
新余市	31.39	34.47	11
鹰潭市	22.43	24.86	12
赣州市	109.51	120.14	10.9
吉安市	68.46	73.13	8
宜春市	105.67	114.35	9.4
抚州市	75.49	82.23	10.1
上饶市	95.38	106.64	13

注：2003年指标口径有所调整，与2002年口径不同。

财　政　收　入

（2003年）　　单位：亿元

地　区	财政总收入	地方财政收入	财政支出
全　省	**284.9**	**167.4**	**381.8**
南昌市	76.47	31.41	39.59
景德镇市	11.98	6.61	12.49
萍乡市	13.9	7.37	14.42
九江市	28.6	15.29	31.1
新余市	14.5	6.26	10.64
鹰潭市	8.63	4.48	8.62
赣州市	31.4	19.68	47.55
吉安市	18.2	12.22	30.82
宜春市	20.6	13.16	30.18
抚州市	12.01	8.72	25.23
上饶市	22.28	13.71	35.5

固　定　资　产　投　资

（2003年）　　单位：亿元

地　区	固定资产投资	基本建设	更新改造	房地产
全　省	**975.40**	**566.14**	**194.03**	**173.78**
南昌市	189.29	95.37	33.91	60.01
景德镇市	53.6	19.94	9.81	17.1
萍乡市	46.4	22.39	14.34	6.81
九江市	110.47	50.33	28.60	10.86
新余市	37.60	12.2	16.7	6.2
鹰潭市	18.54	8.96	2.39	3.32
赣州市	144.31	93.33	7.19	13.44
吉安市	44.49	29.70	3.63	11.16
宜春市	58.67	36.96	4.42	10.79
抚州市	65	17.17	3.92	16.73
上饶市	76.04	49.70	7.79	16.82

海 关 进 出 口 总 额

（2003年）

单位：亿美元

地区	2002		2003	
	进出口总额	#出口	进出口总额	#出口
全省	**16.95**	**10.52**	**25.28**	**15.06**
南昌市	9.09	7.28	13.42	10.04
景德镇市	0.78	0.43	0.81	0.56
萍乡市	0.06	0.04	0.07	0.06
九江市	1.69	0.39	2.42	0.5
新余市	0.47	0.19	0.41	0.12
鹰潭市	2.02	0.34	3.56	0.85
赣州市	1.34	0.85	2.31	1.31
宜春市	0.58	0.22	0.86	0.33
上饶市	0.60	0.49	0.92	0.81
吉安市	0.25	0.23	0.35	0.33
抚州市	0.06	0.06	0.16	0.14

在 岗 职 工 平 均 工 资

（2003年）

地区	职工人数（万人）	平均工资（元/人）	
			#国有
全省	**256.67**	**10 521**	**10 918**
南昌市	49.9	13 914	14 624
景德镇市	14.33	9 574	10 412
萍乡市	12.9	10 094	11 367
九江市	31.15	9 536	10 055
新余市	9.95	11 402	10 474
鹰潭市	6.78	9 767	10 126
赣州市	3 286	9 295	9 631
吉安市	20.96	8 571	8 910
宜春市	23.98	9 604	9 862
抚州市	20.07	8 147	8 523
上饶市	27.40	9 374	9 709

城镇居民人均可支配收入

（2003年）　　　　单位：元

地　　区	指　标　值	比上年增长%
全　　省	**6 901**	**8.9**
南 昌 市	7 793	11
景德镇市	6 993	10.1
萍 乡 市	7 130	12.1
九 江 市	7 058	12
新 余 市	7 087	10.6
鹰 潭 市	7 014	10.4
赣 州 市	6 723	8.9
宜 春 市	6 516	4
上 饶 市	6 773	9.6
吉 安 市	6 529	7.8
抚 州 市	6 800	9.9

注："*"为该市政府所在区数据，下同。

农民人均纯收入

单位：元

地　　区	2002	2003	2003年比上年增长%
全　　省	**2 234.2**	**2 458**	**5.3**
南 昌 市	2 663.7	2 808	5.4
景德镇市	2 513.2	2 666	6.1
萍 乡 市	2 557.8	2 686	5
九 江 市	2 113.9	2 373	12.3
新 余 市	2 717.3	3 320	12.8
鹰 潭 市	2 554.0	2 717	6.4
赣 州 市	2 190.7	2 410	2.3
吉 安 市	2 245.2	2 329	3.8
宜 春 市	2 582.5	2 689	4.1
抚 州 市	2 272.7	2 353	3.5
上 饶 市	2 226.6	2 383	7

居民消费价格指数

（上年=100）

地　　区	2002	2003
全　省	**99.8**	**100.8**
#城　市	99.8	100.9
南昌市	99.5	100.5
景德镇市	99.1	101.9
萍乡市	99.8	101.2
九江市	99.9	102.2
新余市	100.1	101.2
鹰潭市	100.8	101.3
赣州市	99.5	100.9
宜春市	99.1	100.4
上饶市	101.4	101.1
吉安市	100.6	101.6
抚州市	100.3	101.1

江西省2003年
国民经济和社会发展统计公报

江西省统计局

（2004年4月6日）

2003年，江西人民在省委、省政府的正确领导下，高举邓小平理论和“三个代表”重要思想伟大旗帜，全面贯彻党的十六大和十六届三中全会精神，认真落实省委十一届四次全会的各项部署，围绕江西在中部地区崛起和全面建设小康社会的宏伟目标，大力弘扬井冈山精神，解放思想，实事求是，与时俱进，扎实工作，全省上下经受住了非典、洪涝及严重干旱三大严峻考验，国民经济持续快速增长，经济运行质量明显提高，改革开放和现代化建设不断取得新成就，各项社会事业全面发展，城乡居民生活水平稳步提高，

一、综　　合

国民经济持续快速增长。2003年全省实现生产总值2 830亿元，按可比价格计算，比上年增长13.0%，增幅同比加快2.5个百分点，其中：第一产业增加值560亿元，增长2.7%；第二产业增加值1 227亿元，增长24.4%；第三产业增加值1 043亿元，增长7.4%。人均生产总值6 677元，比上年增加848元，增长12.1%。

经济结构调整取得明显成效。全省生产总值中的三次产业比例由上年的21.9：38.8：39.3调整为19.8：43.4：36.8。与上年相比，第二产业比重提高4.6个百分点，超过第三产业成为国民经济的主导产业；第一产业比重下降2.1个百分点；第三产业比重下降2.5个百分点，但房地产、卫生、教育等新兴行业增长势头较猛。全社会劳动生产率13 166.5元/人，比上年提高12.8%。公有制经济稳定发展，国有大中型企业改革和脱困成果进一步巩固，混合所有制经济和民营经济快速发展。全省个体业户和私营企业64.28万户，比上年增加0.53万户，增长0.83%；城乡私营企业从业人员和个体劳动者236.22万人，比上年增加21.99万人，增长10.27%。

市场价格总水平小幅上升。全年居民消费价格总指数为100.8%，比上年上涨0.8%，其中，消费品价格上涨0.7%，服务项目价格上涨1.0%。分城乡看，城市上涨0.9%，农村上涨0.6%。分类别看，食品类价格上涨2.9%，衣着类下降2.8%，娱乐教育文化用品及服务类上涨0.1%，居住类价格上涨2.1%。全年工业品出厂价格总水平上涨4.0%，其中，轻工业品上涨1.6%，重工业品上涨6.1%；原材料、燃料和动力购进价格总水平上涨6.5%，其中钢材上涨10.0%，农副产品上涨9.7%；固定资产投资价格上涨5.1%。农产品生产价格上涨5.1%，其中，谷物上涨3.4%，棉花上涨27.9%，油料上涨19.3%，畜产品上涨8.9%。

国民经济和社会发展中存在的主要问题是：经济结构和经济体制中许多深层次问题尚未得到根本解决；在加快发展中，电力、资金、人才不足的矛盾凸现出来；就业与再就业形势依然严峻，农民收入增收难度大，部分城乡居民生活困难。

二、农　　业

农业克服自然灾害影响，生产保持平稳增长。全省农业总产值841.63亿元，按可比价格计算，比上年增长2.7%。农作物种植结构以市场需求为导向，进一步加快调整步伐，大力推进品种、品质和布局的优化。全年粮食播种面积3 051.12千公顷，比上年调减136.87千公顷，其中早稻1 083.8千公

顷，减少2.4%。粮食、油料等大宗农产品受洪涝和罕见的干旱影响，产量有所下降，而棉花、水果、药材和花卉等高效农作物产量实现较快增长。其中，粮食产量1 450.3万吨，下降6.4%；油料产量76.0万吨，下降7.8%；棉花产量7.6万吨，增长13.8%；水果产量78万吨，增长19.2%；烟叶产量1.8万吨，下降9.5%；糖料产量118万吨，下降9.6%。

林业发展取得新成效，生态环境进一步改善。全省各地把保护森林资源、优化生态环境放在重要位置，进一步加快了植树造林、国土绿化和低产林改造的步伐，森林面积扩大，覆盖率提高，林木蓄积量增加，主要林产品产量增长较多。全省实现林业产值70.48亿元，增长7.0%；全年完成造林面积219.8千公顷，比上年增长35.4%；森林覆盖率达59.7%，位居全国第二位。

畜牧业生产加快发展。全省牧业产值实现254.01亿元，比上年增长3.6%；牧业产品产量除生猪略减之外，均实现较快增长，草食畜禽发展迅速。全年生猪出栏1 932万头，减少1.2%；牛出栏72.5万头，增长8.1%；家禽出笼3.13亿羽，增长6.8%；牛奶产量10.9万吨，增长38.3%；鲜蛋产量37万吨，增长4.8%；肉类总产量201万吨，增长2.4%。

渔业生产稳步增长。全省实现渔业产值118.55亿元，增长7.9%；水产品总产量达146.1万吨，比上年增加7.9万吨，增长5.7%，其中特种水产品产量43万吨，增长17.5%。

农业现代化和农村基础设施建设进一步得到改善。年末全省农业机械总动力达1 220.52万千瓦，比上年增长9.8%，其中：农用排灌动力机械294.86万千瓦，增长11.7%；联合收割机达0.32万台，增长28%；农用运输车9.17万辆，增长12.4%。全年化肥施用量（折纯）111万吨，下降1.3%；农村用电量39.7亿千瓦小时，增长9.6%；农田有效灌溉面积达1 873.18千公顷，新增13.77千公顷。

三、工业和建筑业

工业生产快速增长。全年全省完成全部工业增加值849亿元，比上年增长18.4%，增速比上年加快2.0个百分点。其中，国有及产品年销售收入500万元以上的非国有工业企业（以下简称：规模以上工业企业）增加值440.31亿元，增长21.0%，增速同比加快4.9个百分点。分轻重工业看，全年轻工业增加值144.99亿元，增长15.4%；重工业增加值295.31亿元，增长20.1%。分注册类型看，私营企业完成增加值64.70亿元，增长46.6%；"三资"企业完成增加值47.14亿元，增长35.0%，增幅居各经济类型企业前列，成为带动工业快速增长的生力军。产销衔接状况保持良好，全年规模以上工业企业产品销售率98.13%，比上年上升0.23个百分点。全省重点培育的六大支柱产业发展迅速，共完成工业增加值296.17亿元，增长19.5%，其中：特色冶金和金属制品业实现增加值92.64亿元，增长34.0%，总量、增幅均居各行业之首。全省发电量315.35亿千瓦时，比上年增长35.4%，电力生产弹性系数达2.72，创历史最高记录。

工业所有制结构得到改善。全省公有制经济实现增加值199.20亿元，比重为45.2%，比上年下降6.1个百分点；非公有制经济实现增加值241.11亿元，比重为54.8%，比上年提高6.1个百分点。

工业产品结构继续调整和优化。冶金、建材、家电、纺织、化工等行业受国家扩大内需的政策影响，市场销售形势好，产品产量均有大幅增长，其中：十种有色金属增长45.3%，生铁增长9.6%，钢和钢材分别增长9.4%和23.3%，水泥增长40.5%，彩色电视机增长54.5%，白酒增长11.6%，乳制品增长111.0%，罐头增长15.0%，布增长24.4%，纱增长29.3%，化学原料药增长23.3%。原煤受不断上升的电力需求拉动，产量比上年增长11.5%。

工业经济效益显著改善。全省规模以上工业企业共实现利润52.11亿元，同比增长1.2倍，为历史同期最高。在37个行业大拎中，有32个实现赢利，盈利能力前25家企业实现利润37.30亿元，增长86.6%，占全部利润的71.6%。全省重点培育的六大支柱产业实现利润37.47亿元，增长1.0倍，占全部利润总额的71.9%。全年累计实现利税156.58亿元，增长44.2%；上缴税金104.47亿元，增长23.2%。全省规模以上工业企业经济效益综合指数达到107.45%，比上年提高13.42个百分点，创历史最好水平。全省工业加大扭亏力度，亏损面、亏损企业亏损额有所下降。全省工业企业亏损面为25.92%，比上年下降0.92个百分点；亏损企业亏损额10.20亿元，同比下降26.7%，其中：国有及国有控股企业减亏30.9%；股份制企业减亏33.6%，外商及港澳台商企业减亏23.9%。

工业园区建设初见成效。全省工业园区实际投产企业达4 492个，比年初新增1 756个；完成工业增加值211.80亿元，增长72.2%；实际到位资金538.72亿元，增长2.0倍；实现销售收入627.9亿元，增长75.9%；利润总额42.76亿元，增长89.6%；实交税金30.73亿元，增长85.3%，安置就业人员62.3万人，增长90.1%。

建筑业生产发展加快，全年全社会建筑业增加值378亿元，比上年增长41.7%。

四、固定资产投资

固定资产投资增长强劲。全省区域全社会固定资产投资完成1 380亿元，比上年增长49.3%。城镇以上固定资产投资完成1 118.97亿元，比上年增长56.6%，其中：基本建设投资566.86亿元，增长62.9%；更新改造投资195.61亿元，增长37.8%；房地产开发投资177.47亿元，增长71.2%。

投资结构有所调整。在城镇以上固定资产投资中，工业投资完成338.17亿元，增长58.9%。其中轻工业投资80.29亿元，增长93.4%；纺织工业投资27.18亿元，增长1.03倍；黑色金属冶炼及压延加工业投资35.80亿元，增长1.35倍；机械工业投资41.87亿元，增长69.6%。交通运输业完成投资186.83亿元，增长46.8%。社会服务业投资127.60亿元，增长1.42倍，科教文卫体等社会事业投资79.91亿元，增长1.33倍。

房地产开发投资增长强劲，商品房销售良好。全年全省房地产开发投资完成177.47亿元，比上年增长71.2%。全年商品房销售面积865.83万平方米，同比增长54.0%，其中个人购房面积832.88万平方米，增长53.0%，个人购房占商品房销售总量的96.2%。

重点项目建设成绩斐然。2003年是我省历史上实施重点工程项目最多、投资最大、覆盖面最广的一年，在国民经济重要领域建设了一批重大项目，增强了经济发展的后劲。全年共安排重点建设项目69项，年度投资规模达到589.34亿元。其中总投资5亿元以上的项目32个，10亿元以上的项目21个。在工业领域，组织实施了江铜年产15万吨铜杆线和6000吨高档电解铜箔、昌河15万台K系列发动机、九江昌河年产10万辆汽车、格林科尔工业园、江西晨鸣纸业、新钢中厚板、宜春中密度纤维板等一批重大工程和项目，有力地推进了全省工业化进程；在交通领域，开工建设了泰和至井冈山高速公路、乐化至温家圳高速公路、南昌国际集装箱码头、浙赣复线电气化、武九铁路提速扩建等工程。伴随赣粤高速公路泰和—赣州—龙南段的建成，全省高速公路通车里程达到1 038公里，成为全国高速公路突破1 000公里的16个省份之一，南北出省通道基本实现高速化；在能源领域，重点实施了九江电厂三期二号机组、青山湖和顺外变电站、电网改造、三峡50万伏输变电江西“两站三线”工程、丰城矿区曲江井等项目，有效缓解了电力供应紧张的矛盾；在高新技术领域，实施了江西移动通信枢纽楼、江西联通CDMA二期工程、南昌第二长途电信枢纽工程、省政务信息网、LCOS数字显示芯片等一批重大项目，有力地提升了我省综合竞争力；在城市建设方面，实施一大批城市供水、道路、管网改造和垃圾污水处理项目，大幅度地提升了城市的功能和形象。

五、国内贸易

消费品市场稳中趋活。在宏观经济趋好、居民购买力增强、收入预期提高、消费环境改善等多重因素的支持下，消费需求明显回升，市场活力逐渐激发，以住房、汽车、通讯、医药、家电等为代表的新兴消费热点引领消费市场快速增长。全年实现社会消费品零售总额923.2亿元，增长11.7%，扣除价格因素，实际增长11.6%。

城乡市场基本协调发展。城市消费品市场需求相对活跃，实现零售额455.3亿元，增长12.1%；农村市场（县及县以下）需求比较稳定，实现零售额467.9亿元，增长11.4%，增幅比城市低0.7个百分点。

分行业看，餐饮业实现零售额85.3亿元，增长13.5%，增幅高居各行业之首；批发零售贸易业实现零售额812亿元，增长11.9%；其他实现零售额25.9亿元，增长2.2%。

消费结构升级明显，消费档次不断提高。轿车正在逐步走向家庭，城市手机向普及化迈进，商品房热销带动家具及建筑装潢材料销售活跃，家用电器类商品中摄像机、高档音响、大屏幕彩电等高科技产品倍受青睐。在全省限额以上批发零售贸易企业中，汽车类实现零售额15.5亿元，增长6.7倍；建筑装璜材料类零售额832万元，增长27.4%；家用电器和音像器材类零售额12.8亿元，增长35.2%；通讯器材类零售额1.7亿元，增长6.5倍；吃、穿、用基本生活用品销售稳步增长。

在开放型经济的推动下，省外、境外和国外资金加速进入我省流通领域，沃尔玛等各种超市、连锁、配送、折扣店等新兴业态发展势头强劲，消费市场的规模效应和巨大活力进一步显现，有力地刺激了消费需求增长。年末全省共有限额以上连锁企业22个，其中连锁门店1053家。全年限额以上连锁企业销售额33.7亿元，比上年增长21.2%。市场建设步伐日渐加快，优胜劣汰机制明显增强。年末全省各类消费品零售交易市场达2 508个，全年成交额554.5亿元，其中年成交额在亿元以上的商品交易市场有65个，成交额达403亿元，占全部成交额的72.7%。

六、开放型经济

对外贸易形势喜人，海关出口增势迅猛。全省海关进出口额25.28亿美元，比上年增长49.2%，其中：进口额10.22亿美元，增长59.1%；出口额15.05亿美元，增长43.1%，进、出口增速分别比上年加快28.5个和41.8个百分点。出口商品结构不断优化，机电产品类、服装及衣着附件类和纺织、纱线及制品类出口占出口总额的比重为14.3%、28.5%和11.6%，分别增长44.5%、69.2%和18.0%。受出口退税力度加大、世界经济回升的影响，我省除对日本出口略降外，三大贸易伙伴的出口一直保持快速增长。其中：对香港增长67.5%，对美国增长39.5%，对欧盟增长40.0%。

招商引资成效显著，利用外资强劲增长。全省合同引进境外、国外资金23.31亿美元，比上年增长52.0%；实际利用境外、国外资金16.64亿美元，增长33.4%，其中：外商直接投资16.12亿美元，增长48.3%；新批外商投资企业项目759个，增长28.4%。全省新登记注册的“三资”企业627家，其中外商独资企业448家；年末实有”三资”企业2 939家，比上年增加461家。

对外经济技术合作扩大，实施“走出去”战略步伐加快。全年新签对外承包工程和劳务合作合同金额12 595万美元，增长49.1%；实际完成营业额14 825万美元，增长10.0%。

七、交通、邮电和旅游

交通运输发展加快，运输能力明显增强。全年完成货物周转量875亿吨公里，增长9.1%。其中：铁路增长11%，公路增长2.5%，水运增长14.6%；完成旅客周转量537亿人公里，增长2.3%。其中：铁路增长3.5%，公路与上年基本持平。

邮电通信业持续快速发展，新型通讯业务量增长明显。全省完成邮电业务总量142亿元，比上年增长18.3%，其中：邮政业务总量14亿元，增长12.4%；电信业务总量128亿元，增长18.5%。住宅电话发展迅速，全年新增局用交换机10.8万门，总容量达到548.3万门。年末全省市内住宅电话用户224.2万户，与上年持平；移动电话全年新增用户96万户。计算机互联网用户达到135.1万户，增加17.8万户。全省电话普及率达27.6部/百人。邮电通信服务质量有了较大提高。

旅游业克服“非典”影响，保持稳步增长。全年全省实现旅游总收入197.47亿元，比上年增长3.4%，其中，国内旅游收入193.54亿元，增长4.5%；国际旅游（外汇）收入0.47亿美元，下降33.7%。全年旅游接待总人数3 407.21万人次，增长3.5%，其中，国内旅游人数3 390.65万人次，增长3.7%；接待境外游客16.56万人次，下降31.3%。

八、财税、金融和保险业

财政收入快速增长。全省财政总收入285.8亿元，同口径增长21.9%；占GDP的比重已达10.1%，是15年来首次突破两位数。地方财政一般预算收入168.2亿元，增长19.7%。与经济增长密切相关的主体税种增值税、营业税增收较多，分别增长23.2%和28.9%。税务部门征收的税收中，外商及港澳台投资企业、私营企业分别完成2.68亿元和1.24亿元。

金融与经济加速互动。年末全省金融机构各项存款余额为3 239.58亿元，比上年末增加531.62亿元，增长16.4%，其中：企业存款余额为862.91亿元，比上年末增加160.45亿元，增长22.8%；城乡居民储蓄存款余额达2 015.45亿元，比上年末增加308.28亿元，增长15.3%。全省金融机构各项贷款余额2 545.28亿元，比上年末增加407.76亿元，增长19.1%，其中短期贷款余额为1 504.72亿元，增长10.5%；中长期贷款余额为902.46亿元，增长42.4%。个人消费贷款规模迅速扩大，年末全省个人消费贷款余额153.53亿元，比年初增加55.43亿元，增长56.5%。现金投放基本正常，全年金融机构现金收入8 927.05亿元，增长27.2%，金融机构现金支出8 744.25亿元，增长28.1%，收支相抵，净回笼货币182.8亿元，比上年减少5.9亿元。

保险事业继续发展。全年全省保费收入69.77亿元，增长47.4%，其中：财产险保费收入13.95亿元，下降1.1%；人身险保费收入55.82亿元，增长66.5%。全年支付各类赔款总额16.06亿元，比上年增长25.9%，其中：财产险赔款金额8.42亿元，增长25.0%；人身险短期赔款和给付金额7.64亿元，增长26.9%。参加社会保险职工人数增加，年末全省已有350.95万名在职职工和离退休人员参加了社会养老保险，比上年增加11.17万人。

九、科学技术和教育

科技队伍日益壮大。全省拥有省级重点试验室19个，省部共建实验室1个，国家工程技术研究中心1个，省工程技术研究中心33个。全省地方国有单位各类专业技术人员共66.8万人。联创光电等5家高科技企业已批准为“十五”国家“863”计划成果产业化基地，组建了国家日用及建筑陶瓷工程技术中心。

科技活动日渐频繁。全年技术贸易机构发展到521个，签订各类技术合同2 721项，成交额8.3亿元，比上年增长32.4%。省级科技三项费用支出4 486.5万元。其中，科技攻关计划、科技产业化及环境建设及各类科技专项支出3 426.5万元，占76.4%；基础研究与人才培养支出360万元，占8.0%；中小企业创新基金500万元，占11.1%；科研基地与科技条件建设支出200万元，占4.5%。

科研成果不断涌现，创新能力进一步增强。全省发明、实用新型和外观设计三种专利申请2 434项，比上年增长19.5%。专利授权数为1 238项，增长18.6%，其中发明专利申请量占总量的34.2%，比上年增长1.1倍。科学技术对经济发展的贡献率又有新的提高。社会科学研究成果增加，承担参与的国家级研究课题的数量明显增多。

教育事业稳步发展，国民素质得到较大提高。全省进一步深化教育体制改革，巩固和完善农村义务教育体制，加快中等职业教育发展，扩大高校办学规模。加速推进昌北、昌东等高校新校区建设。高等教育加快发展，全年全省招收研究生2 562人，比上年增加766人，在校研究生5 711人，增加1 588人；普通高等学校招收学生14.16万人，增加3.7万人，在校学生35.86万人，增加9.24万人，毕业生4.72万人，增加1.21万人。中等教育稳定发展。普通中等专业学校在校学生15.51万人，增加0.3万人；职业高中在校学生14.4万人，相当于普通中学高中阶段在校学生总数的19.9%。普及义务教育取得新进展。全省普通中学初中在校学生228.66万人；小学在校学生126.57万人，小学适龄儿童入学率达到99.01%。在托儿童63.31万人。成人教育取得新成绩。全年参加高、中等教育自学考试的人员达23.11万人，获得本科、大专毕业证书的分别为5786人和10176人。全年共扫除文盲9.8万人，文盲率降到5%以下。

十、文化、卫生和体育

文化事业健康繁荣。全省文化事业以“五个一工程”为龙头，创造了一大批文化精神产品，为改革开放和社会主义现代化建设提供了强大的精神动力。年末全省共有各类艺术表演团体76个，文化馆、群艺馆113个，公共图书馆104个，博物馆83个。全省共有无线广播电台10座，中短波广播发射台15座，广播人口覆盖率92.66%，比上年增加0.74个百分点；电视台12座，电视发射台和转播台436座，电视人口覆盖率94.49%，比上年增加0.38个百分点。全年共出版各种图书、杂志、报纸2 447种，共印报纸53 063万份，分别比上年增加2种和1 415万份。文艺创作和文艺宣传进一步贴近群众，贴近生活，贴近实际，一批优秀文艺、广播影视作品在国内外获奖，其中，获2003年全国“四进社区”文艺展演金奖2个，银奖1个；获第十二届“群星奖”铜奖1个，优秀奖8个。

医疗卫生事业成绩显著。在取得防治非典阶段性重大胜利的基础上，加强了城乡公共卫生设施建设，制定并实施了疾病预防控制体系和医疗救治体系建设，建立了突发公共卫生事件的预警、应急机制和公共卫生长效机制。年末全省共有各类医疗卫生机构11363个（包括个体机构），比上年增加77个，其中：医院517个，农村卫生院1 533个，疗养院6个，门诊部37个，疾病预防控制中心112个，妇幼保健院108个，诊所、卫生保健所、医务室6 960个。各类卫生技术人员11.5万人，其中：医生4.82万人，注册护士3.36万人；在农村，有乡村医生28 293人，卫生员1 446人。

体育事业继续发展。全年我省体育健儿在国际和国内的重大比赛中，奋勇拼搏，共获得58枚金牌、31枚银牌和16枚铜牌，其中金牌、银牌分别比上年增加21枚和8枚，铜牌减少6枚。群众体育运动进一步普及，全省成功举办了1 000万人参加的全民健身运动会。经常参加体育活动的人数约占全部人口的30%。全年共发行体育彩票3.09亿元，其中，发行足球彩票1.13亿元，共筹集资金1.05亿元，比上年增长44%。

十一、环境保护

环境保护继续加强。年末全省环境保护系统共有职工3 700人，省、市、县级环境监测站86个，完成环境污染治理项目155个，比上年增加21个，环境污染治理项目投资额0.91亿元。在全省对空气质量进行监测的11个城市中，有8个城市空气质量达到二级标准，占监测城市数的72.7%；有1个城市达到三级标准，占监测城市数的9.1%。在全省监测的15个城市中，建成了53个环境噪声达标区，面积达256.6平方公里。全省建成了65个烟尘控制区，面积达516.8平方公里；城市污水集中处理率为3.7%。

生态环境保护工作得到高度重视。全省已批准国家级生态示范区（含生态示范区建设试点地区）27个，比上年增加1个，面积达52 767平方公里，比上年增长4.7%。建成国家级、省级自然保护区22个，其中国家级自然保护区5个，比上年增加1个，省级自然保护区17个。自然保护区面积7 730平方公里，占全省国土面积的4.63%，比上年提高0.1个百分点。

十二、人口、人民生活和社会保障

人口总量低速增长。据人口变动情况抽样调查统计，年末全省总人口为4 254.23万人。其中，城镇人口1 447.29万人，占34.02%；乡村人口2 806.94万人，占65.98%。全省男性人口为2 180.72万人，女性为2 073.51万人。0—14岁人口比重为23.72%，15—64岁人口比重为69.57%，65岁及以上老年人口比重为6.71%，老年人口达到285.46万人。全年全省出生人口59.64万人，出生率为14.07‰；死亡人口25.34万人，死亡率为5.98‰；全年净增人口31.80万人（含净迁出2.5万人），人口自然增长率为8.09‰，与上年相比，下降0.63个千分点。

城镇居民收入水平继续提高。由于提高了离退休人员、下岗职工、失业人员和城镇贫困人口保障水平，增加了机关事业单位干部职工工资和补贴，城镇居民收入水平明显提高。全省城镇居民平均每人年可支配收入达6 901元，比上年增加565元，增长9.0%；农村居民人均纯收入2 458元，比上年增加124元，增长5.3%。全年全省在岗职工平均工资10 521元，比上年增加1 259元，增长13.6%。

劳动人事改革步伐加快，就业和再就业状况基本稳定。各级政府加大了就业和再就业的政策扶持力度，就业和再就业工作取得明显成效。年末全省从业人员2 168.2万人，比上年末增加37.6万人，其中城镇就业人员579.8万人，增加26.6万人；在岗职工256.7万人，减少5.3万人。城镇私营企业从业人员和个体劳动者116.2万人，比上年末增加9.3万人。多渠道扩大就业，促进下岗失业人员实现再就业。全省国有企业下岗职工人数23.7万人，比上年末减少6.4万人，下降21.2%。通过发放小额贷款、实行免费职业介绍等措施，全面落实再就业扶持政策，再就业工作成效显著。全省全年拨付再就业资金4.12亿元，其中省级促进再就业资金安排了1.2亿元，为下岗失业人员提供免费职业介绍17.2万人次，下岗失业人员再就业16.8万人，完成年目标的119.8%；帮扶就业困难人员就业3.7万人，比去年增加0.5万人，完成年目标的123.3%；跨省劳务输出455万人，完成年目标的105.0%。年末城镇人口登记失业率为3.8%，处于调控指标以内。

“两个确保”和城市低保继续得到落实。全年共为88万企业离退休人员发放养老金51亿元，当期发放率100%，社会化发放率99.9%。为18.5万国有企业下岗职工发放基本生活费及代缴社会保险费6.22亿元。有101万人享受了城市居民最低生活保障，共发放低保金6.9亿元，人均领取的低保补助金由2002年的31元提高到53元。

社会福利事业成效显著。年末全省有社会福利事业单位2 457个，收养人数6万人，提供床位7.1万张，城乡各种社会救济对象得到国家定期定量救济的达115.1万人，临时救济困难户达73万人次。全省各县（市）都已建立最低生活保障制度，全省城镇建立各种社区服务设施2 254个，比上年增加386个。全年通过销售社会福利彩票筹集社会福利资金1亿元，接收社会捐赠款2 538.5万元。

注：(1) 本公报所列部分数据为初步统计数。

(2) 按国家统计局的要求，从2004年1月起，各省（市、区）国内生产总值（GDP）的中文名称统一改为“某省（市、区）生产总值”。如我省的GDP中文名称改为“江西省生产总值”，其核算口径、范围、内容均不变。

(3) 公报中所列生产总值和各产业增加值指标按当年价格计算，增长速度按可比价格计算。

(4) 生产总值和各产业增加值主要包括劳动者报酬、利润、税金和固定资产折旧等价值，不包括能源、原材料等各种中间消耗价值。表示一年内生产的可用于社会最终消费的物质产品和服务价值的总和。

(5) 个别数字与年初的快报数略有差距，以正式公报数为准。

(6) 就业人员数据根据人口和劳动力调查资料整理。

(7) 私营、个体户资料为工商部门登记数。

附表 1：2003 年工农业主要产品产量

产品名称	计量单位	绝对数	比上年增长%
一、农产品产量			
粮食	万 吨	1 450.3	-6.4
棉花	万 吨	7.6	13.8
油料	万 吨	76.0	-7.8
甘蔗	万 吨	118.2	-9.6
苎麻	万 吨	1.0	-20.1
烤烟	万 吨	1.5	-10.2
茶叶	万 吨	1.3	-5.3
水果	万 吨	78.0	19.2
肉类	万 吨	201.0	2.4
其中：猪牛羊肉	万 吨	159.0	1.0
牛奶	万 吨	10.9	38.3
蚕茧	万 吨	0.8	13.3
水产品产量	万 吨	146.1	5.7
二、工业产品产量			
纱	万 吨	14.87	29.3
布	亿 米	2.21	24.4
机制纸	万 吨	15.24	-1.3
白酒	万 吨	6.88	11.6
啤酒	万 吨	45.31	13.2
卷烟	万 箱	60.44	-1.8
彩色电视机	万 部	64.10	54.5
家用电冰箱	万 台	29.95	-21.1
原煤	万 吨	951.66	11.5
原油加工量	万 吨	311.90	5.1
发电量	亿千瓦时	315.35	35.4
钢	万 吨	599.53	9.4
成品钢材	万 吨	655.37	23.3
生铁	万 吨	496.40	9.6
木材	万立方米	37.04	1.6
水泥	万 吨	2 172.80	40.5
硫酸	万 吨	103.29	32.2
烧碱	万 吨	19.92	1.5
农用化肥（折纯）	万 吨	47.90	2.3
交流电动机	万千瓦	119.82	28.8
工业锅炉	蒸发量吨	1 021.80	33.8
金属切削机床	台	4 023	22.6
汽车	万 辆	18.52	-10.7
小型拖拉机	万 台	3 903	-16.5

附表 2：市场价格变动情况

类　　别	指数（上年 = 100）	
	2002 年	2003 年
1、居民消费价格	100.1	100.8
其中：城市	100.2	100.9
农村	99.9	100.6
其中：食品	99.7	102.9
粮食	97.8	103.6
肉禽及其制品	98.3	103.5
油脂类	99.3	115.4
蛋类	104.0	99.8
水产品	94.9	97.8
菜类	105.5	112.8
衣着	98.7	97.2
家庭设备及用品	97.3	97.5
医疗保健用品	99.6	97.8
交通和通讯用品	100.2	99.3
娱乐教育文化用品	102.2	100.1
居住	100.8	102.1
服务项目	102.9	101.0
2、商品零售价格	100.2	100.1
其中：城市	100.1	99.4
农村	100.3	100.7
3、农业生产资料零售价格	99.8	102.5
4、工业品出厂价格	98.5	104.0
5、固定资产投资价格	100.0	105.1